Leopoldo Ceballos López

Historia de Tánger

Memoria de la ciudad internacional

Tercera edición

ALMUZARA

Primera edición: septiembre de 2009
Segunda edición: febrero de 2013
Tercera edición: abril de 2025

Editorial Almuzara • Colección Historia
Edición: Óscar Córdoba y Pablo Novo

pedidos@almuzaralibros.com - info@almuzaralibros.com
Parque Logístico de Córdoba. Ctra. Palma del Río, km 4
C/8, Nave L2, nº 3, 14005, Córdoba.

Imprime: Liberdigital
I.S.B.N. 978-84-10527-33-1
Depósito Legal: CO-525-2025
Hecho e impreso en España - *Made and printed in Spain*

A mis nietos Carlos, Elena y David

PRÓLOGO

Tanger n'existe pas. C'est une chimère, une page inventée dans un livre qui ne vit que dans l'imaginaire du conteur.

Tahar Ben Jelloun[1]

La ciudad internacional de Tánger no es solo un mito. Existió. Nunca antes ha habido ni volverá a haber una ciudad o territorio que reúna las excepcionales y únicas condiciones que concurrieron en la ciudad-estado de Tánger.

El régimen internacional de la ciudad de Tánger perduró durante algo menos de treinta años. No se trató de un régimen colonial ni de un protectorado sino de un sistema peculiar que tuvo características muy específicas y originales. Su Estatuto especial fue convenido en diciembre de 1923 por Marruecos y varios países europeos y entró en vigor el primero de junio de 1925. Se mantuvo vigente, con la salvedad de la ocupación española de Tánger que duró cinco años, desde 1940 a 1945, con algunas variaciones de mayor o menor importancia, hasta la unión de la ciudad, en octubre de 1956, al Reino de Marruecos que acababa de recobrar ese mismo año su independencia tanto de Francia como de España. La total marroquinización de Tánger solo se completó y fue definitiva en abril de 1960 cuando quedó derogada la Carta Real* que Sidi Mohamed V había concedido a la ciudad tres años antes y que mantenía algunos de los privilegios que tuvo durante su periodo internacional.

Tánger había sido, desde finales del siglo XVIII hasta 1912, la capital diplomática del Reino de Marruecos. En ella residieron los únicos representantes consulares de los países que mantenían relaciones diplomáticas con el Sultán de Marruecos lo que, evidentemente, la dotó de un carácter cosmopolita. Cuando, en 1912, cesó su capitalidad diplomática, su cosmopolitismo y singularidad no

---

1 «Tánger no existe. Es una quimera, una página inventada en un libro que solo vive en la imaginación del narrador.» Tahar Ben Jelloun.

* El asterisco remite al glosario situado al final de esta obra.

solo se mantuvieron sino que, pocos años más tarde, se acrecentaron gracias a su Estatuto internacional que le concedió un territorio de 355 km^2, constituido en ciudad-estado, con una naturaleza única que no se había producido, universalmente, con anterioridad y que no existe, actualmente, en ningún otro lugar del mundo[2].

Nunca un país, ciudad o territorio ha gozado de un estatuto similar ni parecido al de Tánger. Existían o existen estados, ciudades o territorios autónomos de pequeña extensión con particulares y originales sistemas políticos o sociales. Algunas ciudades mediterráneas, como por ejemplo Trieste, Beirut o Alejandría, tuvieron un protagonismo durante algún tiempo más o menos independiente y original. Pero ninguna de ellas reunió las especiales características que concurrieron en la Zona Internacional de Tánger. Quizá el único caso que, de alguna manera y en parte, se aproximó al de Tánger fue el de la ciudad de Shanghái, en China, en la cual hasta 1949, durante bastantes años coexistieron, básicamente, dos enclaves, uno con administración internacional (gobernado, conjuntamente, por Estados Unidos y el Reino Unido) y otro bajo administración francesa. Pero sus estatutos especiales no llegaron, en ningún caso, a la complejidad y sofisticación que tuvo el de Tánger.

El mito de Tánger no se apoya, solamente, en su original estatuto internacional sino también en el hecho de que alrededor del mismo coincidieron en la Zona Internacional, en un corto espacio de tiempo, una serie de circunstancias y situaciones que la conformaron y configuraron como una ciudad excepcional. Citamos algunas de ellas.

Tánger era, físicamente, una pequeña ciudad bellísima en la que habían dejado su impronta sus sucesivos conquistadores y habitantes fenicios, judíos, bereberes, romanos, árabes, portugueses, españoles e ingleses. Goza de un clima suave y amable que es muy saludable. Era, y sigue siendo, la entrada al continente africano que antes como ocurre ahora, en buena parte, es poco conocido y aparece como exótico. Un estrecho de muy pocos kilómetros la separa de Tarifa, la punta de Europa que se divisa desde Tánger con toda claridad. Los distintos conquistadores que, sucesivamente, ocuparon Tánger y, en particular, el hecho de que a finales del siglo XVIII fuera designada capital diplomática del Imperio Cherifiano, confirieron a esa ciudad cierta personalidad ambigua. En efecto, a principios del siglo pasado, no era completamente árabe y musulmana, como

[2] En Europa o en el Mediterráneo destacan el co-principado de Andorra con una superficie de 468 km^2, o sea un 25% superior a la de Tánger; el principado de Liechtenstein (160 km^2); la républica de San Marino (61 km^2), la más antigua de Europa; la ciudad-estado de El Vaticano (0,44 km^2); el principado de Mónaco, que tiene menos de dos km^2 de extensión; la república de Malta (316 km^2), situada casi en el centro del Mediterráneo; el enclave de Gibraltar (6 km^2), dentro de territorio español; y, por supuesto, Ceuta (18,5 km^2) y Melilla (13,4 km^2), enclavadas ambas en el norte de Marruecos y que forman parte de España desde hace muchos siglos.

otras ciudades marroquíes, sino algo híbrido surgido del cruce de Oriente y Occidente. Tánger siempre tuvo vocación de ser puente entre Marruecos y Europa, entre la cultura árabe y la occidental. Por ejemplo, fue en Tánger donde vio la luz, por primera vez en Marruecos, una publicación periódica que no estaba escrita en árabe sino en español.

La designación de Tánger como capital diplomática de Marruecos y la inseguridad que reinaba en el resto del país propiciaron el desarrollo de los regímenes de capitulaciones y de protección favoreciendo cada país, respectivamente, la defensa de sus nacionales o protegidos marroquíes que vivían en Tánger y creando una casta de protegidos que dependían directamente de los cónsules y de las leyes occidentales. Los extranjeros y muchos de los protegidos no estaban sometidos, en general, a las leyes marroquíes sino a las del respectivo país. Así, hasta la promulgación del Estatuto de 1923 cada consulado actuó como un pequeño reino de *taifa** al que se acogían los respectivos nacionales y protegidos. Todo ello condujo, ciertamente, a abusos pero al mismo tiempo facilitó la modernización y la seguridad de la ciudad.

La extraordinaria situación estratégica de Tánger —junto con Gibraltar, llave del Mediterráneo— y el deseo de poseerla enfrentó durante varias décadas a las principales potencias europeas como Francia, España, Reino Unido o Alemania, lo que ocurrió bajo la atenta vigilancia de Estados Unidos o de Italia, que aunque no estaban directamente interesadas en su posesión querían controlar de cerca lo que allí ocurría.

En especial, para España y Francia, Tánger fue durante muchos años objeto de taimado enfrentamiento que se saldó a favor de los intereses franceses que astutamente gobernaron, en la práctica, la ciudad a pesar de que la población española era muy superior a la francesa. Todos estos enfrentamientos favorecieron el desarrollo de los servicios de información o de espionaje de los distintos países interesados en Tánger, que, en algunos casos, durante varios años, estuvieron enfrentados entre ellos.

Tánger fue, siempre, el espejo de lo que pasaba en el exterior, principalmente en Europa. Así, hasta la primera guerra mundial, en Tánger se disfrutaba más o menos la tranquilidad y la prosperidad que presidió la primera década del siglo XX. Pero pronto alcanzaron a la ciudad del Estrecho los ecos de la revolución rusa de Octubre arribando a ella como refugiados algunos rusos blancos y centroeuropeos. Asimismo, la tensión anterior a la primera guerra mundial y el propio conflicto dirigieron a Tánger a un buen número de expatriados de uno u otro bando. Sin embargo, desde principios de siglo la mayoría de los emigrantes que llegaron a la ciudad procedían de España y, particularmente, del Sur, de donde escapaban de la miseria que allí soportaban.

Las dictaduras que se desarrollaron en Portugal (Salazar), Italia (Mussolini), España (Primo de Rivera), Hungría (Horthy), Polonia (Pilsudski), etc., tuvieron claro eco en Tánger así como, básicamente, la guerra civil española y la segunda guerra mundial. Tánger intentó quedar fuera de todos estos conflictos pero solo lo consiguió en parte. En efecto, durante la segunda mitad de los años treinta, los enfrentamientos políticos que se produjeron en España que culminaron con una guerra civil tuvieron un claro reflejo en la ciudad así como los que, años después, se iniciaron en Europa y que condujeron a la segunda guerra mundial. Pero, afortunadamente, tan terribles conflictos llegaron a Tánger, con muy pocas excepciones, solo a nivel ideológico e informativo. La ciudad internacional se convirtió en un importante centro de propaganda y de espionaje tanto para los españoles, de uno u otro bando, y para los principales países que protagonizaron la contienda mundial como alemanes, británicos, franceses y norteamericanos. La ciudad internacional, que ya había sido a principios del siglo XX una base relativamente importante de información política, llegó a ser entre los años 30 y 60 un centro destacado del espionaje internacional.

Tánger fue testigo de excepción de las dos terribles guerras mundiales que, con pocos años de separación, destruyeron gran parte del mundo occidental. No participó en ellas ni tampoco intervino en el horrible enfrentamiento civil español. A todo ello le sucedió una grave crisis mundial que llevó, durante algunos años, a una seria decadencia económica universal. Paradójicamente, esta situación así como los enfrentamientos políticos entre los países o sociedades en guerra tuvieron influencia positiva para la ciudad internacional y para su auge económico, cultural, social y sanitario. En efecto, las principales potencias mundiales que intervenían en la gobernanza de la ciudad compitieron entre sí para establecer en la misma centros hospitalarios, educativos, culturales o sociales, en algunos casos de primera calidad, que hicieron que Tánger fuera un esplendoroso foco de desarrollo económico, social y cultural. Por otra parte, la diversidad étnica y el cosmopolitismo de Tánger y su desarrollo cultural favorecieron el conocimiento de lenguas permitiendo que muchos tangerinos dominaran varios idiomas, que eran otros tantos medios de conocimiento en un mundo muy cerrado en sí mismo.

La bonanza económica de Tánger se consolidó gracias a las muy liberales leyes económicas y fiscales tangerinas que hicieron de la ciudad, en un entorno internacional de limitaciones, prohibiciones y monopolios, un paraíso fiscal donde los capitales afluyeron creando un emporio de riqueza en el que reinaba una total libertad de comercio. Esto, por otra parte, favoreció el desarrollo, desde la ciudad del Estrecho, del contrabando y del tráfico ilícito de moneda en contra de los intereses de terceros países pero en beneficio de la ciudad internacional. Todo ello contribuyó a que, alrededor de los años 50 del pasado siglo, Tánger consiguiera su máximo esplendor económico y un alto nivel y calidad de vida, muy superior a la de la mayoría de los países europeos que, por el contrario, atravesaban una mala o pésima situación económica.

La convivencia que se estableció en Tánger entre diferentes culturas tuvo influencia muy positiva, también, en el ámbito religioso, implantándose una tolerancia y respeto que en Tánger fueron ejemplares, entre musulmanes, judíos y cristianos. Tal tolerancia y, en algunos casos, una excesiva libertad, mal entendida o permitida, condujo también a una abusiva licencia moral. En Tánger, al tiempo que afloraban muy sólidos sentimientos religiosos y morales propiciados por las distintas religiones y sociedades, se aceptaban o permitían comportamientos promiscuos o libertinos y, en algunos casos, depravados. Paradójicamente, tales comportamientos estaban prohibidos y perseguidos en los países que formaban parte de las instituciones que dirigían la ciudad internacional como era el caso de la droga y, principalmente, de la pederastia.

Una gran parte de los tangerinos, tanto occidentales como marroquíes, disponían de una excelente oferta educativa y de una buena atención sanitaria, en algunos casos superiores a las que existían en las dos zonas de protectorado y en algunos de los países que intervenían en el gobierno de la ciudad. Pero, estas propuestas sanitaria y educativa no favorecían a una parte considerable de la población de Tánger, principalmente a la marroquí, ya que las instituciones que ofrecían aquellas educación y sanidad las destinaban a los ciudadanos de los países que las financiaban o bien a los marroquíes que podían pagarla.

Pero fuera de estas graves sombras, Tánger, en los momentos críticos y de enfrentamientos políticos y morales que predominaban en la mayor parte de Occidente, fue un refugio para hombres y mujeres de las más distintas tendencias políticas, morales e ideológicas convirtiéndose en una ciudad multicultural en la que convivían individuos de ideas, creencias o tendencias opuestas entre sí pero que, en muchos casos, llegaron a congeniar a pesar de sus ideales enfrentados. El Sultán Sidi Mohamed V eligió a Tánger para lanzar desde ella, en 1947, su decisivo grito por la independencia del país. Por otra parte, la libertad política y religiosa que presidían la normativa y la vida tangerina y su permisividad condujo hacia Tánger a un buen número de artistas y creadores que encontraron en la ciudad la autonomía y la libertad que necesitaban en su proceso de creación. La ciudad-estado se convirtió, así, en un foco internacional que atrajo durante años a algunos protagonistas importantes de la cultura mundial.

Por estos y por algunos otros motivos, Tánger fue una ciudad excepcional en la que concurrieron una serie de realidades extraordinarias, concretas y definidas que nacieron, se desarrollaron y murieron en un corto lapso de tiempo.

Durante ese periodo vivieron en Tánger o residieron en ella temporalmente muchas personas de distintas nacionalidades. Algunas que ya han fallecido han dejado excelentes descripciones tanto gráficas como escritas de tales realidades. Otras que aún viven y que disfrutaron de las mismas las recuerdan y describen con cariño y nostalgia. Pero, entre unas y otras, basándose en realidades que han existido, han creado un mito que partiendo de hechos auténticos se ha ido expandiendo y ampliando de tal modo que en ocasiones el mito ha superado a aquellas realidades.

* * *

En 1936, mis padres me llevaron a la ciudad internacional de Tánger cuando yo acababa de cumplir un año. Allí viví la mayor parte de mi juventud, en el seno de una familia provinciana y tradicional muy parecida, en muchos aspectos, a cualquiera otra de la burguesía o de la clase media española pero, al mismo tiempo, diferente, ya que residía en el entorno excepcional de Tánger creado por el Estatuto especial de 1923. Allí estudié, sucesivamente, en distintos centros tangerinos: en la Scuola Italiana, en los Marianistas, luego en el Lycèe Regnault y, por último, en el Instituto Español, donde terminé el Bachillerato. Además, durante algún tiempo, asistí a clases de inglés en una escuela privada e intenté estudiar tanto el árabe vulgar marroquí como el clásico. Tuve, sucesivamente, dos excelentes maestros pero solo conseguí adquirir vaguedades o conocimientos elementales de ambos. Nunca fui políglota ya que en Tánger solo lo era el que conocía perfectamente cuatro lenguas, lo que nunca ha sido mi caso.

En cada una de las escuelas o colegios a los que asistí tuve el privilegio de convivir con chicos y chicas de muchas de las nacionalidades y religiones que cohabitaban en Tánger: españoles, marroquíes, franceses, escandinavos, italianos, rusos y otros que pertenecían a familias cristianas, musulmanas, judías, hinduistas, agnósticas o ateas. Entre ellos y ellas hice bastantes amigos, algunos de los cuales conservo todavía.

Los tangerinos pertenecientes a esas numerosas nacionalidades se sentían, en general, orgullosos de pertenecer a sus respectivos países. Además, muchos de ellos apoyaban distintas tendencias políticas. Entre los años 40 y 50 del pasado siglo convivían juntos en la ciudad internacional republicanos españoles convencidos y franquistas entusiastas; franceses que apoyaban o habían defendido al gobierno filonazi de Vichy y otros partidarios de De Gaulle; marroquíes colaboracionistas con los europeos y, en particular, con los franceses, y otros, nacionalistas, que pugnaban por la independencia de su país; judíos que apoyaban, algunos, la lucha por la independencia de Marruecos y, otros, que suspiraban por la creación y la consolidación del Estado de Israel.

Mis padres profesaban fervorosamente la religión católica y en ella me formé y crecí. Durante años, junto con ellos, asistí, principalmente, en la Iglesia del Sagrado Corazón a muy distintos actos religiosos pero también participaba en actos que organizaban otras iglesias como la francesa o la italiana. Por su parte, mis amigos musulmanes, judíos, protestantes o hindúes con los cuales me relacionaba cumplían los preceptos que, sin duda, sus padres les habían enseñado en sus respectivas religiones. De cuando en cuando, con ocasión de un fallecimiento, de una boda, de una circuncisión o de un bautizo nos reuníamos con ellos en un centro religioso o bien en otros lugares profanos donde se celebrara el acto. Además, muchos cristianos, con mayor o menor énfasis, confraternizábamos en las grandes fiestas jubilosas de musulmanes o judíos, ya fueran el *Aid el Kebir*[*] de los primeros o el *Rosh Hashaná*[*] de los hebreos. En muchas de nuestras fiestas religiosas cristianas, especialmente, en las de Navidad y Año Nuevo, ellos se unían a nosotros para celebrarlas ya fuera en nuestra casa o en locales públicos. En general, muchos tangerinos, como ocurría en mi caso, conocimos con cierta precisión los principios de la respectiva religión y costumbres de nuestros amigos y conciudadanos pero sin que ello nos llevara a debatir sobre nuestras distintas creencias religiosas.

Así, permanecí toda mi niñez y mi juventud en una ciudad internacional, multiétnica, plurinacional, multilingüe y, consecuentemente, muy cosmopolita en la que convivían en paz y total tolerancia diferentes nacionalidades, etnias, creencias religiosas y posiciones políticas que eran aceptadas o toleradas, en general, por todos los tangerinos. Tánger era una ciudad animada, vivaz, bulliciosa, en la que viví, intensamente, durante más de cinco lustros, y en la que me relacioné con gente de muy distintas nacionalidades, religiones y convicciones políticas.

Después de licenciarme en Derecho en Granada, en 1957, me inscribí en el Colegio de Abogados de Tánger y allí ejercí, con considerable dedicación, la profesión durante cinco años al amparo de mi padre, que era uno de los más prestigiosos abogados de la ciudad. Yo fui de los que creyeron, cuando se produjo en 1956 la independencia de Marruecos y la posterior reintegración de Tánger en el mismo, que esta ciudad seguiría gozando de un estatuto especial, no internacional, pero peculiar y distinto al del resto del país. Confié en la posibilidad que, al parecer, se había planteado y estudiado, de que se creara un Principado de Tánger regido por el príncipe Abdallah, el hermano del futuro Rey Muley Hassan II, unido a Marruecos, que tuviera leyes especiales. Pero, esta solución no fue posible ni tampoco se concretaron, a causa de una serie de circunstancias de distinta índole, otras fórmulas que fueron ideadas, por unos y por otros, para mantener, de alguna forma, la especial peculiaridad tangerina.

Poco a poco, me di cuenta de que mi futuro no estaba en Tánger y que, al igual que habían hecho otros muchos tangerinos antes que yo, debía abandonarla y buscar otros caminos. Así lo hice en 1962, con mucha tristeza, en contra del criterio de mi padre, eterno optimista que creía en el futuro de la ciudad. Regresé, esporádicamente, varias veces durante cortísimos periodos de tiempo antes y poco después de la muerte de mi padre en 1966. Desde entonces no volví a Tánger durante cerca de cuatro décadas. Sin embargo, siempre la llevé conmigo y la recordé con los innumerables tangerinos con los que me he encontrado en mi vida en los más alejados lugares de la tierra como Santiago de Chile, Estocolmo o Luanda o en las ciudades más importantes del mundo como Londres, Pekín, París, Nueva York o São Paulo.

Hace algún tiempo, gracias a mi inolvidable hermana Adela, ya fallecida, llegó a mis manos la revista *Tingis*, publicada con gran entusiasmo por Lydia Sanz de Soto, que recuerda periódicamente muchos aspectos de interés del Tánger internacional y de la vida en nuestra ciudad en sus años de esplendor. También conocí la revista *Malabata*, inicialmente editada por otro *tanyaui*, Oleg Vargas Ganzelevich, fallecido hace pocos años y que, actualmente, dirige un tangerino de excepción, Rangvald Nilsen[3]. Su lectura me incitó a releer varios libros que tenía en mi biblioteca como las *Memorias de un viejo tangerino*, de Isaac Laredo, y otras obras de distintos autores como Alberto España, Isaac Assayag, Giovanni Castellani, Pierre Malo, Tahar Ben Jelloun y otros, así como algunos más que he ido adquiriendo como el bellísimo y espléndido *Tanger, realité d'un mythe*, de Rachid Tafersiti, y otros de Paul Bowles, Rom Landau, Lotfi Akalay, Tomás Ramírez Ortiz, y muchos más que, poco a poco, me han permitido formar una pequeña biblioteca, aunque bastante completa, sobre Tánger. Paralelamente, leí con gran interés antiguos números de los periódicos tangerinos como el *España*, la *Dêpeche Marocaine* o el *Tangier Gazette* y otras publicaciones sobre la zona internacional.

Volví a Tánger, hace algo más de dos años, junto con mi buen amigo, casi tangerino, Alfonso Martín, y recordamos durante varios días, piedra por piedra y casa por casa, el Tánger de nuestra juventud. Quise saber más de ella, de su historia real y de su mito. Desde entonces he dedicado una buena parte de mi tiempo a recopilar, leer y estudiar los distintos aspectos, características y singularidades que hicieron de Tánger una ciudad excepcional y única. El resultado de todo ello es este libro en el que pretendo recordar y describir lo

[3] Desgraciadamente, *Malabata* ha desaparecido, prácticamente. Afortunadamente, *Tingis* sigue, lleno de vida, su camino.

que fue, en realidad, la ciudad internacional que solo existió unos treinta años. No tengo mayor pretensión que la de hacer memoria de ese Tánger y de exponer los datos y recuerdos que evocan su existencia,su esplendor y su declive.

He procurado tratar sobre sus más distintos aspectos, desde sus principales hitos históricos hasta sus instituciones pasando por su geografía y hábitat, su economía y sus sistemas educativo y sanitario. Asimismo, he intentado, modestamente, indagar quiénes eran los tangerinos y cómo vivían, se comportaban y relacionaban y cuáles eran sus creencias y culturas y a qué dedicaban su ocio. He tratado de analizar, capítulo por capítulo, cuáles eran las realidades y razones que llevaron a la creación del mito de Tánger que hoy sigue vivo, después de cincuenta años. Pero este empeño no tiene más objetivo que el de recordar o dar testimonio de lo que fue una ciudad excepcional en la que tuve el privilegio de vivir.

Por otra parte, he pretendido relacionar esta descripción con las personas que, de una u otra forma, fueron los responsables o impulsores, con mayor o menor protagonismo, de los acontecimientos, instituciones, hechos o circunstancias. Por exigencias editoriales he debido limitar tal descripción aunque he tratado de recordar al mayor número de tangerinos o asimilados. He intentado siempre que la información ofrecida fuera lo más veraz y segura posible. Soy consciente de que solo he podido nombrar a muy pocos y que, sin quererlo, habré olvidado a algunos o a muchos protagonistas importantes. Es muy posible, también, que haya cometido o se hayan producido errores en relación con las personas, lugares o hechos que cito y ello a pesar de que he intentado contrastar todos los datos que incluyo en el libro. De antemano, pido excusas por las ausencias y los errores y me someto a la benevolencia del lector.

NOTA A LA SEGUNDA EDICIÓN

Muy poco debo añadir a lo ya escrito sino es que la publicación de este libro me ha permitido reencontrarme con innumerables amigos tangerinos y conocer a otros muchos. Me he reunido con algunos de ellos en distintas regiones españolas, en Tánger, en Tel Aviv, en Toronto y en Montreal. A través del teléfono, del correo electrónico o de otros sistemas de comunicación, he conversado o me he comunicado con otros muchos tangerinos que viven en otras ciudades españolas o en Venezuela, Estados Unidos, Suecia, Suiza, Francia, Italia y muchos más países. Con todos ellos el contacto o la relación ha sido de extraordinaria sencillez, amistad y afecto. He comprobado, personalmente, la universalidad del Tánger internacional y he constatado la imborrable memoria que, en muy distintos y distantes lugares, todos los tangerinos de diferentes nacionalidades o religiones guardan de esa ciudad única que siempre está en nuestros corazones.

La amable acogida que ha tenido esta *Historia de Tánger* ha aconsejado a la Editorial Almuzara a publicar una nueva edición. He revisado el libro, sin cambiar en nada su estructura y planteamiento, pero teniendo muy en cuenta las numerosas sugerencias que he recibido para que corrigiera errores, supliera algunas deficiencias u olvidos y ampliara algunos contenidos. Confío en que gracias a tantas sugerencias que agradezco, muy tangerinamente, esta nueva edición sea tan bien recibida como la anterior. Muchas gracias a todos. Y la Paz.

El autor

PRIMERA PARTE

GEOGRAFÍA, POBLACIÓN E HISTORIA

CAPÍTULO I
GEOGRAFÍA, POBLACIÓN Y HÁBITAT

Yo de Tánger guardo un recuerdo ideal. Aquello era otro mundo.

Jose Luis Sampedro, *Escribir es vivir.*

1.1. GEOGRAFÍA FÍSICA

En el Convenio firmado en Madrid el 27 de noviembre de 1912 en el que España y Francia fijaron su respectiva situación en Marruecos, su artículo 7 establece que Tánger y sus alrededores estarán dotados de un régimen especial que será determinado ulteriormente y que formarán una zona entre los límites que en dicho artículo se establecen. La zona contaba con 45 km de litoral, la mitad de cara al Mediterráneo, desde Punta Altares hasta Cabo Espartel, y la otra mitad, sobre el Atlántico, desde el mismo cabo hasta el río Tahardatz. Aquellos litorales y un límite terrestre de 55 km, que en parte lindaba el indicado Tahardatz, circunscribían un territorio de unos 355 km^2.

Tánger era una ciudad bellísima. Sus dos costas son admirables. La mediterránea, frente al Estrecho de Gibraltar, está formada por riberas escarpadas y por la bahía de Tánger. Ésta, que forma un semicírculo de unos cinco kilómetros, va desde el cabo Malabata hasta el puerto vigilada por la colina del Charf de 110 metros donde dice la leyenda que está enterrado Anteo. La bahía, poco profunda y de aguas tranquilas, es de arena finísima, lo que da lugar a una de las playas urbanas más extraordinarias del mundo y comparable a las de Miami o Copacabana. La costa oeste también ofrece amplias playas aunque, en parte, peligrosas por ser más bravías por su gran oleaje.

En una de esas playas, además del cabo Espartel que es el extremo de Marruecos, hacia el sur, cerca de un fondeadero, se encuentran unas grutas horadadas por el mar denominadas de Hércules desde donde se extiende una playa de unos 15 km de largo y cien metros de anchura de arena fina que llega hasta el río Tahardatz, o sea a la frontera con el antiguo Marruecos español. Cerca de las grutas se conserva el asentamiento romano de Cotta en el que se fabricaba el *garum*, una pasta de residuos de anchoas que era muy apreciado en todo el Mediterráneo. En aquellas zonas existían varias superficies arboladas entre las que destacaba la conocida como Bosque Diplomático.

Los ríos de la zona no eran importantes aunque numerosos. Llevaban poca agua, siendo el más relevante el ya citado de Tahardatz. Muchos de ellos daban nombre a *duares* y estos a su vez a barrios de la ciudad moderna como, por ejemplo, Suani, Mogoga o Tanja-el-Balia. Todos ellos regaban las tierras de labor y pasto y alimentaban la abundante y exuberante vegetación de la zona. Abundaban los bosques de eucalipto, los pinos, alcornoques, palmeras, higueras y varios arbustos, aunque la tala indiscriminada redujo sus existencias. Contaba además con flores muy variadas, algunas de considerable exuberancia. Había bastante ganado lanar, vacuno y cabrío que era insuficiente para satisfacer las necesidades de la población. Aparte del jabalí, el chacal y el zorro, quedaban pocos animales de la rica fauna que había poblado la zona en siglos anteriores que incluía a leones y otros animales salvajes. Por el contrario, el mar era muy rico en peces y mariscos de todo tipo que abundaban en los mercados de la ciudad y, principalmente, en el situado en el Zoco Grande.

El clima de Tánger es ideal, y uno de sus mayores atractivos, ya que mantiene en verano una temperatura media de 22 °C y, en invierno, de 14 °C, es decir, ni calor ni frío, con cerca de 200 días de sol o de tiempo ligeramente cubierto y solo 100 días de lluvia. Es marítimo y similar al de una isla ya que la ciudad está, en parte, rodeada por dos mares. La humedad media al año es del 78 por ciento. El mayor inconveniente era y es el *charqui** o fuerte viento de levante y las ráfagas del *chergui**, viento siroco del desierto, que hacían que en aquella época excepcionalmente se llegara algunos días a los 40 °C, pero solo durante pocas horas ya que las calores se eliminaban con las brisas y las bolsas de frescura que llegaban del estrecho. Además, en los años cincuenta eran significativos los temporales de lluvia y viento que, de cuando en cuando, se abatían sobre la ciudad. Pero el viento de levante limpiaba la atmósfera y hacía que el cielo brillara con un azul esplendoroso, el *cielo azul* de Tánger.

1.2. POBLACIÓN

La base fundamental de la población de Tánger desde que fue conquistada por el Sultán Muley Ismaíl a los ingleses en 1684 y durante el régimen internacional creado por el Estatuto de 1923 estaba constituida por marroquíes que, en su mayor parte, eran musulmanes. De ellos, una parte considerable eran árabes* aunque la mayoría era o tenía ascendencia bereber[4], en gran medida, rifeña* procedentes de cabilas* del Rif[5] como las de Beni Tusin, Beni Said, Tensamane, Guelaïa, Tafersit, Beni Uriaguel, etc. También había bastantes Sussis, procedentes del Souss, en el Anti-Atlas.

El porcentaje de judíos que, en su mayoría, eran marroquíes y de ascendencia sefardí*, osciló, durante distintas épocas del siglo XX, entre el diez y el veinte por ciento del total de la población tangerina. Los datos disponibles son, en parte, contradictorios ya que aumentan o disminuyen en función de las distintas fuentes. Es importante tener en cuenta que los hebreos no tenían todos la nacionalidad marroquí, sino que una parte relativamente importante de la población extranjera era judía y ello como consecuencia, por una parte, de la protección ejercida por varios países sobre bastantes hebreos marroquíes y, por otra, por el número considerable de judíos que, en distintas épocas, llegaron a Tánger como emigrantes no solo de Europa sino también de algunos países americanos como, por ejemplo, Argentina[6].

Tánger, a finales del siglo XVIII, era una pequeña ciudad que contaba con unos 6.000 habitantes que en su gran mayoría eran musulmanes aunque incluía a unos 800 judíos, todos ellos marroquíes, más unos 200 extranjeros. Estos, al igual que los judíos, eran considerados *dhimmi**, es decir, protegidos del Sultán con derechos y obligaciones diferentes a los de los musulmanes[7]. A partir de entonces, cuando Tánger consolidó su posición como capital diplomática del Reino, fue a vivir a la ciudad un buen número de diplomáticos o de asimila-

---

[4] El término bereber o *amazigh* deriva del latino *barbari* (extranjeros) de donde pasó al árabe como *barbar*. Se trata de una etnia de raza blanca a la que pertenecen distintos grupos de población que habitan el norte de África, desde Egipto hasta el Átlántico, que ocupaban dicho territorio cuando, en parte, fue conquistado por los romanos y más tarde por los árabes. Los almorávides* así como los almohades* que conquistaron gran parte del Magreb* y de España, eran, básicamente, bereberes.

[5] El Rif es una región montañosa del norte de Marruecos, no muy bien definida, ribereña del Mediterráneo, de unos 13.000 km^2, que se extiende desde la desembocadura del río Mouluya, próximo a Melilla, hasta cerca del estrecho de Gibraltar, a la altura de Tetuán.

[6] Hacia 1930, según Mitchell Serels, el 78% de la población escolar judía era de nacionalidad marroquí y el resto de otras nacionalidades.

[7] La Dhimma (pacto u obligación) regía, en Marruecos como en otros países musulmanes, la relación del poder central con los judíos y cristianos. Estos eran tolerados y gozaban de la protección del Sultán pero estaban sometidos al cumplimiento de un conjunto de prohibiciones y de obligaciones entre las que figuraban el pago de ciertos impuestos como el de capitación (*djizia*) y el de propiedad (*kharay*). A cambio de ello, el protegido o *dhimmi* no estaba sometido al servicio militar y gozaba de autonomía comunitaria, religiosa y jurídica (para pleitos entre protegidos). No podían llevar armas, debían usar una vestimenta distintiva, no podían poseer animales nobles, como el caballo, etc. En la práctica, tales protegidos eran ciudadanos de segunda, vivían en precariedad y sometidos a la arbitrariedad de las autoridades o de otros ciudadanos musulmanes. Ello condujo a que muchos *dhimmis* optaran por la conversión al Islam.

dos y familiares y empleados de los mismos a los que se unieron mercaderes, financieros y profesionales de todo tipo que participaban en el desarrollo de las relaciones políticas y comerciales entre Marruecos y los distintos países que se interesaron por este país. También llegaron los primeros exiliados políticos tanto de España como de otros países europeos. En 1860 la población alcanzó los 9.000 habitantes de los cuales, aproximadamente, algo más del 75% eran musulmanes y alrededor de un 20% judíos, siendo extranjeros solo unas 800 personas que superaban, en número, a todas las que vivían en el resto del país que no llegaban a los 600 individuos. Pero, en muy poco tiempo, estas cifras cambiaron.

A principios del siglo pasado, la bonanza económica de la zona atrajo a un considerable número de extranjeros. En su mayoría, eran españoles que llegaron a la ciudad, que aún no era internacional, huyendo del paro y de la miseria que sufrían en España. Procedían, principalmente, de Andalucía y dentro de ella de Cádiz y Málaga. En 1905 vivían en Tánger algo más de 5.000 españoles que procedían, además del Sur de España, de otras regiones como Cataluña, Madrid y el País Vasco. En los primeros años del siglo fueron a Tánger un considerable número de funcionarios, financieros, inspectores y administrativos para ocuparse de las materias relativas al servicio y cumplimiento de la Deuda marroquí así como otros involucrados en los procesos del protectorado que había iniciado el Acta de Algeciras y que, posteriormente, desarrollaron los acuerdos de Fez. Además, en esa época Tánger fue también tierra de exilio y de refugio para un gran número de personas que huían de sus países por motivos políticos como les ocurrió a muchos nobles o miembros de la clase alta rusa que escaparon de la revolución soviética. También acudieron a vivir a Tánger jubilados y turistas, en buena parte, británicos o franceses, que eligieron la ciudad no solo por su amable clima sino también por el bajo coste que suponía vivir en ella que podían cubrir, con largueza, las jubilaciones de aquellos o bien las escasas rentas de los turistas. Más tarde, en los años 20, Tánger recibió a españoles, franceses o centroeuropeos y a muchos marroquíes procedentes de otras ciudades marroquíes también atraídos, principalmente, por los puestos de trabajo ofrecidos por las distintas instituciones como escuelas, hospitales y comercios que fueron abriéndose en la ciudad.

Hacia 1925, cuando entró en vigor el Estatuto de 1923, vivían en la zona unas 50.000 personas. De ellos 30.000 eran musulmanes, en su mayoría rifeños o de ascendencia bereber, unos 5.000 judíos y alrededor de 15.000 extranjeros que en su gran mayoría eran europeos siendo los más numerosos los españoles que serían, aproximadamente, 10.000 seguidos por 1.800 franceses así como ingleses, italianos y portugueses que contaban, cada nacionalidad, entre 500 y

600 almas. En aquellas fechas Tánger era la cuarta ciudad de Marruecos, detrás de Marrakech, Fez y Casablanca. El desarrollo del Estatuto de 1923 y la internacionalidad de Tánger atrajeron a la ciudad a muchos comerciantes, industriales, banqueros, contratistas de obras, etc., así como a profesionales de todo tipo como abogados, profesores, médicos, arquitectos y otros diplomados. Todos ellos llegaron junto con un gran número de auxiliares técnicos o administrativos, obreros, etc. Procedían de diversos países, principalmente, europeos. En la segunda mitad de la década de los 30 arribó a Tánger un considerable número de centroeuropeos, en parte judíos, que escapaban, principalmente, de Alemania, Austria y Hungría. Solo en 1938-39 se refugiaron en Tánger unos 1.500 judíos centroeuropeos. La mayoría de estos refugiados hebreos permaneció en Tánger hasta cerca de 1960.

En 1940 Tánger contaba con unos 75.000 habitantes de los cuales, aproximadamente, unos 46.000 eran musulmanes, seis o siete mil eran judíos siendo europeos los restantes, o sea, alrededor de 23.000 personas. De ellas unas 16.000 eran españoles, 2.500 franceses, 1.200 italianos, cerca de un millar británicos y unas dos mil de otras nacionalidades así como apátridas. En aquellos años la entrada de españoles fue importante. Algunos huían temerosos ante la caída de la monarquía y la implantación de la república, lo que ocurrió en abril de 1931. Esta vez no se trataba de gente pobre sino más bien adinerada que llegaba con bienes y capitales. Se trataba de profesionales, pequeños comerciantes e industriales que se habían identificado considerablemente con la monarquía y tenían miedo por su futuro. Durante los cinco años que duró la ocupación española de Tánger (1940-1945), lógicamente, la influencia española fue considerable. La Administración española de la ciudad atrajo hacia ella a políticos, militares y funcionarios españoles así como a comerciantes, obreros, administrativos, etc. y algunos profesionales de prestigio de la misma nacionalidad[8]. La mayor parte del primer grupo se fue de la ciudad cuando terminó la ocupación española. En cambio el otro, casi en su totalidad, prefirió quedarse en Tánger. Así, se puede estimar que a finales de 1945 la colonia española ya superaba las 20.000 almas.

Además, al terminar la guerra mundial y cesar la ocupación española acudieron a Tánger una buena cantidad de exiliados españoles, en parte considerable procedentes de Madrid, Cataluña y el Levante español, que después de nuestra guerra civil se habían refugiado en Hispanoamérica, especialmente en México,

[8] Los emigrantes españoles en Marruecos y, en particular, en Tánger estaban integrados, principalmente, en los sectores del comercio, transportes, agrario y construcción. Según el *Anuario Estadístico de la Zona del Protectorado*, en 1941 vivían oficialmente en Tánger 14.486 españoles, lo que permite suponer que su número real era algo mayor. La mayoría de los españoles de Tánger procedían de Andalucía, Murcia, Valencia y Alicante, seguidos a cierta distancia por los procedentes de Madrid y Cataluña.

así como en Francia o Argelia y que decidieron volver a España, haciendo una primera escala en Tánger. Todos ellos se integraron bastante bien en la colonia española añadiéndole prestigio e influencia ya que muchos de ellos eran profesionales de valía, comerciantes, financieros, etc. También algunos franceses que habían servido al Gobierno de Vichy se refugiaron en esa época en Tánger. A partir de entonces y gracias al enorme desarrollo económico y comercial que tuvo la zona acudieron, también, a la misma un considerable número de marroquíes que vivían en poblaciones de las dos zonas de protectorado español y francés cercanas a Tánger y cientos de rifeños que huían de la hambruna que había azotado al Rif en 1945[9]. Muchos de esos marroquíes eran nacionalistas que no podían desarrollar con libertad sus actividades en la zona del protectorado francés y, en algunos casos, tampoco en la española por lo que optaron por domiciliarse y plantear sus reivindicaciones desde Tánger.

En ningún momento hubo estadísticas fidedignas sobre la población de la ciudad internacional ya que en Tánger no funcionaba un registro civil al que estuviesen sometidos los marroquíes. Así, por ejemplo, en los respectivos consulados existían los correspondientes registros. Se estima que hacia 1946 la zona contaba con algo más de 104.000 personas. Pocos años después la Administración internacional, que como queda dicho no poseía estadísticas relativas a la situación demográfica de la zona, estimó que la zona contaba, hacia 1952, con 172.300 personas de las cuales algo más de cien mil eran marroquíes musulmanes, 15.000 judíos, en su mayoría, marroquíes, unos 52.000 europeos y el resto, poco más de dos mil personas de otras nacionalidades o apátridas. Es muy posible, dadas tales carencias estadísticas así como por el hecho de que los extranjeros no tenían obligación ineludible de inscribirse en sus correspondientes consulados, que esa cifra fuera algo más alta, gracias a la población flotante y a la que vivía ilegalmente en la ciudad. Así, es posible aceptar, como algunos pretenden, que la zona internacional de Tánger, incluidos sus alrededores, llegó a contar en los años cincuenta del siglo pasado con una población que rondaba los 200.000 habitantes, de los cuales algo más de la mitad eran marroquíes musulmanes, unos 20.000 eran judíos (75% marroquíes y el resto extranjeros) y, más o menos, entre 60.000 y 70.000 individuos eran extranjeros. De ellos, es probable que entre 40 y 45.000 habitantes de la ciudad fueran españoles.

La población se distribuyó, básicamente, por toda la ciudad y sus alrededores, solo en función de su situación económica o social sin tener en cuenta razones

[9] «Tánger fue una ciudad de asilo. Lo fue político para muchos españoles durante la guerra civil: de los dos bandos... Fue ciudad de asilo de los judíos de la Europa maldita de los nazis; y de algunos árabes perseguidos, al otro lado de África, o ya en Asia, por los colonialismos ingleses y franceses. Tengo algún motivo para creer que fue también asilo de nazis». Eduardo Haro Tecglen. *Hijo del siglo.*

étnicas, de nacionalidad o religiosas. Inicialmente, musulmanes y judíos vivían juntos en las distintas zonas de la medina confraternizando, más o menos, según los aires políticos que corrían. A medida que la seguridad ciudadana fue consolidándose, muchos de los habitantes de la medina, musulmanes, judíos y cristianos, fueron a vivir sin distinción alguna a otros lugares que se iban abriendo ya sea a lo largo de la calle de Italia, en la calle de Tetuán, o hacia el Marchán. En este lugar se situaron los más pudientes que construyeron algunas casas de muy alto nivel. Otros fueron a vivir a las calles del Ensanche como los bulevares Pasteur o Anteo o a las numerosas arterias que en ellos desembocan. Por su parte, los británicos y algunos europeos y norteamericanos que iban a Tánger a disfrutar su jubilación o bien a pasar unas largas vacaciones fuera de los hoteles iban a vivir al mismo Marchán o al Monte. Les acompañaron otros residentes que contaban con fortuna y que formaban parte de la clase dominante, tanto marroquíes, musulmanes o judíos, como occidentales.

Algunos marroquíes, musulmanes o judíos y también bastantes españoles continuaron viviendo en distintos barrios de la medina como Beni Idder o la Fuente Nueva. La mayoría de los españoles modestos o de clase media se instalaron,posteriormente, en diversos patios[10] esparcidos por la ciudad. Algunos de ellos que acogían a los más pobres no contaban, en general, con buenos servicios y, casi nunca, con agua corriente y otros, más modernos, estaban mejor acondicionados. Quizá los más conocidos eran el Patio Ruah situado en la cuesta de la Playa enfrente del cementerio israelita; el Patio Laredo que estaba situaba en la calle Hasnona; el Patio Petri que estaba en la Avenida de España haciendo esquina con la cuesta de la Playa; el de la Calera Paquete, en la Terraza Renschhausen; el Barrio del Progreso, cerca de la legación americana; el del Inglés, enfrente de la Iglesia de la Purísima; el de Gregorio, cercano al Jardín de las Ranitas en el Zoco de los Bueyes y muchos más. En todos ellos convivían cordialmente europeos —en su mayoría,españoles— con judíos y algunos marroquíes. Mención aparte merecen los patios que se crearon alrededor de la calle Sevilla entre los que destacaba el de Eugenio donde la casi totalidad de sus habitantes eran españoles. Algunos más afortunados fueron a vivir a los nuevos edificios o barrios que fueron construidos en la Avenida de España, en la cuesta de la Playa o en sus cercanías, en los alrededores de la iglesia del Sagrado Corazón, en el que la mayoría de las calles tenían nombres de grandes inventores y científicos[11].

---

[10] Algunos de estos patios están descritos con cariño, detalle y nostalgia por varios tangerinos en el libro *Tánger en primera persona*, de Carlos Hernández y Colectivo Tángerjabibi.

[11] Muy bien descrito este barrio cercano al Sagrado Corazón, y con bastante nostalgia por Germán Gumpert en *Tingis* nº 9.

Es muy posible que la cifra indicada de casi 200.000 habitantes sea la más alta a la que llegó la población del Tánger internacional. En efecto, a partir de los graves acontecimientos que tuvieron lugar en la ciudad el 30 de marzo de 1952 se inició un continuado éxodo que tuvo uno de sus puntos álgidos en 1956, cuando se consolidó la independencia marroquí y la anexión de Tánger, y en 1960, cuando fue abolida la Carta Real*. Se calcula que entre 1952 y 1960 salieron de Tánger unos 10.000 judíos y algo más de quince mil occidentales pero que, por el contrario, la población marroquí se incrementó sensiblemente. Es muy posible que en 1960 la población tangerina quedara reducida a 160.000 personas. Actualmente, la población de Tánger ronda el millón de almas que viven en un territorio bastante mayor que el que ocupaba la ciudad internacional[12]. La práctica totalidad de tales habitantes son marroquíes musulmanes salvo algo menos de cien judíos y algunos millares de extranjeros.

1.3. ENTORNO

La Zona internacional comprendía no solo la ciudad de Tánger sino también varios barrios que, inicialmente, la rodeaban y que estaban habitados, en su mayor parte, por rifeños* que, poco a poco, fueron absorbidos por la ciudad nueva. Todo lo que rodeaba a la ciudad de Tánger era denominado *El Fahs*, que, junto con otras zonas rurales cercanas, quedaron integrados en el territorio de la Zona internacional donde se situaban, además de la ciudad de Tánger, distintos barrios y poblados. Entre los barrios más conocidos estaban los del Marchán, Suani, Emsalah, Beni-Makada, Charf, Mogoga, Tandja-el-Balia, Sania y otros a los que nos referiremos, en su mayoría, más tarde.

Además, en los alrededores de los mismos existían varias docenas de *aduares** habitados, también, en su mayor parte, por rifeños entre las que destacaban los de Mediuna, Branes, Ziaten, Bugdur, Beni Uriaguel, Boukhalf, Harrach y muchos más. Se trataba de individuos de religión musulmana, de aspecto noble, de gran fortaleza física, de estatura media y cabellos y ojos negros aunque algunos eran rubios y tenían ojos azules. Eran trabajadores, honestos e íntegros y, en general, de trato amable. Algunos eran propietarios de sus pequeños terrenos y se dedicaban a la agricultura o a la pequeña ganadería pero subsistían pobremente.

[12] Actualmente, el territorio de la antigua zona internacional de Tánger forma parte de la región de Tánger-Tetuán, cuya capital es Tánger. Esta región comprende dos *wilayas* (grandes provincias), que son Tánger y Tetuán. A su vez la *wilaya* de Tánger está compuesta por la Prefectura de Tánger-Arcila (que comprende las Gobernaciones de Tánger-Medina y la de Tánger-Arcila) y la gobernación de Fahs-Anyera. Así, la *wilaya* de Tánger comprende, hoy día, toda la antigua Zona Internacional más algunos territorios que formaban parte del protectorado español como, entre otros, Arcila y Alcazarseguer.

Algunos de ellos se desplazaban a Tánger, una o varias veces a la semana, para vender sus mercancías, principalmente, legumbres, hortalizas, patatas, frutas, pollos, huevos, queso y algunos otros productos que exponían, principalmente, en el Zoco Grande y que solo cubrían una pequeña parte, entre el cinco y el veinte por ciento, de las necesidades de la urbe.

Contaba la Zona Internacional con varias carreteras, siendo la más importante y una de las más concurridas la que llevaba de Tánger a Rabat, que fue reconstruida en el periodo 1946-1948, que llegaba hasta la frontera de la Zona Internacional con el protectorado español al cual se podía entrar a través de la Aduana del Puente Internacional situada a menos de 25 kilómetros de la ciudad. A través de ella se accedía a varias instalaciones de empresas de telecomunicación y se llegaba al Bosque Diplomático. Otra carretera muy utilizada era la que unía la ciudad con el aeropuerto internacional situado a unos 12 km de la ciudad. Esta carretera se unía a otra que conducía a las Grutas de Hércules y que a su vez empalmaba con la carretera que desde Cabo Espartel llevaba a la ciudad. La otra vía importante era la que llegaba hasta la frontera que separaba a Tánger del protectorado español a través de la Aduana del *Bordj*, que estaba a unos 12 km de la ciudad. Por último, otra carretera principal era la que unía a la ciudad con el cabo Malabata en la punta Este de la bahía de Tánger y en la cual, hacia su mitad, se sitúa la Villa Harris. Había otras pistas secundarias como las que llevaban a Sidi Amar o Sidi-Kacem. En total las carreteras principales asfaltadas y acondicionadas no superaban los 36 km en toda la zona y las secundarias con distintos firmes, llegaban a los 73 km.

1.4. LA CIUDAD INTERNACIONAL Y SUS ALREDEDORES

La ciudad internacional de Tánger estaba dividida, básicamente, en tres zonas: la medina o ciudad vieja, la ciudad moderna o europea y los alrededores. Hacia 1950 todo este territorio suponía algo más del diez por ciento de la Zona internacional. Estaba rodeado por varias colinas entre las que destacan, hacia el este, el *Jebel Kebir* o Monte Viejo con su más alta cima, Sidi Amar, de 210 m de altitud. Se situaba más allá de la explanada del Marchán y separado de la medina por el valle que forma el río de los judíos (*Ued el lihud*). Describiremos, brevemente, la ciudad internacional en el bien entendido que este libro no pretende hacer un inventario de las bellezas y monumentos de Tánger ni guiar al lector por la ciudad, labor que queda para otros trabajos más autorizados que existen sobre el particular[13].

1.4.1. La medina o ciudad vieja

Antecedentes

La medina de Tánger o ciudad vieja mantiene, en general, un estilo propio marroquí aunque en algunas zonas la influencia española, como por ejemplo, en la Fuente Nueva, es manifiesta. Está rodeada por viejas murallas y aglomera un considerable número de casas separadas por callejuelas y plazuelas que forman un laberíntico conjunto que tienen su centro en el Zoco Chico o *Suk el Dahel* (zoco de adentro), donde se celebraba el mercado interior. Se conecta a través de la calle Siaguins (plateros), que es la principal de la medina, con el *Suk el Barra* (zoco de afuera) o Zoco Grande, situado fuera de las antiguas murallas de la ciudad. Dominando la medina se yergue la Casbah, rodeada a su vez de murallas, algunas de ellas portuguesas o inglesas y el resto, más recientes, marroquíes. En la Alcazaba se sitúa *Dar el Majzen* (casa del gobierno), antiguo palacio del Sultán, construido bajo la dirección del primer bajá* de Tánger, Ahmed Ben Alí Abdellah Rifi, sobre las ruinas del fuerte inglés *Upper Castle*, residencia de los gobernadores ingleses. La construcción se llevó a cabo poco tiempo después de que los británicos abandonaran Tánger en 1684. El palacio fue habitado durante poco tiempo por el Sultán Muley Slimane y, más tarde, por su sucesor Muley Hassan I cuando visitó Tánger en 1889. Cerca del palacio está la mezquita de la Casbah, construida por el ya citado bajá Abdellah Rifi, después de que los ingleses salieran de la ciudad. Otros edificios de interés son el tribunal y la prisión antiguas. La Casbah y la medina contaban con trece puertas de acceso y varias baterías de defensa que, en parte, se conservan siendo la más conocida la de *Bab el Asa*, desde la que se disfruta de un maravilloso panorama.

---

[13] Todas las guías turísticas de Marruecos dedican, como es lógico, un capítulo a Tánger. Entre las más conocidas destacan, en español, las de Anaya, Michelin, Hachette, El País-Aguilar, etc. A nuestro juicio, la mejor y más útil guía de Tánger es la publicada, inicialmente, en 2006 (www.guiadetanger.com) por Juan Ramón Roca y que ha sido ampliada y reeditada en 2011 y publicada en español, francés e inglés. También es bastante buena la guía publicada en 2008 por Le Petit Futé. Por su parte, Tomás Ramírez Ortiz describe luminosamente el casco antiguo de Tánger y, principalmente, el Zoco Chico y sus alrededores en su sobresaliente libro *Si Tánger le fuese contado*. Otro tanto hacen Alberto España e Isaac J. Assayag, respectivamente, en sus excelentes libros *La pequeña historia de Tánger* y *Tanger. Régards sur le passé... Ce qu'il fut*, en los que recrean magistralmente los lugares más importantes de la ciudad. Existen otras obras de interés que pueden ser consultadas en la Bibliografía de este libro.

El Zoco Chico

Dentro de la medina, fuera de la Alcazaba, el lugar más conocido y frecuentado por los tangerinos era el indicado Zoco Chico[14] que hasta los años treinta fue el centro neurálgico de Tánger, tanto desde el punto de vista social como político y económico. En los primeros años del siglo XX, en el Zoco Chico o en sus alrededores se encontraban, entre otros, los almacenes Au Grand París, el Casino Español y el Israelita; el Hotel Fuentes, de los hermanos del mismo nombre; los hoteles Central y Becerra y lugares de expansión o de tertulia como el propio Café Fuentes o el Central, que nunca cerraba; los cafés Des Postes y Des Nations; el Bar Romero que luego, ya como restaurante, se desplazaría a la calle Goya; la Confitería Pilo, que décadas más tarde se desplazó a la calle Fez y la pastelería La Española, de Joaquín Izquierdo, que hacia los cuarenta se trasladaría a la calle del Estatuto en el local que ocupara Porte; cabarets como el Kursaal o el Salón Imperial; burdeles como el Chat Noir o Chez Simone; o, simplemente, bares de tapas como La Mar Chica, propiedad de Adolfo Ariza, o el Rincón de Manolo, sin olvidar el pequeño establecimiento de Elías —hoy, Al Andalus—, donde se degustaban unos extraordinarios pinchitos.

Por el Zoco Chico pasaron desde el Sultán Muley el Hassan en 1889 hasta el Emperador Guillermo II en 1905 y, por supuesto, mucho más tarde, los monarcas Sidi Mohamed V y Muley Hassan II. En sus calles o en sus hoteles vivieron, o simplemente permanecieron unos días, personajes como Saint-Saëns, Castelar, Bowles, Delacroix, Andersen, Williams, Pérez Galdós, Pío Baroja, Rubén Darío, Burroughs y otros muchos más. Cerca del Zoco Chico, en la calle de la Marina, está la *Yamá el Kebir* (Gran Mezquita), que es el templo musulmán más importante de la ciudad y que fue construido hacia 1720 por el Sultán Muley Ismail. Tanto en el Zoco Chico como en la calle Siaguins y otras que nacían en aquel como la de Cristianos y la del Comercio, que formaban parte del barrio de Ued Ahardan, abundaban los comercios de todo tipo desde grandes almacenes como Au Grand París hasta tiendas de pieles y tejidos y las más diferentes prendas y artículos pasando por pequeños talleres artesanos, lo que permitía a los clientes de la zona encontrar todo lo que deseaban. Se pasaba en solo unos metros de un establecimiento de alta categoría a un pequeño *bacalito** alumbrado por un simple quinqué.

No muy lejos de allí al lado de la calle de la Marina, en el Barrio de Dar Barud, prácticamente encima de las puertas del edificio de la Aduana, se situaba el

[14] Así se designó, por españoles, franceses, ingleses y por otros occidentales, durante todo el periodo internacional este corazón de la ciudad. En algunas guías en español, traducidas del francés, se observa que, actualmente, muchos denominan a esta pequeña plaza *Petit Socco*, lo que para los antiguos tangerinos resulta cursi y desafortunado.

Hotel Continental, que desde su inauguración en 1865 fue, durante muchos años, el de mayor prestigio de Tánger y en el que se alojaron todos los personajes importantes que visitaron la ciudad a finales del siglo XIX y primera mitad del XX.

La calle Siaguins

Del Zoco Chico sale la calle de los Siaguins, que es una de las principales de la medina. En medio de ella y a menos de trescientos metros del Zoco se yergue la Iglesia de la Purísima Concepción, construida en 1880 por los misioneros franciscanos y que durante más de cincuenta años fue la de mayor importancia de Tánger. A muy poca distancia de esta iglesia está la calle de las Sinagogas, llamada así porque en ella se ubicaban desde el siglo XVIII varios templos hebreos entre los cuales el más importante era la sinagoga Nahon[15]. Las llamadas a la oración del muecín o almuédano desde la Gran Mezquita se unían a los toques de campana convocando a misa que salían de la iglesia situada a muy escasos metros de las sinagogas donde los judíos entonaban sus salmos milenarios. Así, en un reducido espacio las tres religiones básicas adoraban en Tánger, por distintos caminos, al mismo Dios.

Muy cerca del Zoco Chico, y principalmente en la calle Siaguins, se instalaron a principios del siglo XIX las legaciones o consulados de los principales países que mantenían relaciones diplomáticas o consulares con el Sultán de Marruecos. Dar Niaba, desde 1860, fue durante muchos años hasta el establecimiento del Estatuto de Tánger, residencia del *naib* o enviado del Sultán que dirigía las relaciones diplomáticas de Marruecos con los cónsules residentes en Tánger actuando, en la práctica, como ministro de asuntos exteriores marroquí. Allí funcionó, más tarde, durante algunos años, la Asamblea Legislativa y la Oficina de Turismo de Tánger. Un poco más lejos del Zoco Chico, en el barrio de Beni Ider, el Sultán Muley Slimane regaló al gobierno de Estados Unidos un palacete para que lo ocupara su legación, lo que así se hizo a partir de 1821.

En la misma calle Siaguins o cerca de ella se situaron los principales bancos que fueron creándose en Tánger que, inicialmente, eran todos judíos: Banca Pariente, Banco Mosés Nahon, Banco Hassan, etc. y, más tarde, el Bank of West Africa y el Crédit Foncier. A un nivel más modesto se instalaron, principalmente, en la calle Siaguins aunque también en la de Senmarine (herradores) y más tarde, en algún caso, en el bulevar Pasteur, establecimientos de cambios de monedas. En esa calle de Siaguins abrieron sus puertas, enfrente de la Iglesia de la Purísima, los Magasins Modernes, que luego serían Monoprix y, más abajo de la acera de la Iglesia, los Almacenes Alcalá. En la calle de Siaguins había de todo:

[15] Está cerrada pero se mantiene como museo que puede ser visitado previo acuerdo con la Comunidad Israelita.

tiendas orientales donde se encontraba cualquier género y que, en general, pertenecían a comerciantes hindúes que permanecían abiertos todo el día y parte de la noche, desde Daswani y Dalamal hasta la Casa Chandu; joyerías y relojerías como la de Anselmo Ravella, posiblemente, la más antigua de Tánger; peleterías como la reputada de Markowicz y perfumerías como la Central hasta tiendas de café como la de El Chiquet al que le hacía la competencia, en la calle Semmarin, Cafés Las Campanas de Carrión.

Desde la calle Siaguins se llegaba a otros sectores de la medina ya que todos estaban conectados entre si por calles tortuosas o muy estrechas. En el barrio de Ued Ahardan se situaban los de la Fuente Nueva[16] o el de la calle Tuahin (molineros) en los que a finales del siglo XIX y principios del veinte vivía, en casas ocultas pero algunas bellísimas, lo más granado de la ciudad, especialmente hebreos, entre los que figuraban miembros de las familias Bendrao, Laredo, Benasuli, Lasry, Pimienta, Toledano, así como otras españolas y algunos diplomáticos y muchas otras familias de la burguesía. El esplendor de la Fuente Nueva y de sus alrededores no duró mucho tiempo, principalmente, por el atractivo del Marchán o la cercana calle de Tetuán, adonde buena parte de las ricas familias que allí vivían decidieron trasladar su residencia. Permanecieron en la Fuente Nueva otras familias menos adineradas tanto judías, como españolas y musulmanas.

Tanto en el Zoco Chico como en la Fuente Nueva se celebraban por las distintas sociedades que convivían en Tánger sus fiestas populares como el *Mulud** musulmán, la Navidad cristiana o el *Purim** judío. En general, en estas ocasiones gozosas así como en bautizos, circuncisiones, *tefelines** y bodas, se unían los representantes de las tres religiones mostrando la cara más amable de Tánger. Poco a poco, a medida que la ciudad se fue ensanchando, el Zoco Chico, la calle Siaguins, y sus alrededores fueron perdiendo su protagonismo para convertirse, a finales de los cuarenta, en un centro de atracción de turistas donde permanecieron hasta casi finales de la siguiente década la mayoría de los cambistas y una ristra de centros comerciales donde tanto marroquíes, musulmanes y judíos como hindúes y algunos europeos competían entre sí en ofrecer sus productos orientales o de otro tipo a los visitantes. Todavía quedaban algunos hoteles como el Becerra o el Central y cafés como el Fuentes que parecían mantener despierto el espíritu tangerino que tanto se había desarrollado entre sus paredes.

---

[16] Muchos escritores se han referido en sus escritos o novelas a la Fuente Nueva. Posiblemente, nadie ha plasmado la esencia de ese barrio y lo que fue en los primeros años del siglo pasado tan magistralmente como Alberto España en su *La pequeña historia de Tánger* o Isaac Assayag en su *Tanger, regards sur le passé*. Elisa Chimenti describe también el Zoco Chico y la Fuente Nueva en *Souvenirs d'un tangeroise*.

En definitiva, el contorno formado por el Zoco Chico y sus alrededores fue, por los motivos que se han señalado o por otros, el verdadero centro de un microcosmos del que, en distintas épocas, formaron parte árabes, bereberes, israelitas y europeos, pobres y ricos, fieles judíos, musulmanes o católicos, funcionarios y diplomáticos, comerciantes y financieros, chulos y prostitutas, contrabandistas y fulleros, frailes y rabinos, abogados y profesionales de las más distintas ramas, espías y contrabandistas y, en resumen, el heterogéneo mundo que formaba la impar y muy peculiar sociedad tangerina. Prácticamente, todos los escritores y pintores que han pasado o vivido en Tánger han intentado describir o pintar con mayor o menor acierto el Zoco Chico y su entorno, lugar único en el mundo y que, al igual que le ocurre al resto de la ciudad, no se resigna a morir a pesar del abandono que ha sufrido en los últimos cincuenta años[17].

1.4.2. El Zoco Grande y el ensanche

A pocos pasos de la antigua medina se encuentra el Zoco Grande o *Suk el Barra* (zoco de afuera), al que se llega desde la calle Siaguins, a través de la de Senmarine envuelto en los aromas de café torrefacto y de las numerosas especias que se venden en la zona. A finales del siglo XIX era una explanada donde se comenzó a edificar una serie de edificios nuevos, entre ellos el propio mercado de abastos, que todavía, en parte, perdura, y la legación de Alemania, que más tarde sería la Mendubía o palacio del Mendub*. En ella fue recibido el káiser Guillermo II durante su corta visita a Tánger el 31 de marzo de 1905. La Mendubía cuenta con preciosos jardines y, en su entrada, con una centenaria higuera junto a la cual se situaban unos treinta cañones de bronce de distinta procedencia tanto españoles, con las armas de Felipe II, como portugueses y británicos que fueron repartidos, después de la independencia, por distintos lugares de la ciudad. En el Zoco Grande está la mezquita de Sidi Bouabid, construida en 1917. Desde esta plaza con el fondo de la Mendubía el Sultán Sidi Mohamed V pronunció un trascendental discurso el 10 de abril de 1947 exigiendo la independencia de

[17] La Asociación Al Boughaz, creada en 1988, tiene por objetivo el desarrollo económico, cultural y social de Tánger. La preside, desde su creación, el tangerino Rachid Tafersiti, descendiente del primer bajá de la ciudad, Ahmed Ben Alí Abdellah Rifi. Ha elaborado un inventario del patrimonio tangerino en el que figura una larga lista de lugares de interés arqueológico, histórico y cultural de la ciudad y sus alrededores que incluye desde cementerios hasta mezquitas, iglesias y sinagogas, pasando por palacios, *zauias** y centros culturales como cines, teatros, centros de deportes, etc. Véase http://tangier.free.fr/alboughaz/patrimoine.htm. En junio de 2003 celebró un Seminario sobre el Patrimonio arquitectónico de Tánger. Sus actas, de mucho interés, están recogidas en la página web http://tangier.free.fr. Además, el inventario se recoge en el libro de Tafersiti *Tánger 1999-2003*.

Marruecos, lo que constituye uno de los hechos fundamentales de la historia de Tánger y de Marruecos.

Durante años se celebró mercado en el Zoco Grande los jueves y los domingos aunque también estaba lleno de vendedores y público los otros días de la semana. La víspera de los días de mercado llegaban a la plaza hombres y mujeres, la mayoría rifeños*, con algunos camellos pero, principalmente, con burros y mulos en los que transportaban hasta la ciudad sus mercancías desde los aduares o cabilas* cercanas. Las mujeres protegían su cabeza con enormes sombreros de paja y se vestían de trajes multicolores. Protegían los pies con polainas de cuero o de trapo. En el Zoco Grande se vendía de todo, desde especies hasta perfumes, pasando por los más variados productos alimenticios como legumbres, quesos frescos envueltos en hojas de palmito, yerbas, aves, conejos así como cacharros de cocina, herramientas e innumerables objetos de la más variada índole. Abundaban también las floristas, las vendedoras de pan y tortas y los pasteleros ambulantes ofreciendo dulces de almendra y miel, que se conocían genéricamente como *churbaquía*, sobre los que revoloteaban moscas, abejas y avispas.

Se unían a los vendedores, locos, mendigos y tullidos; hechiceros y curanderos que realizaban toda clase de hechizos, sortilegios o curaciones a base de lagartos disecados, huevos de las más extrañas aves, pezuñas de animales y otros elementos extraños; encantadores de serpientes, o narradores de cuentos que contaban las historias de Yeha, el medio bribón y medio héroe marroquí. Había también aguadores (*guerrabs*) con el pellejo u odre a cuestas lleno de agua fresca, tañendo sus esquilas. Era un espectáculo ruidoso, pintoresco y casi único que solo se repite en otras plazas similares de Marruecos y de algunos pocos países árabes. Se mantuvo, prácticamente, hasta finales del Estatuto pero, desgraciadamente, hacia los años 60 la plaza fue remodelada destruyéndose todo su tipismo y su magnífica arboleda. Fue un tremendo error. Desapareció uno de los lugares paradigmáticos y una de las mayores atracciones turísticas de Tánger y de Marruecos ya que el Zoco Grande podía ser considerada como la hermana menor de la plaza Jemaa el Fna de Marraquech[18].

Enfrente de la Mendubía estuvo el Hotel Cavilla, el primero fuera de la ciudad antigua, que, más tarde, fue sustituido por el Cine Rex, hoy Cine Rif, que acoge a la cinemateca tangerina. En algo más de veinte años el Zoco Grande quedó vertebrado, construyéndose en él una serie de edificios de primera magnitud, y conectado con las arterias que rodeaban a la medina. Desde el Zoco Grande se

---

[18] Se asombra Tomás Ramírez Ortiz, con toda razón, en su libro *Si Tánger le fuese contado...*, que los que han despoblado y talado inmisericordemente los árboles que adornaban Tánger sean descendientes de árabes o bereberes que crearon y cultivaron con esmero tantos jardines, cármenes y arriates en España y en Marruecos.

inició y desarrolló, en buena medida, el Ensanche de la ciudad, que se extendió hacia las calles de Italia, de Sidi Bouarrakía, San Francisco, Inglaterra y Estatuto. Todo ello se produjo cuando la seguridad se consolidó en las afueras de la medina como consecuencia de las medidas que iba tomando poco a poco el cuerpo diplomático con la autorización del Majzén.

1.4.3. La ciudad europea

Callejero tangerino

La mayor parte del Ensanche se realizó sin seguir un plan urbanístico y ello porque no existió hasta 1925 una autoridad que pudiera imponerlo. Desde el Zoco Grande la ciudad se extendió hacia al noroeste a través de la calle de Italia construida paralelamente a una de las murallas portuguesas. Por una parte, se unía con la cuesta que conducía a la Alcazaba cerca de donde está enterrado Ibn Batuta y, por otra, a través del Paseo del Dr. Cenarro con el Marchán. En la calle de Italia se construyeron edificios de prestigio de estilo europeo y de pocas alturas y se creó la primera urbanización privada de Tánger, que se denominó calle de Tetuán. Fue financiada por los hermanos José y Mimón Bendahan y David Benelbas, los tres tetuaníes, que después de emigrar a Argentina volvieron a Tánger con una considerable fortuna que invirtieron en dicha urbanización, encargando su construcción al contratista Antonio Cano bajo la dirección del arquitecto Antonio Ramírez. Muchos judíos sefardíes y algunos españoles que, en su mayoría, residían en la Fuente Nueva o bien en el barrio de Beni Ider fueron a vivir a la calle Tetuán que durante algún tiempo fue la más elegante y segura de Tánger y que se cerraba por la noche. Junto a la misma, en la calle de Italia, se instalaron los teatros Capitol y Alcázar que pronto se dedicaron, básicamente, a exhibir películas de cine. Cerca de ellos se instaló el Gran Café de Colón.

La denominación de las calles que fueron construyéndose fue bastante anárquica. Las placas azules que las designaban estaban escritas en español, francés y árabe, así como los rótulos de las principales tiendas. Inicialmente, se nombraba a la calle en función del principal edificio u organismo ubicado en ella. Así, se denominaba la calle del Hotel Continental, del Banco de Bilbao o del Telégrafo Inglés a aquellas en las que estaban situados tales establecimientos. La nueva Administración que surgió del Estatuto decidió dar nombres, básicamente españoles y franceses a las calles, avenidas y plazas, así como italianos y británicos y de algunos otros países a las arterias que iban surgiendo. Entre los nombres figuraban españoles de prestigio como los músicos Albéniz o Eslava;

escritores como Balmes, Calderón y Cervantes; pintores como Goya y Velázquez; personajes históricos como Cortés o Pizarro y algunas figuras españolas tangerinas relevantes o relacionadas con la ciudad como el Obispo Betanzos, el Doctor Cenarro o Esperanza Orellana, así como topónimos españoles como España, Cataluña, Sevilla, etc. Prácticamente la totalidad de esas denominaciones han desaparecido y hasta ha sido cambiado el corto tramo al que había quedado reducida la Avenida de España.

Otro tanto ocurrió por parte francesa. Tuvieron sus calles escritores, músicos o pintores como Alejandro Dumas, que había estado en Tánger, como Saint Saëns o Delacroix, La Fontaine o Victor Hugo; destacados personajes históricos relacionados o no con Tánger como los doctores Pasteur o Fumey o Mauchamps y otros nombres famosos como Clemenceau, Juana de Arco o Descartes, o ciudades como Burdeos, Marsella, Versalles tuvieron su avenida o su calle en Tánger. También fueron designadas bastantes arterias con nombres británicos como las de Arsenal, Basil Scott, Cambridge, Dickens, Samuel Pepys, Londres, Newton, Sir Reginald Lister, Sir John Drummond-Hay, etc.; e italianos como Cristóbal Colón, Américo Vespucio, Italia, Dante, Galileo, Galvani, Marconi, Nápoles, etc. El resto se repartió entre otros países participantes en el Estatuto y algunos otros occidentales como, por ejemplo, las calles de Colaço o de Fernando de Portugal, la de Alberto I de Bélgica, las de Erasmo o de J.J. Rousseau, las de Bach y Mendelssohn, la de Luxemburgo, la Avenida Roosevelt, la de Tolstoi, etc. Algunas calles fueron dedicadas a judíos, principalmente tangerinos, como las de Abensur, Dr. Güitta, Salvador Hassan o Mordejay Bengio. Pero muy pocas fueron consagradas a tangerinos musulmanes o a personajes árabes o marroquíes. Excepcionalmente, figuraban los nombres de Marruecos, Ibn Batuta, Chorfa de Uazzan, Ibn Khaldoun, Maimouni, Moussa ben Noussair, León el Africano y muy pocos más. No es de extrañar que poco tiempo después de la independencia las autoridades marroquíes cambiaran casi todo el callejero tangerino sin que en tal tarea respetaran algunos nombres que tanto dieron a Tánger como, por ejemplo, el Dr. Cenarro, Esperanza Orellana, el Dr. Mani o el marqués de Comillas.

El Marchán y el Dradeb

Desde el final de la misma calle de Italia se iniciaba el paseo del Dr. Cenarro, que subía al Marchán, la zona residencial por excelencia de Tánger durante el periodo del Estatuto y algunos años antes, ya que se había empezado a urbanizar a finales del siglo XIX. Allí se instaló en 1913, y sigue, el Institut Pasteur y la legación de Cerdeña, que sería más tarde de Italia, edificio en el que vivió Garibaldi entre 1849 y 1850. En 1937 se construyó en el Marchán el Estadio Municipal de Tánger.

También se edificó, años después, el Palacio de la Asamblea o de Congresos que, entre otras funciones, albergó a la Asamblea Legislativa de Tánger.

Al Marchán[19] fueron a vivir las familias más pudientes de la burguesía tangerina, muchas de ellas musulmanas como las de El Mokri, Kerrich, Erkaina, Dukali, o el propio El Menebhi, antiguo ministro de la Guerra que se hizo construir un magnífico palacete. Otras eran hebreas muy conocidas como la de los hermanos Hassan, Abitbol, Farrache, Pinto, Abensur, Buzaglo, Nahon, Pariente, Bendelac, Bengio y el propio Dr. Mani, así como algunas europeas como las de Lady Maclean, Raïda, Ernest Dempster, Lady Scott, Emile Bonnet, Abelardo Sastre y muchos otros más, incluidos varios diplomáticos o altos funcionarios. Muchas de esas residencias fueron diseñadas y construidas bajo la dirección del arquitecto Diego (Dieguito) Jiménez Armstrong[20].

También se construyeron en el Marchán una serie de edificios modernos como los de Serruya o Alster en los que convivían familias musulmanas, hebreas y cristianas. Muy cerca está el palacio del Mendub construido en 1929 por los Tazi, de estilo tradicional, que compró el millonario Forbes en 1970. Este palacio, a la muerte de Forbes, fue adquirido por el gobierno marroquí, que lo utiliza para recibir a sus huéspedes ilustres. Cerca del palacio del Mendub hay unas ruinas fenicias y, casi al lado, permanece, como desde 1921 cuando fue fundado, el café de la Hafita, desde el que se divisa una de las más maravillosas vistas del estrecho y de las costas de España. Este café ha sido frecuentado por la mayoría de las celebridades que han vivido o pasado por Tánger y, prácticamente, por todos los escritores y artistas que vivieron en la ciudad.

Casi al final del Paseo del Dr. Cenarro se iniciaba la calle de Hasnona, a la que seguía la avenida de Alejandría que abría el camino hacia el Dradeb, que era un barrio popular en el que se había pretendido alojar a musulmanes poco pudientes creando, como ocurrió con el barrio del Emsallah, otra nueva medina laberíntica aunque menos atractiva que la original. Entre otros edificios de interés figuraba cerca de esa zona y sigue estando el Palazzo delle Istituzioni Italiane, comprado por el Estado italiano al Sultán Muley Hafid, que lo construyó al poco tiempo de abdicar y refugiarse en Tánger. En ella estaba la Scuola Italiana, la organización cultural Dante Alighieri y el Hospital Italiano, que sigue funcionando. Cerca de allí se construyó el célebre Hospital Benchimol, derribado en 2011, desde el cual se inicia el camino que conduce al Monte Viejo.

---

[19] Rachid Tafersiti en su libro *Tanger, realités d'un mythe* describe con precisión el microcosmos del Marchán.

[20] Diego Jiménez Armstrong (1884-1956) fue un arquitecto español y tangerino, hijo del maestro de obras homónimo. Él solo, o junto a su padre, realizaron algunas de las obras paradigmáticas de Tánger como el Teatro Cervantes y algunos de los principales inmuebles y casas de la calle Tetuán y del Marchán; y muchas más a las que nos referimos a lo largo de este libro. Su hija Mariluz casó con Francisco Cabanillas, uno de los profesores más populares del Instituto español, que durante muchos años ocupó su secretaría general.

Desde el Zoco Grande hasta la Plaza de Francia

Sin embargo, la mayor expansión de Tánger se produjo a través del llamado camino de Fez que conducía a la anterior capital marroquí. A unos 500 metros del Zoco Grande, en ese camino, el millonario norteamericano Ion Perdicaris construyó hacia 1870 una magnífica mansión, Villa Idonia. Ello propició que se edificaran en ese camino otros edificios. Cerca de esa mansión se levantó en 1875 el Hotel Villa Valentina, no muy lejos del Villa de France, que llegó a ser uno de los más prestigiosos de Tánger. En 1920, a unos doscientos metros de la casa de Perdicaris, se instaló el Café de París, en lo que sería la Plaza de Francia, que pronto se convirtió en un lugar de reunión de muchos tangerinos. En los años 50 su propietario era Aureliano García Hernández que lo había heredado de su mujer. Enfrente se situó el Normandy que llegó a ser una de las cafeterías más elegantes de Tánger. En la plaza se construiría poco tiempo después, en 1929, por la empresa Desforges & Rousseau, el Consulado de Francia, majestuoso edificio que parece presidir la actividad de la ciudad. Posteriormente, fue construido el inmueble Toledano en el que se situó la Banque Nationale pour le Comerce et l'Industrie (BNCI), dando gran prestigio a la plaza.

Cuando Ion Perdicaris recobró su libertad, como veremos en otro capítulo, después de ser raptado por El Raisuni, decidió irse de Tánger. Vendió su casa al empresario Onofre Zapata, que instaló en ella una sala de espectáculos denominada Palmarium Casino, que durante algunos años, hasta que se incendió en 1923, fue uno de los centros preferidos por *todo Tánger*. Años después, Lord Bute y Ernest Waller compraron el solar y construyeron el Hotel Minzah (que en árabe, significa «bella vista»), que fue inaugurado en 1930 y que desde entonces sigue siendo el hotel más prestigioso de la ciudad.

En poco tiempo, el camino de Fez —que desde 1925 se llamó calle del Estatuto y aún más tarde, hacia 1960, calle de la Libertad— se convirtió en una de las principales arterias de Tánger potenciada por la Plaza de Francia, en la cual se construyeron varios edificios de relevancia donde se instalaron empresas, profesionales, hoteles, restaurantes, etc. En la calle del Estatuto abrió la que sería celebérrima Confiserie Porte, que años después se trasladó a la calle Goya, donde todavía existe, siendo ocupado su lugar por la pastelería La Española. En esa arteria estuvo la Oficina de Turismo Española dirigida a finales de los cincuenta por Ignacio Rey-Stolle[21].

---

[21] También estaban situados en esa calle establecimientos tan conocidos como la mercería La Sultana, las tiendas de Edgard's Stores, El Remate, Roan, la sombrerería Selecta, la tienda de antigüedades de Arditti, la sastrería de Degioanni, posiblemente la mejor de Tánger, los Almacenes Capitol y las zapaterías Bata, Calzados el Valenciano y el Chat Botté, entre otros; los Bancos de Vizcaya, el Popular Español, la Banca Pariente y la de Jakob Alster y la agencia de viajes Wagons-Lits Cook así como la Compañía Marroquí de Seguros Generales.

Desde la Plaza de Francia salen, desordenadamente, algunas de las calles principales del Tánger internacional. Entre ellas figura la de Bélgica, que se une a su final, en la plaza Betanzos, con la calle de San Francisco. En la calle de Bélgica tuvo su primer emplazamiento, en 1950, la American School of Tangier, que años después construyó una moderna edificación con amplios jardines en la calle de Cristóbal Colón. También se instalaron en esa calle las sucursales del Banco de España, del Banco de Bilbao y del Banco Exterior de España y la clínica del Dr. Cabanié, uno de los más prestigiosos médicos de Tánger. Algo más arriba estaba y sigue el Club Emsallah Garden, que formaba parte del grupo del Hotel Minzah, que contaba con varias pistas de tenis y con amplios jardines en los que se celebraban campeonatos de tenis o fiestas y bailes de sociedad que tenían enorme aceptación. Enfrente se situaba el chalet que habitaba el prestigioso Dr. Carlos Sirvent, director del Hospital Español.

En esta zona se producía una de las más extrañas paradojas del Tánger internacional. A pocos metros de la Plaza de Francia, de los jardines del Emsallah Garden y de los lujosos edificios construidos en sus alrededores, muy cerca de la calle de Bélgica y bordeado por las de México, Inglaterra, Holanda, Fez y Bulevar de París, se situaba la otra cara de la moneda. Se trataba del barrio del Emsallah, que tanto desde el punto de vista humano como urbanístico era un clarísimo ejemplo de abandono por parte de las autoridades internacionales[22]. Allí vivían en muy malas condiciones sanitarias, posiblemente peor que en el Dradeb o en la medina, una considerable población constituida, principalmente, por marroquíes, judíos y algunos españoles que, muchos de ellos, se apiñaban en corralas de estilo decimonónico. Este barrio así como otros peores que fueron surgiendo por los alrededores de la ciudad constituyen una de las sombras más evidentes del sistema creado por el Estatuto que favorecía, básicamente, a los europeos y a los marroquíes pudientes y abandonaba a su suerte a muchos desgraciados, la gran mayoría de ellos marroquíes de origen rifeño.

El Bulevar Pasteur

También salían de la plaza de Francia las importantes calles de Fez y de Viñas que eran, además, dos de las arterias más largas de la ciudad. Pero, la más importante de todas fue el Bulevar Pasteur (*el Bule* o *le Boul*) que durante muchos años fue y continúa siendo el lugar paradigmático del Tánger moderno al igual que el Zoco Chico lo era del antiguo. Hacia 1870 lo que sería el bulevar era llamada la huerta del señor Frasquito el Sevillano que había comprado al antiguo bajá de Tánger Bou Achach. Era un huerto y también terreno de caza que terminó siendo propiedad de Esperanza Orellana y que ofrecía una magnífica vista sobre

[22] Tafersiti incluye en su libro *Tanger, realité d'un mythe* un plano del barrio del Emsallah.

el estrecho de Gibraltar. Otra parte de la huerta fue adquirida por el Banque de París et des Pays Bas y el resto fue conseguida por otros comerciantes como los Toledano Brothers[23], acaudalados negociantes tangerinos, que parcelaron su parte y construyeron, principalmente entre 1920 y 1925, distintos inmuebles que destinaron a la venta o alquiler.

Al principio del Bulevar se edificó, hacia 1910, un pequeño muro, que los tangerinos llamaron el *mirador* o la *murallita*, donde paraban los comerciantes y las bestias para refrescarse antes de descender hasta el Zoco Grande. Desde allí se divisa una magnífica vista del puerto y de las costas de España. Inicialmente esta arteria tangerina fue conocida con el nombre de Bulevar de la Dette ya que en ella se construyó en 1910 un edificio de estilo hispano-morisco que albergaba los servicios de la Deuda marroquí y que se llamó Dar el Salaf (casa de la deuda), que posteriormente ocupó la Administración Internacional y más tarde la Asamblea Legislativa. A este edificio se unieron, en poco tiempo, otras ocupadas por los propios hermanos Toledano, otras familias hebreas como los Hassan, Abensur o Bentata y algunas otras de profesionales o comerciantes franceses, españoles, británicos o italianos. Desde 1925 la Administración internacional cambió el nombre de esta avenida por el de Bulevar Pasteur.

A finales de los años treinta el Bulevar era la calle más dinámica y elegante de la ciudad, a lo que contribuyeron las palmeras que fueron plantadas en una y otra acera de la vía y que, desgraciadamente, murieron hacia 1945 salvo algunas situadas en el mirador o murallita. En esa época los edificios y la urbanización general llegaba hasta la intersección de lo que más tarde sería la calle Goya, quedando prácticamente terminado el Bulevar a principios de los años cuarenta siendo sus límites, por una parte, el llamado inmueble del Acordeón donde estaban los Almacenes Metrópolis, dedicados a artículos del hogar, y el solar de enfrente, que había ocupado la casa de otro de los Toledano, demolida en 1952 para construir un moderno inmueble donde se instaló el Casino Español que aún permanece allí con el nombre de Casa de España. Mucho antes estuvieron en esta vía algunas instituciones como el Tribunal Mixto, en los locales donde más

[23] Los Toledano eran ocho hermanos, hijos del matrimonio compuesto por Samuel Toledano y Simcha Laurel, que, muy jóvenes, quedaron huérfanos viviendo durante algún tiempo de la caridad. Salieron de la pobreza con una buena mezcla de inteligencia y trabajo. Los cinco hombres eran Abraham, Mosés, Pinhas, Isaac y Joseph y las mujeres Hola, Estrella y Macnin. La sociedad Toledano Brothers se dedicó al comercio internacional, especialmente, al azúcar y el té que, en parte, monopolizaron en Marruecos. También se dedicaron a otros negocios entre ellos los inmobiliarios. En pocas décadas consiguieron una enorme fortuna. Los Toledano emparentaron con las familias más conocidas e importantes de la burguesía hebrea de Tánger y de otras ciudades marroquíes como los Cohen, Bendahan, Benzaquen, Marques, Benassayag, Buzaglo, Abensur, Bensimon, Pinto, Nahon y otras más. Uno de los Toledano Brothers, Pinhas, que casó con Luna Benassayag, fue de los primeros en vivir en el Bulevar en un palacete que aún existe situado en el número 38 bis de la calle. Su hija, Aïda Pinto Toledano, en su libro *Mon passé marocain*, describe magistralmente la vida en Tánger de la burguesía judía y la *saga* de los Toledano Brothers.

tarde se acomodaría la sucursal del Banco Central español. En 1941 la Biblioteca Municipal Española fue instalada en el Bulevar, lo que vino a prestigiar, aún más, la zona, aunque solo permaneció allí hasta 1949.

Otros organismos que se situaron en el Bulevar fueron, durante algún tiempo, el British Post Office, en la esquina con la calle Velázquez, lugar que años después ocuparía el Studio de France de Jacques Conty, al lado de Paname; las sucursales del Banco de España y del Banco Exterior de España, que algún tiempo más tarde se trasladarían a la calle de Bélgica, la Banque Marocaine du Crédit, y el Fiducia Bank así como el Crédit Mobilier. También se instalaron en el Bulevar la American Library dependiente del Consulado de Estados Unidos y la sinagoga construida muy cerca de Dar Es Salaf en 1951, en los terrenos cedidos por Rafael Bendrihen que, en su honor, se conoce como Shaare Rafael, convirtiéndose después en el más importante templo judío de la ciudad y que, actualmente, es la única sinagoga que sigue abierta al culto. Comercialmente el Bulevar era la arteria más importante de Tánger y, según parece, una de las más caras del mundo por metro cuadrado. Allí se instalaron diversos establecimientos comerciales que están en el recuerdo de todos los tangerinos[24].

El desarrollo del Bulevar, los edificios, tiendas, almacenes y lugares de restauración que en él se instalaron le concedieron bastante elegancia y un considerable prestigio, lo que hizo que se convirtiera en el lugar de encuentro de los tangerinos de todas las edades y condiciones. Además, convergían en él algunas de las calles más comerciales o populares de Tánger. En cualquiera de sus cafeterías o asimilados se organizaban tertulias, partidas de cartas, reuniones de negocios, etc. Por el Bulevar paseaban las más elegantes señoras y deambulaban los jóvenes a la busca de algún amorío o simplemente de una amistad. Paseaban desde el café de París hasta el inmueble del Acordeón en lentas caminatas deteniéndose ante los escaparates de las tiendas o haciendo sus compras en ellas o bien, simplemente, tomando un café o un refresco en

---

[24] Señalamos algunos. En el lugar que ocupaba Casa Ros, había funcionado durante años La Cannebière a la que habían seguido, en otros lugares del Bulevar, las cafeterias Savoy y Esquima y el restaurante Paname, así como el Hotel de París, muy cerca del surtido bacalito* de Mohamed Agnao. También estaban allí las Galerías Preciados que ocuparon los locales que dejó libres Saccone & Speed y que se instalaron cerca de su competidora Au Grand París que inicialmente, desde 1890, había estado situada en el Zoco Chico. Enfrente estaba el Palais du Mobilier; la zapatería Lasry y los almacenes Kent, situados al lado de la cafetería Esquima. Algo más abajo estaban la Perfumería Eva y la relojería Orly y, en la esquina con la calle Goya, la Farmacia del Bulevar, posiblemente la mejor de Tánger. Además, en el Bulevar abrían sus puertas varios establecimientos, más o menos orientales, regentados en su mayoría por hindúes como los de Rewachand, Daswani, Isardas, Dalamal y otros que vendían toda clase de aparatos de radio, lencerías, porcelanas, etc. Otras tiendas eran las de Kandym, de ropa de hombres y mujeres, y una prestigiada joyería, Sasportes. Todo ello se completaba, por último, en el ya citado Inmueble del Acordeón, en el cual se situaba el restaurante Le Claridge, que había conseguido una estrella Michelin, la papelería Tarpin, la Casa Pepe, Rosenthal y la agencia de viajes Schwartz así como la conocidísima Librairie des Colonnes, uno de los establecimientos paradigmáticos de Tánger.

cualquiera de sus numerosos bares y cafeterías. Además, durante muchos años, el Bulevar fue testigo de las más diferentes manifestaciones públicas organizadas por los tangerinos desde desfiles de Carnaval —que fueron suspendidos durante la ocupación española— hasta procesiones religiosas que salían de la cercana iglesia del Sagrado Corazón o manifestaciones políticas de españoles o de marroquíes o mesitas recaudatorias con ocasión de la Fiesta de la Banderita, etc. En definitiva, al igual que durante muchos años el Zoco Chico fue el corazón de Tánger, el Bulevar se convirtió en la espina dorsal de la ciudad donde se desarrollaba la vida tangerina.

Desde el Zoco Grande hasta el Monte Viejo

Desde el Zoco Grande salía la calle de San Francisco que subía hasta la barriada del mismo nombre donde a finales del siglo XIX el Padre Lerchundi construyó, en terrenos propiedad de los franciscanos, un buen número de casas baratas destinadas a albergar a los obreros españoles. En esa zona o cercana a la misma se edificaron en terrenos también cedidos por los franciscanos la mayoría de los edificios oficiales españoles como el Consulado de España, el Hospital Español, el Instituto Politécnico Español, el Grupo Escolar España y la Catedral cuya construcción se inició a partir de 1953 y que fue inaugurada en 1961.

Otra calle importante que nace en el Zoco Grande es la de Inglaterra. En ella se situaba el palacete del consulado británico que hoy día es un museo de arte contemporáneo, el Hotel Villa de France, construido en 1878 por Lord Bute con la ayuda de Ernest Waller, que goza de una vista espléndida sobre la ciudad antigua y las costas españolas y que ha sido rehabilitado y reformado, y la iglesia anglicana de St. Andrew, situada cerca del antiguo cementerio musulmán. A pocos metros se extendía un mercadillo de artículos de artesanía que hoy ha sido desplazado hasta la proximidad del Zoco Grande. De la calle de Inglaterra salía la de Holanda, que desembocaba en la de Bélgica. Ambas rodeaban los terrenos donde se construyó el Consulado de Francia, muy cerca del de Rusia. Toda la zona en la que se construyeron las calles indicadas formaban parte del Barrio de El Mahdi, que disfrutaba de considerable arbolado y que llegó a ser una de las zonas más elegantes y florecientes del Ensanche a la que fue a vivir una parte de la clase dominante tangerina.

Desde el Zoco Grande sale la calle Buarrakia que pasa cerca de la *zauia** de Sidi Buarrakia y que linda con el cementerio musulmán. En esa calle estuvo instalado el Consulado de España hasta que se trasladó al nuevo edificio que ocupa actualmente. Allí cerca, en la calle Sevilla, se creó un barrio habitado por muchos españoles pertenecientes a la clase media, comerciantes y artesanos y, también, gente humilde como obreros y pescadores. Desde esa zona se sube al Monte en el que habitaban pequeños propietarios indígenas dedicados, a nivel de consumo, a la ganadería o a la agricultura. Poco a poco fueron desapareciendo ya que allí fueron a vivir, previa compra de los terrenos a tales indígenas, a finales del siglo XIX y durante la primera mitad del XX numerosos británicos y algunos marroquíes y otros europeos[25]. Allí estuvo el popular Hotel El Farhar de los esposos Buckingham[26] en el que residieron afamados escritores y artistas. Algunos metros más arriba se situaba la Residencia Paradis, que también tuvo mucho éxito en los años 40 y 50, regentado por los exiliados judíos Bohrer-Leytman. En el Monte Viejo estaba la Villa Josephine, que hoy es un hotel de lujo y en la que vivieron, sucesivamente, como propietarios, Walter Harris, el duque de Tovar y el bajá de Marraquech, El Glaoui. Otro lugar de excepción es la Villa Aïdonia, que fue construida por Ion Perdicaris en un bosque comunal en el que plantó diferentes tipos de vegetación y que hoy es un jardín botánico de enorme diversidad. Más allá se instaló a finales de 1949, en una antigua propiedad del ya citado bajá El Glaoui, rodeado por un magnífico pinar, el Parque Donabo, que fue un centro turístico de considerable importancia y que actualmente está, tristemente, abandonado.

Otros muchos tangerinos adinerados y algunos extranjeros fueron, también, a vivir al Monte, rodeados de pinos y con magníficas vistas al mar.

Desde el Zoco Grande hasta la Avenida de España

La cuesta de la Playa también tenía, básicamente, su principio cerca del indicado Zoco Grande, donde estaban las Escuelas Alfonso XIII. Lindaba, algunos metros más abajo, con el antiguo cementerio judío antes de llegar a la amplísima Avenida de España. En esa cuesta vivieron muchas familias tangerinas muy conocidas como los Peña, Hontoria, Dotto, Edery y los Petri, que tenían en ella su casa solariega. Allí se instalaron establecimientos comerciales muy conocidos como Les Ets Suedo Marocains, Soconex, la droguería El Globo, la Academia Cervantes, la sombrerería La Cordobesa y la mercería de Doña Obdulia, madre de los hermanos Luis y Ramón Orduña. Al final de la calle lindando con la avenida de España estaba el bar La Puerta del Sol. De la cuesta de la Playa, a la altura del indicado cementerio israelita y casi enfrente del Fondak Waller, salía la calle de Portugal, que bordeaba la antigua muralla portuguesa que llegaba hasta la terraza Renschaussen, situada enfrente de la futura estación del ferrocarril.

---

[25] Entre ellos figuraban Sir John Drummond Hay y Herbert White, ambos cónsules británicos, el Caid Mac Lean, el pintor Mac Bey, la familia de Emile Bonnet, así como otros conocidos habitantes de Tánger como el cónsul portugués Colaço, el Cherif de Uazzan, etc.

[26] Se trataba de Winthrop y Ellen Buckingham. Abrieron su famoso hotel en 1935 que tenía una vista espectacular y que durante años fue lugar de visita o de residencia de famosos expatriados* como los esposos Bowles, Tennessee Williams, Truman Capote, etc. Fue también muy apreciado por los tangerinos. Algunos expusieron sus cuadros como Julio Ramis o Ahmed Yacoubi.

A partir de esta estación empieza lo que, inicialmente, desde 1910, se llamó *Boulevard du Front de Mer*. Las primeras construcciones de finales del siglo XIX fueron ocupadas, en su mayoría, por españoles. Allí está todavía el Hotel Cecil, construido por Eugenio Chappory , que contaba con una amplia terraza y una pérgola donde se celebraban fiestas y bailes. Muy cerca el constructor alemán Adolfo Renschausen[27] edificó, en estilo neobarroco alemán del siglo XIX, dos grandes edificios que consolidaron el inicio del bulevar. En ellos se instalaron varias compañías de seguros, transportes y navieras y el Touring Club de France. Durante mucho tiempo allí estuvo la Biblioteca Española. El marqués de Casa Riera ofreció en 1929 llevar desde Elche a Tánger un centenar de palmeras que adornaron el bulevar, cuyo trazado se ajusta a la forma de la bahía y que quedó como la arteria más bonita y elegante de Tánger. Gracias al gesto del marqués el bulevar tomó el nombre de Avenida de España aunque lo perdió hace algún tiempo[28].

En la avenida fueron construidos grandes edificios y se instalaron varios hoteles como el Miramar, el Marco Polo y el Rif. En la Avenida de España abrieron sus puertas un considerable número de empresas muy conocidas en Tánger[29]. También contaba la avenida con bares y restaurantes como el Bar del Puerto, el Café Terminus, la Brasserie de Bretagne, el Restaurante de Andalucía y otros muchos. Por el otro lado de la avenida, en la misma playa, fueron abriéndose un buen número de balnearios para atender a los bañistas. Ofrecían no solo casetas y duchas sino también mesas, tumbonas y refrescos y, en muchos casos, vinos, tapas y posibilidad de almorzar en ellos. Algunos empezaron a funcionar a principios del siglo pasado. Eran muy conocidos, ya que los tangerinos adoraban ir a la playa por lo cual había clientes para todos.[30] El más importante de todos fue el Balneario de los Hoteles Asociados, construido en 1951, que estaba al final de la prolongación de la Avenida de España. Durante muchos años fue el balneario más elegante de Tánger donde iban a bañarse los miembros de la

---

[27] Intervino, a principios del siglo XX, en la construcción de un muelle en el puerto de Tánger que le había sido encargado por el Majzén. Se dedicó en Tánger, con éxito, a otros negocios, entre ellos a la construcción. La serie de inmuebles que edificó en la Avenida de España se denominaron, genéricamente, Terraza Renschausen.

[28] Actualmente, salvo error por nuestra parte, no existe en Tánger una arteria de prestigio dedicada a España como ocurre con la plaza de Francia, las calles de Italia, Bélgica, Inglaterra, Portugal, etc.

[29] Entre otras muy conocidas figuraban la compañía de autobuses La Valenciana, la agencia marítima de Joel Lalaurie, que representaba a navieras de gran relevancia y que aún hoy sigue funcionando después de cien años, la Bland Line dirigida por Cabedo cuyos buques realizaban la travesía entre Tánger y Gibraltar, la compañía de Yves Huguenin, la Paquet de Navigation, la Ditta Achille Petri, etc. La propia Cámara de Comercio Española estaba en esa zona y varios agentes de aduanas y transitarios tenían allí sus oficinas como la Agencia Partida y las de Fuentes Contreras, Isaac Salama, Rodolfo Marco, Leopoldo Mazorra, etc., todos bien conocidos en Tánger.

[30] Entre los más recordados estén el Miramar, posiblemente, uno de los más antiguos, el Neptuno, el Córsica, Coco Beach, el Tres Carabelas, Au Coup de Roulis, Le Mistral, Miramar, el Deportivo, el Internacional, La Guinguette, La Pérgola y el Gran Valencia, que fue el más concurrido durante muchos años. El libro *Tánger en primera persona* dedica un interesante apartado a las playas tangerinas.

clase dominante tangerina y muchos diplomáticos, financieros, profesionales, o personalidades internacionales como Barbara Hutton, Errol Flynn, Kirk Douglas, Rita Hayworth y otros muchos más. También frecuentaban ese balneario Don Juan de Borbón y su hijo Juan Carlos y sus hermanas.

En los años 50 la Avenida de España era una elegantísima y moderna arteria de la ciudad internacional. Fue el perfecto complemento que Tánger necesitaba para llegar a ser una ciudad turística de primera clase. En la Avenida de España se celebraban verbenas y desfiles de carrozas. En 1953, la Administración Internacional construyó el parque de atracciones Luna Park cerca de la estación. Se trataba de un recinto acotado para realizar en él ferias, exposiciones, carnavales, etc., que comprendía, además de otras instalaciones, dos pistas de baile, un bar y una bolera. Además, contaba con juegos electrónicos recreativos, futbolines, etc. En el parque se celebraron distintas Semanas de Tánger de carácter comercial y turístico

Mucho más allá del Balneario de los Asociados estaba la Villa Harris, que fue construida a principios del siglo pasado por el conocido periodista, y posiblemente espía británico, Walter Harris. Se trataba de un palacete de estilo hispano-andaluz rodeado por un amplio bosque donde fue a residir dicho personaje y que durante varios años fue un centro donde se reunía la sociedad dominante tangerina. A su muerte el ruso Ganzelevich compró la propiedad pero la vendió poco tiempo después a Onofre Zapata, que realizó varias modificaciones de importancia en la villa, entre las que destacó la construcción de una gran piscina. La dedicó, a principios de los años 30, a sala de fiestas que llegó a ser la más elegante de Tánger y que convirtió poco después en un casino de juego que funcionó solo hasta la ocupación española en 1940, ya que las autoridades competentes prohibieron el juego. Muchos años más tarde, en 1955, se instaló en la Villa Harris el Club Polynesie y, años después, lo sustituyó el Club Mediterrànèe. Hoy está cerrado y abandonado aunque parece que se ha alejado el peligro de que sea replanteado o parcelado.

Alrededores del Bulevar Pasteur y el Bulevar Anteo

En los alrededededores del Bulevar se construyeron varias calles que complementaron el Ensanche creándose arterias como las de Goya, Velázquez, Foucauld o Juana de Arco, donde pronto fueron a instalarse tiendas, cafeterías, cines, organismos, etc., y muchos bares de tapas regentados por españoles, la mayoría de ellos andaluces, por lo que tal zona era conocida como el *barrio español.* Entre aquellos organismos destaca el complejo educativo que constituyó el Lycèe Regnault. Cerca del final del Bulevar se yergue la Iglesia del Sagrado Corazón, edificada en 1907 en la calle Rembrandt casi paralela al Bulevar, a la que se unía a la altura del Casino Español. De principios del Bulevar, cerca de la *murallita*, salió la calle de Esperanza Orellana en la que se construyó, casi a su final, el Teatro Cervantes. Y muchas más calles, que no vamos a describir ni citar ya que si fuera así nuestra relación sería interminable. Pero sí es importante reseñar que al final del Bulevar mismo se inició el Bulevar Anteo, una ancha vía cortada en su mitad por la Plaza de las Naciones y prolongada por la Avenida de Londres, que fueron las arterias que definitivamente otorgaron a Tánger los rasgos de una ciudad moderna y bien urbanizada[31].

En el Bulevar Anteo, lindando con la calle Marco Polo por arriba y por la de Molière por abajo, se extendía la llamada *huerta de Marchena*, que pertenecía a Eugenia Chappory, que casó con el abogado Emiliano Rodríguez Marchena. El matrimonio mandó construir al maestro de obras Diego Jiménez, en el centro de la huerta, un palacete, Villa Eugenia, rodeada por árboles, flores y arbustos de todo tipo y por un arenal que lindaba con la calle Cook. La familia Chappory-Marchena permitía que algunos niños de familias amigas que habitaban las casas cercanas del Bulevar Anteo y de Marco Polo pudieran jugar en lo que se llamó la *huerta de Marchena*, que resultó ser un edén inolvidable para los afortunados. Desgraciadamente, este pulmón tangerino ha ido desapareciendo poco a poco, lo que ha hecho un flaco servicio a la ecología tangerina. Como hemos indicado, la huerta lindaba con la calle Marco Polo, que desde el ángulo donde hoy está el Hotel Rembrandt bajaba hasta la Avenida de España. En los primeros números de esta calle vivieron algunas de las personas o familias más conocidas de Tánger, entre ellas el segundo Administrador de Tánger, Pierre Le Fur y el Dr. Amieva que fue también Administrador de Tánger y una de las personalidades españolas de mayor relieve. Luego, cuando Walter Harris construyó un inmueble en ese mismo n 4 de la calle Marco Polo, residieron en él otras familias muy conocidas de la ciudad[32].

1.5. LOS CONSTRUCTORES DE TÁNGER

Antes del Estatuto

Tánger fue recuperada por Marruecos en 1684 por el Sultán Muley Ismail con la ayuda de los rifeños* de los alrededores que no poseían los conocimientos y las

[31] Contaba el Bulevar Anteo (que luego se llamaría de Mohamed V) con nuevos y flamantes edificios como el Hotel Rembrandt, el inmueble Marques, el de la Banque du Maroc, el edificio del Correo Cherifiano que todo el mundo denominaba francés y el Inmueble Grebler, construido en 1949, así como con establecimientos de prestigio como el Banco Hassan, la Société de Banque Tangero-Suisse, el Crédit Foncier d'Algerie et de Tunisie, Grife & Escoda así como algunas cafeterías o restaurantes como Le Grillon, el Comedia, etc.

[32] Ragnvald Nilsen, último responsable de la revista *Malabata*, que vivía en Marco Polo 4, era uno de los niños que disfrutaron de la huerta de Marchena, lo que describe en un delicioso artículo en el nº 10 de la indicada publicación.

técnicas desarrolladas por los árabes que levantaron las ciudades imperiales. Sus planteamientos sociales y religiosos les aconsejaron desarrollar una medina laberíntica que tuviera como centro el Zoco Chico y la mezquita y como eje básico la calle Siaguins. Todo ello quedaba dominado por la ciudadela fortificada o *Casbah*, donde residía el poder, que cuenta con algunos monumentos y edificaciones de considerable valor entre los que destacan el Dar el Majzen y sus dependencias construidas en la primera mitad del siglo XVIII. La Gran Mezquita fue construida después de la conquista de Tánger sobre principal iglesia que, a su vez, había sido edificada por los portugueses y reforzada por los ingleses sobre sobre las ruinas de una mezquita árabe que había sido erigida sobre los restos de un templo romano. Fue agrandada y realzada por el Sultán Muley Slimane en la segunda década del sigo XIX.

Los judíos y los europeos, la mayoría españoles, se mezclaron con los musulmanes en distintos lugares de la medina pero, principalmente, hacia el sur, en el Barrio de Beni Ider, próximo al cementerio judío cercano a la calle Siaguins y al Zoco Chico y que, además, contaban con preciosas vistas sobre el mar y con buen suministro de agua. El barrio se prestigió considerablemente cuando se instaló en él la legación estadounidense. Otro tanto ocurrió, en cuanto a mezcla étnica, en el barrio de Ued Ahardan, donde estaba la Fuente Nueva. En ambos sectores, así como en otros lugares de la medina, fueron construidos un buen número de edificios por los propios musulmanes y también por judíos y extranjeros aunque, en muchos casos, utilizando técnicas y materiales traídos de Europa lo que imprimió a Tánger un cierto carácter de ciudad colonial.

Ignoramos los nombres de los constructores o maestros de obras a los que se debe la construcción de tales monumentos de la ciudad vieja así como de sus viviendas y de los edificios que fueron construidos en la calle Siaguins, en Beni Ider o en Ued Ahardan. Se sabe, sin embargo, que a mediados del siglo XIX trabajaban en Tánger maestros de obras de distintas nacionalidades entre los que destacaban algunos españoles. Entre los que se recuerdan están Aníbal Álvarez, que bajo la dirección del párroco Antonio Alcayne proyectó la iglesia de la Purísima Concepción edificada en 1881. Otro maestro de obras muy recordado fue el ya citado maestro de obras Diego Jiménez, que intervino en la remodelación del Zoco Chico y en la construcción de diversos edificios en el mismo zoco y sus alrededores. Mención aparte merece el intento de que la catedral de Tánger fuera proyectada por el arquitecto Antonio Gaudí[33].

[33] El marqués de Comillas, que estaba dispuesto a participar en la financiación de la catedral y admiraba mucho al artista, le encargó el proyecto de la misma. Gaudí, al parecer, estuvo en Tánger en varias ocasiones y en 1892 presentó su proyecto a los franciscanos y al propio marqués de Comillas, que lo estimaron demasiado ambicioso y atrevido. Dicho proyecto, que fue anterior al de la Sagrada Familia de Barcelona, recogió influencias artísticas africanas y, principalmente, bereberes, que aparecen, de alguna forma, reflejadas en el proyecto barcelonés.

A finales del siglo XIX y principios del XX la medina se había quedado pequeña. Muchos judíos y bastantes extranjeros decidieron construir en las afueras de la ciudad amurallada como, por ejemplo, en la calle del Telégrafo Inglés y en la de Tetuán así como en el Marchán y el Monte. Los principales promotores anteriores al Estatuto fueron los ya citados hermanos Bendahan y David Benelbas, Adolfo Renschausen, los Toledano Brothers, que urbanizaron parte de la plaza de Francia y el Bulevar Pasteur, el norteamericano Perdicaris, los británicos lord Bute y Ernest Waller que fundaron una empresa inmobiliaria denominada Rentística. Construyeron hoteles emblemáticos de Tánger como el Minzah, el Consulat y el Villa de France y un considerable número de edificios. El Teatro Cervantes edificado en 1913 se debe al matrimonio Manuel Peña-Esperanza Orellana. Otro técnico español, José Blein, construyó en 1924 el edificio de Correos español en el Zoco Chico, la primera construcción *art decó* de Tánger. Francisco Ferreras proyectó en 1913 los edificios de las escuelas franciscanas Alfonso XIII.

Después del Estatuto

La mayoría de los edificios singulares de la ciudad habían sido construidos por arquitectos y constructores españoles. Por ello, y habida cuenta de la importante población española de Tánger, el Estatuto de Tánger estableció que el ingeniero encargado de las Obras Municipales fuera español y que el ingeniero de Obras Públicas del Estado fuera francés.

Antes del Estatuto no se estableció ningún plan urbanístico en Tánger. Hacia 1920, el ingeniero español Domingo Meseguer intentó ordenar, con cierto éxito, los terrenos situados más allá de lo que sería la calle de Juana de Arco. Pero el intento urbanístico más importante fue el planteado hacia 1925 por el francés Henry Prost[34], que había intervenido con éxito en los planes directores de otras ciudades marroquíes. En Tánger no tuvo suerte ya que el plan urbanístico que propuso solo se llevó a cabo muy parcialmente. Seguía las ideas del general Lyautey de diferenciar claramente la ciudad indígena de la moderna para que no se mezclaran europeos e indígenas. Sin embargo, en Tánger predominaron las ideas españolas que propugnaban lo contrario[35].

El artífice inicial de la puesta en marcha de tales ideas fue el arquitecto tangerino, Diego Jiménez Armstrong, ya citado. Durante más de cuarenta años, inicialmente con su padre hasta que éste murió en 1918, fue el principal

[34] Henri Prost (1874-1959). Arquitecto y urbanista francés que participó, bajo el protectorado francés en la concepción y desarrollo de los planes directores urbanísticos de algunas de las más emblemáticas ciudades modernas de Marruecos como Rabat, Casablanca, Fez, Marraquech y Mequinez. Fue invitado por la Administración internacional de Tánger a presentar un anteproyecto urbanístico de la ciudad, lo que hizo en 1925 sin que sus ideas se llevaran a la práctica más que muy parcialmente.

[35] Véase al respecto Mohamed Metalsi y otro, *Tanger*, Eds. Imprimerie Nationale, París, 2007.

arquitecto de la ciudad y el preferido por muchos de los grandes promotores. Construyó varias de las casas de los Toledano, trabajó para la Rentística en varias obras y, junto con su padre, proyectó y desarrolló el Gran Teatro Cervantes. José Eugenio Riber fue el responsable de la construcción del teatro bajo la dirección de Diego Jiménez. El arquitecto José Blein se ocupó del proyecto *art déco*, el primero en Tánger, del Correo Español. Por su parte, el ingeniero de caminos José Ochoa Benjumea, que trabajó en Tánger durante unos quince años y que ocupó, después de otros ingenieros españoles, la jefatura de Obras Municipales durante ocho años, proyectó y realizó la Avenida de España, el Estadio Municipal y el Hospital Español, proyectó y realizó junto con Somoza la Avenida de España. Francisco Ferreras y el fraile Francisco Serra fueron los autores de las Escuelas de Alfonso XIII, los arquitectos Luis Blanco y Rafael Bergamín proyectaron el Grupo Escolar. Otros arquitectos españoles que contribuyeron al desarrollo inmobiliario de Tánger fueron Navarro Borrás, Martínez Chumillas, Fernández Shaw y, sobre todo, Delfín Ruiz Rivas y Francisco de Asís Viladevall.

La contribución de arquitectos, ingenieros y constructores de otros países fue también muy importante. Dos contratistas franceses, Jean Desforges y Émile Rousseau, llegados a Tánger en 1904, participaron muy activamente en la construcción de varios inmuebles en el Bulevar Pasteur y del palacio del Sultán destronado Muley Hafid. Otros profesionales que intervinieron en el desarrollo del Ensanche fueron el arquitecto italiano Mario Messina que, además, formó parte durante algunos años de la Asamblea Legislativa en representación de Italia. También José I. Bengio proyectó edificios de interés. Un empresario notable fue Joseph Alí, que construyó en 1938 la nueva sede del Tribunal Mixto y, en 1956, con su hijo Enrico, participó en la ampliación en la que colaboraron otras empresas como las de Lorenzo Zoccola, Arquis y García, etc.

Volviendo a los españoles, José Miguel de la Quadra Salcedo proyectó y realizó el Frontón Jai Alai de la calle Molière. Juan Zavala construyó el edificio del Banco de España en la calle de Bélgica y algunas residencias en el Monte. El prestigioso arquitecto Luis Martínez Feduchi se ocupó por encargo del Ministerio de Asuntos Exteriores de proyectar el consulado de España y el Instituto Español, que fueron edificados entre 1947 y 1948. Además, participó en el proyecto de la Catedral de Tánger cuya construcción empezó en 1953 y que fue inaugurada en 1961. El ya citado Delfín Ruiz Rivas, que había trabajado en Tetuán, realizó en Tánger algunas obras de importancia como el edificio Corvasa en la calle de Fez. Por su parte, Juan Arrate, López Muler y J. María Bustinduy fueron los responsables del Hospital Español. El inmueble Goicochea, conocido como Inmueble Acordeón, es obra de Martínez Chumillas.

La Administración internacional consideró necesario ordenar el desarrollo inmobiliario de la ciudad para lo cual convocó en 1949 un concurso internacional para la realización de un nuevo plan urbanístico. Se presentaron 19 proyectos entre los cuales fueron elegidos cuatro. El mejor situado fue el dirigido por al arquitecto André Fournier de Corats seguido por el presentado por el arquitecto Francisco Prieto Moreno y del que formaba parte Manuel Muñoz Monasterio, Pedro Bidagor Lasarte y Rodolfo García de Pablos. El tercer proyecto seleccionado fue el preparado por el ya citado arquitecto italiano Mario Messina y el cuarto fue el dirigido por el francés René Le Cordier.

La Administración internacional encargó a los cuatro equipos que realizaran, bajo la cooodinación de Fournier de Corats, un plan de urbanización de la ciudad cuya ejecución se repartiría entre los cuatro. Al equipo de Fournier de Corats le correspondió el sector urbano; el segundo clasificado, dirigido por Prieto Moreno, tenía que desarrollar la zona del consulado de España y el Monte; a Mario Messina le fue asignada la zona comercial del puerto y la zona industrial y al equipo de René Le Cordier la nueva ciudad de estilo marroquí que se pretendía edificar. Todos ellos prepararon sus proyectos. Pero muy pocos vieron la luz ya que, como todo ello ocurrió pocos años antes de la independencia, la nueva administración los aplazó dejando a la mayoría de ellos en el olvido. Sin embargo, se llevaron a cabo, excepcionalmente, algunas realizaciones.

Hubo tiempo suficiente para la construcción del Palacio de la Asamblea, que fue proyectado por Le Cordier y Aimé Raynaud siendo realizado por una empresa francesa bajo la dirección de Guy Verlet. Por su parte, la sede de la Banque d'État du Maroc, proyectada en 1949 por los arquitectos franceses Edmond Brion y Jean Sachs, se terminó de construir en 1951. Muy cerca del Tribunal Mixto fue edificada, en 1954, la iglesia francesa de Sainte-Marie-Sainte-Jeanne. Además, el equipo de Fournier pudo realizar parte de su proyecto ya que llevo a cabo el edificio de oficinas de la Administración internacional que hoy ocupa el Gobierno de la región de Tánger-Tetuán.

Paralelamente, hubo un extraordinario desarrollo urbanístico privado en Tánger. Destacan las urbanizaciones Atlantic en Beni Makada y la de California cerca del Country Club en Boubana, diseñadas por el arquitecto Francisco Navarro Borrás siendo el director de obras el también arquitecto Francisco de Asís Viladevall, ya citado. Ambas urbanizaciones fueron promovidas por el Banco Inmobiliario y Mercantil de Marruecos que dirigía José Andreu Abelló. Viladevall había obtenido en 1943 el puesto de arquitecto municipal de Tánger. Su obra más conocida fue el Parque Brooks, construido en los terrenos que habían pertenecido a John Brooks, inaugurado el 4 de junio de 1950, construido por la empresa Arquing en la que la que participaba con otro arquitecto, Alfonso

Siena[36]. También diseñó la lonja de pescado del puerto de Tánger. Por su parte, Domingo Meseguer, ingeniero municipal, hizo el proyecto de la estación de ferrocarril en la Avenida de España, José Valera Jiménez diseñó las instalaciones del Club Gandori y el ingeniero Francisco Rodrigálvarez dirigió la construcción de la Plaza de Toros inaugurada en 1950.

Otros arquitectos, proyectistas o constructores de esa época fueron Victor Aumage, José y Samuel Toledano, G. Raulin, L.V. Ménard, Juan Pan da Torre. Recordamos también al ya citado Goicoechea y al arquitecto Alfonso de la Lama-Noriega, que había trabajado en varias obras militares en el protectorado español y que llegó a Tánger a finales de los cuarenta desarrollando una amplia labor de promoción y de construcción de viviendas.Algunos tangerinos jóvenes como, por ejemplo, el contratista José Ramón Atalaya Ceballos o el arquitecto José Antonio Llonch Gurrea, contribuyeron al desarrollo de las obras en la ciudad.

Todo este enorme desarrollo urbanístico se produjo gracias a la extraordinaria vitalidad de la economía tangerina y a la competitividad internacional que en ella imperaba. Esto hizo competir no solo a los importantes arquitectos y constructores ya señalados, sino también a grandes promotores y empresarios, así como a algunos bancos como el de París et des Pays Bas, la Société Urbaine de Tánger, el Cabinet Bendahan o, en los últimos años, el Banco Inmobiliario y Mercantil de Marruecos. Todos ellos fueron algunos de los motores del *boom* inmobiliario de Tánger, sin olvidar a los Padres Franciscanos, que con sus actividades sociales, culturales y religiosas promovieron y desarrollaron grandes construcciones civiles y religiosas en la ciudad.

---

36 Véase descripción y fotos de José Antonio Llonch en *Tingis* n.º 26.

CAPÍTULO II
BREVE HISTORIA DE TÁNGER

Visitamos esta ciudad cherifiana con un placer inmenso, a la que consideramos como un punto vital de nuestro Imperio Cherifiano, como su verdadera corona; porque Tánger es la puerta de su comercio, el asiento de su diplomacia; el emblema de sus cualidades maestras y la página más bella de su libro de oro. Construida en el principio de la historia de los hombres, Marruecos ha tenido muchas ocasiones de mostrarse orgulloso de su esplendor.

Extracto del discurso pronunciado en Tánger el 10 de abril de 1947 por S.M. el Sultán de Marruecos, Sidi Mohamed V (según trascripción publicada por el diario *España* de Tánger).

La historia de Tánger, lógicamente, está íntimamente unida a la de Marruecos. Por ello, al exponer, seguidamente, una breve historia de dicha ciudad nos detendremos a comentar algunos pasajes de la rica y diversa historia del país del que forma parte sin que, en ningún momento, tengamos pretensión alguna de presentar una historia de Marruecos ya que, en todo caso, nuestro único propósito es esbozar una breve historia de Tánger.

2.1. ANTECEDENTES

Tánger, según la mitología griega, habría sido fundada por Anteo[37], hijo de Poseidón, dios del Mar, y de Gea, diosa de la Tierra. Según Herodoto, en la región de Tánger se situaba el Jardín que cuidaban las ninfas Hespérides.

[37] Era invulnerable mientras tocaba con el cuerpo a su madre la Tierra (Gea). Heracles (el Hércules romano) lo estranguló cuando lo tenía suspendido en el aire. La leyenda añade que su túmulo sería la colina de El Charf.

Independientemente de la leyenda[38], se puede afirmar que Tánger existe, como mínimo, desde el siglo IV antes de Cristo, ya que el navegante cartaginés Hanón la visitó durante la exploración que realizó en esa época por las costas de África occidental y la cita en su *Periplo.* Posiblemente fue fundada por los fenicios en el siglo VII a.C. o varios siglos antes por los camitas bereberes. En todo caso, es y ha sido siempre un cruce de caminos trascendental en el que se unen el océano Atlántico y el mar Mediterráneo, la puerta natural de Marruecos[39] y de África así como el principal punto de acceso a Europa desde aquel continente. Dista solo unos 20 kilómetros de Tarifa, en el extremo sur de España y, por tanto, del continente europeo.

Esta excepcional situación geográfica ha tenido —y tiene— especial importancia para Tánger no solo desde el punto de vista político y militar sino también en el económico. Por ello desde la antigüedad fue constante objeto de disputas entre unos y otros y, particularmente, entre fenicios, cartagineses y romanos. Hasta la caída y destrucción de Cartago (146 a.C.) fue, en alguna medida, independiente y estuvo gobernada por jefes de etnia bereber*, que es la que desde la antigüedad habitaba el norte de África, desde los desiertos de Libia hasta el Atlántico, pero terminó siendo absorbida por el reino de Mauritania y gobernada por jefes moros[40] que, en su mayor parte, eran también bereberes. Entre ellos destacó Juba II, que casó con Cleopatra Selené y que fijó su capital en Cesarea (Cherchell en la actual Argelia).

Sin embargo, Tánger quedó pronto bajo la tutela de Roma, como colonia romana y nudo de comunicaciones entre Salé (Rabat), Volúbilis y España. Más tarde, con el nombre de Tingis adquirió mayor importancia hasta ser, durante el gobierno del emperador Claudio (40-45 d.C), capital de la Mauritania Tingitana y, tras su inclusión en las diócesis de Hispania, en tiempos de Diocleciano, llegó posiblemente a ser capital de tal región romana en la que, hacia el siglo III, se introdujo, en alguna medida, el cristianismo. En el año 429 fue conquistada por Genserico, rey de los bárbaros, hasta que Belisario, general de Justiniano, la reconquistó en 533 incorporándola al imperio bizantino.

[38] Además, la leyenda cuenta también que el Arca de Noé tocó tierra firme en las costas de Tánger.

[39] En árabe, Marruecos se denomina *Magreb*, que quiere decir Occidente, o bien *Al Magreb el Aksa*, que significa el Extremo Magreb u Occidente. El nombre de Marruecos (*Maroc*, en francés, *Morocco*, en inglés, etc.) proviene de la denominación de la ciudad de Marraquech que, durante cierto tiempo, fue capital del Reino de Marruecos.

[40] Los moros, del latín *maurus*, eran los naturales del antiguo reino de Mauritania en el noroeste de África. En la Europa medieval, por extensión, los moros se identificaban con los musulmanes. También, la palabra *moro* designa al musulmán que vivió en España desde el siglo VIII hasta el XV. El término *moro* que, coloquialmente, en España, con enorme imprecisión, se aplica a los árabes, no debiera tener connotaciones peyorativas o despectivas, pero las posee.

Conquista árabe

Desde entonces poco se conoce de su historia hasta que se produce, a finales del siglo VII, la conquista árabe de los territorios del norte de África, que eran designados como *Al Magreb el Aksa* (Extremo Occidente) conquista concluida por Musa ben Nusair en el 702. Éste organizó en Tánger el ejército que en 711 inició la conquista de España. Estaba dirigido por su lugarteniente el bereber Tarik ben Ziad con la ayuda de un paisano suyo, Tarif, y contaba con unos siete mil hombres, en su mayoría bereberes. Durante varios siglos Tánger fue objeto de diferentes invasiones dirigidas por distintos grupos árabes pasando de la sumisión a los idrisíes, de origen cherifiano[41], a la de los omeyas españoles. El primer califa de Córdoba, Abderramán III, la conquistó en 929 iniciando la construcción de las defensas tangerinas reforzando su fortificación. Más tarde, Tánger cayó en manos de los fatimíes tunecinos y de los cenetes bereberes.

Años después, a mediados del siglo XI, Tánger, al igual que Al Magreb el Aksa y buena parte de España, formarán parte del Estado creado por los almorávides*. Éstos constituían una tribu bereber nómada del desierto del Sáhara, defensores de una estricta fe musulmana. Posteriormente, a mediados del siglo XII, los almohades*, otro grupo bereber y musulmán procedente del Atlas Medio, conquistan Marruecos y Al Andalus alcanzando su apogeo durante el reinado de Abu Yusuf Yacoub Al-Mansur (1184-1199), que crea un importante imperio magrebí que comprende gran parte del norte de África desde el Atlántico hasta Túnez más, aproximadamente, la mitad de España y Portugal. Durante el dominio de los almorávides y de los almohades Tánger era el punto de conexión entre Marruecos y la España musulmana.

En la época almohade, hacia 1220, llegan a Marruecos cinco misioneros franciscanos enviados por San Francisco de Asís. Fueron martirizados ya que los almohades no permitían que no musulmanes vivieran en su reino. Estos mártires abrieron el camino a otros franciscanos que, durante siglos, con mayor o menor relevancia, han estando presentes en la vida religiosa y cultural de Marruecos y, particularmente, en Tánger.

Desde mediados del siglo XIII se suceden, en Marruecos, las dinastías merinida (1248-1465), con capital en Fez, y wattasida (1465-1515), también bereberes, que gobernaron el país, sucesivamente, sin gran acierto durante cerca de trescientos años. Durante la dinastía merinida nació en Tánger, en 1304, Ibn Battuta, uno de los más importantes viajeros y exploradores de todos los tiempos que está enterrado en el barrio de la Fuente Nueva de la medina tangerina.

---

[41] Cherif o *Jerif* (plural *Chorfa*) significa noble y designa a un musulmán descendiente, en línea directa, del Profeta Mahoma a través de su única hija Fátima Azahara, casada con Alí. Se denomina cherifiana a la dinastía descendiente del Profeta como es el caso de la alauita que reina en Marruecos.

Portugueses y españoles

También, durante el gobierno merinida se inicia la colonización de Marruecos por parte de los europeos y, en particular, de los portugueses que dominaron Ceuta en 1415 y, más tarde, en tiempos de los wattasidas, Tánger y Agadir y que montaron varios centros comerciales en el país. Hacia 1515 los saadíes, que procedían de Arabia y se proclamaban descendientes del Profeta, conquistaron el poder y lo consolidaron gracias a las victorias conseguidas en Agadir (1541) y Alcazarquivir (1578) ante los portugueses. En este último caso la batalla fue consecuencia de la invasión de Marruecos por el rey Sebastián I de Portugal, que entró en el país por Tánger el 8 de julio de 1578 con la intención de conquistarlo[42].

En cuanto a Tánger, después de varios intentos fallidos, fue conquistada el 30 de agosto de 1471 por los portugueses que se instalaron en la ciudad siendo el primer gobernador el caballero Ruiz de Mello, que amuralló la ciudad haciéndola inexpugnable. Además ordenó la construcción de varias iglesias siendo la principal la que se edificó sobre la mezquita de los marroquíes expulsados. Los portugueses desarrollaron Tánger e impulsaron el comercio entre la ciudad y Europa[43]. Durante el mandato portugués estuvo en Tánger, en varias ocasiones, la primera vez en 1511, Hassan el Uezzane, más conocido por León el Africano, que había recibido el encargo del Sultán de estudiar las intenciones de España y Portugal hacia Marruecos.

Desde 1581 a 1643, es decir, algo más de sesenta años, como consecuencia de la unión de España y Portugal bajo la corona española, Tánger quedó sometida a la misma aunque, en la práctica, siguió dependiendo del gobierno de Lisboa que gozaba de considerable autonomía política y administrativa y que nombraba, directamente, a sus gobernadores, que en todo momento fueron todos portugueses[44]. En esa época los habitantes, lusos y españoles, construyeron cerca de dos mil metros de murallas que defendían la ciudad contra los marroquíes, en su mayoría

---

[42] El rey Sebastián llegó hasta Alcazarquivir, cercana a Larache, donde le esperaba, preparado para la lucha, el ejército marroquí dirigido por el rey Abdelmalik (1576-78), que había destronado hacía poco tiempo a su sobrino Mohamed el-Mutauquil (1574-76). Este se unió con el Rey portugués pero ambos fueron derrotados por el ejército de Abdelmalik el 4 de agosto de 1578. Tanto Sebastián como Mohamed murieron ahogados en el mar y al día siguiente de la victoria falleció también el Rey vencedor Abdelmalik, que había dirigido la batalla enfermo de gravedad. Así, esta batalla, que tuvo gran resonancia en el Mediterráneo, fue denominada la «batalla de los tres Reyes». Los judíos de Tánger y de otras ciudades de Marruecos la recordaban como el «*Purim** de los cristianos». El Rey Sebastián había prometido que en caso de vencer en la batalla de Alcazarquivir eliminaría a todo judío que no se convirtiera al cristianismo. Así, los judíos consideraron que la providencia divina les había salvado de la muerte.

[43] D. Fernando de Menezes, noble portugués que fue capitán general de Tánger, escribió una muy curiosa e interesante *Historia de Tánger que comprende las noticias desde su primera conquista hasta su ruina*, que fue publicada en Lisboa en 1732. En 1940 fue traducida por el Padre Buenaventura Díaz.

[44] Rachid Tafersiti en su libro *Tanger, realités d'un mythe* relaciona todos los gobernadores, bajás o mendubs que ha tenido Tánger desde la ocupación portuguesa hasta nuestros días.

rifeños que la hostigaban constantemente. Vivían entonces en ella unos 2.500 habitantes, todos ellos europeos, ya que los portugueses habían expulsado a todos los musulmanes así como a los judíos. Cuando cesó, en 1640, la unión hispano-lusa, tres años después, Tánger volvió al poder de Portugal. En varias ocasiones fue atacada, desde 1651 a 1657, por los marroquíes bajo el mando del jefe Gailán, de ascendencia morisca. Harto de realizar esfuerzos estériles para mantener la ciudad, la cedió a Inglaterra como dote de la infanta Catalina de Braganza que casó, en 1661, con Carlos II. El gobernador portugués Luis de Almeida entregó en 1662 la ciudad a su homólogo británico Henry Mordaunt, conde de Peterborough.

Tánger, colonia británica

La presencia inglesa en Tánger duró poco, algo más de dos décadas. Durante los primeros años fue dominada y dirigida por los militares ingleses pero luego, a partir de 1668, pasó a manos civiles siendo el primer alcalde de Tánger John Bland. Pero no fue atendida adecuadamente, lo que demuestra el hecho de que en 22 años de ocupación se sucedieran 12 gobernadores. Durante algún tiempo ocupó el puesto de tesorero del comité especial de Tánger el político británico Samuel Pepys[45], personaje muy recordado en la ciudad ya que hizo una de las primeras descripciones de la misma escrita por un europeo. En aquel entonces vivían en Tánger unas 2.500 personas, en su gran mayoría británicos, de los cuales unos 1.500 eran militares y el resto civiles. La mitad de éstos últimos eran ingleses y el resto eran españoles, portugueses y, principalmente, judíos que se habían granjeado la confianza de los ocupantes. Estos, gracias a que Tánger había sido declarado puerto franco, favorecieron el desarrollo del comercio de Tánger con el exterior así como la construcción de un muelle. Algunos de aquellos judíos obtuvieron la nacionalidad inglesa.

Años antes, hacia 1640, había accedido al trono marroquí la dinastía alauita*, procedente de Arabia, formada por descendientes del Profeta, o sea cherifiana, que desde entonces se mantiene en el poder. El primer Sultán de esta dinastía, Muley Mohamed I (1640-1664), así como su hermano y sucesor Muley Rachid (1664-1672), consiguieron una considerable unificación del país, en el que no pudieron incluir la ciudad de Tánger. Su sucesor, y también hermano, Muley

---

[45] Samuel Pepys (1633-1703) fue un político y escritor inglés que llegó a ser Secretario del Almirantazgo y miembro del Parlamento. En agosto de 1662 fue nombrado miembro del Comité especial de Tánger, que había sido ocupada por Gran Bretaña, y desde 1665 hasta 1683 fue tesorero de dicho Comité. Durante esta época se construyó en Tánger un muelle de 457 metros de largo por 27 de ancho. En aquel año de 1683 Pepys fue a Tánger, donde vivió unos seis meses, colaborando con el Gobernador de la ciudad en la retirada inglesa de la misma y en su destrucción, lo que se produjo el año siguiente. Pepys mantuvo un diario desde 1660 a 1669 donde describe los problemas que se producían en Tánger. Una calle de la ciudad internacional, que hacía esquina con el Cine Mauritania, estaba dedicada a Pepys.

Ismail[46], fue un monarca de gran relevancia que instaló su capital en Mequinez convirtiéndola en una gran ciudad. Prestó especial atención a Tánger, que cercó y conquistó a los ingleses. Éstos habían perdido interés por la ciudad ya que, por una parte, les costaba mucho mantenerla y, por otra, porque las presiones tanto políticas como militares del Sultán eran constantes. Portugal, que era consciente del error cometido entregando la ciudad a los ingleses, intentó que éstos se la devolvieran, a lo que no accedieron los ingleses ya que no entraba en su política que otra nación europea dominara el estrecho. Muley Ismail envió a los alredederos de la ciudad, a El Fahs, a un gran número de rifeños procedentes de las más importantes cabilas*, principalmente, las de Beni Tusin, Gsennaia, Bukoia, Tensamane, Tafersit y Beni Uriaguel. Según los propios ingleses, los españoles habrían ayudado al Sultán y a los rifeños en la presión ejercida sobre aquellos para que cedieran la plaza.

Estos rifeños, bajo la jefatura de Abdullah Gailán y, más tarde, de Alí Ben Abdallah Riffi, hostigaron durante bastante tiempo a los ingleses hasta que consiguieron que abandonaran la ciudad no sin antes que el gobernador Lord Dartmouth, que tenía entre sus colaboradores al citado Samuel Pepys, la bombardeara, destruyéndola en buena parte, y desmantelara las murallas que habían sido levantadas por los portugueses y parte del muelle que había sido construido con gran esfuerzo y dinero. Así, en 1684 entraron en la ciudad aquellos rifeños y algunos árabes a cuyo frente estaba Alí Ben Abdallah Riffi, que poco tiempo después fue nombrado bajá* de la ciudad. Le sucedió su hijo Ahmed ben Alí, que a la muerte del Sultán Muley Ismail y aprovechándose de la anarquía en la que quedó sumida el país intentó erigirse como príncipe autónomo de Tánger, lo que no llegó a conseguir, ya que murió en 1743 en lucha contra el Sultán reinante.

El abandono de Tánger supuso para el Reino Unido la renuncia a jugar un papel importante en el norte de África. Los ingleses poco o nada aportaron a Marruecos salvo la introducción del té en Tánger y a través de esta ciudad a todo el país,infusión que llegó a ser, como té verde con hierbabuena, la bebida nacional marroquí.

---

[46] Muley Ismail (1645-1727), uno de los monarcas más importantes de Marruecos, reinó durante más de 55 años desde 1672 hasta su muerte. Su reinado coincidió con el apogeo y esplendor del Reino de Marruecos. Organizó un poderoso ejército de 150.000 hombres, en parte esclavos negros, y consiguió expulsar a los españoles de Larache en 1689 y a los ingleses de Tánger aunque no llegó a reconquistar Ceuta a pesar de asediarla durante cerca de treinta años. Estableció convenios de amistad y de comercio con varios países, entre ellos España, Francia e Inglaterra. Trasladó, en 1672, su capital a Mequinez, desde donde consolidó su poder en una gran parte del actual Marruecos. Fue un gran constructor. En Mequinez mandó construir el palacio Dar Kebira, que algunos consideran un segundo Versalles, y en Tánger, una vez conquistada a los ingleses, construyó, durante el bajalato de Ali ben Abdallah Riffi, Dar el Majzén en la Alcazaba y Yamá el Kebir (la Gran Mezquita). Fue un gran monarca, muy inteligente y de gran voluntad y al mismo tiempo muy fiero y despótico.

Tánger, de nuevo marroquí

El control del reino marroquí sobre Tánger se mantuvo durante unos dos siglos. En este periodo, dicha ciudad, junto con Tetuán y Mogador, eran los únicos puertos marroquíes abiertos al comercio con los países extranjeros. En ellos, y en otros puertos como el de Salé, se desarrolló el contrabando y se apoyaron las acciones de piratería que, aunque en declive, se mantuvieron en el Mediterráneo y en la costa atlántica norteafricana hasta desaparecer, prácticamente, a finales del siglo XVIII gracias a los esfuerzos realizados por distintos países europeos contra los piratas de Tánger, Tetuán y Salé. Muley Ismail tuvo serias divergencias con Francia y España que condujeron en 1718 a la ruptura de las relaciones entre los dos países y Marruecos, lo que duró cerca de medio siglo. Ello produjo muy serios perjuicios a los puertos marroquíes y, particularmente, a Tánger.

En 1757 llegó al trono Sidi Mohamed III, uno de los más relevantes monarcas de la historia marroquí, que se mantuvo en el poder más de treinta años, hasta 1790, lo que le permitió, en alguna medida, pacificar y consolidar su reino[47]. Durante su reinado se reanudaron las relaciones con España y Francia y se produjo una considerable apertura de Marruecos hacia el exterior firmando sendos acuerdos de paz y comerciales con Inglaterra (1760 y 1765), con Suecia (1763), Venecia (1765), con España y Francia (1767), con Holanda (1777) y con Estados Unidos (1786). Este último fue el primer tratado firmado por el nuevo país norteamericano con una potencia extranjera. Todos estos acuerdos incorporan, por primera vez, la *cláusula de la nación más favorecida** que establecía la igualdad entre las distintas naciones contratantes.

Por parte española, negoció hábilmente el correspondiente tratado de paz y comercio el científico y político Jorge Juan, que se desplazó en misión extraordinaria como embajador a Marruecos en 1767. Allí se entrevistó con el Sultán y consiguió normalizar las relaciones con el trono alauita y, entre otros acuerdos, obtuvo autorización para abrir un consulado general en Larache y tres viceconsulados en Tánger, Tetuán y Mogador[48]. El de Tánger lo ocupó, en 1767, Francisco Pacheco, que era un subteniente del ejército. Además, Jorge Juan consiguió que el Sultán eximiera a España del tributo que recibía de todas las naciones con las cuales mantenía relaciones comerciales. En aquella época, Tánger sufría una situación bastante miserable. Así, las autoridades del Reino no permitieron que el embajador Jorge Juan y sus acompañantes desembarcasen en Tánger sino que prefirieron que lo hiciera en las costas cercanas a Tetuán.

---

[47] Un estudio riguroso del reinado de Mohamed III y la vida en Marruecos en su época es el de Ramón Lourido, *Marruecos en la segunda mitad del siglo XVIII*, publicado en 1978 por el Instituto Hispano-Árabe de Cultura.

[48] La Embajada de Jorge Juan fue un completo éxito. En el libro de León Galindo y Vera *Las posesiones hispano-africanas* se incluye como apéndice una detallada descripción de tal Embajada.

2.2. TÁNGER, CAPITAL DIPLOMÁTICA DE MARRUECOS

Durante el reinado de Sidi Mohamed III se vivió un periodo de considerable inseguridad, lo que obligaba al Sultán a establecer su corte en distintas capitales del Reino pasando de Fez a Mequinez o a Marrakech, lo que dificultaba la labor de los representantes consulares de los pocos países europeos acreditados en Marruecos. Además, el Majzén* no favorecía la presencia extranjera en el interior del país. Así, tales representantes optaron por replegarse a sus respectivos países o bien a residir en algunos puertos marroquíes, como Salé, o bien Tetuán, donde existía cierta seguridad.

Sin embargo, hacia 1775 se produjo un grave incidente en dicha ciudad que ocasionó la muerte de un musulmán, lo que enfrentó, entre sí, a las poblaciones musulmana y europea. Esta situación aconsejó al Sultán Sidi Mohamed III a cerrar el puerto cercano a Tetuán y a expulsar a los europeos que vivían en esa ciudad así como a sus cónsules ofreciendo a éstos, hacia 1777, la posibilidad de residir en Tánger. Posiblemente, alentó esta decisión el hecho de la cercanía de Tánger con Gibraltar y Cádiz y otras ciudades españolas. España estableció su consulado en 1786 en la calle Siaguins, cerca del Zoco Chico. En el tratado de paz, amistad, navegación, comercio y pesca firmado en marzo de 1799 entre España y Marruecos se faculta al cónsul general de España en Tánger a enarbolar en su morada el pabellón real español y se establece que el consulado gozará de inmunidad. Dicho tratado fue negociado por Juan González Salmón, que era cónsul general de España en Tánger. A partir de aquella fecha y en muy poco tiempo el ejemplo español fue seguido por otros países constituyéndose, así, Tánger, de hecho, como capital diplomática de Marruecos y en la que se ejercía la jurisdicción consular. Además, el Sultán aceptó que la Junta de cónsules que estos habían creado se ocupara de los asuntos municipales y sanitarios de la ciudad[49]. El Sultán, por su parte, delegó su representación en un encargado de negocios con residencia en Tánger y, más tarde, hacia 1850 envió a esta ciudad a un *naib* o delegado que tenía su sede en Dar Niaba (casa del *naib*), que durante muchos años estuvo en la calle Siaguins y que, de hecho y de derecho, actuó como ministro de Asuntos Exteriores marroquí e intermediario entre el cuerpo diplomático, el Majzén y el propio Sultán. Es a partir de este hecho cuando Tánger es, realmente, a todos los efectos, la capital diplomática del país.

---

49 Para mayor información véase el documentado estudio de Ramón Lourido «Le Sultan Sidi Muhammad ben Abdellah et l'institution de la representation consulaire à Tanger», en *Tánger 1800-1956*. La Junta incrementó sus funciones como consecuencia de varias epidemias, principalmente las de 1798 y 1818, que diezmó la población tangerina. En 1840 Muley Abderraman aceptó que los cónsules se organizaran en un Consejo Sanitario encargado de estudiar y solucionar los problemas relativos a la salud pública en la ciudad y sus alrededores. Más tarde, sus funciones se extendieron a otros puertos marroquíes.

Poco tiempo después de morir Sidi Mohamed III, como consecuencia del asedio de Ceuta por las tropas cherifianas en 1791, el gobierno español decidió bombardear Tánger y, en particular, la Alcazaba, lo que afortunadamente no ocasionó graves daños. En aquel tiempo, ocupaba el trono Muley Yazid (1790-92), destronado por su hermano Muley Slimane[50], que se mantuvo en el poder hasta 1822. Durante este periodo, la escasez de bienes, las epidemias y las guerras agotaron al país sumiéndolo en una situación lamentable. Por otra parte, el Majzén, aconsejado por los doctores de la ley musulmana que consideraban que el comercio exterior era nefasto para el país, limitó el comercio con Europa fomentando el aislamiento de Marruecos, que solo mantuvo lazos con el exterior a través de Tánger y Larache. Así, Marruecos siguió siendo para Europa un país desconocido e inaccesible.

Durante el reinado de Muley Slimane, en 1803, visitó Marruecos el espía español Domingo Badía[51], que se presentó como Alí Bey, notable musulmán. Conoció en Tánger al Sultán, que se había desplazado a la ciudad para obtener la liberación de unos marinos marroquíes que habían sido hechos prisioneros por un barco de los Estados Unidos[52]. Alí Bey se granjeó la amistad o, al menos, la benevolencia del Sultán gracias a sus conocimientos de astronomía, a la que Muley Slimane era muy aficionado. Alí Bey, al parecer, intentó, sin éxito, un complot contra Marruecos en beneficio de España. En aquellas fechas, Tánger ya contaba con una población cercana a los ocho mil habitantes, lo que había sido propiciado por su capitalidad diplomática y el comercio que desde ella se realizaba con otros puertos.

Los sultanes Muley Abderraman (1822-59) y Mohamed IV (1859-1873) fueron monarcas que reinaron sobre un Marruecos en crisis, decadente, empobrecido y extenuado por sus luchas y problemas internos[53]. A todo ello se unió el acoso al

---

50 Muley Slimane (1792-1822) fue un soberano relativamente justo y progresista que decretó en 1816 la abolición de la esclavitud aunque en la práctica siguió existiendo durante algún tiempo. Asimismo prohibió la piratería y el corso que daban lugar a la existencia de cautivos.

51 Domingo Badía nació en Barcelona en 1766. Haciéndose pasar por el hijo de un príncipe árabe y bajo el nombre de Alí Bey el Abbasi viajó, entre 1803 y 1807 a varios países del Mediterráneo y del Medio Oriente, entre ellos a Marruecos y Arabia siendo, posiblemente, el primer europeo no musulmán que entró en la Meca. Antes había estado en Tánger, a la que llegó en 1803 y en la que permaneció varios meses y donde conoció al Sultán. Badía era un hombre culto y hábil que se ganó la confianza de Muley Slimane contra el que urdió, al parecer, un complot para derrocarlo, lo que fracasó y por lo cual tuvo que salir de Marruecos. Escribió una amplia y detallada descripción de su largo viaje denominada *Viajes de Alí Bey*, publicado en francés en 1814. Murió en Damasco, posiblemente envenenado, en 1818.

52 El incidente había sido ocasionado por el previo apresamiento cerca de Tánger, por parte marroquí, de un buque estadounidense. Este problema dio lugar a que Estados Unidos enviara un navío de guerra muy bien armado que liberó al barco apresado y retuvo al agresor. La nación americana exigió la presencia en Tánger del Sultán para volver a firmar la paz con él.

53 Las hambrunas y las epidemias hicieron estragos en la población. A todo ello se unió el severo endeudamiento del país a causa de las guerras y los numerosos empréstitos sucesivos y su debilidad política a causa, entre otros

que el país fue sometido por parte de Francia, Reino Unido y España. Los enfrentamientos armados con Francia estaban relacionados con la presencia francesa en Argelia, a la que se oponían los marroquíes que apoyaban a los líderes argelinos y en particular al Emir Abdelkader. Los franceses vencieron al ejército marroquí en la batalla de Isly, cercana a Oujda, en 1844, y bombardearon Tánger el mismo año[54]. Afortunadamente, las bombas francesas no ocasionaron víctimas civiles, lo que fue celebrado, durante muchos años, por los judíos como el «*Purim** de las bombas». La guerra terminó con un acuerdo de paz firmado el mismo año de 1844.

Por otra parte, la presión ejercida ante el Majzén por Gran Bretaña obligó a Marruecos a firmar en 1856 un acuerdo con ese país en el que éste obtuvo muchas ventajas, entre las que destacaban el reconocimiento del principio de *puertas abiertas* o de libertad total de mercado y la reducción de los derechos de aduana a un arancel general del 10% *ad valorem*. Se confirmaba así el régimen de capitulación y el de protección. Este acuerdo consolidó aún más, si cabe, la debilidad del Sultán y del Majzén. Con España estalló, poco tiempo después, otro conflicto que se originó por enfrentamientos entre los dos países por la muerte de algunos obreros españoles de Ceuta que, según el gobierno español, habría sido provocada por unas tribus limítrofes. Las discusiones de paz no dieron resultado y se fue a la guerra que se desarrolló durante los años 1859-60 y que terminó con la victoria de las tropas españolas. Al término de este enfrentamiento se firmó el 26 de abril de 1860 un acuerdo de paz entre los dos países[55].

A partir de entonces, España favoreció la emigración de españoles a Marruecos y, en particular, a Tánger en búsqueda de mejores condiciones de trabajo y de vida. A esta emigración de carácter económico se unió a la que tuvo una base política con la restauración de la monarquía y las represalias contra los republicanos lo que se produjo a partir de 1874. Muchos de ellos se refugiaron en Tánger. Con el tiempo, los españoles constituyeron la primera colonia extranjera de la ciudad en detrimento de la emigración que se había producido hasta entonces hacia Argelia. En todo caso, a finales de siglo la presencia española

---

motivos, de los déficits constantes de la balanza comercial, de la corrupción, de los abusos de los regímenes de capitulaciones y de protección así como de los errores diplomáticos cometidos por el Majzén.

[54] Con el fin de evitar una derrota similar a la de Isly, el Sultán Sidi Mohamed IV intentó constituir un grupo militar a imagen del ejército turco. Su sucesor Muley Hassan I envió a Gibraltar a un contingente de 500 hombres par ser instruidos, lo que obligó que al frente del mismo estuviera, durante algún tiempo, un inglés, Sir Harry Aubrey de Vere MacLean, que fue nombrado *Kaid el Askar* (comandante de infantería) por Muley Hassan I. MacLean fue raptado años después por Raisuni.

[55] El tratado de 1860 fue el final de la guerra entre España y Marruecos, llamada Guerra de África, que enfrentó a los dos países entre 1859-60 y que terminó con la victoria española después de las batallas de Tetuán y Wad Ras. El tratado, entre otras disposiciones, fijaba una indemnización a favor de España de 400 millones de reales de vellón (unos cien millones de pesetas de entonces), garantizados por la ocupación de Tetuán. En dicho tratado el Sultán se obligaba a respetar a la Iglesia así como a las misiones y cementerios españoles. En un artículo secreto del mismo, Marruecos se comprometía a no ceder o enajenar Tánger sin previo consentimiento español.

en Marruecos- unas 8.000 personas- era muy inferior a la que se registraba en Argelia que llegaba a 150.000 españoles.

Los convenios firmados con Francia, Gran Bretaña y España confirmaron las ambiciones coloniales de los tres países en Marruecos. Éste quedó enormemente debilitado, lo que propició la penetración de la economía europea en el reino marroquí y la relativa e incipiente internacionalización de la ciudad de Tánger, que se afirmó como capital diplomática del Reino, lo que tuvo consecuencias políticas y económicas positivas para la ciudad. En efecto, junto con los cónsules o asimilados fueron a vivir a Tánger un buen número de extranjeros —intérpretes, comerciantes, representantes, administrativos, etc.— a los que se unían los numerosos marroquíes, musulmanes o judíos, algunos de ellos masones, protegidos por los consulados que fueron tejiendo una importante red que cada vez era más internacional[56].

Por su parte, el Majzén reconoció la importancia del puerto de Tánger al decidir que una gran parte del comercio exterior del país se realizara a través de Tánger, más o menos el 20%, así como la totalidad de las ventas de alimentos exportados a Gibraltar. Además, resolvió que los peregrinos a la Meca embarcaran en el puerto de Tánger, lo que, por una parte, le aportó beneficios pero, por otra, propició que entraran en Tánger diversas enfermedades, como el cólera, contraídas por los peregrinos.

Poco a poco, Tánger empieza a ser conocida en Europa, lo que hace que algunas personalidades deseen visitarla como es el caso de Delacroix, que va a la ciudad formando parte de una misión diplomática en 1832, donde permanece tres meses. Le siguen Degas, Matisse, Fortuny o Tapiró. En 1849 llega a Tánger el héroe italiano Garibaldi, que había tenido que exiliarse, permaneciendo en la ciudad más de seis meses en casa del cónsul de Cerdeña. También viajan a Tánger escritores de fama como Alejando Dumas padre y Andersen, que lo hace en 1862 y que se aloja en la residencia del cónsul Drummond-Hay, Ravensrock, cuya esposa (Annette Castersen) era hija del cónsul danés y amiga de infancia de Andersen. Otros escritores como Mark Twain, Edmondo de Amicis, Pierre Loti o Pedro Antonio de Alarcón descubren Tánger y transmiten sus impresiones sobre

---

[56] En Tánger, la masonería tuvo considerable importancia a finales del siglo XIX y comienzos del XX siendo impulsada por españoles, franceses e italianos —algunos de ellos judíos— y varios gibraltareños de la clase media. La primera logia instalada en Marruecos fue en Tánger, alrededor de 1870, organizándose en poco tiempo otras. Los masones tangerinos, muchos de ellos de considerable prestigio en la ciudad, se agruparon en cinco logias. A pesar de que eran de distintas nacionalidades unieron sus esfuerzos, impulsando y desarrollando diversas actividades culturales, sanitarias y políticas en Tánger. A mediados de los años treinta atravesaron muchas dificultades políticas y, prácticamente, desaparecieron, se ocultaron o se exiliaron cuando se produjo la ocupación española en 1940 a causa de la aversión de los ocupantes y del acoso que sufrieron, especialmente durante los primeros meses de la misma. Cuando aquella terminó intentaron reanudar, sin mucho éxito, sus actividades. Posiblemente, el masón de mayor prestigio en Tánger fue el Dr. Samuel Mobily Güitta.

la ciudad a sus respectivos países. Poco a poco se va creando la imagen y el mito sobre la ciudad que aún hoy perdura. Llegan visitantes ávidos de orientalismo que, en realidad, son los primeros turistas.

Con anterioridad a la Conferencia de Algeciras, además del establecimiento de los regímenes de capitulaciones y de protección, otras acciones o decisiones favorecieron la internacionalización de Tánger. En 1840 el Sultán Muley Abderramán aprobó oficialmente la constitución de una Comisión o Consejo Sanitario que dependía de la Junta de cónsules que se había creado en 1792. Más tarde, hacia 1888, por iniciativa privada de los extranjeros residentes en la ciudad, dirigidos por el Dr. Severo Cenarro, se convirtió en la Comisión Internacional de Higiene y Limpieza que fue reconocida en 1892 por el Sultán Muley Hassan I (1873-1894), monarca que intentó reformar el país y superar, sin éxito, los graves problemas que le afectaban. Años más tarde las funciones de tal Comisión fueron ampliadas por el Acta de Algeciras. Cubría una larga serie de servicios municipales y de otro tipo, para lo cual se crearon varias comisiones sometidas a la dirección y control del cuerpo diplomático de Tánger. Las más importantes eran las relativas a la aduana, control de la deuda pública, a las tasas urbanas, a las licitaciones públicas, etc. Esta situación se consolidó en 1903 cuando fue creada la Comisión de Higiene y Policía Urbana en la que participaban representantes de las colonias extranjeras y que presidían, por rotación anual, los cónsules de España y Francia[57].

Por otra parte, años antes, el Sultán Sidi Mohamed IV (1859-1873), a iniciativa de los cónsules, había aprobado la construcción de un faro en Cabo Espartel[58], a 20 km de Tánger, que fue inaugurado en 1865 y objeto de un convenio el mismo año por el cual los países representados en Tánger se comprometieron a sufragar los gastos de mantenimiento del faro, que quedó bajo el control de los representantes diplomáticos. Además, por concesión tácita del Majzén se crearon en Tánger oficinas de correos de Gran Bretaña (1857), Francia (1860), España (1861) y Alemania (1899) que, con la salvedad de esta última, siguieron funcionando en Tánger hasta la unión de la zona internacional al Reino de Marruecos en 1956. Paralelamente, existían varias conexiones marítimas entre Tánger y España y Gibraltar y dos

---

57 Véase Teodoro Ruiz de Cuevas, *Apuntes para la historia política de África*.

58 Esta decisión fue consecuencia, entre otras causas, de los frecuentes naufragios que se producían en las costas tangerinas, siendo la más importante la que sufrió la fragata escuela brasileña *Dona Isabel* en la que murieron unas 250 personas. El director técnico de la obra fue M. Jacquet. El faro se puso en funcionamiento el 15 de octubre de 1864. El primer farero fue el austro-húngaro Joseph Philippe Gumpert, al que le sucedió su hijo José Ramón, ambos raíces de la familia Gumpert muy conocida en Tánger. A partir de 1936 el farero fue Abdellah Kaaboun, a quien le sucedió en 1975 su hijo Ahmed. El cuerpo diplomático de Tánger se ocupó de dirigir la gestión del faro hasta marzo de 1958, fecha en la que fue transferido a la Administración marroquí. El primer inspector del faro fue Emilio Rey Colaço, perteneciente a una antigua familia portuguesa de Tánger.

cables submarinos, uno que unía Tánger con Algeciras y otro con Gibraltar que habían sido autorizadas por el Majzén.

En definitiva, durante más de cincuenta años se desarrolló un entramado de acuerdos, disposiciones y actuaciones que configuraron el carácter internacional de Tánger y establecieron las bases para un posterior desarrollo del original y único sistema creado en torno a la ciudad. Todo ello se realizaba, a veces, en contra de muchos miembros del propio Majzén, que exigían la expulsión de las misiones extranjeras en el país. Esta reacción fue tardía, ya que nada pudieron hacer los distintos sultanes que se sucedieron ante la decadente estructura del país, sus hambrunas y epidemias, su calamitosa situación económica y las presiones navales de fuerza que se sucedieron desde 1883 por parte de Italia, Francia, Estados Unidos, Portugal y la propia España. En este último país, el político regeneracionista Joaquín Costa se opuso, sin éxito, a la política colonialista de los países europeos.

A pesar de esta presión extranjera, en septiembre de 1889 visitó Tánger el Sultán Muley Hassan I (1873-1894), que recibió una acogida apoteósica. El Sultán, que fue a Tánger acompañado por su gobierno y más de seis mil jinetes, residió durante su estancia, que duró unos veinte días, en el palacio de la Casbah que había sido arreglado y acondicionado. Todo el cuerpo diplomático cumplimentó al soberano, así como las principales organizaciones de la ciudad, entre las que figuraba la Comisión Internacional de Higiene y Limpieza presidida por el Dr. Cenarro. El Sultán tuvo ocasión de recorrer y conocer con cierto detalle toda la ciudad y, en particular, el Zoco Chico y la calle de Siaguins, respectivamente, centro y eje principal de la capital[59].

2.3. LA CONFERENCIA DE ALGECIRAS

En las últimas décadas del siglo XIX la situación socioeconómica de Marruecos era catastrófica. La mayoría de su población era analfabeta y, en gran parte, rural. Se mantenía un abismo entre la minoría rica y poderosa y los miserables que constituían la mayoría del país. Marruecos era solo productor de materias primas de las cuales exportaba muy poco. Por el contrario, era importador de artículos industriales y elaborados de consumo, lo que daba lugar a que su balanza comercial fuera crónicamente deficitaria. No contaba con infraestructuras adecuadas. Existía considerable confusión política. Esta debilidad fue acentuada en el norte del país por la aparición del bereber Abu Hamara,

[59] I.J.Assayag, en su libro *Tanger, regards sur le passé. Ce qu'il fut*, describe minuciosamente la histórica visita de Muley Hassan I a Tánger. Hasta 1947 no volvería otro Sultán a visitar la ciudad en la persona de Sidi Mohamed V.

más conocido por el *Rogui*[60], que incidió en la guerra de Melilla entre España y Marruecos, preludio de la guerra del Rif. El terreno estaba completamente abonado para favorecer la intervención extranjera.

Por el contrario, la situación de Tánger era bastante positiva ya que tenía una enorme importancia estratégica no solo para el Reino de Marruecos sino también para las potencias que deseaban comerciar con él ya que era el puerto no solo más cercano de Europa sino también el más eficaz y seguro. A través del mismo se realizaba una buena parte del comercio exterior marroquí que, aunque escaso, daba mucha vida a la ciudad. Además, era una de las plazas financieras más importante del reino. Todo este entramado mantenía una amplia red comercial entre Europa y, especialmente, entre España y Marruecos que impulsó a muchos españoles, franceses y otros europeos a instalarse en Tánger como agentes comerciales o gestores económicos o bien a contratar los servicios de los marroquíes, tanto musulmanes como hebreos. Las casas de comercio de Tánger, en su mayoría en manos de judíos, tenían sucursales y filiales en las plazas del interior del país y en varias ciudades del extranjero.

A finales del siglo XIX y principios del XX, durante el reinado de Muley Abdelaziz (1894-1908), vivían en Tánger cerca de 8.000 extranjeros, de los cuales algo más de un millar eran judíos protegidos. Formaban parte de las distintas colonias no solo los comerciantes y sus auxiliares y los financieros, sino también un gran número de artesanos, obreros, pescadores, en su mayoría gente humilde. Además, se estaba desarrollando un turismo de jubilados, la mayoría de ellos ingleses y algunos franceses que, inicialmente, pasaban algunas semanas en Tánger y que, años después, gracias al bajo coste de la vida, decidieron instalarse en la ciudad, principalmente en el Monte y el Marchán. Salvo excepciones, no eran gente de mucho dinero pero contaban con el suficiente para vivir holgadamente y crear bastantes puestos de trabajo en el servicio doméstico. Además, atrajeron hacia Tánger a otros turistas y jubilados que, en temporadas, llenaban los hoteles construidos para ellos como el Continental, el Villa de France y otros.

Tánger, objeto de discordia

Tánger, como parte relevante de Marruecos pero cada día más internacionalizada, fue objeto de constante discordia entre los principales países interesados por la ciudad y, principalmente, por Francia, colonizadora de Argelia y Túnez, que deseaba mantener su supremacía en el norte de África, y por España, a la que no le era grata la presencia extranjera europea a dos pasos de Ceuta y Melilla y

[60] Se rebeló contra el Sultán y se hizo proclamar Sultán de Taza negociando con España la concesión de minas de hierro y plomo que no fueron ratificadas por el Sultán Muley Hafid, lo que dio lugar a nuevos enfrentamientos entre España y Marruecos.

que consideraba que Tánger debía quedar bajo su influencia. En un proyecto de acuerdo secreto entre Francia y España elaborado en 1902 y del que se hicieron dos versiones, la segunda ultimada en noviembre de ese mismo año, las dos potencias se distribuyeron sendas zonas de influencia en Marruecos otorgándosele a España un territorio que llegaba hasta el río Sebou y que incluía a Fez, Uazzan, Taza y Tánger. Se trataba de una zona muy superior a la que más tarde constituiría el protectorado español en la que se incluía, como queda dicho, la ciudad de Tánger, aunque con la salvedad de que la misma podría ser neutralizada habida cuenta de la importancia de su posición. Pero este acuerdo tan favorable para España no fue firmado por el Gobierno español presidido por Sagasta ante las presiones de Inglaterra, que no podía permitir que fuera debilitada la situación estratégica de Gibraltar y que aspiraba a controlar el Estrecho[61]. España, que había quedado enormemente debilitada por los desastres coloniales del 98, no tenía fuerzas ni intención de enfrentarse a Gran Bretaña.

En otro acuerdo sobre Marruecos firmado en octubre de 1904 entre Francia y España, ambos países, por primera vez, reconocen el «carácter especial de Tánger dentro del Reino de Marruecos como consecuencia de la presencia en la ciudad del cuerpo diplomático y de sus instituciones municipales y sanitarias» sin que tal carácter especial debiera dar lugar a la creación de una Zona autónoma. Pero, paralelamente a las negociaciones hispano-francesas, se produjo la visita estruendosa del emperador alemán Guillermo II, que desembarcó en Tánger el 31 de marzo de 1905 para apoyar la soberanía marroquí deseando contrarrestar la importancia política y estratégica francesa en el Mediterráneo. La visita, que solo duró tres horas, tuvo considerable trascendencia para el futuro de Marruecos y, en particular, de Tánger.[62]

Desarrollo de la Conferencia de Algeciras

Todas estas circunstancias consiguieron evitar que un solo país se adueñara de Tánger y contribuyeron e impulsaron el acuerdo de las grandes potencias europeas y Estados Unidos sobre Marruecos, que se plasmó en la Conferencia que se celebró en Algeciras en 1906. Participaron en ella, además de Marruecos, Alemania, Austria-Hungría, Bélgica, España, Estados Unidos, Francia, Italia, Países Bajos,

[61] El Almirante Nelson había dicho que Tánger debía quedar en manos de una potencia neutral como Marruecos o bien pertenecer a Inglaterra, lo que ratificó años más tarde el primer ministro Chamberlain, que consideraba a Tánger un punto básico en la política inglesa dando órdenes de que todo Gobernador de Gibraltar debía estar preparado para ocupar Tánger tan pronto como el gobierno británico se lo ordenase.

[62] Posteriormente, Alemania perdió interés por Tánger en contrapartida del apoyo que le concedió Francia en sus deseos de expansión colonial en parte de África ecuatorial.

Portugal, Reino Unido, Rusia y Suecia[63]. El joven Sultán Muley Abdelaziz no tuvo otra opción que aceptar la celebración de tal Conferencia a sabiendas que ello mermaría considerablemente su autoridad en su país. Pero la situación económica de éste era catastrófica habida cuenta de las considerables deudas contraidas por el Majzén con varios países, lo que obligó a Marruecos a solicitar nuevos préstamos.

La Conferencia de Algeciras se inauguró en enero de 1906 en el Hotel Reina Cristina. La presidió el ministro de Estado, el duque de Almodóvar del Río. Duró cuatro meses siendo rubricada el Acta de la misma el 7 de abril de 1906. Aunque mantuvo en su integridad el Estado marroquí y respetó la soberanía del Sultán, estableció la internacionalización económica de Marruecos y concedió a España y Francia la organización de la policía cherifiana dirigida por oficiales franceses o españoles o bien de dirección mixta como ocurrió en el caso de Tánger. Trató, también, sobre la vigilancia y represión del contrabando de armas; la institución de un Banco de Estado de Marruecos con sede en Tánger, como banco central y de emisión de moneda; la reforma tributaria que supuso la mejora de los impuestos existentes y la creación de otros nuevos; un régimen de aduanas y de represión del fraude y contrabando; varias disposiciones relativas a los servicios y obras públicas, etc.

La Conferencia estableció sobre Marruecos y, en especial sobre Tánger, un sistema de protección colectiva con predominio franco-español. Se decidió que todas estas disposiciones y actuaciones se realizaran bajo el control del cuerpo diplomático acreditado en Tánger, lo que vino a confirmar la importancia de las competencias de los cónsules o representantes extranjeros que formaban parte de dicho cuerpo, no solo en la ciudad sino en todo el Reino de Marruecos[64].

El Raisuni

La situación de Tánger a principios del siglo XX no era halagüeña ya que la inseguridad se había adueñado en parte de la ciudad. Los gobernadores nombrados por el Sultán, que en algunos casos solo duraban unos meses, no conseguían imponer el orden. A esta inestabilidad contribuyó, en gran medida, la actuación de El Raisuni[65], rifeño mitad bandido y mitad héroe, que atemorizaba a la ciudad

[63] Mohamed Larbi Messari expone en su libro *Las relaciones difíciles, Marruecos y España* la coyuntura marroquí que propició la Conferencia.

[64] Es curioso comprobar que de los once países que, junto con Marruecos, firmaron el Acta de Algeciras, siete estaban representados por miembros de la nobleza de los respectivos países.

[65] Muley Ahmed Raisuni (o El Raisuli), rifeño*, *taleb**(letrado), de ascendencia cherifiana*, tuvo, a finales del siglo XIX y durante el primer cuarto del XX, considerable protagonismo en Tánger y en el Rif. Nació hacia 1870 en Zinat, una aldea cercana a Tánger. Muy joven se dedicó a las aventuras y al bandidaje ocupando algunas zonas del Rif. Mediante presiones, saqueos, asesinatos y chantajes llegó a ser dueño y señor de los alrededores de Tánger. Secuestró a varios extranjeros entre ellos, en 1903, al periodista Walter Harris para presionar al Sultán de Marruecos, que intercambió a Harris por varios hombres de Raisuni que estaban presos en Tánger y Larache. Más tarde, en 1904, raptó a Jon Perdicaris, súbdito americano de ascendencia griega. Obtuvo su libertad gracias a la presión que el presidente de

y que se había sublevado contra la autoridad del Majzén. El temor a Raisuni y la desidia del Majzén aconsejaron al cuerpo diplomático a encargar a dos tabores*, destacamentos militares mandados por oficiales españoles y franceses, el mantenimiento del orden en la ciudad. Esta situación fue ratificada por el Acta de Algeciras, que confirmó la existencia de tales tabores, uno encargado del extrarradio y que dirigían oficiales franceses y otro responsable del orden público en la ciudad que quedó al mando de oficiales españoles. Algún tiempo después la calma volvió a la ciudad y la amenaza de Raisuni desapareció.

Con la mejora de la seguridad en la ciudad se incrementó el turismo de invierno, especialmente de británicos y franceses. Muchos de ellos, jubilados o terratenientes, se quedaron a vivir en Tánger habida cuenta de la alta calidad de vida que podían conseguir gracias al bajo coste de la ciudad y a la disponibilidad de conseguir servicio doméstico y auxiliares marroquíes a muy buen precio. Alrededor de las principales legaciones se formaron pequeñas *cortes* constituidas por los nacionales de cada consulado así como de sus protegidos en las cuales los cónsules eran pequeños virreyes.

En estos años de principios de siglo pasado se crean y desarrollan importantes centros educativos de distintas nacionalidades, como el Lycèe Regnault y las Escuelas Alfonso XIII y se consolidan las de la Alianza Israelita creada por los propios marroquíes judíos. Tánger vive en las dos primeras décadas del siglo XX un corto periodo de relativo esplendor durante el cual la ciudad recibe a un gran número de exiliados, muchos de ellos de considerable formación, y de capitales que se refugian en la futura ciudad internacional ante la incertidumbre que existe en el mundo.

Con la Conferencia de Algeciras culmina la intervención extranjera en este país y la decadencia del Reino, lo que se completará con la institución, pocos años después, de los protectorados de Francia y España sobre distintas partes del país y con el Estatuto de 1923, que consagrará la internacionalización de Tánger. Se llega, si no de derecho pero sí de hecho, a la práctica disgregación del Reino. Los acuerdos de Algeciras costaron el trono a Muley Abdelaziz, que

---

Estados Unidos, mediante el envío de siete buques de guerra, hizo ante el Sultán de Marruecos Muley Abdelaziz, que cedió ante todas las demandas de Raisuni, entre ellas el pago de un rescate de 14.000 libras y su nombramiento como gobernador de un territorio que comprendía El Fahs y seis cabilas* adyacentes. Esta historia inspiró la película *El viento y el león*, interpretada por Sean Connery ---que se ajusta, en muy poco, a la verdad. Raisuni también fue protagonista, en 1907, de otro secuestro en la persona de Sir Harry Aubrey de Vere MacLean, que era amigo del Sultán Muley Abdelaziz. El gobierno inglés tuvo que pasar por la humillación de pagar unas 25.000 libras esterlinas por la libertad de MacLean. Más tarde, el Sultán Muley Hafid le nombró bajá de Arcila y de algunas cabilas limítrofes. No existe acuerdo entre los historiadores sobre cuál fue su futuro. Parece que, durante algún tiempo, Raisuni colaboró con los españoles que ocupaban el Rif aunque posteriormente se enfrentó a ellos dando lugar a que los generales Berenguer y Silvestre le atacaran y le vencieran. Raisuni, entonces, se habría unido al jefe y héroe rifeño Abdelkrim aunque más bien parece que ocurrió lo contrario, siendo hecho prisionero por Abdelkrim en 1925 y muriendo el mismo año. Su hijo fue nombrado por las autoridades españolas del protectorado bajá de Larache.

fue destituido por los ulemas* acusado de no haber defendido la integridad del país. Fue sustituido por su hermano Muley Hafid (1908-1912). Éste sufrió enormes presiones y humillaciones por parte de los franceses y españoles que culminaron con la ocupación, en 1911, de Fez y Rabat, por parte de los primeros, y de Tetuán, Larache y Alcazarquivir, por los segundos.

Mientras, en Tánger, se publica en 1908, como una voz en el desierto, un llamamiento en el periódico *Lisan al-Magreb* (*La voz de Marruecos*) para que el Sultán reaccionara ante la decadencia del país mediante una serie de acciones entre las que figura, en primer lugar, la adopción de una Constitución cuyo proyecto presenta un grupo de liberales tangerinos que, aunque de forma tímida, proponen, sobre la base de la constitución turca de 1908, un texto liberal que si bien no fue tenido en cuenta tuvo, posteriormente, considerable influencia entre los nacionalistas marroquíes[66].

En esa época naufragó en las costas de Tánger, cerca de Cabo Espartel, el 13 de diciembre de 1911, el buque inglés *Delhi*. Viajaban en él miembros de la familia real británica y muchos pasajeros. Además, transportaba varios lingotes de oro y barras de plata de mucho valor. Sus pasajeros fueron salvados por un buque francés y otros británicos con la ayuda del farero de Cabo Espartel, que era el ya citado Joseph Raymomd Gumpert. El oro y la plata, una vez rescatados, fueron enviados a Gibraltar. Las mercancías fueron vendidas por el propietario del *Delhi* e inundaron el mercado tangerino a un precio muy asequible. El hecho fue muy conocido a nivel mundial[67].

2.4. EL PROTECTORADO

Los acuerdos de Algeciras fueron, prácticamente, los últimos pasos que se dieron antes de la firma del Tratado de Fez de 30 de marzo de 1912, por el que se estableció el régimen de protectorado francés sobre Marruecos por el cual Muley Hafid limitó su soberanía sobre su país, que había estado bajo el poder, sucesivamente, de cerca de un centenar de sultanes pertenecientes a ocho dinastías que se habían sucedido en el trono desde Idris ben Abdellah en 788[68]. El general Lyautey fue el

66 Véase Jamal Hattabi, *Les constitutions du Royaume du Maroc*.

67 Véase reportaje de Andrés Troyano y Antonio Ramírez en *Tingis* nº 13.

68 De conformidad con el Tratado de Fez, el Sultán seguía siendo el Jefe civil y religioso de Marruecos. El Tratado reconocía la independencia e integridad del imperio cherifiano pero permitía su ocupación militar y las reformas administrativas, judiciales, económicas, financieras o militares que el gobierno francés juzgara oportuno introducir en el país. En representación del gobierno francés se designó a un Residente General de Francia que asumía, en la práctica, todos los poderes. Se promulgaron nuevos códigos y se renunció al régimen de capitulaciones. Francia fijó la capital de su protectorado en Rabat. En su libro *Apuntes para la historia política*

primer Residente General, que de conformidad con el convenio franco-marroquí de 1912 era el único intermediario entre el monarca y los representantes extranjeros y en las relaciones que estos mantenían con el gobierno marroquí, es decir, era el ministro de asuntos exteriores del Sultán. Tales representantes residían en Rabat y en otras ciudades del protectorado. El Sultán se comprometió, además, a no formalizar ningún acto de carácter internacional sin el previo asentimiento del gobierno francés. El Tratado hispano-francés de 27 de noviembre de 1912 fijó las condiciones de la zona de influencia española en Marruecos. España estableció la capital de su protectorado en Tetuán. A su vez, el Alto Comisario era el único intermediario en las relaciones que el Jalifa, en calidad de delegado del Sultán en la zona española, mantenía con los agentes oficiales extranjeros que abrieron en Tetuán sus consulados así como en otras ciudades del protectorado español[69].

Mediante los acuerdos de Algeciras, Marruecos había dejado de existir como estado independiente y el Sultán Muley Hafid perdió, a su vez, como su hermano, todo prestigio ante su pueblo, que exigió su deposición. Además, como mantenía cierta actitud rebelde y poco colaboradora con los ocupantes franceses, el Residente General forzó, en julio de 1912, con la complicidad de los ulemas* su abdicación a favor de su hermano Muley Yousef (1912-27). Así, en algo más de quince años, se sucedieron en el trono marroquí tres sultanes, hermanos entre sí, prácticamente impuestos por la voluntad francesa. Tanto Muley Abdelaziz como Muley Hafid, cuando fueron depuestos, se exiliaron, junto con sus respectivas familias y numerosos séquitos, en Tánger. Muley Abdelaziz murió en la ciudad internacional en 1943. Su hermano Muley Hafid, aunque vivió en Tánger hasta 1914, murió en Francia en 1937[70].

Efectos sobre Tánger

Contrariando los deseos españoles, el acta de Algeciras establece expresamente que «la ciudad de Tánger guardará el carácter especial que se le ha reconocido y que determinará su organización municipal». Esto se confirmó, más tarde, en

---

de África, Volumen I, Tomo I (Marruecos), el diplomático tangerino Ruiz de Cuevas expone con mucho detalle los antecedentes y primeros pasos de los protectorados francés y español

69 En 2012 se cumple el primer centenario del establecimiento del régimen de protectorado francés y español en Marruecos (con la excepción de la ciudad de Tánger, que gozaría, a partir de 1923 de un régimen especial). No parece que el transcurso de estos cien años permita apreciar, justamente, las luces y las sombras del protectorado que, en definitiva, supuso la colonización de Marruecos por las potencias protectoras con todo lo peyorativo que el término conlleva pero que, al mismo tiempo, permitió que en menos de cincuenta años Marruecos dejara de ser un país de estructuras medievales para pasar a ser el Estado moderno que es hoy día.

70 Entre 1912 y 1913 Muley Hafid se hizo construir un magnífico palacio en Tánger, donde estaba Ravensrock, la residencia del cónsul Drummond-Hay que el ex Sultán compró a su hijo. No llegó a disfrutarla ya que al inicio de la primera guerra mundial, en 1914, fue a refugiarse en España. Más tarde, en 1927, Francia ante el temor de que pudiera acercarse a Abdelkrim, le invitó a vivir en Francia en Enghien-les-Bains, donde murió en 1937.

el convenio hispano-francés de noviembre de 1912 para repartirse las zonas de protectorado[71], ya que precisó que «la ciudad de Tánger y sus alrededores estarán dotados de un régimen especial que será determinado ulteriormente». Tales manifestaciones no eliminaban las aspiraciones españolas de que Tánger quedara incorporada a la zona de protectorado español que no eran compartidas por las otras naciones interesadas en la zona que las contradecían, lo que hizo que, en la práctica, España no pudiera mantener a Tánger en su zona de influencia. Para cumplimentar este convenio y adoptar un Estatuto municipal para la ciudad se reunieron en Madrid un grupo de expertos en el que participaron varias personalidades tangerinas. Formaron parte de la delegación tangerina el abogado francés Daniel Saurin, el financiero inglés Isaac Abensur y el español Ricardo Ruiz Orsatti.

Todo ello significó que Tánger, como consecuencia de la implantación de los dos protectorados, perdió la capitalidad diplomática de Marruecos que había mantenido, de hecho y de derecho, durante más de un siglo. Pero, en cambio, no se limitó la autoridad que la Conferencia de Algeciras había concedido al cuerpo diplomático acreditado en la ciudad y a la muy importante función que otorgó el Estatuto de Tánger de 1923 al Comité de Control compuesto por los representantes diplomáticos de los países participantes en la Conferencia.

Aquel régimen especial fijado para Tánger no pudo ser establecido inmediatamente, lo que no impidió que Francia instara al Sultán para que nombrara en 1914 un naib o representante real para que ejerciera, en su nombre, su autoridad. Tal retraso tuvo su causa no solo en las reticencias españolas ante el hecho de que, forzada por Francia e Inglaterra, debiera renunciar a la anexión de Tánger en su protectorado sino también por los problemas causados por la guerra del Rif, que se inició con la desastrosa derrota de las tropas españolas en Annual (1921) por Abdelkrim[72], en la que murieron más de 6.000 españoles y que tuvo enorme trascendencia internacional. También influyó en el retraso el paréntesis que impuso la Primera Guerra Mundial y la situación política de España que desembocó en la dictadura del general Primo de Rivera.

---

[71] Dentro de este reparto se incluía, en el sur de Marruecos, el enclave de Ifni y el territorio de Cabo Juby. Ambos territorios junto con los dos que constituían el Sahara español (Seguia el Hamra y Río de Oro) formaron la agrupación de colonias y territorios españoles que se denominó África Occidental Española, que dejó de existir en 1958 cuando se cedió a Marruecos Cabo Juby. Más tarde, en 1969, fue retrocedido el territorio de Ifni y en 1976, después de la Marcha Verde de Marruecos sobre el Sahara español, esta última colonia fue abandonada por España.

[72] Mohamed ben Abdelkrim al Jatabi, jefe rifeño, denominado Abdelkrim (1882-1963), nació en Axdir, en el Rif marroquí. Desde 1918 hasta 1926 luchó contra las fuerzas coloniales francesas y españolas contra la implantación del protectorado. Derrotó a las tropas españoles en 1921-2 en Annual y Monte Arruit, autodesignándose Emir del Rif. Propagó la guerra a la zona ocupada por los franceses, quienes junto con los españoles lo derrotaron definitivamente en 1926 consolidando así las zonas de protectorado francesa y española.

Situación pre-estatutaria

Mientras, Tánger continuó, en teoría, dirigido por el bajá* con el apoyo del naib y por el cuerpo diplomático en el que participaban todos los cónsules acreditados en Tánger fueran o no de países firmantes del Acta de Algeciras, así como por las instituciones sanitarias y municipales. Pero, en la práctica, la ciudad quedó enmarcada en el área de influencia del protectorado francés, ya que el poder teórico de la ciudad dependió, durante este periodo, del indicado naib (que más tarde se llamó *jalifa*) que gobernaba Tánger, en nombre del Sultán, y que tenía su sede en la finca del Zoco Grande conocida más tarde como Mendubía. Se trataba del edificio, construido en 1874, que había ocupado el consulado alemán, que fue cerrado en 1914 al iniciarse la primera guerra mundial. Al poco tiempo fueron expulsados los alemanes que vivían en la ciudad y que habían desarrollado, con sede en Tánger, una amplia red de espionaje que tenía sus centros auxiliares principales en Barcelona y Estambul.

La guerra endémica del Rif (1910-1926) incidió muy negativamente en la política española y favoreció la implantación de la dictadura de Primo de Rivera en 1923 que, como ha quedado dicho, consiguió vencer definitivamente a Abdelkrim en 1926 gracias a la ayuda de Francia. La guerra del Rif creó en la zona del Protectorado español un considerable estado de inseguridad lo que impulsó a muchos marroquíes, especialmente judíos, a refugiarse en Tánger. La contienda favoreció en esta ciudad el contrabando de armas a favor de los marroquíes así como las actividades de espionaje tanto alemanas, inicialmente, como francesas y españolas[73]. Por otra parte, la primera guerra mundial y las convulsiones fronterizas que produjo aconsejó a bastantes europeos a exiliarse optando muchos de ellos por dirigirse a Tánger.

Poco a poco, a finales de la segunda década del siglo XX arribaron a la ciudad un buen número de extranjeros, principalmente andaluces que sufrían la penosa situación económica que existía entonces en el sur de España, y otros españoles o europeos. Así, la ciudad contaba, en 1925, con unos 50.000 habitantes de los cuales unos 15.000 eran extranjeros. Hasta que la zona del protectorado español no quedó *pacificada*, Tánger canalizó una parte importante del comercio exterior de esa zona con España y con el protectorado francés ya fuera armas, materiales de construcción, alimentos, vestidos, etc. Todo ello facilitó el desarrollo de la

[73] Durante los quince primeros años del siglo, Tánger fue un hervidero de espías que intentaban obtener a todo precio informaciones que pudieran servir a sus respectivos mandatarios y que se movían, básicamente, en el Zoco Chico o en sus alrededores donde estaban situadas las principales legaciones. Los alemanes, al parecer, introdujeron en Tánger en sus submarinos armas y propaganda política en apoyo de El Raisuni ya que estimaban conveniente, junto con los españoles, hostigar a los franceses. Después del inicio de la primera guerra mundial en 1914, todas las legaciones siguieron realizando su labor de espionaje excepto la alemana, que fue expulsada de Tánger.

ciudad y su riqueza. Cuando se produjo la definitiva *pacificación* de Marruecos, Tánger perdió una parte considerable del flujo de comercio que se había canalizado a través de la zona. Una vez que ambos protectorados se consolidaron, el comercio hispano-marroquí se desarrolló, principalmente, a través de Ceuta en perjuicio del puerto de Tánger y de los comerciantes y asimilados españoles que en ella habían prosperado en época de bonanza. Se mantuvo el comercio con la zona francesa pero esto benefició, básicamente, a la pequeña colonia gala y a un escaso grupo de hebreos que, juntos, canalizaban no solo alrededor del cincuenta por ciento del comercio de la zona con aquel protectorado sino que, además, se convirtieron en los principales propietarios inmobiliarios y agentes financieros de la ciudad.

Hacia 1923 la situación económica de Tánger era bastante crítica desde el punto de vista económico favoreciendo la crisis el aumento de la inseguridad ciudadana a la que contribuyeron los numerosos indigentes de varias nacionalidades que se habían refugiado en la zona. A pesar de ello, Tánger siguió desarrollando el turismo, en gran parte impulsado por los jubilados británicos y, en algunos casos, franceses, que cada día en mayor número pasaban parte del año en los hoteles tangerinos o bien en las propiedades que habían adquirido en la ciudad y sus alredededores.

2.5. EL ESTATUTO DE TÁNGER Y SU DESARROLLO INICIAL

Al término de la primera guerra mundial la opinión francesa, especialmente la de los franceses de Tánger, consideraba que la ciudad debía integrarse en el protectorado francés, ya que sostenía que el Acta de Algeciras no estaba en vigor. Ante esta amenaza, Inglaterra presionó para que se elaborara el Estatuto especial previsto para Tánger en la conferencia de Algeciras, a lo que España se avino. Pero estableció una serie de condiciones que fueron objeto de amplias discusiones diplomáticas, principalmente con Francia, y que fueron aceptadas en gran parte. Al final hubo que esperar hasta el 18 de diciembre de 1923, cuando se firmó en París un convenio entre España, que lo hizo *ad referendum*, Francia e Inglaterra, relativo a la organización del Estatuto de Tánger. Sucesivamente, se adhirieron al convenio otros países firmantes del Acta de Algeciras como Suecia y Bélgica, que lo hicieron en diciembre de 1924, Países Bajos en octubre de 1925 y, por último, Portugal en mayo de 1926. Italia se negó a adherirse al convenio disgustada por el hecho de que no se hubiera tenido en cuenta su deseo de participar en las negociaciones. Estados Unidos tampoco se adhirió pero solicitó, de conformidad con el Acta de Algeciras, que se mantuviese el régimen de *puertas abiertas*. No intervinieron Alemania, Austria y Hungría, que en el Tratado de Versalles renunciaron a todos los derechos, títulos y privilegios que resultaran a su favor por dicha Acta. Por su parte, la Unión Soviética, heredera de la Rusia zarista, no ratificó el Acta ni solicitó la adhesión al convenio sobre el Estatuto quedando así excluida del grupo de potencias que lo aprobaron.

Desarrollo inicial

El Estatuto entró en vigor el primero de junio de 1925[74] con un año de retraso sobre la fecha prevista y con la intervención de solo ocho países de los que habían firmado el acta de Algeciras (Marruecos, Bélgica, España, Francia, Países Bajos, Portugal, Reino Unido y Suecia). La población tangerina, tanto marroquí como europea, con excepciones, no acogió positivamente el Estatuto, ya que consideraban que el mismo había sido decidido e impuesto sin contar con su opinión. Además, consideraban que los gastos previstos para el funcionamiento de la Administración internacional eran excesivos. Al poco tiempo de la entrada en vigor del Estatuto, con el fin de satisfacer ciertas demandas españolas y el interés de Italia de formar parte del mismo, se acordaron algunas modificaciones de relativa importancia que fueron objeto de un Protocolo que se perfeccionó el 14 de septiembre de 1928. El texto definitivo que surgió de tales modificaciones rigió el control y la administración de la zona internacional hasta 1956, con la excepción del paréntesis de la ocupación española, y con algunas modificaciones introducidas en 1945 y 1953.

En definitiva, después de la ratificación italiana, los países que participaron en el Estatuto fueron, además de Marruecos, Bélgica, España, Francia, Italia, Países Bajos, Portugal, Reino Unido y Suecia, aunque éste último país intervino muy poco en el control y administración de la zona internacional. Aunque el artículo 3 del Estatuto establece que la zona de Tánger queda colocada bajo el régimen de neutralidad permanente, paradójicamente, ordena que las disposiciones del Estatuto no podrán, en ningún caso, ser invocadas por súbditos alemanes, austríacos y húngaros.

Poco tiempo después de que el Estatuto entrara en vigor, en 1927, falleció el Sultán Muley Yussef decidiendo la Residencia General francesa, con el apoyo de los ulemas* que le sucediera su tercer hijo, Sidi Mohamed, nacido en 1909, y ello en detrimento de sus dos hermanos mayores, ya que Francia estimaba que habida cuenta de su corta edad sería más fácil de influenciar que aquellos. No ocurrió así ya que el nuevo Sultán Sidi Mohamed V[75] demostró tener una

[74] En el capítulo 3 de este libro se detallan los principios e instituciones que lo conformaban.

[75] Sidi Mohamed V nació en Fez el 10 de agosto de 1909 y murió en Rabat el 26 de febrero de 1961. Fue proclamado Sultán el 18 de noviembre de 1927 recién cumplidos los 18 años. Pronto manifestó, en contra del agrado del Residente

fuerte personalidad y supo enfrentarse a la ocupación francesa, convirtiéndose en el padre del Marruecos moderno y en el artífice de su independencia y reunificación.

Primeras consecuencias del Estatuto

Durante la primera década que siguió a la entrada en vigor del Estatuto el sistema funcionó bastante bien. La puesta en marcha del Estatuto exigió el nombramiento de un considerable número de funcionarios para trabajar en su administración que, a alto nivel, fueron designados por sus respectivos cónsules y que acudieron de sus correspondientes países. Todos ellos necesitaron personal administrativo y auxiliar que fue reclutado entre los tangerinos, en su mayor parte no marroquíes. Otro tanto ocurrió con el Tribunal Mixto compuesto por magistrados de varios países que fueron apoyados por secretarios y personal judicial de otros países firmantes del Estatuto. En una primera etapa se ofrecieron, en el sector administrativo y judicial, puestos de trabajo de mucho interés, lo que atrajo a Tánger a un gran número de profesionales. Paralelamente, acudieron a la ciudad numerosas empresas financieras y comerciales atraídas por la normativa extraordinariamente liberal del Estatuto. Junto a todos ellos llegaron profesionales de los más diversos campos como médicos, ingenieros, abogados, arquitectos, etc., y mucho personal auxiliar y complementario.

Se impulsó el ensanche de la ciudad y su ampliación urbanística, lo que dio lugar a la creación de numerosos empleos, a todos los niveles, y que repercutió muy favorablemente en la economía tangerina. La crisis internacional financiera del 29 llegó a Tánger pero bastante amortiguada, es decir, incidió muy poco sobre la situación de la ciudad. Además fue contrarrestada por la llegada de nuevos españoles, esta vez con bienes y capitales, preocupados por la difícil situación política que atravesaba España y que culminó en abril de 1931 con la

---

General, su aspiración a la independencia de su país y su entereza y autonomía ante las imposiciones de Francia. El 10 de abril de 1947 pronunció en Tánger un trascendental discurso en el que expresaba sus anhelos de independencia que compartía tanto el pueblo marroquí como los principales partidos o tendencias políticas que se estaban organizando en el país entre los que destacaba el Istiklal. En 1950 mantuvo esta reivindicación ante las autoridades francesas durante una visita a París, lo que reiteró dos años después con ocasión del 25 aniversario de su advenimiento al trono. Ante este directo enfrentamiento, el Residente General, con el apoyo del bajá* de Marraquech, Thami El Glaui, y de algunos ulemas*, decidió la destitución del Sultán y su sustitución por su tío Mohamed Ben Arafa. Sidi Mohamed V vivió en el destierro, primero en Córcega y luego en Madagascar, durante cerca de dos años siendo repuesto en el trono en 1955, poco antes de que Francia reconociera la independencia de Marruecos el 2 de marzo de 1956, actitud que fue seguida por España poco tiempo después. En 1957, Mohamed V sustituyó su título de Sultán por el de Rey pero sin abandonar su jefatura religiosa como Emir de los Creyentes. Sidi Mohamed V es considerado por los marroquíes Padre de la Patria, lo que realmente fue puesto que consiguió reunificar todo el reino y devolver a su pueblo el orgullo de ser un Estado independiente. Era un hombre muy querido y respetado y su muerte en 1961, cuando solo tenía 52 años a consecuencia de una pequeña operación en la nariz, produjo en todo Marruecos un enorme dolor que dio lugar a una extraordinaria manifestación de duelo y pesar.

proclamación de la II República. En Tánger, durante esa época, se mantuvo una actividad financiera muy dinámica. Se produjo un considerable auge cultural favorecido por la creación de varios periódicos.

Sin embargo, en los primeros años de la década de los treinta llegó, aunque con retraso y bastante paliada, la resaca de la crisis financiera que había afectado a la mayor parte del mundo occidental y, en particular, a Francia y a España, que eran los dos países en los que se apoyaba, básicamente, la economía tangerina. En 1936 la situación económica de Tánger era preocupante. Además, dentro de la colonia española, que era, con gran diferencia, la principal europea con unas 15.000 almas, se vivían los enfrentamientos políticos que estaban hipotecando el futuro de España. Tánger estaba asfixiada por las fronteras impuestas por los dos protectorados; el puerto solo podía recibir carga destinada a la zona; el turismo era mínimo; la Administración no dedicaba dinero para el fomento, etc. Empezaron años malos para la ciudad.

Como ya ha quedado señalado, de conformidad con el Estatuto de 1923, éste debía tener una vigencia de doce años, salvo que fuera prorrogado a su vencimiento, lo que así se hizo. El 13 de noviembre de 1935, a través de un intercambio de notas, Francia y España acordaron renovarlo por otros doce años más. Francia se comprometió a apoyar que el Administrador fuera español, lo que así decidió la Asamblea Legislativa en mayo de 1936, pero solo por un periodo de tres años. Fue elegido Administrador el Dr. Manuel Amieva[76], pero este nombramiento quedó abortado por el alzamiento de Franco. Pierre le Fur, que ocupaba el cargo desde 1929, siguió en el mismo.

[76] Manuel Amieva y Escandón (1890-1960) era un médico militar español. Llegó al empleo de teniente coronel. En 1912 fue a Marruecos como capitán jefe de un equipo quirúrgico. En 1930 fue nombrado, por oposición, director del Hospital Español de Tánger. En julio de 1936 apoyó a los sublevados dirigidos por el general Franco, que le nombró, al parecer por recomendación del obispo Betanzos, jefe local de Falange en Tánger y representante del gobierno de Burgos. Pocos meses después de la terminación de la guerra civil, en diciembre de 1939, Franco le nombró cónsul general de España en Tánger. Coincidió su nombramiento con la presidencia del Comité de Control. Amieva aprovechó su cargo para ayudar a algunos tangerinos españoles a escapar a Gibraltar o a la Zona francesa, lo que irritó, al parecer, a la Alta Comisaría, que habría propuesto su cese y su procesamiento, lo que no se habría producido gracias a la intervención del citado obispo Betanzos. Sin embargo, fue cesado como cónsul general pasando a desempeñar el 29 de julio de 1940, durante unos pocos meses, el cargo de Administrador de Tánger, en el que cesó, también, en diciembre del mismo año, al hacerse cargo España de la administración de la ciudad. Pocos días después, Amieva retornó a la dirección del Hospital Español, donde se mantuvo poco tiempo, retornando a su consulta privada y abandonando totalmente la política. En 1952 fue elegido presidente del Colegio de Médicos de Tánger y en 1955 presidente del Casino Español, cargo en el que fue reelegido en otras dos ocasiones y en 1957 presidente de la Asamblea de la Cruz Roja Española de Tánger y director de la Clínica Médico Quirúrgica española (antigua Cruz Roja española). El Dr. Amieva, en los años cincuenta, era una persona respetada y querida por la mayoría de los habitantes de la ciudad y, en particular, de casi todos los españoles. Su entierro constituyó una profunda manifestación de duelo.

Incidencia de la guerra civil española en Tánger

Cuando en la noche del 17 al 18 de julio de 1936 se produjo en Marruecos el alzamiento militar de Franco en contra de la República, su gobierno decidió evitar el paso del estrecho de Gibraltar por los sublevados del ejército de África. Para ello, concentró en Tánger, el 20 de julio, el grueso de la flota española, en total unos 14 buques de guerra. Bien sea por el temor a las eventuales represalias de los sublevados insinuadas en varias cartas dirigidas por el general Franco al Comité de Control durante el mes de julio y por el ultimátum del 4 de agosto, o bien por las reticencias o temores del propio Comité a tomar partido, la flota abandonó Tánger el día 8 de agosto siguiente situándose en la bahía de Málaga. Por su parte, los rebeldes cerraron las fronteras que unían a Tánger con el protectorado español.

Al principio de la rebelión, el Administrador de la Zona, Pierre Le Fur, y la mayoría de los españoles tangerinos se opusieron a ella, ya que eran partidarios y defensores de la República. La mayor parte de la población era bastante humilde y estaba, en buena medida, constituida por obreros y empleados que contemplaban con gran preocupación una eventual victoria de los militares que se habían levantado contra la República. Poco a poco se fue organizando en Tánger un grupo de partidarios de Franco o de desengañados de la República, al frente del cual puso, como jefe local de Falange y representante del gobierno rebelde, al indicado doctor Amieva, director del Hospital Español, al que anteriormente nos hemos referido, que consiguió formar un eficiente grupo de colaboradores[77]. Amieva actuó con considerable audacia y notable eficacia y consiguió, mediante medidas sociales y una hábil propaganda a través del periódico *Presente*, ir ganando terreno hasta tal punto que dos años después prácticamente la mitad de la población había sido ganada por los *nacionales*. Contra ellos se enfrentó decididamente la parte que apoyaba la República, produciéndose rivalidades de considerable importancia que enrarecieron el clima social y político de Tánger. En algunas ocasiones tales rivalidades llegaron a serios enfrentamientos en el Zoco Chico o en la calle de la Libertad, que produjeron algunos heridos.

La mayoría de los italianos y portugueses así como los escasos alemanes que vivían en la zona apoyaron moralmente a los *nacionales*. Por su parte, los

[77] Los principales miembros del equipo del Dr. Amieva fueron Salvador Fernández, secretario local, Juan José Marco, secretario sindical, Leopoldo Ceballos Cabrera, delegado de Prensa y Propaganda y, más tarde, también, delegado de Trabajo, el Dr. Rodrigo Rodríguez Marchena, delegado de Sanidad, el abogado Adolfo Fesser, delegado de Justicia y Derecho, Eugenio Ruiz, delegado de Organizaciones Juveniles, Ana Blanco de Marchena, jefa de la Sección Femenina y María Jiménez Triviño, delegada de Propaganda de esa Sección. También trabajaron en dicho equipo el Dr. Carlos Sirvent, jefe de la Comunión Tradicionalista y que, más tarde, sería jefe local de Falange Española Tradicionalista y de las JONS, y los magistrados Manuel Díaz Merry y Francisco Villarejo de los Campos. Augusto Atalaya era en aquel tiempo inspector de Falange en Marruecos.

republicanos, que contaban con los diarios *El Porvenir*, el más antiguo de Tánger, y *Democracia*, consiguieron un débil apoyo moral de parte de los británicos y de los franceses a través del *Tangier Gazette* y de la *Dépêche Marocaine*. Pero ni estos ni aquellos entraron a fondo en las disputas entre los españoles, convirtiéndose parte de Tánger en una fogosa ciudad de provincias española donde se producían casi todos los días enfrentamientos entre unos y otros, especialmente, en el Zoco Chico y en las calles adyacentes y en las cercanías del Zoco Grande y de la Avenida de España. El incidente más grave fue ocasionado por dos buques republicanos que ante la persecución de los franquistas se refugiaron en el puerto de Tánger y fueron atacados por aviones *nacionales*, siendo obligados a salir del puerto por el Tribunal Mixto.

Los franciscanos y, especialmente, el Obispo de Tánger, P. José María Betanzos, apoyaron a los *nacionales* y algo parecido, aunque no directamente, hizo el Mendub, lógicamente siguiendo instrucciones del Sultán y de Francia, lo que dirigió las simpatías de una gran parte de los marroquíes hacia el bando franquista. Los judíos no supieron muy bien con quién quedarse ya que, por una parte, veían con buenos ojos los planteamientos *nacionales* pero, por otra, temían que las teorías nazis antijudías influyeran sobre las autoridades españolas. Así, intentaron quedarse al margen, lo que no impidió que algunos importantes hebreos apoyaran económicamente a los rebeldes.

Esta situación en nada favoreció a Tánger, que poco a poco iba perdiendo su internacionalidad, no recibía turismo alguno, tenía casi inactivo su puerto, sufría un paro muy importante, viviendo la mayoría de su población, especialmente la marroquí y parte de la española, entre la pobreza y la miseria. Pero ello no impidió que el primero de abril de 1939, fecha del triunfo de los ejércitos franquistas, una gran parte de la población española de la ciudad manifestara, más o menos sinceramente, su júbilo por tal triunfo y, más aún, quizá, por la terminación de la guerra fratricida. El mes anterior, la legación de España que estaba en manos de los representantes republicanos pasó a las de los *nacionales*.

La situación económica seguía siendo negativa ya que el conflicto había limitado considerablemente el tráfico comercial con ambos protectorados y con España así como con el resto de Europa. El puerto de Tánger tenía muy poca actividad puesto que las relaciones comerciales de Europa con Marruecos se realizaban a través de Casablanca en detrimento del puerto tangerino. La terminación de la guerra civil favoreció el tráfico normal de mercancías, de ida y vuelta, entre Tánger y la zona del protectorado español así como con Ceuta e, inicialmente, con las ciudades conquistadas por los franquistas y, más tarde, con todo el sur de la península. En contrapartida, resurgió el contrabando, directamente, y con el apoyo de Gibraltar.

Tánger fue durante la guerra civil española y durante los meses que precedieron a la segunda guerra mundial plataforma privilegiada de información[78]. Siempre lo había sido, especialmente antes de la primera guerra mundial, por uno u otro bando, ya que en Tánger hasta 1914 se mantuvo un consulado alemán que contaba además con el apoyo de bastantes simpatizantes. Pero fue durante y después de la guerra civil española, en los meses anteriores a la segunda gran guerra y en el transcurso de ésta, en tiempos de la ocupación española, cuando Tánger se ganó con todos los méritos la dudosa reputación de ser uno de los principales centros de espionaje del mundo.

El 22 de julio de 1939, el Sultán de Marruecos, Sidi Mohamed V, hizo escala en Tánger en un viaje de regreso a su país desde Francia siendo cumplimentado, en el vapor *Koutoubia* en el que viajaba, por el Mendub y el cuerpo diplomático y principales personalidades de Tánger. Aunque el monarca no bajó a tierra, posiblemente por imposición francesa, saludó desde el barco al inmenso gentío de hombres y mujeres marroquíes que había acudido a saludarle al puerto, lo que demostró el cariño y respeto que la población marroquí sentía hacia su soberano.

2.6. OCUPACIÓN ESPAÑOLA DE TÁNGER

En septiembre de 1939, Alemania desencadenó la segunda guerra mundial al atacar a Polonia, lo que dio lugar a que Gran Bretaña y Francia le declarasen la guerra. El 14 de junio de 1940 culminó la acción alemana en Europa con la ocupación de París y de gran parte de Francia. Días después, el 22, se firmó un armisticio franco-alemán en el que, entre otros puntos, se establecía que el nuevo gobierno francés mantendría la administración de las colonias así como la del protectorado francés de Marruecos.

El gobierno de Franco, que a pesar de su *no beligerancia* mantenía buenas relaciones con el gobierno alemán, pensó que era el momento propicio para que

[78] Al término de la guerra mundial decreció la actividad informativa pero se aceleró a nivel español cuando se produjeron, al inicio de la Guerra civil española, los primeros enfrentamientos bélicos entre el ejército español estacionado en Marruecos y el republicano de la Península. La República reforzó sus servicios de información y los partidarios de Franco establecieron una red que probó ser muy eficaz y que funcionó con resultados positivos para los nacionales durante toda la guerra. Quizá una de las tramas de mayor interés fue la protagonizada por Rosalinda Powell Fox que en 1937, en plena guerra civil española, fue a vivir a Tánger, posiblemente con instrucciones del gobierno británico de contactar en Tetuán con el Alto Comisario español en Marruecos, Juan Luis Beigbeder, que consiguió que fuera su amante. Según Rosalinda, gracias a su empeño y a su capacidad de convicción, Beigbeder, que inicialmente era germanófilo, propició la neutralidad española en la II Guerra Mundial posición que mantuvo durante su corto mandato como ministro de Asuntos Exteriores. Estos hechos se cuentan, noveladamente, pero con bastante fiabilidad, en la obra de María Dueñas, *El tiempo entre costuras*, que ha sido el mayor éxito editorial del año 2010 en España.

España ocupara Tánger, que bajo todos los regímenes políticos (monárquico, republicano o franquista) había sido reivindicada por España alegando tener derechos sobre la ciudad por motivos geográficos, históricos, políticos y económicos. Por parte española se argumentó que la ocupación era necesaria por varios motivos, entre los que, básicamente, se destacaban, con bastante razón, el desgaste de las instituciones tangerinas sometidas a países que estaban divididos en dos bandos enfrentados en una guerra y el peligro que corría la neutralidad de Tánger, ya que, al parecer, existía un plan por parte de Italia y Alemania de ocupar tanto la ciudad como Cabo Espartel así como Gibraltar. Informes británicos y norteamericanos confirmaban estos extremos. Por otra parte, se temía que las fuerzas franco-británicas con apoyo en el mismo Gibraltar pudieran intentar controlar la ciudad. Se había llegado a confirmar que tropas francesas estaban preparadas para la ocupación.

La ocupación militar procedió de la zona del protectorado español y estuvo supervisada por el Alto Comisario, Carlos Asensio. El 14 de junio de 1940, el mismo día que los alemanes entraban en París, tropas marroquíes que, teóricamente, dependían del Jalifa[79] del Sultán en la zona española, entraron en Tánger a las órdenes del coronel Antonio Yuste. Se realizó pacíficamente y sin incidente alguno. Los soldados entraron en la ciudad a primera hora de la mañana tanto por la frontera del Bordj como por la carretera de Arcila, desfilando por la plaza de Francia y por la calle del Estatuto y llegaron hasta el consulado español. La ocupación se hizo por sorpresa. La nota oficiosa del Ministerio de Asuntos Exteriores publicada en la prensa decía:

> Con objeto de garantizar la neutralidad de la zona y ciudad de Tánger, el Gobierno español ha resuelto encargarse provisionalmente de los servicios de vigilancia, policía y seguridad de la zona para lo cual han penetrado esta mañana fuerzas de la Mehal-la. Quedan garantizados todos los servicios existentes, que continuarán funcionado normalmente. Madrid, 14 de junio de 1940.

La ocupación se desarrolló sin alteración del orden, sin que supusiera un trauma para la población tangerina que, más bien, en su mayor parte consideró

[79] El Jalifa era Muley Hassan ben el Mehdi (1910-1984) que, a la muerte de su padre, el primer Jalifa, Muley el Mehdi, en 1923 asumió el Jalifato con solo trece años. Pertenecía a la familia real ya que era descendiente directo del Sultán Muley Hassan I. El Jalifa era, en la zona de protectorado español en Marruecos, delegado del Sultán con todos sus poderes, aunque, en la práctica actuaba bajo la tutela del Alto Comisario español. Casó con la princesa Lalla Fatima Zohra, hija del Sultán Muley Abdelaziz que fue destronado en 1908 por su hermano Muley Hafid. Al parecer, cuando Francia decidió deponer a Mohamed V ofreció el trono al Jalifa Muley Hassan que no solo no lo aceptó sino que nunca reconoció como Sultán a Mohamed ben Arafa que accedió ilegalmente al trono. Al producirse la independencia de Marruecos, Muley Hassan ben el Mehdi fue, sucesivamente, nombrado Embajador en Londres y en Roma y, más tarde, Gobernador del Banco de Marruecos.

que la misma venía a garantizar su seguridad y la neutralidad de la ciudad. Existió la aceptación, expresa o tácita, de la mayor parte de los países participantes en el gobierno de la ciudad, incluida la de Francia[80] y Reino Unido, ya que consideraron que era el remedio menos malo para mantener la normalidad y superar la situación de deterioro que se estaba produciendo en Tánger como consecuencia de la guerra mundial.

En junio y octubre de 1940 Gibraltar fue bombardeada por los alemanes produciéndose algunos muertos y heridos y considerables destrozos. Desde Tánger se podían observar los ataques de la aviación del Eje y la actuación de la defensa aérea de Gibraltar. Las autoridades del Peñón decretaron la evacuación de la ciudad. La mayoría fue trasladada a Gran Bretaña pero varias decenas de gibraltareños que tenían familia o amigos en Tánger se refugiaron, durante algún tiempo, en la ciudad con el beneplácito de las autoridades españolas. En esas mismas fechas, el Residente General francés en Marruecos, general Noguès, aceptó el armisticio ofrecido por los alemanes a Francia que había sido ya firmado por el general Pétain. Este hecho reforzó la posición española en Tánger.

Tánger se convirtió, en poco tiempo, salvando sus peculiaridades internacionales y cosmopolitas, en una ciudad más del protectorado español similar a Tetuán o Larache. A finales del mes de julio de 1940 se reunió el Comité de Control que invitó a la Asamblea Legislativa a que eligiera a un nuevo administrador y a tres adjuntos de conformidad con las modalidades que la propia Asamblea había adoptado en mayo de 1936 y a las que más arriba nos hemos referido. El 28 de ese mismo mes, la Asamblea en reunión presidida por el Mendub decidió, por unanimidad, la elección del Dr. Amieva como Administrador de Tánger previo cese de Pierre Le Fur.

Suspensión del Estatuto

Esta situación duró poco tiempo. En efecto, el 3 de noviembre del mismo año 1940, el coronel Yuste firmó un bando por el que ordenó el cese de las funciones y actividades del Comité de Control, de la Asamblea Legislativa, del Administrador y de la Oficina Mixta de Información. A partir de ese día el propio coronel Yuste asumió en Tánger todos los poderes como gobernador y representante del Alto Comisario de España en Tetuán cesando, pues, como Administrador al Dr. Amieva y ocupándose, a partir de mediados de diciembre de ese mismo año, de los Servicios Municipales de la ciudad el coronel Gonzalo Gregori.

A principios del mismo mes de noviembre de 1940, también por bando, Yuste ordenó que la peseta tuviera circulación en Tánger con fuerza liberatoria*. Pocas semanas después, el 23 de noviembre, el Gobierno español decidió extender a

[80] La *Dêpeche Marocaine*, diario francés, reconocía que Francia aceptaba la protección pero no el protectorado.

Tánger, con efectos del día 1 de enero de 1941, el régimen legislativo de la zona del Protectorado, español aunque esta decisión no llegó a consumarse durante el tiempo que duró la ocupación, puesto que siguieron en vigor los códigos y leyes tangerinas.

A principios de 1941 se trasladó una misión de personalidades tangerinas[81] a Madrid para tratar con los ministros de Asuntos Exteriores, Serrano Suñer, e Industria y Comercio, Demetrio Carceller, sobre los problemas económicos derivados de la incorporación de Tánger al protectorado. Consiguieron que el sistema financiero y económico de Tánger reconocido por el Estatuto de Tánger no fuera alterado demasiado. En efecto, en virtud de una decisión del Alto Comisario de febrero de 1941, se estableció para la zona de Tánger un régimen especial económico, comercial y monetario distinto del que estaba en vigor en el protectorado español. Se creó una Oficina de Economía, Industria y Comercio, dependiente de la Alta Comisaría, a cuyo frente estuvo en los momentos iniciales, con carácter interino, Emilio Sanz Barriopedro, siendo sustituido meses después por Enrique Grau, que estuvo en el puesto hasta finales del año 1942. En enero de 1943 tomó posesión del mismo Antonio Rodríguez Godínez, que en 1945, cuando cesó la ocupación española, fue nombrado Interventor español en la Aduana de Tánger. Por otra parte, a causa de la escasez de alimentos, a finales de 1941 se creó la cartilla de racionamiento de víveres y pan de los que se beneficiaron, principalmente, los españoles

En marzo de 1941, el general Luis Orgaz, recién nombrado Alto Comisario en el protectorado español, visitó oficialmente Tánger siendo recibido con todos los honores por el cuerpo diplomático del que formaba parte el representante consular de Alemania. Ese mismo mes, España depuso al Mendub y nombró en su lugar, como bajá*, a Si Larbi Si Mohamed Tensamani, designado por el Jalifa de Tetuán que sería sustituido en 1942 por Si Mohamed ben Abdesadak. El Jalifa visitó oficialmente Tánger algunos días después.

Las autoridades españolas devolvieron a las autoridades alemanas la Mendubía, que había sido sede de la antigua legación alemana de la que había sido desposeída al comienzo de la primera guerra mundial en 1914. Los alemanes mantuvieron su presencia en Tánger y permanecieron en ella hasta mayo de 1944, fecha en la que fueron expulsados por España como consecuencia de las presiones inglesas y norteamericanas. Los alemanes montaron, con la aquiescencia tácita de las autoridades españolas, un eficiente servicio de espionaje que contó con la colaboración de los servicios de información italianos y con

[81] Formaron parte de la misión Plácido Fernández Aguilera, presidente de la Cámara de Comercio española, Emilio Sanz Barriopedro, director de la sucursal del Banco de España, el industrial José Gomendio, director de la Compañía Agrícola del Lukus y Mesod Bendrao y Ramón de Carranza, dos importantes empresarios de la zona.

los franceses que dependían del gobierno de Vichy. El consulado japonés solo funcionó unos pocos meses en el año 1944 ya que fue también cerrado al mismo tiempo que el alemán. Por su parte, los británicos, norteamericanos y la resistencia francesa organizaron también en Tánger unos eficientes servicios de espionaje. Así, Tánger se convirtió en uno de los más importantes centros de espionaje del Mediterráneo.

El 7 de febrero de 1942 se produjo en Tánger un atentado con bomba, al parecer, escondida en la valija diplomática británica en uno de los muelles del puerto, que ocasionó una docena de muertos de distintas nacionalidades, la mayoría de ellos marroquíes, y cerca de 40 heridos. Este atentado provocó una enorme conmoción en Tánger, donde se produjeron, más o menos espontáneamente, una serie de manifestaciones callejeras de marroquíes que, en parte, culminaron con ataques en contra de comercios y establecimientos europeos. Ante esta situación y la gravedad de los hechos, las autoridades españolas declararon el estado de guerra en todo el territorio tangerino. No se llegó a esclarecer totalmente el atentado, que algunos atribuyeron a un terrible accidente, aunque otros, absurdamente, acusaron al consulado británico, que hubo de ser protegido por las autoridades españolas, y otros, con mayor fundamento, a los alemanes. Este hecho encrespó la convivencia en Tánger entre europeos partidarios de una u otra de las partes en conflicto en la guerra mundial y permitió el endurecimiento de medidas para garantizar el orden y la seguridad en la ciudad.

Tánger, hasta finales del año 1942, siguió sufriendo, como ambos protectorados y los países europeos en guerra, de la carestía de víveres y continuó sometida al racionamiento. Pero las autoridades españolas, que pretendían que Tánger fuera un escaparate de las bondades del régimen franquista, realizaron esfuerzos especiales para que tales limitaciones fueran menores que las que se producían en la propia España. Además, la presencia de las tropas españolas y de los numerosos europeos que se refugiaron en Tánger, entre ellos muchos judíos, dieron vida a la ciudad y activaron su comercio.

Tánger, después del desembarco aliado en Marruecos

En Tánger se seguía la guerra con enorme pasión ya que en ella vivían partidarios de uno y otro bando y, además, porque algunos tangerinos estaban luchando en los campos de batalla defendiendo a los unos o a los otros. Desde la atalaya de Tánger se divisaban los convoyes de las fuerzas aliadas que atravesaban el estrecho y se adivinaban los submarinos del Eje que intentaban hundirlos. Las informaciones eran muy distintas según los distintos medios de información que las facilitaban, que eran, básicamente, las emisoras de radio, la prensa tangerina y los centros de información o, más bien, de espionaje de las distintas potencias[82]. La ciudad vivía en una tensa espera de noticias. Con la excepción del grave atentando al que nos hemos referido más arriba, no parece que durante la ocupación se produjeran graves incidentes o enfrentamientos entre tangerinos aunque los testimonios sobre el particular no concuerdan totalmente. Sin embargo, es muy posible que durante los primeros años hasta que se realizó el desembarco aliado en Marruecos, la situación fuera opresiva y angustiosa para muchos. Algunos optaron por salir de Tánger y se refugiaron donde pudieron[83].

El 8 de noviembre de 1942 fuerzas anglo-americanas desembarcaron en distintos puertos de Argelia y del Marruecos francés. Los aliados habían contado, entre otros, con el apoyo de sus servicios de información y espionaje centrados en Tánger y Gibraltar[84]. Durante algunos días se temió que los aliados pudieran llegar al protectorado español y a Tánger, lo que no ocurrió aunque tal posibilidad ocasionó considerable ansiedad, alarma y preocupación en la ciudad máxime cuando se sabía que Estados Unidos había incluido a Tánger en el área de hostilidades. Los aliados que deseaban mantener la *no beligerancia* de España tranquilizaron a Franco así como al Sultán y les significaron que el desembarco no iba contra ellos. De todas formas, el Gobierno español tomó buena nota de que la situación estaba cambiando a favor de los aliados, lo que les aconsejó limitar su apoyo a Alemania y pasar al cabo de algunos meses, concretamente en octubre de 1943, de la posición de *no beligerancia* en el conflicto mundial a la de *neutralidad* vigilante. Todo ello, lógicamente, incidió en la actitud de las autoridades españolas de Tánger.

Así, a finales de aquel 1942, fue cesado el interventor militar de Tánger y fue nombrado un interventor civil de la ciudad, cargo que recayó en un viejo tangerino, Juan Potous[85], que en mayo de 1945 cesó a petición propia siendo

---

82 Según dice algún testigo de la época, los espías ingleses se citaban en el Hotel Minzah, los franceses en el Continental o en el Villa de France, los alemanes en la Mendubía y en el Hotel Rif. Los españoles estaban en todas partes. También participaron muchos musulmanes, a favor o en contra del Gobierno de Vichy y judíos que, lógicamente, apoyaban a Inglaterra o Estados Unidos.

83 Muchos judíos huyeron de Tánger cuando los alemanes recuperaron la Mendubía ya que corrió la voz de que había llegado un equipo nazi con la misión de atrapar al mayor número posible de judíos y enviarlos a campos de concentración. Esto no llegó a ocurrir pero incitó a varias familias judías, especialmente a las que colaboraban con los aliados, a huir a Gibraltar y desde allí instalarse, temporalmente, en el Reino Unido.

84 El 8 de noviembre de 1942 fuerzas anglo-americanas desembarcaron en distintos puertos del Marruecos francés pero no lo hicieron ni en los del protectorado español ni en Tánger. Estas actividades así como otras similares en ciudades italianas fueron apoyadas por los servicios del espionaje aliado que actuaba en varios puertos mediterráneos y, en particular, en Gibraltar, que era el único que estaba en poder de los aliados y en Tánger. Al parecer, antes del desembarco se realizaron en ésta última, en agosto de 1942, diversos encuentros entre los aliados con las autoridades italianas en las que habrían participado el enviado italiano Berio y el ministro de Gran Bretaña, Gascogne, y el cónsul Watkinson, ambos del consulado británico..

85 Juan Potous (1868-1950) pertenecía a la carrera consular y había sido, en los primeros años del siglo, cónsul de España en Tánger y, más tarde, en Túnez. Años después dejó la carrera consular para dedicarse a varios asuntos, entre ellos la enseñanza, siendo profesor en el Colegio Alfonso XIII regido por los franciscanos. Cumplió

sustituido por el comandante Fernando Álvarez Amado, que durante varios años había sido interventor comarcal de Tánger. La actividad económica mejoró en la ciudad, convertida en centro portuario del norte de Marruecos y del protectorado español. La afluencia de inmigrantes huidos del Marruecos francés y varios países europeos que, en su mayoría, eran gente preparada y con considerable iniciativa favoreció el desarrollo comercial y cultural de la ciudad.

El ejército alemán se rindió incondicionalmente al aliado en mayo de 1945. En Tánger se celebró un tedeum en la Iglesia de la Purísima Concepción al que asistieron las principales autoridades españolas y las representaciones consulares, con la excepción lógica de la mayoría de los italianos, que prefirieron no acudir, y de los alemanes, que habían sido invitados a irse de Tánger en octubre de 1944. Tanto en el Protectorado español como en Tánger fueron bloqueados los bienes pertenecientes a extranjeros súbditos del Eje, lo que no impidió que salieran de Tánger con destino a Suiza y Uruguay una buena cantidad de lingotes de oro depositados por los alemanes en algunos bancos de Tánger y que, según se comentaba, procedían de los despojos que los nazis habían hecho a los judíos alemanes. El 15 de agosto capituló Japón, terminando así la guerra mundial con la clara victoria de los aliados.

Final de la ocupación española

Muy pocos días después, el 31 de agosto de 1945, el régimen internacional de Tánger fue restablecido en virtud de una decisión adoptada en una Conferencia cuatripartita que reunió en París a los representantes de Francia, Gran Bretaña, Estados Unidos y la Unión Soviética (que no había participado en la Conferencia de Algeciras de 1905 puesto que no existía en esa fecha). Al parecer, España fue informada de la celebración de tal Conferencia pero se negó a asistir a la misma para no sentarse en una mesa de negociaciones con la URSS. A partir de entonces no recibió información sobre lo que se discutía y acordaba pero se le pidió, a principios de septiembre, que se adhiriera a la decisión adoptada por la Conferencia. España, aunque con reservas, aceptó adherirse a la indicada decisión.

En la misma los cuatro aliados convinieron en restablecer el Estatuto de 1923 con las modificaciones de 1928 y ello con efectos del 11 de octubre de 1945. Se introdujeron algunos cambios de relativa importancia aunque el espíritu básico del Estatuto se mantuvo[86]. El 25 de septiembre se reunió el Comité de Control como primer paso para el restablecimiento del régimen estatutario y se

sus funciones interventoras correctamente y con considerable eficacia aunque, según algunos, con excesiva severidad.

[86] Véase 3.2. Principios básicos estatutarios.

decidió que el anterior administrador, Pierre Le Fur, asumiera interinamente sus antiguas funciones hasta que fuera nombrado el nuevo administrador. A esta reunión del Comité asistió Cristóbal del Castillo como representante diplomático español, que había sido nombrado, de nuevo, cónsul general en Tánger. Las tropas españolas, que en parte habían empezado a abandonar Tánger, se fueron definitivamente el 11 de octubre de 1945. Los funcionarios españoles o de otras nacionalidades que, a juicio del Comité de Control, mantenían cargos de designación política en los distintos órganos administrativos de Tánger, fueron depurados volviendo la mayoría de ellos a la zona del protectorado español[87].

2.7. AÑOS DE ESPLENDOR

A partir de la salida de las tropas jalifianas de Tánger comienza un nuevo periodo en la historia tangerina basado en el Estatuto y las normas provisionales de 1945. Éstas reducían los derechos españoles reconocidos en el Estatuto, especialmente en la Administración de la Zona, aunque España conservaba su puesto en el Comité de Control y cuatro miembros en la Asamblea Legislativa. Francia mantuvo ciertos privilegios a pesar de perder el cargo de administrador de la Zona, que recayó en un portugués pero consiguió un administrador adjunto para asuntos marroquíes y el control de los servicios cherifianos de correos y telégrafos y de las aduanas. Por el contrario, la participación de Italia se aplazaba hasta que lo consideraran oportuno los gobiernos vencedores, lo que no se hizo hasta marzo de 1948. Por otra parte, Estados Unidos se adhirió, con reservas, al Estatuto y desde entonces participó en todas las actividades previstas por el mismo aunque sin renunciar al régimen de capitulaciones[88].

---

87 La ocupación española de Tánger, que en diciembre de 1946 fue considerada por la Asamblea General de la ONU como una violación del Estatuto, tuvo luces y sombras. El libro *The international city of Tangier*, de Graham Stuart, ex consejero de la legación americana en Tánger, trata, con bastante objetividad, las distintas etapas de la ocupación española destacando, sin olvidar sus aspectos negativos, aquellos, numerosos, que considera positivos. Otro tanto hace Giovanni Castellani en su *Sviluppi e conclusione della questione di Tangeri*. En general, varios autores más consideran que la ocupación fue un mal menor ante las amenazas que, a principios de la guerra, pendían sobre Tánger. Por ejemplo, Aïda Pinto, en su libro *Mon passé marocain*, describe a Tánger en esos años como una isla de paz y M. Mitchell Serels reconoce que los refugiados judíos tuvieron protección española durante la ocupación. En general, la situación era, comparativamente, mejor que la que existía en el resto de Marruecos y en España así como en Gibraltar y en parte de la propia Europa, sometida a una terrible guerra de carácter mundial. Así, aunque muchos extranjeros residentes en Tánger criticaban la ocupación española y los excesos que, a veces, se cometían así como la escasez de alimentos y su carestía, la mayoría estaba, relativamente, contenta con su suerte y se afanaba por superar sus miserias o carencias diarias.

88 El ministro-cónsul general de Estados Unidos llegó a presidir el Comité de Control sin que su país reconociera, íntegramente y sin reservas, el Estatuto y manteniendo sus privilegios derivados del régimen de capitulaciones.

España, que, como queda indicado, no fue invitada a la Conferencia y estaba en contra de distintas decisiones y acuerdos adoptados en la misma, tuvo que doblegarse y retirar sus fuerzas y desmontar toda la organización administrativa que había organizado durante la ocupación. Así, la nueva Administración adoleció, en considerable medida, de funcionarios y trabajadores españoles que solo fueron cubriéndose con el tiempo. Sin embargo, en la práctica, España mantuvo su importancia en la zona tanto por el elevado porcentaje que la población española suponía sobre la total europea como por el hecho de que la ciudad dependía comercialmente, en gran parte, de los suministros españoles procedentes de la Península o bien del protectorado español.

Vuelve la normalidad estatutaria

Los representantes de los países firmantes del Acta de Algeciras, reunidos en Comité de Control, por primera vez después del final de la guerra el 25 de septiembre de 1945, pudieron comprobar la situación relativamente favorable en la que se encontraba Tánger. En efecto, gracias al mantenimiento de su neutralidad no llegaron a ella los desastres de la guerra mundial. Solo sufrió, en parte, las enormes penurias que tuvieron que aguantar los países en guerra y, por supuesto, los dos protectorados, español y francés, en Marruecos. Tánger volvió a la definitiva normalidad cuando hizo su entrada en la ciudad y tomó posesión de su cargo, en octubre de 1945, el mismo Mendub, Si Mohamed Tazi, que ocupaba ese puesto en 1940 cuando fue depuesto por las autoridades españolas de ocupación.

Asimismo, volvió a funcionar la Asamblea Legislativa, que celebró la primera reunión de la nueva etapa el 31 de octubre de 1945. Días después tomó posesión el nuevo administrador de la Zona, el contralmirante portugués Luis Antonio de Magalhaes Correa, importante personalidad de la marina portuguesa que había sido en su país ministro de Colonias y de Asuntos Exteriores. Hasta el final del régimen internacional de Tánger, sucedieron a Magalhaes, como administradores, tres personalidades de nacionalidad holandesa, portuguesa y belga, respectivamente, pertenecientes a países de nivel medio firmantes del Acta de Algeciras, ya que se había optado por evitar que fueran nacionales de otros países de mucho más peso como Francia o España. Se trató de una argucia francesa para evitar que el administrador fuera español ya que así correspondía después de que el cargo fuera ocupado durante algo más de quince años por franceses.

La vuelta a la normalidad potenció la educación, principalmente para los europeos e israelitas. En efecto, los liceos y otras escuelas francesas incrementaron considerablemente el número de sus alumnos. Otro tanto hicieron los establecimientos escolares españoles que a finales de los 40 contaron con un nuevo Instituto, posiblemente el más moderno y completo centro educativo de la ciudad. Los italianos, aunque formaban una colonia escasa, impulsaron los estudios en su lengua en los amplios locales de las Instituciones Italianas. Por su parte, los norteamericanos, a principios de los 50, crearon The American School, dependiente del consulado. Los hebreos, a través de la Alianza Israelita, desarrollaron también una amplia labor educativa. Quedaron algo atrás los marroquíes musulmanes ya que su principal iniciativa, la Escuela Libre de Abdellah Guenoun, no había tenido mucho éxito.

El apogeo tangerino

Se inició una época de esplendor para Tánger que gracias a la intervención neutral española había mantenido su carácter especial y parte de su dinamismo económico, que se desarrolló extraordinariamente a partir del restablecimiento del Estatuto. La ciudad, que ya había atraído en el pasado a un gran número de exiliados y expatriados así como de capitales en busca de seguridad, captó, gracias a su sistema social y político, totalmente liberal, a otras muchas personas que pudieron desarrollar libremente en Tánger sus ambiciones o deseos. La policía funcionaba bastante bien, los delitos graves eran escasos y se contaban los homicidios con los dedos de la mano. Salvo algunos *incidents de parcours* de carácter menor, la seguridad de Tánger se mantenía al buen nivel que la habían dejado los españoles.

Su especial régimen fiscal y su ventajosa normativa sobre sociedades y su situación única de mercado libre de divisas sedujeron a empresarios, inversores o meros especuladores que acudieron a Tánger para impulsar sus negocios o domiciliar y expandir sus operaciones internacionales. El oro llegó a Tánger en cantidades considerables. Los principales bancos europeos se instalaron en la ciudad. Hacia 1950 funcionaban en Tánger más de un centenar de bancos o sociedades financieras. La actividad económica era extraordinaria. Se incrementó el turismo europeo, así como el procedente de Gibraltar y de los dos protectorados y el de los militares de las bases americanas en Marruecos o bien de los barcos extranjeros que hacían escala en Tánger.

El nivel social y económico y cultural de la ciudad y la calidad de vida en esa época para la mayoría de la población europea y parte de la marroquí eran excepcionales, sobre todo si se comparan con la situación que existía en España o en los protectorados existentes en Marruecos. Tal abundancia, contrapuesta a la miseria o la pobreza que predominaban en aquellos, favoreció el desarrollo del contrabando de mercancías. Asimismo, Tánger se convirtió en unos de los principales mercados internacionales de divisas donde acudían, entre otros, los importadores españoles a buscar las que necesitaban para sus importaciones y donde vendían las que, ocultamente, obtenían por parte del valor de sus exportaciones.

Paralelamente, se produjo una enorme expansión urbanística de la ciudad que se extiende mucho más allá del Bulevar Pasteur, que adquiere un total protagonismo como centro del Tánger internacional y que llega a ser una de las calles más caras del mundo por el coste del metro cuadrado. Todo lo que podía ser comercializado en aquella época se encontraba y se podía comprar en las lujosas y elegantes tiendas del Bulevar o de otras arterias nuevas de la ciudad o de la propia medina. Se crean nuevas urbanizaciones como las de Brooks o California, y se construyen edificios por doquier, como los del Acordeón o de Grebler, que dan una visión ultramoderna de Tánger en donde se combinan estilos tradicionales con el Bauhaus o la arquitectura más progresista.

El nivel sanitario, que había mejorado considerablemente durante la ocupación española gracias a las nuevas instalaciones del Hospital Español y de sus anexos, así como por los esfuerzos realizados por otras instituciones como el Hospital Benchimol o el francés, llega a una situación excepcional. En los años cuarenta y cincuenta se junta en Tánger un plantel de primera categoría de médicos y especialistas que consiguen que la ciudad llegue a tener un nivel sanitario de una alta cota de competencia y eficacia superior, en general, a las otras ciudades importantes de los dos protectorados y a muchas ciudades europeas. Además, esta mejora sanitaria favoreció no solo a los europeos, que eran atendidos por las instalaciones financiadas por sus propios países, sino también a los indígenas gracias a los esfuerzos que desarrolló la Administración así como varias sociedades de beneficencia. A todo ello se unió la disponibilidad en Tánger de los nuevos fármacos o sustancias medicinales como los antibióticos. Por ejemplo, la penicilina de Fleming o la estreptomicina de Waksman paliaron o curaron algunas enfermedades crónicas que aparecían en Tánger con frecuencia como la meningitis, la sífilis o la tuberculosis.

En aquella época la libertad de expresión, tan limitada en España y en otros países, era casi completa en Tánger. Existía una abundante prensa escrita en varios idiomas de considerable calidad como el *España* o la *Dépêche Marocaine* y emisoras de radio, como Radio Internacional, que transmitían en cinco o seis lenguas. Se crean centros sociales o culturales de importancia como el Casino Español o la Salle Bastianelli, que acogen exposiciones o conferencias de primer orden. Se construyen salas de cine de altísima calidad que exhiben, prácticamente sin censura, las mejores producciones internacionales. El Teatro Cervantes sigue su brillante trayectoria iniciada en 1913 y continúa siendo el gran foco cultural de la ciudad. Desde el sur de España o desde los protectorados se desplazan, a menudo, algunos de sus habitantes para asistir a acontecimientos culturales de primera línea o, más simplemente, para ver una película prohibida en España o un espectáculo de *strip-tease*, que se puede ver, normalmente, en Tánger, a principios de los 50.

La Biblioteca Española, la Librairie des Colonnes o The American Library y la profusión de otras librerías permiten disponer de una amplísima gama de libros y revistas y de todo tipo de creación literaria. En el Café de París o en el Bulevar Pasteur es frecuente cruzarse con escritores como Tennessee Williams, Samuel Beckett, Mohamed Choukri o Angel Vázquez, o con pintores como Francis Bacon, Ahmed Yacoubi, George Apperley o Julio Ramis. Por su parte, personajes de la alta sociedad de la época como Lady Churchill, Barbara Hutton o el príncipe Juan Carlos frecuentan los hoteles y las playas de la ciudad y le aportan ese halo de *glamour* que, entonces, solo podía igualar Montecarlo. En definitiva, Tánger vive desde finales de los años 40 hasta mediados de los 50 un auge efímero pero extraordinario que le dio gran esplendor.

Este brillo económico y social que duró unos diez años es suficiente para que la ciudad sea conocida y envidiada a nivel mundial y para que culmine la idea del mito de Tánger que prospera extraordinariamente frente a una Europa que empieza a levantar cabeza después de la II Guerra Mundial. Como ha quedado ya indicado, hacia 1952, Tánger rondaba los 200.000 habitantes, de los cuales algo más de la mitad eran marroquíes musulmanes, unos 20.000 eran judíos (75% marroquíes y el resto extranjeros) y, más o menos, entre 60.000 y 70.000 individuos eran extranjeros. De ellos, es probable que entre 40.000 y 45.000 habitantes de la ciudad fueran españoles, 8.500 franceses, 3.000 italianos, 1.500 ingleses y un largo etcétera de otros europeos, americanos, africanos y asiáticos. Estas cifras permiten tener una idea de la internacionalidad de Tánger, donde convivían, pacíficamente y, salvo excepciones, en un entorno de respeto mutuo, individuos de las más distintas nacionalidades, de múltiples culturas y lenguas, que profesaban diferentes religiones y que defendían diversos planteamientos políticos.

Marruecos, hacia su independencia

Las presiones nacionalistas marroquíes por la independencia del país habían centrado en Tánger, en los años cuarenta, su actividad reivindicativa ya que en esa ciudad disfrutaban de una libertad de acción que no tenían en los protectorados francés y español. En 1943, Abdelhalak Torres, de clara ascendencia morisca, y Mekki Naciri, ambos importantes nacionalistas, redactaron el primer manifiesto por la independencia del país que, previa aprobación del Sultán Sidi Mohamed V, presentaron a los cónsules acreditados en Tánger. Este manifiesto se anticipó en cerca de un año al que hizo público el partido Al Istiqlal (Partido por la Independencia y la Constitución) en enero de 1944. Pocos años después, este protagonismo de Tánger se puso de manifiesto con la visita del Sultán Sidi Mohamed V el 9 de abril de 1947, que salvo la simple escala marítima que el propio Mohamed V había hecho en 1939, era la primera que realizaba a Tánger un soberano marroquí, desde 1889. Durante esta visita, Sidi Mohamed V pronunció en el Zoco Grande, en un tribuna levantada delante de la Mendubía, un histórico discurso en el que reclamó la independencia de Marruecos y su unidad territorial.

El Sultán fue a Tánger acompañado por sus hijos, el príncipe heredero Hassan[89], futuro Rey, y su hija Lalla Aicha[90], que pronunciaron sendos discursos durante la visita real. El Sultán, que tuvo un recibimiento apoteósico, escogió Tánger para exponer sus ideas ya que era consciente de la resonancia que tendría al hacerlo en la ciudad internacional. Dadas las repercusiones que tuvieron tales actos y, principalmente, el discurso del Sultán, por una parte se encrespó la actitud francesa ante el monarca y, por otra, se internacionalizó la cuestión marroquí, lo que se concretó, entre otros aspectos, en su examen por parte de la Organización de las Naciones Unidas. Desde entonces, la actividad de varios partidos políticos y, principalmente, el dirigido por Allal El Fassi, líder del partido independentista Al Istiqlal, estuvo centrada en Tánger en buena parte.

En abril de 1951 los líderes del Istiqlal, con El Fassi a la cabeza, se reunieron en Tánger con otros representantes de partidos nacionalistas marroquíes de las respectivas zonas francesa y española y convinieron un pacto que preveía el incremento de sus acciones en pro de la independencia en colaboración con el Comité de Liberación del Magreb Árabe organizado en enero de 1949 por el héroe rifeño Abdelkrim, que lo dirigía desde El Cairo, donde estaba refugiado. El Pacto Nacionalista de Tánger, que tenía como objetivo único la total independencia de Marruecos, rechazaba su inclusión en la Unión Francesa preconizando, por el contrario, la colaboración con la Liga Árabe.

El cónsul de Francia en Tánger, imprudentemente, denunció esta reunión y solicitó a la policía internacional el encarcelamiento preventivo de Allal El Fassi, lo que se produjo junto con el de otros nacionalistas destacados como Abdelhalak Torres, que vivía en Tánger, Mekki Naciri, Tensamani, Benjeloun, etc. Se produjo un escándalo mayúsculo entre la población marroquí y considerable preocu-

89 Muley Hassan II (1961-1999), nacido en Rabat en 1929, heredó el trono al fallecimiento de su padre, Sidi Mohamed V, en 1961, cuando Tánger se había incorporado totalmente a Marruecos. Estuvo con su padre en el exilio de Córcega y de Madagascar, entre 1953 y 1955. Fue proclamado príncipe en 1957 y Jefe las Fuerzas Armadas Reales. Era extraordinariamente inteligente y enérgico y tenía una considerable preparación intelectual, tanto musulmana como occidental y era un buen políglota. Durante su largo reinado prosiguió la labor iniciada por su padre y consolidó el Reino de Marruecos y la monarquía y su modernización.

90 Hija de Sidi Mohamed V y hermana de Muley Hassan II, nacida en Rabat en 1930. El 11 de abril pronunció un discurso en la Alcazaba de Tánger ante un numeroso auditorio, compuesto en su mayoría por alumnas de un colegio marroquí, con la asistencia de varios diplomáticos y otras personalidades marroquíes y extranjeras. Lo hizo sin velo y vestida con un traje blanco al estilo occidental. Habló en tres idiomas: árabe, francés e inglés. Este discurso tuvo una enorme trascendencia nacional. Era la primera vez que una mujer se presentaba y hablaba en público libremente. Lalla Aicha fue un icono para la mujer marroquí durante muchos años contribuyendo también a su emancipación a través de la presidencia de honor de la Union des Femmes Marocaines. Fue nombrada por su hermano, sucesivamente, embajadora en Reino Unido, Grecia e Italia.

pación en la europea. La denuncia fue estudiada por el Tribunal Mixto, quien decidió la puesta en libertad de todos los inculpados. Éstos fueron defendidos por un Comité de Defensa en el que intervinieron varios abogados marroquíes, principalmente tangerinos, sirios y egipcios presididos por el decano del Colegio de Abogados de Tánger, Leopoldo Ceballos Cabrera.

Los acontecimientos del 30 de marzo de 1952

En Tánger fue especialmente grave la manifestación que se produjo el 30 de marzo de 1952, cuadragésimo aniversario del Tratado de Fez, que instituyó el Protectorado francés, en la que participaron miles de marroquíes, especialmente jóvenes y adolescentes, reclamando la unidad y la independencia de Marruecos, que degeneró en actos vandálicos y cruentos que causaron nueve muertos y unos cincuenta heridos. Al parecer, el Administrador de la Zona y los principales jefes de la policía que no habían previsto los acontecimientos se hallaban ausentes de la ciudad.

El Comité de Control de la Zona ordenó que entraran en la misma, pocos días después de los hechos, para garantizar el orden, tropas españolas y francesas. El 3 de abril llegó desde la zona de protectorado español un escuadrón de regulares español y un pelotón motorizado de la guardia republicana francesa que comprendía cinco autos ametralladoras. Además, un buque de guerra británico se situó en la bahía. Al parecer, tales acontecimientos se produjeron por distintas carencias y errores de la Administración tangerina y de su policía y por otra serie de circunstancias que incidieron negativamente sobre la seguridad en la zona. Algunos medios de comunicación franceses señalaron que los incidentes habían sido provocados desde la zona española y, por su parte, fuentes oficiosas españolas acusaron a las autoridades francesas de maniobrar para expulsar de Tánger a los líderes nacionalistas que en ella actuaban. Además, se entrecruzaron entre la Administración de la Zona y la Asamblea Legislativa acusaciones haciendo recaer la responsabilidad de los hechos en los errores cometidos por una u otra[91].

Última reforma del Estatuto

Todo ello fue aprovechado por España para pedir la derogación de la normativa provisional adoptada por Francia, Reino Unido, Estados Unidos y la URSS en 1945 y la vuelta a los acuerdos de 1923, lo que fue aceptado por los restantes países administradores de Tánger, que se replantearon, además, la revisión de las normas del Estatuto, para lo cual el Comité de Control creó una comisión de

[91] La Administración acusó a la Asamblea de no haber aprobado los créditos necesarios para aumentar las fuerzas de seguridad. Tal afirmación, según la Asamblea, no era cierta ya que había autorizado hasta un total de 525 unidades cuando solo formaban parte de la policía un total de 381 individuos.

expertos de la que formaron parte, entre otros, el español Manuel Díaz Merry, el italiano Giuseppe Marcheggiano y el belga Alfred Wauters. El 18 de noviembre de 1952 se firmó un Protocolo por parte de los miembros del Comité de Control (Bélgica, España, Estados Unidos, Francia, Gran Bretaña, Italia, Países Bajos y Portugal) que vino a modificar aquel Estatuto.

Las principales modificaciones que fueron desarrolladas en las correspondientes disposiciones durante 1953 se referían al restablecimiento de la Oficina Mixta de Información y de la Policía Especial, a la creación de una Inspección Especial de Hacienda y al restablecimiento de un administrador adjunto de nacionalidad española de Higiene Pública y Beneficencia. Por otra parte, se amplió considerablemente la Jurisdicción Internacional, que fue el nuevo nombre que se le dio al Tribunal Mixto, participando en ella nuevos jueces de nacionalidad norteamericana, holandesa y portuguesa.

Pero el mal ya estaba hecho. Los acontecimientos del 30 de marzo de 1952 originaron, principalmente en la colonia europea, considerable confusión y preocupación, hasta tal punto que en algunos sectores de la población se originó una cierta situación de pánico que era alimentada por cualquier acontecimiento inusual que fuera contra la seguridad de los ciudadanos. A pesar de la llegada de refuerzos españoles y franceses, estas circunstancias no fueron superadas, máxime cuando el 24 de diciembre de ese mismo año se produjeron en Casablanca acontecimientos similares a los de Tánger, en los cuales murieron cerca de una docena de personas.

En Tánger la situación empeoró, especialmente a principios de agosto de 1955, cuando un loco atacó en los alrededores del Zoco Chico con un puñal a varios extranjeros y a algunos judíos. Murieron cuatro personas —un británico, un español y dos hebreos— y otras varias, de distintas nacionalidades, fueron heridas. Se demostró, sin lugar a dudas, que el agresor estaba loco, pero tal seguridad no impidió que aumentara la sensación de pánico por la ciudad, especialmente entre los judíos y los europeos más pobres. Pocos días después se incrementó el temor ante la enorme manifestación que se llevó a a cabo el 20 de ese mismo mes de agosto por las calles de la ciudad en la que los manifestantes solicitaron el retorno de Sidi Mohamed V. Oficialmente no se reconoció que hubo víctimas mortales en los enfrentamientos entre la policía y los manifestantes aunque se estimó, oficiosamente, que había habido diez muertos.

Los acontecimientos del 30 de marzo de 1952 constituyen el punto de inflexión de la continuada línea de esplendor que se inició en Tánger en 1945. El dinero y las empresas empezaron a salir de la ciudad hacia otros lugares que se consideraban más seguros como Suiza o Canadá o algunos paraísos fiscales. A partir de entonces se inició la decadencia del Tánger internacional, aunque no de forma abrupta sino lentamente, que solo se aceleró a partir de la anexión de Tánger al reino de Marruecos y se precipitó con la derogación de la Carta Real en 1960. Pero, durante todos estos años, la ciudad internacional siguió viviendo con un alto nivel y calidad de vida que disfrutaron, básicamente, los europeos y los marroquíes pertenecientes a la burguesía o a la clase dominante tangerina.

2.8. DECADENCIA Y DESENLACE

Los tiempos del Protectorado, tanto francés como español, y del Tánger internacional estaban llegando a su fin como se puso de manifiesto en la airada reacción popular en contra de la deposición, por parte de Francia, del Sultán Mohamed V y de su destierro de agosto de 1953, inicialmente a Córcega y luego a Madagascar. Para sustituirlo fue designado su tío abuelo Mohamed Ben Arafa[92], que contó con el apoyo de El Glaoui, bajá de Marraquech, y de algunos ulemas*. Se produjeron movimientos populares en algunas ciudades del Reino que, en algunos casos, fueron muy violentos, a favor de su reposición. En Tánger se mantuvo la tranquilidad bajo el control de la Policía Especial, aunque hubo manifestaciones pacíficas vitoreando a Mohamed V y reclamando su retorno así como la independencia del país.

Sin embargo, esta situación afectó considerablemente al desarrollo comercial de la ciudad aunque prosiguió su actividad inmobiliaria y se construyeron algunos nuevos edificios como el Palacio de la Asamblea Legislativa, también llamada Casa de Tánger, que se inauguró en julio de 1955. El puerto de la ciudad aumentó su capacidad de maniobra instalándose en ese mismo año una grúa Titan móvil con capacidad de hasta 125 toneladas. Algunas agrupaciones, como el Comité de Iniciativas, el Comité de Turismo, el Nuevo Club, el Casino Español y otros organismos interesados en el desarrollo de la ciudad, buscaron, paralelamente a la Administración o con ella, nuevos caminos que permitieran a Tánger salir del desánimo en el que había caído. Muchos comerciantes o industriales no tenían confianza en su futuro. La mejor prueba de ello fue la salida del oro que estaba depositado en los bancos tangerinos. En menos de tres años, las reservas de ese metal pasaron de las 52 toneladas de 1953 a solo seis a principios de 1956.

[92] Ben Arafa (1989-1976) era sobrino del Sultán Muley Hassan I, o sea tío abuelo de Mohamed V. Cuando éste fue obligado por Francia a abandonar el trono, Ben Arafa que era un noble cherif ocupó ilegalmente el trono alauita durante dos años (1953-1955), lo que le hizo muy impopular. Abdicó en octubre de 1955 refugiándose en Tánger donde vivió durante algo más de un año, en un palacio en el Monte. Poco tiempo después de la independencia marroquí el gobierno francés le ofreció residir en Niza permaneciendo en esta ciudad, salvo pocos años que vivió en Beirut, hasta su muerte acaecida en 1976. Está enterrado en Fez. Históricamente no figura como Sultán sino como usurpador del trono.

Se mantenían, sin embargo, algunas esperanzas. La UNESCO decidió celebrar en Tánger una de sus reuniones sobre temas cinematográficos. Por su parte, parecía que la Organización de las Naciones Unidas pensaba designar a la ciudad internacional sede de la Comisión de Represión de la Esclavitud. Varios buques de guerra pertenecientes a la sexta flota de Estados Unidos así como otros franceses o españoles desembarcaban periódicamente en Tánger a cientos de marineros y varios cientos de turistas llegaban a la ciudad en cruceros italianos y franceses. En 1955 se instaló en la Villa Harris el Club Polinésico, lo que atrajo a un buen número de turistas. La actividad social y cultural seguía siendo intensa. Tánger recibía a grandes personalidades internacionales como el conde de Barcelona, el príncipe Raniero, Winston Churchill, Barbara Hutton o Elizabeth Taylor. Grandes artistas y espectáculos actuaban en la ciudad como Teresa Berganza, la Orquesta Sinfónica de Madrid dirigida por Ataúlfo Argenta, Charles Trenet o Lola Flores.

Los últimos pasos hacia la independencia de Marruecos

En octubre de 1955, Mohamed Ben Arafa, marioneta de los franceses, abdica y se despide del trono y, como habían hecho años antes otros sultanes depuestos como Muley Abdelaziz y Muley Hafiz, fue a vivir a Tánger. Independientemente de ello el día 30 de ese mismo mes se produjo una enorme manifestación en Tánger. El Administrador Van de Kerchove desde el balcón del Hotel Rembrandt pidió a los exaltados participantes que se disolvieran, lo que no ocurrió, por lo que la policía realizó algunas cargas y utilizó las armas de que disponían pero sin llegar a herir a los manifestantes. Éstos acataron las órdenes de los dirigentes nacionalistas y decidieron disolverse después de recorrer el Bulevar Anteo y llegar hasta la Avenida de España.

Sidi Mohamed V retornó a su país el 18 de noviembre de 1955, coincidiendo con la fiesta del Trono. En un discurso apaciguador, hizo un llamamiento a la dignidad y la calma y habló de interdependencia con Francia que, al parecer, era un condicionante francés para la creación de un gobierno marroquí que tendría por objeto negociar con Francia la independencia. Se produjeron numerosos atentados en las principales ciudades de los dos protectorados, francés y español y, paralelamente, estallaron alborotos y conatos de rebelión en el Rif protagonizadas por bandas muy bien armadas. En Tánger no ocurrió nada grave aunque se sentía que se estaba en las vísperas de la independencia del país, lo que creaba considerable desasosiego entre los tangerinos, que no sabían lo que iba a pasar con su ciudad.

Los puntos básicos de las discusiones bilaterales franco-marroquíes que condujeron a la declaración conjunta de febrero de 1956 sobre la independencia del país fueron la indicada interdependencia entre los dos países, la caducidad del Tratado de Fez y el protocolo de aplicación de la declaración. España se reservó la libertad de acción ya que no aceptó el principio de la interdependencia, puesto que estimaba que la indicada declaración solo podía afectar a la parte francesa de Marruecos y no a la española. España prefería el término de cooperación. En Tánger se manifestaron, en esas fechas, en calma, más de 50.000 marroquíes reclamando la independencia total del país.

Se llega así al reconocimiento de la independencia de Marruecos por parte de Francia (2 de marzo de 1956) y de España (7 de abril de 1956). Consecuentemente, se planteó la abrogación del régimen tangerino, lo que tuvo gran apoyo local por parte de la población marroquí. Los medios de comunicación, como el diario *España*, denunciaron el desorden y la inseguridad que empezaba a reinar en la ciudad y la falta de autoridad que existía en la misma.

Final del Estatuto de Tánger

A finales de 1955 se intensifica el éxodo de los tangerinos. Se produce el derrumbe inmobiliario, por una parte por exceso de nueva vivienda y porque los tangerinos o extranjeros que desean salir del país venden sus propiedades. Las casas pierden su valor, se venden o alquilan por casi nada. Las empresas de mudanza no daban abasto a las demandas que recibían. La medina empieza a no ser segura para los extranjeros, por lo cual algunos de los que en ella vivían la abandonan. Se cierran los bares o establecimientos de la ciudad antigua que expendían bebidas alcohólicas; unos irresponsables ponen una bomba en el antiguo cementerio judío y otro loco inicia en el Zoco Grande un intento de matar a extranjeros, lo que no consigue, aunque hiere a una docena de transeúntes. Pero, a pesar de ello y del alarmismo que se crea, la mayoría de los tangerinos no pierden la esperanza, que fundamentan en las declaraciones de los políticos y en las expectativas de los propios marroquíes musulmanes que confían en que la próxima integración de Tánger en Marruecos respete parte de la especificidad económica de la ciudad.

Se produjeron, sucesivamente, diversos hechos entre los que destacan la firma de un protocolo el 5 de julio de 1956 entre el Gobierno marroquí y el Comité de Control, por el que se establece, a partir del 10 del mismo mes, un régimen transitorio de la Zona de Tánger. Ello supone el cese del Mendub y del Administrador de la Zona, cuyas funciones asume el Gobernador de Tánger. Es nombrado para este puesto Si Abdallah Guenoun, personalidad tangerina de gran prestigio que, el día 16 del mismo mes, toma posesión de la administración de la zona de manos del Administrador Van de Kerchove en presencia del Comité de Control y de las principales autoridades de la ciudad, iniciándose un periodo transitorio hasta que se produzca la total integración de Tánger en el Reino de Marruecos.

Durante tal periodo se mantiene la Asamblea Legislativa con poderes limitados pasando los distintos servicios de policía de la zona a depender de la seguridad nacional marroquí. Se mantiene, también, la Jurisdicción Internacional durante dicha transición y en vigor los distintos textos legales que rigen la Zona.

Más tarde, el 8 de octubre, se reunió en Fedala, una ciudad balneario entre Casablanca y Rabat, una conferencia para decidir el futuro de Tánger. En una declaración hecha en esa ciudad el 29 de octubre del mismo año, los representantes de los países participantes en el gobierno de la Zona de Tánger, a través del Comité de Control y el ministro de Asuntos Exteriores de Marruecos, reconocen la abolición del régimen internacional de la Zona y, consecuentemente, que el Reino de Marruecos retoma la posesión de la misma y que la Administración internacional cesa de ejercer los poderes que le habían sido confiados[93]. En esa fecha termina el Estatuto de 1923 y Tánger deja de ser ciudad internacional. Al término de la Conferencia, el ministro marroquí de Asuntos Exteriores, Ahmed Balafrej, declaró públicamente la intención del gobierno marroquí de dotar a Tánger de una Carta Real en la que se fijarían las condiciones especiales en las que se desarrollaría, en el futuro, la ciudad y que permitiría mantener su régimen liberal financiero y económico.

La anexión a Marruecos y la terminación del Estatuto obligaron a que un buen número de diplomáticos, altos funcionarios de la Administración y directores de empresas, abandonaran Tánger. Dejaron libres las casas y chalets que ocupaban en alquiler, lo que hizo que bajara, aún más, el valor de los inmuebles. Dejaron sin trabajo a muchos tangerinos, en su mayoría marroquíes, que trabajaban a su servicio. El nuevo gobierno intentó controlar la prensa e imponer una nueva moral basada en principios islámicos, lo que impulsó a algunos artistas y escritores homosexuales, principalmente angloamericanos, a salir de la ciudad.

Se mantienen las expectativas

En marzo de 1957 hizo escala en Tánger el yate *Cristina* del multimillonario Onassis, que almorzó con miembros del Comité Internacional de Iniciativa, entre los que figuraba José Andreu y el arquitecto Mario Messina. Se hacen muchas conjeturas uniéndolas a las especulaciones sobre la creación de un principado a

---

[93] Los plenipotenciarios fueron los siguientes: Stéphane Halot, por Bélgica; Cristóbal del Castillo y Campos, por España, que estuvo acompañado por el cónsul Miguel de Lojendio y el agregado comercial Antonio Riaño; Cavendish W. Cannon, por Estados Unidos; Robert de Labelotterie de Boisseson, por Francia, acompañado del Agregado Comercial Lafont; Alberto Paveri Fontana, por Italia; Ahmed Balafrej, por Marruecos; Herman H. Dingemans, por los Países Bajos; Manuel Homem de Mello, por Portugal; y Richard Geoffrey Meade, por el Reino Unido. Actuó de secretario el cónsul francés Gama. También asistieron como expertos jurídicos los magistrados Vallet y Díaz Merry, francés y español, respectivamente. El abogado de Tánger Hachemi Cherif actuó de asesor de los marroquíes.

cuyo frente estaría el príncipe Muley Abdallah, hijo menor del Sultán. Se habla de que Onassis invertiría en la Zona unos 1.300 millones de francos en detrimento de Montecarlo.

En junio de 1957 cesa Abdallah Guenoun y es nombrado el Dr. Abdelatif Benyeloun, médico tangerino que era embajador en Alemania, lo que anima bastante a los tangerinos, que querían y respetaban a Guenoun aunque lo consideraban poco ducho en gestión. El Dr. Benyeloun era muy conocido y apreciado en Tánger y sus primeras manifestaciones y actividades fueron muy prometedoras. Se inauguró la IV Feria de Tánger, que se celebró entre el 29 de junio y el 14 de julio de 1957 y en julio se lleva a cabo una Quincena Cultural. Ambas pasan sin pena ni gloria ya que *le coeur n'y est pas*. Pero, a la espera de la Carta Real, renace la esperanza, a lo que se une el anuncio de que Tánger será la capital de verano del Imperio Cherifiano que a partir de agosto de ese mismo año cambia su denominación por el de Reino de Marruecos. El Sultán se proclama Rey y designa a su hijo mayor Muley Hassan príncipe heredero, constituyéndose así una monarquía hereditaria[94].

La Carta Real

Se publica el 26 de agosto de 1957. Es muy prometedora en su redacción. Parte del principio de asegurar el desarrollo de Tánger, de que la ciudad se convierta en centro de reuniones internacionales y en una plaza importante financiera y en activa ciudad comercial. Anuncia la creación de un puerto franco y de otras medidas que puedan resultar apropiadas para favorecer el desarrollo económico de la Zona. Pero lo más importante de la Carta es que en su articulado mantiene el régimen de libertad de cambios existente en la ciudad, la libertad de comercio exterior sin restricciones y la continuación del régimen fiscal en vigor. Las primeras reacciones son positivas, ya que la promulgación de la Carta vino acompañada, días después, por la visita del monarca a Tánger, que fue embellecida extraordinariamente para la ocasión.

La actividad comercial, aunque pausadamente, se anima, los negocios se mantienen, en parte, se crean algunas sociedades comerciales, se abren nuevas tiendas y el oro, aunque escasamente y con cautela, vuelve a Tánger. La población empieza a creer en el resurgimiento del Tánger internacional. Pero los financieros y los empresarios que estudian la Carta no creen en su bondad ni que pueda propiciar el desarrollo de la ciudad, ya que consideran que el futuro de Tánger solo se puede asegurar si queda claramente diferenciado del Reino de Marruecos independiente. Tampoco tranquiliza los ánimos la visita de una semana de duración que hizo el rey Mohamed V, ya que coincidió con la que

[94] Hasta entonces el sucesor era elegido por los ulemas* entre los miembros de la familia alauita.

giró al Rif para apaciguar la rebelión que se estaba fraguando en la región. Al contrario, añadió más preocupación a los tangerinos y, en especial, a los de nacionalidad española ya que, oficial u oficiosamente, por parte marroquí se acusaba a España de connivencia con la rebelión rifeña que terminó a principios de 1959 tras una violenta represión.

Poco a poco, a pesar de las buenas palabras de las autoridades marroquíes, especialmente de las tangerinas, van surgiendo pequeños problemas en la vida diaria que anuncian mayores conflictos futuros. La inseguridad en la ciudad se acrecienta, los precios se incrementan como consecuencia por una parte de la acaparación de algunos productos básicos y de la desaparición casi total del contrabando, las dificultades administrativas aumentan día a día como consecuencia de la poca preparación de la mayoría de los empleados del *Amalato* (nuevo gobierno de la ciudad), las autoridades de policía, en su celo para controlar todo lo que ocurre en la ciudad, realizan constantes controles que llegan al absurdo cuando los tangerinos o los extranjeros quieren entrar o salir de Tánger. La salida de millares de funcionarios y empleados extranjeros obligados a volver a sus países reduce una parte considerable de la demanda de productos de todo tipo, lo que incide negativamente sobre el comercio.

Pero quizá lo peor de todo es que el tangerino de nacimiento o de adopción que considera a Tánger como su primera o su segunda patria llega a sentirse como extranjero en la ciudad y ello como consecuencia de las constantes dificultades administrativas que encuentra en su vida y labor diarias y que llegan al colmo cuando se les exige, aún siendo residentes tangerinos y muchos de ellos nacidos en Tánger, visado de entrada y salida en su ciudad. Tales dificultades no proceden de los marroquíes tangerinos que han accedido a algunos puestos de responsabilidad en la gobernación o en la policía de la ciudad, sino de recién llegados de otras ciudades de Marruecos a los que tales tangerinos europeos les traen sin cuidado.

El Rey volvió a Tánger en julio de 1958 junto con su hijo para celebrar las Fiestas de la Juventud. Se celebraron un gran número de actos y recepciones que de poco sirvieron para dar confianza a los tangerinos. En definitiva, nada nuevo positivo se decidió. Al contrario, se reglamenta el tránsito y circulación de mercancías desde Tánger hacia el resto de Marruecos creándose un cordón aduanero que plantea muy serios problemas de aplicación y que, por lo tanto, nada soluciona. Mientras tanto se produce una enorme crisis en la construcción que había sido durante unos diez años una de las bases de la economía tangerina y se hunden las cuentas de publicidad en las distintas publicaciones de la ciudad, que en buen número tienen que cerrar. Se creó una Asociación para el resurgimiento económico de Tánger presidida por un prestigioso tangerino, Ahmed Akalay, en la que intervienen influyentes personalidades como José Andreu,

Isaac Caro y el Cherif de Uazzan. Más tarde, esa asociación se convertiría en el Sindicato de Iniciativa y Turismo que presidió el indicado Cherif de Uazzan.

Se suceden los gobernadores, que duran muy poco. Desde Abdellah Guenoun, que fue nombrado en 1956, hasta 1963, en que ocupó el puesto Muley Abdeslam Uazzan, estuvieron al frente del Amalato de la ciudad siete gobernadores distintos que, lógicamente, a pesar de su buena voluntad, poco pudieron hacer por Tánger máxime cuando el Majzén no colaboraba y se estimaba que el mismo era reticente ante cualquier medida que pudiera apoyar el mantenimiento de la especifidad tangerina. Quizá todo ello fuera consecuencia de que muchos políticos marroquíes y, principalmente, los del partido Istiqlal, el más influyente del país, no creían que un Tánger internacional y separado, de una u otra forma del resto del país, aportara nada positivo al resto de Marruecos, sino que, por el contrario, le perjudicaría sobremanera.

Derogación de la Carta Real

El 18 de octubre de 1959, Marruecos inaugura una nueva política económica y financiera. Se produce la devaluación del franco marroquí en un 20,44%, se crea una nueva moneda, el dirham, y se establece el control de cambios con la zona del franco. En esa misma fecha, la Carta Real es derogada y se concede un plazo de seis meses, que termina el 18 de abril de 1960, para su anulación definitiva, lo que supone que durante ese periodo se mantiene la libertad de cambios y la libertad del comercio de importación y exportación. Ello propicia que durante ese semestre siguiente se produzca la sangría financiera de Tánger y que se vacíe del poco oro que aún estaba refugiado en la ciudad. Durante ese periodo cesan su actividad la mayoría de los bancos y el centenar de cambistas que trabajaban en Tánger y se disuelven cerca de un millar de sociedades, es decir, la mayoría de las que tenían su sede en la ciudad, desde la que realizaban sus operaciones comerciales o financieras. Consecuentemente, lo que es peor aún si cabe, se incrementa el éxodo de los tangerinos no musulmanes, que eran la principal base de la economía de la ciudad.

El 18 de abril de 1960, al quedar definitivamente derogada la Carta Real, Tánger queda integrada, sin limitaciones de ningún tipo, en el Reino de Marruecos, eliminándose los controles policiales y los cordones aduaneros que aún persistían. Días después se produce un hecho muy significativo: el cierre definitivo en Tánger de la Banca Pariente, que había sido el primer establecimiento bancario creado en la ciudad en 1844 por los judíos Moisés Pariente y Aaron Abensur. Muere así el Tánger internacional y su extraordinaria singularidad, que había durado, con la salvedad de la ocupación española, desde el primero de junio de 1925, fecha de la entrada en vigor del Estatuto de Tánger.

La mayor parte de los judíos tangerinos, marroquíes o extranjeros, que constituían uno de los pilares sociales y económicos básicos de Tánger, abandonan la ciudad para ir a vivir a distintos países europeos como España, Francia o Suiza, o a otros americanos como Canadá o Venezuela y un buen número de ellos emigran a Israel. La mayor parte del resto de los tangerinos no marroquíes, nacidos en Tánger o que habían desarrollado su vida en la ciudad y que ahora son considerados extranjeros, se ven obligados a abandonarla y a rehacer sus vidas en sus países de origen, a los que muchos de ellos llegan como simples emigrantes. Solo se quedan los viejos o algunos pocos que se aferran, instintivamente, a sus raíces. Todo ello se producía ante el desconcierto de muchos tangerinos musulmanes que, por una parte, sentían gran satisfacción e inmenso orgullo porque su país hubiera recobrado su independencia pero que, al mismo tiempo se daban cuenta, con enorme preocupación, de que la especificidad que había sido la base del esplendor tangerino se iba lentamente disolviendo.

Se produce una verdadera y dolorosa diáspora de tangerinos entre los que figuran no solo occidentales o judíos sino también bastantes marroquíes musulmanes que deben optar entre buscar trabajo en el sur del país o bien emigrar al extranjero[95]. Los jóvenes llegaban a los países de acogida con fuerzas e ilusiones pero los mayores arribaban moralmente hundidos y, en general, con pocos medios económicos, quejándose de un destino que les había expulsado de la ciudad que habían contribuido a crear. No fueron, directamente, expulsados de Tánger por las nuevas autoridades sino por las circunstancias que impidieron que su vida se desarrollara como antaño. Pero también no es menos cierto que tales autoridades poco o nada hicieron para que permanecieran en la ciudad. Los tangerinos se esparcieron por el mundo entero quedándoles a muchos la ilusión de volver algún día y a todos el sentimiento de haber vivido en una ciudad excepcional a la que añoraron durante el resto de sus vidas.

Como queda dicho, algunos de ellos decidieron quedarse en Tánger. La mayoría no se ha arrepentido ya que muchos de ellos viven felices en el Tánger de su juventud disfrutando de la belleza de la ciudad, de su amable clima y rodeados, en general, del aprecio de sus conciudadanos marroquíes o extranjeros[96].

[95] Rachid Tafersiti cuenta en su novela *Retour à Tánger* la historia de un joven marroquí obligado por la crisis tangerina a emigrar a Bélgica.

[96] Un buen ejemplo de ello es el grupo denominado «las chicas de oro» de las que forman parte antiguas amigas de distintas nacionalidades pero de corazón *tanyaui*. Son, entre otras Carmen Carrara, Mariola Sánchez de Pro, Gianella Petri, Paquita Ruiz de Pablo, Fifi Dukali, Yolanda Benayón, Maruja Colera, Mina Cherradi, Pety Gisbert, Carmen Idrissi, Mari-Luz Jiménez y algunas más que, por unas u otras circunstancias, siguen viviendo en Tánger.

SEGUNDA PARTE

INSTITUCIONES Y ESTRUCTURA SOCIOECONÓMICA

CAPÍTULO III
INSTITUCIONES Y PODERES

Tangier was the only successfully governed international city in the World.

Graham Stuart (Stanford University)[97]

3.1. ANTECEDENTES. REGÍMENES DE CAPITULACIONES Y DE PROTECCIÓN

Una gran parte de los casos que se produjeron en Marruecos relacionados con los regímenes de capitulaciones y de protección se desarrollaron en Tánger como consecuencia de su capitalidad diplomática.

Régimen de capitulación

Se trata de:

> Un régimen, hoy desaparecido, que se aplicó por los Estados europeos a determinados Estados no-cristianos (Imperio Otomano, China, etc.) en virtud del cual los súbditos europeos residentes en estos Estados continuaban sometidos a todos los efectos (incluidas competencia de policía y jurisdiccionales) a las autoridades de su país de origen que ejercían amplios poderes a través de sus respectivos cónsules.[98]

La primera capitulación fue concedida por Solimán el Magnífico de Turquía a Francisco I de Francia en 1535. En los siglos XIX y XX se mantenía este régimen en países como Turquía, Persia, China, Siam, etc.

---

97 «Tánger fue la única ciudad del mundo gobernada internacionalmente con éxito.»

98 Véase Martínez Lage y Martínez Morcillo, *Diccionario diplomático iberoamericano*. ICI, Madrid, 1987.

Este régimen se aplicaba en Marruecos y, en especial, en Tánger ya que los respectivos representantes diplomáticos o consulares tenían jurisdicción sobre los súbditos de sus correspondientes países no solo en materia civil, sino también en lo penal y mercantil, a los cuales se les aplicaba las leyes de sus respectivos países.

Marruecos convino, a finales del siglo XVIII, el régimen de capitulación con varios países europeos. Con España lo reconoció en el Tratado de Paz y de Comercio de 28 de Mayo de 1767 que, entre otras disposiciones, autorizaba a que el Rey de España nombrara un cónsul general en Marruecos y los vicecónsules que conviniere en los puertos del país. Se establece expresamente que «en las diferencias de los españoles entre sí, tanto civiles como criminales, no conocerá otro alguno sino su cónsul« así como sobre «los bienes de los españoles que murieren en los dominios del Sultán». Todo ello fue completado y ratificado en el Convenio firmado entre los dos países en marzo de 1799 y, muy especialmente, en el Tratado de Comercio hispano-marroquí de 1861.

El régimen de capitulación, una vez perfeccionado, permitió, además, un régimen especial económico y comercial que favorecía en plano de igualdad, mediante la aplicación de la *cláusula de la nación más favorecida**[99], a los súbditos de los distintos países acreditados en Marruecos. A principios del siglo XX unos 10.000 extranjeros gozaban en Marruecos del régimen de capitulaciones. Algo más de la mitad eran españoles y los demás franceses, italianos, británicos, etc.

Régimen de protección

Los súbditos marroquíes, musulmanes o judíos, que trabajaban en una legación extranjera podían ser sujetos protegidos por el país representado por tal legación, lo que les daba derecho a inmunidad jurisdiccional, fiscal y personal, parcial o total, en forma similar a la que correspondía a los ciudadanos de la nación protectora. Este sistema de protección, igualmente, limitaba la soberanía del Majzén. Fue reconocido, por primera vez, en un tratado firmado entre Gran Bretaña y Marruecos en 1750. Muchos años después fue ratificado por Marruecos en el tratado anglo-marroquí de 1856 y en el celebrado en 1863 entre Marruecos y Francia. A éste se adhirieron los países con representación diplomática en Tánger.

[99] Cláusula que se inserta en muchos tratados internacionales en virtud de la cual los signatarios se comprometen a concederse automáticamente en el futuro el mejor tratamiento que en una determinada materia puedan conceder, cualquiera de ellos, a un tercer Estado. Surgida en los tratados comerciales se ha extendido posteriormente a otros tipos de tratados especialmente a aquellos en los que se concede determinados derechos individuales. Véase Martínez Lage y Martínez Morcillo, *Diccionario diplomático iberoamericano*.

El sistema de protección era, pues, una consecuencia del régimen de capitulaciones. Afectaba, principalmente, a los intérpretes y traductores y otros empleados administrativos y personal del servicio doméstico, etc., de las distintas legaciones así como a los empleados marroquíes de los agentes comerciales. Esta protección supuso, inicialmente, la exención de ciertos impuestos aunque con el tiempo se extendió, también, a la exención del servicio militar. El régimen de protección originó una lucha abierta entre los distintos cónsules por proteger al mayor número posible de marroquíes, lo que era un signo externo de poder. Lógicamente, entre los protegidos se encontraban los marroquíes más ricos, musulmanes o judíos, lo que hurtaba importantes ingresos al Majzén. La situación llegó a ser tan grave que obligó a convocar una Conferencia internacional, que se celebró en Madrid en 1880, al término de la cual se firmó una Convención en la que participaron, además de Marruecos, Alemania, Austria-Hungría, Bélgica, Dinamarca, Estados Unidos de América, Francia, Italia, Países Bajos, Portugal, Prusia, Reino Unido y Suecia-Noruega. Sin embargo, el convenio no consiguió superar, más que levemente, el estado de abuso al que se había llegado

Se estima que hacia finales del siglo XIX el número de protegidos, en Marruecos, ascendía a unas ocho o nueve mil personas. En su mayor parte dependían de Francia, que utilizó el sistema como instrumento para su penetración política en el país. España tenía en aquella fecha, aproximadamente, unos 500 protegidos.

Tribunales consulares

De conformidad con el régimen de capitulaciones en caso de litigio entre los nacionales de un país acreditado en Marruecos, el representante consular –cónsul o vicecónsul– de tal país actuaba como juez aplicando la legislación propia. En el caso de España, estos tribunales consulares, de conformidad con un Real Decreto de 1884, eran competentes en todos los juicios civiles y en los criminales hasta los delitos que tenían señalado arresto mayor o penas similares. En los demás casos se remitía el preso y el sumario a los tribunales de la Península. Mientras, quedaba bajo la custodia del consulado respectivo que, en el caso español, contaba con celdas en sus oficinas de la calle Bouarrakía 24 donde estuvo instalado, en su segunda etapa, dicho consulado hasta su traslado definitivo a la calle de San Francisco a finales de los años 40. Contra las decisiones de estos tribunales consulares de primera instancia se podía apelar ante la Audiencia territorial que, en el caso de Marruecos, y en particular, el de Tánger, era la de Sevilla.

Los tribunales consulares de otros países actuaban en forma similar a los españoles. En general, los cancilleres de los consulados actuaban como notarios con fe pública en lo judicial. Algunos pocos abogados, previamente inscritos en el consulado, estaban autorizados a actuar en defensa o en representación de sus defendidos.

Derogación de los regímenes de capitulación y protección
En marzo de 1914, poco tiempo después de que fueran establecidos en Marruecos los protectorados francés y español sobre sendas zonas del mismo, Francia y España, considerando que en ambos existían suficientes garantías jurídicas, renunciaron al sistema de capitulaciones así como al de protección, lo que aplicaron, también, los demás países acreditados en Marruecos. Posteriormente, el artículo 13 del Estatuto de 1923 derogó el sistema de capitulaciones en la Zona, lo que llevaba consigo la supresión del régimen de protección. Estados Unidos no aceptó esta disposición y mantuvo tales privilegios inclusive después de los acuerdos de 1953 que modificaron el Estatuto de Tánger abandonándolos solo cuando Marruecos fue independiente. En la práctica, durante el Estatuto, tales regímenes no desaparecieron del todo ya que el mismo estableció diferente dependencia judicial entre marroquíes y extranjeros. En todo caso, esta situación quedó completamente liquidada y superada cuando Tánger se unificó en 1956 al Marruecos que acababa de conseguir su independencia.

3.2. PRINCIPIOS BÁSICOS ESTATUTARIOS

La ciudad-estado de Tánger era una parte de Marruecos que estaba sujeta a la autoridad extranjera mediante un especial régimen de semi-protectorado distinto al existente en las zonas española y francesa. Se trataba de un atípico sistema que, en puridad, no podía ser considerado colonial. La población marroquí de la zona estaba sometida a la autoridad del Sultán a través de su Mendub o representante, nombrado por el mismo Monarca con la previa aquiescencia de Francia que imponía sus leyes y normas. La población no marroquí estaba gobernada por instituciones internacionales creadas y constituídas por el grupo de países que habían participado en la Conferencia de Algeciras y que habían aceptado y firmado su Acta.

Principios básicos [100]
En resumen, los principios básicos del Estatuto de Tánger de conformidad con el convenio de 18 de diciembre de 1923 refundido con el protocolo de 25 de julio de 1928 son:

a) Se constituye la Zona de Tánger, se determinan sus límites, que son los fijados en la convención franco-española de 1912, y se establece que quedará desmili-

[100] Véase en el Anexo I la relación de los principales textos legislativos aplicables a Tánger.

tarizada y colocada bajo un régimen de neutralidad permanente. Tendrá los más amplios poderes legislativos, administrativos, salvo en materia diplomática, y judicial. El Estado cherifiano cedió a la Zona de Tánger su patrimonio público –dominios marítimo, terrestre, fluvial, minero y forestal– y privado (con algunas excepciones, entre ellas las del faro de Cabo Espartel, la Alcazaba y la Mendubía).

b) Se mantiene la soberanía del Sultán representado en Tánger por el Mendub nombrado por el monarca y que es, en teoría, aunque no en la práctica, la mayor autoridad en la Zona y que ejerce sobre los súbditos marroquíes todos los poderes tradicionales en materia judicial y administrativa que correspondían, antes del Estatuto, al bajá o gobernador y a los cadíes o jueces. Estos últimos seguían siendo competentes en los asuntos propios de los marroquíes y, en particular, en todo lo relativo al estatuto personal y las sucesiones de los marroquíes musulmanes. Por su parte, un Tribunal Rabínico era competente para conocer en todos los asuntos relacionados con el estatuto personal y la sucesión de los israelitas marroquíes.

c) Se crea una estructura institucional formada por los siguientes órganos: el mismo Mendub; el Comité de Control como órgano de gobierno constituido por los cónsules de carrera de las potencias signatarias del Acta de Algeciras y participantes en el Estatuto; la Asamblea Legislativa Internacional como poder legislativo; el Tribunal Mixto de Tánger como órgano judicial y el Administrador que dirige la Administración internacional de la Zona. Se creó, además, una Oficina mixta de Información.

El Sultán, en virtud del Estatuto, delega en las autoridades de la Zona, de forma permanente, los poderes legislativo, administrativo y, en parte, judicial. En definitiva, se crea un régimen de soberanía que se concentra en una ciudad- estado o ciudad internacional que se fundamenta en el Acta de Algeciras en el que por una parte, tres cuartas partes de la población, es decir, los marroquíes, quedan, salvo excepciones, al margen del régimen internacional al que se someten los no marroquíes, o sea, la cuarta parte de los habitantes de Tánger.

Principales derechos y obligaciones

Como ha quedado explicado, el sistema establecido por el Estatuto tangerino se aplica, básicamente, a los extranjeros ya que los marroquíes, musulmanes o judíos, siguen sometidos a través del Mendub y sus instituciones a la autoridad del Sultán.

Entre otras disposiciones de importancia, el Estatuto suprime como hemos señalado, los regímenes de capitulaciones y de protección pero se reconoce que los marroquíes previamente protegidos lo serán personalmente por vida. Se establece un régimen económico de igualdad económica y de *puertas abiertas* tanto comercial como financiero y la más completa autonomía financiera e independiente del resto de Marruecos, siendo el franco marroquí la moneda oficial y, junto con la peseta española, moneda de curso legal.

Todo extranjero gozaba en Tánger de todos los derechos civiles reconocidos por su respectiva ley nacional y ésta regía su estado civil y su capacidad legal. Todos los extranjeros quedaban sujetos al Tribunal Mixto e inclusive los marroquíes que fueran parte en pleitos con aquellos así como las instituciones consideradas internacionales. También era competente el Tribunal Mixto en todos los asuntos penales cualquiera que fuera la nacionalidad de los imputados Las lenguas oficiales de acuerdo con el Estatuto eran el árabe, el español y el francés.

El Estatuto entró en vigor el 1 de junio de 1925 debido al retraso que supuso traducir a los tres idiomas oficiales, árabe, español y francés, los códigos promulgados para la Zona. Poco tiempo después de la entrada en vigor del Estatuto, ante la insistencia española, que deseaba mejorar algunos aspectos del mismo, y la presión italiana, que había cambiado de opinión y ahora deseaba formar parte del Convenio, se acordaron algunas modificaciones de relativa importancia que fueron objeto de un Protocolo que se perfeccionó el 14 de septiembre de 1928. Este texto definitivo rigió el control y la administración de la zona internacional hasta 1956, con la excepción del paréntesis de la ocupación española, y con algunas modificaciones introducidas en 1945 y 1953.

De conformidad con su artículo 56, que establecía para el Estatuto una vigencia de 12 años a partir de su ratificación total, fue renovado en 1935 a través de un intercambio de cartas entre España y Francia por otro periodo de 12 años que habría terminado en 1947. Fue suspendido por la ocupación española y repuesto por el Acuerdo franco-británico de 31 de agosto de 1945 que modificó, en parte, algunas disposiciones del Estatuto. Las modificaciones más importantes fueron la entrada de sendos representantes de Estados Unidos y de la URSS en el Comité de Control y la participación de tres representantes de cada uno de esos países en la Asamblea Legislativa; la desaparición de la Oficina Mixta de Información, que dirigía un español, así como el mando español de la gendarmería y el administrador adjunto de la misma nacionalidad. Por el contrario, se decidió que el administrador y el jefe de la policía fueran de nacionalidad belga, holandesa, portuguesa o sueca. En el acuerdo se establece, además, que el mismo es provisional hasta que se llegue a un nuevo convenio entre las potencias firmantes del Acta de Algeciras.

Por su parte, las principales modificaciones que entraron en vigor en 1953 tenían que ver con el restablecimiento de la Oficina Mixta de Información y de la Policía Especial, que quedaron ambas al mando de un jefe español con un adjunto francés; a la creación de una Inspección Especial de Hacienda y al restablecimiento de un administrador adjunto de nacionalidad española de Higiene Pública y Beneficencia. Por otra parte, se adoptaron algunas modificaciones de cierta importancia relativas al poder judicial. Se ampliaron considerablemente las funciones del Tribunal Mixto, que pasó a llamarse Jurisdicción Internacional en la que tuvieron entrada nuevos jueces de nacionalidad norteamericana, holandesa y portuguesa.

El Estatuto recibió durante su vigencia muchas críticas tanto de fondo como de forma. Es evidente que surgieron problemas y desacuerdos que entorpecieron o dificultaron el desarrollo del Estatuto. Pero no es menos cierto que durante las tres décadas de vigencia del mismo, Tánger fue la única ciudad del mundo gobernada internacionalmente que tuvo éxito y que llegó a ser un ejemplo de modernidad, de dinamismo y de buen gobierno. Además, gozaba de un nivel social, económico y cultural superior al de las demás capitales de Marruecos y del norte de África y comparable con el de las más desarrolladas de Europa.

En una declaración del 29 de octubre del 1956, los representantes de los países participantes en el gobierno de la Zona de Tánger a través del Comité de Control y el ministro de Asuntos Exteriores de Marruecos reconocieron la abolición del régimen internacional de la Zona. En esa fecha termina el Estatuto de 1923 y Tánger deja de ser ciudad internacional.

3.3. EL MENDUB

El Mendub (en árabe, representante) representa al Sultán de Marruecos, es designado por éste y, protocolariamente, es la más alta autoridad de la Zona de Tánger. El Mendub no tiene ninguna responsabilidad por las actuaciones de la Administración internacional. Preside la Asamblea Legislativa Internacional pudiendo intervenir en sus deliberaciones pero sin tomar parte en la votación. Promulga las leyes y reglamentos con el previo visado, a los efectos de refrendo, del Presidente del Comité de Control, por lo cual no tiene posibilidad alguna de interferir en la administración internacional de la Zona. Es el gobernador (bajá) y jefe efectivo de la población indígena de Tánger, tanto musulmana como judía, y ejerce los poderes de administración y justicia confiados de acuerdo con las reglas y usos tradicionales del país al rango de bajá*.

Así, el Estatuto de Tánger confió al Mendub del Sultán de Marruecos la misión de ejercer su administración, dirección y tutela sobre los súbditos marroquíes de la Zona pero no sobre los extranjeros. El Mendub cuidaba de los intereses musulmanes en la ciudad y de que los marroquíes sometidos a su administración respetaran el orden y la tranquilidad públicas y las cláusulas generales del Estatuto así como de que cumplieran sus deberes fiscales, que eran los mismos que los del resto de habitantes de Tánger. Tenía el derecho de expulsión de Tánger de los súbditos marroquíes y ejercía igual facultad con respecto a los sometidos a la jurisdicción del Tribunal Mixto, previa conformidad de la Asamblea General de los titulares del Tribunal Mixto.

En la práctica, como ya ha quedado señalado, el Mendub dependía de la Residencia General francesa de Rabat ya que, aunque nombrado por el Sultán, éste no tomaba tal decisión sin previa autorización del Residente General. Además, en la Mendubía trabajaba un *contrôleur* o Interventor civil de las autoridades marroquíes que era designado por *dahir** del Sultán, pero al mismo tiempo por decreto del Residente General. Tal interventor tenía por misión principal la supervisión de las actividades administrativas y judiciales de las autoridades marroquíes de la Zona de Tánger. Asimismo, controlaba los nombramientos de los funcionarios marroquíes no solo en la Mendubía sino también en los diferentes servicios de la Administración internacional[101]. El primer interventor fue Jean Courtin, a quien le sucedió André Truchet y, más tarde, M. Caillat. En los años 50 era M. Hubert.

El primer Mendub de Tánger fue Mohamed Bouachirine, que ocupó el puesto algo menos de un año. Le sucedió Mohamed Tazi, que había sido durante años Naib del Sultán y que se mantuvo en el cargo, con la excepción de los cinco años de ocupación española (1940-45). Pertenecía a una distinguida y rica familia marroquí procedente de Fez que había mantenido negocios durante muchos años con el Reino Unido, en donde vivieron algunos miembros de dicha familia. Durante la ocupación española, en marzo de 1941, se decidió, por parte de la Alta Comisaría, la destitución del Mendub y el nombramiento, en su lugar, de un bajá designado por el Jalifa de Tetuán.

Una vez terminada la ocupación española, el depuesto Mohamed Tazi volvió a ocupar la Mendubía hasta su fallecimiento, acaecido en febrero de 1948. Le sucedió, interinamente, su hijo Si Ahmed Tazi , hombre culto y muy amante de la cultura francesa que había trabajado con su padre de Jalifa*. Por distintas reticencias francesas no llegó a tomar posesión del cargo hasta principios de 1950. Desde entonces ocupó el cargo hasta la independencia de Marruecos

[101] A partir de la reforma del Estatuto en 1953 este Interventor fue denominado Administrador Adjunto encargado de los asuntos marroquíes, que siguió siendo de nacionalidad francesa.

y devolución de Tánger en 1956. Vivía en Dar el Fasia, un espléndido palacio situado en el Marchán. Su secretario particular durante muchos años fue Si Ahmed Agoumi, de una noble familia tangerina cuyo hermano fue miembro de la Asamblea Legislativa. En aquel año de 1956, Abdellah Guenoun fue nombrado primer Gobernador de Tánger del Marruecos independiente (véase en el Anexo III la relación de Mendubs y Gobernadores de Tánger).

3.4. LA ASAMBLEA LEGISLATIVA INTERNACIONAL

Constitución y poderes

Correspondía a la Asamblea Legislativa Internacional los poderes legislativos y reglamentarios. Estaba presidida por el Mendub y compuesta, después de las modificaciones introducidas en el Estatuto en 1928 y en 1952, además de su presidente, por 32 miembros. De ellos, nueve eran súbditos marroquíes, seis musulmanes y tres judíos, designados por el Mendub. Los tres judíos eran elegidos por el Mendub de una lista de nueve nombres propuesta por la Comunidad israelita. Los 23 miembros restantes eran designados por sus respectivos Consulados, a saber: cuatro miembros de España y otros tantos de Francia, tres del Reino Unido y otros tantos de Estados Unidos, Italia y de la Unión Soviética y uno de cada uno de los siguientes países: Bélgica, Países Bajos y Portugal. En la práctica, la Asamblea tuvo un máximo de 29 miembros ya que la Unión Soviética nunca envió sus representantes a la Asamblea. El nombramiento era por cuatro años y eran reelegibles. El Mendub, como Presidente, contaba con la asistencia de cuatro Vicepresidentes de nacionalidad británica, española, francesa e italiana (inicialmente, eran solo tres ya que no había representación italiana) que podían llegar a ser hasta un total de seis.

Esta distribución de asambleístas se hizo de acuerdo con una interpretación *sui generis* realizada por parte francesa del artículo 34 del Estatuto que estipulaba que el número de representantes se establecía en consideración al número de súbditos de cada país, a las cifras del comercio general y a la importancia de los bienes raíces y del tráfico en Tánger, correspondientes a las diferentes potencias signatarias. Francia argumentó que aunque su población era inferior a la marroquí y a la española, su importancia económica era muy superior ya que representaba el 41% del comercio de la zona y el 40% de la propiedad inmobiliaria de la ciudad estaba en manos francesas. Desde el punto de vista español, la distribución efectuada no era justa ya que la presencia española en Tánger era, en todos los órdenes, excepto el relativo a la propiedad inmobiliaria, muy superior a la de que cualquier otro país. Peor ocurría con los marroquíes musulmanes que, siendo más de la mitad de la población, solo contaban con seis miembros, además del Mendub, y con los israelitas, que representaban, más o menos, el 15% de la población y solo contaban con tres miembros. Sin embargo, los judíos se contentaron mucho con esta distribución ya que a través de otros israelitas que representaban a otros países en la Asamblea llegaron a contar con cinco o seis miembros.

La Asamblea no podía adoptar acuerdos válidos, en primera convocatoria, sino hallándose presentes o representados 18 miembros. En segunda convocatoria, realizada como mínimo 48 horas después de la primera, la Asamblea podía adoptar acuerdos válidos cualquiera que fuera el número de miembros presentes. Las decisiones se adoptaban por mayoría siendo desechado el acuerdo en caso de empate. Los acuerdos eran enviados para su aprobación definitiva al Comité de Control, que si no los vetaba los pasaba al Mendub para su promulgación.

La primera Asamblea, en la que no había representación italiana, portuguesa ni norteamericana, estuvo constituida por 23 miembros. La mayoría de estos primeros asambleístas fueron sustituidos por distintos motivos a medida que fue pasando el tiempo. Sin embargo, algunos como el judío marroquí Semtob Bengualid, el belga de Portèere, el español Emilio Sanz y el británico William Francis Ellis se mantuvieron como asambleístas desde el comienzo del Estatuto hasta la ocupación española. En febrero de 1940 los asambleístas españoles eran Emilio Sanz, Carlos Sirvent, Carlos Marco y Leopoldo Ceballos Cabrera. El 3 de noviembre de ese mismo año las autoridades españolas que habían ocupado Tánger decidieron la disolución de la Asamblea Legislativa.

Cuando en octubre de 1945 terminó la ocupación española, la nueva Asamblea Legislativa Internacional presidida por el Mendub fue constituida de conformidad con la normativa adoptada por la Conferencia cuatripartita que reunió en París a los representantes de Francia, Estados Unidos, Reino Unido y Unión Soviética. Se preveía que la misma estaría compuesta por 30 miembros de los cuales nueve correspondían a Marruecos (seis musulmanes y tres judíos), ocho a España y Francia (cuatro a cada uno), tres a cada uno de los siguientes países: Estados Unidos, Gran Bretaña y la URSS; y uno a cada uno de los siguientes: Bélgica, Italia, Países Bajos y Portugal. La URSS no estimó oportuno participar e Italia desechó estar presente con un único miembro. Así, la nueva Asamblea contó con solo 26 miembros.

Es evidente en esta composición de 26 miembros la preponderancia de Francia ya que 13 de ellos, o sea el 50% de la Asamblea, eran franceses designados por el cónsul francés o bien miembros marroquíes (musulmanes y judíos) designados, directa o indirectamente, por el Residente General francés y nombrados por el Mendub. Suecia no estaba representada ya que no quiso participar directamente en las instituciones tangerinas. En octubre de 1953, una vez fue aceptado que

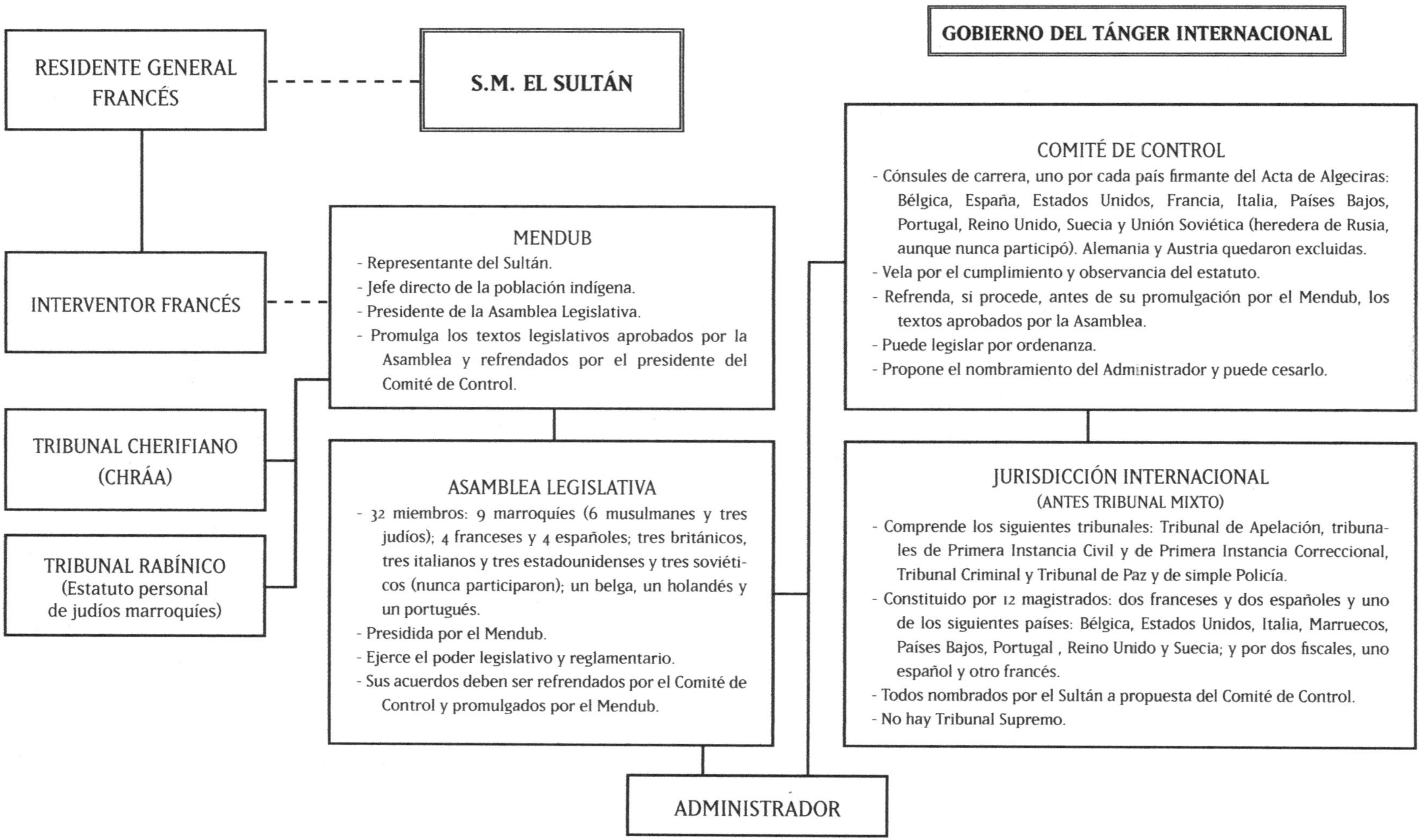
GOBIERNO DEL TÁNGER INTERNACIONAL
RESIDENTE GENERAL FRANCÉS
S.M. EL SULTÁN
INTERVENTOR FRANCÉS
MENDUB
- Representante del Sultán.
- Jefe directo de la población indígena.
- Presidente de la Asamblea Legislativa.
- Promulga los textos legislativos aprobados por la Asamblea y refrendados por el presidente del Comité de Control.
TRIBUNAL CHERIFIANO (CHRÁA)
TRIBUNAL RABÍNICO (Estatuto personal de judíos marroquíes)
ASAMBLEA LEGISLATIVA
- 32 miembros: 9 marroquíes (6 musulmanes y tres judíos); 4 franceses y 4 españoles; tres británicos, tres italianos y tres estadounidenses y tres soviéticos (nunca participaron); un belga, un holandés y un portugués.
- Presidida por el Mendub.
- Ejerce el poder legislativo y reglamentario.
- Sus acuerdos deben ser refrendados por el Comité de Control y promulgados por el Mendub.
COMITÉ DE CONTROL
- Cónsules de carrera, uno por cada país firmante del Acta de Algeciras: Bélgica, España, Estados Unidos, Francia, Italia, Países Bajos, Portugal, Reino Unido, Suecia y Unión Soviética (heredera de Rusia, aunque nunca participó). Alemania y Austria quedaron excluidas.
- Vela por el cumplimiento y observancia del estatuto.
- Refrenda, si procede, antes de su promulgación por el Mendub, los textos aprobados por la Asamblea.
- Puede legislar por ordenanza.
- Propone el nombramiento del Administrador y puede cesarlo.
JURISDICCIÓN INTERNACIONAL
(ANTES TRIBUNAL MIXTO)
- Comprende los siguientes tribunales: Tribunal de Apelación, tribunales de Primera Instancia Civil y de Primera Instancia Correccional, Tribunal Criminal y Tribunal de Paz y de simple Policía.
- Constituido por 12 magistrados: dos franceses y dos españoles y uno de los siguientes países: Bélgica, Estados Unidos, Italia, Marruecos, Países Bajos, Portugal , Reino Unido y Suecia; y por dos fiscales, uno español y otro francés.
- Todos nombrados por el Sultán a propuesta del Comité de Control.
- No hay Tribunal Supremo.
ADMINISTRADOR

Italia contara, como antaño, con tres representantes, la Asamblea, presidida por el Mendub Si Ahmed Tazi, estaba constituida por treinta miembros (incluido el Mendub) de los cuales 14 habían sido designados, directa o indirectamente, por Francia, lo que mantenía, lógicamente, la preponderancia francesa por los motivos apuntados anteriormente. Seis de los asambleístas eran hebreos[102].

La Asamblea Legislativa tuvo una significativa contribución en la creación y modificación de las leyes y reglamentos aplicables a Tánger. Los miembros no marroquíes eran designados directamente por el cónsul respectivo que lógicamente nombraba a personas de prestigio, competentes y dispuestas a defender los intereses nacionales siguiendo las instrucciones que recibieran de aquel. Entre todas las personalidades que formaron parte de la Asamblea destacan los franceses Daniel Saurin, asambleísta durante cerca de dos décadas, y el Dr. Crambes; los españoles Emilio Sanz Barrionuevo, Antonio Ferri y José Jorro; los marroquíes musulmanes Bennani y Agoumi y los israelitas Bengualid, Hassan y Abensur.

Todos los miembros de la Asamblea participaban en ella a título gratuito sin cobrar sueldo, dietas o compensación económica alguna. Se trataba, pues, de un órgano básico de la Administración Internacional que costaba muy poco, ya que solo contaba con siete funcionarios entre los que destacaba el secretario general y el asesor o consejero jurídico de la Asamblea, puesto que, durante algún tiempo, fue desempeñado por el diplomático español Pedro Cortina y Mauri, que años después sería ministro de Asuntos Exteriores de España. Con anterioridad lo había ocupado el italiano Nicola Catalano.

3.5. EL COMITÉ DE CONTROL

El Comité de Control era el organismo clave del sistema de gobierno de la Zona. Estaba compuesto por los cónsules de carrera representantes de las Potencias

[102] La última Asamblea Legislativa Internacional que funcionó en Tánger, presidida por el Mendub, estaba compuesta por: marroquíes musulmanes: Ahmed Ben Mohamed Erkaina, Abdeslam Bentahar (vicepresidente), Mohamed Bel Mekki Bennani, Abderraman Agoumi, Mohamed El Khamal y Abdeslam Chebaa; marroquíes hebreos: Abraham Laredo, Moisés Buzaglo y Semtob Bengualid, todos ellos comerciantes; españoles: el industrial José Jorro (sustituido en 1955 por Eusebio Lafuente), el director del Grupo Escolar de Tánger Antonio Ferri (vicepresidente), el abogado Ramón Vicente Franqueira, el director del Banco Exterior de España Carlos Soler Cabot (sustituido en febrero de 1955 por Leopoldo Ceballos Cabrera); franceses: Coronel Truchet, el abogado Hachemi Cherif, el profesor Marcel Armand (vicepresidente) y Martín; británicos: el banquero Aaron Abensur (vicepresidente), Herbert Allan Selley, Lord Rhidian Crichton Stuart; italianos: conde Orazio M. Brentan (vicepresidente), Edoardo Targioni (sustituido en enero de 1955 por Mario Messina) y Francesco Mattei; Estados Unidos: el periodista William Bird, Hooker A. Doolittle, antiguo diplomático, y Andrew C. Jorgensen, director general de la Mackay Radio, sustituido cuando falleció por Robert Rivera, directivo de la RCA; Bélgica: el comerciante Joseph De Poortere, cuyo sustituto era el ingeniero Delacroix; Holanda: Haim Bendelac (sustituto: Daniel Da Silva Solis); y Portugal: el banquero Joe Hassan (sustituto: Salvador S. Hassan).

signatarias del Acta de Algeciras, que quedaron limitadas a ocho. Alemania y Austria fueron excluidas por el acuerdo de paz posterior a la primera guerra mundial. La Unión Soviética, inicialmente, no reivindicó los derechos adquiridos por Rusia y aunque tuvo entrada en el Comité en 1945 nunca participó en el mismo. Por su parte, Suecia se desinteresó de Tánger y no envió un cónsul de carrera para participar en el Comité de Control. Así, éste quedó formado por los cónsules de Bélgica, España, Estados Unidos (que no participó hasta 1945), Francia, Italia, Países Bajos, Portugal y Reino Unido. Las funciones de Presidente eran asumidas, por turno anual alfabético, por cada uno de ellos. Durante la mayor parte de la ocupación española, el Comité de Control fue suspendido en sus funciones, que no recobró hasta la salida de los españoles de Tánger.

Correspondía al Comité de Control velar por la observancia del régimen de igualdad económica y las disposiciones del Estatuto de Tánger así como autorizar, si procedía hacerlo, los textos legales o reglamentarios votados por la Asamblea Legislativa y proponer al Mendub su promulgación. Desde la modificación del Estatuto en 1953, el Comité de Control podía legislar sobre materias que formaban parte de las atribuciones de la Asamblea Legislativa por medio de Ordenanza motivada adoptada por mayoría de dos tercios del total de sus miembros. El Comité de Control llegó a ser algo más que un órgano de gobierno en la ciudad. El trabajo de sus miembros era muy delicado, ya que al tiempo que debían defender los intereses de sus respectivos países debían velar por el cumplimiento del Estatuto, lo que a veces no coincidía con los intereses nacionales. La labor de los representantes español y francés era aún más difícil, ya que debían responder también a los intereses de los dos respectivos protectorados[103].

3.6. EL TRIBUNAL MIXTO, LUEGO JURISDICCIÓN INTERNACIONAL

El Estatuto de 1923 creó una jurisdicción internacional única en el mundo denominada Tribunal Mixto de Tánger, encargada de administrar justicia, en nombre del Sultán de Marruecos, a los súbditos extranjeros reemplazando así a los tribunales consulares.

---

103 En 1953 los miembros del Comité de Control eran los siguientes: por Bélgica, M.C. Radiguès de Chennevière (que sucedió a Stephane Halot); Cristóbal del Castillo y Campos por España (cuyo adjunto durante dos años fue el tangerino Teodoro Ruiz de Cuevas); Joseph Satterhwaite por Estados Unidos; por Francia, François de Panafieu (que sucedió al barón Robert de Boisseson); Thomas Godric Aylett Muntz por el Reino Unido; el conde Francesco Macchi di Cellere por Italia; Allard Merens (que sucedió a H.H. Dingermans) por los Países Bajos; y Manuel Homen de Mello de Portugal. El representante español, Cristóbal del Castillo, formó parte del Comité de Control durante doce años y lo presidió, por turno, en varias ocasiones.

El sistema judicial tangerino

El sistema establecido en el Estatuto, aunque eliminó el régimen de capitulaciones y los tribunales consulares, mantuvo el espíritu de tal régimen a través de la coexistencia del Tribunal Mixto, que era el competente con los súbditos extranjeros, con el Tribunal Cherifiano, que, en materia civil, administraba justicia a los marroquíes, musulmanes o judíos, así como con el Tribunal Rabínico, que era competente para conocer de todos los asuntos relacionados con el estatuto personal y la sucesión de los israelitas marroquíes.

Una comisión formada por expertos preparó en un plazo de tres meses los siete códigos necesarios para el funcionamiento del Tribunal. En los casos de materias relacionadas con el estatuto personal de cada extranjero —principalmente el derecho de familia— se aplicaba su ley nacional respectiva. Las lenguas oficiales de la Jurisdicción eran el español y el francés. En ellas se publicaban las normas legislativas que entraban en vigor cuando aparecían en el Boletín Oficial de la Zona. En todo caso, la justicia se impartía en nombre y por delegación del Sultán de Marruecos.

El Tribunal Mixto entendía en todos los asuntos civiles y comerciales en los cuales eran parte súbditos de potencias extranjeras, en todos los asuntos penales cualquiera que fuera la nacionalidad de los imputados y, con algunas limitaciones, en todos los asuntos de índole inmobiliaria. La ley penal preveía la pena de muerte por fusilamiento, que se empleó en solo dos ocasiones. El Tribunal era totalmente independiente de la Administración de la Zona. Estaba, inicialmente, compuesto por magistrados españoles, franceses y británicos, lo que en 1928 se amplió a magistrados de nacionalidad belga e italiana y en 1953 a los de Estados Unidos, Holanda y Portugal.

El primer Tribunal Mixto

El primer Tribunal Mixto, que celebró su primera reunión el 24 de enero de 1925, contaba con cuatro magistrados: Joaquín Lacambra (español), Louis Marion (francés) y los ingleses Briscoe y Fitzgerald, y dos fiscales: Eugenio de Arizcun (español) e Yves Rodière (francés). Lacambra fue sustituido en junio de ese mismo año por Manuel Díaz Merry[104]. Díaz Merry e Yves Rodière trabajaron en sus puestos de magistrados hasta el final del régimen internacional. En 1928 entró a formar parte del Tribunal el italiano Ferdinando Malmusi.

[104] Manuel Díaz Merry fue, desde junio de 1925, como magistrado español, miembro del Tribunal Mixto de Tánger llegando a presidir su Sala de Apelación. También, participó, hasta su fallecimiento en octubre de 1956 en la Jurisdicción Internacional de la cual fue presidente del Tribunal de Apelación. Publicó en 1950, con el plan editorial de Alberto España, una recopilación bilingüe, en español y francés, de los Tratados, Códigos, Leyes y Jurisprudencia de la Zona internacional de Tánger, ampliada en 1956, meses antes de su fallecimiento.Era un apreciable pintor.

Los magistrados eran auxiliados por jueces adjuntos nombrados entre personalidades tangerinas de más de 25 años de edad y con una residencia en Tánger superior a un año que actuaban a título gratuito. Contaban, inicialmente, con la colaboración de siete oficiales de secretaría y sus correspondientes ayudantes. Entre otros formaban parte de esta secretaría Henri Cornu, secretario-jefe, sustuido más tarde por Geoges Balazuc, Luis Ruiz Orsatti, Emilio Navas, Jorge Arias, Quirico Morato, Rafael Lapi, etc. La primera sentencia dictada por la Sección de Primera Instancia del Tribunal Mixto tiene fecha de 15 de julio de 1925. El Tribunal estuvo presidido por W.R.B. Briscoe. El pleito consistió en una demanda de cantidad (2.604,20 pesetas y 576 francos) formulada por Ch. Tensamani, asistido por el abogado Ceballos Cabrera, contra una empresa tangerina representada por el abogado Saurin[105]. La sentencia condenó a la empresa a pagar la cantidad solicitada.

La Jurisdicción Internacional

A partir de 1953 el Tribunal Mixto se denominó Jurisdicción Internacional de Tánger. Estaba compuesto por catorce magistrados[106]. De ellos doce eran jueces, dos españoles, dos franceses y uno de cada una de las siguientes nacionalidades: belga, británica, holandesa, italiana, marroquí, norteamericana, portuguesa y sueca. Desempeñaban sus funciones en distintos órganos judiciales: Tribunal de Apelación, Tribunal de Primera Instancia, Tribunal Criminal, Tribunal de Paz y de Simple Policía. Además, contaba con dos magistrados fiscales, uno español y otro francés, que componían el Ministerio Fiscal. La nueva normativa abrogó el sistema de jueces adjuntos, que era uno de los principales problemas que incidía negativamente en el funcionamiento del Tribunal Mixto. La Jurisdicción Internacional contaba con una Secretaría dirigida por un secretario-jefe del que dependían distintas oficinas entre las que figuraba la Notaría. Las lenguas

[105] Daniel Saurin llegó a Tánger, con algo más de treinta años, a principios del siglo pasado. Ejerció la abogacía, ante los tribunales consulares, desde 1902, siendo el primer abogado inscrito en el Colegio de Abogados creado por el Estatuto de Tánger y su primer decano, puesto que ocupó en varias ocasiones. Fue miembro de la Comisión de Sanidad e Higiene y más tarde, durante muchos años, vicepresidente de la Asamblea Legislativa. Era gran orador y excelente jurista. Además, dedicó parte de sus esfuerzos a la creación del periódico francés más importante de la Zona, la *Depêche Marocaine*, y también al *Journal de Tanger*. En 1949 el Colegio de Abogados, a propuesta de su decano, Leopoldo Ceballos Cabrera, adoptó la decisión de nombrarle Decano de Honor. Murió en Tánger en 1953. Fue unos de los tangerinos que más contribuyeron, desde distintos campos, al desarrollo de la ciudad.

[106] Hacia 1953 eran los siguientes: Manuel Díaz Merry (presidente del Tribunal de Apelación) y Eugenio Mora Regil (juez de paz), así como Francisco Villarejo de los Campos (fiscal), todos ellos españoles; otros tres franceses: Pierre Menegaux (Apelación), Jean Vallet (presidente del Tribunal de Primera Instancia) e Yves Rodière (fiscal), que fue sustituido en 1956 por Robert Oneto; Alfred Wauters (belga), Giovanni Apostoli (italiano), Edwin Stephen Le Mass (británico), Eilbert Buiskool (holandés), Gunnar Legergreen (sueco), Juan Sedillo (norteamericano), Abdelatif Tazi (marroquí) y Adriano Vera Jardim (portugués). En total, participaban magistrados de diez nacionalidades distintas.

judiciales eran el español y el francés. Tal como ocurrió con el Tribunal Mixto, no se previó un organismo de casación.

El Secretario jefe, durante varias décadas, fue Georges Balazuc, francés, con el que colaboraban 14 secretarios adjuntos, dos intérpretes y distinto personal administrativo y auxiliar hasta llegar, hacia 1954, a un total de 75 personas La mayoría del personal, incluidos los secretarios, eran españoles, marroquíes o franceses, destacando entre ellos Adolfo Durán, Jorge Arias, J. Martín y B. Garassino como secretarios principales[107]. La Notaría, que era independiente del Tribunal, estaba dirigida por el indicado Georges Balazuc, con el que colaboraban, principalmente, Domingo Mata y Rafaela Vallejo.

En su mayoría, los magistrados de la Jurisdicción Internacional, antes Tribunal Mixto, mantenían muy cordiales relaciones profesionales y personales entre sí y con los abogados habilitados para trabajar e informar ante la Jurisdicción Internacional, no siendo obstáculo para la normal coexistencia la oposición de intereses nacionales o sus diferentes formaciones y culturas.

El Colegio de Abogados

El Colegio de Abogados fue creado en 1925 quedando constituido por nueve miembros y siendo nombrado decano Daniel Saurin, secretario Leopoldo Ceballos Cabrera[108] y miembros del Consejo Adolfo Menard y Luis Brunet.

---

[107] Otros miembros de las plantillas de las distintas secciones del Tribunal eran Juan Móndejar, Rosalía Perales, Rafael Lapi, Remedios Bataller y Amanda Delgado en Primera Instancia y Apelación; Antonio Gomez Bravo, Raymond Moulet y Marcelle Peralez en Correccional; Luis Marquijano, Ramón Ahumada y Carmen Fortea en la Sección de Paz; Jules Ichaute, Manuel Ventura, Robert Laroche, Ahmed Erkiuak y Abdelkader Safsaf en Ejecuciones; Dris Men Mustafa, Sadik Larosi y Ahmed Akemlich como Agentes de notificación y Aida Martín y Giovanni Falzoi como oficiales de Caja. Otros miembros de la Secretaría eran Anita Guía, Nadia Vargas, Maurice Connat, Carlos Sanz, Michou Linier, Yonah Benchimol (síndico de quiebras), Alí ben Abdessadak, Allal Akamlich, etc. Dos de los intérpretes más prestigiosos eran Mohamed Homerani y Mohamed Cherif.

[108] Leopoldo Ceballos Cabrera nació en 1899 en la provincia de Sevilla yendo muy joven a vivir a Tánger acompañando a su familia. Se licenció en Derecho en Granada. En Tánger inició su carrera de Abogado ante los tribunales consulares en 1922. En junio de 1925 fue, después de Daniel Saurin, el segundo letrado inscrito en el Colegio de Abogados creado por el Estatuto en el Tribunal Mixto Internacional, siendo elegido como secretario del mismo. Salvo cuatro años de residencia en Alcazarquivir (1932-36), vivió siempre en Tánger, en cuyo desarrollo participó desde distintos campos de su intensa actividad profesional y social. Ocupó en cinco ocasiones el puesto de decano del Colegio de Abogados, la última vez en el periodo 1961-63. Era muy popular ya que como consecuencia de una enfermedad que destruyó parte de su cuero cabelludo llevaba vendada la cabeza, siendo conocido por muchos como el «abogado de la venda». Desde 1936 a 1940 ejerció varios puestos de responsabilidad política bajo el mandato del Dr. Manuel Amieva. En 1939 fue nombrado miembro de la Asamblea Legislativa, cargó que ocupó, de nuevo, años después, en 1955, hasta que Tánger fue unificada con Marruecos. Como periodista colaboró en el *Heraldo de Marruecos*, que se publicaba en Tánger y, más tarde, fue desde 1937 a 1939 director del periódico *Presente*. Años después, en los cuarenta, creó y dirigió la revista jurídica *Astrea* y la jurídica-económica *Anteo*. Además, fue un notable escritor que publicó dos novelas: *Tani*, de planteamiento futurista y utópico, y *Fe-Oro-Poder*, que tuvo considerable éxito y que novela el descubrimiento de América. A principios de los años cincuenta fundó, junto a otros españoles, el Casino Español, siendo presidente de la comisión organizadora y luego presidente de honor perpetuo. Contrajo matrimonio con la granadina Laura López Castruchi, con la que tuvo siete hijos.

Seis eran franceses, dos españoles y uno inglés. La mayoría de los abogados que trabajaban en el Tribunal Mixto, más tarde Jurisdicción Internacional, eran españoles o franceses. Solo podían ejercer, plenamente, la abogacía en Tánger los abogados que eran ciudadanos de los países signatarios del Acta de Algeciras inscritos en la lista de la junta de gobierno del Colegio de Abogados. En la Jurisdicción Internacional esta limitación fue suavizada pudiendo ejercer la abogacía en Tánger ciudadanos de otros países que reunieran determinadas condiciones. Todos ellos informaban utilizando la respectiva toga de su país.

El más conocido y prestigiado de todos los abogados franceses de Tánger fue el ya citado Daniel Saurin. Alphonse Menard fue otro reputado abogado francés que destacó, también, por sus estudios jurídicos sobre la zona de Tánger. Ambos, al igual que Joseph Pauthe y Jean Buzenet, fueron decanos del Colegio. Otros abogados franceses bien conocidos y prestigiados fueron Edmond Lascar, Robert Defaye, Ernest Max Raida —que podía informar en cuatro lenguas—, Mohamed El Hachimi Cherif[109], que fue el primer musulmán miembro del Colegio y decano del mismo, René Bienvenue, Yves Lerin, Jean Magné, Pierre Limouzin-Lamothe, Jean Marie Pécune, Louis-Marie Duplâtre, Jean Louis Courballée, Aimé Leaud, Yves Lerin, Anatole Estryn, etc.

Entre los marroquíes musulmanes destacan Hadj Driss Benkiran, que fue el primer marroquí musulmán miembro del Colegio de Tánger, Abderrahman Youssoufi, que fue decano y más tarde, entre 1998 y 2002, primer ministro de Marruecos, Ahmed Touzani, Driss Kamal Tazi, que también fue decano poco después de la independencia, y Abdelhadi Baraka. Entre los de otras nacionalidades estatutarias estaban los italianos Ferdinando Malmusi, que posteriormente fue magistrado del Tribunal Mixto, Menoti Corsini, que fue decano, Giulio Vitale y Armando Toledano Laredo, que ocupó un alto puesto jurídico en la Comunidad Europea, y los británicos Robert Deckers y Mozy Cohen. Solo tres mujeres fueron miembros del Colegio de Abogados durante la época internacional: la británica Suzanne Maury-Southworth, la española Daría Hernández Rodríguez y la francesa Françoise Pons-Begin.

Entre los españoles, el ya citado Ceballos Cabrera fue, desde el fallecimiento de Daniel Saurin, el más antiguo abogado de Tánger y, posiblemente, de todo Marruecos. Otros abogados españoles destacados fueron Ramón Pérez de Ugarte, Adolfo Fesser, que fue miembro de la Asamblea Legislativa y Decano, Ramón Vicente Franqueira[110], José Palma Navas, José Tomás Rubio Chavarri, que

[109] Ingresó en el Colegio de Abogados en 1940 siendo pasante de Daniel Saurin. Tenía una gran personalidad y una elevada preparación jurídica. Fue miembro de la Asamblea Legislativa. Después de la independencia de Marruecos fue consejero jurídico del Rey Hassan II y, más tarde, defensor del futuro presidente argelino Ben Bella y consejero del gobierno provisional argelino.

[110] Pertenecía a la magistratura española y fue fiscal en el Tribunal Mixto, puesto del que dimitió en 1935. Su nieto, Javier Roca Vicente-Franqueira, cuenta en su libro *La Aljamía* que Franqueira dimitió cuando el gobierno español

era abogado del Estado, y Francisco Perales Hanglin. Los tres últimos fueron decanos del Colegio. Otros letrados españoles fueron Antonio Monleón de la Lluvia y Antonio Peña Orellana, ambos diplomáticos que ejercieron su profesión durante la República y que no se unieron al régimen franquista, Modesto Talens, José Andreu Abelló, importante político catalán durante la República, José Pargada, Ceferino Barnada, Arturo Laclaustra, Pedro Vivó Saccone y José Fuentes Orellana, los dos últimos miembros de antiguas familias tangerinas, etc.

La normativa del Tribunal Mixto y de la Jurisdicción Internacional permitía que abogados no inscritos en el Colegio de Tánger pero miembros de otros Colegios de cualquiera de los países estatutarios pudieran informar ante aquellas. Así, pudieron hacerlo abogados tan prestigiosos a nivel nacional español como Garrigues, Zarraluqui, Cajal, Valiente, Gil Robles, etc. Algunos de ellos se inscribieron en el Colegio.

Uno de los pleitos de mayor importancia que se juzgaron por el Tribunal Mixto fue el llamado *Asunto Toledano*, en el que intervinieron no solo los más prestigiosos abogados de Tánger, Leopoldo Ceballos y Daniel Saurin, sino también del protectorado francés como Me Picard y los profesores Garrigues y Valiente del Colegio de Madrid[III].

Algunos de los temas penales más importantes fueron en 1947 el del asesino de Juan Bautista Monparlier, propietario del Restaurante Valencia, que fue condenado a cadena perpetua, y el de los asesinos de Higinio Maestre. Uno de esos asesinos fue Rafael Martínez Picó, condenado a muerte y ejecutado. Otros juicios penales célebres e importantes fueron el relativo al *affaire Combinatie* y el del asesinato en 1948 de la condesa de Andurain, célebre aventurera y espía francesa. Ambos, que tratamos en otra parte de este libro, fueron muy seguidos por el público y la prensa tangerina e internacional.

---

le obligó, en 1935, a liberar a unos presos que habían sido condenados por el Tribunal Mixto. Posteriormente, ejerció la abogacía y durante algún tiempo la asesoría jurídica del diario *España* siendo, también, miembro de la Asamblea Legislativa. Su hija Nini casó con el Dr. José Roca, que después de la anexión de Tánger a Marruecos siguió ejerciendo su profesión hasta su jubilación. Ambos siguen viviendo felizmente en Tánger.

III En este pleito, cuya apelación se desarrolló en 1948, se discutía, a los efectos de su sucesión, la nacionalidad del difunto Isaac Toledano que murió soltero dejando una considerable fortuna. De ser considerado marroquí se debería aplicar la ley mosaica por la cual las hermanas del difunto no tenían derecho de heredarlo y, por el contrario, tales hermanas tendrían todo derecho a hacerlo en el caso de que se reconociera que el difunto era de nacionalidad española. El pleito fue juzgado en primera instancia considerando el Tribunal que el difunto no había cesado de ser marroquí. Pero el Tribunal de Apelación presidido por su presidente Manuel Díaz Merry y con la asistencia de los magistrados Rafferty y Wauters y la intervención del fiscal Yves Rodière, estimó la apelación presentada por los herederos de una hermana de Isaac Toledano, que fue declarado de nacionalidad española, tesis mantenida por los abogados Ceballos y Garrigues.

Funcionamiento del Tribunal

Inicialmente el Tribunal Mixto tuvo su sede en un edificio del Bulevar Pasteur nº 28, desde donde se trasladó a otro más amplio en la calle Washington, cerca de la Iglesia francesa. Siempre tuvo problemas económicos ya que los presupuestos destinados a su funcionamiento no eran suficientes. Además, otras múltiples dificultades incidían negativamente en el funcionamiento del Tribunal. Entre ellos destacaba el hecho de que en el mismo intervenían y trabajaban jueces —bastante escasos—, abogados y funcionarios procedentes de una decena de países que tenían que juzgar o intervenir en asuntos y materias referidas a muchas nacionalidades y a legislaciones distintas y, a veces, dispares. Otros problemas eran la escasez de personal, la interpretación, las carencias de los jueces adjuntos, etc. A pesar de todo ello el Tribunal realizó una buena labor y consiguió que en Tánger imperase la ley.

Contribuyó a ello la sencillez y simplicidad de las normas, aunque el bilingüismo procesal —español y francés y, a veces, árabe— no facilitara el proceso. Sin embargo, durante la primera etapa del Tribunal Mixto el sistema se desarrolló con bastante fluidez y sin grandes problemas. Otra cosa fue lo que ocurrió durante los años cuarenta y cincuenta, ya que al Tribunal Mixto, luego Jurisdicción Internacional, llegaron pleitos de gran importancia y dificultad que planteaban serios problemas y aprietos al sistema judicial tangerino. El problema no se llegó a complicar demasiado, ya que poco tiempo después se produjo la independencia de Marruecos y la unión de Tánger al reino, liquidándose así la Jurisdicción de la Zona Internacional. En todo caso, el sistema judicial tangerino fue una experiencia positiva que no se ha estudiado con detenimiento.

Los nuevos tribunales marroquíes

Después de la anexión de Tánger al Reino de Marruecos, la Jurisdicción Internacional desapareció siendo sustituida por el Tribunal de Apelación de Tánger[112]. Se mantuvo el Tribunal Rabínico. Durante algún tiempo se aplicaron las leyes tangerinas hasta que, paulatinamente, fueron derogadas y sustituidas por las marroquíes. En este periodo de transición, algunos jueces españoles, en el marco del Convenio judicial hispano-marroquí de 11 de febrero de 1957, así como algunos franceses, colaboraron con los jueces marroquíes en los tribunales de Tánger y de la zona norte. Entre ellos destacaron los magistrados Pierre Menégaux, que fue presidente de Sala en Apelación, donde sustituyó al

---

[112] El primer presidente del Tribunal de Apelación en 1957 fue Abdelaziz Filali, siendo Maati Bouabid fiscal general. Abdelatif Tazi fue el presidente del Tribunal Regional. A principios de los sesenta el primer presidente del Tribunal de Apelación de Tánger era Abdeslam Bennani; Kaid Hammoud lo era del Tribunal Regional y Abderrahman Bentahila del Tribunal de *Sadad* (Paz).

fallecido Díaz Merry; Fernando Martínez Ruiz, que fue consejero en el Tribunal de Apelación; Juan Segoviano, Eugenio Mora Regil y Marcel Galibert, que fueron jueces del Tribunal Regional; y los fiscales Francisco Villarejo de los Campos, ya citado, Robert Oneto y Lisardo Fuentes, que actuaron como fiscales sustitutos en el Tribunal de Apelación. Además, se incorporaron al sistema judicial marroquí, con contratos temporales, varios abogados que habían ejercido en el Colegio de Tánger, como Paul Mener, Manuel Colera, Jorge Cortés Bessières y Francisco Espinar Lafuente, así como Suzanne Southworth, que fue juez de menores.

Las expectativas que se habían creado sobre el futuro de Tánger como zona especial o principado aconsejaron a varios europeos a inscribirse en el Colegio de Abogados que durante varios años permaneció abierto para los extranjeros y, en particular, para los españoles en virtud del Convenio más arriba citado. Entre ellos figuraron algunos jóvenes abogados españoles como fue el caso de Jaime Torrabadella y de Francisco Perales Madueño, Carlos Palma de la Peña, Víctor Rubio Chávarri y Leopoldo Ceballos López, los cuatro últimos hijos de prestigiosos abogados ejercientes en Tánger.

En 1966, cuando todas las expectativas sobre la continuidad internacional o similar de la ciudad de Tánger habían desaparecido, el Colegio de Abogados de Tánger contaba con 31 abogados de los cuales 23 eran extranjeros y el resto marroquíes. Al final de la década la mayoría eran marroquíes ya que, lógicamente, la lengua de trabajo pasó a ser el árabe, lengua desconocida para la mayoría de los abogados extranjeros.

3.7. LA ADMINISTRACIÓN DE LA ZONA

Organización y funciones

La Administración era responsable de ejecutar las decisiones del Comité de Control y los acuerdos de la Asamblea, dirigía la administración de la zona y tenía la responsabilidad de mantener en la misma el orden público. En el Estatuto inicial se establecía que el Administrador sería francés durante los primeros seis años pero se mantuvo de esta nacionalidad hasta 1940. La normativa sobre la composición de la Administración sufrió varias modificaciones. A partir de la producida en 1928 el Administrador contaba con la colaboración de tres administradores adjuntos: uno encargado de los servicios de higiene y de beneficencia, de nacionalidad española; otro de los servicios financieros, que era británico; y un tercero, italiano, encargado de los servicios judiciales.

En la última modificación del Estatuto, producida en 1953, se estableció que el Administrador debía ser de nacionalidad belga, holandesa, portuguesa o

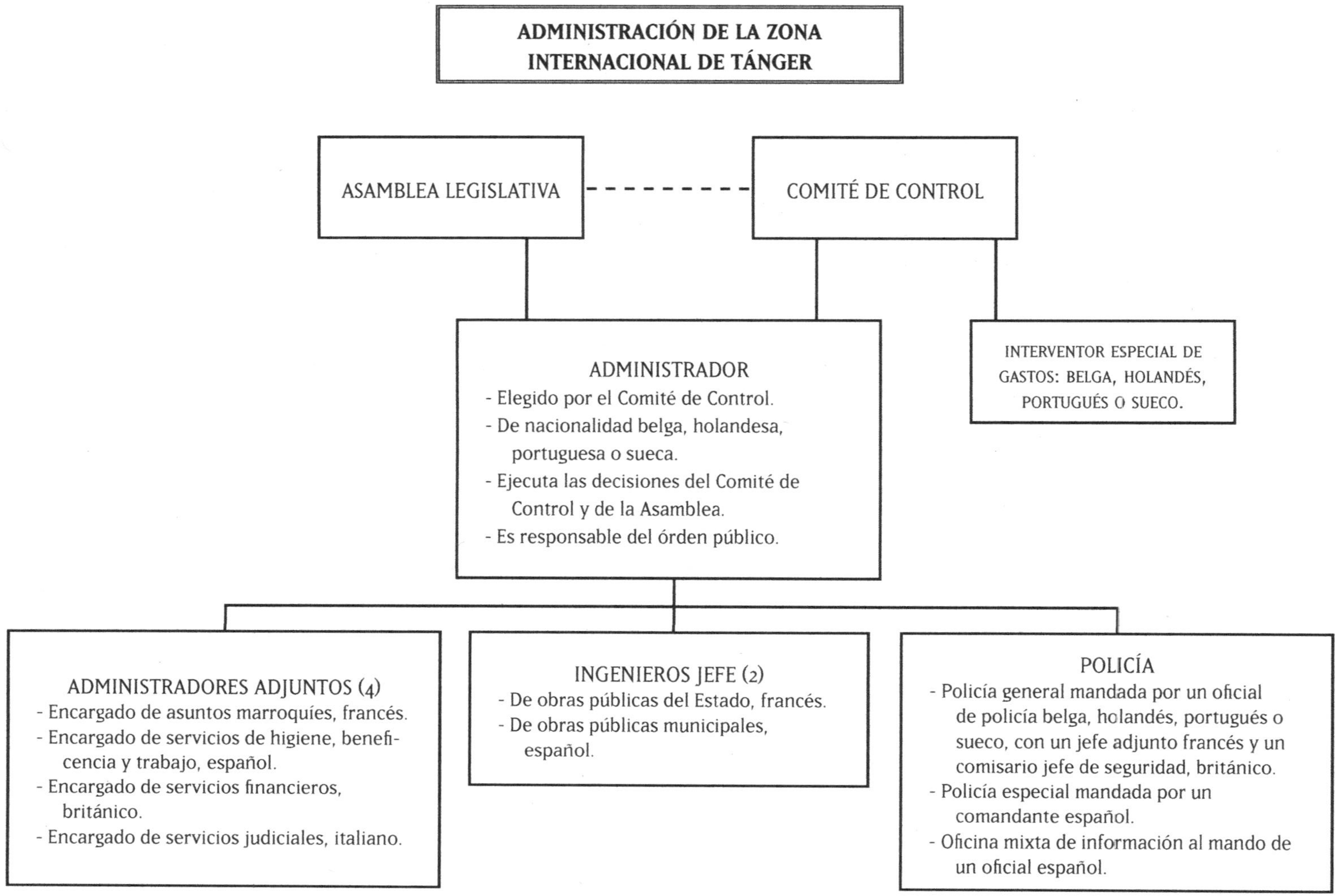
ADMINISTRACIÓN DE LA ZONA INTERNACIONAL DE TÁNGER
ASAMBLEA LEGISLATIVA
COMITÉ DE CONTROL
INTERVENTOR ESPECIAL DE GASTOS: BELGA, HOLANDÉS, PORTUGUÉS O SUECO.
ADMINISTRADOR
- Elegido por el Comité de Control.
- De nacionalidad belga, holandesa, portuguesa o sueca.
- Ejecuta las decisiones del Comité de Control y de la Asamblea.
- Es responsable del órden público.
ADMINISTRADORES ADJUNTOS (4)
- Encargado de asuntos marroquíes, francés.
- Encargado de servicios de higiene, beneficencia y trabajo, español.
- Encargado de servicios financieros, británico.
- Encargado de servicios judiciales, italiano.
INGENIEROS JEFE (2)
- De obras públicas del Estado, francés.
- De obras públicas municipales, español.
POLICÍA
- Policía general mandada por un oficial de policía belga, holandés, portugués o sueco, con un jefe adjunto francés y un comisario jefe de seguridad, británico.
- Policía especial mandada por un comandante español.
- Oficina mixta de información al mando de un oficial español.

sueca con un mandato de tres años. Estaba asistido por cuatro administradores adjuntos encargados de los servicios de higiene, beneficencia y trabajo (de nacionalidad española), de los asuntos marroquíes (francés), de los servicios financieros (británico) y de los servicios judiciales (italiano). Otros funcionarios importantes eran el ingeniero jefe de Obras Públicas del Estado, francés, y el ingeniero jefe de Obras Públicas Municipales, de nacionalidad española. A ellos se unió el jefe del Servicio de Presupuestos, español. Todos estos funcionarios eran designados y propuestos por el cónsul respectivo y nombrados, a petición del Comité de Control, por el Mendub en nombre del Sultán.

Los indicados funcionarios más aquellos que ocupaban otros altos cargos de la Administración de Tánger, de hecho, constituían una organización internacional. La mayoría de ellos eran, en sus respectivos países altos funcionarios o diplomáticos. Formaban un colectivo privilegiado que, en muchos aspectos, se equiparaba con los miembros del cuerpo diplomático y tenían una alta consideración y estatus social y económico. Los altos cargos de segundo nivel eran nombrados por el Administrador previa aprobación de la Asamblea. Además, la Administración contrataba a funcionarios de menor nivel, técnicos, administrativos o auxiliares, que eran reclutados, en su mayoría, por concurso, entre los tangerinos de nacionalidad marroquí o de cualquier otra de los países firmantes del Acta de Algeciras, entre los que predominaban los españoles y franceses. Lógicamente, los cónsules respectivos presionaban para situar al mayor número de sus nacionales. En esta labor el consulado francés conseguía los mejores resultados.

Administradores y colaboradores

El primer Administrador de la Zona fue el francés Paul Alberge (1925-29), considerado buen gestor aunque extremadamente autoritario y tachado de antiespañol. Contó con la colaboración de dos administradores adjuntos, el español Ricardo Ruiz Orsatti[113], encargado de los servicios de higiene y beneficencia y C.V. Dicken, responsable de los servicios financieros. A Paul Alberge le sucedió el

[113] Ricardo Ruiz Orsatti (1871-1946) nació en Tánger en el seno de una familia de ascendencia andaluza emparentada con otras relevantes como los Atalaya y los Cuevas. Es uno de los más distinguidos tangerinos españoles de la primera parte del siglo pasado. Fue arabista y joven de lenguas en el consulado de España de Tánger y, más tarde, director de la Escuela Hispanoárabe de Tánger. Participó en varias comisiones y delegaciones previas a la Conferencia de Algeciras, siendo delegado de España en la Comisión de Higiene y Limpieza que presidía el Dr. Cenarro. En 1913, junto con el abogado francés Daniel Saurin y el banquero inglés Isaac Abensur, participó en la redacción de los borradores de lo que iba a ser el Estatuto de Tánger. En 1916 fue nombrado inspector de las escuelas hispanoárabes e indígenas del protectorado español. En 1925 fue nombrado administrador adjunto, puesto que ocupó hasta 1940. Escribió varios libros sobre Tánger y Marruecos y un buen número de artículos en la prensa. Era miembro de la Academia Española de la Historia. Es el padre del diplomático Teodoro Ruiz de Cuevas.

también francés Pierre Le Fur[114], que era mucho más flexible o diplomático que su predecesor. Estuvo al mando de la ciudad hasta que el Comité de Control lo cesó en agosto de 1940, pocos meses después de la ocupación de la ciudad por las autoridades españolas. Le Fur aunque, lógicamente, como francés estuvo al servicio de la política francesa en Tánger, fue un buen Administrador.

Cuando en noviembre de 1935 se acordó la renovación del Estatuto por doce años, Francia se comprometió a apoyar que el Administrador fuera español, lo que así decidió la Asamblea Legislativa en mayo de 1936, pero con la salvedad de que el mandato del nuevo Administrador fuera solo por un periodo de tres años. No se pudo ratificar el nombramiento del nuevo Administrador previsto, el Dr. Amieva, ya que el mismo fue abortado por el alzamiento de Franco contra la República continuando Pierre Le Fur como Administrador.

Un mes después de la ocupación de Tánger en junio de 1940 por las fuerzas españolas, el Comité de Control invitó a la Asamblea Legislativa a la elección de un nuevo administrador y de tres adjuntos, decidiendo la Asamblea, por unanimidad, la designación del ya citado Dr. Amieva como Administrador de Tánger previo cese de Pierre Le Fur. También decidió el cese de los tres administradores adjuntos Ricardo Ruiz Orsatti, Dicken y Marcheggiano. Estos últimos fueron sustituidos respectivamente por M. Luizet, que se ocupó de higiene y beneficencia, Goligher, de los servicios financieros, y por el propio Marcheggiano como encargado de los asuntos judiciales. La nueva Administración tomó posesión el 20 de agosto pero solo ejercieron sus respectivos cargos hasta diciembre del mismo año, fecha en la cual la Administración internacional fue suprimida por las autoridades españolas.

Desde entonces y durante la ocupación española la gobernación de la ciudad estuvo en manos militares hasta que a finales de 1942 las autoridades españolas nombraron a Juan Potous interventor civil de Tánger, con funciones similares a las del antiguo administrador. Pero, en la práctica, su función se redujo a algo parecido a una jefatura de Servicios Municipales. En mayo de 1945 Potous, que desarrolló prudentemente su función, cesó por decisión propia siendo sustituido, como interventor, por Fernando Álvarez Amado, que estuvo al mando de la ciudad hasta octubre de 1945.

Al término de la ocupación española el propio Pierre Le Fur, por solicitud del Comité de Control, mantuvo una corta interinidad como administrador. A partir de 1945, fueron cuatro las personalidades que, sucesivamente, dirigieron

---

[114] Pierre Le Fur era un alto funcionario francés que durante varios años había sido jefe del gabinete civil del mariscal Lyautey, Residente General en el Protectorado francés. Desde 1929 a 1940 fue administrador de la Zona internacional de Tánger. Asimismo, estuvo al frente de la ciudad, durante algunos meses, al término de la ocupación española en 1945. Desarrolló una apreciable labor a favor de Tánger. En 1933 sufrió un atentado sin consecuencias.

la Administración de la Zona. El portugués Luiz Antonio de Magalhaes Correa, que era un veterano y prestigioso marino portugués, ex ministro de Asuntos Exteriores y de Colonias, que estuvo al frente de la Administración desde noviembre de 1945 hasta agosto de 1948. Le sucedió ese mismo mes el holandés Jonkheer Van Vrendenburch, alto funcionario de su país, y que ocupó, con considerable iniciativa y eficacia, el cargo de Administrador hasta principios de 1952. Le siguió en el puesto otro portugués, el diplomático José Luiz Archer, que había sido cónsul general de Portugal en Tánger los cuatro años anteriores a su nombramiento como Administrador y que por lo tanto había formado parte del Comité de Control que presidió en 1948, lo que le permitía tener un excelente conocimiento de Tánger y de su problemática. Dirigió la administración tangerina hasta agosto de 1954.

Le sucedió el belga Robert Van de Kerchove d'Hallebast, antiguo embajador en Moscú, que no tomó posesión de su cargo hasta marzo de 1955. Interinamente, había ocupado el puesto el Administrador adjunto francés Edmond Vermeil. Van de Kerchove desempeñó su cargo un corto tiempo ya que como consecuencia del Protocolo de 5 de julio de 1956 que estableció un régimen transitorio para Tánger, cesó en sus funciones el 16 del mismo mes siendo sustituido en las mismas por el nuevo gobernador de Tánger, Si Abdellah Guenoun, con el que continuaron colaborando hasta 1958 los tres administradores adjuntos, a saber, Los Arcos, Marcheggiano y Craschaw (véase en Anexo IV. Administradores de Tánger desde 1925 a 1956).

Durante las cuatro administraciones se fueron sucediendo distintos administradores adjuntos. Ya hemos citados a algunos. Otros destacados, por su competencia así como por el largo tiempo durante el cual ocuparon sus cargos, fueron el belga François Cracco, que se ocupó del departamento de hacienda, y el francés Edmond Girardière, que estuvo al frente del departamento de asuntos marroquíes. Pero el caso más extraordinario fue el del administrador adjunto de asuntos judiciales, Giuseppe Marchegiano, que estuvo al frente de su departamento desde 1928 hasta, prácticamente, el final del Tánger internacional, con la salvedad de los cinco años de ocupación española, desarrollando una excelente labor.

En total, la Administración de la Zona, en sus distintos departamentos y servicios, que no incluía a la Policía, contaba con algo más de 600 funcionarios distribuidos como sigue: administración, 100; obras públicas, 30; obras municipales, 95; dirección de finanzas, 120; sanidad, 60; servicio de bomberos, 30; oficina de turismo, 5; aduanas, 130; y personal subalterno, unos 50. De todos ellos, alrededor de 85 personas eran altos cargos, jefes o adjuntos, que cobraban sueldos muy elevados. De ellos 59 eran franceses, 9 belgas, 7 españoles y 10 de otras nacionalidades. Otros 130, entre los que predominaban también los franceses, ocupaban puestos de responsabilidad.

Se creó una Asociación de Funcionarios de la Administración Internacional que presidía en 1955 François Fourtain. Entre otros participaban en su junta directiva Ramón Sanz, Antonio Gómez Bravo, Jean Joly, Ignacio Sanzeri y Muley Cherif Uazzan. En junio de 1957 un decreto ley español decidió la reincorporación de los funcionarios de la antigua Administración internacional que lo desearan a la Administración española en forma similar a lo que se había hecho con los funcionarios del Protectorado español. Esto afectó a un buen número de familias españolas[115].

3.8. LA POLICÍA

La Conferencia de Algeciras de 1906 adoptó una serie de medidas que resultaban necesarias a la vista de la relativa inseguridad que reinó en la zona de Tánger durante los primeros años del siglo. Se decidió la creación de dos *tabores** (batallones), uno encargado del extrarradio, que quedó al mando de militares franceses, y otro responsable del orden público en la ciudad, que era dirigido por oficiales españoles. Ambos fueron disueltos cuando entró en vigor el Estatuto de 1923.

Éste ordenaba que la seguridad de la zona fuera mantenida, exclusivamente, por un cuerpo de gendarmería indígena de 250 personas, dependiente del administrador de la zona y mandada por un oficial belga, de categoría de capitán, auxiliado por cuadros franceses y españoles. El primer comisario jefe fue Camille Palazat. Esta disposición fue modificada por el Protocolo de 25 de julio de 1928 que ordenaba que el mando de la gendarmería fuera ejercido por un oficial español de categoría de comandante con un adjunto francés de categoría de capitán. Fue nombrado jefe de la Gendarmería el comandante Joaquín de Miguel, que había ocupado la jefatura del tabor español sustituyendo a Francisco Patxot.

Por otra parte, el Protocolo de 1928 que modificó el Estatuto creaba una Oficina Mixta de Información dirigida por un jefe del ejército español (en 1939 era el comandante Madariaga jefe de la Oficina), con el título de inspector general de Seguridad de la zona de Tánger. Contaba con la colaboración de un oficial subalterno francés, adjunto al jefe de la oficina, y de otro oficial subalterno español, con misión de vigilar todos los hechos que pudieran afectar a la seguridad de Tánger en su relación con las de las zonas vecinas y de los países extran-

---

115 Ignacio Alcaraz ha escrito un interesante artículo sobre la repatriación de estos funcionarios en el nº 31 de *La Medina* de mayo de 2006.

jeros. Desde 1929 a 1931 estuvo al frente de esa Oficina Tomás García Figueras[116], que también era el inspector general de Seguridad de Tánger. Los gastos de esta Oficina, habida cuenta del interés especial que la misma tenía para las otras zonas de Marruecos, corrían por cuenta de España y Francia.

Así se llegó a los años cuarenta, cuando se produjo la ocupación española a cuyo término estas normas fueron modificadas en perjuicio de España limitando la participación de los funcionarios españoles en tales servicios. La policía internacional fue reorganizada en tres servicios. El primero se ocupaba de la policía urbana subdividido en tres sectores: Medina, ciudad moderna y Marchán-Monte. Estaba a su mando el comisario belga Walkies. El segundo se ocupaba del extrarradio con dos unidades, una en Beni-Makada y otra en el aeropuerto. Estaba a su mando el comandante francés Giron. Por último un departamento de seguridad contaba con varias brigadas: administrativa, económica, etc. La dirigía el teniente-coronel Legrand, de nacionalidad belga, que contaba como adjunto al comandante francés Louis Artous[117]. Fueron reemplazados, respectivamente, por el comandante belga François Wilbers y por el comandante francés Girault. El secretario general era José Hernández Muñoz y José María Delgado, jefe de personal.

Durante la época de esplendor tangerino la policía funcionó bastante bien, los delitos graves eran escasos y se contaban los homicidios con los dedos de la mano. Sin embargo, los delitos menores y las faltas se incrementaron, poco a poco. El Tribunal Mixto no daba abasto para juzgar tales faltas o delitos, lo que aconsejaba una modificación del sistema judicial que no se llevó a cabo hasta 1952. La policía tangerina era tolerante con los contrabandistas y los traficantes de moneda ya que como es sabido tales actividades, en determinadas circunstancias, no eran delictivas en Tánger. Por el contrario se intentaba eliminar el tráfico de armas y controlar la prostitución así como las drogas. En todo caso, salvo algunos *incidents de parcours,* la seguridad de Tánger se mantenía al buen nivel que la habían dejado los españoles.

---

116 Tomás García Figueras (1892-1981) era un militar, investigador y político español nacido en Jerez de la Frontera. Intervino en la campaña de Marruecos y en 1929 fue nombrado jefe de la Oficina Mixta Internacional e inspector general de Seguridad de Tánger. En 1931 se retiró pero pocos años después volvió a Marruecos donde desde 1936 a 1956 ocupó altos cargos, entre los que destacó el de secretario general de la Alta Comisaría. En 1956 regresó a Jerez, donde fue alcalde de la ciudad desde 1958 a 1966. Era un hombre muy culto y gran conocedor de Marruecos. Escribió un buen número de ensayos y artículos. Entre aquellos figura *Tánger bajo la acción protectora de España durante el conflicto mundial.* En 1966 donó su biblioteca y archivos a la Biblioteca Nacional.

117 Louis Artous (1908-1983) era un militar francés, miembro de la Gendarmería francesa, que durante siete años (1945-1953) fue jefe adjunto de la Policía internacional de Tánger. Llegó a general de división y a inspector general de la Gendarmería. En 1969 fue nombrado gran oficial de la Legión de Honor francesa. Su familia publicó en 2005 una biografía muy documentada sobre él.

Todo ello propició un exceso de confianza en los servicios de seguridad y de policía de la Zona. Los graves acontecimientos del 30 de marzo de 1952 provocaron seria preocupación entre la población tangerina. Se acusó a la policía de no haber previsto los servicios de seguridad necesarios para abortar o al menos paliar los efectos de las manifestaciones y para eliminar los objetivos desestabilizadores que perseguían los alborotadores. Además, se comentó que la imprevisión hizo que varios altos mandos de la policía estuvieran de permiso. Todo ello precipitó la modificación del Estatuto y, particularmente, las decisiones que habían sido adoptadas por Francia y Reino Unido bilateralmente en el 1945.

La nueva organización de la Zona entró en vigor en Agosto de 1953. Las modificaciones afectaron, en gran parte, a su policía. Fue restablecida la Oficina Mixta de Información tal como había sido creada por el Protocolo de 1928. Además, se crearon dos cuerpos de Policía, uno general y otro especial, que debían garantizar la seguridad de la zona, colocadas ambos bajo las órdenes directas del administrador de la Zona, único responsable del orden público. A partir de entonces, la policía general estuvo mandada por un oficial de policía, de nacionalidad belga, holandesa, portuguesa o sueca, contando dicho jefe con un adjunto de nacionalidad francés. El jefe de la policía especial era de nacionalidad española así como el jefe de la Oficina Mixta de Información. La policía general disponía de un máximo de 500 hombres, mitad marroquíes y mitad súbditos de las potencias signatarias del Acta de Algeciras. Estaba encargada de asegurar el orden público y el servicio normal de la policía urbana. Por su parte la policía especial contaba con 220 hombres, en su mayoría marroquíes, y era responsable de la policía política y de los servicios suburbanos.

La Policía general siguió al mando del belga François Wilbers y de su adjunto el francés Girault y del Jefe de Seguridad, el británico Nigel Watson, con la colaboración de un comisario español, el capitán Isaías Barrón que había trabajado, años atrás, en la Oficina Mixta de Información. Por su parte, el teniente coronel (más tarde, coronel) Matías Sagardoy mandaba la Policía Especial con su adjunto francés, el teniente coronel Laval, quienes contaban con la colaboración del comandante Rochard y del capitán Ramón Sánchez Díaz[118] y los tenientes Juan Vera Fajardo y Carlos José Torres Espiga. Esta Policía Especial fue disuelta a principios del año 1958 permaneciendo a su frente, hasta entonces, el indicado coronel Sagardoy. El cuartel estaba en Beni Makada. La Oficina Mixta tenía a su mando al teniente coronel Ramón de Mesa

[118] Ramón Sánchez Díaz (1914-1999), militar español que formó parte de las fuerzas españolas que ocuparon Tánger en octubre de 1940, donde vivió hasta 1945 para volver en 1953 para trabajar en la Policía Especial al mando del teniente coronel Sagardoy. Era una persona muy conocida y querida en Tánger, buen arabista y sobrino del padre Buenaventura Díaz. Casó con una hija de Alberto España. Es el padre del escritor tangerino Ramón Buenaventura.

y de Llano como inspector general de Seguridad, que contaba como adjunto al capitán Breguier, francés. De Mesa fue sustituido en Septiembre de 1955 por el teniente coronel Pedro Martínez Gómez. En abril de 1957 la Policía general pasó al mando del marroquí Alí Ben Kacem, cesando el comandante Wilbers, que se mantuvo como asesor de dicha Policía general durante algún tiempo así como el capitán Barrón, como comisario jefe, desde Junio de 1956 a Octubre de 1958. Los policías que no quisieron seguir trabajando en la misma tuvieron solo diez días para abandonar el país.

Tánger contaba con un eficiente servicio de bomberos que durante bastante tiempo dirigió Marcel Renimel, muy conocido en la ciudad, que había casado con Remedios Bataller, perteneciente a una antigua familia tangerina española.

CAPÍTULO IV
DIPLOMÁTICOS Y POLÍTICOS

Lo que a España interesa es que el Moghreb no sea jamás una colonia europea; es que al otro lado del Estrecho se constituya una nación viril, independiente y culta, aliada natural de España, unida a nosotros por los vínculos del interés común como lo está por los vínculos de la vecindad y por los de la historia.

Conferencia pronunciada en 1894 por Joaquín Costa[119] en Madrid bajo el título *Los intereses de España y Marruecos son armónicos.*

4.1. EL CUERPO DIPLOMÁTICO

4.1.1. Antecedentes

Sidi Mohamed III (1757-1790), una vez que consiguió paliar la anarquía que se había producido a la muerte de Muley Ismail (1672-1727), que había durado unos treinta años, abrió, aunque parcialmente, las puertas del imperio marroquí y propició que los representantes consulares de los mismos se instalaran en Tetuán, aunque unos incidentes posteriores le aconsejaron, hacia 1775, trasladarlos a Tánger[120]. La mayor parte de los consulados —entre ellos, en primer

[119] Joaquín Costa (1846-1911), político e historiador español. Republicano y reformista y paladín del regeneracionismo en la España del 98. Se opuso a la política española de conquista de Marruecos y expuso sus ideas sobre nuestras relaciones con Marruecos en un extraordinario discurso pronunciado en marzo de 1894.

[120] Consta que hacia 1770 Francisco Pacheco era vicecónsul español en Tánger, que en 1773 el cónsul danés Schummacker dejó su residencia en Salé para ir a vivir a esa ciudad y que otro tanto hizo el cónsul sueco Werstrom en 1777. Consta, asimismo, que, en 1780, Jorge Colaço era el vicecónsul de Portugal en Tánger y que en 1784, Juan Manuel González Salmón, que vivía en la ciudad desde hacía varios años, representaba a España en la misma.

lugar, el español, desde 1786— se instalaron intramuros alrededor de la calle de los Siaguins, entre el Zoco Grande y el Zoco Chico. En un curioso mapa de la ciudad de Tánger hecho en 1808, que publica Tafersiti[121], se distinguen, perfectamente, el entorno de la medina y la ubicación de los consulados europeos (danés, sueco, americano, francés, español, inglés y portugués) en la actual calle de los Siaguins.

A partir del momento en que Tánger se convierte, prácticamente, en capital diplomática de Marruecos, aunque las cortes europeas no crean verdaderas embajadas en Tánger, cuentan en la ciudad con cónsules o vicecónsules que se asimilaron a enviados diplomáticos. Estos no se consideraban a sí mismos como pertenecientes a un cuerpo diplomático pero, en la práctica, actuaban como tales y aunque cubrían, básicamente, las necesidades consulares de los correspondientes nacionales, también realizaban actividades de carácter diplomático[122]. El propio Sultán o el Majzén mantenían con tales representantes consulares relaciones corporativas y les mantenían informados de su acciones. Por primera vez, en 1792, el Majzén cedió una parte de su poder al aceptar al cuerpo consular como Junta de Cónsules administrativa encargada del cuidado de las condiciones sanitarias de Tánger.

A partir de la segunda mitad del siglo XIX y hasta la entrada en vigor del Estatuto de Tánger, las representaciones extranjeras en la ciudad que habían tenido, en general, nivel de consulados o viceconsulados pasaron a ser legaciones[123] al frente de las cuales se encontraba un funcionario que en el caso español era, normalmente, diplomático. Desde 1863, solo tres años después de que terminara la guerra hispano-marroquí, los representantes de España, Francia y Reino Unido como jefes de sus respectivas legaciones fueron elevados a la categoría de ministros residentes y cónsules generales. Desde entonces tanto ellos como los representantes diplomáticos de los demás países presentes en Tánger fueron denominados de esa forma. Por parte marroquí el Sultán designó en Tánger a un representante suyo o *naib*, que actuaba como su ministro de Asuntos Exteriores y que fue el interlocutor de los cónsules. Como ya se ha

---

[121] Véase *Tanger, realités d'un mythe*.

[122] La función diplomática y la consular son totalmente distintas. La primera responde a la necesidad de que los Estados mantengan representantes en el exterior, acreditados ante otros estados, para tratar de sus asuntos comunes y resolver los problemas que en ellos se susciten. La consular surge de otra necesidad: la de asegurar la presencia exterior de sus maquinarias administrativas, para poder cumplir las obligaciones y ejercer los derechos que tienen respecto a sus súbditos, donde quiera que se encuentren, y respecto a los ciudadanos extranjeros que tenga intereses en aquellos (Martínez Morcillo, *La función diplomática*).

[123] España, como la mayoría de los principales potencias europeas, mantenía, a mediados del siglo XIX, embajadas situadas en las otras grandes potencias a cuyo frente estaba un embajador. Las relaciones con otros países de nivel inferior se mantenían a través de 16 legaciones dirigidas por un ministro entre las que figuraba Tánger. A principios del siglo XX, España contaba con siete embajadas y 23 legaciones entre las que se incluía la de Tánger.

explicado en la breve introducción histórica, éstos habían creado un Consejo Sanitario que, con autorización del Majzén, amplió sus funciones hasta constituirse, en 1888, en la Comisión Internacional de Higiene y Limpieza que se ocupaba, además, de defender los intereses y privilegios de sus nacionales de distintas materias municipales.

Tánger, fue hasta 1912, fecha de la creación del Protectorado francés en Marruecos, capital diplomática del Reino. En ella se sucedieron un buen número de funcionarios consulares o diplomáticos que mantuvieron vivas las relaciones exteriores de Marruecos con el exterior. Existe abundante información sobre tales funcionarios entre los que destacan algunos que tuvieron enorme relevancia no solo en defensa de los intereses de sus respectivos países, sino también por la incidencia que su actuación tuvo sobre el desarrollo de Marruecos.

Relaciones diplomáticas hispano-marroquíes preestatutarias

Ya hemos señalado en otros apartados de este libro que Francisco Pacheco fue, hacia 1770, nuestro primer agente consular en Tánger, puesto que mantuvo hasta 1774. Los hermanos Juan Manuel y Antonio González Salmón tuvieron, poco tiempo después, durante varios años (1774?-1810) un papel importante en la creación e instalación del consulado español en Tánger situado en el Zoco Chico, en el edificio que años más tarde ocuparía el correo español en la calle de Correos, así como en el desarrollo de las relaciones bilaterales. Antonio Gónzalez Salmón es considerado, oficialmente, el primer cónsul general de España en Tánger.

Otros representantes diplomáticos o consulares españoles de esa época fueron Antonio de Beramendi, cónsul general de España en Tánger durante un largo periodo, desde 1828 a 1851, que fue recibido por el Sultán y que firmó con el gobierno marroquí en 1845 un acuerdo liquidando varios litigios y reclamaciones bilaterales; Francisco Merry y Colom, que estuvo al frente de la representación desde 1860 y que fue el primer ministro residente y cónsul general desde 1863 y permaneció en Tánger durante trece años realizando una labor muy meritoria. Otro ministro eficaz fue Emilio Ojeda, ministro en Tánger desde 1894 y que tuvo cierto protagonismo durante el reinado de Muley Abdelaziz, que lo recibió en Marraquech en 1900. Otra figura relevante fue Francisco Lozano Muñoz, que hacia 1888, en ausencia del cónsul general Diosdado, recibió del Padre Lerchundi, en nombre del gobierno español, una amplísima propiedad situada en la Barriada de San Francisco, donde años más tarde se instalaría el Consulado y otros organismos oficiales españoles como el Hospital Español, el Grupo Escolar España (actualmente, Ramón y Cajal) y el Instituto Politécnico Español.

Entre los diplomáticos españoles más destacados de la época figura Mauricio López-Roberts y Ferry, que fue ministro en Tánger entre 1913 y 1915. Durante su mandato se inauguró el Teatro Cervantes y visitó la ciudad el conde de Romanones. Años después participó en la elaboración y en la firma del Convenio relativo al Estatuto de Tánger de 18 de diciembre de 1923. Otro diplomático de relevancia fue Francisco Serrat, casado con la hija del escritor y también diplomático Juan Valera. Con él trabajó durante poco tiempo, entre 1919 y 1920, el joven diplomático Cristóbal del Castillo y Campos[124].

Un buen número de los funcionarios consulares que trabajaron en las representaciones españolas empezaron su carrera como intérpretes, que eran profesionales indispensables en un país en el que los marroquíes no conocían, en general, más lengua que el árabe. Por parte española los intérpretes que más relevancia tuvieron fueron, entre otros, Yahia Sicsu, Felipe Rizzo, que trabajó con Francisco Merry y Colom y que llegó a ser cónsul; Pedro Ortiz de Sagasti, que fue cónsul en Washington; Anibal Rinaldi, de ascendencia siria, que, hacia 1870, durante muchos años, estuvo a cargo de la interpretación en la legación española; Manuel Saavedra, que sucedió a Rinaldi y que acompañó al cónsul Emilio Ojeda en su embajada ante Muley Abdelaziz en 1900; y Manuel de Navarro, que empezó en Tánger como joven de lenguas hasta llegar a ser, desde 1900 a 1906, cónsul en la misma ciudad. Otros intérpretes importantes fueron Emilio Álvarez Sanz y Ramón Álvarez Tubau que arribó a Tánger como joven de lenguas en la primera década del siglo y que, por una serie de vicisitudes, llegó a ser muy amigo del Jalifa y secretario del Comité de Control.

Mención aparte merecen los hermanos Enrique, Ricardo y Reginaldo Ruiz Orsatti, los tres nacidos en Tánger en la segunda mitad del siglo XIX y que trabajaron, también, como jóvenes de lenguas, el primero de ellos, en el consulado de Casablanca y los otros dos en el de Tánger. Enrique se dedicó con éxito a los negocios, Reginaldo llegó a ser jefe de interpretación en la Secretaría Técnica de Marruecos en Madrid. Por su parte, Ricardo Ruiz Orsatti fue durante muchos años uno de los pilares de la colonia española.

---

[124] Cristóbal del Castillo y Campos (1892-1971) nació en Madrid. Ingresó en la carrera diplomática en 1917. Ocupó distintos puestos en Bogotá, Tánger, La Habana, Argel, París y Atenas, alternando algunos de ellos con distintas estancias en España. En 1937 trabajó en la Subsecretaría de Asuntos Exteriores con el ministro Jordana. En noviembre de 1942 fue destinado a Tánger, por segunda vez, como cónsul general de España. Allí permanece hasta julio de 1944 cuando es nombrado subsecretario del Ministerio de Asuntos Exteriores. Por tercera vez, vuelve a Tánger, esta vez como ministro plenipotenciario, en septiembre de 1945. A pesar de que en 1952 asciende a la categoría de embajador sigue en Tánger hasta la independencia de Marruecos en 1956. Durante este mandato, Del Castillo realizó una excelente labor en favor de los intereses españoles en Tánger. En 1958 es designado embajador en Marruecos, cargo que desempeña hasta su jubilación en 1962. En septiembre de 1948 pronunció una conferencia en la Universidad de Valladolid sobre el tema *La experiencia internacional de Tánger*. Cristóbal de Castillo es el diplomático español más significado e importante de todos los que han representado a España en Tánger. Su esposa, Carmen Urrutia, intervino muy activamente en las actividades sociales de Tánger y fue persona muy querida.

Un curioso y polémico personaje que vivió en Tánger desde 1908 a 1911 como Comisionado del Gobierno español fue el periodista y geógrafo Gonzalo de Reparaz[125], que aprovechó su estancia en la ciudad para criticar la labor diplomática española en la misma y, entre otras actividades, para idear una serie de negocios que, en algunos casos, podrían haber sido rentables si se hubieran planteado adecuadamente. Tuvo tal número de enfrentamientos que en 1911 fue destituido y tuvo que abandonar la ciudad. En su libro *Aventuras de un geógrafo errante* intenta justificar su actuación.

Relaciones diplomáticas preestatutarias de Marruecos con otros países

Una de las primeras embajadas a Marruecos de la que se tiene noticia fue la dirigida por el embajador francés, Roland Fréjus, a 1667 ante el Sultán Muley Rachid y la realizada, años después, por los ingleses en 1675 que llevaron al Sultán Muley Ismail ricos presentes. Más tarde, en 1681, son los embajadores marroquíes, Hach Tamin y Ben Haddú, los que, respectivamente, dirigen embajadas ante las cortes francesa e inglesa.

Sidi Mohamed III, como ha quedado dicho, mantuvo considerable actividad diplomática con el exterior y recibió y envió distintas embajadas entre las que destaca, aparte de la de Jorge Juan a la que ya nos hemos referido, entre otras, las que destinó a Francia y Turquía. En ambos casos se trataba de liberar a cautivos musulmanes en Europa. Muley Slimane, por su parte, recibió entre 1805 y 1810, entre otros, a los embajadores o cónsules de Austria, comandante Pouilly, de Francia, D'Ornano y de España, Blas de Mendizábal.

A partir de 1844, cuando se produce la batalla de Isly, cerca de Oujda, en la cual Francia derrota a Marruecos, y el bombardeo de Tánger y Mogador por la armada francesa, se inicia, decididamente, la injerencia extranjera en Marruecos. El Majzén intentó paliar esta situación mediante acciones diplomáticas que no consiguieron su objetivo pero que dieron a conocer a valiosos diplomáticos marroquíes que, en otras circunstancias, habrían obtenido mejores resultados para su país. Entre ellos destaca el ministro de Asuntos Exteriores de Sidi Mohamed IV, Hach Mohamed el Jatib, que consiguió en 1856 firmar con el representante de Gran Bretaña John Drummond-Hay un tratado de comercio y

[125] Gonzalo de Reparaz (1860-1939), escritor y geógrafo hispano-portugués nacido en Oporto de padres españoles y que mantuvo la noble nacionalidad. Fue periodista y gran polemista. En 1908 fue Comisionado especial del Gobierno español en Marruecos. Vivió en Tánger más de cuatro años enfrentándose, por sus ideas sobre la política a seguir con Marruecos, con la mayoría de las principales personalidades españolas de la época entre ellas con el ministro y cónsul general en Tánger Merry del Val. Escribió un sinnúmero de artículos de prensa y varios libros entre los que destaca *Aventuras de un geográfo errante* que, en parte, dedica a su estancia en Tánger. Durante el período republicano español fue presidente de la Sociedad de Estudios Internacionales y Coloniales. En la revista de la Universidad Autónoma de Barcelona *Documents d'Anàlisi Geográfica* de 1999, Ignacio C. Soriano publicó un interesante y documentado artículo sobre "El archivo de Gonzalo de Reparaz".

con el general O'Donnell el tratado de paz y amistad hispano-marroquí de 1860. Otro destacado diplomático marroquí fue Mohamed Bargach, descendiente de una prestigiosa familia morisca, que fue ministro de Exteriores de Muley Hassan I y que entre otros acuerdos negoció en nombre de su país, durante el reinado de Mohamed IV, el convenio de 1865 sobre el Cabo Espartel y otros varios con España y Francia, países que visitó en embajada. Hach Mohamed Torres, asimismo de ascendencia morisca, que fue también ministro de Exteriores, entre otras actividades presidió una embajada al Vaticano de la que formó parte el padre Lerchundi y participó en 1906 en la Conferencia de Algeciras.

Gran Bretaña tuvo especial cuidado en designar al frente del consulado británico a diplomáticos de considerable valía. Un buen ejemplo lo constituye la *saga* constituida por Edgard Drummond-Hay, que fue cónsul general de Gran Bretaña en Tánger desde 1829 a 1845, y su hijo Sir John, que trabajó con él varios años y le sucedió a su muerte en el puesto en el que permaneció hasta su jubilación en 1886. Entre ambos, que dominaban el árabe y conocían muy bien Marruecos y su cultura, ocuparon durante 57 años, con considerable eficacia, el consulado general británico de Tánger colaborando en el estrecho desarrollo que existió en esa época entre Marruecos y el Reino Unido. Los dos mantuvieron muy buenas relaciones con los respectivos sultanes sobre los cuales ejercieron considerable influencia. Sir John Drummond-Hay, que también representaba en Marruecos, en 1865, a Austria, Dinamarca y a los Países Bajos, fue, posiblemente, el más importante diplomático extranjero del siglo XIX en Tánger. Otros diplomáticos británicos del siglo XIX fueron Sir William Kirby Green, Sir Ewan Smith, M. Satow, Louther y Sir Reginald Lister.

Francia envió siempre, salvo algunas excepciones, a buenos diplomáticos a Marruecos. El cónsul Du Marne fue recibido en dos ocasiones en embajada por Muley Abderramán así como el cónsul Ordega. Pero, sin lugar a dudas, el más competente diplomático que supo defender mejor que sus antecesores los intereses de Francia fue Eugène Regnault, que ocupó el consulado francés en Tánger desde 1906 durante muchos años y que fue uno de los principales protagonistas de los acuerdos sobre el protectorado francés en Marruecos firmando en 1912, junto con el Sultán Abdelhafid, el Tratado de Fez. Un liceo francés de Tánger lleva su nombre y otro el de su adjunto, el conde de Saint-Aulaire, Auguste Felix Charles de Beaupoil, que posteriormente fue embajador en Madrid y en Londres.

El primer cónsul norteamericano, Thomas Barclay, tomó posesión de su cargo en 1791. Cinco años después le sucedió James Simpson, que se mantuvo en el puesto unos veinticinco años. Su sucesor, John Mullowny recibió del Sultán Muley Slimane un palacete de regalo para que instalara el consulado. En general, durante aquella época, los cónsules de Estados Unidos se quedaron en Tánger bastante tiempo, lo que les permitió a la mayoría de ellos conocer el árabe y mantener buenas relaciones con el Majzén y, en algunos casos, con el propio Sultán, como le ocurrió al citado Mullowny, que cuando fue cesado en 1845 el Sultán Muley Abderramán, que le tenía estima, intentó evitar su marcha. Otro cónsul, el coronel Mathews[126], emparentó a través de su hija con los Bonnet, una de las familias más antiguas de la ciudad. Otros diplomáticos de cierta relevancia anteriores al protectorado fueron el coronel austríaco Von Conring (1878), el italiano Stefano Scovasso, que fue el primer cónsul italiano en Marruecos y que presentó sus cartas credenciales ante el Sultán en 1873, y su compatriota Gentile (1894), los rusos De Bacheracht (1899) y Likatscheff, el alemán conde Tattembach,etc.

Los jefes de las distintas legaciones formaban el cuerpo diplomático que contaba en aquella época con trece miembros. Tales diplomáticos y asimilados y los empleados de las legaciones sumaban, a finales del siglo XIX, alrededor del diez por ciento de la población extranjera de Tánger. Se constituyó en un poder real frente al Majzén marroquí. Bajo el amparo del cuerpo diplomático se establecieron acuerdos de importancia para el desarrollo de Tánger entre los que destacó la creación hacia 1888 de la ya citada Comisión Internacional de Higiene y de Limpieza, que actuó como una especie de asamblea municipal encargada de la administración de la ciudad. Fue el primer antecedente del Estatuto de Tánger. El protagonismo e importancia del cuerpo diplomático de Tánger no solo en ésta ciudad sino en todo Marruecos fueron ratificados en la Conferencia de Algeciras de 1906. En un país débil y casi en bancarrota como era Marruecos, el cuerpo diplomático fue el encargado por la Conferencia de vigilar el buen funcionamiento del sistema de cuasi-colonia en el que quedó el país. Entre otras funciones concedió a dicho cuerpo la potestad de vigilar el funcionamiento de la policía de todo el reino de conformidad a lo dispuesto en la Conferencia. También, otorgó considerables poderes a dicho órgano en lo

[126] Se trata de uno de los personajes más novelescos e influyentes que vivieron en Tánger. Según cuenta Julia Snurmacher, el tal Mathews era en realidad Félix Mateos, nacido en Tánger en 1833, hijo de un médico español. Cuando tenía quince años fue a vivir a Estados Unidos y allí adquirió la nacionalidad estadounidense. Según David Woolman (*Stars in the firmament*) tuvo una vida muy aventurera. Llegó a ser coronel en Estados Unidos por méritos de guerra. Fue nombrado cónsul estadounidense en Tánger en 1869. Se instaló en el monte en la residencia denominada Mount Washington. Era políglota conociendo entre otras lenguas el español, árabe, francés e inglés. A los pocos meses de ser nombrado cónsul en Tánger fue destituido a causa de una denuncia que al parecer no tenía fundamento. Gracias al apoyo del presidente Ulises S. Grant fue repuesto en julio de 1870 manteniéndose en el consulado hasta febrero de 1887 y, más tarde, desde febrero de 1890 hasta septiembre de 1893. Casó en primeras nupcias con Perpetua Concesa Berryesa, de la que tuvo dos hijos. Al enviudar casó de nuevo con su sobrina Matilde Abrines Mateos, de la que no tuvo hijos y que era la hermana de Gregorio Trinidad Abrines, uno de los hombres más legendarios de Tánger y creador de una gran familia tangerina. Mathews murió en 1899.

relativo a la vigilancia y represión del contrabando de armas en Marruecos, en materia de regulación fiscal, de aduanas, de obras públicas, etc.

Pocos años después, en 1912, como consecuencia de la implantación de los dos protectorados francés y español en Marruecos, Tánger perdió la capitalidad diplomática del país que había mantenido, de hecho y, en parte, de derecho, durante más de un siglo. Así, las representaciones diplomáticas dejaron de ser legaciones para pasar a ser solo consulados generales. Pero ello no limitó la autoridad que la Conferencia de Algeciras había concedido al cuerpo diplomático y la muy importante que, más tarde, otorgaría el Estatuto de Tánger al Comité de Control compuesto por los representantes diplomáticos de los miembros partícipes en la Conferencia de Algeciras.

4.1.2. Primeros años del Estatuto

El Estatuto de Tánger de 1923 establece que la Zona tiene los más amplios poderes legislativos y administrativos, salvo en materia diplomática en la que se aplicará el art. 5 del Tratado sobre el protectorado de 1912. Éste determina que el Residente General francés será el único intermediario del Sultán cerca de los representantes extranjeros y en las relaciones que estos representantes mantengan con el gobierno marroquí y que quedará, especialmente, encargado de todos los asuntos en los que estén interesados los extranjeros en Marruecos. Por otra parte, el Estatuto determina que en el extranjero la protección de los súbditos marroquíes de la Zona de Tánger y de sus intereses queda confiada a los agentes diplomáticos y consulares de Francia, al igual que ocurría en el extranjero con los súbditos marroquíes de la zona del protectorado francés.

El anterior artículo 5 del Tratado de 1912 no fue derogado por el convenio franco español de 27 de noviembre de 1912 por el que se acordó el protectorado español. Sin embargo, dicho convenio establece que el Alto Comisario será el único intermediario en las relaciones que el Jalifa, en calidad de delegado de la autoridad imperial en la zona española, mantendrá con los agentes oficiales extranjeros y que los súbditos marroquíes originarios de la zona de influencia española estarán en el extranjero bajo la protección de los agentes diplomáticos y consulares de España.

Las autoridades de la Zona tangerina tenían capacidad para tratar directamente con los cónsules en las cuestiones que interesasen a la misma, dentro de los límites de su autonomía. Pero, en resumen, todas las relaciones internacionales de Marruecos con el exterior pasaban por el Residente General, aunque en el protectorado español el Alto Comisario era el único intermediario ante los representantes extranjeros.

Según el artículo 29 del Estatuto el Mendub podía expulsar de Tánger a los súbditos marroquíes así como a los extranjeros previa conformidad del Tribunal Mixto. La expulsión era de derecho cuando la misma era pedida por el cónsul del interesado. En la práctica era el administrador de la Zona el que otorgaba el *exequatur* a los representantes extranjeros para ejercer sus funciones en Tánger aunque, formalmente, correspondía al Mendub como representante del Sultán conceder tal autorización.

No existe, a nuestro juicio, una lista exacta de los representantes diplomáticos o consulares que ocuparon en Tánger la jefatura de la representación oficial española desde que se iniciaron las relaciones consulares y/o diplomáticas entre España y Marruecos. Las primeras dudas aparecen en relación con los representantes oficiales desde la creación del viceconsulado de Tánger en 1767 hasta finales del siglo XVIII. Luego, paradójicamente, salvo error por nuestra parte, la confusión principal se centra en la época que va desde principios del siglo XX hasta 1939. El resto, relativo al siglo XIX, nos parece que está bastante bien documentado no existiendo duda alguna sobre los nombres desde 1939[127].

Entre los anteriores a 1939 destacó Plácido Álvarez Buylla, que fue cónsul general en Tánger desde junio de 1931 hasta enero de 1933, fecha en la que el consulado de Tánger pasó a depender directamente de la Alta Comisaría de Tetúan. En marzo de 1934 fue nombrado ministro Ángel de la Mora, que ocupó su puesto solo unos meses siendo sustituido en agosto de ese mismo año por José Rojas Moreno, conde de Casa-Rojas, título que no utilizaba, y que estuvo al frente del consulado hasta junio de 1936. Le sucedió José Prieto del Río, con el que colaboraba como primer secretario el ya citado Clemente Cerdeira, que durante algún tiempo habría ocupado, según parece, el puesto de cónsul adjunto en Tánger. Hay referencias confusas acerca de que Luis Monguió, que era secretario de primera, se hizo cargo durante unos meses del consulado hasta que el 22

[127] Los máximos representantes oficiales españoles en Tánger desde la firma del Estatuto hasta la derogación de la Carta Real (1923-1960), según nuestras informaciones, fueron los siguientes: 1920-1924, Manuel Valls y Merino, ministro plenipotenciario; 1924-1925, José Buigas Dalmau, cónsul general; 1925-1929, Antonio Pla y de Folgueira, cónsul general; 1929, Bernardo Almeida Herrero, ministro plenipotenciario; 1929-1930, Manuel Figueroa Ferrati, marqués de Rialp, ministro plenipotenciario; 1930, Manuel Aguirre de Cárcer, cónsul general y ministro plenipotenciario; 1930-1931, Diego de Saavedra y Magdalena, ministro plenipotenciario; 1931-1933, Plácido Álvarez Buylla de Lozana, cónsul general y ministro plenipotenciario; 1934, Ángel de la Mora y Adena, ministro plenipotenciario; 1934-1936, José Rojas y Moreno, cónsul general; 1936-1938, José Prieto del Río, cónsul general y ministro plenipotenciario; 1938, Luis Vidarte Franco, cónsul general; 1939, Juan Peche y Cabeza de Vaca, cónsul general; 1939-1940, Manuel Amieva Escandón, ministro plenipotenciario y cónsul general; 1940-1942, Carlos de Miranda y Quartín, ministro plenipotenciario y cónsul general; 1942-1944, Cristóbal del Castillo y Campos, ministro plenipotenciario y cónsul general; 1944-1945, Tomás Suñer Ferrer, ministro plenipotenciario y cónsul general; 1945-1957, Cristóbal del Castillo y Campos, ministro plenipotenciario y cónsul general; 1957-1964, José María Bermejo Gómez, cónsul general.

de septiembre de 1938 tomó posesión Luis Vidarte, que fue el último cónsul de la República en la ciudad internacional.

Por su parte, el gobierno *franquista* de Burgos nombró en octubre de 1936 a Juan Peche y Cabeza de Vaca como su representante consular en Tánger. Estaba casado con Carmen Primo de Rivera, hermana del fundador de la Falange. No tomó posesión hasta el 4 de marzo de 1939. Días antes, como consecuencia del cese del presidente Negrín al frente del gobierno republicano, el representante consular de la República, Luis Vidarte, había entregado oficialmente la legación española, situada en la calle Bouarrakia, al administrador de la Zona, Pierre Le Fur, así como los centros oficiales dependientes de España. A su vez, el 1 de marzo, Le Fur hizo entrega de tales bienes al delegado del gobierno de Burgos, Dr. Manuel Amieva y Escandón, que estaba acompañado por Joaquín del Castillo, primer secretario en el nuevo consulado *nacional.* Tres días después Peche se hizo cargo del consulado, en el que duró poco tiempo ya que cesó en diciembre de 1939 al ser nombrado el 27 de ese mes ministro-cónsul general de España el citado Dr. Amieva.

Uno de los representantes diplomáticos más carismáticos fue el norteamericano Maxwell Blake. Había llegado a Tánger en 1912 permaneciendo en su puesto hasta 1940, con la excepción de 1922-24 durante los cuales fue sustituido por Joseph M. Dunning. Durante su mandato la presencia norteamericana tuvo considerable protagonismo. Le sucedió durante corto tiempo John Campbell White, a quien siguió en 1941 J. Rives Childs, que se mantuvo durante varios años y que organizó, durante la ocupación española de Tánger, un eficiente servicio de propaganda y de espionaje. Italia concedió, en esa época, considerable importancia a su consulado en Tánger. En diciembre de 1938 fue nombrado ministro un alto funcionario del Ministerio de Asuntos Exteriores, Pier-Filippo Rossi del Lion Nero. Le sustituyó en abril de 1940 Mario Badoglio de Addis Abeba, hijo del mariscal Badoglio.

Durante la ocupación española no fue suspendida la actividad consular pero el cuerpo diplomático perdió una parte muy importante del poder que le llegaba a través de su participación en el Comité de Control, que era el órgano de gobierno más importante de la Zona. Dicho Comité fue suspendido por las autoridades españolas limitándose los representantes diplomáticos extranjeros a una mera labor consular de protección de los intereses de sus nacionales y perdiendo las funciones diplomáticas en beneficio del cuerpo diplomático acreditado en Tetuán ante la Alta Comisaría.

4.1.3. Últimos años del Estatuto

Al término de la guerra mundial el régimen internacional de la ciudad fue restablecido en virtud de una Decisión adoptada en una conferencia cuatripartita que reunió en París el 31 de agosto de 1945 a los representantes de Francia, Gran Bretaña, Estados Unidos y la URSS. A dicha Conferencia no fue invitada España. Así, la posición de este país quedó muy debilitada ya que aquella Decisión limitó considerablemente la participación de España en la Administración internacional. Además, los participantes en la Conferencia acordaron que la misma sería modificada, a corto plazo, con la presencia de España, solo cuando cambiara el régimen de Franco, lo que no se produjo.

Con el fin de paliar este delicado estado de cosas, el gobierno español estimó oportuno que volviera a Tánger Cristóbal del Castillo que ya había sido cónsul general en la ciudad y que, además de un inteligente diplomático, era un buen conocedor de toda la problemática relativa a Tánger. Desde entonces y hasta la anexión de esta ciudad al reino de Marruecos, Del Castillo estuvo al frente del consulado general de España donde consiguió o tuvo la suerte de que fueran destinados una serie de diplomáticos, en su mayoría, competentes y eficientes que bajo su mando consiguieron paliar y, en algunos casos, superar la situación de inferioridad política que tenía España en Tánger.

Entre ellos destacaban, a principios de los años 50, el cónsul general Miguel María de Lojendio[128] y el consejero de economía exterior, Fernando Sebastián de Erice, ambos diplomáticos[129]. Lojendio dedicó gran parte de su labor a las tareas consulares y, por otra, a desarrollar, con éxito, las actividades sociales y cultura-

[128] Miguel María de Lojendio Irure (1908-1977) ingresó en 1930 en la carrera diplomática en la que, hasta 1933, no pudo tener destino por su edad. Desde entonces ocupó, sucesivamente, distintos puestos diplomáticos tanto en el Ministerio de Asuntos Exteriores como en Santiago de Chile, Londres, Argel y París. En 1952 fue traslado al Consulado General de Tánger donde ocupó la segunda jefatura. Hasta 1958 desarrolló una espléndida labor en la ciudad internacional tanto profesional como social. Fue presidente del Nuevo Club. En 1956 fue delegado adjunto español en la conferencia internacional sobre Tánger que se celebró en Fedala. En 1958 fue nombrado cónsul general en Buenos Aires y, más tarde, sucesivamente, embajador en Damasco, El Cairo, Santiago de Chile, Viena y París. Contrajo matrimonio en 1960 con María Augusta (Marigu) Urreta Petri, perteneciente a una familia tangerina muy conocida, que falleció en un accidente de tráfico en enero de 1968 en el indicado Santiago de Chile cuando su marido era embajador en dicho país. Su única hija Patricia casó con Francisco López de Arriba, hijo del doctor del mismo apellido que trabajaba en el Hospital Español de Tánger.

[129] Otros diplomáticos españoles de ésa época en Tánger eran, entre otros, Teodoro Ruiz de Cuevas, Ramón de la Riva, Miguel Solano Aza, José Luís Los Arcos, que más tarde fue administrador adjunto de la Zona, José María Rubio, Joaquín Martínez Correcher, Patricio Aguirre de Cárcer y Rafael Márquez. Tanto Del Castillo como Lojendio gozaron de la colaboración de un personal administrativo muy competente que fue dirigido desde 1939 durante muchos años por el canciller Miguel Casas. Con él trabajaron, entre otros muchos, Julio Coello, que sustituyó a Casas cuando éste cesó; Joaquín Campos, responsable de la contabilidad; Antonio Alcalá, hijo del practicante del mismo nombre, que se ocupaba, entre otras materias, de pasaportes al igual que Juan Cano; Ernesto Benítez, al frente del Registro Civil; Guillermo Torres, Odón Albiñana y Francisco Vélez. Sebastián (Pati) Batista, muy popular, que se ocupaba, entre otros temas consulares,

les de la colonia española. Por su parte, Erice[130], que permaneció al frente de la oficina comercial del consulado durante cerca de una década, dedicó sus esfuerzos, con considerable éxito, a potenciar la presencia económica y comercial de España en Tánger[131]. En septiembre de 1955 fue sustituido por Antonio Riaño, a quien sucedió pocos años después Antonio Rodríguez Godinez como jefe de la Oficina Comercial en Tánger. Por su parte, a Cristóbal del Castillo le sucedió en el cargo, como cónsul general, José María Bermejo y Gómez, que ocupó el puesto en noviembre de 1957 permaneciendo en él hasta 1964.

A mediados de los cincuenta el cónsul general británico era Thomas Godric Aylett Muntz y el de Estados Unidos lo dirigía Julius C.Holmes, que había sucedido a J.C. Satterthwaite. Por su parte, el Consulado de Francia estuvo durante los primeros años de los cincuenta bajo el mando de François de Panafieu, que era un diplomático de la vieja escuela que «reinaba» en la colonia francesa con toda cortesía pero con mano firme e intervenía, muy eficazmente, en defensa de los intereses franceses en la ciudad a través de su participación en el Comité de Control. Contaba con la colaboración de un cónsul y dos vicecónsules. En 1954 fue sustituido por Robert de Boissesson[132], que en 1964 sería embajador en España[133].

---

de los bienes del Estado. Casó con Charito Nieto, muy conocida por su actividad teatral. Y muchos más. Por su parte, Mariola Sánchez Pró fue secretaria del ministro Del Castillo, prácticamente, durante todo su mandato.

130 Fernando Sebastián de Erice, diplomático, nacido en Madrid en 1906. Terminada la guerra mundial fue destinado, en 1946, al consulado general de España de Tánger como agregado comercial, luego consejero comercial, donde permaneció hasta junio de 1955, fecha en que fue designado director general de Mercados Extranjeros en el Ministerio de Comercio. Durante su estancia en Tánger realizó una excelente labor profesional y llegó a ser, en ciertos ámbitos, un personaje popular. Era buen escritor y publicaba artículos en la prensa española y tangerina sobre distintos aspectos de Tánger, muchos de ellos tratados con un delicioso humor. Todo ello, junto al hecho de que era padre de siete hijos que contaban con numerosos amigos entre la juventud, hizo de Erice uno de los personajes más respetados y populares de Tánger. Fue jefe de misión en la exposición flotante organizada a bordo del barco *Ciudad de Toledo* que recorrió América en 1956. Posteriormente, fue consejero jefe de la Oficina Comercial en la Embajada de España en Rabat y ocupó otros puestos diplomáticos en Cuba, Kinshasa, Lisboa y Luxemburgo, donde terminó su carrera en el puesto de embajador. Es autor, entre otras obras, con o sin pseudónimo, de *Hojas de mi almanaque*, *Ceño y sonrisa de Tánger* y *Ambiente y humor de Tánger*.

131 En 1955 la Oficina Comercial de Tánger que dirigía Sebastián de Erice contaba con la colaboración de Antonio R. Bernárdez, que representaba al IEME, así como con Aquiles Vivó como agregado y Jaime Espejo, José Gil, Salvador Aguilar, José Cañas, Octavio Godoy, José G. Pastor, Eloy Lucena, Alfonso Fernández, Consuelo de la Rosa, Aurora Ferrero, María F. de la Riva, Carmela de Mesa y José Sánchez Gallego.

132 Desde el inicio del protectorado francés en Marruecos, los distintos ministros-cónsules franceses que se sucedieron en Tánger hasta la independencia fueron: Couget 1914, Boissonais 1917, De Carbonnel 1919, Feit 1924, Pierre de Witasse 1927, De Laforcade 1934, Avonde-Froment 1936, Marquis de Castellane 1941, Lavastre 1942, Genty 1943, Lavastre de nuevo 1944, Ed. de Beauverger 1945, François de Panafieu 1950 y Robert de Boissesson 1954. Los principales colaboradores de este último eran Antoine Molinie, Cónsul, los secretarios Régis Tapounie y Jean de Soubeyran y el agregado comercial Pierre Lefort.

133 Aparte de los cónsules que representaban a los países que formaban parte del Comité de Control otros tenían sus representantes en Tánger. Entre ellos estaban Eduard Jung, vicecónsul, de Suiza, J. L. Cabedo, cónsul general honorario de Suecia y, entre otros, los siguientes cónsules honorarios: Gabriel Datcherry, de Dinamarca y Finlandia, Vicente Jorro, de Chile, E. T. Felipes de Noruega y Carlos Albo de Venezuela.

Los consulados no tenían un gran trabajo consular ya que salvo en el caso español y, en alguna medida, el francés, no contaban con colonias importantes. Así, el trabajo de los cónsules se centraba en parte en la problemática política marroquí en la cual Tánger jugaba un papel importante ya que tanto el Rey de Marruecos como su gobierno y los partidos políticos del país utilizaron a la ciudad internacional como plataforma de sus actividades y amplificador, a nivel internacional, de sus reivindicaciones. Además, los consulados desarrollaban, en gran medida, su actividad en el campo cultural y social. Pero la parte más visible o más importante estaba en la dirección y control de la ciudad a través del Comité de Control. Éste tuvo considerable protagonismo durante todo el proceso que dio lugar a la derogación del estatuto especial de Tánger y a la integración de la ciudad en el Reino de Marruecos.

Las relaciones diplomáticas directas entre España y Maruecos que habían cesado de existir a partir del Protectorado fueron reanudadas el 24 de mayo de 1956. El Embajador de España, José Félix de Alcocer y Sureda, presentó sus cartas credenciales al Sultán Sidi Mohamed V el 6 de junio del mismo año. El 11 de Febrero de 1957 se firmó el Convenio diplomático hispano-marroquí. En 1958 fue nombrado Embajador Cristóbal del Castillo, que estuvo en Rabat hasta su jubilación en 1962.

4.2. LOS POLÍTICOS

Hemos nombrado en otro capítulo de este libro algunos de los personajes políticos que tuvieron mayor protagonismo en la historia de Tánger. En este apartado solo recordaremos a otros hombres y mujeres, tangerinos o no, que han quedado vinculados a Tánger en el campo político contribuyendo o participando en el propio desarrollo de la ciudad o bien en el de sus respectivos países.

Un político tangerino poco conocido fue el británico Alexander Spotswood, nacido en Tánger en 1676 durante la ocupación británica que era hijo del médico de la colonia. Llegó a ser, en 1710, Gobernador de Virginia, que años después formaría parte de los Estados Unidos. Según parece, realizó una buena labor en su cargo y consiguió durante su mandato, entre otros éxitos, derrotar al pirata Barbanegra. Giuseppe Garibaldi, el héroe de la unificación italiana, vivió en Tánger, durante varios meses, en 1849 durante parte del exilio que sufrió. Sir Moses Montefiore, brillante político británico, estuvo en Tánger en 1863[134].

[134] Sir Moses Montefiore (1784-1885), político y filántropo británico de ascendencia sefardí. Posiblemente, fue la personalidad política judía más importante del siglo XIX. Estaba emparentado con la familia Rothschild. Desde muy joven se dedicó a los negocios consiguiendo una considerable fortuna cuando solo tenía cuarenta años. Se

Bastantes años después, en 1891, el eximio político español Emilio Castelar, que había sido jefe de gobierno de la primera república española, fue a Tánger, hospedándose en el Hotel Continental, invitado por la Comunidad Israelita que quería agradecerle su defensa de los judíos en el Congreso español a los que con tanto afán apoyaba el doctor Ángel Pulido. Éste fue otro brillante político, defensor de los sefardíes, que visitó en varias ocasiones Tánger para contactar con la colonia judía. También fue a Tánger José Canalejas, que había sido presidente del Congreso y jefe del gobierno y que fue asesinado en Madrid en 1912. Coincidió en Tánger con Pío Baroja, que estaba en ella como periodista. Más tarde, en abril de 1934 visitó Tánger Diego Martínez Barrio, jefe del Gobierno español, que fue a interesarse por la colonia española.

Sobresalen, también, algunos tangerinos que han ocupado altos puestos diplomáticos. Entre otros figura, en la primera mitad del siglo pasado, Teodoro Ruiz de Cuevas[135] así como José Luis Fernández de Castillejo, hijo de un abogado tangerino del mismo apellido y Juan María López Aguilar (1945-1999), hijo del que fuera director del Instituto Español del mismo nombre. Ambos han sido embajadores de España en distintos países[136]. Otro diplomático, Shlomo Ben Ami, también tangerino, nacido en 1943 en una pobre familia sefardí, emigró a Israel en 1955. Entre otros puestos de importancia, ha sido embajador de Israel en España en 1987 y ministro de Asuntos Exteriores de su país en 2000. Su lengua materna es el español.

Tánger, gracias a su neutralidad y a la libertad que en ella se gozaba en todo caso superior a la que existía en los dos protectorados, francés y español, fue un centro de actividad política marroquí de importancia a favor de la independencia del país. Salvo contadas ocasiones los marroquíes podían reunirse con bastante tranquilidad para reivindicar y, en una primera etapa, establecer las bases del

---

dedicó a la política llegando a ser Gobernador (Sheriff) de Londres y, posteriormente, magistrado de la Corte Suprema. Fue ennoblecido por la reina Victoria. Dedicó gran parte de su vida a ayudar a los judíos británicos así como a los que vivían en el extranjero ayudando a la instalación de algunas colonias hebreas en Jerusalén. Realizó varios viajes al extranjero y, en particular, a Marruecos (1863-1864), donde se entrevistó en dos ocasiones con el Sultán Mohamed IV del que consiguió un decreto protegiendo a los judíos. A lo largo de su viaje a ese país estuvo en Tánger en diciembre de 1863 asistiendo a la inauguración de la sinagoga Joseph Shriqui.

[135] Teodoro Ruiz de Cuevas, diplomático, hijo de Ricardo Ruiz Orsatti y nieto del cónsul Teodoro Cuevas, arabista e historiador español. Nació en Tánger en 1904. Ocupó diversos puestos consulares y diplomáticos en Argel, Casablanca y otras ciudades y, en particular, el consulado adjunto en Tánger entre 1950 y 1952. Más tarde fue embajador en Mauritania y en Irak. Escribió varias obras entre las que destaca *Apuntes para la historia política de África,* que consta de ocho volúmenes, entre los que figura uno dedicado a Marruecos que presenta el mayor interés.

[136] Antonio del Castillo Urrutia y Juan Sebastián de Erice, ambos recientemente fallecidos, y el hermano de éste último, Eduardo, respectivamente, hijos de Cristóbal del Castillo y Fernando Sebastián de Erice, de los que se ha tratado en este capítulo, han sido altos funcionarios del Ministerio de Economía y Comercio habiendo ocupado altos cargos en la Administración o representado a España como consejeros económicos y comerciales en varias embajadas y misiones en Europa, África y América.

nacionalismo marroquí. En 1930 tuvo especial resonancia la visita que hizo a Tánger el jefe del Panislamismo, el sirio Chakib Arsalane, que contaba con cierto apoyo oficioso de las autoridades españolas tanto en el protectorado como en la península. Durante los días que estuvo en Tánger se reunió en varias ocasiones con varios marroquíes que luchaban por la independencia de Marruecos. A ellos nos hemos referido en el apartado 10.1. Muchos de ellos vivieron largas temporadas en Tánger ya que en la ciudad internacional gozaban de mayores libertades que las que tenían en ambos protectorados.

Varios partidos políticos marroquíes y, principalmente, el dirigido por Allal El Fassi[137], líder del partido independentista Al Istiqlal (Partido por la Independencia y la Constitución), estuvo centrada en Tánger, en buena parte. En abril de 1951 los líderes del Istiqlal, con El Fassi a la cabeza, se reunieron en Tánger con otros representantes de partidos nacionalistas marroquíes de las respectivas zonas francesa y española y convinieron el llamado Pacto Nacionalista de Tánger que preveía el incremento de sus acciones en pro de la independencia en colaboración con el Comité de Liberación del Magreb Árabe organizado en enero de 1949 por el héroe rifeño Abdelkrim que lo dirigía desde El Cairo, donde estaba refugiado. Participaron en esta reunión, entre otros, Abdelhalak Torres, Ahmed ben Souda y Mekki Naciri.

Otros políticos tangerinos importantes son Plácido Fernández Viagas, nacido en Tánger en 1924, hijo de Plácido Fernández Aguilera, comerciante en pieles y aceites que fue presidente de la Cámara Española de Comercio. Su hijo fue magistrado y primer presidente preautonómico de la Junta de Andalucía, cargo que ocupó entre 1978 y 1979. Manuel Cantarero del Castillo, que no era tangerino, vivió en la ciudad varios años trabajando en el diario *España* y en la Panamerican Radio. Fue fundador y secretario general del partido Reforma Social Española que, en los últimos meses del franquismo y durante varios años después, tuvo cierta relevancia en España. Cantarero llegó a ser diputado nacional y miembro del Parlamento Europeo. Por su parte, Jorge Verstrynge[138], fue secretario general

---

[137] Allal El Fassi (1910-1974), político marroquí nacido en Fez, hijo de uno de los principales ulemas* de la ciudad. Desde muy joven militó en movimientos políticos nacionalistas opuestos totalmente a la ocupación extranjera por lo que fue perseguido y encarcelado por las autoridades francesas, exiliándose en varias ocasiones, la última en El Cairo. Junto con otros nacionalistas fundó en 1943 el partido de Al Istiqlal. El Fassi, monárquico convencido y muy cercano a Sidi Mohamed V, fue uno de los pilares ideológicos de la lucha por la independencia marroquí y uno de los símbolos de la unidad nacional. Estuvo en muchas ocasiones en Tánger donde podía, en principio, vivir y desarrollar sus actividades libremente y reunirse con sus correligionarios y otros políticos nacionalistas. Después de la independencia ocupó varios cargos políticos de importancia y visitaba con frecuencia Tánger.

[138] Nació en Tánger en 1948. Es hijo de madre española y padre belga (Willy Westrynge, conocido industrial y comerciante de Tánger). Ocupó desde 1979 a 1986 la secretaría general del partido Alianza Popular, liderado por Manuel Fraga Iribarne. Fue, también, diputado nacional (1982-89). Es profesor de Ciencias Políticas en la Universidad Complutense de Madrid. Ha escrito varios libros entre los que destaca *Memorias de un maldito* (Grijalbo, 1999), en el que describe su juventud en Tánger.

de Alianza Popular, el partido fundado por Manuel Fraga. Jean Luc Mélenchon, también tangerino, nacido en 1951, es un importante político socialista francés que ha ocupado un puesto ministerial en su país. También es tangerino Alí Yata, el fundador del partido comunista marroquí y luego del Partido del Progreso y del Socialismo. Estuvo en prisión muchas veces y murió en 1997. Otro tangerino muy ilustre es el abogado y político Abderrahmane Yousufi, que nació en la ciudad internacional en 1924 y que llegó a ser primer ministro en 1998[139].

A Tánger iban con frecuencia políticos conocidos internacionalmente. Entre ellos destacan Winston Churchill, que visitó varias veces la ciudad residiendo en diferentes viajes en el Hotel Continental y en el Minzah, y Habib Bourguiba, futuro presidente de Túnez. El conde de Barcelona, Juan de Borbón, heredero y pretendiente del trono de España, se reunía en el puerto de Tánger en su yate *Giralda* y, más tarde, en el *Saltillo* o en el Hotel Minzah, con monárquicos españoles, en muchas ocasiones sin el total conocimiento del consulado español. La mayoría de las veces iba acompañado por sus hijos, entre ellos, el futuro Rey Juan Carlos.

---

139 Abderramane Yousufi es licenciado en derecho y en ciencias políticas y militante histórico del nacionalismo marroquí. Entre otras actividades ejerció de abogado en Tánger desde 1952 a 1960, realizando la pasantía en el despacho del decano Leopoldo Ceballos Cabrera. Fue, a su vez, decano del Colegio de Abogados de esa ciudad entre 1959 y 1960. Era miembro del partido del Istiqlal desde 1943, pero en 1959 junto con otros compañeros creó el partido de izquierdas Unión Nacional de Fuerzas Populares (UNFP), luego denominado Unión Socialista de Fuerzas Populares (USFP), del que fue secretario general durante diez años. Estuvo en el exilio durante quince años y solo pudo volver a Marruecos a partir de 1980. Desde 1998 hasta 2002 fue primer ministro de Marruecos.

CAPÍTULO V
VIDA ECONÓMICA

Uno de los encantos de Tánger era que se podía conseguir cualquier cosa siempre que se pudiera pagar. Y hacer también cualquier cosa: no había nada incorruptible. Era solo una cuestión de precio.

Paul Bowles, *Déjala que caiga.*

5.1. PRINCIPIOS BÁSICOS Y DIRECTORES

El Estatuto consagró el régimen económico de *puertas abiertas* tanto comercial como financiero que disfrutaba Tánger desde la segunda parte del siglo XIX y le concedió una completa autonomía financiera independiente del resto de Marruecos. Así, durante la vigencia del Estatuto existió en Tánger una total libertad de importación y exportación con escasas excepciones como las de las armas así como la libre circulación de divisas. Tánger, era, además, un paraíso fiscal ya que los impuestos eran muy limitados hasta tal punto que los derechos de aduanas constituían el principal ingreso de la Administración tangerina. El franco marroquí era la única moneda oficial aunque la peseta circulaba libremente, era convertible y tenía fuerza liberatoria*.

Esta situación quedó, en parte, en suspenso durante la ocupación española entre los años 1940 y 1945 aunque cuando la misma terminó la situación volvió a su cauce normal[140]. Gracias a la consolidación social y económica que se había producido durante el quinquenio español la aplicación de las normas

[140] En nota a pie de página en el apartado 2.6. se informa de la misión de personalidades tangerinas que en marzo de 1941 se trasladó a Madrid para tratar con los ministros Serrano Suñer y Demetrio Carceller, sobre los problemas económicos derivados de la incorporación de Tánger al protectorado.

propias de una economía abierta y liberal en un mundo cerrado y, en muchos casos, autárquico favoreció el desarrollo económico de la zona, que vivió desde entonces una época extraordinaria de esplendor. Mientras que en toda Europa y, particularmente, en España, se atravesaba un periodo de escasez y de pobreza, y se intentaba proporcionar a sus habitantes los más elementales productos de primera necesidad, en Tánger se vivía con cierta abundancia y brillantez.

Se creó en la ciudad un importante centro financiero donde se refugió una considerable cantidad de oro y de divisas con los cuales se comerciaba libremente. Por otra parte, la convertibilidad de la peseta permitió que se desarrollara en la ciudad internacional, legalmente, un importante centro de cambio de divisas que alimentaba el contrabando de mercancías entre Tánger y los principales países del Mediterráneo.

Por otra parte el muy favorable sistema fiscal imperante en Tánger favoreció la creación de sociedades mercantiles que establecieron su sede en la ciudad internacional para escapar en parte o en totalidad a otros sistemas fiscales más severos imperantes en Europa o en las zonas de protectorado. Además, Tánger conservó siempre su atractivo turístico que dio lugar a que en los años cincuenta acudieran a la ciudad internacional decenas de miles de turistas.

5.2. POBLACIÓN ACTIVA Y EMPLEO

Según los cálculos de la Administración internacional, a mediados de los años cincuenta la población tangerina oscilaba alrededor de los 172.000 habitantes, constituyendo su población activa solo una cuarta parte de la misma, es decir, algo más de 40.000 personas, sin que se disponga de información sobre su distribución. Como ya hemos señalado aquella cifra puede ser elevada hasta cerca de 200.000 personas, estimándose que la población activa podría oscilar alrededor de los 50.000 trabajadores. Se calcula que unos 5.000 individuos trabajaban en la Administración internacional de Tánger o en los monopolios o servicios públicos de la zona financiados por la propia Administración o bien por los países que formaban parte de tal Administración internacional. Se puede estimar que otro millar de personas trabajaba en los servicios de la Mendubía y en los distintos consulados y se calculaba que otro grupo de cerca de 4.000 personas estaba constituido por profesionales liberales como banqueros, médicos, abogados o ingenieros, y escritores, artistas y empresarios autónomos. Una buena parte del resto de la población activa lo constituían los comerciantes, artesanos, empleados administrativos, auxiliares, etc. sin que se conozca su número ni la distribución del resto de los trabajadores. En 1953 la Oficina de Trabajo de Tánger estimaba que habría en la ciudad solo unos 3.000 parados.

5.3. SISTEMA PRODUCTIVO

5.3.1. Sector primario

La producción agrícola en la zona de Tánger era muy limitada y solo abastecía el 5% de las necesidades de la población. La agricultura tradicional comprendía el cultivo de trigo duro, básico para la alimentación marroquí, que se producía escasamente, ya que, en 1952 en su mayor parte era importado del protectorado francés, de España y de Canadá. También se producía cebada, avena y sorgo. Se importaban considerables cantidades de trigo blando y de harina de trigo blando y duro así como de arroz, que procedía en su mayor parte de España. La producción de hortalizas era también escasa. Por su parte la ganadería tampoco abastecía suficientemente a las necesidades de la zona. El ganado principal de la zona era el ovino (37%), el bovino (26%) y el caprino (22%). En 1952, aproximadamente, el 42% de las carnes consumidas en la zona procedían del protectorado francés, un 18% llegaba desde España o de la zona de protectorado español y el resto eran producidas localmente.

Como ocurría en la mayoría de los países del Magreb la pesca no era una de las actividades preferidas de la población indígena. Algunos pescadores echaban sus redes en la playa y cogían algunas peces que vendían sobre la marcha a los tangerinos que habían ido a ver sacar el copo. Pero la producción era insuficiente por lo cual el consumo local, que había crecido considerablemente en los años 40, era abastecido, en gran parte, por la pesca de barcos españoles procedentes de los puertos cercanos que, en parte, descargaban sus capturas en la lonja de pescado del puerto. En 1954 el movimiento de barcos pesqueros españoles superó las dos mil unidades, que proveían el 82% del consumo de pescado de la Zona. El resto correspondía a las capturas locales.

5.3.2. Construcción e industria

Construcción

Tánger tuvo, a principios del siglo XX, un extraordinario desarrollo inmobiliario cuando la antigua ciudad o *medina*, que no podía albergar a todos sus habitantes, obligó a muchos de ellos a instalarse alrededor de las murallas de la ciudad y más tarde a extenderse por lo que se llamó el Ensanche. En menos de veinte años se construyeron las principales avenidas y arterias y muchos de los más relevantes edificios de Tánger. Pero esta actividad constructora bajó considerablemente en los años 30 y ello, en buena medida, a causa de la recesión mundial iniciada con el *crack* del 29 que, aunque no afectó mucho a Tánger, limitó las inversiones inmobiliarias. A ello siguió la guerra civil española, que introdujo elementos de inseguridad en la ciudad, lo que también limitó la construcción. Por último la segunda guerra mundial y la ocupación de Tánger por las autoridades españolas no favorecieron, tampoco, esta actividad.

Sin embargo, a partir de 1945 la construcción tuvo un enorme desarrollo. La actividad inmobiliaria se multiplicó cinco veces en lo que a permisos de construccion se refiere pero más de siete veces en cuanto al valor de la misma y a rendimiento finaciero. En los 50 los alquileres daban un rendimiento del 10-12% del valor del inmueble. Todo favoreció la creación de empleo y también la importación muy considerable de materiales de construcción, como por ejemplo, cemento, ladrillería, cerámica y productos siderúrgicos, así como la instalación de fábricas de muchos de los materiales necesarios.

La mayor parte de los profesionales y personal técnico, capataces, artesanos y obreros especializados o calificados que intervenían en la construcción eran españoles, siendo escasa, menos del 12%, la proporción de trabajadores de este tipo de otras nacionalidades. Algo parecido ocurría con otros oficios especializados como carpintero, pintor, fontanero, etc. El resto de trabajadores, semi-calificados o sin calificar, los menos remunerados, eran, salvo muy escasas excepciones, españoles o marroquíes.

Industria

Era escasa. Había habido casos de interés como el de los Pradal, que crearon una de las primeras lecherías modernas y otros negocios en el campo agrícola. Hacia 1950 las principales fábricas de la zona eran dos almadrabas que trataban el atún y el pez espada y que constituían una parte importante del sector ya que en 1952 contaba con unos 170 empleados con una producción de más de medio millón de toneladas de pescado tratado. También eran importantes las salinas de Tahardatz. A ellas se unían dos fábricas de hielo, una de las cuales era de Gonzalo Seguí, otras de crin vegetal y varias empresas de materiales de construcción impulsadas a partir de 1946 por el rápido crecimiento de la construcción inmobiliaria. Se crearon, también, algunas fábricas de azulejos, baldosas, depósitos de mármoles de Petri, construcciones metálicas, piedras artificiales y otras y fueron desarrolladas algunas canteras. Arquis y García creó una empresa marmolera.

Se establecieron otras fábricas como una de textiles; otra de cerveza, Les Brasseries Internationales de la carretera de Rabat, que producía unas 40.000 botellas diarias de distintas marcas como Pils, Corona o Bock; una fábrica de productos de nácar; otras de losetas propiedad de Antonio Llardent; de margarina, la de pastas de Petri, y otra de jugo de frutas. Además de la fábrica de Coca-Cola, la International Bottling producía las bebidas Star Soda y Crush, muy conocidas en la ciudad. Se creó una zona industrial en el barrio de Mogoga.

Otros sectores fueron los tradicionales como el de pieles, madera y vestido y otros de mayor valor añadido como pinturas, aceites esenciales, productos alimenticios (molinos, conservas, frigoríficos, etc.). Muchos artesanos como, por ejemplo, los panaderos, pasaron pronto del horno de pan tradicional moruno a las panaderías modernas como las instaladas por Evaristo Trigg o Antonio Verdugo, Paul Sacasse, los hermanos José y Juan Seguí, Manuel Fernández Reyes, que implantó una de las más modernas maquinarias que existían en Tánger y Francisco Macca, propietario de la muy popular Panadería Italiana en la calle Sanlúcar.

Pero Tánger no era una ciudad industrial. En primer lugar no había suficientes empresarios sino más bien comerciantes o financieros, Por otra, la actividad industrial tenía una seria competencia que le venía por la facilidad de importar cualquier producto con un gravamen de solo un 12,5%, lo que suponía la práctica inexistencia de protección arancelaria. Solo valía la pena producir aquellos productos en los cuales Tánger tuviera grandes ventajas comparativas que, prácticamente, no existían en la Zona. Además, básicamente, no había capital dispuesto a invertir en proyectos industriales cuando los rendimientos comerciales o financieros eran y podían ser superiores a los de aquellos.

5.3.3. Administraciones públicas y monopolios

Los principales gastos del sector público se referían a la policía, que contaba con algo más de 700 personas, la Administración, en la que trabajaban alrededor de unos 600 funcionarios, y no más de cien en la Jurisdicción Internacional. Tanto en el Comité de Control como en la Asamblea, la Administración solo asumía los gastos de secretaría y de auxiliares, ya que el primero estaba compuesto por los cónsules y sus adjuntos con sus respectivos apoyos administrativos y porque los miembros de la Asamblea actuaban a título gratuito. Los servicios de la Mendubía eran pagados, en parte, por el Majzén cherifiano y, en parte, por la Residencia General francesa. La Zona de Tánger no tenía gastos militares, ya que no disponía de ejército, siendo escasos los gastos de educación y hospitalarios ya que las instalaciones dependendientes de tal Administración eran mínimas. Otro tanto ocurría con algunos servicios básicos como los de correos y telégrafos, que correspondían a los países que los ofrecían o bien a instituciones privadas u otros que dependían de concesiones o monopolios.

Los principales monopolios concedidos por la Administración eran los relativos al agua, electricidad, tabacos y autobuses.

Electricidad y Agua

La electricidad fue introducida en Tánger, hacia 1890, por el marqués de Comillas[14]. Con la ayuda del ingeniero Rodolfo Vidal financió una central eléctrica de producción y distribución de energía eléctrica, así como la instalación de los postes de alumbrado necesarios para distribuir la energía. En 1892 funcionó el primer alumbrado en el Zoco Chico, que se extendió a otras partes de la ciudad. En 1917 se creó la Compañía Electra Hispano Marroqui (CEHM), que dirigieron José Canales, el ingeniero Emilio Bonnelli y Carlos Marco como jefe de contabilidad y más tarde como administrador de la misma. El suministro de electricidad procedía de la central térmica de Mogoga, que tenía una potencia de 6.500 kW, cuya explotación y distribución correspondía a la Société Marocaine d'Eau et Electricité.

Hasta principios de los años veinte del siglo pasado no existió un sistema general de distribución de agua. Ésta llegaba a las casas por porteadores que las llevaban en mulos desde los diferentes pozos, cisternas y fuentes que existían en la medina y sus alrededores. Hacia 1920 se creó la ya citada Société de Distribution d'Eau que obtuvo el monopolio de la conducción y abastecimiento de agua de Tánger a partir de los pozos del macizo de Charf el Akab, situados a unos veinte kilómetros de la ciudad construyendo un depósito en el punto kilomético 18 de la carretera de Rabat. Pero fue insuficiente, por lo que se produjo gran cantidad de cortes de agua. Más tarde, en 1932, esta empresa se fusionó con la CEHM más arriba citada creándose la Société Marocaine d´Eau et Electricité, que obtuvo el monopolio de la distribución y venta en Tánger de agua y electricidad aunque hasta 1950 se siguió denominando Electra Hispano-Marroquí.

En 1952 la Compañía contaba con más de 16.000 abonados. Durante muchos años el Director Gerente de la empresa fue Juan Bautista Topete Fernández, que falleció en 1953, con el que colaboraba el ingeniero francés Victor Aumage como director técnico. José Marcos fue durante años el administrador de la compañía. La gran mayoría de los empleados técnicos eran españoles como Juan Vela, José Gil, Agustín Peralta, Domingo Paz o José Molina.

Tabaco

Parece ser que aún antes de que llegaran los árabes a Marruecos los indígenas fumaban el *kif* obtenido del cáñamo, abundante en la zona norte de país.

[14] Claudio López Bru, segundo marqués de Comillas (1853-1925), era Grande de España y poseía una gran fortuna. Heredó, entre otras, la Compañía Transatlántica Española, la de Tabacos de Filipinas y la empresa de seguros Banco Vitalicio. Conocía bien Tánger, donde estuvo en varias ocasiones. Favoreció la creación de una línea marítima entre la península y Ceuta y Tánger. Impulsó la creación de la Cámara de Comercio Española de Tánger y apoyó al P. Lerchundi en su proyecto de instalar una imprenta, así como en la introducción del teléfono. Propuso que el arquitecto Antonio Gaudí proyectara la Catedral de Tánger. Sus obras de caridad eran muy abundantes. El poeta Jacinto Verdaguer, que también estuvo en Tánger con Gaudí, trabajó con el marqués durante muchos años.

Asimismo, antes de la colonización se fumaba en Marruecos un tabaco fuerte solo o mezclado con el *kif.* Además, se utilizaba el tabaco como polvo o rapé. Se creó una floreciente, aunque modesta, industria tabaquera muy atomizada que se centró, principalmente, en Tánger y que dio ocupación a varios centenares de obreros y empleados en gran parte españoles. Los principales fabricantes eran Marcos Serruya, Eugenio Giuliano, Isaac Coriat, Benzaquen & Benoliel, Sananes, Benassayag, Lázaro Baglietto, Jurado, Cervera, etc., que importaban tabaco de Estados Unidos, Cuba, Brasil, Filipinas y otras procedencias. También utilizaban tabaco producido en Marruecos.

Pero esta situación terminó al aplicarse las disposiciones del Acta de Algeciras y el Estatuto. Ordenaban la creación de un monopolio sobre el tabaco y el *kif* que dio lugar a la constitución en Tánger en 1933 de la Société Internationale de Régie Co-interessée des Tabacs au Maroc, previa indemnización a los propietarios de las pequeñas fábricas existentes. Pocos años después, la Régie decidió trasladar la producción a nuevas fábricas en Casablanca y Port-Lyautey, lo que ocasionó el cierre de la existente en Tánger. Algunos de sus empleados se trasladaron a los nuevos centros de tabacos pero los más perdieron su trabajo y recibieron escasas indemnizaciones. La Régie des Tabacs siguió suministrando cigarrillos, picadura, puros y otros productos a Tánger. Los productos del monopolio más conocidos eran los Casa-Sports y los Olympic, negros, y los Marquises, rubios. El monopolio importaba cigarrillos españoles como los Celtas y franceses como los Gauloises y los Bastos y una larga serie de cigarrillos y puros ingleses y americanos.

Autobuses

A principios de los años cincuenta existía, en sistema de monopolio, una buena red de transportes colectivos propiedad de la Empresa de Transportes Colectivos de Tánger que dirigía el portugués Joaquím Francisco de Oliveira. Unió, inicialmente, el Zoco Grande con distintos barrios de la ciudad como los de Suanis, Monte, Marchán y Zoco de los Bueyes, etc.[142] La principal parada estaba situada en el mismo Zoco Grande, frente al Cine Rex. Inicialmente se utilizaban autobuses pequeños tipo Morris y más tarde más amplios Studebaker. Iban a poca velocidad y paraban a petición de los pasajeros, que tiraban de una correa larga que accionaba una campana. El cobrador iba de pie y paseaba por el pasillo del autobús cobrando a los pasajeros. A mediados de los 50 la red contaba con nueve líneas que unían el Zoco Grande con los cuatro destinos anteriormente

142 Se criticaba la lentitud de los autobuses con una ingeniosa frase que utilizaba los nombres de algunas paradas: *monte* pero *marchan* como *bueyes.*

señalados más, con ciertas limitaciones, a Sidi Amar, el aeropuerto, la Avenida de España, el Bordj, el Puente internacional, Val Fleuri y Mogoga.

5.3.4. Otros servicios y profesiones liberales

A finales del siglo XIX, en poco tiempo, Tánger pasó de ser una medina reducida a constituir una ciudad cosmopolita donde no solo vivían diplomáticos, su familia, personal auxiliar y sirvientes, sino también comerciantes, artesanos y profesionales de todo tipo que ofrecían sus servicios y que rodeaban y apoyaban a las respectivas legaciones y a los centros administrativos y a las industrias que se abrieron poco a poco.

Los profesionales más necesarios fueron los médicos y el personal sanitario, ya que una de las primeras preocupaciones de los europeos que vivían en Tánger era la de superar la situación de abandono que la sanidad e higiene tenían en la ciudad. Se instalaron pequeños centros de asistencia que, pasando los años, se convirtieron en importantes establecimientos sanitarios como el Hospital Español, el Benchimol, la Cruz Roja, el Hospital Francés, el italiano, etc. Otro tanto ocurrió con el sector educativo, que se desarrolló rápidamente desde las últimas décadas del siglo XIX hasta mediados del siguiente creándose un considerable entramado de centros de enseñanza de distintas nacionalidades que ofrecieron a los tangerinos un buen nivel de educación.

En muy pocos años llegaron a la ciudad no solo profesionales de la educación y de la sanidad, sino también arquitectos, ingenieros, topógrafos y otros especialistas de la ingeniería y de la construcción para hacer frente a la demanda de servicios técnicos demandados por el desarrollo de la ciudad. El enorme auge inmobiliario y financiero propició la apertura de agencias inmobiliarias, fiscales y de negocios. Algunas eran tan conocidas como la que fundó en 1912 Enrique Coronado, hijo del dueño de la Calera Paquete, que intervino en la compraventa de muchos de los terrenos y propiedades de Tánger como la Villa Harris; la creada en la calle del Estatuto por Ahmed Akalay, que fue vicepresidente del Comité de Iniciativas; la del francés Lucien Bonnet, miembro de una de las más antiguas familias de la ciudad; la sociedad Noratco, con sede en la calle Viñas, creada por el italiano Nisso Gabai, vinculado a la representación consular italiana en Tánger; o el muy conocido Cabinet Bendahan, que intervino en algunas de las grandes operaciones y proyectos que se desarrollaron en Tánger.

Una de las consecuencias del incremento de habitantes fue el crecimiento de los litigios que, inicialmente, eran juzgados por los Tribunales consulares y que luego pasaron a ser de la competencia del Tribunal Mixto o de la Jurisdicción

Internacional. Para ocuparse de estos temas llegaron a Tánger jueces, personal judicial, auxiliares y, lógicamente, se unieron a ellos abogados y expertos judiciales[143].

5.4. COMERCIO Y DISTRIBUCIÓN

5.4.1. Comercio interior

Cuando se produjo la internacionalización de Tánger la dependencia del exterior se incrementó así como los servicios relacionados con la distribución de las escasas mercancías producidas en la Zona y de los productos que eran importados. Se fue creando, poco a poco, un entramado comercial que, gracias por una parte a la contribución de los indígenas y, por otra, a las técnicas comerciales de los judíos y de los extranjeros, llegó a tener una relativa importancia. Inicialmente fueron los rifeños* que vivían en los alrededores de Tánger los que aportaron a la ciudad los escasos bienes agrícolas y ganaderos que producían y que vendían en los mercados abiertos que se celebraban en los zocos de la ciudad. Pero como la producción local no era suficiente para la alimentación de sus habitantes, se produjo el incremento de los precios y el deseo de muchos comerciantes de importar del exterior los productos alimenticios necesarios que eran, prácticamente, de todo tipo, ya que de ninguno había producción suficiente en la zona de Tánger. Paralelamente, ocurrió otro tanto con otros productos de consumo o industriales que eran necesarios en la ciudad.

Los zocos siguieron funcionando pero, en poco tiempo, se creó una amplísima red de pequeñas tiendas o *bacales** en las que se encontraban todo tipo de productos alimenticios y de consumo. Una parte considerable de los *bacalitos* estaban regentados por *sussis** procedentes del sur de Marruecos en el Anti Atlas. Muchos de ellos vivían en el mismo *bacalito*. Paralelamente, muchos comerciantes hebreos actuaron de representantes y comisionistas de firmas extranjeras que vendían al por mayor o que distribuían, directamente, al consumidor. A ellos se unieron bastantes europeos, principalmente españoles que, básicamente, desarrollaron el comercio con España. Pero no bastaba con importar sino que era necesario distribuir y llegar al cliente último.

Las tiendas se abrieron por doquier. Inicialmente fue en el Zoco Chico, en la calle Siaguins y en sus alrededores donde se instalaron las primeras tiendas modernas, como Au Gran París, aunque, poco a poco, se fueron extendiendo

[143] Véase 3.6. El Tribunal Mixto, luego Jurisdición Internacional.

por el Ensanche y, principalmente, por la calle del Estatuto, la Plaza de Francia, y lógicamente, por el Bulevar Pasteur[144]. En los años cincuenta Tánger contaba con cientos de tiendas, bazares, comercios y almacenes donde se vendían los productos más indispensables así como los más inútiles o sofisticados. No es objeto de este libro inventariar el abundante comercio que existía en la ciudad pero sí podemos señalar, por ejemplo, que en Tánger se consumían todo tipo de productos alimenticios de las mejores marcas, que vendían tiendas como la de Sinforiano García en la cuesta de la Playa, la de Gösta Wykman en la plaza de Francia, Casa Massañoz de J.J. Muñoz Massa, Aux Délices de France en la calle de Fez o Edward's Stores en la del Estatuto, así como los vinos y licores de más fama que distribuían, entre otros, Saccone&Speed, de la antigua familia gibraltareña de los Saccone. En el Zoco Grande se abrió mercado cubierto que perdura en el que se vendían todo tipo de productos alimenticios tanto vegetales como otros procedentes de la pesca.

Los productos de perfumería y cosméticos se vendían, entre otras muchas tiendas, en perfumerías como las de Virginia o Eva, ambas instaladas en el Bulevar, o bien en la Perfumeria Rex. Algunos representantes de productos farmacéuticos eran Bumageco S.A. de Bensadon, en la que trabajaba Mario Boetti, que casó con Carlota Matamoros, Copharin en la calle Rembrandt, así como la empresa de Sam Mobily-Güitta, de antigua familia española. Entre las más importantes tiendas de muebles figuraban Loscertales, que tenía una magnífica exposición en calle Velázquez, Le Palais du Mobilier en el Bulevar Anteo y los Muebles Caro, que hizo popular «Un mueble Caro es barato».

La marroquinería estaba en venta en tiendas como Loewe, que decidió abrir casa en Tánger para competir con otras marroquíes o de experiencia como Roses des Sables o los bazares de la medina. Las firmas Roan, El Remate, Valrant y Windsor eran quizá algunas de las más conocidas camiserías y tiendas de confección y Bata, Calzados el Valenciano, Bally, Calzados Menorca y Calzados Nahón sobresalían como tiendas de calzados. Muchos almacenes vendían materiales de construcción como, por ejemplo, LUCIA, Soconex o la empresa de Sempere en la calle México y, por supuesto, Cementos Tánger. Otros muchos ofrecían material de ferretería o eléctrico como las tiendas de Los Dos Leones de Francisco Muñoz, las de Orbea, Lorenzo Zoccola o de Crescencio Casado y los Talleres Gascón. Varias tiendas exponían porcelanas y cristales como Grifé y Escoda en el Bulevar Anteo y Christofle en la calle del Estatuto y otras trabajaban la fotografía o los artículos fotográficos, siendo muy conocidos los estudios de Theodor Tukker, uno de los más antiguos de Tánger, el Studio de France o los estudios de Alba

[144] Entre otros estaban La Sultana y los grandes almacenes como Au Grand París, Les Magasins Modernes, Galeries Lafayette, Au chic, Kent y Galerías Preciados. Por su parte, Galeries Lafayette abrió en la calle México.

o Zubillaga y, por supuesto, Casa Ros, que estaba en el Bulevar. Por su parte, Bensadon y Cía era el importador exclusivo de las principales marcas de relojes.

Las agencias que representaban a firmas de automóviles eran numerosas. En Tánger se vendían cada año centenares de vehículos de las más famosas marcas como Chrysler o Plymouth, que representaba José I. Toledano, o Morris o De Soto, que vendía La Centrale Automobile. Otras empresas, que dirigían personajes tan conocidos en Tánger como Alberto Parres, que casó con Leonor Navarro hermana de Rodrigo, médico, y José Gilberto, dentista; los Marques o los Nahón, ambos de muy conocidas familias tangerinas; y otros comercializaban otras marcas como Chevrolet, Citroën o Volkswagen. Las firmas de Ayuso y Sánchez Aranda o de Joaquín Codoñer, posiblemente, eran algunas de las más importantes en venta de cubiertas y repuestos. Se producían al año unas 1.200 matriculaciones nuevas y más de dos mil traspasos de coches de segunda mano. Circulaban pocas motocicletas.

Algunas de las imprentas que funcionaban en Tánger tenían varias décadas de existencia como la Imprenta Hispano-Arábiga de los Franciscanos, la de Henri Tellier o la Editorial Erola de Francisco Erola, que fue también propietario de la Farmacia Central. Otras como la Editorial Cremades, que también tenía imprenta en Tetuán, las Imprimeries Marocaines o Editions Internationales figuraban también entre las más prestigiosas de la ciudad. Las papelerías más conocidas eran, posiblemente, las dos de los hermanos Lebrun fundadas en 1909 y que estaban en el Zoco Chico y enfrente de la Grande Poste, la de Albert Tarpin y la de Salomón Elgaly, que inicialmente estaba en calle Nacería y que se situó en 1949, magníficamente, enfrente del Liceo francés; la de Victoria en calle Goya, también cerca del Liceo, y la de Abraham Ponte en la plaza Betanzos muy cerca del Instituto Español. Había también muchas librerías de las que nos ocupamos en otro lugar de este libro.

Entre algunos de los servicios más utilizados por los tangerinos señalamos las agencias de viajes, entre las que destacaban Voyages Schwartz, Ybarrola S.A., que representaba a Meliá y American Express y que actuaba en nombre de la Bland Line; las ópticas, siendo algunas de las más conocidas la Óptica Goya, Ravassard y la propia Casa Ros; las peluquerías, como por ejemplo, las de Pepe y Mari-Jo en la calle Estatuto o la de Isa y Dante en la de Rembrandt; las tintorerías Americana de Teodoro Enfedaque o la Amaya, que era una de las más modernas, etc. No es cuestión de seguir con esta relación de comercios y servicios que se haría interminable. Baste con decir, remedando a Paul Bowles, que uno de los *encantos* de Tánger era que se podía conseguir cualquier cosa siempre que se pudiera pagar.

Cámaras de Comercio

La Cámara Española de Comercio de Tánger fundada en 1886, junto con la de París, es la más antigua de las españolas en el extranjero y, asimismo, la más antigua de las extranjeras de Marruecos. Ha tenido un considerable protagonismo en la vida económica de Tánger. En 1956 la Cámara tenía más de mil socios, cifra superior a la de todos los miembros juntos de las demás cámaras extranjeras en Tánger. Aunque la mayoría de tales socios eran españoles, una parte considerable de los mismos eran de las más diversas nacionalidades, siendo muchos de ellos marroquíes. Ha estado ubicada en diferentes lugares para, al final, instalarse en la calle de San Francisco, terrenos propiedad del Estado español. Durante muchos años fue presidente de la Cámara José Luis Massa[145], colaborando con él, entre otros conocidos industriales o comerciantes, Manuel Carrión, Juan Zacarías, Enrique Coronado, Samuel Salama, Mohamed Akalay, José Millet, Ernesto Caparrós, León Ibarra y Gonzalo Seguí.

La Cámara de Comercio francesa fue creada en 1909 siendo su primer presidente el abogado Daniel Saurin. En 1946 tenía como vicepresidente a De la Bollardière y como miembros, entre otros, a A. Tarpin y H. Paysse, que actuaba de tesorero. Tenía su sede en la calle Goya. La Cámara inglesa fue fundada en 1916 siendo su primer presidente el caíd MacLean. Años después se creó la Cámara marroquí que presidió Mohamed Meki Bennani con los vicepresidentes Abdeslam Massoud y Abraham Laredo y con Larbi Fassi como secretario general. En 1955 la Cámara de Comercio italiana estaba presidida por Gabriel Salomone, con el que colaboraban los vicepresidentes Lorenzo Zoccola y Augusto Bussinelli, y Gugliermo Garassino como director.

La Cámara Internacional de Comercio, Industria y Agricultura de Tánger, situada en la calle Fernando de Portugal, estaba constituida, en los años 50, por las cámaras de comercio española representada por José Luis Massa y Juan Zacarías; la francesa, por A. Martini; la italiana por Sig. Lanino y la marroquí por Abraham Laredo y Mohamed Fahsi. Participaba también en las actividades de esta cámara la Asociación de Hoteleros representada por A.G. Mari. Henri Perès era su presidente, siendo vicepresidente Si Abdelkader Harichi, Jacques Lezra secretario general e Isaac Cohen tesorero.

[145] Llegó a Tánger en la década de los 40. Consiguió ser uno de los empresarios españoles más importantes. Era presidente de Incoesa, una de las primeras empresas importadoras de productos españoles, y consejero de otras muchas como Editora Marroquí, Cork Trading Industries, Pesquerías Hispano-Tangerinas, etc. En 1960 fue nombrado presidente de honor de la Cámara. Tuvo un papel protagonista en las gestiones realizadas ante el gobierno marroquí para que se concediese a Tánger un régimen especial.

5.4.2. Distribución y transporte

El sistema de distribución en la ciudad, que inicialmente era totalmente primitivo, tuvo en la primera mitad del siglo pasado una formidable expansión hasta tal punto que en esa época Tánger llegó a contar con una magnífica red interna de distribución comercial. Estaba muy bien conectada con los dos protectorados, español y francés, así como con España y Europa a través de un entramado bastante bueno de comunicaciones terrestres, ferroviarias, marítimas y aéreas. Todo ello se consolidó con la modernización del puerto y del aeropuerto internacional, que eran de los mejores del Norte de África.

Transporte urbano

Estaba bastante bien atendido. Pasó de ser un servicio que se realizaba a principios de siglo a lomos de burro y luego en coches de caballos hasta llegar, a mediados de los 20, a los primeros taxis de la empresa constituida por el francés Blanc, que creó una flotilla de coches Citroën que pintó de blanco que se denominaban *Taxis Blanc*. Instaló su parada principal en el Zoco Grande. El servicio de taxis tuvo un desarrollo considerable ya que a los de la empresa Blanc les siguieron, también con parada en el Zoco Grande, los Taxis Royal y otros muchos como los de los hermanos Mesa, los de Mulud, Avilés, Muagni y los Taxi Chico o Chicotax, que tenían su principal parada en la calle Foucauld. Además, las muy aceptables carreteras que unían Tánger con las zonas de protectorado francés y español permitieron a José Llodra establecer un servicio de autobuses, La Valenciana, entre Tánger, Tetuán, Larache y Alcazarquivir, que era muy popular en la ciudad. Llodra presidió la empresa siendo el secretario Rafael Mangado. Tenía su parada principal a los pies de la Terraza Renschausen. Había servicios diarios de otras empresas como La Ibérica (que pertenecía a Leopoldo Alandete) a Tetuán y de Escañuela a Larache. Por su parte, el Office Marocain des Transports, OMT, mantenía varias líneas con distintas ciudades del protectorado francés.

Transporte ferroviario

Tánger quedó muy bien conectada con el sur de Marruecos a través del ferrocarril Tánger-Fez. La explotación había sido concedida por 99 años a la empresa denominada Compagnie franco-espagnole du Chemin de Fer de Tanger-Fès en un convenio firmado en marzo de 1914 sometido a las leyes francesas. El capital fue suscrito en un 60% por Francia y el resto por España. El consejo de administración estaba compuesto por nueve representantes franceses y seis españoles, siendo francés el presidente M. Griolet y español el vicepresidente, Estanislao de Urquijo, marqués de Bolarque. Estaban al frente de un equipo de dirección de cerca de 20 personas, la mayoría franceses, y de unos 50 obreros, en su mayor parte marroquíes. El ferrocarril fue inaugurado en junio de 1927. Contaba con 315 kilómetros de línea de vía única, de los cuales 18 correspondían a la zona de Tánger, 93 a la zona de protectorado español y 204 a la francesa. El ferrocarril unía diariamente, ida y vuelta, a Tánger con Fez y Casablanca. El viaje entre esta última ciudad y Tánger duraba unas ocho horas, incluidas las dos paradas en las fronteras española y francesa. Hacia 1950 transportaba, anualmente, unos 60.000 pasajeros y más de 23.000 toneladas de mercancías.

El puerto

El puerto de Tánger tenía y mantiene una excelente situación, protegido por los cabos Malabata y Espartel, y una magnífica posición geográfica, estratégica y comercial. Durante la larga historia de la ciudad uno de los motivos que incitó a su conquista fueron las posibilidades que ofrecía su puerto, que portugueses y británicos convirtieron durante su dominación en un centro de paso importante en el Mediterráneo, pero que los últimos destruyeron cuando abandonaron la ciudad en 1648. Hasta finales del siglo XIX no contó con instalaciones portuarias mínimas sino solo con un pequeño muelle de madera como lo atestiguaron en sus viajes Alí Bey, Dumas o Andersen.

En las últimas décadas de ese siglo la Comisión Internacional de Higiene y Limpieza impulsó la modernización mediante algunas escasas instalaciones portuarias. Un austríaco levantó un embarcadero de madera en 1882 y años después, en 1897, un español, Jesús Bonilla consolidó y lo amplió con hierro y madera. Más tarde, como consecuencia de la visita a Tánger en 1905 del káiser Guillermo II, un grupo alemán liderado por el empresario de la misma nacionalidad, Adolfo Renschaussen, consiguió la concesión del puerto de Tánger y financió y construyó, por cuenta del Majzén, un muelle de 340 metros de longitud, obra que fue terminada en junio de 1908. El Sultán se comprometió a pagar el coste de las obras que junto con los intereses se elevaron a la suma aproximada de 2,2 millones de francos. Hasta que no se llegó a contar con tal muelle los barcos no podían amarrar en el puerto. Los viajeros que llegaban al mismo eran trasladados en barcazas hasta la playa, donde eran ayudados por indígenas, llamados *camalos**, quienes los transportaban en horcajadas o a hombros hasta tierra firme.

A principios del siglo pasado, Tánger era el primer puerto del país ya que canalizaba alrededor del 15% del comercio exterior marroquí. Además, durante mucho tiempo fue el único punto de partida para el peregrinaje a la Meca. Sin embargo, por una serie de motivos, principalmente políticos y económicos, a partir de la implantación de los protectorados francés y español, el dinamismo y desarrollo del puerto se estancaron reduciéndose considerablemente su participación en tal comercio exterior a solo el 5% en 1919. Quizá los motivos principales fueron que los franceses privilegiaron las actividades de los puertos de Casablanca y Kenitra y los españoles los de Ceuta y Melilla. Además, se hizo notar, también, la competencia de Gibraltar.

Sin embargo, el Estatuto de 1923 impulsó el desarrollo del puerto, cuya modernización y explotación fue concedida, por un periodo de 99 años, a la Sociedad del Puerto de Tánger constituida en París en 1922. El 30% del capital era francés, un 20% marroquí, otros porcentajes iguales correspondieron a capitales español y británico, siendo el 10% restante distribuido entre otros países estatutarios. Habida cuenta del reparto de las acciones, la dirección y la gestión del puerto quedó en manos francesas. En los años 50 el director general del puerto era el almirante Paul Marzin y el director adjunto Humbert, siendo el comandante del puerto Jean Gerardin, hombre muy apreciado en Tánger.

El complejo portuario tangerino estaba compuesto, por una parte, de un puerto cerrado que contaba con tres dársenas más varios muelles con los depósitos de combustibles líquidos, el muelle comercial para pequeños buques de cabotaje, otro destinado a la fábrica de hielo así como un fondeadero del Yacht Club Internacional. Por otra parte, contaba con puerto abierto de escollera, construido en 1935, de 1.020 metros de longitud que cimentaba cuatro muelles que permitían el atraque de transbordadores y grandes navíos. La extensión total llegaba a las 17 hectáreas y contaba con unos 20.000 metros cuadrados de almacenes, una conexión a la línea del ferrocarril Tánger-Fez y cuatro remolcadores y diferentes grúas y otros elementos complementarios.

A pesar de que la dimensión del puerto y sus instalaciones no eran suficientes, su movimiento fue considerable, multiplicando ampliamente su actividad desde 1946 a 1955, año en el que llegaron al puerto de Tánger cerca de 3.000 barcos, entre buques, vapores y veleros, con un tonelaje superior a los tres millones de toneladas, que movieron mercancías por un total de unas 300.000 mil toneladas entre importaciones y exportaciones. Entraron en Tánger algo más de 220.000 pasajeros y salieron alrededor de los 250.000 y hubo un movimiento de unos 25.000 vehículos. Tales buques, pasajeros y mercancías procedían, principalmente, de España.

Pero el puerto no tenía suficiente capacidad para hacer frente a las necesidades de la zona internacional y a las oportunidades que a la misma se ofrecían. Así, se decidió su ampliación. En los trabajos, que duraron más de tres años y que se iniciaron en 1954, intervino, entre otras empresas, un consorcio franco-español constituido por Schneider y Cubiertas y Tejados. Los gastos de ampliación fueron financiados con anticipos del Banco de Estado de Marruecos sobre los ingresos obtenidos mediante la nueva tasa *ad valorem* del 1%, creada en 1953 y que gravaba las mercancías consumidas en Tánger.

El puerto, independientemente de su relevancia económica, fue un lugar trascendente y popular en el Tánger internacional. Se le seguía llamando muelle a pesar de que había llegado a ser un puerto de cierta importancia. Allí lanzaban sus anzuelos muchos pescadores de caña. Los muchachos y los desocupados iban a ver a los buzos reparando los cascos y a los marineros arreglando las redes. Se contemplaba el atraque de los barcos de mercancías y pasajeros y de los barcos pesqueros. Se olía a alquitrán y a brea.

Transporte marítimo

Las comunicaciones marítimas desde Tánger a España y Francia y a otros países europeos eran bastante adecuadas. El transporte diario entre Tánger y Algeciras y viceversa estuvo asegurado todos los días, desde 1919, por buques de la compañía española Transmediterránea, que inicialmente no llegaban a las 1.000 tm. En 1952, el *Virgen de África* y el *Ciudad de Tarifa*, de 4.000 tm cada uno y que podían transportar unos 400 vehículos, realizaban, respectivamente, el trayecto Tánger-Algeciras en, aproximadamente, dos horas y el de Tánger a Ceuta en una hora. En 1954 Transmediterránea transportó 22.500 coches y 161.000 pasajeros. En ese mismo año comenzó a funcionar otra línea marítima entre Tánger y Melilla, Orán y Alicante. El delegado de la Transmediterránea en Tánger durante muchos años fue José Jorro, que durante algún tiempo fue vicepresidente de la Asamblea Legislativa[146].

Por su parte, la compañía Bland Line que dirigía el sueco Cabedo se ocupaba del transporte de viajeros entre Tánger y Gibraltar. Utilizaba siempre el mismo muelle. El *Mons Calpe*, que entró en servicio en 1955 y que albergaba a cerca de 600 pasajeros, hacía la travesía en dos horas y cuarto. Muchos gibraltareños viajaban a Tánger de compras o bien a pasar un fin de semana, especialmente en verano. Desde Tánger se podía, asimismo, viajar a Marsella y a Casablanca por medio de los servicios regulares de la Compañía Paquet, que había sido creada en 1851 en Tánger por Nicolas Paquet. También se disponía de una línea regular, tres veces al mes, a Estados Unidos a través de la American Export Line. Existían otras muchas conexiones entre la ciudad internacional y otros países, lo que permitía el transporte de personas y de mercancías desde cualquier punto del mundo a Tánger y viceversa.

[146] José Jorro Andreo (1885-1977), industrial y financiero español nacido en Orán de ascendencia alicantina. Desde joven fue colaborador del financiero mallorquín Juan March que le ayudó en varias de sus actividades empresariales. En 1942 creó en Tánger la Compañía Internacional de Comercio y Navegación, Intercona, S.A., que sigue trabajando en dicha ciudad y que actualmente preside su nieto Vicente Jorro Sainz de Rozas. Entre otras navieras representa y consigna a la Compañía Transmediterránea que desde 1919 une la Península con Tánger. Ocupó en Tánger, entre otros muchos cargos, la presidencia de la Cámara de Comercio española, fue vicepresidente, desde 1948 a 1955, de la Asamblea Legislativa, presidente del Yatch Club Internacional de Tánger y del Automóvil Club de España en Marruecos. Durante más de treinta años fue uno de los principales y más prestigiosos protagonistas de la ciudad internacional.

Transporte aéreo

En 1914 llegaron a Tánger tres aeroplanos procedentes de Larache pilotados por tres aviadores españoles. Aterrizaron en el Country Club. Fue un acontecimiento social de primera magnitud. Pocos años después, en 1919, una compañía francesa dirigida por Georges Latecoère montó una línea aérea entre Tánger y varias ciudades de Marruecos que funcionó desde 1919 a 1925. Fue absorbida por la Compagnie Générale Aeropostale, que tiempo después pasó a denominarse Air France. Hacia finales de la década de los 20 había vuelos a España y Francia. De conformidad con el Estatuto, los aeródromos civiles quedaron sometidos a la inspección de los oficiales nombrados por los consulados de España, Francia, Italia y Reino Unido para garantizar la desmilitarización de la zona y el cumplimiento del Estatuto sobre el particular.

A mediados del siglo pasado Tánger contaba con un aeropuerto internacional situado en Boukhalf a 12 km de la ciudad. Tenía una pista principal de 1.750 metros por 45 y otra secundaria de 1.200 y una más de circulación de 23 metros de anchura a la que se añadía una zona de estacionamiento de 9.000 m^2, todo ello muy bien complementado técnicamente. Era propiedad de Air France, cuyo director fue durante varios años Paul Fabre, que antes lo había sido de las compañías Aeropostale y Latecoère. El director del aeropuerto en los 50 era Adrien Bedrignans, siendo otros empleados el comandante Marcel Le Bas, el experto en meteorología, y el experto en radio André Descoutures.

Las conexiones aéreas entre Tánger y el resto del mundo eran frecuentes. Todos los días salían y entraban unos 20 aviones. Se podía viajar por Iberia —cuyo director durante varios años fue José Vargas— a Sevilla, Madrid y Barcelona, y por Air France a París y Marsella. Otras compañías conectaban también con Tánger por vía aérea desde Francia, Portugal y Gibraltar y otros puntos de Europa. Eran Air Maroc-Air Atlas, TAI, Transportes Aereos Portugueses, British Airways, Aigle Azur, Gibraltar Airways y otras más. En 1954 hicieron escala en el aeropuerto de Tánger cerca de 6.000 aviones de los cuales algo más del 12% pertenecían a Iberia con cerca de 60.000 pasajeros. De ellos cerca de una quinta parte eran de procedencia o destino españoles. Un hidroavión de Gibraltar Airlines unía también a Tánger con Gibraltar.

5.5. COMUNICACIONES

Correos

En 1861, se creó el Correo Español que, a partir de 1885, estuvo situado en el Zoco Chico en la calle de Correos. A principios del siglo XX el director fue Ramón Álvarez Tubau, que durante algún tiempo utilizó a los *rakkassa* o mensajeros indígenas para transmitir la correspondencia en el interior de Marruecos. Más tarde, Ricardo Atalaya Bono y Manuel Ahumada fueron funcionarios de dicho correo. En los años cincuenta Ricardo Camuñas era el director del servicio más popular y utilizado entre los tres que existían en Tánger. Con él colaboraban entre otros José García, Santiago Bartolomé, Alfredo Guitart y Manuel Durán. En 1955 fue inaugurada una estafeta española en la calle Fez, en los bajos del Inmueble Corvasa, buena prueba de que las autoridades españolas, en aquellas fechas, confiaban en el futuro del Tánger internacional.

El British Post Office (BPO) funcionaba, al parecer, desde 1857, con base en el consulado británico y utilizando sellos de Gibraltar. Pero en 1907 fue inaugurada una estafeta británica siendo el gibraltareño Roque Lyons[147] su primer director. El BPO tenía, inicialmente, su sede en la calle de la Marina en el Zoco Chico, desde donde pasó en 1938 al Bulevar Pasteur nº 15 para terminar en la calle de América del Sur. Sus directivos en los años cincuenta fueron M. Henderson y Blake. La Poste Française funcionó separadamente de la legación francesa desde 1887 y también se situó en el Zoco Chico enfrente del Correo español. En 1912, fecha de la instalación del protectorado francés, el correo francés fue sustituido por la Poste Cherifienne, que había sido creada alrededor de 1891 con ámbito marroquí. Esta Poste ocupó años después un magnífico edificio al final del Bulevar Anteo siendo su director, en los años 50, M. Righeti. Por su parte, el correo alemán empezó a funcionar en 1899 aunque por poco tiempo ya que solo duró hasta 1914, al inicio de la primera guerra mundial.

Los servicios de correos citados emitieron sus propios sellos desde el momento que instalaron sus oficinas oficiales. En general, se trataba de sellos de los correspondientes países protectores sobrecargados con el nombre de «Tánger» o «Marruecos» en el idioma correspondiente. España sobrecargó con la palabra «Tánger» las emisiones de la Cruz Roja de 1926 y 1930. Asimismo, el correo inglés utilizó sellos británicos con la sobrecarga de «Tangier». Además, España emitió en 1950 una bella serie dedicada a Tánger. El servicio de correos británico funcionó hasta la independencia de Marruecos en 1956. En cambio, el español no se cerró definitivamente hasta febrero de 1958, fecha hasta la cual se mantuvo, en la calle

[147] Este personaje tuvo relevancia en Tánger ya que no solo fundó el Tivoli Theatre sino que, lo más importante, fue raíz de varias importantes familias tangerinas: Artesani, Sanz de Soto y Garrassino. Era de ascendencia escocesa. A mediados del siglo XIX se desposó en Gibraltar con la joven viuda Rita de Soto, que era un noble española de San Roque. Tuvieron cuatro hijos, entre los que figuraba Rock Lyons o Roque Lyons, que así se le llamaba en Tánger. Allí casó con una hija de Antonio Molinari, británico de ascendencia genovesa que era socio de Gregorio Abrines. El matrimonio Roque Lyons y Elisa Molinari tuvo tres hijas, Lydia, Celia y Ángeles, todas ellas británicas. La primera, Lydia, que utilizaba el apellido de su abuela, Soto-Lyons, casó con Emilio Sanz Barriopedro, una de las figuras señeras de Tánger. Por su parte, Celia contrajo matrimonio con John Joseph Artesani, que también tenía ascendencia genovesa y que había llegado a Tánger desde Gibraltar, en 1927. Ángeles casó con el italiano Guglielmo Garrassino, nacido en Casablanca y que era hermano de Gian Batista (Baccio) Garrassino.

Correos, el popular buzón con figura de cabeza de león por el cual se echaban las cartas. A principios de 1958 las oficinas de correos y telégrafos del Reino Unido y de España fueron integrados en el sistema marroquí. Ambas emitieron sobrecargas especiales alusivas al cierre, siendo la de mayor interés la del correo británico, ya que utilizó una sobrecarga con la inscripción «Tangier 1857-1957», recordando el centenario de su existencia, que coincidió con su cierre.

Telégrafos

El primer servicio telegráfico fue instalado en 1887 por la Eastern Telegraph (Cable & Wireless) británica mediante un cable submarino que iba desde Tánger a Gibraltar. El Telégrafo Español funcionó años después, hacia 1891, mediante un cable submarino entre Tánger y Algeciras. Luego, en 1905 Francia instaló otro cable entre Tánger y Cádiz que le permitió asegurar los servicios telegráficos entre la ciudad internacional y Francia a través de España. Posteriormente, España estableció conexión telegráfica con su protectorado por línea externa que también se utilizaba para las conexiones telefónicas. Así, durante bastante tiempo las comunicaciones telegráficas entre Tánger y la Zona francesa pasaban a través de la conexión española. Desde finales de los años cuarenta las relaciones telegráficas se realizaban a través de distintas empresas como la propia Eastern, RCA, la Mackay Radio y más tarde, por la Compañía Telefónica de España, los correos francés e inglés y La Voz de América. En 1927 llegó desde Gibraltar a trabajar en la Eastern como jefe telegrafista John Joseph Artesani, junto con otros gibraltareños, Licudi, Tavares y Garezzi. En los años cincuenta, los responsables de tales compañías eran North en la Eastern, en la que trabajó durante algún tiempo Harry Griffin; Jorgensen en la Mackay; y Long en la RCA. En distintas épocas fueron responsables del Telégrafo español Joaquín Muñoz Pozo, José González Ballesteros, José Luis Sarrais y Emilio Delgado.

En enero de 1958 los servicios de telégrafos español y británico fueron integrados en el sistema marroquí así como los de las estaciones comerciales norteamericanas MacKay Radio y RCA y la británica Eastern Telegraph y ello como consecuencia de la extensión a Tánger del monopolio en materia de telecomunicaciones por parte del Estado.

Teléfonos

Fue instalado en Tánger por primera vez en 1883 por una pequeña empresa propiedad del español Emilio Rotondo Nicolau, que obtuvo la ayuda económica del marqués de Comillas y la colaboración técnica de Andrés Mangado, que instaló una centralita en el nº 97 de la calle Siaguins. Rotondo, y más tarde su hijo, Emilio Rotondo y Pebrer, y Mangado, trabajaron duro consiguiendo contar con bastantes abonados.

Prosperaron hasta tal punto que en 1924 instalaron una nueva central telefónica encargada a la firma sueca Ericsson. En la lista de teléfonos de 1930 figuraban unos 700 abonados, de los cuales cerca de la mitad eran hebreos. El nº 1 lo tenía adjudicado el Banco de España. Los abonados debían pedir a las telefonistas las comunicaciones señalando, en español, el número al que querían conectar. Tánger fue la primera ciudad de Marruecos en contar con este servicio ya que Casablanca no lo tuvo hasta 1913. Además, existía también el teléfono cherifiano, dirigido por franceses, que contaba solo con 170 líneas y que tenía, inicialmente, la ventaja de contar con conexiones internacionales, de lo que no disponía el sistema de Rotondo. Éste mejoró de tal manera su servicio que hizo inútil el teléfono cherifiano.

La empresa Central de Teléfonos de los Rotondo y Manglado fue absorbida por la sociedad Torres Quevedo S.A. Posteriormente aquella fue denominada Telefónica de Tánger que llegó a contar con más de 10.000 líneas obteniendo la concesión de los servicios de teléfonos en la ciudad. En 1945 el presidente del Consejo de Administración de la empresa era el conde de Marsal siendo su Director, Jaimé Parladé.

Radiotelecomunicación

En Tánger se produjo alrededor de los años 50 una gran actividad en el sector de las comunicaciones por radio tanto a nivel público como privado. Ello se debió a varios factores, entre los que destacaba la libertad que gozaban las emisiones y los reducidos controles y tasas que soportaban, muy inferiores a los de otros países. Así, funcionaron en Tánger empresas de gran categoría como, por ejemplo, la Mackay Radio, la RCA (Radio Corporation of America) y La Voz de América (Voice of America), que tenían vocación transmisora y función propagandista; y otras como Radio Tánger Internacional, Radio Africa, Pan American Radio, etc., que tenían carácter informativo, comercial y publicitario.

Entre las primeras la principal fue la indicada Mackay Radio and Telegraph Company, que instaló en 1946 sus estaciones de emisión y recepción radiotelegráficos en Charf al Akab. En ella trabajaban más de cien personas, muchos de ellos españoles. Entre otros trabajaron en esa empresa Thomas Greenish, Antoine Sevilla, Diego Cano, Leonardo Algaba, Agustín Bernal, José Espigado, Andre Bourdin, Bruno Regáis, Moisés Levy, etc. Tanto la RCA como La Voz de América se instalaron también en Charf el Akab. La Voz de América disponía de cuatro transmisoras que se dedicaban, principalmente, a emitir programas de información y propagandísticos destinados a los países escandinavos, al Oriente Medio y, principalmente, a los países que vivían, en aquellos años, tras el «telón de acero» soviético. Emitían en unos 30 idiomas En el apartado 10.4 nos referimos a las principales emisoras comerciales.

5.6. SISTEMA FINANCIERO

5.6.1. El Banco de Estado de Marruecos

El Acta de Algeciras decidió la creación de un Banco de Estado de Marruecos con sede en Tánger. Fue constituido en febrero de 1907 siendo su capital suscrito por los países signatarios del Acta, con la excepción de Estados Unidos. Correspondió a Francia tres partes y una a cada uno de los restantes países firmantes. Sin embargo, como varios países cedieron su participación a Francia ésta llegó a tener la mayoría del capital del Banco, más del 70%. El presidente era francés así como el director general, siendo español el subdirector general. Allí trabajaron, por parte española, entre otros, Manuel Saavedra, Antonio Montero, Augusto Atalaya, Isaías Dueñas y Juana Borrero. Aunque su sede estaba en Tánger, en el Zoco Chico, la administración general se situaba en Rabat.

El Banco tenía facultad para efectuar todo tipo de operaciones correspondientes a un banco central, con el privilegio exclusivo de emitir billetes al portador con fuerza liberatoria en todo el Reino. Asimismo, le incumbía, con exclusión de cualquier otro Banco, las funciones de tesorero pagador y el de agente financiero del gobierno tanto dentro como fuera del país. Le atañía, también, en exclusiva, la compra de materiales preciosos, la acuñación y reacuñación de la moneda y todas las demás operaciones monetarias útiles. El Banco dejó de existir en julio de 1959 siendo sustituido por el Bank Al-Maghrib o Banco de Marruecos, que obtuvo el privilegio de emisión de la nueva moneda, el dirham, que empezó a circular a partir de octubre de 1959.

5.6.2. El sistema monetario: el franco marroquí y la peseta

El Estatuto de Tánger de 1923 establece, por una parte, que el franco marroquí tendrá curso legal y fuerza liberatoria en Tánger pero, por otra, añade que la circulación de la peseta española continuará siendo admitida con fuerza liberatoria*. La peseta circuló con plena normalidad en la Zona internacional hasta septiembre de 1936, cuando fue eliminada de la circulación en Tánger, con buen criterio, por decisión de la Asamblea Legislativa, ya que durante la guerra civil española coincidieron la peseta *republicana* y la *nacional*, produciéndose la consiguiente confusión máxime cuando ambas tenían cotizaciones internacionales diferentes.

La peseta volvió a Tánger cuando se produjo la ocupación española. Pocos meses después de ésta, el 3 de noviembre de 1940, las autoridades españolas emitieron un bando ordenando que la peseta tuviera circulación en Tánger con fuerza liberatoria recobrando la posición que le concedía el Estatuto. Mantuvo tal situación en Tánger hasta el final del régimen internacional en 1956. El franco marroquí siguió circulando durante la ocupación, aunque en menor medida habida cuenta de que se redujeron sensiblemente los intercambios entre Tánger y la zona francesa.

Así, Tánger tuvo un sistema bimonetario donde la peseta, que en España era un medio de pago meramente interno, tenía en Tánger el carácter de divisa libre. En la práctica, se utilizaba en la mayoría de las operaciones comerciales aunque también se realizaban operaciones exteriores en otras monedas, especialmente en dólares. El tipo de cambio entre la peseta y el franco marroquí era fijado diariamente por el Banco de Estado de Marruecos. Este hecho ocasionó muy serios perjuicios a España, ya que la peseta se cotizaba en el mercado libre de Tánger a un valor muy inferior al oficial español. Por ejemplo, a finales de 1948 la peseta cotizaba a 37,50 por dólar en el mercado de Tánger mientras el cambio oficial español era de 10,95 pesetas por dólar. Esta situación se mantuvo, aunque paliada por un paulatino acercamiento, hasta la devaluación de julio de 1959, dentro del Plan de Estabilización español, que fijó la cotización oficial en 60 pesetas por dólar estableciendo una completa convergencia con el mercado de Tánger.

En junio de 1957 se firmó entre España y Marruecos un acuerdo monetario que decidió la retirada de la peseta de Marruecos ya que el franco marroquí pasó a ser la única moneda del país. La retirada de Tánger se produjo solo a finales de 1960, cuando la integración de Tánger en Marruecos fue definitiva.

5.6.3. Deuda pública

En el último cuarto del siglo XIX, Marruecos atravesaba una seria crisis política y económica. Esta debilidad venía de hacía tiempo, en parte, como consecuencia de las luchas internas en el país, de su desgobierno y caos administrativo, de la corrupción y de los enfrentamientos mantenidos contra varios países, entre ellos España y Francia. También era consecuencia de los distintos empréstitos y compromisos financieros asumidos por el Majzén durante todo el siglo. En 1861, el gobierno marroquí, como no podía cumplir sus compromisos, firmó en Tánger un acuerdo de préstamo con un banco inglés por valor de 426.000 libras esterlinas, respaldado con la mitad de los ingresos de la Aduana del Reino. A finales del siglo la situación estaba cercana a la bancarrota.

Para intentar paliar esta situación el Sultán Muley Abdelaziz contrató otro préstamo en 1902 otorgado por un consorcio francés presidido por el Banque de París et des Pays Bas por un total de 7,5 millones de francos al 6% de interés. A ellos se unieron otros dos empréstitos convenidos en 1903 con bancos españoles y británicos por la misma cantidad de 7,5 millones de francos cada uno. Así, Marruecos se endeudó, en muy corto tiempo, con Francia, España y Gran Bretaña por un total de 22,5 millones de francos.

A partir de entonces el país se enfrentó a mayores dificultades financieras, lo que coincidió con una época de malas cosechas y que dio lugar a una hambruna muy severa en 1904. En estas condiciones, ese mismo año, Marruecos negoció un nuevo préstamo con Francia, que le fue concedido por un consorcio dirigido por el mismo Banque de París et des Pays Bas. El empréstito ascendía a 62,5 millones de francos-oro, al 5% de interés, que Marruecos se comprometía a devolver en un plazo de 35 años a partir del 1 de enero de 1906. Quedó garantizado por el 60% de los ingresos de las aduanas marroquíes, es decir, de los aranceles sobre las mercancías importadas por el país a través de los ocho puertos abiertos en el mismo, entre los que Tánger figuraba en lugar importante. Se trató de un contrato leonino y nada equitativo, ya que Marruecos solo cobró menos de una cuarta parte del préstamo, puesto que el resto se destinó, por una parte, al pago de comisiones y gastos de emisión y, por otra, al reembolso de los préstamos anteriores y de pagos a otros acreedores extranjeros.

Pocos años después, en 1910, el Sultán Muley Hafid, hermano del anterior que había sido depuesto por los ulemas*, convino un nuevo préstamo, esta vez, por valor de 101,12 millones de francos-oro que fue suscrito en los mercados de París, Berlín, Fráncfort y Madrid. Este préstamo al 5% y amortizable en 74 años fue garantizado por el 40% restante de los derechos o aranceles portuarios, más los ingresos por la venta del tabaco y de *kif* y de otros derechos fiscales que tenía el Majzén. Así, el país quedó totalmente endeudado y en manos de sus acreedores europeos. Del servicio de la Deuda y de su control se ocupó una Administración que resultó de la fusión de la que se creó para el préstamo de 1904 con la de 1910. Tal Administración de Control de la Deuda, que así se denominaba, se ocupaba de controlar en los ochos puertos marroquíes los aranceles, lo que también hacían representantes de los bancos prestamistas. Se decidió que la sede de tal organismo fuera Tánger, instalándose en un edificio recién construido en 1910 en una zona de lo que sería años después el Bulevar Pasteur, que se denominó Dar es Salaf o Casa de la Deuda. Inicialmente, el bulevar se llamó de la Deuda.

Cuando se establecieron los protectorados español y francés, Francia y España convinieron en ocuparse en sus zonas respectivas del control de los ingresos portuarios y otros fiscales que garantizaban los dos préstamos. Otro tanto se convino en el Estatuto de Tánger en relación al puerto de Tánger contribuyendo la zona al servicio de los empréstitos proporcionalmente a los ingresos aduaneros de la misma. Así, en esa época la Administración del Control de la Deuda con sede en Tánger se ocupaba, por una parte, de administrar los ingresos de la aduana tangerina, así como de los otros fiscales referidos a Tánger que participaban en la garantía de los dos empréstitos. Por otra parte, recibía los intereses de los mismos.

5.6.4. Banca y seguros

Los primeros bancos

Inicialmente, funcionaban en Tánger casas de comercio que incluían dentro de sus actividades algunas operaciones financieras como el depósito bancario y las operaciones de cambio. Algunos bancos extranjeros actuaban en el país y, en particular,a través de sus agentes que, en su mayoría, eran hebreos tangerinos. Uno de ellos, Moses Pariente, protegido británico, rabino y miembro de una importante familia tangerina que se remonta a los tiempos de la conquista británica, creó, junto con otro judío, Aaraon Abensur, en Tánger, hacia 1840, la Banca Pariente, que fue el primer banco fundado en Marruecos. Se especializó en operaciones comerciales y de cambio con el Reino Unido, Gibraltar y Marsella. Otro israelita, Moses Nahón, de ascendencia tetuaní, creó en 1860 la Banca Nahón, que se dedicó al comercio internacional trabajando con varios bancos europeos como el Banco de España, el Crédit Lyonnais y la Banque de París et des Pays Bas. Más tarde, en 1865, fue también otro judío, Salvador Hassan, éste naturalizado portugués, el que creó la Banca Salvador Hassan e Hijos, que se especializó en operaciones de préstamos hipotecarios y créditos a corto plazo. Los tres bancos, a los que se unió poco después el creado por Haim Benchimol, también hebreo, participaron considerablemente en el desarrollo económico de Tánger, que en los primeros años del siglo XX era la primera plaza financiera de Marruecos. Sus propietarios y algunos de sus directivos fueron miembros destacados de la ciudad[148].

Independientemente de estos cuatro bancos fundados por judíos tangerinos, otros muchos se instalaron en Tánger entre los que destacaban, además de los españoles a los que nos referiremos más delante, el Crédit Industriel et Commercial de Marseille en 1880, la Compagnie Algeriènne en 1904, el Crédit

148 Una familia paradigmática de banqueros tangerinos fue la de los Abensur. A principios del siglo XIX, Isaac Abensur era vicecónsul del Reino Unido. Su hijo Aarón fue intérprete de la legación y recibió la ciudadanía británica por acuerdo del Parlamento en agradecimiento por los servicios prestados por la familia. Su hijo Isaac creó la Banca Pariente junto con Mosés Pariente. Fue miembro de la primera Asamblea Legislativa creada de acuerdo con el Estatuto. Murió en 1937. Su hijo Aarón fue, como su padre, presidente de la Banca Pariente y miembro de la Asamblea. Además, fue presidente de la Junta o Comité de la Comunidad Israelita. En 1960, cuando fue derogada la Carta Real, trasladó la Banca Pariente a Ginebra. Murió en 1964. Su hermano Mosés también participó en el banco y en la Junta. Stanley Abensur era secretario de la Junta en 1953 y más tarde dirigió el Banco en Ginebra. Su hijo Philip ha escrito un precioso libro: *Tánger, entre Oriente y Occidente*. Los Abensur emparentaron con otras familias importantes de Tánger como los Hassan, Pinto, Assayag y Toledano.

Foncier d'Algèrie et de Tunisie en 1909 y que años después dirigiría Max Raïda, el padre del abogado del mismo nombre, y más tarde M. Nikly. Una parte considerable de la banca francesa, como por ejemplo la Société Générale, también estaba presente en Tánger así como otros bancos europeos que, directa o indirectamente, participaron en un buen número de instalaciones bancarias en Tánger entre las que se pueden citar la Banque Belge et du Maroc, la Banque Inmobilière du Maroc, la Compagnie Belge de Banque et de Géstion, el Exchange Bank of Maroc, la Société Tangero Suisse, The Omni Trading Bank, etc.

Hacia 1952 funcionaban en Tánger cerca de 150 bancos o sociedades financieras. Sin embargo, solo 22 formaban parte del Sindicato de Grandes Bancos entre los que figuraban, además del Banco de Estado de Marruecos, los principales bancos franceses, ocho españoles, tres italianos y otros siete de distintas nacionalidades.

La banca española

Los mayores bancos españoles tenían sucursal en Tánger. El Banco de Bilbao y el Banco de España fueron los primeros que se instalaron en la ciudad. A mediados de los cincuenta Ángel Moreno Pintre era el director del primero. El Banco de España que, inicialmente, fue dirigido por Emilio Sanz Barriopedro tenía como director, en 1955, a Ramón Pardiñas, siendo Ángel de la Brena el interventor. Al principio, tuvo su sede en la calle de Correos en el Zoco Chico, pero en noviembre de 1948 se trasladó a un espléndido edificio de la calle de Bélgica construido por Juan Zavala. El Banco Exterior de España contó, durante algún tiempo, con la dirección de Rufino Vela que había sucedido a Carlos Soler Cabot, que fue miembro de la Asamblea Legislativa y que más tarde dirigió el Banco Exterior en Caracas, en el que también trabajó su hijo Carlos Juan, que casó con Anita Alba, hija de un conocido fotógrafo tangerino. Con anterioridad habían sido, también, directores de ese banco Enrique Márquez y Juan Urgelles y, en distintas épocas, trabajaron en el mismo, entre otros, Ladislao Melero, Ángel Cerdá, Ángel Martín, Rafael Gorbea y Francisco Tinao y Miguel Ángel Rodríguez Gracia, que ocupó años más tarde puestos directivos en el Banco Español en Casablanca y en el propio BEE en Madrid.

Mariano Alapont Baixuli dirigió durante muchos años el Banco Central con la colaboración, entre otros, de Antonio Cano y Manuel Valderrama. El Banco Español de Crédito inaugurado en mayo de 1941 tuvo, entre otros, como director a Enrique Mena y a Cayo Rada como interventor y a Alfonso Alegre, Antonio Cubero, Pío Mena y otros como colaboradores. Por su parte, José Herrera y, posteriormente, Juan Izquierdo Perea y Antonio Martín García-Robi, dirigieron el Banco Popular Español en el que colaboró como apoderado José María Pérez. El Banco de Vizcaya tuvo de director y subdirector, respectivamente, a José de Arechavaleta y a Juan Goicochea, que contaban con la colaboración de Ramón

Lacasa, José Tortajada, Mateo Cortés, Rafael Merenciano y otros. Segundo Gallego Fernández fue el director del Banco Hispano Americano en el que, entre otros, trabajaron Antonio Fornieles, que años más tarde ocupó en Madrid un alto puesto directivo en el banco, Fernando Mancebo, José Luis López, Joaquín Carmona, Manuel Cubero, Pedro Méndez y Francisco Mármol.

Por su parte, al frente de la Banque Marocaine de Crédit estuvieron los españoles Antonio de Juan, Fernando Castro y Mariano Peláez, como director, subdirector y apoderado, respectivamente. José Andreu Abelló[149] creó el Banco Inmobiliario y Mercantil de Marruecos que tuvo durante algún tiempo, prácticamente hasta 1958, considerable protagonismo en la actividad inmobiliaria de Tánger. Andreu fue durante el tiempo que vivió en Tánger, algo más de una década, una de las más prestigiosas e influyentes personalidades de la ciudad.

En 1960 se constituyó la Unión Bancaria Hispano Marroquí (Uniban), que asumió las operaciones de los bancos españoles de Tánger: Banco Español de Crédito, Hispano, Central Bilbao, Popular, Exterior y Vizcaya, es decir, todos con la excepción del Banco de España. El primer director del Uniban fue Martín Alonso Díaz, que había sido subdirector del Banesto en Tánger durante más de veinte años. El 24 de marzo de 1960 terminaron las operaciones de la banca española en Tánger. A partir del 17 de abril de 1960 todas las cuentas en divisas fueron convertidas en francos marroquíes al tipo de cambio oficial, quedando prohibida su circulación.

Los cambistas

Además de la banca funcionaban en Tánger más de un centenar de cambistas o casas de cambios individuales. Contaban, en general, como todo personal, con su propietario y, eventualmente, un ayudante y con un pupitre que se instalaba en la calle delante de un cartel o pizarra negra en la que se apuntaban los tipos de cambios de las monedas que el cambista estaba dispuesto a intercambiar (los niños tangerinos les preguntaban incansablemente: ¿a cómo está el cambio?). La mayoría

[149] José Andreu i Abelló (1906-1993), político, abogado y empresario español. En 1931 participó en la fundación de Esquerra Republicana de Catalunya (ERC), de ideología republicana e independentista. En 1936 fue presidente de la Audiencia Territorial de Cataluña y del Tribunal de Casación de Cataluña. Se exilió a Francia y luego a México en 1939. Hacia 1949 llegó a Tánger donde fundó y dirigió el Banco Inmobiliario y Mercantil de Marruecos que presidió Antonio Pedrol y Rius, que años más tarde sería presidente del Consejo General de la Abogacía de España. Andreu participó, con gran iniciativa y liderazgo, en múltiples actividades económicas, financieras y sociales en Tánger. Formó parte del Comité de Iniciativas de Tánger y de la comisión de destacadas personalidades, que fue recibida en 1959 por el Rey Sidi Mohamed V al que expusieron sus proyectos sobre Tánger. Después de la abrogración de la Carta de Tánger en 1960, Andreu trasladó, paulatinamente, sus actividades a España y Andorra y retornó definitivamente a vivir a Barcelona a mediados de los sesenta. Allí prosiguió las actividades políticas abandonadas en 1939 llegando a ser diputado y senador. Su hijo, Narciso (Sisín) Andreu, que casó con Mari Ángeles Cuevas, hija del director de la Biblioteca española de Tánger, fue presidente de la compañía de aviación Iberia.

de ellos, en algunos casos alevines financieros, eran hebreos aunque también había algún español. De aquellos, los más conocidos eran Marcos Cohen, Jacob Benchimol, Isaías Chocron, los hermanos Delmar, los Muyal, los Edery, Abraham Nahon, Sananes y otros muchos. Entre los españoles figuraban José Arévalo Capilla, hermano de Antonio, que fue cónsul en Tetuán, Marcos Guinea, Cano y Romero. así como el portugués Nunes Evaristo. La mayoría de ellos estaban instalados en la calle Siaguins, pero también en la de Senmarine y en el Bulevar Pasteur.

La Bolsa y la lotería

En febrero de 1950 se inauguró la Bolsa Internacional de Tánger, que no era más que un mercado de venta y compra de divisas y de oro en el que intervenían unos cincuenta bancos e innumerables cambistas. Sin embargo, tenía vocación de actuar también como bolsa de valores, lo que no consiguió. Su edificio estaba muy cerca del Bulevar, en la calle Delacroix[150]. La Bolsa languideció cuando la situación económica tangerina declinó en los últimos años de la internacionalidad de la ciudad. Poco tiempo después, el mismo edificio de la Bolsa acogió a mediados de 1952 a la Lotería Benéfica de Tánger, que había sido creada como lotería internacional en 1938. La presidía José Andreu y participaban en su dirección, entre otros, José Luis Massa, Antonio Llardent, Enrique Morgades y Fernando Ventura. Además, se jugaban en Tánger otras loterías como la de Gibraltar así como algunas francesas y una portuguesa. Pero la más importante era española, sobre todo en Navidad, cuando los gastos de los tangerinos en esta lotería eran considerables.

Seguros

Trabajaban en Tánger, a través de sus sucursales o filiales, algunas de las principales compañías de seguros europeas como las españolas La Catalana de Occidente, Cervantes o La Equitativa, que dirigía Nahón; las francesas L'Urbaine y L'Abeille, ésta última con Simón Benarroch al frente; y las británicas Northern, Norwich Union y Provincial Insurance, que estaban en Trafalgar House en la calle América del Sur y que dirigía José Artesani Lyons. Colaboraban con éste último, entre otras personas, las hermanas Camila y Loli Azerraf, la primera como directora adjunta, que eran hijas de Moisés Azerraf, un conocido hombre de negocios tangerino y también asegurador. Otra empresa británica era la Liverpool & London & Globe. José María Porras y Harry Benchimol dirigían la Compañía de Seguros Generales Gresham.

---

[150] La Real State and Comercial Bank of Tangier estuvo presidida por Vittorio Merelli, con la colaboración de los vicepresidentes Emilio Polo y Henri Pères y los administradores José Gomez Monche (también vicepresidente), Eduard Reichmann, hijo del financiero Samuel Reichmann, y Ernest Rosenfeld.

La Compañía Marroquí de Seguros Generales S.A., de capital español, estaba dirigida por Ernesto Caparrós y Enrique Rosado. Trabajaban en ella, entre otros, Ramón Márquez, Ángel Otero, Antonio Rodríguez, Manuel Ruiz, Agustín Bernal y Victoriano Rodríguez. En julio de 1941 se creó la Sociedad Tanger, S.A. de Seguros y Reaseguros, en la que intervinieron Mesod Bendrao, José Gomendio, Ramón de Carranza y José León de Carranza. Otra empresa que tuvo bastante auge fue la New India, que aseguraba, principalmente, a los hindúes. Algunas agencias muy activas eran las de Jacques Eljarrat, Salomón (Momy) Bergel[151], la Agencia Rauda y el Bureau Beckett, formado por el capitán Beckett y el citado Moisés Azerraf.

5.7. SISTEMA FISCAL

Tánger era un paraíso fiscal tanto para las empresas como para las personas. Además, se trataba de un sistema muy simple. No había impuesto sobre la renta de las personas físicas ni sobre el patrimonio. Tampoco tasa a la producción salvo un impuesto de un 1% *ad valorem* aplicable a todos los productos o mercancías importados o fabricados en la Zona de Tánger y una tasa al consumo aplicable, principalmente, al vino, alcoholes, neumáticos y asimilados. Tampoco existía impuesto de sociedades salvo algunas tasas de poca entidad y un impuesto de patentes que gravaba a toda persona física o jurídica que ejercía habitualmente en Tánger una profesión, industria o comercio. Había 17 clases de patentes gravadas con tasas que iban desde los 500 francos anuales hasta los 250.000 francos, en función de la categoría de la profesión, industria o comercio.

Un 68% de los ingresos ordinarios y extraordinarios de la Zona de Tánger procedían de los impuestos y rentas indirectas obtenidas, en un 97%, a través de los derechos de aduanas y de la tasa especial sobre las importaciones y el resto por impuestos marginales. Es decir, las dos terceras partes de los ingresos de la Zona procedían de la actividad importadora de la ciudad. Los derechos de aduanas ascendían al 10%, a los que se sumaba una tasa especial (2,5%) sobre las importaciones. El resto correspondía a los distintos impuestos y rentas entre los

151 Momy Bergel (1912-1964) fue uno de los personajes más populares del Tánger internacional. Pertenecía a una vieja familia sefardí que tenía su origen en Mogador y que ocupó un puesto importante en el mundo de los negocios tangerinos, tanto en los seguros (Minerva y Caledonian) como en el *import-export* y, particularmente, en el tabaco. Momy creó, por ejemplo, las conocidas marcas Koutubia y Marquise. Socialmente fue un hombre muy destacado no solo como vicepresidente de la Comunidad Israelita sino también como cónsul de Cuba, directivo del Nuevo Club Gandori, secretario general de la Federación Internacional de Tiro al Plato, presidente de los antiguos alumnos del Lycèe, etc. Era una institución en la ciudad tanto por su relieve profesional como social. Su entierro fue una gran manifestación de duelo. Su hijo mayor David es, en Madrid, un tangerino de pro que ha conseguido considerables éxitos profesionales y que ha sido vicepresidente de la Comunidad judía española.

que destacaba la tasa o contribución urbana de un 8% que gravaba los edificios y demás construcciones. Los restantes gravámenes eran, principalmente, el impuesto sobre el permiso de conducir y la matriculación de vehículos automóviles, los derechos de mercados, los impuestos sobre espectáculos, despacho de bebidas, caza y ocupación de la vía pública, los de registro y timbre, el de registro de la propiedad, tabacos, tasas judiciales y notariales, etc., y pocos más. Tales impuestos y recursos de toda clase de la Zona de Tánger se destinaban a sufragar los gastos de dicha zona. Los marroquíes y los extranjeros estaban sometidos a los mismos impuestos y contribuciones, que no eran elevados.

En 1952 los ingresos de la Zona ascendieron a 2.303 millones de francos marroquíes. Existían tres presupuestos: el municipal, el ordinario y el extraordinario. Aparte de los gastos propios municipales contemplados en el presupuesto municipal, los principales gastos del presupuesto ordinario de la Zona eran los servicios, es decir, las obligaciones, que correspondían a la ciudad en los empréstitos marroquíes de 1904 y 1910, en los relativos a la Compañía Tánger-Fez y al Puerto de Tánger. Además, se hacia frente con ambos presupuestos a los gastos de justicia, policía, aduanas, mantenimiento de carreteras y otras obras públicas normales, gastos de la Administración de Tánger y de sus servicios, etc. Los gastos de educación, hospitalarios y de asistencia benéfica, salvo algunas excepciones, así como las de correos y telégrafos y otros asimilados eran pagados por los países que los ofrecían o bien por instituciones privadas. Todo ello permitió que desde el año 1945 en el que cesó la ocupación española, que dejó bien ordenada la Zona, el presupuesto ordinario de la misma diera, prácticamente, resultado positivo todos los años.

Por el contrario, el presupuesto extraordinario destinado a la realización de obras públicas extraordinarias y su conservación, habida cuenta de los considerables proyectos públicos realizados en Tánger y, principalmente, los relativos a los trabajos de ampliación del puerto dio, a partir de finales de los años cuarenta y, principalmente, principios de los cincuenta, un resultado negativo que fue cubierto con anticipos del Banco de Estado de Marruecos. Ello obligó a la creación en 1953 de un impuesto de consumo de 1% *ad valorem*, al que nos hemos referido más arriba, aplicable a todos los productos o mercancías importados o fabricados en Tánger.

Había una gran facilidad para la creación y funcionamiento de compañías mercantiles que podían adoptar distintos regímenes como el de sociedades anónimas, en comandita o colectivas. Bastaba con dos personas de cualquier nacionalidad para constituir cualquiera de tales tipos de sociedades. Podían tener como sede social el despacho de un abogado o de otra sociedad mercantil. La normativa tangerina no establecía distinción alguna entre los *holdings* y las simples sociedades. Éstas, puesto que se constituían en Marruecos, tenían la nacionalidad marroquí pero solo estaban sometidas a las leyes de Tánger. Habida cuenta de la enorme facilidad para la constitución de tales sociedades un gran número de empresarios y comerciantes internacionales se instalaron en Tánger o bien constituyeron en la ciudad *holdings* que en otros países hubieran soportado una alta fiscalidad. Desde 1946 a 1952 se constituyeron en Tánger 3.687 sociedades anónimas a una media de 500 por año, cuyo capital estaba expresado, principalmente, en francos marroquíes o pesetas.

5.8. SECTOR EXTERIOR

Los numerosos acuerdos establecidos por Marruecos en la segunda mitad del siglo XVIII con varios países europeos, entre los que figuran los firmados con España y Francia, incluían, entre otras materias, el principio de la libertad de comercio y la *cláusula de la nación más favorecida*[152], que establecía la igualdad de trato a las distintas naciones que comerciaban con Marruecos. Tales principios fueron recogidos en los sucesivos acuerdos o tratados rubricados por el reino marroquí y, especialmente, en el Acta de la Conferencia de Algeciras y, muy particularmente, en el Estatuto de Tánger, que consagró el régimen económico de *puertas abiertas*. A todo ello se unió el funcionamiento de Tánger como paraíso fiscal en el que los impuestos y tasas eran mínimos.

5.8.1. Balanza de pagos

Tradicionalmente, el comercio exterior marroquí que transitaba por el puerto de Tánger era, relativamente, considerable, ya que a principios del siglo XX pasaba por el mismo el 15% del movimiento de mercancías que se realizaba con el exterior en todo el país. Las exportaciones procedentes de Tánger antes de la primera guerra mundial se limitaban a la venta de bueyes a España, Francia y Gibraltar, así como huevos, dátiles, animales, frutas, especias, tripas secas, lanas, algunos cereales, artesanía y poco más. Por el contrario la importación era muy variada ya que se compraban en el exterior desde productos alimenticios, café y té, inclusive vinos, hasta materiales para la construcción, paños, tejidos,

152 Cláusula que se inserta en muchos tratados internacionales en virtud de la cual, los signatarios se comprometen a concederse automáticamente en el futuro el mejor tratamiento que en una determinada materia puedan conceder, cualquiera de ellos, a un tercer Estado. Surgida en los tratados comerciales se ha extendido posteriormente a otros tipos de tratados especialmente a aquellos en los que se concede determinados derechos individuales. Véase Martínez Lage y Martínez Morcillo, *Diccionario diplomático iberoamericano*. ICI, Madrid, 1987.

juguetería, petróleo, muebles, calzados, etc. Todo este comercio de importación fue incrementándose considerablemente a medida que aumentaba la población de la ciudad, que no producía alimentos suficientes ni productos de consumo o industriales bastantes para proveer las necesidades de la zona.

Así, el comercio exterior tangerino, incluido el comercio con las dos zonas de protectorado, arrojó en 1952 un impresionante saldo negativo de 11.800 millones de francos, lo que suponía que las exportaciones tangerinas solo cubrían el 20% de las importaciones. Éstas alcanzaron en 1952 la cifra de 14.700 millones de francos. Procedían en un 20% de Estados Unidos y otro tanto de España seguida por Francia, que proveía algo más del 11% de las importaciones, y del Reino Unido, alrededor del 9%. El resto se importaba de unos 90 países, lo que demuestra la diversificación del comercio tangerino en aquella época. Las principales importaciones eran azúcar, aceite, legumbres, hortalizas, frutas, café, té, leche, tabacos y licores, camiones y coches automóviles, etc. Por el contrario, las exportaciones —en su mayoría, reexportaciones—, que solo sumaron unos 2.900 millones de francos, fueron dirigidas en un 45% al protectorado español, un 12,5% al francés y, el resto, a dos decenas de destinos como, principalmente, Gibraltar, Bélgica, Estados Unidos e Italia. El crin vegetal y las pieles de cabras eran las principales exportaciones de origen tangerino.

No conocemos con detalle la composición de la balanza total por cuenta corriente aunque imaginamos que aquel déficit de la balanza comercial se cubría, principalmente, con los servicios y dentro de ellos, básicamente, por el turismo, que era relativamente importante ya que, anualmente, visitaban Tánger unos cien mil turistas. Otra partida considerable serían las entradas por servicios financieros habida cuenta de que Tánger en los años cincuenta se había convertido en una relevante plaza financiera internacional. También tenían cierta importancia los ingresos del puerto y del aeropuerto así como los que procedían del cobro de las tarifas de los depósitos especiales de mercancías y de oro y asimilados.

Una fuente considerable de divisas eran los sueldos de los altos funcionarios extranjeros, principalmente españoles y franceses, que eran pagados directamente en divisas por sus correspondientes países, así como los sueldos de diplomáticos y funcionarios de legaciones y consulados. También se deben contabilizar las inversiones directas que se produjeron en la ciudad, principalmente para la realización de proyectos inmobiliarios así como las importantes cantidades de divisas que, legal o ilegalmente, fueron transferidas a Tánger, que era considerada una ciudad refugio. Por último, otro rubro interesante eran las transferencias que recibían los residentes extranjeros, especialmente los jubilados que vivían en Tánger todo el año o parte de él en sus residencias de la montaña o bien en los hoteles tangerinos.

En definitiva, Tánger dependía, en gran parte, del exterior. Ello dio lugar a que se creara un entramado muy importante de agentes económicos que intervenían en el sector exterior de la ciudad. Así, a pesar de ser relativamente pequeña, Tánger contaba con innumerables representantes comerciales, numerosas empresas de importación y exportación, agencias de compañías navieras, consignatarios de buques, agentes de aduanas, organismos financieros de todo tipo, transportistas, compañías de seguros, transitarios, comisarios de averías y cualquier otra profesión u oficio relacionado con el sector exterior.

Entre las principales empresas figuraba la Agencia Partida, que se ocupaba de aduanas y transportes y que tenía oficinas en Algeciras; Achille Petri, que durante muchísimos años fue importante agente marítimo y en otras ramas mercantiles; Rodolfo Marco, o la Bland, que fueron consignatarios de buques, y los cientos de personas, algunas muy conocidas en Tánger, especialmente judíos, hindúes o españoles que se dedicaban a la importación o que eran representantes de las más diversas firmas ubicadas en el mundo entero. Otras grandes empresas eran los Établissements Suedo-Marocains de Elfverson, que realizaban importaciones de productos alimenticios y maquinaria, o las compañías Atlas o Incoesa, que eran las principales empresas importadoras de productos españoles.

Evidentemente, tales empresas eran dirigidas por personas que, en muchos casos, eran muy conocidas y admiradas en la ciudad. Un buen ejemplo era el grupo de los Salama, los más activos en el comercio con España y el protectorado español, que dirigía Isaac Salama con la colaboración de Samuel y José Salama, que junto a Pierre Lasry y Moisés Serfaty formaban el equipo directivo[153]. Otro grupo importante, el de los Pinto, llegó a canalizar el 40% del comercio marroquí del té[154] consiguiendo una considerable fortuna.

[153] La familia Salama Benatar, aunque no tenía origen tangerino, mantuvo en Tánger durante varias décadas un considerable protagonismo económico y social. Descendía de un destacado judío de Tetuán, Josep Salama Roffe, banquero y comerciante, que en 1867 se trasladó a Melilla y que, pocos años después, en 1871, obtuvo, junto con su hermano Jacob, la nacionalidad española. En Melilla, Josep se dedicó al comercio y al negocio inmobiliario. Casó, en Tetúan, con Sol Hachuel con la que tuvo tres hijos y dos hijas. Uno de esos hijos, Jacob Salama Hachuel, que fue una de las principales personalidades melillenses, casó con Reina Benatar, con la cual engendró once hijos: ocho mujeres y tres varones, Isaac, José y Samuel Salama Benatar. En Melilla, Jacob Salama entabló amistad, en los años 20, con el general Franco a quien años después, cuando se levantó contra la República, sus hijos apoyarían económicamente. A pesar de ello y de su probada españolidad, el antisemitismo que parecía larvarse en Melilla aconsejó a los Salama a emigrar estableciéndose muchos de ellos en Tánger a partir de 1939. Allí, durante unas tres décadas los tres hermanos Salama desarrollaron importantes negocios que extendieron más tarde a España, a la que siempre estuvieron muy unidos. Crearon una amplia y prestigiosa familia tangerina en la que se ensartaron miembros de otras muy conocidas familias sefardíes de Melilla, Tetuán y Tánger como, por ejemplo, los Benoliel, Taurel, Benchetrit, Benjo, Benassayag, Benzaquen, Lasry, etc., así como algunas otras no judías. Hoy día, una gran parte de ellos están esparcidos por el amplio mundo: España, Francia, Suiza, Canadá, Venuezuela, Israel, etc. Jaime (Jimmy) Salama Benjo, uno de los tangerinos más populares y queridos, que vive desde hace muchos años en Madrid, ha escrito un precioso libro sobre la familia Salama.

[154] El té es la bebida nacional marroquí por excelencia. Aïda Pinto, en su libro *Ma vie au Maroc*, cuenta lo que era la vida de los grandes hombres de negocios judíos en Tánger.

5.8.2. Aduanas

El Servicio de Aduanas y Monopolios de Tánger dependía de la Administración de las aduanas marroquíes que, a su vez, obedecía a las autoridades francesas, que eran las que nombraban al jefe de tal servicio. España consiguió que Francia aceptara a un interventor español adjunto al jefe del servicio francés para controlar las actividades de las aduanas tangerinas, que durante muchos años, desde 1945, fue Antonio Godinez. El Servicio de Tánger percibía los derechos e impuestos correspondientes a las mercancías importadas para el consumo exclusivo de la zona de Tánger así como las tasas que se cobraban por el tránsito de mercancías destinadas a ambos protectorados. Se estableció un régimen ordinario de tránsito, de depósito o de admisión temporal cuyos derechos eran percibidos por las administraciones de las aduanas de la zona donde fueran consumidas. Por otra parte, el Servicio de Aduanas de Tánger ingresaba los derechos que gravaban las exportaciones de mercancías originarias de la Zona.

Las importaciones de mercancías procedentes de Marruecos estaban exentas del pago de aranceles. El resto de mercaderías estaban sometidas al derecho de aduana tradicional *ad valorem* de un 10% más un 2,5% de tasa especial. En la tarifa reducida, aplicable a los metales preciosos, joyas, sedas y vinos, aquel porcentaje quedaba en un 5% más la tasa especial del 2,5%. Existían algunas franquicias para libros, publicaciones impresas o grabadas y otros pocos productos más. En ambos casos, la indicada tasa especial del 2,5% se entregaba a la Administración de Tánger para hacer frente a su presupuesto y compromisos.

La Aduana de Tánger se ocupaba también de ingresar los productos y beneficios del Monopolio de Tabacos. El impuesto del 2,5% que gravaba la importación de los tabacos consumidos en Tánger era atribuido íntegramente a la Zona. Sobre los ingresos que recaudaba el Servicio de Aduanas y que correspondían a Tánger dicho servicio reservaba de oficio la parte que le correspondía pagar a la Zona de Tánger sobre los empréstitos de 1904 y 1910, así como a la Compañía del Ferrocarril Tánger-Fez y la Compañía del Puerto de Tánger.

En abril de 1927 se instituyó el sistema de depósito particular de comercio de determinadas mercancías en almacenes facilitados por los comerciantes o propietarios de las mismas. La lista de éstas incluía los aceites minerales y sus derivados, los comestibles destinados a la fabricación de conservas, el tabaco en hojas, determinados licores, harinas de carne, varios tipos de féculas, pieles, etc. En 1932 se creó una zona franca en cuyo interior las mercancías eran admitidas en completa franquicia para su depósito, manipulación o transformación.

En Tánger, el oro, la plata y otros metales y joyas preciosas se vendían y compraban y se importaban o exportaban con total libertad. Su entrada definitiva en la ciudad estaba sometida al pago de un 7,5% de arancel *ad valorem* más un 1% de tasa local. Por otra parte, en diciembre de 1948 se reglamentó el régimen de depósito particular de comercio para las materias de oro y plata (brutas y acuñadas), el platino, el paladio, así como las piedras gemas y las perlas finas llamadas preciosas. El depósito solo podía hacerse en los establecimientos bancarios autorizados al efecto por la Administración. El coste era de 25.000 francos anuales en concepto de gastos de vigilancia. A partir de la puesta en vigor de esta reglamentación se establecieron controles de entrada y salida del oro y de otras materias preciosas.

A finales de 1948 el total de oro depositado en Tánger ascendía a algo más de 5.000 kilos, cuando en 1947 fue solo de 620 kilos. Esta cifra fue aumentando considerablemente hasta tal punto que en 1952-53 se llegó a la cantidad de 52.734 kilos, lo que supone que Tánger se había convertido en uno de los centros mundiales, aunque relativamente modesto[155], de tráfico de oro y de otras materias preciosas. Las estadísticas de los depósitos de oro reflejan perfectamente el desarrollo, esplendor y declive de Tánger. En efecto, desde las 52,7 toneladas antes señaladas se pasó en, menos de cuatro años, a algo más de siete toneladas de oro, o sea, en dicho periodo salieron de Tánger unas 35 tm. La abundancia de oro en Tánger daba lugar a que algunos comerciantes o traficantes compraran lingotes de varias onzas para dividirlos en pequeñas porciones en la misma ciudad o bien las pasaban de contrabando al exterior, con lo que conseguían saneados beneficios. Además, en el Zoco Chico había numerosas joyerías donde artesanos, en su mayoría judíos, labraban todo tipo de joyas en oro desde las diademas hasta las pulseras que se enviaban a España o *pasaban* por las aduanas españolas.

5.8.3. Mercado de capitales. Tráfico de divisas

Tánger era, por voluntad del gobierno español, el único mercado del mundo en el cual la peseta era libremente convertible. Después de la guerra civil se había convertido en centro estratégico para las transacciones de la moneda española, que se cotizaba a un valor inferior al oficial decidido en España por las autoridades españolas. Durante los años cuarenta el cambio oficial fue de 10,95 por dólar, cuando en Tánger pasó de los 13,25 por dólar de 1943 hasta los 37,50 por dólar de 1948 y los 52,52 de 1950. Baste decir, para simplificar la comprensión del tema, que

[155] Esta cantidad supone alrededor de un diez por ciento de las reservas de oro que tenía en 1936 el Gobierno republicano español, que estaba considerado como el cuarto mayor depositario de oro en el mundo. Tales reservas, en gran parte, salieron de España hacía varios destinos, entre ellos a la Unión Soviética, lo que se vino en llamar «el oro de Moscú».

en 1952 el dólar valía 11 pesetas en España. El turista que visitaba España podía conseguir, ilegalmente, hasta 25 por cada dólar pero en Tánger podía conseguir, legalmente, 40 pesetas, es decir, casi cuatro veces más que en España.

En definitiva, el cambio oficial de la peseta en relación con el que se realizaba en Tánger reducía en una tercera o cuarta parte el valor de la moneda española y ello a pesar de los constantes esfuerzos que las autoridades españolas hacían para evitar que en Tánger hubiera exceso de pesetas, lo que les condujo en más de una ocasión a vender en el mercado tangerino sus propias divisas para repatriar pesetas. Todo este entramado propició un activo intercambio de pesetas por divisas en el mercado negro, lo que en España era totalmente ilegal y estaba severamente perseguido. Pero si ese intercambio se realizaba en Tánger, tal hecho se ajustaba totalmente a la legislación tangerina. Esta situación, a pesar de una cierta revalorización de la peseta en los años 1950 a 1954, se mantuvo hasta 1959 cuando gracias a la devaluación de julio de ese año el cambio oficial en España se fijó en 60 pesetas por dólar, que coincidía con el cambio de 59,39 que se realizaba en Tánger.

Una de las principales consecuencias de esta situación fue que España perdiera una parte considerable de la gran masa de divisas que suponían los ahorros de los emigrantes españoles en América, que se estimaban que, en 1952, alcanzaban la muy considerable suma de 2.000 millones de dólares. Tales emigrantes, en vez de transferir sus divisas, directamente, a España, las enviaban a Tánger, donde obtenían tipos de cambios muy superiores a los que regían en España y, consecuentemente, una mayor cantidad de pesetas. Cambiaban sus divisas en Tánger a través de intermediarios y recibían, a cambio, pesetas en España con la merma de la comisión que aquellos cobraban pero que se compensaba por el más favorable tipo de cambio.

Por otra parte, la necesidad imperiosa por parte de los comerciantes o industriales españoles de disponer de divisas para realizar sus importaciones les obligó a intentar conseguirlas a través de distintos procedimientos. Algunos de ellos fueron propiciados por el propio sistema español de cambios. Por ejemplo, existía un sistema de «cuentas combinadas» por el cual los exportadores de productos españoles adquirían el derecho de conseguir licencias de importación por el valor total o parcial del saldo en divisas que conseguían a través de sus exportaciones. La picaresca simulaba exportar productos por un valor en divisas superior al real. Así, por ejemplo, si tal valor real era de 1.000 dólares se declaraban 2.000 dólares, lo que obligaba al exportador a conseguir la diferencia en el mercado negro de Tánger. Este sistema permitía la importación de productos que se vendían en el mercado español por un valor muy superior al coste de la compra de las divisas.

Paquetes y maletas llenas de pesetas salían de España ilegalmente para comprar divisas. Se trataba de un delito perseguido y penado por las leyes españolas con penas muy severas. Pero como el beneficio era muy elevado, numerosos traficantes se arriesgaban a realizar la operación, en muchas ocasiones con la complicidad de las autoridades españolas que debían controlar el tráfico. Cuando aquellas pesetas llegaban a Tánger se procedía, legalmente, a su cambio en divisas. Algunas veces bastaba con recibir las maletas o paquetes de pesetas en España para obtener a cambio los correspondientes dólares o divisas que, en todo caso, entraban legalmente en España a través de las correspondientes operaciones de exportación[156].

El tráfico de divisas no se realizó únicamente con España sino también con las monedas de otros países europeos que atravesaban, de cuando en cuando problemas que afectaban a su cotización. Por ejemplo, el dólar podía valer en Tánger unos 400 francos franceses. Si se producía una crisis política en Francia podía bajar el franco de tal forma que el dólar podía llegar a valer unos 550 francos. El depositante de dólares en Tánger compraba francos y apostaba a que el cambio del franco volvería ser de 400 francos por dólar. Así, podía con el diferencial, o sea, 150 francos, comprar otras monedas o productos y esperar a que Francia volviera a la normalidad.

El tráfico de divisas junto con el contrabando de mercancías, es decir, el mercado negro, fue uno de los más importantes pilares de la economía tangerina, junto con el rápido auge inmobiliario, el incremento de los servicios financieros y el incipiente desarrollo turístico. Todo ello propició una considerable bonanza económica que atrajo, además, hacia Tánger un importante flujo de capitales que intentaban evitar el intervencionismo monetario o la fiscalidad crecientes en los países europeos o bien su control, o simplemente porque huían de la inseguridad que ocasionó la guerra mundial en la mayoría de los países. Se estimaba que Tánger era un lugar seguro casi comparable a Suiza. Un buen número de bancos europeos y la mayoría de los principales españoles establecieron sucursales en Tánger y se crearon infinidad de sociedades anónimas, al socaire de una normativa muy liberal, que desde Tánger realizaban negocios de todo tipo con el mundo entero.

El dinero llamó al dinero. Llegaron organizaciones financieras y algunas empresas constructoras que propulsaron al sector inmobiliario, que se mostraba muy dinámico, y se crearon algunas pocas industrias. La actividad económica

156 Véase Manuel Ortínez, *Una vida entre burgesos*, Edicions 62, Barcelona, 1993. Cuenta, con mucha gracia, cómo fue nombrado por el ministro de Comercio, García Moncó, director general del Instituto Español de Moneda Extranjera (IEME) cuando era bien sabido que había organizado complicadas operaciones con divisas para proveer de dólares al Consorcio de Industriales Algodoneros que dirigía. Según Ortínez, el ministro deseaba poner al frente del IEME a una persona de probada experiencia en la materia.

impulsó el comercio, la restauración, la hostelería, la creación de lugares de ocio. Todo ello atrajo a Tánger a banqueros, abogados, algunos de considerable prestigio, a consultoras, a oficinas contables y dio mucho trabajo a la ciudad, a la que llegaron, desde muchos países europeos pero también asiáticos y americanos, miles de personas, profesionales o simples obreros, en busca de empleo, refugio o, simplemente, porque creían que en Tánger les esperaba la fortuna.

5.8.4. Contrabando de mercancías

Tánger había sido, desde los tiempos del dominio portugués y español, y, posteriormente, durante los tiempos de la colonia británica, centro de contrabando de productos marroquíes hacia Gibraltar y varias ciudades españolas. Se trataba de productos que el Majzén no deseaba que salieran del país como el trigo o el ganado[157].

El contrabando siguió funcionó, especialmente, centrado en las armas y municiones que los indígenas necesitaban para luchar contra los extranjeros o bien entre sí. Los acuerdos comerciales establecidos por Marruecos con las diferentes potencias occidentales excluían el comercio de tales materiales y productos. Era tan importante el contrabando de armas que en el acuerdo hispano-francés de septiembre de 1905 se establecen las normas para la vigilancia y represión del mismo confiando a navíos de guerra de ambas potencias su control por mar. Más tarde, en la Conferencia de Algeciras, los países participantes convinieron, con algunas excepciones, la prohibición de la importación de armas de guerra y de sus municiones y asimilados así como de los explosivos. Tal contrabando estaba castigado severamente. Ello no impidió que se realizaran muchas operaciones en el país, en muchos casos a través de Tánger, en las que, entre otros, intervinieron el bandido Raisuni y el líder rifeño Abdelkrim. Años después, durante la guerra civil española se realizaron numerosas operaciones de contrabando de explosivos, armas y municiones. Más tarde, al término de la II Guerra Mundial, se reprodujo el contrabando de armas destinado a pertrechar a los nacionalistas marroquíes con el fin de mantener y potenciar sus actividades independentistas.

Pero, en general, el contrabando que se desarrolló en Tánger se refería a productos de consumo que estaban sometidos a su entrada en España o en otros países europeos a importantes derechos de aduana e impuestos complementarios de lujo o de otro tipo. Entre ellos figuraban los cigarrillos americanos[158],

---

157 Aunque parezca extraño, en el siglo XIX existía contrabando de sanguijuelas entre Tánger y Gibraltar.

158 Tánger importaba cigarrillos americanos por un valor sesenta veces superior a las necesidades de la ciudad.

los licores, medias de seda, encendedores de marca, relojes, etc., que entraban legalmente en Tánger sin más requisito que el pago de un arancel y tasas complementarias que ascendían, en total, al 12,5% sobre el valor en aduana. El precio de una determinada mercancía, una vez introducida legalmente en Tánger, era considerablemente inferior al precio que se pagaba por dicho bien en cualquiera de los dos protectorados pero, especialmente, en España, en Gibraltar o en otros puertos o ciudades mediterráneas. Lógicamente, se establecieron canales de contrabando entre Tánger y aquellos centros de consumo. El que funcionaba con España, aunque era el más peligroso, fue el que más se desarrolló habida cuenta de los grandes beneficios que reportaba.

En algunos casos, aunque de forma marginal, el contrabando afectó a determinadas mercancías que entraban en Tánger intentando evitar los derechos de aduana[159]. Los tangerinos pensaban que el contrabando era una especie de derecho natural hasta tal punto que casi ninguno de ellos descartaba en sus viajes a España o a otros países, participar, con poco riesgo, en la corriente de comercio ilegal entre Tánger y Europa en el bien entendido que la ilegalidad se contemplaba, salvo matices, desde el lado español pero no del tangerino[160]. En definitiva, se trataba de un flujo pequeño aunque constante de mercancías que hacía vivir a los importadores y a las numerosas tiendas de todo tipo de productos existentes en Tánger.

Sin embargo, el tipo de contrabando que contribuyó a potenciar el mito de Tánger fue el que llevaron a cabo varias mafias internacionales que tenían su sede en otras ciudades del Mediterráneo pero que utilizaban a la ciudad internacional como centro de partida o como escala de sus operaciones de contrabando, principalmente de cigarrillos, perfumes, de algunos alcoholes y de varios artículos de lujo como relojes, medias de nailon, aparatos de radio y otros más, así como antibióticos. Iban dirigidas al sur de España, Gibraltar y algunos puertos italianos e islas del Mediterráneo. Al parecer, Lucky Luciano, el famoso mafioso italo-estadounidense, habría tenido en los años 50 su cuartel general en Tánger, en el Inmueble del Acordeón al principio del Bulevar Pasteur.

En todo esto existió una buena parte de leyenda, por lo que es muy difícil distinguir lo real de la fantasía. Se creó el mito de que Tánger era el centro del contrabando del Mediterráneo. Aunque seguramente se exageró el papel de la ciudad internacional en ese tráfico, lo cierto es que el contrabando fue uno de

159 Una nota de la Oficina Mixta de Información de Tánger explica en un documento fechado en enero de 1956 los sistemas de contrabando que existían en Tánger. Uno intentaba introducir mercancías en la zona de Tánger sin pagar los aranceles y otros derechos complementarios. El otro se dirigía a los países del entorno tangerino como España, Italia, Portugal y Ceuta y Melilla. El primero era poco importante. El segundo era trascendente.

160 En el Tribunal Mixto de Tánger un acusado al que se le preguntó sobre su profesión contestó con la mayor naturalidad: contrabandista, actividad que no era delictiva en la ciudad internacional.

los medios de vida y la profesión de muchos tangerinos. Algunos casos tuvieron resonancia mundial y, en especial, aquellos en los que intervenían piratas que asaltaban barcos contrabandistas que transportaban su mercancía desde Tánger a varios otros puertos del Mediterráneo[161].

Otro caso que tuvo mucho eco a nivel internacional fue el denominado «crimen de la condesa de Andurain»[162]. Esta aventurera conocía a un alemán, Hans Abele, traficante internacional con intereses en Tánger. Abele propuso a la condesa participar en una operación de contrabando de oro entre el Congo y Tánger. Aceptó y para ello compró el barco *Djelan* en Niza, en 1948, para realizar en él el traslado. Se instaló en Tánger a la espera de organizar el viaje hasta el Congo para recoger el oro. El 5 de noviembre de 1948 Marga desapareció. Hans Abele fue acusado de asesinato. A pesar de que el cadáver no apareció, el Tribunal Mixto condenó a Abele a veinte años de cárcel. En realidad nunca se supo con certeza lo que había ocurrido.

El tráfico de divisas y el contrabando enriquecieron enormemente a un considerable número de tangerinos que, en muchos casos, eran bien conocidos. También lucró, extraordinariamente, a un buen número de bancos que trabajaban en Tánger y a simples cambistas que contaban con una mínima infraestructura. Como ha quedado dicho, el contrabando y el tráfico de divisas favorecieron, considerablemente, el desarrollo económico de Tánger.

Es evidente que dichas actividades, que en España eran ilegales y estaban muy perseguidas, perjudicaron, en general, a la economía española. Pero, de alguna manera, también la benefició. El contrabando era consecuencia de una nefasta política que pretendía la autarquía económica para la España que había salido de la guerra civil y que por su inadecuación favoreció el nacimiento de tales actividades delictivas. El tráfico de divisas, aunque es cierto que propició la creación de grandes fortunas, también permitió que algunas empresas españolas dispusieran de dólares para importar maquinaria, productos o materias básicas básicas para el desarrollo de las mismas. El contrabando, en el que intervenía

161 El caso más conocido fue el del barco holandés *Combinatie*, que había salido de Tánger en octubre de 1952 con un cargamento de cigarrillos y que fue asaltado en aguas internacionales. La operación habría sido montada por su propio capitán con la colaboración de dos secuaces que vivían en Tánger. Estos habrían organizado el asalto al *Combinatie* por un barco pirata denominado *Esmee* con la intención de revender el tabaco robado y de cobrar de la aseguradora de la mercancía una indemnización. La operación fracasó y no salió como esperaban sus protagonistas. Al final, por un amplio conjunto de circunstancias, el cargamento de tabaco fue ocultado en Córcega, lo que dio lugar a que interviniera en la operación la mafia corsa y que se produjeran una serie de asesinatos y de venganzas que se sucedieron durante veinte años. Al parecer, el *affaire* del *Combinatie* ocasionó más de treinta muertes.

162 Marga d'Andurain (1893-1948) era una francesa casada con el conde o vizconde d'Andurain. Tuvo una vida novelesca extraordinaria sobre la cual no se conocen, con total certeza, más que algunos episodios. Al parecer, durante la II Guerra Mundial actuó como agente doble de los alemanes y de los aliados. Mucho se ha escrito sobre la vida azarosa de la Condesa de Andurain aunque, en general, sin ofrecer datos comprobados.

muchísima gente, fue para muchas economías míseras un balón de oxígeno que les permitía algunas ganancias. Además, en la España triste de los años 50 aportó ilusiones y nuevos bienes de consumo.

5.9. TURISMO Y HOSTELERÍA

A finales del siglo XIX y principios del siguiente, Tánger se perfiló como un centro turístico de relativa importancia. Poco a poco fueron llegando a Tánger turistas adinerados o bien, simplemente, jubilados, principalmente británicos que pasaban algunas semanas o meses en la ciudad. Al principio, muchos de ellos tuvieron que alojarse en domicilios particulares como le ocurrió a Delacroix, que vivió en la casa de la familia Benchimol, de Andersen, que se alojó en la residencia del cónsul británico John Drummond-Hay, o Garibaldi, que fue a vivir con el cónsul de Cerdeña.

Los primeros hoteles

Esta afluencia de visitantes aconsejó la construcción de algunos hoteles como por ejemplo, el Hotel Continental, en la medina, o el Villa de France en la calle de Rusia y, algo más tarde, el Hotel Cecil en el Front de Mer, lo que años después sería la Avenida de España. Inicialmente, tales hoteles estaban destinados, principalmente, a atender a los turistas y residentes temporales ingleses. Años después, serían también los británicos los que propiciarían la construcción del hotel más conocido y paradigmático de Tánger, El Minzah.

El Hotel Continental fue inaugurado en 1880 y está situado en Dar Baroud frente al puerto cerca de Bab el Marsa. Goza de una vista excelente sobre la bahía y el cabo Malabata. Durante muchos años fue el hotel más prestigioso de Tánger en el que se celebraban las fiestas y reuniones sociales de mayor relieve. En él se alojó la mayoría de las personalidades que fueron a Tánger al final del siglo XIX y primeras décadas del siguiente, como Emilio Castelar, Jacinto Benavente, Mary Pickford y Douglas Fairbanks, el matrimonio Churchill y muchísimos más. Durante años fue decayendo. Hace poco tiempo una nueva dirección pretende darle nuevos bríos. El Villa de France fue construido más o menos en la misma época que el Continental. Está situado enfrente de la iglesia anglicana, en una colina desde la cual se divisan, en lontananza, las costas españolas. Exteriormente es de estilo moderno pero en el interior se mezcla el arte neomorisco con el europeo. Allí vivió entre otras celebridades, el pintor francés Matisse. Durante años ha estado cerrado.

El Hotel Cecil es otro hotel histórico tangerino. Fue construido a principios del siglo pasado por Eugenio Chappory. Era un hotel muy elegante que estaba situado a pie de playa. Contaba con una gran terraza con pérgola desde la cual se podían contemplar las costas españolas y presenciar las carreras de caballos que se desarrollaban en la futura Avenida de España. Allí pasaron algunos días personajes de primerísima categoría internacional. Hoy el Cecil, aunque sigue abierto, ha perdido su pasado esplendor y está muy abandonado, aunque es un testigo privilegiado del pasado.

El Hotel Fuentes, de los hermanos Antonio y José Fuentes, y el café del mismo nombre de la planta baja, fueron durante más de treinta años un centro muy conocido de la ciudad donde se alojaron muchas personalidades que viajaron a Tánger como Camille Saint-Saëns, Margarita Xirgu, Manorol Caracol, Lola Flores y un largo etcétera. En el Café Fuentes dio Emilio Castelar una conferencia y recibió Perez Galdós un homenaje. Enfrente se situó el Hotel Becerra, también bastante popular. Ambos sobreviven a nivel de pensiones. De esa misma época fue el Hotel Villa Valentina en la calle de Fez, que durante muchos años fue centro de actividades culturales y musicales, el Hotel Majestic construido en las Terrazas Renschhausen y el Hotel Cavilla situado en un antiguo *fondak* en el Zoco Grande.

El Hotel Minzah fue construido por Lord Bute y Ernest Waller en la calle del Estatuto, en un solar que había pertenecido a Ion Perdicaris. Fue inaugurado en 1930 y desde entonces hasta nuestros días, sin excepción, ha sido el hotel más célebre y elegante de Tánger. En él se han alojado la mayoría de las celebridades que desde aquella fecha han visitado Tánger entre las que figuran, entre muchas otras, Raquel Meller, Juan de Borbón y su hijo el futuro Rey Juan Carlos, el conde de París, el futuro Rey Muley Hassan II, Rita Hayworth, Cantinflas, Barbara Hutton, Rock Hudson, Onassis, Orson Welles y tantos otros. El Hotel Minzah es uno de los escasos hitos del Tánger internacional que permanece inamovible y sin cambios relevantes.

El Hotel Rif, que contaba con 80 camas, se inauguró en 1937. Tuvo momentos iniciales difíciles ya que coincidió con la ocupación española que desanimó a turistas ricos a ir a Tánger. Sin embargo, durante los años de esplendor discutió al Minzah la primacía hostelera. En el Monte, como ya ha sido indicado, construyeron los esposos Ellen y Winthop Buckingham en 1935, en un antiguo palacete del banquero Abensur, el muy conocido Hotel el Farhar, maravillosamente situado y con espléndidas vistas sobre el mar y el Arroyo de los judíos. Fue durante muchos años un lugar preferido de encuentro de los tangerinos así como de residencia de muchos turistas que fueron a vivir a la ciudad internacional.

El desarrollo del turismo tangerino

En 1934 llegaron a Tánger 43.000 turistas. De ellos dos tercios eran británicos, el once por ciento franceses y aproximadamente, un diez por ciento españoles. Pero no es hasta mediados de los años 40, al poco tiempo del término de la ocupación de la ciudad por los españoles, cuando Tánger se convierte en una ciudad turística que atrae no solo a los ricos, a los artistas o a los jubilados sino también a la clase media alta, principalmente española y francesa. Les invita no solo el clima y la hospitalidad de la ciudad, sino también la disponibilidad de productos de todo tipo que escasean en España o Francia o en los protectorados de uno u otro país. También atrae a muchos turistas el clima de libertad política y moral que se respira en Tánger en contraposición a la existente en aquellos países. Además, a finales de los cuarenta, la ciudad estaba muy bien conectada con todo el mundo por mar, carretera, ferrocarril y aire[163].

En esos años retornaron, los fines de semana, los gibraltareños y los habitantes de las dos zonas de protectorado español y francés, principalmente militares o sus familiares que iban a Tánger a descansar unos días o bien a hacer compras de productos norteamericanos, europeos o asiáticos que no se encontraban en sus ciudades de residencia habitual. Por otra parte, a partir de esa época vuelven a amarrar en Tánger, periódicamente, durante unos días, barcos de la flota norteamericana —como el acorazado *Missouri*, donde se firmó la rendición japonesa, el portaaviones *Franklin D. Roosevelt* o el destructor *Power*— y de la francesa, lo que hace que vuelvan a la ciudad marineros deseosos de pasar unos días de asueto y diversión en la ciudad internacional.

A principios de los cincuenta se crearon una serie de organismos dedicados a divulgar los atractivos de Tánger y su oferta turística. Nace la Oficina de Turismo que dependía del administrador adjunto Edmond Girardière. A partir de 1955, estuvo a su frente el jefe del gabinete del Administrador de la Zona, Antonio Sánchez de Llamusí, que había sido agregado cultural del consulado español. Actuaba en coordinación con el Office Marocain du Tourisme. Surgen otros organismos que pretenden aunar esfuerzos entre los distintos países que dirigen la Administración de la zona con el fin de organizar eventos y actividades que atraigan a turistas. Se crean el Comité Internacional de Iniciativa y el Automóvil Club de Marruecos y se abren representaciones de otros órganos similares de apoyo al turista como el Automóvil Club Español o el Touring Club de Francia. Por parte oficial española, se piensa que Tánger puede ser un puente de paso de turistas hacia la Península. Así, se abre en Tánger una Oficina española de Turismo a cuyo frente estuvo, inicialmente, Ildefonso Illescas y, más tarde, Ignacio Rey-Stolle, que había sido jefe de gabinete del ministro español de Turismo, Manuel Fraga.

---

163 Véase 5.4.2. Distribución y transporte.

Oferta hotelera

En 1953, la Oficina de Turismo de Tánger estableció una lista de 34 hoteles calificados en una escala que iba desde las cinco estrellas o lujo hasta los hoteles denominados de turismo familiar a los cuales solo les concedía una estrella[164]. Durante los años siguientes, distintos empresarios confiados en el futuro del turismo tangerino construyeron otros hoteles como el Tánger Hotel que dirigía Gregorio García Segundo, el Pasadena o el Atlas, de tres estrellas, y otros hoteles más o menos familiares. Así, Tánger a finales de los años 50 contaba con unos cuarenta hoteles que ofrecían unas 1.200 camas. Las previsiones optimistas fallaron y muchos de esos hoteles, en muy pocos años, quedaron, en parte, sin clientela. Algunos hoteles que habían formado parte de la historia del Tánger internacional desaparecieron como el Villa Valentina o el El Farhar. Otros siguieron en la brecha pero no pudieron mantener su calidad. Muchos de ellos no se resignaron a morir y se mantienen, todavía, exponiendo, algunos, sus vergüenzas al viejo tangerino que los ha conocido en tiempos mejores.

Esta oferta hotelera es una buena prueba de que el turismo llegó a ser una de las principales actividades económicas de Tánger, ciudad que visitaban cada año unas 350.000 personas. A veces llegaban grupos de cierta importancia como cuando visitaban la ciudad barcos de la armada de varios países como Francia, España o Estados Unidos o buques escuela como el francés *Jeanne d'Arc*, el español *Juan Sebastián Elcano* o el italiano *Americo Vespucci*, que arribaron a Tánger entre 1950 y 1952. En 1958 el *Independence* desembarcó en la ciudad a unos 300 turistas.

Las formalidades de entrada eran bien simples ya que bastaba con un pasaporte válido, sin más requisito, para todos los ciudadanos de los países que firmaron el Acta de Algeciras. Después de la segunda guerra mundial, los alemanes y japoneses tuvieron prohibida la entrada y estancia en Tánger. Los ciudadanos de otros países podían ingresar en Tánger mediante la simple presentación de sus respectivos pasaportes, lo que les autorizaba a una estancia de seis días. Si deseaban prorrogar este periodo debían obtener un visado en un Consulado de Francia, ya que las relaciones diplomáticas de Marruecos con

[164] Los tres hoteles de lujo eran El Minzah, que durante más de ochenta años ha mantenido su alta calidad, el Hotel Rembrandt, que había sido construido en febrero de 1951 y que pertenecía a José S. Toledano y que había sido proyectado por el arquitecto Samuel L. Toledano, y el Hotel Velázquez, inaugurado en 1951 y que estaba situado en la calle del mismo nombre. Los cinco que calificaba con cuatro estrellas eran el Hotel Rif (que estimaba de gran turismo A) en la Avenida de España y el Île de France, Lutetia, Miramar y Villa de France (que consideraba de gran turismo B). Seguían diez hoteles de tres estrellas entre los que figuraban algunos históricos como el Cecil o el Villa Valentina. Luego incluía a cinco hoteles de dos estrellas entre los que aparecía el El Farhar. Por último, dentro de la categoría de hotel familiar, relacionaba a otros once hoteles como el Fuentes o el Becerra del Zoco Chico, que pertenecían a la leyenda de Tánger.

el exterior correspondían, en virtud del Protectorado, a Francia. Este visado se concedía, normalmente, sin dificultades.

Ferias y manifestaciones turísticas

A partir de 1950 se intentó organizar periódicamente una Semana de Tánger que tendría un objetivo básicamente turístico. La segunda, que se organizó en 1951 celebrada entre el 4 y 15 de julio, tuvo un extraordinario éxito. Fue organizada por la Cámara de Comercio Internacional que presidía Henri Pères y en la que participaban las cámaras nacionales española, francesa, marroquí, italiana y británica y los delegados de turismo de Tánger y de varios países. El Bulevar, el Zoco Grande y otros lugares céntricos de la ciudad estuvieron adornados y engalanados de acuerdo con proyectos preparados por los más conocidos decoradores de la ciudad como Luis Jurado y Félix Vangell y el arquitecto Fournier des Corats.

La Cámara española consiguió montar en Tánger una Feria a imagen y semejanza de la de Sevilla. La Avenida de España se convirtió en una verdadera feria sevillana con varias docenas de casetas, banderas, adornos, 12.000 farolillos, etc. Hubo un magnífico ambiente con paseos del ferial como si se estuviera en Sevilla, con participación de cuadros artísticos andaluces. Algunas entidades tangerinas plantaron casetas entre las que destacó la de la Peña Sevillana, que tuvo la mejor caseta. Hasta hubo corridas de toros. El programa, que se cumplió totalmente, fue extraordinario. Lo más espectacular, aparte de la Feria, que tuvo el mayor éxito, fueron el concierto de la Orquesta Sinfónica de Madrid dirigida por Hans von Benda y las actuaciones de los ballets del marqués de Cuevas y de los Coros y Danzas de España. Tánger era una ciudad en fiestas con sabor, principalmente, español, a las que se unían los extranjeros y los nacionales que también organizaron sus festejos.

A pesar del gran éxito obtenido no tuvo continuidad, aunque se celebraron los años siguientes Ferias de Tánger, siendo la más conseguida la de 1958. Las organizaba o impulsaba el ya citado Comité Internacional de Iniciativa que durante algún tiempo presidió el español José Andreu. En 1957, se denominó Comité de Iniciativas de Tánger[165].

[165] Lo presidía el Cherif de Uazzan con la participación de algunos marroquíes significados como Ahmed Akalay, Larbi Berrada, Abderraman Menebhi y otros europeos como el propio José Andreu, Pierre Mougenot, director de la *Depêche Marocaine*, el ya citado José Luis Massa, Herbert Southworth, director de la emisora Tanger Internacional, Gilbert Mari, presidente de los Hoteleros, el periodista Hubert de Bergar y varios empresarios como Jack Pinto, M.T. Isardas, Menahem Muyal, etc.

Centros de ocio y de restauración

Durante todo el régimen internacional no se autorizaron los juegos de azar ya que lo prohibía, expresamente, el Estatuto. Algunos centros privados como el Club la Unión o el Nuevo Club permitían los juegos de cartas y, en algunas ocasiones, el último citado, la ruleta y el bacará. Poco después de la independencia se creó en 1958 el Casino Municipal de Tánger, que fue instalado en la calle México. Lo dirigía Gustave Nellens. En el casino se jugaba a la *boule*, la ruleta, el bacará y otros juegos de azar. En menos de tres meses visitaron el casino unas 30.000 personas, que iban no solo a jugar sino también a admirar a grandes artistas como Charles Aznavour o Gilbert Bécaud.

Tánger contaba con un buen número de restaurantes, bares y lugares de diversión. Algunos cafés eran muy populares como los citados Café Fuentes o el Central en el Zoco Chico, o bien el Café Colón en la calle Italia y, por supuesto, el Café de París en la Plaza de Francia, del que era propietario Aureliano García, que se convirtió en centro social de Tánger al que acudían tanto los tangerinos como muchos célebres expatriados*. Enfrente del París estaba el Normandie y, en el Bulevar, el Claridge, propiedad de Lacaze, que llegó a tener una estrella Michelin, y el Savoy, que también era muy conocido. El italiano Mairate era el dueño de la Cafeteria Corsina, enfrente del Cine Mauritania, y también del restaurante Les Ambassadeurs en la calle Goya. Fuera del centro, en el Marchán, está el Café Hafa o Hafita, cuyo propietario era Ba Mohamed Allouch. Es un cafetucho que solo tiene tres o cuatro cuartos pero que cuenta con una terraza preciosa escalonada llena de plantas, algunas higueras y eucaliptos. Se bebía y se bebe té con yerbabuena y se fumaba *kif**. Cuenta con una maravillosa vista sobre el estrecho. Posiblemente, todos los escritores y otros artistas que pasaron por Tánger en los años 50 y 60 estuvieron en la Hafita.

También había en Tánger excelentes pastelerías que atraían a los turistas y a los residentes. Entre ellas figuraban las de Anidjar y de Pilo en la calle Fez, la de Pino, de los esposos Ghirlando, el Normandie con pastelería y música, la muy tradicional La Española de los Izquierdo a cuyo frente estaba Doña Virtudes, la panadería-pastelería italiana de Macca en la calle Sanlúcar y la de Maltese en la calle Juana de Arco. Pero la más prestigiosa de todas era la Patisserie Porte, que primero estuvo situada en la calle Correos, de donde pasó a la del Estatuto y luego a la calle Goya[166]. Muchas de ellas siguen viviendo con considerable esplendor pero la Patisserie Porte languidece soñando en tiempos mejores.

Entre los restaurantes más conocidos figuraban los que funcionaban en los principales hoteles así como otros prestigiados como La Grenouille de la calle Rembrandt, que sigue abierto, o el Roma en la calle del Estatuto, Le

---

[166] Véase artículo muy completo y documentado de Pepe Artesani en *Tingis* nº 15.

Provençal en Fernando de Portugal, el Restaurante Romero de la calle Goya, que había sido bar de tapas en la calle Cristianos, el Riviera en la de Juana de Arco, el Milano de la calle Fez de Giacometti, o el Venezia en la calle Murillo, que lo dirigía la francesa Manouche. Otros restaurantes de éxito eran el Volga en la esquina del Hotel Rif, donde Mijail Maslenikoff ofrecía comida rusa, el Caravelle que dirigía Bouffard, Ciro y otros muchos. Por supuesto, no olvidamos al minúsculo restaurante de Elías Maman en Zoco Chico donde se comían los mejores pinchitos de la ciudad. Otros muy buenos eran el Paname en el que trabajaba el chef Paul Toton, Le Grillon de Selim Freige, Chez Gagarine, el Ermitage cerca del Parque Brooks, cuyo gerente era M. Gaidon, y el 1001 que abrió Brion Gysin, un buen escritor norteamericano, cerca del palacio Menebhi, en el que ofrecía comida marroquí hecha por su compañero Hamri en un ambiente y música marroquíes. Quizá uno de los mejores restaurantes era el Güitta de la plaza del Obispo Betanzos al frente del cual estuvo durante cerca de 50 años su propietaria Mercedes Güitta, hija del que fuera *maître* del Villa de France.

Los principales hoteles contaban con bares de día o de noche donde acudían los turistas y los tangerinos. En el Minzah estaba y sigue el Kaid Bar. En el bar del Hotel Atlas, que era propiedad de Clemence Bonnet, acudía a menudo Jane Bowles, que vivió en ese hotel algún tiempo al final de su vida. Entre los bares de día destacaban un gran número de establecimientos españoles como el Puerta del Sol, el bar de Calcaño en Curro las Once, Casa Segovia, enfrente del Minzah y muchos más. La Mar Chica estuvo en el Zoco Chico y tuvo gran éxito por su ambiente y su espectáculo flamenco. La empresa de El Minzah era propietaria de los jardines de la Emsallah, donde había varias pistas de tenis y una amplia pista de baile donde se celebraban verbenas y fiestas así como del *night club* Consulat situado en la propia esquina del hotel. Era uno de los clubs de mayor categoría. Un antiguo legionario francés creó el Freddy's Embassy Club en la medina que tuvo mucho éxito en los años 40.

El Parade era uno de los establecimientos más populares. Se podía tomar unas copas o cenar. Fue fundado en 1954 por la decoradora rusa Ira Belline, Jay Haselwood y su amigo Bill Chase, que lo instalaron en la calle Fez. Fue financiado por la condesa Phyllis de la Faille, una angloamericana casada con un conde belga que se enamoró de Jay. Luego estuvo en la calle Viñas enfrente del cine París regentado por Haselwood con Lilly Wickman, una francesa casada con un sueco. Frecuentaban el Parade, entre otros, Burroughs, Brion Gysin, Truman Capote que vivió algún tiempo en Tánger con su compañero sentimental Jack Dunphy y otros muchos. Cuando murió Hasselwood lo heredó Wyckman, que lo tuvo abierto hasta 1982. Estos bares, algo libertinos o *canallas*, así como algunos que se citan a continuación eran los preferidos por los expatriados*[167].

Otro bar histórico era el Dean's Bar que estaba cerca del Minzah en la calle de América del Sur enfrente del Trafalgar House. Joseph Dean que, al parecer tenía ascendencia egipcia-británica, había sido camarero del hotel y escondía en Tánger su misteriosa vida que le había llevado a trabajar en tal profesión en París, Nueva York, Berlín y El Cairo, entre otras. Murió hacia 1963. Iba al Dean's una clientela muy heterogénea, en su mayoría expatriados*, desde Burroughs y Ginsberg a Ian Fleming, Ava Gardner, Barbara Hutton, Errol Flynn y muchos más. Todavía sigue abierto. Otro conocido era el Pepys' Club, donde tocó jazz Randy Weston, que vivió varios años en Tánger. El Negresco, el Bar Montero, el Pique Nique, La Fragata en Cabo Malabata, L'Escale, etc., eran otros bares o restaurantes, como el Safari, fundado hacia 1954 por los daneses Mogens Andersen y Guy Muller, el Koutoubia Palace de la calle Sanlúcar, que ofrecía espectáculo donde bailaban Ikiase, Faiza, Badia, el Folies Bergère instalado en el Bulevar Anteo y el Whisky a Gogo uno de los preferidos por los jóvenes que se situaba también en la calle Sanlúcar.

La Villa Harris está en la carretera de Malabata. Fue construida a finales del siglo XIX por Walter Harris, que vivió en ella durante varios años. Es de estilo morisco y estaba lujosamente adornada con valiosos mosaicos de Fez. Fue durante muchos años uno de los principales centros de reunión de la sociedad tangerina. Cuando murió Harris la adquirió un hombre de negocios ruso, Jacques Ganzelevich, que se asentó en Tánger y creó una familia de la que desciende Oleg Vargas Ganzelevich, creador de la revista *Malabata*, fallecido en 2004. Ganzelevich la vendió a Onofre Zapata, que murió en 1944 y que, a pesar de su nombre español, era un gibraltareño que utilizó la Villa Harris como centro de recreo y casino. Tuvo mucho éxito hasta 1940, cuando los españoles ocuparon la ciudad y prohibieron el juego, lo que obligó al cierre del casino de Villa Harris. En los cincuenta se organizaron en ella colonias de vacaciones. Actualmente, parece que está abandonada.

Cuando se llegó a la integración de Tánger en el Reino de Marruecos con la consiguiente disminución de la actividad económica no se produjo una brusca caída del turismo gracias a los esfuerzos que muchos tangerinos, marroquíes y extranjeros realizaron para que el ritmo de la ciudad se mantuviera. Entre las principales iniciativas para atraer el turismo destacó la creación del Casino Municipal en el que estaba autorizado el juego, que siempre había prohibido el Comité de Control. Siguieron llegando importantes personalidades extranjeras

[167] Véase 9.2. Grupos sociales.

entre ellas la multimillonaria Barbara Hutton. Se instalaron en Tánger algunos grupos *beatniks** que situaron, otra vez, a Tánger en el centro de la *movida* mundial, aunque ahora artificialmente. Este hecho solo acrecentó el morbo al que se unía el nombre de Tánger.

Poco a poco, casi sin que nadie se diera cuenta, el turismo de medio y alto nivel fue abandonando la ciudad por otros destinos marroquíes como Marraquech. Se cerraron muchos hoteles y otros languidecieron. En la segunda mitad de los años sesenta la caída del turismo se unió a la crisis de la ciudad. Pasaron los años y, también, poco a poco parece que el turismo ha vuelto a resurgir en la antigua ciudad internacional.

TERCERA PARTE

SOCIEDAD Y CULTURA

CAPÍTULO VI
RELIGIÓN

Queda garantizado el libre ejercicio de los diferentes cultos en la zona de Tánger, sin más limitaciones que las necesarias para el mantenimiento del orden público.

Art. 11 del Estatuto de Tánger.

A mediados del siglo pasado, la tolerancia religiosa que existía en Tánger era total coexistiendo libremente, sin cortapisas de ningún tipo, las distintas religiones[168].

6.1. ISLAM

Tánger contaba con una docena de *zauias**. Una *zauia* o ermita es el centro religioso, político y administrativo de una cofradía religiosa. Las zauias han tenido considerable importancia en Marruecos. Por ejemplo, las dinastías bereberes de los almorávides y los almohades tuvieron su punto de partida en sendas zauias. En general, las existentes en Tánger son ermitas que fueron habitadas por santones o personajes respetados por los tangerinos que, en muchos casos, están en ellas enterrados. Entre ellos figuran las de Sidi Amar o Ibn Batuta. Otras zauias son la de los aissauas dedicada a Si Mohamed ben Aisa, la Ketania que está en Dar Barud y la Tijania, la más antigua de Tánger[169].

Sin embargo, el santuario más conocido es el de Sidi Buarrakia, que es el patrón de Tánger[170] y que está enterrado en un morabito situado a mitad de

[168] Rachid Tafersiti describe este ambiente de paz y tolerancia en su *Tanger, realités d'un mythe*.

[169] Clemente Cerdeira tradujo y publicó en 1923 un interesante estudio sobre las cofradías musulmanas marroquíes.

[170] Sidi Buarrakía era un cherif* de la familia de los Ualad Bakal que llegó a Tánger a principios del siglo XVIII, años después de que los ingleses abandonaran la plaza de Tánger. Sus conquistadores musulmanes constataron que en ella no vivía ningún cherif, por lo cual fijaron su atención en Sidi Buarrakía, que tenía gran prestigio y le invitaron

la calle que lleva su nombre. En los años 40 y 50 las fiestas o moussen* que se celebraban en su honor constituían un acontecimiento muy señalado del año. Los tangerinos, no solo musulmanes sino también judíos y cristianos, se unían a los peregrinos que llegaban al santuario para honrar al patrono de Tánger con ruidosos y atractivos desfiles de distintos gremios.

Pero lo más significativo de los templos musulmanes de Tánger son las importantes y numerosas mezquitas diseminadas por la ciudad. En Tánger, en los años cincuenta, había siete mezquitas. La más relevante era Yamá el Kebir o gran Mezquita, que está en la calle de la Marina, cerca del Zoco Chico y que es el centro de culto musulmán más importante de Tánger. Fue inicialmente construida, algún tiempo después de la conquista de la ciudad, por los árabes, sobre las ruinas de un templo romano. Más tarde, durante la conquista de Tánger por los portugueses éstos la convirtieron en iglesia. Cuando Tánger volvió en 1684 a manos marroquíes éstos transformaron, a su vez, dicha iglesia en mezquita. Fue embellecida y agrandada en 1815 por el Sultán Muley Slimane. Otra mezquita con historia es la Yamá el Yedida o Nueva, que está también cerca del Zoco Chico, en Uad Ahardán, y que es conocida como mezquita de los aissauas. En la Alcazaba está la Yamá El Casbah (mezquita de la Alcazaba), construida a finales del siglo XVIII por el bajá* de la ciudad Alí ben Abdellah Rifi cuando los ingleses fueron expulsados de la ciudad y ampliada por su hijo, que también fue bajá de Tánger. El Mendub se dirigía todos los viernes a Yamá El Casbah, con el ceremonial acostumbrado, para presidir la oración.

Fuera de la medina hay otros templos de interés como la Mezquita de Sidi Bou Abid, construida en 1917 y dedicada al santón del mismo nombre y que está situada en el Zoco Grande. Cuenta con un precioso minarete de mosaicos y azulejos de varios colores. En el Marchán se encuentra otra mezquita edificada hacia 1916, bajo el patrocinio de la zauia de los Chorfa de Uazane. Otras tres más están esparcidas por otras zonas de Tánger. Además, cerca del Instituto Español y de la Catedral ha sido construida, recientemente, la Mezquita de Mohamed V, que es una de las más altas de Marruecos. Otras cuatro más están situadas en otras zonas de Tánger. En general, en Tánger la entrada a las mezquitas estaba y está prohibida para los no creyentes musulmanes.

Muchos musulmanes de Tánger invitaban, a menudo, a sus conciudadanos de otras creencias a la celebración de algunas de sus fiestas[171] y, en especial, a las

---

a ir a Tánger, lo que hizo en 1708. Allí vivió diez años ganándose el respeto y la veneración de los tangerinos. Fray Patrocinio García Barriuso dedicó un documentado artículo sobre Sidi Buarrakía en la revista *Mauritania*.

[171] Las principales fiestas musulmanas son el Año Nuevo o Moharram, que celebra la salida o hégira del profeta Mahoma desde la Meca a Medina; la Hachura, que tiene lugar diez días después del principio de año y que, principalmente, es la fiesta de los niños y de los necesitados de la comunidad; el Mulud, que celebra el nacimiento del profeta; el Ramadán, que es el mes sagrado durante el cual el musulmán se abstiene de comer y beber y mantener relaciones sexuales desde el amanecer hasta la puesta del sol, a partir de la cual cesan tales prohibiciones; Lailat

bodas y a las veladas que se celebraban durante el mes de Ramadán*. Al término del ayuno, después de que bramara la sirena que lo anunciaba, se reunían a cenar la *harira* o a degustar la *cherbaquia*, un dulce parecido a un pestiño.

Se mantienen en Tánger varios cementerios musulmanes entre los que destacan el de Sidi Buarrakia, el de los Muyahidine, donde están enterrados el primer bajá de Tánger Alí Ben Abdellah Riffi y el primer gobernador de Tánger posterior a la independencia, Si Abdallah Guenoun; el del Marchán y el situado cerca de la iglesia anglicana .

6.2. JUDAÍSMO

Los judíos han vivido en Marruecos y, en particular, en Tánger, desde tiempo inmemorial y, como mínimo, desde principios de la era cristiana. Es muy posible que parte de los bereberes que habitaban la zona norte cuando fue conquistada por los árabes profesaran la religión judía. La leyenda dice que la reina o jefa bereber llamada Kahena[172], que luchó contra los conquistadores árabes, era judía. En todo caso, desde aquel tiempo, los judíos, con la misma unión y conciencia de su judeidad, han mantenido en Tánger sus costumbres y practicado su religión.

Tal práctica se realizaba en las propias viviendas judías o bien en locales adecuados y a partir de finales del siglo XVIII en distintas sinagogas que fueron edificadas por la comunidad judía. La primera fue construida, en ese tiempo, por el rabino Abraham Toledado en un terreno situado cerca de la calle de los Siaguins. Se denominó Knesset Haguedola. Cerca, en la calle de las Sinagogas, se construyeron otros templos siendo el más destacado de todos la Sinagoga Nahón o *Massaat Moshé*, construida por el banquero Nahón en 1871, que es la más hermosa y de mayor prestigio[173]. En otros lugares de la ciudad como la Fuente Nueva se fundó la Sinagoga Benatar, la de Siah Isaac en el Paseo del Dr. Cenarro, la de Judah Cohen en el Marchán y más tarde la que fue construida en 1951 en el Bulevar Pasteur en unos terrenos cedidos a la Comunidad por Rafael

---

el Kadar o Noche del destino, que se celebra el día 27 del Ramadán y que es un día de reflexión y oración; Aid el Seguir (o fiesta pequeña), con la que termina el Ramadán; y el Aid el Kebir (fiesta grande), también llamada del cordero ya que en ella, cada familia, sacrifica a uno de esos animales en recuerdo del sacrificio de Abraham. Además, a nivel individual, se celebran el nacimiento, la circuncisión, el matrimonio y el fallecimiento.

[172] Reina bereber que combatió contra la invasión musulmana del norte de África a finales del siglo VII. Ganó algunas batallas pero fue derrotada por los árabes en 702 y decapitada. Según el historiador árabe Ibn Jaldún era de religión judía. El nombre de *Kahena* puede provenir del hebreo *Cohen*, que significa sacerdote.

[173] En ella se celebraron durante muchas décadas, con todo esplendor, las distintas celebraciones religiosas judías y, particularmente, las bodas que utilizaban el rito sefardí y a las que eran invitados amigos de las tres religiones. Actualmente, la Sinagoga Nahón se ha convertido en un museo que recoge, en el marco espléndido del templo, varios objetos de culto del mismo y otros procedentes de otras sinagogas que con el tiempo fueron cerrando.

Bendrihen, conocida como Shaare Rafael y que es la única que hoy sigue abierta al culto. A mediados de los años cincuenta había en Tánger once sinagogas.

Hasta mediados del siglo XIX la comunidad estaba presidida por un Gran Rabino como autoridad religiosa y jefe espiritual de la Comunidad en la aplicación de la ley judía y de un Cheik el Lihud (jefe de los judíos), que era la autoridad laica encargada de recaudar el impuesto o *djizia* que cada año se debía entregar al bajá* de la ciudad. En 1853, por iniciativa del Gran Rabino, que era Moses Bengio, se organizó institucionalmente la Comunidad Judía de Tánger. Bengio murió en 1855 sucediéndole su hijo Mordejay, que solo contaba 28 años. Como Gran Rabino dirigió los destinos de la Junta y, en definitiva, la comunidad judía de Tánger durante más de sesenta años dándole gran solidez. Murió en 1917 dejando a una comunidad fuerte y bien organizada.

El Estatuto de Tánger reconoció la importancia de la comunidad judía al ordenar que se elaborara, en el plazo más breve posible, el estatuto administrativo y jurídico de la comunidad israelita de Tánger, garantizando el respeto y el libre ejercicio de la religión judía y sus prácticas adicionales, así como la observancia de las fiestas religiosas israelitas tradicionales y de su ceremonial[174]. Así se hizo organizando por *dahir** la Comunidad israelita de Tánger, que comprendía a todos los judíos de la ciudad fueran o no marroquíes, pero con tal de que vivieran en la ciudad más de un año y que fueran de ascendencia marroquí. Se creó también un Tribunal Rabínico.

El sucesor del Gran Rabino Mordejay Bengio fue Jehuda Benchimol, que, además, cuando se organizó el Tribunal Rabínico, de conformidad con el Estatuto de Tánger, fue su presidente. Le sucedió Jehuda Azancot, que había colaborado durante muchos años con Benchimol y que también fue presidente del Tribunal. Sus sucesores fueron Yamín Cohen y, desde 1950, Mordejay Encaoua, que fue, asimismo, presidente del Tribunal Rabínico que, años después, emigró a Caracas donde murió en 1978. El denominado Comité de la Comunidad Israelita, que siguió llamándose Junta, ejercía el poder junto con el Gran Rabino en el ámbito de la comunidad judía. De ella formaron parte como presidentes o vicepresidentes o altos cargos de la misma los más prestigiosos miembros de la comunidad, desde Isaac Abensur hasta Joe Hassan y otros muchos más.

---

[174] Las principales fiestas judías son: Rosh Hashaná, que es el comienzo del año nuevo hebreo que, generalmente, cae en septiembre o principios de octubre; Iom Kippur o Día del Perdón, que es la fiesta más solemne e importante del calendario; Sucot o fiesta de los tabernáculos o de la cabañ,a que celebra la finalización de la cosecha y recuerda las cabañas en las que vivieron los judíos durante la travesía del desierto; Janucá, que celebra la reinauguración del Templo; Purim, que equivale al Carnaval cristiano; Pésaj o Pascua judía, que evoca la salida de los israelitas de Egipto; y Shavuot, que recuerda la entrega de las tablas de la Ley por Moisés a los judíos. Además, cuando un joven judío cumple los trece años celebra su Bar Mitzvá*, que, en Tánger, los cristianos equiparaban a su primera comunión. Lógicamente, otras conmemoraciones son las relativas al nacimiento, circuncisión o *berit milá*, matrimonio y muerte.

El antiguo cementerio judío estaba situado entre la calle de Portugal y la Cuesta de la Playa, que a mediados de los años treinta quedó en desuso. Desde entonces se utilizó el situado en el camino de Fez inaugurado en 1935 en unos terrenos cedidos a la comunidad israelita por Abraham M. Laredo.

6.3. CRISTIANISMO

No se conoce con exactitud cuándo llegó el cristianismo a Marruecos y, en particular, a Tánger, aunque es seguro que ya existían cristianos en el país a finales del siglo III, puesto que se sabe que un centurión romano llamado Marcelo fue martirizado en Tánger por su fe cristiana a finales de dicho siglo en tiempos de la persecución de Diocleciano. Años después fue elevado a los altares como santo. Durante el siglo IV el cristianismo se implantó oficialmente en el norte de África siendo favorecido por la conversión del emperador Constantino. San Agustín[175], bereber y uno de los Padres de la Iglesia, es el mayor exponente del cristianismo norteafricano.

Se ignora la importancia que tuvo en Tánger la presencia cristiana pero se sabe con certeza que antes de la invasión musulmana el cristianismo había perdido gran parte de su fuerza ya que no había enraizado totalmente en las masas bereberes. Aunque, lentamente, el Islam se impuso y se expandió por todo el norte de África, de tal forma que la influencia cristiana, prácticamente, desapareció subsistiendo, solo, pequeñas comunidades cristianas. Esta situación se mantuvo durante varios siglos sin otra variación que las esporádicas presencias favorecidas por las conquistas temporales de algunos puertos como el de Tánger.

6.3.1. Catolicismo

Antecedentes

Los misioneros franciscanos llegaron a Marruecos en el siglo XIII, poco tiempo después de su fundación por San Francisco de Asís, y concretamente en 1220, durante la dinastía almohade[176]. Los primeros misioneros fueron martirizados en Marraquech poco después de su llegada al país. Los franciscanos perseveraron y su presencia se mantuvo hasta finales del siglo XIV. Su principal labor, al

[175] San Agustín (354-430) nació en Tagaste, en la frontera argelino-tunecina. Se convirtió al cristianismo gracias la influencia de su madre Santa Mónica y de San Ambrosio. Fue obispo de Hipona. Su pensamiento y sus obras, entre las que destacan *Las Confesiones* y *La Ciudad de Dios*, ejercieron una influencia decisiva en la teología occidental.
[176] Véase Henri Tessier,Ramón Lourido y otros, *El Cristianismo en el Norte de África*, MAPFRE, 1993

igual que la de las órdenes redentoras que se afanaban en Marruecos, era la de ayudar a los cautivos así como el apoyo religioso a algunas milicias cristianas que estaban al servicio de los sultanes. Desde entonces, durante más de dos siglos la presencia franciscana fue casi nula ya que la intolerancia musulmana impidió la presencia de tales religiosos.

A partir de 1630 vuelven los franciscanos a Marruecos con el apoyo de las autoridades marroquíes. Crearon una primera misión como Prefectura Apostólica siendo dirigida por Juan de Prado, dedicándose, básicamente, como en el pasado, a asistir a los cristianos cautivos en Marruecos. A pesar de la relativa tolerancia que permitió la presencia franciscana, el propio Juan de Prado fue martirizado siendo declarado beato en 1728. Ello no impidió que en 1763 se creara en Tánger una capilla dedicada a San Francisco y que años después, en 1786, se inaugurara la Casa-Capilla o Iglesia de San Juan de Prado. En ese tiempo, el Sultán Mohamed III abolió el cautiverio de los cristianos en Marruecos, posiblemente influenciado por la presencia franciscana. Esto abrió las puertas de Marruecos a un buen número de diplomáticos, comerciantes, obreros, etc., que se instalaron en distintos puertos del mismo, entre ellos en Tánger, Larache o Rabat, permitiéndose la apertura de pequeñas iglesias a las que siguieron algunas escuelas, especialmente en Tánger, dirigidas por los franciscanos.

En 1862 llegó a Tánger, siguiendo la estela de otros franciscanos, el Padre Lerchundi[177], hombre muy emprendedor, arabista y que se integró en la vida marroquí. Dio un magnífico impulso a las misiones, a las que incorporó a las religiosas franciscanas, desarrollándose desde entonces una nueva etapa tanto religiosa como cultural fomentada por los franciscanos y centrada, por otra parte, en la sanidad y la enseñanza. Fruto de toda esta actividad fue, entre otras, la creación en Tánger de la Prefectura Apostólica de Marruecos, a cuyo frente quedó el Padre Lerchundi. En 1908, la Santa Sede elevó la Prefectura a Vicariato, que tenía competencia sobre todo el país siendo nombrado primer Vicario el Padre José María Cervera (1858-1928), Obispo de Fessea, a quien años más tarde le sucedió el Padre José María Betanzos[178], Obispo de Gallípoli, que realizó una

[177] José María Lerchundi (1836-1896) fue un franciscano español, posiblemente el más ilustre de todos los que fueron a Marruecos, así como uno de los europeos que mayor protagonismo tuvo en el país, y particularmente en Tánger, en la segunda parte del siglo XIX. Fue nombrado Prefecto Apostólico en 1877 y Superior de la Misión franciscana en Marruecos. Intervino en la creación o desarrollo de las principales obras españolas en el país y, particularmente, en Tánger, entre las que destacan varias escuelas, la imprenta hispano-arábiga, que fue la primera moderna que se instaló en Marruecos, el Hospital Español, la Escuela de Medicina y otras muchas. Participó en varias embajadas diplomáticas españolas a Marruecos como diplomático y traductor y gracias a la amistad que mantenía con el Sultán Muley Hassan I intervino en la que éste envió al papa León XIII en 1888. Fue eminente arabista y autor de *Rudimentos de árabe vulgar* y de un *Vocabulario español-arábigo del dialecto de Marruecos*.

[178] El franciscano español José María Betanzos y Hormaechevarría nació en Luno (Vizcaya) en 1863. Llegó a Tánger en 1888, un año después de ser ordenado sacerdote, quedando a las órdenes del Padre Lerchundi y, más tarde, del

excelente labor pastoral en el país entre los católicos. A su muerte, en 1947, le sucedió el P. Francisco Aldegunde (1896-1975), Obispo de Fussala.

Una figura clave de la iglesia católica tangerina y con gran influencia en la ciudad fue el franciscano José María López Queizán, conocido por todos por Padre López, que fue secretario de la Vicaría Apostólica y luego del Arzobispado, sucesivamente, durante el mandato de los obispos Cervera, Betanzos y Aldegunde. En 1952 fue elegido Comisario Regular de las Misiones Franciscanas en Marruecos, sobre cuya historia y labor realizó rigurosos estudios. En 1923, habida cuenta del considerable número de franceses católicos que vivían en el protectorado francés, la Santa Sede decidió crear otro Vicariato Apostólico en Rabat, del que se ocupó Monseñor Dreyer, Obispo de Ortosia, del que dependió toda la Iglesia del protectorado francés, manteniéndose el de Tánger con competencia en la propia ciudad y en la zona española. Por parte francesa se aceptó, durante el régimen internacional de Tánger, con bastante reticencia, que el Vicario Apostólico de la ciudad fuera español, aunque se convino que los sacerdotes franceses no dependieran del mismo más que desde el punto de vista eclesiástico.

Poco tiempo después de la independencia de Marruecos en 1956, Pío XII creó dos arzobispados, uno en Rabat y otro en Tánger. Este último mantuvo la competencia territorial que tenía el anterior Vicariato Apostólico. El primer Arzobispo de Tánger fue el ya citado Monseñor Francisco Aldegunde, que tomó posesión de la Archidiócesis el 17 de febrero de 1956. Renunció a la misma en 1973, siendo sustituido en diciembre de ese mismo año por Monseñor Carlos Amigo Vallejo, que hasta 2009 fue Cardenal Arzobispo de Sevilla.

Iglesias tangerinas

A mediados del siglo pasado había en Tánger cinco parroquias. Todas ellas estaban atendidas por franciscanos. La más antigua era la iglesia de la Purísima Concepción, situada en la calle Siaguins, que fue inaugurada en agosto de 1871. Sustituyó a la capilla de San Juan de Prado anteriormente citada, que estaba a pocos metros. Durante muchos años fue la única parroquia de Tánger[179]. De esta iglesia dependían cuatro capillas: la aneja a la escuela de niñas de Alfonso XIII, la capilla del Niño Jesús en la calle Sevilla, la de San Juan del Monte y la de la clínica Tingis. Entre los

---

Padre Cervera, siendo nombrado por éste párroco de la Casa-Misión de Tánger. Cuando murió el Padre Cervera, en 1926, fue nombrado Obispo de Gallípoli y Vicario Apostólico de Marruecos. Durante su mandato se levantaron iglesias en Larache, Arcila, Alcazarquivir y otras ciudades del Marruecos español y se implantó en varias ciudades la Acción Católica y la Orden Tercera de San Francisco. En octubre de 1937 celebró solemnemente sus 50 años de sacerdocio. Era muy bondadoso y querido por todos. Falleció el 27 de diciembre de 1947 a los 84 años, después de sesenta años de labor misionera apostólica en Marruecos.

[179] Actualmente está cerrada. Alberga a las Hermanas de la Madre de Calcuta. Ha desaparecido su famoso reloj, que fue el más antiguo de la ciudad y que, al parecer, ha sido desmontado porque no funciona.

párrocos que dirigieron esta iglesia figuran el ya citado Padre Betanzos (1898-1926), el P. Antonio Sánchez (1926-1938), el P. Adrián Zuloaga (1938-1958) y el Padre Bravo.

La iglesia del Espíritu Santo estaba situada en la barriada de San Francisco, en los bajos del Vicariato, luego Arzobispado. Fue fundada en 1904. En 1953 la capilla fue trasladada a la cripta de la Catedral, que estaba en vías de construcción. Durante muchos años fue párroco de la iglesia del Espiritu Santo el Padre Alfonso Rey, que estaba al frente de la misma cuando llegó la independencia de Marruecos y que durante muchos años fue director de la revista *Mauritania*. De esta iglesia dependían varias capillas como las de las Monjas Adoratrices y Carmelitas Descalzas, la del Hospital Español, y la de la Residencia de Ancianos. Las obras de la Catedral duraron varias décadas. Inicialmente, los franciscanos idearon construir un edificio que albergara no solo las misiones sino también una catedral así como los conventos y colegios necesarios para su labor. Mención aparte merece el intento de que dicha catedral fuera proyectada por el arquitecto español Antonio Gaudí[180].

La Catedral de Tánger fue inaugurada el 8 de diciembre de 1961, cuando ya Tánger había perdido su internacionalidad, por el citado Arzobispo Aldegunde en presencia del ministro general de la Orden Franciscana, P. Agustín Sépinski, y del Gobernador de Tánger, Abdelatif Benjelloun. Fue dedicada a la Inmaculada Concepción. Estaba situada junto a la sede episcopal. Fue financiada por el Estado español, siendo el arquitecto Luis M. Feducchi y la empresa contratista Del Campo y Cía. de Madrid. Es de estilo clásico con alguna influencia mudéjar. Tiene algo más de mil metros cuadrados de planta que, básicamente, representa una cruz latina con una altura central de 18 metros, teniendo la torre una altura de 54 metros. En el altar, a una altura de unos tres metros del suelo, cuelga un Cristo de bronce de dos metros unido a la cruz de madera. En 1950, el cardenal Spellman de Nueva York, que ya había estado otras veces en Tánger, concelebró la misa con el Arzobispo Aldegunde en la cripta de la futura catedral.

La iglesia del Sagrado Corazón fue fundada en 1908, inicialmente como capilla construida en el Ensanche de la ciudad detrás del Bulevar Pasteur. De esta iglesia dependían las capillas de la Cruz Roja Española y la de Beni Makada. Durante muchos años su párroco fue el P. Buenaventura Díaz[181], una verdadera institución tangerina. Le sucedieron el P. Alfonso Rodriguez, que solo estuvo un año al frente de la parroquia, y el Padre Avelino Louro, que murió en 1962 y a quien sucedió el P. Isidro Ruiz de Alda. El Sagrado Corazón fue, durante todo el periodo del

[180] Véase 1.5. Los constructores de Tánger.

[181] F. Buenaventura Díaz de Vitoria (1885-1949), franciscano español que vivió en Tánger más de 33 años, donde fue director de las Escuelas Alfonso XIII y párroco de la iglesia del Sagrado Corazón. Autor de un gran número de obras y artículos. Fue uno de los personajes más carismáticos y respetados del Tánger internacional.

Estatuto, la Iglesia, por antonomasia, de Tánger y centro principal de la actividad religiosa de los españoles. Aparte de los sacerdotes mencionados, destacaba por su incansable actividad y gran personalidad, en parte discutida, el Padre Patrocinio García Barriuso, al que nos referimos en otras partes de este libro. Durante muchos años ofició como sacristán Fray Juan, que cuando murió entristeció a todos los fieles. Entre éstos destacaban por su actividad y presencia en los cultos algunos personas como, por ejemplo, Antonio Cruz Ulloa, que con una extraordinaria voz de barítono dirigía los cánticos religiosos en la iglesia, José Atalaya Gallego, que presidió la Adoración Nocturna, y Adela Cabrera, viuda de Ceballos, que fue durante muchos años impulsora de las actividades parroquiales.

En 1927 se abrió una capilla para atender a los italianos por franciscanos de la misma nacionalidad. En 1932 llegó el Padre Bovani, que durante muchos años ejerció su ministerio en Tánger de donde salió cuando cumplió los cien años. Le ayudaron, entre otros, los padres Alberto Passini y Federico Bernabini, que era profesor de letras en la Escuela italiana. Partiendo de la capilla se construyó la iglesia italiana de San Francisco de Asís, que fue inaugurada en 1940. Curiosamente, de acuerdo con el Concordato de 1929 firmado por la Santa Sede con el Estado italiano, solo las bodas celebradas en la iglesia italiana de Tánger y no en otros templos católicos de la ciudad tenían efectos civiles en Italia. La iglesia francesa de Sainte-Marie-Sainte-Jeanne, situada cerca de la Jurisdicción Internacional, fue inaugurada en diciembre de 1953 por los obispos de Tánger y de Rabat. Fue construida en solo tres años con aportaciones de los fieles franceses que antes solo contaban con una capilla en la calle de las Viñas. El primer párroco y alma de la iglesia fue el franciscano P. Anaclet Vibert.

Funcionaban en Tánger distintas organizaciones como, por ejemplo, Acción Católica, que además de su actividad religiosa desarrollaba una intensa acción social, y la Adoración Nocturna[182]. Destacaban hermandades como la del Perpetuo Socorro y el Amor Misericordioso. La Virgen de Montserrat contó en la iglesia del Sagrado Corazón con una capilla decorada por Julio Ramis y costeada por la colonia catalana.

Mención aparte merecen las misioneras católicas que acompañaron en Tánger a los franciscanos. Su presencia ha sido muy numerosa y positiva para la historia educativa, sanitaria y para la beneficencia de la ciudad. Las primeras en llegar en 1883 fueron las franciscanas de la Inmaculada Concepción, que participaron en la dirección de la sección de niñas de la Escuela de Casa Riera. Trabajaron, asimismo, como enfermeras, en el Hospital español, tanto en el antiguo como en

---

182 Durante bastante tiempo fue su presidente José Atalaya Gallego, cofundador de la misma en 1934 con el ingeniero Ochoa Benjumea y otros fieles como Griffin, Cavilla, etc. Su 25 aniversario fue conmemorado en 1959 con la asistencia del Cardenal de Tarragona, Dr. Arriba y Castro.

el moderno. Por su parte, desde 1927 un grupo de franciscanas italianas trabajaron en el Ospedale Italiano. Otras religiosas fueron las Adoratrices Esclavas del Santísimo Sacramento, creadas en el siglo XIX por Santa Micaela. Se instalaron en Tánger hacia 1933 con el fin de crear un centro de acogida y de recuperación de chicas procedentes de la prostitución o de otras actividades inmorales. Por su parte, las Carmelitas Descalzas llegaron, más o menos, al mismo tiempo que las Adoratrices creando un convento en el que se unieron varias hermanas dedicadas a la oración y silencio. Estos dos conventos, que funcionan en Tánger desde hace más de 75 años, siguen realizando su labor bienhechora en la ciudad.

Cementerios europeos o católicos

El primer cementerio europeo de la ciudad estaba situado detrás del antiguo consulado alemán, que más tarde fue la Mendubía. Hace muy poco tiempo las autoridades han decidido ampliar los jardines de la Mendubía, para lo cual han derribado el muro que los separaba del cementerio católico ampliándolos notablemente hasta la antigua calle de Josafat. Algunas lápidas han quedado a la vista. Se mantiene en pie el monolito de mármol que la ciudad de Tánger dedicó al Dr. Cenarro y en el que está grabada su efigie. Por el parque pasean tranquilamente los tangerinos y en los bancos se sientan castamente, las parejas de enamorados[183].

Cuando este cementerio de la calle Josafat, a principios de siglo, fue insuficiente para albergar a los difuntos cristianos tangerinos, se abrió, en 1916, el situado en Bubana, que fue denominado cementerio católico o, también, europeo. Durante una década estuvo a cargo de una comisión del Consejo Sanitario Internacional y en 1926 pasó a depender de la Dirección de Higiene Pública y Beneficencia. En ese cementerio, muy amplio, están enterrados la mayor parte de los europeos y muchos no europeos, cristianos y no cristianos, fallecidos en Tánger desde su apertura. Por lo tanto, sería inútil destacar a cualquiera de los innumerables tangerinos que reposan en este camposanto. A su cuidado está un musulmán llamado Mohamed Bahajin, que es muy amable. Curiosamente, una de las más positivas impresiones que recibe el tangerino católico que vuelve al cabo de muchos años a Tánger es comprobar que después de cincuenta años dicho cementerio está, relativamente, bastante bien conservado y cuidado, aunque al parecer este cuidado se está relajando.

---

[183] Esta situación puede producir sentimientos encontrados de rechazo o de aprobación. No es una situación nueva en Tánger, ya que en 1925 la Administración internacional proponía convertir en jardines los sectores más antiguos de los cementerios musulmanes o judíos enclavados entre la medina y los barrios del ensanche lo que, en parte, se hizo.

6.3.2. Protestantismo

El cónsul británico en Tánger, Sir John Drummond-Hay, a través del naib* de Tánger, transmitió en 1883 al Sultán Muley Hassan I la necesidad que tenía la comunidad anglicana de contar con un centro de culto, para lo cual le pedía que le fijara un lugar donde instalarla. El Sultán contestó positivamente y cedió, ese mismo año, a dicha comunidad un importante lote de terreno con la condición de que se dedicara única y exclusivamente a la construcción de un lugar de oración. Se trataba de un solar abierto cercano al Zoco Grande y enfrente de donde se construiría años después el Hotel Villa de France.

En 1884 la colonia británica compró e hizo traer desde Londres una construcción prefabricada de acero que se instaló en el lugar cedido por el Sultán y que fue acondicionada para servir como capilla anglicana de Tánger. La construcción permitía albergar a unas 120 personas, lo que era más que suficiente para las necesidades normales de la comunidad. La capilla fue dedicada a San Andrés Apóstol, patrón de Escocia, habida cuenta que un gran número de miembros de la colonia británica, entre ellos el propio ministro británico en Tánger, eran de ascendencia escocesa.

Poco tiempo después la capilla provisional de acero dejó sitio a la actual iglesia, cuya construcción fue terminada en 1898. Es de estilo hispano-morisco, elegido, posiblemente, para agradecer al Sultán su donación. Desde entonces, St. Andrew's Church ha sido el centro de la comunidad británica de Tánger de cualquier creencia, aunque desde el punto de vista religioso se dedica, básicamente, a los fieles de confesión anglicana. El declive del Tánger internacional, lógicamente, afectó a la iglesia tanto desde el punto de vista de su funcionamiento religioso como económico, ya que fueron muchos los británicos que salieron del país en poco tiempo. Pero sigue abierta.

En el año de 1902 se decidió utilizar como cementerio parte de la superficie ocupada por la misión británica. Entre todas las tumbas que figuran en este cementerio destacan la del caíd Sir Harry Aubrey de Vere MacLean, la de Walter Harris, que fue enterrado en el cementerio de St. Andrew a pesar de ser católico, la del diplomático Hooker Doolittle, la de los esposos Buckingham, propietarios del Hotel El Farhar, la del honorable Reginald Hebert, árbitro de la sociedad británica y de los expatriados*, la de los esposos Scott, la del legendario Joseph Dean, propietario del Bar Dean, la del pintor George Apperley y otras muchas más. El cementerio y la iglesia están abiertos al público de todas las religiones a quienes atendía Mustafa Chergui, su eterno guardián, con enorme amabilidad y gentileza.

Durante algún tiempo funcionó en Tánger una capilla protestante en la calle de Viñas que años después se trasladó a la de León el Africano que inicialmente, en los años 40, estuvo dirigida por el pastor Boscheron y que a finales de los 50 dirigía el pastor Faure. También abrieron otras misiones protestantes que, en parte, se dedicaron a la enseñanza. Por otro lado, una Misión Evangélica estaba en el Marchán, de la que dependía el Tullock Hospital.

6.4. OTRAS RELIGIONES

En Tánger vivía un escaso número de hindúes que, en su mayoría, eran hinduistas. Tenían muy pocas relaciones con las otras comunidades salvo con ocasión de su principal fiesta, el Diwali o fiesta de las luces, que se celebra en octubre o noviembre. Algunas familias hindúes, particularmente aquellas que contaban con alumnos en los colegios o institutos extranjeros como, por ejemplo, el Lycèe Regnault, compartían la celebración con algunos extranjeros. En general, en caso de fallecimiento, los miembros de esta religión eran incinerados. En abril de 1960 lo fue el presidente de la comunidad hindú de Tánger y muy conocido comerciante Dialdas Dalamal. A sus honras fúnebres asistieron las más altas autoridades tangerinas. La pira cineraria recubierta de pétalos de flores fue instalada en la playa de Gandori.

CAPÍTULO VII
EDUCACIÓN

La ville... a su garder, tout de même, son câchet légendaire, celui d'une cité ouverte, hospitalière et tolérante où nationalités et confessions ne différencient pas les individus. Cette ouverture d'esprit bien tangeroise est due en grande partie à l'école et c'est là, à mon avis, le meilleur acquis que nous avons reçu du Regime International.

Abdelhamid Bouzid, discurso en la Universidad Abdelmalek Essaadi, 1994.[184]

7.1. LENGUAS

Uno de los mayores atractivos de Tánger era su babelismo o plurilingüismo. En la pequeña ciudad internacional se hablaban, casi sin excepción importante, las principales lenguas del mundo y muchas minoritarias. Las que más se utilizaban eran el árabe dialectal marroquí, el rifeño, el español, el francés y el inglés, a los que se unía un curioso dialecto, deformación del ladino o judeo-español, denominado *jaquetía**.

Recordamos que la base primaria de la población tangerina eran los rifeños o bereberes del Rif que hablan el rifeño o *tarifit*[185], que en lengua árabe se

184 «La ciudad ha sabido mantener, a pesar de todo, su sello legendario, el de una ciudad abierta, hospitalaria y tolerante donde las religiones o las nacionalidades no diferencian a los individuos. Esta apertura de espíritu, muy tangerina, es debida, en gran parte, a la escuela que es, a mi juicio, la mejor experiencia que hemos recibido del régimen internacional.»

185 Existen varios grupos de bereberes con lenguas que tienen la misma base camítica pero que se distinguen entre sí. De todas ellas las más importantes son el rifeño, tarifit o chelja del norte de Marruecos, el tuareg del Sáhara, el tamazight del Atlas Medio, el zenaga de Mauritania y las distintas hablas de la Cabilia en Argelia y otros territorios en este país y en Túnez.

denomina *chelja*. Se trata, como todas las abundantes ramas del bereber, de una lengua hablada y no escrita que los rifeños mezclan con el árabe. Los rifeños que vivían en los alrededores de Tánger intentaban, con mayor o menor éxito, hablar el árabe dialectal marroquí y algunos chapurreaban el español o el francés. Sin embargo, la mayoría de los que residían en la ciudad hablaban normalmente en árabe marroquí y, muchos de ellos, en español o francés o en ambas lenguas. En todo caso, la lengua más hablada en Tánger era el árabe dialectal marroquí, que es bastante similar al que se usa en Argelia y Túnez y que es distinto, sensiblemente, del árabe literario, culto o clásico que hablaban o conocían solamente los marroquíes tangerinos más doctos. Además, el árabe dialectal hablado en Tánger, que se podría denominar árabe tangerino, difería del utilizado en algunas partes de las zonas española y francesa ya que se servía, además del árabe y del bereber, de algunas palabras del español o del francés cuando en cada zona solo se utilizaban, respectivamente, palabras o modismos castellanos o franceses.

Actualmente, ese árabe dialectal tangerino ha desaparecido, casi totalmente, ya que solo lo hablan los ancianos. Ha sido sustituido por el *dariya* o *daridja*, o árabe marroquí, que utiliza, aproximadamente, el 95% de la población y que se habla, también, con ciertas diferencias y matices en Argelia y Túnez. Su base es el árabe clásico con elementos de otros idiomas —bereber, andalusí, francés y español— y cuenta con una gramática simplificada. El dariya, en general, no se escribe aunque, recientemente, se están produciendo algunas publicaciones en tal lengua. Muy poca gente conocía en Tánger el árabe clásico. Posiblemente por ello muchos escritores magrebíes publican muy poco o nada en árabe, ya que prefieren hacerlo en francés[186]. La mayoría de los occidentales que vivían en Tánger no estudiaron ni el árabe clásico ni el dialectal.

El español era la lengua extranjera más utilizada, ya que, como hemos repetido en este libro, la mayor parte de la población tangerina no marroquí procedía de España y porque los judíos sefardíes, en general, utilizaban el español como primera lengua. Era la lengua de proximidad. Se hablaba un castellano suave y con entonación algo canaria o sudamericana, muy florido y con vocablos de otras lenguas como el francés, árabe e inglés y con algunos modismos sefardíes*. Muchos de los extranjeros que vivían en la ciudad dominaban perfectamente el castellano o, como mínimo, podían conversar en dicha lengua. En general, este idioma era necesario para comunicarse con la mayoría de los tangerinos no marroquíes. Algunas familias no españolas se hispanizaron sin dejar por ello de mantener su nacionalidad y lengua propias. Además, los principales periódicos

[186] Juan Goytisolo, uno de los españoles que mejor conoce el Magreb, escribió con precisión sobre esta temática en *El País* del 24 de septiembre de 2007 en un artículo titulado «La fractura lingüística del Magreb».

de la ciudad se publicaban en castellano, la mejor biblioteca era la española, que era la nacionalidad de la primera radio de la ciudad.

El francés, más elitista, seguía en importancia al español. Era la lengua de cultura. Además, en aquel entonces, era la lengua diplomática mundial aunque, poco a poco, fuera desplazada por el inglés. El español y el francés junto con el árabe eran las lenguas oficiales de la zona, pero en la Administración tangerina predominaba el uso del francés y, en cambio, en el Tribunal Mixto se utilizaba, en mayor medida, el castellano. Ello dio lugar, frecuentemente, a enfrentamientos de los miembros españoles de la Administración o de la Asamblea Legislativa con los que utilizaban únicamente el francés, ya que consideraban, con razón, que no se cumplían las normas estatutarias. Lógicamente, en las instituciones tangerinas musulmanas que se ocupaban de los indígenas se utilizaba el árabe clásico en las comunicaciones oficiales y el vulgar, o dialectal marroquí, en las relaciones personales, aunque el francés se mantenía en todas las relaciones o comunicaciones en las que intervenía personal francés o europeo.

De las restantes lenguas, el inglés era el que tenía mayor importancia. Después de la victoria aliada posterior a la II Guerra Mundial se fue imponiendo en Tánger. Además, en la ciudad vivía una pequeña colonia británica que mantenía constantes relaciones con Gibraltar, lo que, a nivel oficial, favorecía el uso del inglés y a lo que también contribuía la escasa, aunque influyente, colonia norteamericana, que ganó influencia con la American School. En alguna medida, el italiano se utilizaba apoyado por las instituciones culturales italianas.

Un buen número de tangerinos sefardíes hablaban *jaquetía*, que es una variante del idioma judeo-español o ladino. El escritor tangerino Ángel Vázquez, en su novela *La vida perra de Juanita Narboni*, utiliza palabras y frases en jaquetía. La jaquetía tuvo considerable influencia entre los españoles que mantenían relaciones de amistad con los judíos, ya que muchas palabras y dichos de jaquetía formaron parte del castellano hablado en Tánger. Aún hoy, después de más de cuatro décadas, antiguos tangerinos españoles, cuando están juntos, siguen llamando «mi rey» o «mi reina» a sus seres queridos, exclaman «¡tu boca en los cielos!» en vez de «¡ojalá!»[187], citan al «descansado» en lugar del fallecido, hablan del «mazzal», o sea, de la suerte, «hadrean» o hablan con amigos, comen «pulpetas», o sea, hamburguesas, siguen exclamando «wo», «yalatif» o «ya esrá» en las ocasiones que corresponden y, en definitiva, mantienen en su subconsciente otras expresiones de jaquetía incrustadas en su memoria[188]. El tangerino

---

187 Isaac Chocrón, en su libro *Rómpase en caso de incendio*, cuenta la graciosa historieta de la vieja judía cuyo número de teléfono era casi idéntico al del Banco Hassan, a la que a cada rato llamaban preguntado «Aló, aló, ¿es el Banco Hassan?», y ella contestaba «Tu boca en los cielos, mi rey, tu boca en los cielos».

188 Esther Cohen recoge en su libro una graciosa poesía que cantaban los judíos y otros tangerinos musulmanes o cristianos: *Un día de Sabad al campo fuimos / Pipas comprimos y nos empachimos / Mirimos un gato negro y mos*

José Benoliel (1857-1937) fue autor de la obra *Dialecto Judeo-Hispano-Marroquí o Hakitía*, obra cumbre sobre el dialecto en cuestión. Además, fue pionero de los estudios sobre los judíos hispano-marroquíes. El también tangerino Solly Levy, que emigró a Canadá, ha escrito varias obras en jaquetía[189].

Este babelismo favoreció a los tangerinos interesados en conocer distintas lenguas, lo que podían conseguir en los colegios o instituciones tangerinas donde las mismas se enseñaban y de las que, seguidamente, nos ocupamos. Además, podían practicar en las frecuentes manifestaciones culturales que se producían en la ciudad desarrolladas en tales lenguas y leer la prensa escrita en todos esos idiomas o bien simplemente manteniendo relaciones con gente de distinta nacionalidad.

Las conversaciones en las que intervenían tangerinos que dominaban varias lenguas, especialmente, el español y el francés, eran muy peculiares. Se hablaba lo que los franceses llamaban *charabia*, es decir, un galimatías o jerga compuesta por frases y palabras en parte en español o francés con incrustaciones de otras palabras del inglés o árabe[190]. Fernando Sebastián de Erice, prestigioso diplomático español y buen humorista que utilizaba el pseudónimo de Fred Noan, escribía o se carteaba con algunos amigos en *franespañol*, que era otra jerga que utilizaba una parte de francés y otra de español creando un lenguaje muy curioso y que, en ocasiones, ocasionaba malentendidos graciosos[191].

Un buen número de tangerinos, especialmente judíos pero también algunos europeos, a partir del momento que Tánger fue designada capital diplomática de Marruecos, prosperaron por su conocimiento del árabe y de otras lenguas europeas, lo que les permitió trabajar de dragomanes (intérpretes) de las distintas legaciones que se valían de ellos para relacionarse, principalmente, con los marroquíes que, salvo excepciones, en el siglo XIX, no conocían más lengua que el árabe. Muchos progresaron considerablemente consiguiendo ser protegidos

---

espantimos / Cojimos una zeruata y le matimos / El día de Sabad qué malos fuimos.

189 Solly Levy (Tánger, 1939) es licenciado en Letras por la Universidad de Burdeos y doctor por la de Montreal. Fue profesor en la Alianza Israelita de Tetuán y luego de la École Normale Hebraique de Casablanca. De allí pasó a Canadá a ocupar distintos puestos educativos en Montreal. Fue fundador del conjunto Gerineldo, especializado en la música judeo-española, y escribe obras en jaquetía entre las que destaca *La vida en Haquetía*, para que no se pierda, publicada en 2012, obra imprescindible sobre esa lengua y que recoge toda su obra entre las que se figuran *Yasrá* y el *Libro de Selomó*. Colabora en Radio Sefarad. Está casado con Madeleine Gavizón, también tangerina y profesora.

190 *Hola, ajouia. Ayer vi al fiancé de Brigitte que iba de smoking. Saama pompier, me quedé totalement epaté.* Traducción: «Hola colega, ayer vi al novio de Brigitte que iba vestido con smoking. *Joé* que grotesco, tío, me quedé *pasmao*».

191 Algunas frases recogidas por Erice: *risca usted de crevar un neumático* («se expone usted a tener un reventón»), *le he corneado a usted y he bracado al instante* («he tocado la bocina y he virado enseguida»); *ha fallido casarse la figura* («por poco se rompe la cara»); y *sensu contrario*: *Il est defendu de s'asommer à l'exterieur* («está prohibido matarse en el exterior»); *avant d'entrer laissez salir* («antes de entrar deje ensuciar»); *je suis boeuf, mais j'ai des enfants* («soy buey pero tengo hijos»). Véase «Genio y figura de Tánger» y carta de Erice a L.C. (Leopoldo Ceballos Cabrera) en n.º 7 de *Malabata*.

por las correspondientes legaciones y, en muchos casos, alcanzar una nacionalidad europea. Por ejemplo, Salomón Pariente fue dragomán de algunos gobernadores ingleses durante la ocupación británica del siglo XVII; Aarón Abensur, de la legación inglesa en el siglo XIX alcanzando la nacionalidad británica; David Azancot y Abraham Benchimol dragomanes del consulado francés hacia 1830 obetniendo la nacionalidad francesa; Abraham Laredo intérprete en el consulado de Italia en 1887 y nacionalizado italiano, etc. Todos ellos fueron origen de importantes familias judías tangerinas.

Por otra parte, algunos tangerinos españoles de relieve iniciaron su actividad profesional como intérpretes en el consulado español. La mayoría de ellos pertenecían a la carrera de intérpretes, que había sido creada por el Ministerio de Asuntos Exteriores y que en algunos casos era el primer escalón para desarrollar un trabajo consular o diplomático. Entre ellos destacan Ricardo Ruiz-Orsatti, que fue Administrador adjunto de la Zona, Clemente Cerdeira o Manuel Navarro, que trabajaron de jóvenes de lenguas en el consulado de Tánger y que llegaron a ser cónsules en dicha ciudad.

Los miembros marroquíes musulmanes de la clase dominante tangerina y de la alta burquesía hablaban, salvo excepciones, aparte del árabe, generalmente, el francés y algo de español o viceversa. Una parte del resto de la población musulmana que vivía en la ciudad chapurreaba el español y algo de francés, con la excepción de los soussis*, que eran propietarios de los *bacalitos** o que trabajaban en ellos y que se comunicaban bien en ambas lenguas. En general, muchos anglosajones solo se expresaban en inglés y conocían solo unas pocas palabras de español, árabe o francés. Una buena excepción es la del escritor norteamericano Paul Bowles, que no solo hablaba bastante bien el español y el francés, sino que, además, conocía el árabe marroquí.

Un grupo considerable de personas de las más distintas nacionalidades supo aprovechar la oportunidad que Tánger ofrecía. En general se trataba de personas totalmente bilingües en español y francés. Algunos eran políglotas[192] ya que conocían otros idiomas como el árabe, el inglés o el italiano. La escritora Elisa Chimenti era un buen ejemplo de ellos ya que era capaz de expresarse en una decena de idiomas y de escribir correctamente en árabe, español, italiano y francés. En general, destacaban los judíos sefardíes que, en su mayoría, tenían al español como lengua materna pero que, normalmente, dominaban el francés y en muchos casos el inglés o el árabe. Por su parte, algunos abogados como Abraham Eljarrat (español), Max Raida (francés), José Fuentes (español) o Armando Toledano (italiano), todos ellos tangerinos, podían informar en el Tribunal Mixto en español, francés y árabe y además conocían, como mínimo, otra lengua.

---

192 Decía Carlos de Nesry que en Tánger un políglota es aquel que domina, perfectamente, cuatro lenguas.

7.2. EDUCACIÓN

Durante la vigencia del Estatuto de Tánger esta ciudad tuvo la fortuna de contar con un sistema de enseñanza de alto nivel impartido por escuelas, colegios e institutos o liceos de distintas nacionalidades y culturas. A pesar de que el sistema educativo no benefició por igual a los extranjeros y a los marroquíes, posiblemente es lo más positivo que en el Tánger actual se recuerda y perdura del régimen internacional, puesto que permitió la formación de un buen número de marroquíes y porque la mayoría de los establecimientos extranjeros del Tánger internacional siguen funcionado actualmente. Entre todos ellos sobresalieron los establecimientos educativos fundados, principalmente, por los españoles, franceses, judíos, italianos y norteamericanos.

Las escuelas e institutos extranjeros dependían, directamente, de los respectivos países sin que interviniera la Administración tangerina en su financiación ni tampoco en su dirección. En principio, lógicamente, la enseñanza estaba dirigida, preferentemente, a los respectivos nacionales aunque se admitía, siempre que hubiera plazas, a los marroquíes musulmanes o judíos. A éstos les correspondía recibir enseñanza en las instituciones dirigidas y financiadas por la Mendubía que dependía del Majzén, que a su vez obedecía a la Residencia General francesa. Los marroquíes estimaban, con razón, que ésta no atendía, financieramente, estas necesidades en forma adecuada. En parte, esta falta de atención se compensaba por la educación que recibían en los colegios franceses, financiados por Francia, los hijos de tangerinos marroquíes pertenecientes a familias de notables o miembros de la burguesía, industriales o comerciantes de medio o alto nivel social, que para conseguir este privilegio debían mantener, básicamente, buenas relaciones con las autoridades francesas. Algunas de las familias tangerinas que se oponían al yugo francés tuvieron que enviar a sus hijos a estudiar a escuelas o institutos de otras nacionalidades entre las que figuraban las que mantenía España.

Si se exceptúa la discriminación que sufrían algunos marroquíes se puede afirmar que el nivel educativo de Tánger era muy alto y posiblemente superior al que existía en los correspondientes protectorados y en otros países de su entorno. Se estableció una competencia muy seria, básicamente entre las instituciones españolas y las francesas, que ofrecían a sus alumnos magníficas instalaciones educativas y profesores de considerable prestigio. Además, la educación en determinados centros, como ocurría, principalmente, en el Lycèe Regnault y en los centros hebreos, tenía muy en cuenta la enseñanza de idiomas, lo que permitió a los tangerinos que estudiaron en estos centros ser, normalmente, bilingües en español y francés y en algunos casos en otros idiomas. Sin embargo, salvo excepciones, se desatendió la enseñanza del árabe despreciando la extraordinaria oportunidad que para ello ofrecía Tánger.

7.2.1. Principales centros educativos

A. Marroquíes musulmanes

Los musulmanes mantuvieron, durante siglos, sus sistemas de enseñanza tradicionales a través de las escuelas coránicas. Se estima que a finales del siglo XIX unos 100.000 alumnos musulmanes estudiaban en Marruecos la enseñanza primaria, unos 2.000 la secundaria y solo 500 la superior. Un buen número de aquellos lo hacía en Tánger, donde hacia 1920 había cerca de treinta escuelas coránicas. Esta situación no cambió a pesar de las corrientes reformistas que habían tenido éxito en el imperio otomano y que había permitido la parcial occidentalización del mismo. Para paliar esta situación, en 1935, un ilustre tangerino, Abdellah Guenoun[193], creó una escuela libre que educaba en árabe y que tenía como segunda lengua al francés. Tuvo algún éxito aunque el modelo no progresó, por una parte por falta de medios económicos y por otra, porque era algo obsoleto en su planteamiento. Sin embargo, a partir de esta experiencia y, sobre todo, después de la independencia, se desarrolló la enseñanza en árabe hasta llegar a escolarizar en Tánger a más de cien mil alumnos a finales del siglo XX.

Gracias a la experiencia y al impulso de Guenoun y a otras parecidas, muchos musulmanes aprovecharon las oportunidades que ofrecían las escuelas franco-árabes o hispano-árabes. Muchos de ellos estudiaron, también, en los liceos y otras instituciones educativas francesas y, en menor número, en las españolas. Alrededor de 1950, sobre un total de 6.525 alumnos que asistían a las escuelas franco-árabes y a la escuelas o liceos franceses, 2.360 eran franceses o europeos, 1.495 eran judíos y 2.582 musulmanes.

Era muy escaso el número de mujeres musulmanas que estudiaban fuera del sistema educativo indígena. Sin embargo, en Tánger se produjeron algunas excepciones ya sea por la influencia recibida de europeos y judíos que permitían que sus mujeres estudiaran, o bien porque fue en Tánger donde se desarrolló

---

193 Abdellah Guenoun (1908-1989) fue un profesor, escritor y político marroquí nacido en Fez pero que muy joven, en 1914, junto con sus padres, fue a vivir a Tánger huyendo del protectorado francés. Es una de las principales personalidades tangerinas del siglo XX. Escribió varios ensayos en los que desarrollaba sus ideas nacionalistas que intentó difundir a través de la Escuela Musulmana Libre que creó en 1935 y, más tarde, desde 1945, del Instituto Islámico que fundó en 1945. Entre sus libros destacan *El genio marroquí en la literatura árabe* y *Oasis del pensamiento*. En julio de 1956 fue nombrado primer gobernador de Tánger cargo que ocupó durante un año. Era una persona de carácter muy abierto y querido por el pueblo de Tánger al que cedió en 1985 su biblioteca que está hoy en el antiguo edifico de la Deuda en el Bulevar Pasteur.

con fuerza la idea nacionalista marroquí. Con ocasión del histórico viaje que hizo a Tánger el Sultán Sidi Mohamed V en abril de 1947, su hija, la princesa Lalla Aicha, pronunció, en público, en árabe, francés e inglés, un discurso que fue un hito en el camino de la emancipación femenina en el país. Las actividades sociales de la Cherifa de Uazzan, aunque británica de origen, y sobre todo la actitud liberal de la princesa Lalla Fatima Sohora, hija del Sultán depuesto Muley Abdelaziz que casó con el Jalifa de Tetuán, contribuyeron también a que algunas jóvenes musulmanas estudiaran en los colegios europeos de la ciudad.

B. Españoles

Escuelas franciscanas, luego marianistas

Durante el tiempo que Tánger dependió de los europeos ya fueran portugueses, españoles o británicos, éstos organizaron pequeñas escuelas para impartir las enseñanzas básicas a sus nacionales y algunos indígenas, principalmente judíos. Pero, a partir de la fecha en que Tánger se incorporó a Marruecos, después del abandono de la ciudad por los ingleses en 1684, no hubo más escuelas europeas hasta mediados del siglo XVIII, cuando los franciscanos abrieron en Tánger una escuela gratuita en la Casa-Misión. En 1840 la Misión contaba con dos pequeñas escuelas que fueron autorizadas expresamente por el Sultán quedando ratificada la actuación de los franciscanos en el campo educativo en el Tratado de Paz y Amistad de 1860. Esta situación mejoró notablemente gracias a los esfuerzos realizados por el Padre Lerchundi, que llegó a Tánger en 1862. Los esfuerzos educativos realizados por los franciscanos culminaron en 1913 con la inauguración de las Escuelas Alfonso XIII, construidas muy cerca del Zoco Grande en unos terrenos que eran de su propiedad.

Estas escuelas fueron financiadas por el marqués de Casa Riera[194] con una donación de 300.000 pesetas, por lo cual tales escuelas, a partir de la implantación de la República en España, llevaron su nombre. El proyecto, que constaba de dos pabellones, fue realizado por el arquitecto Francisco Ferreras. En uno de tales pabellones se instalaron las escuelas destinadas a los niños y en el otro a las niñas. Se impartía enseñanza primaria y secundaria así como comercial. Ambas se confiaron a los frailes y hermanas franciscanas que desarrollaron una extraordinaria labor contando con la colaboración, particularmente en la sección comercial, de profesorado. Uno de los motivos por los cuales se prestigiaron estas escuelas fue el hecho de que se pudiera preparar en ellas

---

194 Alejandro Mora y Riera (1823-1915), tercer marqués de Casa Riera, fue un aristócrata y filántropo español que subvencionó varias obras sociales de importancia como las Escuelas franciscanas de Tánger. Alfonso XIII le recompensó con la grandeza de España y le nombró senador vitalicio. La Reina Fabiola de Bélgica es su nieta.

el bachillerato y que, además, a partir de 1916, se desplazaran, anualmente, a Tánger catedráticos del Instituto Nacional de Cádiz para examinar a los alumnos del Colegio. Las alumnas tuvieron posibilidad de obtener el bachillerato a partir del curso 1927-28.

Los franciscanos se mantuvieron al frente de las mismas hasta que, en 1935, el colegio de los chicos pasó a la dirección de los Hermanos Marianistas, religiosos de la Compañía de María especializados en la enseñanza, ya que se estimó que los franciscanos debían centrarse en su labor sacerdotal. El de las niñas continuó siendo dirigido por las Hermanas Terciarias Franciscanas. Al igual que ocurrió durante algunos años durante el tiempo que las Escuelas fueron dirigidas por los franciscanos, una comisión de profesores del Instituto de Segunda Enseñanza de Cádiz se desplazaba cada año a Tánger para proceder a examinar a los alumnos. Contribuyó a su éxito la total ausencia de discriminación y la prohibición expresa de hablar de política, lo que permitió que tanto franquistas como republicanos inscribieran a sus hijos en el colegio.

Hasta que en 1949 empezó a funcionar oficialmente el Instituto Politécnico Español, el Colegio de los Marianistas fue para la colonia española y para muchos extranjeros el más importante de Tánger, rivalizando con el Lycèe Regnault. En ellas se formaron varias generaciones de tangerinos, principalmente españoles y extranjeros católicos, aunque también algunos pocos marroquíes, principalmente musulmanes. En el Colegio trabajaron como profesores una serie de esforzados y competentes marianistas, todos ellos vestidos de negro, a los que los alumnos conocían, en general, solo por sus nombres propios precedidos del «Don» como tratamiento de respeto. Recordamos a don Celestino Rodríguez Mendiguren y a don Martín, que fueron, entre otros, directores del centro[195]. A mediados de los años cincuenta cursaban estudios en las escuelas regentadas por los marianistas una media anual de unos 400 alumnos[196].

---

195 Figuraban como profesores, además de los sacerdotes Victoriano Pardo y Marino Martínez, los marianistas Eugenio Elguea (administrador), Gumersindo Ugarte (inspector de estudios), Juan Saenz (latín y literatura), Valeriano Rebé (idiomas), Antonio Oriosolo (ciencias), Jesús Elorrieta (matemáticas y educación física), Amadeo Palacios (geografía e historia), Santiago Menoyo (preparación bachillerato), Clemente Lete (comercio), Herminio Torralba (comercio) y otros más como don Javier, don Timoteo, don Hipólito, don Ignacio, don Patricio, don Donato Bolinaga, don Pío, etc. Como profesores no marianistas colaboraban Juan Potous (historia y geografía), Antonio Oriosolo (ciencias naturales), Manuel Quero (dibujo), Alfonso Iglesias (física y química), Eduardo Gordon (inglés), Mathias Goeritz (alemán), Alejando Delgado y Mojtar el Gazuli (árabe), etc.

196 En los años cuarenta los marianistas iniciaron la publicación de la revista *Marchando*, que contó, en su primer número, con la colaboración y el entusiasmo de varios alumnos entre los que destacaron Emilio Sanz de Soto, como presidente de la revista, Enrique Villalta, Antonio Fornieles, José Fuentes, Joaquín de Teresa, José Luis Carvajal, José Luis Fernández, José Tovar Obregón, José Ramón Atalaya, etc.; y, por parte femenina, de María Jiménez Triviño, Carmen Atalaya, María del Carmen Domínguez, María Luisa de la Brena, etc. El nº 1 de *Marchando* publica la relación de un buen número de alumnos y alumnas del curso 1940-41 en ambos colegios. Por su parte, la revista *Tingis* ha publicado sendos artículos en sus números 3 y 26, respectivamente escritos por Pedro Sánchez

Grupo Escolar

El Grupo Escolar España fue inaugurado en 1935 como centro oficial español no adscrito a la Misión española. Se dedicó, desde el principio, como indica su nombre, a la primera enseñanza. Desde entonces fue restaurado, acondicionado y ampliado en varias ocasiones y, en especial, en 1943 durante la ocupación española. A partir de 1939 se denominó «Grupo Escolar José Antonio» en recuerdo del fundador de la Falange, aunque todo el mundo continuó utilizando el nombre de «Grupo Escolar». Años después de la implantación de la democracia en España, en 1986-87 pasó a denominarse Colegio Español Ramón y Cajal[197].

Cuenta con unos 30.000 m^2 de terreno y con una superficie ocupada de algo menos de 8.800 m^2. Está dividido en varios edificios en los cuales se ubican, principalmente, nueve aulas, un amplísimo patio, una buena biblioteca y un magnífico salón de actos con un aforo de 325 personas y un gran escenario. Desde su fundación, este colegio y su salón de actos han sido uno de los principales focos culturales de Tánger en el que se han celebrado recitales de canto, conciertos, obras de teatro, conferencias, exposiciones y otras actividades culturales. Durante muchos años el director de este centro fue Antonio Ferri Guillén, personalidad muy respetada en Tánger[198]. Años después dirigirían el centro, en distintas épocas, Miguel Matamala y María del Carmen Más[199]. Actualmente, el Colegio Español Ramón y Cajal de Tánger es el que cuenta con más alumnos entre todos los que España tiene en el extranjero. En su mayoría son marroquíes. Publica una revista, llamada *Vuelos*.

Instituto Español

El Gobierno español decidió, a principios de 1946, la creación de un Instituto Politécnico Español en Tánger para satisfacer la demanda de su importante colonia española. Fue construido en 1948 siendo su arquitecto Luis Martínez Feduchi, que también diseñó el actual consulado de España en Tánger en 1947. Fue inaugurado oficialmente el 12 de octubre de 1949, en presencia de las más

y Carlos Sanz, que recuerdan al Colegio de los Marianistas. También, en el nº 31 del mismo *Tingis*, se reproducen varias fotografías correspondientes al curso 1947-48 del Colegio de las Monjas Franciscanas en las que aparecen, junto con el padre Betanzos y las hermanas Sor Aránzazu y la madre Liduvina, una buena representación de las jóvenes que asistían a dicho colegio, como Matilde Atalaya, Asunción Martín, Pilar Cavilla, Paquita Reguero, M.ª Nieves Fruto, Giovanna Businelli, María Teresa Alonso, Bebi Alandete, Carmina Jiménez, Pepita Martín, Loretzu Goimendi y Clorinda Macca.

197 Hubiese sido lógico que este Colegio así como el Instituto recordaran a ilustres tangerinos.

198 Desde 1945 hasta 1956 fue miembro de la Asamblea Legislativa en representación de España y ocupó durante algunos años su vicepresidencia.

199 Algunos de los profesores que trabajaban en el colegio en aquellos años eran D Hotilia, Emilio Torres, José María Tembury, Manuel Molina, José Cuadra, Julián Porqueras, José Rodríguez, Anita Alba, Maruja Torres, etc. Uno de los más queridos profesores de este centro fue Miguel Doña que trabajó en Tánger en el sector educativo durante 45 años. El conserje del centro era Parejo.

altas autoridades de la ciudad y del subsecretario español de Educación Popular, siendo bendecido por el Arzobispo de Tánger, Monseñor Aldegunde. Había iniciado sus actividades docentes el curso 1948-49 con solo 86 alumnos, que en el curso 1953-54 llegaron a ser 646[200]. Está ubicado, junto con el consulado español, el Grupo Escolar y el Hospital Español, en la zona donde se encuentran las principales instituciones españolas propiedad del Estado español.

Inicialmente, el Instituto, que hoy se denomina «Severo Ochoa», estuvo, lógicamente, destinado a la enseñanza secundaria pero también a la formación profesional, especialmente de comercio. Se pensaba, además, que en él se pudiera estudiar el magisterio. De allí su nombre de politécnico. Las enseñanzas impartidas eran y son las del sistema educativo español. En 1971 fue reformado y ampliado y en 2005 se han mejorado sus aulas. Cuenta con un magnífico salón de actos que ha sido ampliado hasta completar un aforo de unas 500 personas y en el que se han desarrollado desde su fundación una considerable serie de actividades extraescolares.

Desde su creación hasta hoy han pasado por sus aulas alrededor de 10.000 alumnos habiendo realizado, pues, una extraordinaria labor educativa en Tánger, solo comparable con la ejecutoria del Liceo Francés. Además, contó desde su fundación, dada su aconfesionalidad, con muchos alumnos marroquíes[201] siendo, actualmente, de esta nacionalidad el 70% de los alumnos sobre un total de unos 400 estudiantes. En sus inicios, su primer director fue el catedrático de Filosofía del Instituto de Lisboa Antonio Ybot León, que estuvo en Tánger en comisión de servicio durante más de un año y que realizó una buena labor. En marzo de 1950 fue nombrado director el catedrático de Literatura Juan María López Aguilar[202]. En 1955 le sucedió Valentín García Yebra[203], que ocupó el puesto hasta 1966.

[200] Posiblemente, la primera promoción de alumnos, o una de las primeras, que terminaron el bachillerato español en el Instituto en julio de 1953, previo examen en la Delegación de Cultura de Tetuán, fueron Rosalía Ruiz de Cantero, Francisco Parladé, Miguel Ángel Rodríguez Gracia, Leopoldo Ceballos López y José Antonio Pérez Girón.

[201] En los años 50 algunos de los más brillantes alumnos musulmanes fueron los hermanos Nureddin y Amin Cherif y Mohamed Abdeslam Ben Taher, que obtuvieron matrículas de honor. En aquellos años, algunos alumnos marroquíes del Instituto estudiaron, al finalizar el bachillerato, en academias militares españolas consiguiendo en ellas sus despachos oficiales. Entre los primeros figuran Abdeslam Dris Abarodi, Rachid Bentria Fullerat y Mohamed ben Chaib Tensamani, todos ellos pertenecientes a conocidas familias tangerinas musulmanas. El último de ellos sería, años más tarde, agregado militar marroquí en la Embajada de Marruecos en Madrid.

[202] Juan María López Aguilar (1905-1970) llegó a Tánger en 1949 procedente de Granada, donde había sido catedrático de lengua y literatura en el Instituto Padre Suárez. Poco tiempo después, en marzo de 1950, fue nombrado director del Instituto, puesto que desempeñó durante cinco años continuando, más tarde, como catedrático. Gracias a sus iniciativas y mediación fueron a Tánger a dar conferencias o conciertos diversas personalidades españolas de primera fila como Dámaso Alonso, el Nobel Vicente Aleixandre, Gerardo Diego, José María Pemán y músicos como Joaquín Rodrigo, Esteban Sánchez y Joaquín Achúcarro. Estaba casado con Teresa Pérez Griffo, con la que formaba una pareja entrañable y muy querida en Tánger. Su hijo, Juan María, ilustre tangerino, fallecido en 2009, evocó en *Tingis* nº 32 a sus padres en un precioso texto que recuerda, también, el Tánger de los cincuenta.

[203] Valentín García Yebra (1917-2011), catedrático y traductor español nacido en 1917. Fue director del Instituto desde septiembre de 1955 hasta junio 1966, así como profesor de griego. Traductor de varios idiomas al español

Tanto López Aguilar como García Yebra y otros directores posteriores contaron con la colaboración, al frente de la secretaría general, de Francisco Cabanillas, catedrático de Latín, igualmente muy querido en Tánger, fallecido en 1999, que ocupó tal cargo durante muchos años siendo un pilar básico del Instituto. Casó con Mariluz Jiménez, hija del conocidísimo arquitecto tangerino Diego Jiménez Armstrong.

La mayoría de los profesores del Instituto vivieron en Tánger durante varios años fundiéndose con la colonia española. Durante los años cincuenta y principios de los sesenta enseñó en el Instituto un amplio plantel de profesores, algunos de ellos de primerísima fila[204]. Entre todos estos profesores destacaron por su competencia y carisma y por el amable recuerdo que dejaron en todos sus alumnos Manuel Segura y Suárez-Inclán (1918-2004) —que fue en el Instituto catedrático de Historia y, desde 1955 a 1985, jefe de Estudios—, así como Antonio Cobos —que fue interventor del centro y profesor de lengua y literatura y filosofía.

El Instituto llevó a cabo, durante los años del Tánger internacional, numerosos actos culturales como conferencias, conciertos, exposiciones, etc. Anualmente, se celebraba la Festividad de Santo Tomás de Aquino durante la cual los estudiantes ofrecían espectáculos de danzas españolas que organizaba la profesora de música Maruja Gisbert, o bien de música por parte de la Estudiantina dirigida por el profesor Carlos Crovetto. El Instituto publica desde los primeros años de su creación una revista anual denominada *Kasbah*. Existe una Asociación de antiguos alumnos del Instituto[205].

C. Judíos

Durante siglos la enseñanza hebrea no era muy distinta a la musulmana. La primaria era impartida por un rabino en las *Talmud-torá* o escuelas hebreas. Se iniciaba la enseñanza con el conocimiento del alefato, serie de las consonantes hebreas, que continuaba con el estudio de parte del *Talmud**. Se perfeccionaban

(griego, latín, alemán, inglés, francés, italiano y portugués). En 1984 fue elegido miembro de la Real Academia Española de la Lengua. Entre sus numerosos libros destaca *Teoría y práctica de la traducción*.

204 Recordamos, además de los ya citados, a algunos otros: Ramón de Dios Vidal y Carlos Álvarez Querol (física y química), Carlos Crovetto y Maruja Gisbert (música), Hipólito Brájimo, Tomás Ruiz de Pablos, Antonio Pendás y Francisco Cardosa (matemáticas), Maruja Espinosa (lengua y bibliotecaria), Isaura Barrial y Perales (francés), Mohamed Driss Benyelun (árabe y mercantil), Marcelino Morla (deportes), Feliciano Luna y José Pérez Escudero (ciencias), Ramón Rodríguez Dorado (contabilidad y jefe de estudios), Cayetano Martínez (latín), los frailes Manuel Pazos y Patrocinio García Barriuso (religión), Córdoba y Julio Ramis (dibujo), etc. Josefina Malo fue durante años la jefa administrativa del Instituto y, más tarde, Blanca Fernández de la Riva.

205 Fundada en 1990 por iniciativa de Carmen Cayuela y Miguel Ángel Rodríguez Gracia para fomentar la unión y amistad de los antiguos alumnos. La junta actual que en los últimos años, hasta 2012, estuvo presidida por Manuel Segura Jiménez, la preside, actualmente, Francisco Cortés Núñez y participan en ella Francisco y Carmen Cayuela Alcalá, Adelaida Alcaine Buenos, Miguel Ángel Rodríguez Gracia, y Antonio Umbría Sánchez.

estos conocimientos en la enseñanza secundaria y superior. Las jóvenes no participaban en este estudio. A finales del siglo XIX estudiaban en Marruecos en las escuelas rabínicas unas 5.000 personas de las cuales muy pocas, solo unas cien, terminaban los estudios superiores.

La situación cambió radicalmente con la implantación de sendas escuelas por parte de la Alliance Israélite Universelle (AIU) ,inicialmente en Tetuán, en 1862, y tres años después en Tánger. Gracias a la AIU el sistema de enseñanza israelita cambió radicalmente en Marruecos, no sin la oposición de parte de la población judía y de la mayoría de los rabinos. La obra de la AIU fue totalmente revolucionaria y modificó la enseñanza impartida a los judíos en Marruecos, y en particular, en Tánger, e influyó sobre el sistema educativo que aplicaban los europeos. Se desarrollaba, básicamente, en hebreo y en francés. Ello propició la creación de una burguesía judía, conocedora del árabe, de formación francesa y con dominio del español, que en la mayoría de los casos era su lengua materna. Dicha burguesía, gracias, entre otros aspectos, a su conocimiento de idiomas, se constituyó en uno de los elementos básicos de las relaciones de Marruecos con el exterior. La AIU de Tánger llegó a tener verdadera importancia y prestigio en la ciudad.

En 1922 contaban con 1.050 alumnos, de los cuales más de la mitad, eran del sexo femenino, lo que dice mucho de la apertura que tenía la enseñanza de la AIU. Estaba reservada a los alumnos hebreos pero con excepciones, ya que varios españoles o franceses no judíos estudiaron en la Alianza, así como algunos pocos musulmanes. Los estudios se cursaban en francés y en hebreo (la parte religiosa dedicada a los alumnos hebreos), siguiendo los mismos programas oficiales franceses. Al final de los estudios primarios se otorgaba el certificado francés de estudios primarios. También se cursaban, en clases mixtas, estudios comerciales. La escuela de las niñas estaba en el Paseo del Dr. Cenarro y la de los chicos al comienzo de la escalera que llevaba a la Alcazaba. Son muy recordados el matrimonio formado por los profesores Gavizón. El alto número de alumnos que estudiaba en la Alianza se mantuvo durante muchos años ya que hacia 1950 contaba en sus dos escuelas con 1.167 alumnos a los que enseñaban 30 profesores.

La AIU realizó una extraordinaria labor educativa entre la colonia judía y fue un centro de atracción de la cultura francesa en Tánger en detrimento de la española. Por sus colegios pasó una buena parte de los judíos de Tánger aunque algunos de ellos prefirieron asistir a los liceos franceses y, en algunos casos, a los centros españoles. Pocos años después de la anexión de Tánger al Marruecos independiente, la AIU cerró sus puertas manteniendo solo una escuela elemental.

D. Franceses

Las primeras escuelas que impartieron enseñanza en francés fueron las ya citadas de la Alliance Israélite Universelle. A su imagen, el consulado francés creó las primeras escuelas franco-árabes, siendo la primera la que dirigió Si Kadur Ben Gharbit, fundada en 1898 y en la que se enseñaba además del Corán, francés, geografía, historia, aritmética y otras asignaturas. Pocos años después, se crearon algunas escuelas privadas francesas de primera enseñanza como la de Perrier, en 1904, y la de Melle Robinet para chicas en 1906 y, más tarde, en 1918, la Escuela Berchet, que era mixta. A las dos últimas asistieron un buen número de alumnos españoles. La primera escuela oficial francesa dedicada a la enseñanza primaria de las niñas fue fundada en 1885, seguida por otra destinada a los niños creada en 1904. Todo ello fue completado con la instalación de un colegio o liceo en la Villa Benasuli en 1909 por M. Farochon, en la falda del Monte, cerca de lo que sería más tarde la calle de Bouarrakia. Fue el primero en impartir en francés enseñanza secundaria y el embrión de los liceos Regnault y St. Aulaire[206].

El Lycèe Regnault fue fundado en 1913 ocupando unos amplios edificios situados en la calle Juana de Arco que, en aquel entonces, estaban muy alejados del centro de la ciudad moderna. Su primer director fue el ya señalado Valère Farochon. Impartía la enseñanza primaría y secundaria a los chicos, en régimen interno y externo. Pocos años después, en 1918, se creó el Lycèe St. Aulaire, dedicado a las chicas. Ambos colegios estaban asociados y ajustaban su enseñanza, totalmente, a la normativa francesa. Los dos primeros bachilleres de formación francesa fueron Moisés Serfaty y Moisés Toledano. En 1934 los dos Liceos se fusionaron en lo que se llamó Lycèe Français, aunque, ambos, mantuvieron sus nombres, siendo reagrupados administrativamente bajo la dirección de Mme. Buzenet. La enseñanza era mixta para chicos y chicas.

Desde 1914 hasta nuestros días se han sucedido distintos directores en ambos colegios siendo quizá los más conocidos la indicada Mme. Buzenet, que dirigió el Liceo hasta 1939, Auguste Bastianelli, que lo hizo desde 1943 a 1953, y M.Caillat, que fue director desde 1953 a 1961. Todos ellos cubrieron la época de mayor esplendor de la enseñanza francesa en el Tánger internacional[207]. En 1953 los dos liceos

[206] Eugène Regnault (1857-1941) dio su nombre al más prestigioso liceo francés de Tánger. Fue, desde 1906 y hasta 1913, cónsul general y ministro de Francia en Tánger. Como tal representó a su país en la Conferencia de Algeciras y años después, el 3 de marzo de 1912, firmó con el Sultán Muley Hafid el tratado que instituyó el protectorado francés. El Conde de St. Aulaire fue otro diplomático francés que trabajó varios años con Regnault.

[207] En el nº 37 de la revista *Tingis* de abril de 2007 aparece una foto de los alumnos de la clase de *6ème Commercial* del Lycèe Regnault en 1951, una perfecta muestra del cosmopolitismo del Tánger de aquellos tiempos y del propio liceo. Aparecen en la foto 43 alumnos repartidos en las once nacionalidades siguientes: 15 marroquíes, de los cuales 6 musulmanes y 9 judíos; 13 españoles, 4 franceses, 4 belgas, más 7 de otras tantas nacionalidades, a saber: portugués, suizo, estadounidense, checo, polaco, británico y holandés.

contaban con cerca de 1.600 alumnos de los cuales un 42% eran franceses, 22% marroquíes y el resto de otras nacionalidades entre los que predominaban los españoles. Los colegios contaban con un amplio número de profesores, algunos muy prestigiados y conocidos en Tánger[208]. Jacobo Bendahan fue durante unos treinta años presidente de la asociación de antiguos alumnos del Lycèe Regnault y, más tarde, lo fue Momy Bergel. Actualmente, Rangvald Nilsen se ocupa, con considerable entusiasmo, de mantener unidos a los ex alumnos.

Además, los franceses a través del gobierno cherifiano habían creado en Tánger hacia 1950 ocho escuelas franco-marroquíes como la Poncet o la Malagnoux. Otras se establecieron en distintos barrios donde vivían muchos indígenas tangerinos como los del Emsallah, Marchán, Casbah, Fuente Nueva, Beni Makada, Casas Baratas, etc., que se completó con la École Malagnoux de hijos de notables, a los que asistían, como su nombre indica, los hijos de los tangerinos marroquíes de alta posición social. Había algunas pocas escuelas de niñas musulmanas. La más antigua estaba en la Casbah y otra en el Marchán. En 1947, con ocasión de la visita de Sidi Mohamed V a Tánger, al que acompañó su hijo el príncipe Muley Hassan, futuro Hassan II, éste visitó algunas escuelas franco-marroquíes junto con el inspector de la enseñanza cherifiana, que era M. Armand, y del interventor de las autoridades cherifianas, que era M. Grapinet.

E. Italiano

La primera escuela italiana fue fundada por Elisa Chimenti con la ayuda de su madre en 1914. Fue absorbida en 1927 por la Scuola Italiana, que fue instalada oficialmente por el gobierno italiano en el antiguo Palacio de Muley Hafid, adquirido por el Estado italiano en 1927 y que fue denominado Palazzo delle Istituzioni Italiane, en el cual Italia estableció sus servicios culturales entre los que figuraba la sociedad Dante Alighieri, institución dedicada a la enseñanza del italiano. La enseñanza primaria en las escuelas era gratuita y la secundaria no era cara. Asistían a la Scuola Italiana un buen número de estudiantes, en su mayoría italianos que estudiaban en su lengua pero también en otras como el árabe, el francés o el español. Inicialmente, el Presidente de la Scuola fue

---

[208] Los profesores de los años 50 que recordamos son Mmes. Grolleau (latín), Pinatel, Licari (filosofía) y Blandin (historia y geografía y *censeur*), Melles André (matemáticas), Simon et Chapelou (gramática y literatura), Havre y Grégoire y los profesores Chapou (historia), Hourmat (francés), Jacques Rousseau (historia y geografía), Robert Gérofi (dibujo) —al que llamaban cariñosamente *Pichimichi*—, Dupont (mercantil), René Doucet (física), Georges Beaulieu (latín), Fabre (matemáticas), Guillet (contabilidad), Dupont (mercancías), Lubac, Claude Pons (padre del escritor Dominique Pons), Esteban, Lamarque y Puisset (español) —éste último padre de Georges, también profesor de español—, Grégoire, Faure y Rosentiel (inglés), Ahmed Tedjini (árabe), Trotet (ciencias), Grolleau (literatura), Max Prisse d'Avennes (educación física), Teissier, el matrimonio Herlaut —ambos profesores, cuyo hijo Jacques murió en la guerra mundial en 1944—, así como el también matrimonio Lasson, Mme. Licari, etc.

Virgilio Munarri[209]. Después de la independencia la colonia italiana quedó muy reducida, lo que dio lugar a que las distintas instituciones fueran cerrando sus puertas y entre ellas la Scuola Italiana, que lo hizo en 1987. Solo permaneció el Ospedale Italiano, gestionado por las hermanas franciscanas.

F. Norteamericano

The American School of Tangier, también conocida por las siglas AST, fue creada en 1950 por un grupo de estadounidenses residentes en Tánger que estimaron necesario contar con una escuela en la que se siguiera el sistema norteamericano de educación. Inicialmente, solo impartió los tres primeros cursos de dicho sistema para llegar, en pocos años, a completar todos los cursos tanto de enseñanza primaria como de secundaria. Su titulación fue totalmente aceptada por las autoridades educativas de Estados Unidos. A partir de 1959 se instaló en un amplio terreno situado más allá del consulado español, a finales de la Avenida de Cristóbal Colón y que fue cedido por la familia de Jack Pinto. Durante algunos años fue presidente del Colegio Hooker A. Doolittle, una de las más relevantes personalidades del Tánger internacional y, más tarde, Robert Shea. El primer director (*headmaster*) del Colegio fue Omar Pound, hermano del poeta Ezra Pound. A principios de los setenta ocupó la dirección Joseph A. McPhilips III[210], que estuvo al frente del colegio durante 35 años hasta su muerte, ocurrida en junio de 2007. En la American School trabajó durante varios años, en la década de los sesenta, John Hopkins, conocido escritor norteamericano.

G. Británico

Durante muchos años no existió escuela británica hasta que a principios de la II guerra mundial llegaron a Tánger desde Gibraltar un buen número de británicos que fueron a refugiarse con sus familias a la ciudad internacional. Se decidió la creación de una escuela en la calle Holanda denominada Christian Brothers, que nunca llegó a tener la importancia de las escuelas francesas o españolas, básicamente porque la colonia británica era escasa. Pero como había interés en aprender inglés varios profesores particulares desarrollaron con eficacia su enseñanza. Entre ellos destacaron las hermanas Griffin, que enseñaban en su domicilio de la calle de Fez, casi en frente del Lycèe Regnault, y con las que

[209] Algunos de los profesores de la Scuola Italiana en los años cincuenta eran Egidio Orzalesi, que dirigía la escuela, Lorenzo Salvadori, Giuseppe Giaimo, Domenico Scarzello, Manlio Fancelli, Mario Salomone, Guliermo Garrassino, que era profesor de español y francés, y las profesoras Dondini y Zinoni. La secretaria era Bibi Petri.

[210] Nació en 1936 graduándose en la Universidad de Princeton en 1958. Llegó a Tánger a mediados de los años sesenta. En 1962 empezó a trabajar en la American School, a la que dedicó el resto de su vida y a la que dio a conocer a nivel internacional. McPhillips fue durante muchos años una de las personalidades más brillantes de Tánger.

estudiaron un buen número de tangerinos. Eran hijas de Eugenio Griffin, que fue durante años director del Telégrafo inglés.

H. Otros

Durante algunos años funcionó una escuela alemana fundada en 1909 pero que solo estuvo abierta hasta que los alemanes fueron expulsados de Tánger en 1914. Participaban, también, en la enseñanza otras escuelas privadas como las academias de Martin Eztala o de Lucie Bouhadana o la Academia Remington o Cervantes, que enseñaban, básicamente, idiomas, taquigrafía y mecanografía.

En definitiva, se puede asegurar que uno de los principales méritos de la ciudad internacional fue la de ofrecer un amplísimo abanico de posibilidades educativas que juntas participaron notablemente en la formación cosmopolita de los tangerinos y en sus propias vidas. Se puede reprochar, sin embargo, que esta oferta no llegó a todos los tangerinos y solo a aquellos que podían hacer frente a los gastos de escolaridad que, aunque no eran elevados, no podían ser sufragados por muchas familias marroquíes y extranjeras tangerinas y, particularmente, por una buena parte de las españolas, ya que muchas de ellas eran considerablemente pobres. Por otra parte, es deplorable que la mayoría de las instituciones educativas extranjeras de Tánger no concedieran a la enseñanza del árabe la importancia que debía haber tenido al estar implantadas en un país de cultura árabe y, además, por la importancia que actualmente tiene este idioma en el mundo. Lamentablemente, la casi totalidad de los tangerinos no marroquíes que vivieron en Tánger no conocen el árabe.

CAPÍTULO VIII
SANIDAD

La disette et les épidemies ont épuisé le Maroc autant que les guerres.

A. Amine, B. Boutaleb y otros, *Histoire du Maroc.*[211]

8.1. ANTECEDENTES

Cuando Tánger inició en la segunda mitad del siglo XVIII su andadura como capital diplomática del Reino, su situación sanitaria, al igual que ocurría en el resto de Marruecos, era bastante lamentable. La asistencia médica era casi inexistente, el desarrollo de enfermedades contagiosas no estaba controlado, la recogida de basuras domésticas era precaria, así como la eliminación de los residuos de todo tipo ya que, prácticamente, no se realizaba la limpieza de las calles, etc. En definitiva, no existía una organización de sanidad y de limpieza en la ciudad. Esta situación, a nivel médico, solo quedaba paliada, de la misma forma que en otras ciudades del país, por la existencia de algunas instituciones benéficas y asilos que de alguna forma dependían del Majzén*, o bien de otras similares dependientes de las *zauias**, que eran las sedes de las distintas cofradías, o bien de los morabitos. Prácticamente, no existía medicina privada y sí, por el contrario, curanderos o sanadores que intentaban cuidar a sus confiados pacientes a base de prácticas pseudoreligiosas o mágicas[212]. Así, la situación

[211] «La hambruna y las epidemias han agotado a Marruecos tanto como las guerras.»

[212] Sobre esta materia véase Francisco Javier Martínez Antonio, *El proceso de sanitarización en los imperios español y marroquí durante las décadas centrales del siglo XIX*, 2004.

en este campo era bastante negativa[213]. Ello no solo permitió sino que facilitó la sucesión de constantes epidemias de peste, el desarrollo del cólera y la sífilis, episodios de rabia, etc.

Desde que los franciscanos llegaron a Tánger en el siglo XIII, se esforzaron en prestar a los cautivos no solo su ayuda espiritual, sino también la sanitaria. Durante el siglo XVII tales franciscanos, con el apoyo y reconocimiento implícito o explícito de algunos sultanes, crearon hospicios donde acogían a los enfermos y necesitados. Los primeros en ser fundados fueron los de Tetuán y Salé en los años 1673 y 1703, respectivamente. En 1715 el Sultán Muley Ismail autorizó a dieciséis frailes franciscanos y a un médico llamado Luis Montero, todos ellos españoles, a permanecer en Marruecos con el objeto de curar a los cristianos cautivos y prestarles remedios y asistencia. Poco a poco tales hospicios fueron instalados en otras ciudades del país como fue el caso de Tánger, que a finales del siglo XVIII disponía de un hospitalillo que atendía no solo a los españoles sino también a pacientes de otras nacionalidades, entre ellas, a los marroquíes.

A medida que los europeos se instalaron en Tánger así como en otros puertos del Reino, el Majzén* autorizó el ejercicio de la medicina a profesionales europeos que, bajo el régimen de protección[214], fueron a trabajar a los mismos para atender a los súbditos europeos. Pero también cuidaban, previo pago, de los marroquíes de cierto nivel económico. Por su parte, los judíos organizaron su sanidad con su propio personal sanitario. Esta situación se consolidó después de la guerra hispano-marroquí de 1859-60, ya que, oficialmente, el Sultán autorizó a varios países europeos a que enviaran médicos a Marruecos para trabajar en sus respectivos consulados. Mientras tanto, seguían actuando en este campo sanitario los franciscanos, en su mayoría, españoles. Por su parte, el consulado francés, previa autorización del Sultán, construyó en 1864 en Tánger un dispensario encargado de atender a los franceses y otros europeos y a los propios marroquíes.

La situación sanitaria de Tánger a principios del siglo XIX mejoró sensiblemente como consecuencia de las medidas adoptadas por una Comisión informal organizada gracias a la iniciativa de los europeos y algunos marroquíes que vivían en la ciudad, que deseaban que la misma no estuviera sometida a las enfermedades y constantes epidemias que asolaban el país, principalmente la peste y el cólera. Especialmente, el cólera de la segunda pandemia del siglo fue muy virulento y afectó a un gran número de peregrinos de la Meca. Algunos de los marroquíes que formaron parte de la peregrinación se contagiaron y, a

[213] Muchos escritores que visitaron Tánger en el siglo XVIII describen la suciedad y el abandono sanitario de la medina.

[214] Véase 3.1. Antecedentes. Regímenes de capitulaciónes y de protección.

su vez, al retornar a su país, vía Tánger, introdujeron el cólera en la ciudad con terribles consecuencias. Murieron unas 700 personas. Por ello, en 1840, el Sultán aprobó oficialmente, al igual que había hecho el año anterior el Sultán turco Mohamed II en Constantinopla, la existencia en Tánger de una Comisión o Consejo Sanitario que ya funcionaba informalmente. Fue organizada e impulsada por la iniciativa privada y bajo el control de las representaciones consulares. Se ocupaba, entre otras cuestiones sanitarias, de controlar en Tánger y en otros puertos marroquíes la llegada de los viajeros que arribaban a los mismos y, en particular, a los peregrinos que volvían de la Meca.

Más tarde, hacia 1888, por iniciativa privada de los extranjeros residentes en la ciudad coordinados por el Dr. Severo Cenarro[215], se ampliaron las funciones de aquella Comisión o Consejo, denominándose Comisión Internacional de Higiene y Limpieza y también Consejo Sanitario Internacional de Tánger. Su objetivo era no solo el de regular la sanidad e higiene pública, sino también actuar como una asamblea municipal encargada de la administración de la ciudad, del sistema sanitario y de la aducción y distribución de agua y alcantarillado y de recogida de basuras y de aguas residuales, del desarrollo y mantenimiento vial, de la creación de un matadero municipal, etc., así como de realizar una serie de obras en el barrio europeo financiadas por sus habitantes. Asimismo, absorbió las funciones relativas a la sanidad marítima y de las que se había ocupado, durante muchos años, como delegado sanitario, José Atalaya Olcese, miembro que, como lo indican sus apellidos, pertenecía a dos de las más antiguas familias tangerinas.

En 1889 la Comisión o Consejo estaba compuesta por 23 miembros de los cuales 12 eran elegidos por los contribuyentes (4 españoles y otros tantos franceses, dos ingleses, un italiano y otro portugués), diez eran designados por los representantes diplomáticos y uno más era nombrado por el Sultán. El cargo de presidente del Consejo recayó, sucesivamente, en los cónsules de los distintos países interesados en el proyecto siendo vicepresidente de la Comisión o Consejo el indicado Dr. Severo Cenarro. Fue reconocida en 1892 oficialmente por el Sultán. Esta Comisión se convirtió en 1903 en la Comisión de Higiene y Policía Urbana adquiriendo carácter internacional. A principios de siglo estaba compuesta, básicamente, por representantes oficiales de Alemania, Austria-Hungría, Bélgica, España, Estados Unidos de América, Francia, Gran Bretaña, Italia, Portugal y Rusia. La Comisión perduró hasta el Estatuto de 1923 siendo un

215 Severo Cenarro (1853-1898), médico español que fue una de las personas que más contribuyeron a la modernización de Tánger. Fue compañero de estudios de Ramón y Cajal. Hacia 1883 fue destinado a Tánger a la legación de España como médico mayor del Cuerpo de Sanidad Militar. Impulsó, junto con otros residentes de diferentes nacionalidades, la creación y funcionamiento de la Comisión Internacional de Higiene y Limpieza, que presidió, y que fue el embrión del Estatuto de 1923 del Tánger internacional. Favoreció la creación del Hospital Español de Tánger, que sigue existiendo. Su muerte, en plena juventud, fue muy sentida por los tangerinos.

claro embrión del mismo. Fue sustituida en esa fecha por la Dirección de Higiene Pública y de Beneficencia[216].

Paralelamente y bajo el impulso del Padre Lerchundi y de varios españoles se implantó en la ciudad una escuela de medicina (1886) y un dispensario y, más tarde, el Hospital Español en 1888. Fue el primer establecimiento sanitario de importancia creado en Tánger, aunque existía desde 1864 el dispensario francés al que nos hemos referido más arriba y desde 1883 un centro médico inglés en el Marchán. Entre los médicos que destacaron en esa actuación figuraban el ya citado Dr. Severo Cenarro y el Dr. Felipe Ovilo, médico militar español que trabajó en Tánger durante una década y que estuvo al frente del dispensario y de la escuela de medicina durante algún tiempo. En ella se formaron un número considerable de tangerinos tanto europeos como marroquíes[217], llegando a tener tanto prestigio que el Sultán Hassan I ordenó al bajá de Tánger que inscribiera en la escuela a seis militares marroquíes que fueron formados en ella. En 1916 se creó la Casa de Socorro, atendida por las Madres Adoratrices y algún tiempo después una sección de la Cruz Roja Española, que presidió Esperanza Orellana. Toda esta ingente labor fue dirigida al principio, directamente, por los franciscanos.

Años antes, en 1913, los médicos españoles que constituían la mayoría de los sanitarios tangerinos organizaron en Tánger el Colegio Médico Español, que integraba a todos los médicos civiles y militares españoles con el objetivo de organizar sus servicios en beneficio de la colonia española. El primer presidente fue el Dr. Samuel Mobily Güitta, raíz de una de las familias sefardíes más prestigiosas de Tánger y que ejerció en esta ciudad la medicina durante más de cincuenta años[218].

---

216 Inicialmente, participaron en ella no solo los representantes de los consulados que existían en Tánger, sino también distintos tangerinos miembros de antiguas familias de la ciudad. Presidieron sucesivamente la Comisión el cónsul británico White, el portugués Colaço, el austro-húngaro Boleslawsky, el italiano Cantagalli, el norteamericano Mathews, el francés Souhart y el español Navarro. Además, participaron en ella, entre otros, los españoles Dres. Cenarro y Ovilo y Sres. Rendós, Vidal, Bonelli y Estern; los franceses Kerdec, Ros y Peter; los italianos Achille Petri y Ducali; los británicos Trinidad Abrines, Antonio Molinari y Augustine Lúgaro y los judíos Isaac Laredo, I. Nahón, Assayag y M. Bendrao. Otras personalidades tangerinas que, más tarde, participaron en la Comisión o en los organismos que la sucedieron fueron el alemán Adolfo Renschaussen, los israelitas Menahem Abecassis (norteamericano), Isaac Abensur y Levi A. Cohen (británicos), Salomon Aflalo y Abraham Benassayag (italianos), Dr. Salvador Morely (francés), Ayush Benasuli y Dr. Samuel Mobily-Güita (españoles), Salomón Benatuil (brasileño) e Isaac Laredo (alemán), etc., a los que se unieron otros tangerinos de la época preestatutaria, como el Cherif de Uazzan, Carlos Marco, José Atalaya, Corrales, Perdicaris, Benchimol, Pimienta, Eugenio Chapory, Alcayne, Dahl, Roberts, Sastre, Saurin, Waller, Malmussi, De Testa, etc.

217 El primer marroquí inscrito en la escuela fue Mustafá Zaoudi, a quien siguieron Ahmed Romani, Hamid Ben Hachmi, Mohamed el Aouami, Mohamed Duk Alí y Ahmed Ahardane, todos ellos procedentes de familias tangerinas.

218 Samuel Mobily Güitta impulsó el Consejo Sanitario Internacional, el Hospital Español del que fue director, la Cruz Roja Española, las beneficencias de España, Inglaterra y Portugal, así como los asilos musulmán e israelita, entre otros. Durante varios años fue miembro de la Comisión Internacional de Higiene y Limpieza y, más

Cuando entró en vigor el Estatuto, Ricardo Ruiz Orsatti fue el primer Administrador adjunto encargado de la Dirección de Higiene Pública y de Beneficencia. Se mantuvo en el puesto hasta 1940, cuando la ocupación española eliminó la administración internacional. Durante su mandato realizó una enorme labor que abarcó los más distintos campos de la sanidad y de la higiene. Entre ellos destacó la organización de los servicios de sanidad marítima, para lo cual creó un Consejo Consultivo de Sanidad Exterior que presidía el propio Ruiz Orsatti y del que formaban parte dos médicos municipales —Dres. Vladimiro Herzen y Mena— y tres médicos designados, respectivamente, por los consulados de España, Francia y Gran Bretaña —respectivamente, los doctores Luis Sampedro[219], Bernard y Veron—, el abogado Daniel Saurin y el comerciante Fisher.

Otras realizaciones importantes del Consejo fueron el Dispensario municipal dirigido inicialmente por el ya citado Dr. Herzen, la modernización del sistema de limpieza pública de la ciudad y de la recogida de basuras y la organización del matadero municipal, que fue inaugurado en 1926 y que fue dirigido inicialmente por el veterinario Jacques Baillo. El Consejo se ocupó también de la inspección técnica de los mercados, de la organización y revisión de los cementerios, de obras de saneamiento, embellecimiento y urbanización, de conducción de agua, etc.

8.2. NIVEL SANITARIO DE LA CIUDAD INTERNACIONAL

Gracias al impulso que tanto los franciscanos como los doctores Cenarro y Ovilo y, principalmente, la Comisión, dieron al desarrollo sanitario de Tánger, se crearon o se potenciaron distintos establecimientos que durante muchos años mantuvieron el buen nivel sanitario del que la ciudad internacional gozó desde principios del siglo pasado y, especialmente, a partir de los años 30. Muchos de tales establecimientos perduran en el Tánger actual. Todos ellos, aunque dirigían sus esfuerzos a sus respectivos nacionales, atendían en determinadas ocasiones a enfermos de otras nacionalidades y, por supuesto, a los indígenas.

En general, la sanidad no era gratuita salvo la que se dispensaba en los establecimientos de beneficencia o, previo pago por parte de la Administración,

tarde, durante el Estatuto, representó a España durante cuatro años en la Asamblea Legislativa. Asimismo, fue presidente durante 25 años de la Logia Morayta, siendo considerado uno de los más prestigiosos miembros de la masonería de Marruecos que funcionaba desde 1882, creándose una logia con su nombre.

219 Fue director del Hospital Español y padre del economista y escritor José Luis Sampedro, que vivió varios años en Tánger.

en los establecimientos sanitarios privados. Así, una parte considerable de la población marroquí de las afueras de la ciudad, El Fahs, así como la de los barrios de chabolas en los que malvivían gente de baja posición económica, no mantenían un nivel de higiene o sanitario similar a la de los otros tangerinos más afortunados. Su salud no era nada buena ya que abundaban las enfermedades venéreas, especialmente la sífilis, el paludismo, la viruela, algunas enfermedades oculares, el tifus, etc., produciéndose en algunos casos, epidemias de tuberculosis, fiebres tifoideas o episodios de rabia que fueron muy preocupantes, por ejemplo, respectivamente, en 1946 y en el verano de 1948.

De acuerdo con el Estatuto correspondía al Mendub la administración directa de la población indígena. Así, su atención médica, en principio, no dependía de la Administración sino del Majzén o gobierno cherifiano que estaba, prácticamente, sometido a Francia a través de la Residencia General en Rabat. Las autoridades francesas consideraban que no existía suficiente dinero para mejorar la asistencia sanitaria a tales indígenas. Por su parte, la Administración no contaba con suficientes instituciones de beneficencia y hospitalización necesarias para cuidar al gran número de indígenas que la necesitaban. En todo caso, sea como fuere, la Administración fue criticada por estas carencias, aunque realizó una considerable labor a través de sus escasos servicios de beneficencia y dispensarios para mejorar la asistencia a los enfermos indigentes que normalmente no tenían entrada en los hospitales o centros de salud privados[220].

Desde 1946 a 1953, prácticamente, la Administración, a su costa, duplicó las asistencias a tales enfermos, repartidos básicamente en centros propios así como en los hospitales francés y español y también en el Hospital Benchimol y en los hospitales inglés e italiano. La principal instalación sanitaria dependiente de la Administración era el Hospital de Dar Baroud, que contaba con unas setenta camas y que estaba atendida por personal propio aunque los médicos no estaban a tiempo completo, ya que mantenían sus consultas en la ciudad. Además, en la calle de la Marina había una Clínica de Urgencia y un puesto de socorro en la playa. Se trataba de instalaciones adecuadas aunque insuficientes. Estas desigualdades se mantuvieron entre unos y otros y ello a pesar de que la atención prestada a los marroquíes pobres era superior a la que recibían en otras ciudades del protectorado francés. Es esta una de las sombras más importantes del sistema estatutario de Tánger ya que los indígenas, en especial

[220] Rom Landau, en su *Portrait of Tangier*, es extremadamente crítico con la Administración y la Mendubía y, en especial, con los franceses, de los cuales, a través de la misma, dependía el cuidado sanitario de los indígenas ya que estimaba que éstos estaban muy abandonados o dependían en gran parte de la beneficencia internacional, lo que era cierto.

los musulmanes, no recibían suficiente atención sanitaria comparable a la que tenían los extranjeros.

A partir de principios de los cincuenta bajaron los casos de rabia ya que se disponía con facilidad de tratamientos eficaces contra esa enfermedad. Especial cuidado se tuvo en la lucha contra la sífilis y las enfermedades venéreas, que afectaban considerablemente a los indígenas y al proletariado europeo. La Dirección de Higiene Pública y Beneficencia estableció una inspección periódica de las prostitutas que ejercían en los burdeles y prostíbulos tangerinos expidiéndoles una cartilla de control que debía ser visada por las autoridades sanitarias periódicamente sin la cual no podían ejercer su profesión. Aunque todas las prostitutas no quedaron controladas, ya que muchas de ellas actuaban por libre, los casos de enfermedades venéreas se redujeron considerablemente. Este control se mantuvo en las décadas sucesivas en forma bastante rigurosa, lo que permitió que tanto la rabia como la sífilis se redujeran bastante aunque no fueron totalmente erradicadas[221].

En contra de lo que se cree, el consumo de drogas en la ciudad no era importante. En general, se identifica al Tánger internacional con las drogas y, principalmente, con el *cannabis* o marihuana y varios de sus derivados como el hachís y el *kif* (mezcla de tabaco y hachís). Se trata de una leyenda creada artificialmente y fundamentada en la existencia real del consumo, básicamente del *kif*, a nivel tradicional, por los indígenas marroquíes de algunas regiones del Rif y del mismo Tánger y, también, por el uso minoritario que de las mismas hicieron algunos escritores y artistas extranjeros que vivían en Tánger o pasaban algunos meses en la ciudad[222]. Se trataba de una excepción ya que en los años cincuenta

221 En los años 50 algunas calles alrededor del Zoco Chico estaban ocupadas por numerosos burdeles, algunos muy famosos, como el Chat Noir, el Pigalle, el Select, el Montecarlo y muchos más. En algunos burdeles se ofrecían distintas categorías de servicios en función de que los mismos fueran realizados por marroquíes, españolas, italianas, francesas o de otras nacionalidades más exóticas. La clientela era numerosa ya que, aparte de la población tangerina y de los turistas, periódicamente llegaban a Tánger buques de las más distintas nacionalidades cuyos marinos o tripulantes se dirigían con entusiasmo a tales burdeles. Además, acudían a Tánger con frecuencia muchos marines norteamericanos que trabajaban en las bases americanas, especialmente, en la de Port Lyautey (hoy Kenitra), cercana a Tánger, así como soldados de la base de Gibraltar, donde la prostitución estaba prohibida. Tal actividad no estaba solo limitada a los prostíbulos del Zoco Chico, ya que en Tánger empezó a finales de los años 50 a desarrollarse el sistema que más tarde tendría mucho éxito de las *call girls*.

222 El *cannabis* había sido ilegalizado en 1928 por la Convención Internacional del Opio. En Estados Unidos a partir de principios de los años 30 se inició una lucha feroz contra su consumo. Algunos escritores célebres como Paul Bowles y su mujer Jane y otros artistas de nivel internacional dieron a conocer, a través de sus escritos o bien personalmente, la facilidad que existía en Tánger para tal consumo. Bowles apreciaba mucho el *madjun* o *mayún*, una especie de mermelada de *cannabis*, que según describe el escritor le ayudó a terminar su más conocida novela, *El cielo protector*. El consumo de *cannabis* se generalizó entre la minúscula colonia de escritores y artistas extranjeros, principalmente angloamericana, que, en buena parte, eran mundialmente famosos. La mayoría de ellos formaban parte del denominado, por ellos mismos, grupo de *expatriados**. El propio Bowles describe una fiesta a la que asistió un buen número de aquellos que se celebró en las Grutas de Hércules, en «una

en Tánger los europeos y, en particular, los jóvenes no consumían derivados del *cannabis* salvo excepcionalmente y, si se producía, lo era en un bajo nivel social. La afición a tales drogas estaba mal vista entre la juventud, ya que se consideraba que fumarlas era un hábito plebeyo. En todo caso, los fumadores indígenas de *kif*, en los años cincuenta, lo hacían públicamente sin ocultarse.

Así, en los años cincuenta del pasado siglo Tánger disfrutaba, principalmente en la parte europea de la ciudad, así como, en parte de la medina, de un grado de higiene y una calidad sanitarias similares a las de otras ciudades europeas mediterráneas. Asimismo, el nivel sanitario era, en general, bastante alto, especialmente entre la mayoría de la población europea, así como de la marroquí de clase media o alta. Todo ello se debía a las medidas sanitarias adoptadas por la Administración internacional y, mayormente, a la labor realizada por un buen número de hospitales de muy distinta nacionalidad que existían en Tánger y a la de numerosos profesionales de la medicina, algunos de considerable prestigio, que trabajaban en la Zona. Pero el resto de la población marroquí que vivía en la zona no recibía similar atención y cuidados.

Durante la ocupación española de 1940-45, las autoridades del protectorado que asumieron las funciones sanitarias consiguieron mantener y en algunos casos mejorar aquellas atenciones. Cuando en 1945 se reinstauró el Estatuto se encargó de la Administración adjunta el francés Luizet. Después de la reestructuración en 1953 de la indicada Administración, ocupó tal cargo, hasta la independencia de Marruecos, el diplomático español José Luis Los Arcos y Elío. Durante varios años, en esa época, el Dr. Fernando del Toro fue director de Sanidad en la Administración internacional. De dicha Administración adjunta dependía la higiene urbana y la limpieza pública, que en Tánger eran bastante aceptables, y la sanidad marítima, así como un manicomio situado en Beni Makada. Además existía una inspección veterinaria de la cual estuvo al frente, durante algún tiempo, Ramón Vargas, como veterinario jefe, que controlaba también el matadero municipal.

Con anterioridad al Estatuto de Tánger las profesiones relacionadas con la sanidad no estaban reglamentadas, lo que permitió un considerable intrusismo en las mismas y, particularmente, en la farmacéutica y en la de dentista. Un dahir* de 15 de mayo de 1925, que fue modificado en 1936, reglamentó el ejercicio de las profesiones de médico, farmacéutico, dentista, veterinario y partera. Solo podían ejercer tales profesiones los súbditos de las potencias signatarias del

cueva decorada por Cecil Beaton en la que solo se sirvió champaña y hachís». Algunos de ellos formaron parte de la *Beat Generation** y, como Ginsberg o Burroughs, se aficionaron al hachís y popularizaron entre sus lectores el consumo de los derivados del *cannabis*. Bowles publicó bajo el título *Cien camellos en el patio* varios cuentos relacionados con el consumo del *kif*.

Acta de Algeciras poseedores de un título oficial que les permitiera ejercer en el país de su propia nacionalidad. Sin embargo, los súbditos marroquíes podían ser autorizados a trabajar en tales profesiones si estaban en posesión de un título expedido por cualquier país. En todo caso, las mismas solo podían ser ejercidas con la previa autorización de la Administración de la Zona.

8.3. PRINCIPALES INSTITUCIONES Y PROFESIONALES

El Hospital Español

En los años cincuenta, Tánger contaba con 16 establecimientos sanitarios. Como ya se ha señalado, el Hospital Español, cuyo primer centro fue inaugurado en 1888, fue el primer hospital que se construyó en Tánger. A su frente estuvieron médicos prestigiosos como los doctores Luis Sampedro, Manuel Amieva y Carlos Sirvent. El Hospital y la casa de socorro de la Cruz Roja, inaugurada en 1916, habían sido previstos para una colonia española de solo dos o tres millares de individuos. Así, a finales de los años 30 contaba con solo 40 camas para atender a una colonia de unas 12.000 almas, cuando el hospital francés disponía de 100 camas para menos de 3.000 franceses. Además, las hermanas franciscanas que se ocupaban del Hospital y las adoratrices de la casa de socorro no daban abasto ante el enorme trabajo sanitario que existía. Por su parte, el Dr. José Sievert fue director del Laboratorio del Hospital desde 1926.

En 1939, por impulso del Dr. Amieva, que había sido, como queda dicho, director del Hospital pero que en aquel año era representante del gobierno de Burgos y ministro-cónsul general en Tánger, se decidió el estudio de un proyecto de nuevo hospital para el que se contó con el apoyo del Alto Comisario de España en Marruecos. El ingeniero de caminos y jefe de los Servicios de Obras Municipales de Tánger, José Ochoa Benjumea, fue el encargado del proyecto que terminó en febrero de 1940 pocos meses antes de la ocupación de la ciudad internacional por las tropas españolas. Esto favoreció su realización, ya que se trataba de una obra de gran prestigio que vendría a demostrar el verdadero interés de España por Tánger y su población. El proyecto, cuya dirección de obras correspondió al arquitecto Delfín Ruiz Rivas, constaba de unas 200 camas pudiendo llegar hasta las 250, nueve consultas, dos salas de operaciones, un laboratorio y servicio de rayos X y otras instalaciones. Los servicios de enfermería y de cocina estaban atendidos por franciscanas.

Desde su inauguración en 1941 y hasta la independencia de Marruecos el Hospital Español fue el principal centro sanitario y hospitalario de Tánger y del norte del país. Ha sido ampliado y modernizado en dos ocasiones. Durante algún tiempo estuvo al frente del nuevo Hospital el Dr. Amieva, que ya había regentado el viejo contando con la colaboración de un magnífico plantel de médicos y auxiliares sanitarios. Desde diciembre de 1943 hasta años después de la anexión de Tánger a Marruecos, fue director del Hospital el Dr. Carlos Sirvent Dargent, que contaba con gran prestigio y que era padre de una familia muy conocida en la ciudad. Tuvo la ayuda inestimable del administrador del Hospital, Antonio Cruz Ulloa, una de las figuras paradigmáticas de la colonia española, padre asimismo de una amplia familia. Ambos realizaron una excelente labor. Al igual que ocurrió durante el mandato de Amieva, el hospital contó con la colaboración de un buen grupo de profesionales médicos y sanitarios que hicieron del Hospital Español uno de los centros sanitarios extranjeros más prestigiados de Tánger. Entre los médicos que formaban parte del equipo de Hospital figuraba el urólogo Amram Amselem, padre de Paz Amselem, que montó en 1957 su clínica en la calle San Francisco[223]; el médico de familia, Rodrigo Rodríguez Marchena, casado con Ana Blanco; el cirujano y urólogo Luis Agulló, que también abrió su clínica de cirugía en el Paseo del Dr. Cenarro; el director del laboratorio, Gregorio López Ventura, con el que colaboró como analista Charo Llinás; el médico puericultor Enrique Agrasot; el otorrino José Roca, que contrajo matrimonio con Nini Franqueira, cuyos hijos Juan Ramón y Javier han escrito sendos libros relativos a Tánger; y otros muchos médicos más como los doctores Lecumberri, Frieyro, López de Arriba, Olazábal, Araluce, Soriano, Vidal, Alonso Cortés y muchos más. El farmacéutico José María Mur era el responsable de la farmacia del hospital. Todos ellos contaban en el Hospital con la colaboración de las inigualables hermanas franciscanas que atendían a los enfermos con toda dedicación. Algunos de los practicantes que trabajaban en el Hospital, muy conocidos y apreciados, eran Antonio Alcalá, Alfredo Casanova, Rafael Lucena y José Benítez y las enfermeras Anamaría, Juanita y las hermanas Zambrano. Entre el personal administrativo figuraba, entre otras, Maruja Argenta, Pilar Gómez Rojas y Maruja Cruz. En 1946 visitó a título privado sus instalaciones el Dr. Gregorio Marañón. La labor realizada en Tánger por el Hospital Español, el más importante de Tánger, ha sido ingente. Por razones que desconocemos, a finales del siglo pasado cesó en la mayor parte de sus actividades, centrando en parte las mismas en la acogida y asistencia a ancianos.

[223] Amram Amselem (1910-2000), Doctor en Medicina y Cirugía por la Universidad de Madrid, especialista en urología y miembro, entre otras prestigiosas corporaciones, de la Real Academia de Medicina y Cirugía de Sevilla. En Tánger, donde fue un médico muy apreciado, fue director de la Cruz Roja y cirujano del Hospital Español y del Benchimol. En 1954 intervino, en el Hospital Español, en la operación de apendicitis que sufrió el príncipe Juan Carlos, futuro rey de España.

Otros hospitales o dispensarios

Más o menos al mismo tiempo que fue creado el Hospital Español, la Comunidad judía impulsó la creación de un centro sanitario que se llamó Hospital Benchimol, en honor de Haim Benchimol, que había trabajado durante bastante tiempo como intérprete en el consulado de Francia y que, posteriormente, había llegado a ser un rico financiero y presidente de la Comunidad Israelita y que se había comprometido a financiar el funcionamiento del Hospital. Fue construido en la calle Hasnona e inaugurado en 1904. Uno de sus primeros directores fue el doctor Z. Spivakoff[224]. Realizó una excelente labor y llegó a ser, como más tarde ocurriría con el Dr. Mani[225], uno de los míticos médicos de Tánger. El Hospital Benchimol fue durante todos los años del Estatuto uno de los centros sanitarios fundamentales de Tánger, que fue dirigido por médicos de prestigio como, entre otros, por el citado Dr. Mani. En él trabajaron ilustres médicos tangerinos como el Dr. Amselem que fue su director. En los últimos años su actividad había quedado muy reducida. En el año 2010 dejó de existir ya que el edificio fue demolido por una inexplicable decisión de las autoridades tangerinas.

Por su parte, el Hospital Francés fue creado en 1890 teniendo como antecedente un centro sanitario creado por los franceses en 1864 con el dinero recibido del gobierno marroquí en concepto de indemnización por el asesinato de un súbdito francés[226]. En esa modesta clínica también trabajó el ya citado Dr. Spivakoff, que atendía a los franceses. El nuevo Hospital se instaló en el Marchán. Sus primeros directores fueron los Dres. Fumey y Cabanna. El Hospital fue complementado por el Institut Pasteur, que fue y ha sido una institución

[224] Médico cirujano nacido en Odesa que había estudiado en París y trabajado como interno del Hospital Rothschild. Éste le recomendó a Benchimol como buen cirujano. Primero trabajó entre 1892 y 1901 como director del hospital francés y más tarde, desde 1903 a 1933, dirigió el Hospital Benchimol. Antes del Estatuto fue, paradójicamente, delegado ruso en la Comisión de Higiene y Policía Urbana cuando había tenido que salir de la Rusia zarista huyendo de los pogromos (M.Mitchell Serels).

[225] Moïse Mani (o Many) (1880-1961) era un médico y cirujano judío de ascendencia iraquí nacido en Jerusalén que había estudiado en la Universidad americana de Beirut. Llegó a Tánger en 1913 procedente de Hebrón en Palestina, donde su padre, Abner Many, era Gran Rabino de la ciudad. No se sabe cuál pudo ser el motivo de su llegada a Tánger. Quizá fuera impulsado por su mujer, que no era judía y que tenía ascendencia francesa y que, seguramente, se encontraba más a gusto en Tánger que en Palestina. Era licenciada en historia y fue profesora en el colegio St. Aulaire. Poco tiempo después de su llegada a Tánger, el Dr. Mani, gracias a su trabajo, bondad y competencia, se creó un enorme prestigio. Fue director de la Maternidad Salvador Hassán y del Hospital Benchimol y médico personal del Sultán Muley Hafid. En los años 50 el Dr. Mani era en Tánger una verdadera institución, querido y apreciado por todos.

[226] Al parecer, tal indemnización fue pagada por el gobierno marroquí al francés para compensar el asesinato de un farmaceútico francés llamado Rey. Con ese dinero se construyó un palacete en la calle Ued, en plena medina, un centro medico que solo perduró unos treinta años, ya que el Nuevo Hospital francés fue construido en el Marchán. Más tarde, a mediados de los cuarenta, se estableció en esa casa uno de los más famosos burdeles de Tánger, Le chat noir, regentado por una patrona francesa. Durante parte de la II Guerra Mundial fue un centro clandestino de paso para los refugiados escapados de la zona francesa que deseaban integrarse en la *France Libre* (véase Ma-Jo Decrop en *Malabata* nº 7).

fundamental de Tánger. Desde 1913 hasta, prácticamente, su jubilación en 1956 trabajó y dirigió el Instituto el Dr. Paul Remlinger con la ayuda del subdirector Dr. Bailly, dedicando la mayor parte de sus esfuerzos a la lucha contra la rabia y preparando en sus instalaciones las unidades de vacuna contra tal enfermedad que se necesitaban en todo Marruecos.

Un hospital inglés en embrión fue instalado en un antiguo establo en 1883 por iniciativa de la Misión evangélica North African Mission. Empezó a funcionar como dispensario en 1889 en el Marchán, dirigido por el Dr. Churcher con solo veinte camas que más tarde fueron incrementadas en cierta medida. Se dedicó a atender no solo a los británicos o angloparlantes que vivían o pasaban algún tiempo en Tánger sino, principalmente, a los indígenas, a los que trataba gratuitamente. Adoptó la denominación de Tullock Memorial Hospital en recuerdo de Georgina Tullock, que fue una de sus primeras jóvenes misioneras que trabajó en él y murió enferma de tifus. En 1945 su director era el Dr. Fraser Anderson, que contaba con la colaboración de varios médicos, entre ellos Julian Carlisle, William Campbell y Farnham St. John, que fue el adjunto del Dr. Anderson y luego director hasta que el hospital fue cedido a la Municipalidad de Tánger en 1975. Patricia St. John[227], enfermera misionera, hermana de Franham, trabajó en el Hospital durante varios años.

La rama de la Cruz Roja Española en Tánger fue creada en 1916 siendo el Dr. Santiago Sánchez Codda uno de sus primeros directores. Esperanza Orellana la presidió durante muchos años. Sus instalaciones en la calle de Fernando de Portugal fueron inauguradas en 1948. Después de la independencia cambió su nombre por la de Clínica Española Médico Quirúrgica y años más tarde pasó a depender de la Municipalidad de Tánger. Se trataba de una clínica, completamente gratuita, en la que nacieron muchos tangerinos. Actualmente, sus instalaciones siguen siendo utilizadas por las autoridades tangerinas con fines sanitarios. La rama de la Cruz Roja francesa fue creada en 1941.

En 1926 la Associazione Nazionale per Socorrere i Missionari Italiani (ANSMI), que había sido fundada años atrás por el egiptólogo Ernesto Schiaparelli, compró por cuenta del Estado italiano al Sultán Muley Hafid el magnífico palacio de estilo morisco que éste había construido en las alturas del Marchán cuando fue depuesto por los franceses en 1912. En parte del parque que rodeaba el palacio de Muley Hafid la ANSMI construyó, con fondos propios, entre 1926 y 1929, un hospital que sustituyó al dispensario italiano que existía desde años atrás situado

[227] Patricia S. Mary St. John (1915-1995), misionera evangélica británica, hija de Harry y de Ella St. John, que también eran misioneros evangelistas. Estudió enfermería y fue a trabajar a Tánger al Tullock Hospital. Permaneció allí varios años realizando una espléndida labor caritativa. Era escritora, principalmente de ensayos y novelas de carácter religioso. En su autobiografía publicada en 1995 rememora la magnífica labor realizada por el Hospital y su trabajo en Tánger.

cerca del Hospital Benchimol. La gestión del Ospedale Italiano, situado al final de la calle de Bouarrakía, fue confiado a las hermanas franciscanas del Corazón Inmaculado de María. Desde entonces el Ospedale ha realizado una excelente labor que durante muchos años fue dirigida por el Dr. Oreste Cappa, que murió en 1965 y que contó con la ayuda de las indicadas hermanas franciscanas. Allí murieron Paul Lukas, Paul Bowles, Beatriz Pendar, etc. Actualmente, por falta de medios, el Hospital ha reducido su actividad aunque sigue atendiendo a los enfermos que a él acuden, que son, básicamente, marroquíes.

Paralelamente a todas estas actividades sanitarias y hospitalarias se creó un patronato para la lucha antituberculosa que presidió el banquero Aarón Abensur y en el que intervinieron varias personalidades tangerinas como el caíd Ben Rahmoun, el directivo del Banco de Estado de Marruecos Rizet, los profesores Bastianelli, Ferri, Guenoun y Dazzi, responsables respectivamente, de las escuelas francesas, españolas, musulmanas e italiana, así como otro responsable por parte israelita y otros ilustres tangerinos como el magistrado Díaz Merry, el Dr. Fumey, el banquero Hassan y otros, así como los presidentes de las correspondientes organizaciones de la Cruz Roja de España, Francia y Estados Unidos. Realizó una positiva labor a favor de la erradicación de la tuberculosis, lo que no consiguió, aunque sí paliar su incidencia sobre la población tangerina.

Otra organización bien conocida era El Nido, que dirigía Mme. Delacroix, que tenía ascendencia española, en la que participaban algunas señoras de diplomáticos como la de Del Castillo y Erice. Como su nombre indica se dedicaba, con carácter benéfico, a ayudar y facilitar el cuidado de los bebés de familias muy humildes. Participaban en la organización una serie de jóvenes tangerinas como Mari Carmen y Loti Cabrera, Mari Paz Ceballos, las hermanas Margarita y María Luisa Villarejo, Esperanza Peña, etc. Existía una organización británica que se ocupaba de las mujeres indígenas que presidió durante algún tiempo Feridah Kirby Green, que realizó una buena labor pero insuficiente habida cuenta de la cantidad de mujeres que hubiera sido necesario atender.

Principales médicos tangerinos y personal sanitario

A mediados del siglo pasado trabajaban en Tánger alrededor de un centenar de médicos de los cuales unos 20 eran dentistas o asimilados. Procedían de muchos países aunque unos treinta eran españoles y otros tantos franceses, una docena hebreos y tres o cuatro marroquíes musulmanes, siendo el resto de las más diversas nacionalidades. Algunos habían sido enviados por sus gobiernos para dirigir las correspondientes instalaciones sanitarias, otros habían llegado buscando el trabajo que no encontraban en sus países, otros habían huido de ellos como consecuencia de las guerras o de las persecuciones religiosas o racistas, etc. Algunos llegaron a triunfar y a contar con una clientela fiel.

Además de los ya citados anteriormente, otros médicos españoles bien conocidos eran el Dr. Dencás, que había llegado a Tánger desde el exilio después de haber sido consejero de la Generalitat catalana en 1934 y que supo granjearse el afecto de los tangerinos; el Dr. Morely; el Dr. José Cosmea[228], que había emparentado con la familia Corrochano; el Dr. Augusto Quiralte, que fue director de la clínica y dispensario de la Cruz Roja en 1957; así como el pediatra Felipe Maté y el analista Jaime Sanjuán. Entre los oculistas destacaban Jesús Pérez González, que estuvo en Tánger solo hasta 1945, y entre los dentistas destacaban Rodrigo Navarro y su hijo, Gilberto, conocido como *Pito* y José (*Pepito*) de las Peñas.

Otros médicos muy conocidos en Tánger además del Dr. Mani que era, quizá el más popular de todos, eran el oculista Debenedetti, el cirujano Aquiba Benarroch, el ya citado director del Hospital Italiano, Oreste Cappa, la doctora Bedarida, ginecóloga, que vivió hasta los 104 años y que tenía su clínica en la calle Washington, el también ginecólogo Charles Apffel, animador de la Sociedad de Arqueología, que vivía enfrente del Sagrado Corazón, el otorrino Louis Saft, que tuvo una clínica en la calle Bélgica y los muy conocidos doctores Marc Sagues, Georges Decrop (cuyo hijo Jacques fue dentista) y Cabanié, que dirigía, éste último, la prestigiosa clínica de su nombre. Además, estaban los doctores Abdelatif Benjelloun —que fue el segundo Gobernador de Tánger y embajador en Alemania y Francia y que era especialista en aparato digestivo—, Máximo Trombetti, Danilo Coen, Ivonne Roux —que durante años atendió a Jane Bowles—, los ginecólogos Ewner Evers y Little, Albert Klein, etc. Entre los dentistas, los más conocidos eran el Dr. Issad y René Bruffrad, con el que trabajaba el también dentista Manuel Romero Oliva, que es, actualmente, el presidente de la Casa de España.

Existía en Tánger un Colegio de Médicos cuya directiva, en 1952, estaba compuesta por el Dr. Manuel Amieva como presidente, figurando como vicepresidentes los doctores Bedarida y Benjelloun, como secretarios los Dres. Decrop y Saenz, tesoreros Dres. Issad y Dieneman y asesores Dres. Agulló, Debenedetti, Cappa y Guement.

Tánger contaba con un buen número de comadronas, unas diez, entre las cuales las más conocidas, posiblemente, eran María Fernandez, María Benavente de Noguera, Ana María Amor, Juana Gallego, Valentina Ara y Josefa Aldana.

[228] José Cosmea Blanco (1908-1974). Médico español que ejerció en Tánger desde principios de los años cuarenta, durante más de tres décadas, en su clínica situada en la calle Casa Riera, con enorme profesionalidad y dedicación. Era junto con el Dr. Mani uno de los médicos más queridos, populares y carismáticos de Tánger.

Asimismo, los practicantes o asistentes sanitarios eran numerosos entre los que figuraban los ya citados anteriormente y otros más, en su gran mayoría españoles, entre los que se encontraban, entre otros, Ramón Orduña, que vivía por la cuesta de la Playa, José Muñoz Jiménez —que fue presidente del club de fútbol España de Tánger—, Gonzalo de Cea, al principio de la calle Estatuto, Domingo del Pino, padre del periodista del mismo nombre, Santiago Sanz y Miguel Cantón, que trabajaba en Beni Makada.

Farmacias

Tánger, a mediados de los cincuenta, contaba con unas veinte farmacias donde se podían encontrar todo tipo de medicamentos, lo que no ocurría, al mismo nivel, en esa época en España. En general, la población tangerina estaba bien provista de medicinas. Era frecuente, cuando se dio a conocer la penicilina, que algunos tangerinos que viajaban a la península llevaran consigo frasquitos de ese antibiótico cuidadosamente resguardados. Quizá las más populares eran la Pharmacie Centrale, en el Zoco Grande, cuyo encargado era Luis Orduña, la Farmacia Viñas y la de Wall, que estaba en la calle de Italia. Otras bien conocidas era la de Levy en la Plaza de Francia, la Comercial y la del Globo, ambas en la cuesta de la Playa, la de Sarita Sagues en la calle de Italia y la de Bouchard en la calle de Senmarine, a las que podemos añadir la Pharmacie de la Grande Poste y la del Lycée, respectivamente, en la calle Quevedo y en la de Juana de Arco, así como la Pharmacie Nouvelle y la Grande Pharmacie, ambas en la calle de Fez. En 1947 se abrió la farmacia de guardia en calle Foucauld. Zahara Mezian, hija del general hispano-marroquí del mismo apellido, abrió hacia 1955 la Farmacia Zahara en la calle de México que fue, posiblemente, la primera de la que fue responsable en Marruecos una farmacéutica marroquí.

CAPÍTULO IX
RELACIONES SOCIALES

En verdad, hay tantos Tángeres como círculos sociales dentro de las diversas colectividades religiosas o nacionales. La mutua tolerancia lubrica su engranaje. Cada grupo conoce un Tánger diferente.

Fernando Sebastián de Erice, *Ceño y sonrisa de Tánger.*

9.1. ANTECEDENTES

Inicialmente, la población tangerina era, en su mayor parte, de origen rifeño repartiéndose el resto entre árabes y judíos. Desde principios del siglo XIX, cuando Tánger fue confirmada como capital diplomática del reino de Marruecos, fueron llegando a la misma, lentamente o en oleadas, un buen número de extranjeros, en su mayor parte europeos, que, en parte, se radicaron en la zona y crearon, en la misma medina* en la que habitaban bereberes, árabes o judíos, una población de origen europeo que más tarde se expandió *extra muros* y que se enraizó en la ciudad. A mediados del siglo pasado, como ya hemos señalado en otro capítulo, la población total de la ciudad y de sus alrededores se acercó a las 200.000 personas. De ellas, algo más de 100.000 eran musulmanes —árabes o bereberes— y el resto estaba compuesto por unos veinte mil judíos —marroquíes o extranjeros—, y alrededor de sesenta a setenta mil extranjeros, la mayoría de ellos europeos y el resto de muy distinta procedencia.

Tánger era una sociedad multiétnica, multicultural y cosmopolita y en la que se profesaban varias creencias religiosas. Salvo excepciones, todos sus habitantes eran de raza blanca. En Tánger convivían árabes y bereberes; sefardíes* y asquenazíes*; marroquíes, españoles, franceses y otros europeos o ciudadanos de varios países africanos, americanos o asiáticos; musulmanes, judíos, cristianos, hinduistas, agnósticos y ateos. Todos ellos cohabitaban en relativa armonía y en equilibrio bastante estable y, en general, confraternizaban entre sí. Eran individuos normales con defectos y virtudes no mayores ni menores que los que corresponden a otros grupos humanos y que, salvo algunas excepciones, nada tenían que ver con los estereotipos creados por la abundante literatura que se ocupó de Tánger y, aún menos, con los perversos modelos de tangerinos creados por Bowles, Bourroughs, Morand o Genet, por citar solo a algunos de los más famosos escritores.

9.2. GRUPOS Y CLASES SOCIALES

Aunque, como se ha señalado, los habitantes de la Zona internacional de Tánger, salvo algunos pocos subsaharianos y asiáticos, eran de raza blanca, pertenecían a múltiples etnias así como a distintas culturas y religiones y hablaban diferentes lenguas. En función de su situación económica, que era muy dispar, formaban parte de distintas capas económicas que iban desde los poderosos que habitaban en palacios o magníficas residencias en el Monte o en el Marchán, hasta los más pobres que vivían en las aldeas de El Fahs o de otras zonas rurales que rodeaban la ciudad o que se hacinaban en algunos barrios humildes de la medina o de la ciudad moderna o bien en los miserables *bidonvilles* de sus suburbios.

Los dos grupos principales

En Tánger, inicialmente, se estableció una clara separación entre los indígenas y los extranjeros ya que, en principio, los primeros eran administrados, directamente, por el Mendub y los segundos por las normas del Estatuto. Sin embargo, dada la atipicidad del sistema tangerino así como las especiales características de sus habitantes, tal separación fue tomando especiales matices. De hecho, se produjo una división oficiosa en dos grupos sociales: por una parte, los indígenas que moraban en El Fahs y en otras zonas rurales que rodeaban la ciudad de Tánger, y, por otra, los habitantes de la propia ciudad y de sus cercanos alrededores.

Los que formaban parte del primer grupo eran, en su mayoría, rifeños*. Todos ellos eran musulmanes y, la mayor parte de ellos, bereberes o tenían ascendencia bereber. Casi todos eran analfabetos y tenían muy escasa formación. En su mayoría, vivían pobremente en El Fahs o en otras zonas rurales de los alrededores de la ciudad. Una buena parte de ellos no hablaba el árabe y solo el *chelja**. Su número era indefinido aunque podía rondar entre las 20 y las 25.000

personas, más bien menos que más. Vivían, en sus aldeas, de la agricultura o de la ganadería, trabajando sus tierras o las que les tenían arrendadas los grandes o medianos terratenientes de la zona. Algunos iban a la ciudad los días en que se celebraba mercado para vender sus productos en el Zoco Grande o bien a otros zocos que se organizaban en la Zona y también en los distintos *fonduc**, depósitos o mercados de la ciudad. Estos indígenas, al igual que los otros marroquíes, dependían del Mendub, que tenía obligación de gobernarlos, educarlos y asegurar su bienestar y desarrollo económico. Para esta labor contaba con la ayuda de un delegado de Asuntos Indígenas, francés, que era nombrado por el Residente General de Rabat, que debía canalizar los fondos necesarios para hacer frente a la misma. Desgraciadamente, la atención que se prestaba a tales indígenas era muy deficiente. Durante la ocupación española se creó en Tánger una Intervención comarcal que se ocupaba de El Fahs y de otros territorios colindantes. Durante esa época, la situación de sus habitantes mejoró en cierta medida así como durante el periodo de esplendor que la siguió. Pero, en todo caso, subsistió la relativa marginación de estos indígenas.

El segundo grupo estaba formado por el resto de la población de la Zona compuesta por marroquíes —musulmanes o judíos— y europeos o asimilados que vivían ya sea en la misma ciudad, entendida ésta en su más amplio sentido, o en sus alrededores. Actuaban bajo normas y valores comunes o similares y, aunque todos ellos no tenían las mismas expectativas, se relacionaban entre sí de manera regular y pacífica ya fuera a nivel personal o laboral.

Las clases

Hecha esta división que puede ser considerada, por algunos, poco precisa, quizá se podría partir, lo que puede parecer, a su vez, arbitrario, de una ordenación del segundo grupo en clases, entendidas éstas como agrupaciones de individuos que tienen un nivel similar de poder, riqueza e ingresos, lo que permitiría explicar cómo funcionaba Tánger, a nivel humano. Se podría admitir que existía una CLASE DOMINANTE constituida por políticos y altos funcionarios extranjeros o marroquíes que dirigían política y administrativamente la ciudad, a los que se unían algunos terratenientes u hombres de negocio de especial relevancia que, en su mayoría, eran musulmanes o judíos; una BURGUESÍA que, en general, era próspera y que, a veces, se confundía con un grupo intermedio, la CLASE MEDIA, en la que coexistían distintos niveles económicos y sociales que, los más bajos, se juntaban con el amplio PROLETARIADO de la ciudad. A todos ellos se unía un pequeño grupo de extranjeros que se denominaban, ellos mismos, EXPATRIADOS, que, en algunos casos, residían en Tánger aunque la mayoría vivían solo temporalmente en la misma y que, salvo excepciones, no llegaron a convivir plenamente con el resto de la población. Por último, alrededor de la droga, la prostitución o la miseria se creó un LUMPEN formado por algunos marginados descrito magistralmente por el casi tangerino Mohamed Chukri en su libro *El pan desnudo*. Salvo en el caso de los expatriados, todas las clases señaladas, tanto las más altas como las menos favorecidas, estaban constituidas por marroquíes, musulmanes o judíos, y por extranjeros.

La clase dominante

Antes del Estatuto, a finales del siglo XIX y principios del XX, la *aristocracia* tangerina estaba constituida por los diplomáticos de carrera y algunos asimilados así como por los grandes terratenientes europeos o marroquíes, musulmanes o judíos. Los diplomáticos constituían una *casta* que, básicamente, se relacionaba entre sí en sus residencias, se divertían juntos en sus fiestas y actividades deportivas. Esta casta tenía muy escasa relación con el resto de la población. Cuando entró en vigor el Estatuto esta clase dominante se amplió con el personal desplazado a Tánger por los distintos países miembros de la Conferencia de Algeciras. Principalmente, se trataba, de los más altos funcionarios de los distintos organismos de la Administración internacional tanto directivos como técnicos así como de la Asamblea Legislativa, de la Jurisdicción Internacional y de la Policía y otros funcionarios designados por sus respetivos países para ocupar altos cargos en la Zona internacional.

En general, permanecían en Tánger pocos años y no se fusionaban con el resto de la población. Sin embargo, algunos de ellos, a pesar del escaso tiempo que vivieron en la ciudad se integraron en ella, alternaron con las distintas capas o estamentos de su sociedad, la estudiaron y escribieron sobre la ciudad lúcidos trabajos que contribuyeron al mejor conocimiento de la zona internacional. Buenos ejemplos de este tipo de funcionario fueron el británico Graham Stuart, el italiano Giovanni Castellani o el español Fernando Sebastián de Erice, todos ellos diplomáticos. Algunos otros, después de cesar en su puesto, se quedaron a vivir en Tánger como le ocurrió al norteamericano Hooker A. Doolittle, participando activamente en la sociedad tangerina

A este grupo de altos funcionarios extranjeros se unía el formado por los políticos y funcionarios marroquíes que ocupaban los distintos altos puestos que rodeaban al Mendub, designados, de común acuerdo, por las autoridades marroquíes y francesas por razones de mérito o simplemente de conveniencias políticas o sociales. Recibían, en general, altos sueldos u obtenían, indirectamente, compensaciones económicas de importancia.

Dentro de esta clase dominante se incluían algunos pocos tangerinos, terratenientes o muy relevantes comerciantes o financieros, que aunque no participaban del poder formaban parte del mismo gracias a sus fortunas, a su influencia o prestigio personal, o bien a sus muy elevados ingresos. Se trataba de personalidades muy conocidas como los marroquíes El Menebhi o el Cherif de Uazzan, que eran ricos terratenientes, el duque de Tovar o los excéntricos condes De la Faille, que tenían considerables fortunas o bien algunos inversores inmobiliarios como el británico Lord Bute o el español José Andreu, o los poderosos banqueros hebreos Abensur, Pariente o Hassan. Los componentes de la clase dominante, que, posiblemente, con sus familias no llegaba a las cuatro o cinco mil personas, mantenían un nivel de vida muy elevado. Vivían en magníficas residencias o en palacetes, villas o viviendas situadas muchas de ellas en el Monte Viejo, en el Marchán o bien en antiguas, aunque remozadas, casonas situadas en la medina, principalmente en la Casbah.

Evidentemente, por encima de esta clase dominante, o bien en una situación aparte, estaban los miembros de la familia real marroquí, entre los que figuraba el destronado Sultán Muley Abdelaziz, que residían en Tánger con su séquito y familiares, y el propio Mendub, designado directamente por el Sultán con el beneplácito del Residente General francés. Ambos residían en magníficos palacios.

La burguesía

Siguiendo a esta clase dominante y, a veces, confundiéndose, en parte, con ella se situaba una burguesía acomodada que tenía considerable notoriedad e importancia en la ciudad. Dentro de este estamento se incluían los mejores y más conocidos médicos, abogados, ingenieros, arquitectos, farmacéuticos, profesores, algunos funcionarios de elevado nivel de la Administración internacional, directivos y ejecutivos de empresas financieras o industriales, directores de centros y establecimientos educativos, culturales o de ocio, propietarios de cines, industriales, comerciantes de importancia etc. Se unían a ellos la mayoría de los jubilados extranjeros, principalmente británicos, que vivían cómodamente en Tánger con pensiones de cierta importancia o bien acomodados rentistas. También formaron parte de esta burguesía tangerina una serie de artistas extranjeros que optaron por vivir en la ciudad integrándose en ella como, por ejemplo, fue el caso de los pintores George Apperley y Julio Ramis.

Esta clase burguesa surgió, en la mayoría de los casos, de orígenes modestos y se desarrolló, con bastante rapidez, gracias a nuevas aportaciones del exterior, así como a la unión en matrimonio de muchos de sus miembros. En algunos casos se trataba de familias de gran raigambre tangerina, en su mayoría, marroquíes tanto musulmanas o judías. Por ejemplo, la familia Tafersiti, de la que forma parte el escritor Rachid Tafersiti, desciende del caudillo que conquistó la ciudad a los ingleses y que fue su primer bajá, Alí ben Abdallah Riffi. Esta familia está emparentada con otras importantes y antiguas familias tangerinas como los Lemkeched, El Gazal, Hach Nassar, Bouselham, Tchioua, Uazzan y Bouziane. Por su parte, aunque consta que la familia hebrea de los Pariente ya contaba con representantes en el Tánger británico, es posible que la de los Toledano sea una de las más antiguas de la ciudad y la que más se expandió y adquirió importancia en la misma, ya que se vinculó con otras relevantes familias tangerinas como los Pinto, Assayag, Nahon, Lasry, Buzaglo, Edery, Pariente, Benassayag, Abensur, Bensimon, Bendahan, etc. Por parte europea, sin duda, la primera familia tangerina fue la portuguesa Colaço. Posiblemente, la española de Cuevas es una de las que más emparentaron con otras conocidas como los Ruiz, Molinari, Orsatti, Coronado, Saurin y Castillo.

Algunas otras familias paradigmáticas del Tánger capital diplomática y ciudad internacional y que se vincularon con otras tangerinas son las de Guennoun, Ben Abdessadak, Homerani, Tensamani, Berrada, Akalay, Benzekri o Benjelloun; las de Molinari, Abrines, Rousseau, Orellana, Raïda, Bonnet, Artesani, Gumpert, Fuentes, Petri, Gallego o Cerdeira; o las de Benasuli, Cohen, Bengio, Salama y Coriat y muchísimas otras más.

Muchos de los miembros de esa burguesía habían nacido en Tánger o habían llegado jóvenes a la ciudad y la mayoría se consideraban tangerinos y pensaban que vivirían siempre en aquella. Constituían el corazón y la espina dorsal de Tánger. Se trataba, en general, de gente bastante formada que había estudiado en centros españoles, franceses o italianos y que, en muchos casos, conocían y se expresaban en varias lenguas y, como mínimo, en los dos idiomas vehiculares que eran el español y el francés. Posiblemente, su principal característica era su cosmopolitismo[229]. Vivían en los modernos inmuebles del ensanche de la ciudad o en el propio Marchán o en los alrededores de la ciudad.

La clase media

La clase media tangerina creció a medida que Tánger se desarrollaba y se establecían comercios, industrias, centros profesionales, sanitarios, educativos, financieros, etc. Se crearon muchos puestos de trabajo de nivel medio y

[229] Joseph John Artesani Lyons, más conocido por Pepe Artesani, es un buen paradigma del tangerino cosmopolita. Lleva sangre italiana, de Génova; británica, de Escocia; española, de Andalucía. Además está emparentado con otras antiguas familias tangerinas, españolas e italianas muy conocidas en la ciudad así como, por su matrimonio con Danielle Hugueny, con otra familia francesa. Conoce perfectamente el inglés, francés, español y el italiano, se entiende bastante bien en árabe marroquí y es un maestro de la *jaquetía**. Ha realizado estudios secundarios y universitarios en Gran Bretaña y ha viajado y vivido por medio mundo para perfeccionar sus amplios conocimientos en seguros, materia en la que ha desarrollado una brillante carrera profesional. En Tánger practicaba varios deportes, entre ellos la vela, el tenis y el rugby. Era muy popular entre bastantes musulmanes, judíos y europeos. Desde hace varias décadas vive en Madrid.

auxiliar que fueron ocupados, en su mayoría, por tangerinos de preparación adecuada o bien por extranjeros, principalmente españoles que acudieron a la ciudad atraídos no solo por el trabajo existente sino también por los sueldos que se ofrecían, relativamente altos si se comparaban con los que se practicaban en España, otros países europeos o en las dos zonas de protectorado. Los puestos de trabajo eran de lo más diverso y cubrían todas las ramas de actividades comerciales, financieras, industriales o de servicio, desde obreros especializados hasta auxiliares u oficiales de banca pasando por técnicos de tipo medio como peritos, delineantes o ayudantes sanitarios tales como practicantes o enfermeras. En general, la mayoría de tales empleados eran de origen mediterráneo, entre los que predominaban los españoles y los hebreos, salvo los que ocupaban puestos de trabajo en los órganos o servicios que dependían de la Mendubía, que eran, en general, musulmanes.

También, los miembros de esta clase media eran pequeños o medianos empresarios autónomos que abrieron restaurantes, cafeterías, bares, comercios de todo tipo como zapaterías o talleres mecánicos, estudios fotográficos, agencias turísticas o que trabajaban como maestros o encargados de obras. Asimismo, se incluían ciertos artesanos que gracias a su trabajo y competencia pudieron crear un taller de prestigio y asegurarse una clientela fiel. En definitiva, esta clase media dependía de sus sueldos, que eran de mayor o menor importancia, o bien de los modestos rendimientos de su pequeño negocio o actividad autónoma. Esta clase, que, en general, era muy laboriosa, vivía esparcida por todo el Tánger moderno desde los barrios del Marchán, a la calle de Italia y en otros barrios, patios o corralas que se crearon en la ciudad y en su periferia.

El proletariado

Por último, se situaban los miembros del proletariado tangerino, que eran los más numerosos y que no obtenían mucho beneficio de las especiales condiciones económicas que concurrían en Tánger y, solo parcialmente, de la oferta cultural que ofrecía la ciudad. Una parte considerable de ellos eran marroquíes y procedía de El Fahs o de otras zonas rurales de la zona internacional. Se trataba de los rifeños más decididos o necesitados que habían resuelto dejar sus aldeas para ir a trabajar a la ciudad como obreros no cualificados, pescadores, conserjes, chóferes, personal de limpieza y sirvientes en casas de marroquíes o de europeos. Sufrían los vaivenes por los que atravesaba Tánger. A ese grupo de indígenas marroquíes se agregaron bastantes judíos que trabajaban en distintos oficios en los que tenían como clientela a otros pobres hebreos o tangerinos. También se unieron a este proletariado muchos españoles y algunos individuos de otras nacionalidades.

Poco a poco, muchos de estos obreros o trabajadores de clase humilde fueron mejorando su existencia y consiguieron trabajos más o menos fijos en la construcción, en la incipiente industria, en el servicio doméstico, en el pequeño comercio y en otros sectores creando una clase proletaria que aunque no tenía un alto nivel económico ni cultural mantenía una vida relativamente aceptable si se comparaba con las existentes tanto en el protectorado español como en el francés. Este proletariado se repartía por distintos barrios modestos o pobres de la ciudad como la antigua medina o en los de la Emsallah, Suanis, Beni-Makada o Casas Baratas, en los que coincidían musulmanes, judíos y españoles que, en general, en muchos casos, confraternizaban entre sí.

El subproletariado y el lumpen

Sin embargo, una pequeña parte de este proletariado que no supo o no quiso encontrar trabajo ni contó con ayuda alguna cayó en la miseria y alimentó un subproletariado que fue a vivir a los *bidonvilles** que se desarrollaron en los alrededores de Tánger y en los que se vivía muy pobremente. A ellos se unieron muchos rifeños que llegaron a Tánger a mediados de los años 40 huyendo de las hambrunas del Rif. Llegaron a ser varias miles de personas. Se las arreglaban como podían para ganar unas monedas. Muchos de ellos dependían de las acciones benéficas de asociaciones de auxilio que, afortunadamente, existían en Tánger, como los distintos establecimientos de la Cruz Roja, de organizaciones hebreas, del Tullock Hospital y de otras beneficencias. Algunos pocos no fueron capaces de salir de esta situación miserable y se hundieron en la droga, la delincuencia y la prostitución formando el lumpen de la ciudad que aunque no era muy grande no era por ello menos inadmisible que existiera en una sociedad opulenta como la tangerina en los años de esplendor.

Los expatriados

En la primera mitad del siglo XX, en muchos países occidentales ciertas leyes prohibían o censuraban determinados comportamientos sexuales, así como el consumo de drogas. En algunos estados norteamericanos, en el Reino Unido o en Italia, estaba prohibida o se rechazaba la homosexualidad y en España se consideraba un delito que se penaba por la ley de vagos y maleantes. Por el contrario, en Tánger, antes del Estatuto y después de su puesta en vigor, tales comportamientos, con la salvedad de ciertas casuísticas, no estaban castigados por las leyes en vigor, por lo cual se consideraban, legalmente, que entraban dentro de la más completa normalidad. Esta relativa libertad sexual y de costumbres atrajo a Tánger a un buen número de personas que, normalmente, podían ser perseguidos en sus respectivos países por sus costumbres o sus conductas sexuales y, en particular, por su homosexualidad o el uso de drogas.

Algunos de tales visitantes eran muy conocidos como la escritora norteamericana Gertrude Stein, que a principios de los años treinta pasó tres veranos en Tánger en el Hotel Villa de France junto con su pareja sentimental Alice B. Tocklas, con la que convivió una gran parte de su vida. Fueron ellas las que recomendaron a Paul Bowles que fuera a conocer la ciudad, lo que éste hizo en 1931, acompañado por su amigo Aaron Copland, a la que volvería en 1947 para quedarse a vivir hasta su muerte. Para muchos, lo que es muy posible que sea, parcialmente, cierto, Bowles, que había simpatizado en su juventud con el partido comunista, optó por vivir en Tánger porque en esta ciudad podía desarrollar y mantener, sin problema alguno, su opción homosexual, así como la de su mujer, Jane Auer Bowles, y también su personal apego a las drogas y, en particular, al *kif* y al hachís. En Tánger nadie perseguía estas ideas o comportamientos cuando florecía en Estados Unidos el *macarthysmo*[230], que acosaba histéricamente a comunistas y homosexuales.

Atraídos por los Bowles o bien impulsados por otros motivos, llegaron a Tánger a finales de los cuarenta y durante la década siguiente muchos escritores o artistas que fueron seguidos por una considerable lista de famosos que vivieron en Tánger durante algún tiempo o que la visitaban frecuentemente. Se organizaron pequeños grupos de artistas, escritores y asimilados, algunos de ellos geniales, y también de jubilados o acaudalados bohemios u ociosos, a los que se unieron algunos pocos tangerinos. En su mayoría no eran residentes en Tánger. Algunos de ellos eran homosexuales que pudieron vivir, libre y normalmente, su opción sexual. Otros pudieron consumir, sin problemas especiales, algunas drogas que hoy se consideran *blandas*. Pero una parte muy reducida de ese grupo abusó de la permisividad que existía en la ciudad y cayó en la pederastia sin que, inconcebiblemente, fueran perseguidos por la justicia.

Ellos mismos se denominaron *expatriados*. Aunque muchos se interesaron por la cultura marroquí y, en particular, por la tangerina, no tuvieron interés alguno en integrarse en la ciudad internacional, por lo que mantuvieron escasas relaciones con las distintas colonias o grupos tangerinos. El caso del propio Bowles es paradigmático. Aunque conocía bien el español y el francés tuvo muy escasa relación con las colonias francesa y española hasta tal punto que en su libro *Memorias de un nómada* no cita a un solo miembro de aquellas colonias.

---

230 Actividad de extrema derecha impulsada a finales de los cuarenta y principios de los cincuenta por el senador norteamericano Joseph McCarthy que, entre otros objetivos, consideraba peligrosos a comunistas y homosexuales produciendo cierta histeria en la sociedad civil de Estados Unidos.

Reconoció en una entrevista que, después de vivir cerca de cincuenta años en Tánger, solo tenía un amigo español, Emilio Sanz de Soto.

Sin embargo, este grupo tuvo una intervención muy importante en la fama que, para bien o para mal, Tánger llegó a adquirir en los años cincuenta y en la creación de su mito como ciudad libertina. Formaron parte de ese grupo una plétora de escritores, músicos y pintores de renombre mundial como el mismo Bowles, Aaaron Copland, Francis Bacon, Jean Genet, Tennessee Williams, Truman Capote o William Burroughs y muchos más que vivieron, escribieron y hablaron de Tánger y que, gracias a su celebridad, sus escritos o palabras fueron leídos o escuchados a nivel mundial.

9.3. INTERRELACIONES SOCIALES

Resulta bastante difícil explicar las relaciones sociales que mantenían entre sí los tangerinos que formaban parte del atípico microcosmos de la ciudad internacional. Ante todo conviene insistir en que el sistema político y social tangerino no respondía a los planteamientos coloniales como ocurría en los protectorados francés y español o en la cercana Argelia. Los extranjeros que llegaron no lo hicieron para conquistar y colonizar la ciudad ni para dominarla ni para explotar sus riquezas, que no existían. Fueron, inicialmente, para representar a sus respectivos países como cónsules o asimilados a una ciudad que el Sultán había designado capital diplomática de su reino. Luego, arribaron otros individuos para apoyar a sus cónsules o para comerciar con Marruecos. El desarrollo y el bienestar que consiguieron los extranjeros fueron parejos a los que tuvieron muchos marroquíes que formaron parte de lo que hemos llamado la clase dominante o de la burguesía de la ciudad.

Es bueno, además, recordar que en Tánger el indígena, ya fuera musulmán o hebreo, no era discriminado por el hecho de serlo como podía ocurrir en el caso de vivir en un sistema colonial. Al contrario, los marroquíes —musulmanes o judíos— miembros de aquellos altos estamentos, como la clase dominante y la burguesía, eran muy respetados y considerados por todos los tangerinos en pie de igualdad con los extranjeros. Las relaciones entre marroquíes y europeos en el grupo formado por la clase media era, asimismo, de bastante igualdad. Únicamente, existía cierta relación de superioridad o de paternalismo entre los europeos de estamentos superiores y los proletarios musulmanes que muchos europeos denominaban *moros**. La mayoría no lo hacía despectivamente, sino más bien con cierta absurda superioridad orientalista, en el sentido que la define Edward Said[231]. Los así interpelados consideraban que tal apelación era despreciativa. Esta denominación cesó, prácticamente, a partir de la independencia. Pero este tipo de relación era muy similar a la que mantenían los propios musulmanes o hebreos marroquíes pertenecientes a clases superiores con tales proletarios, entre los que se incluían no solo marroquíes sino también muchos judíos y españoles y algunos otros europeos[232]. En todo caso, el comportamiento de tales grupos o clases venía determinado no solo por las diferentes etnias o niveles económicos, sino también, y mucho, por la religión profesada por cada individuo, su nacionalidad y por su lengua y conocimientos de otros idiomas[233].

Importancia de las creencias religiosas...

Las tres confesiones más importantes que se profesaban en Tánger eran las llamadas «religiones del Libro» —judíos, cristianos y musulmanes—, a las que se añadía, con menor importancia, el hinduismo, que predominaba, casi totalmente, entre los indios que vivían en Tánger. Estas cuatro principales religiones convivían en bastante armonía y mutua tolerancia aunque se producían, muy de cuando en cuando, algunos enfrentamientos entre exaltados o fanáticos de una y otra parte. En todo caso, a nivel religioso se constituía, en cierta medida, grupos cerrados en los cuales no era fácil que entraran miembros de otras religiones.

Por ejemplo, salvo muy pocas singularidades, no existía relación entre las mujeres musulmanas y los miembros varones de otras religiones. En la práctica, no se celebraban matrimonios entre musulmanes y cristianos o judíos, salvo escasas excepciones que se referían a varones musulmanes que casaban con europeas. Un caso bien conocido fue el del Cherif de Uazzan, que contrajo matrimonio con la británica Emiliy Keene. Consta, según fuentes seguras, que

---

[231] La esencia del orientalismo es la distinción incuestionable entre la superioridad occidental y la inferioridad oriental. Véase Edward W. Said, *Orientalismo*, Mondadori, 2008.

[232] Muchos musulmanes designaban a los judíos *el yehudi* o *el lihud*, y *el nesrani* (de nazareno) al cristiano. En general, tales denominaciones, como ocurría con la de *moro*, no eran despectivas aunque, en algún caso, podían serlo o tener alguna carga despreciativa. Taieb Bennuna, que fue el segundo embajador de Marruecos en España, decía, más o menos, que el musulmán y el español estaban al mismo nivel en Tánger y Tetuán pero no en el protectorado francés.

[233] Algunas descripciones que se han publicado sobre la ciudad por autores como Pierre Malo, Vaidon Lawdom o Rom Landau, por citar a los más representativos, se empeñan en demostrar que existían, respectivamente, varios Tánger —francés, norteamericano o inglés— que vivían en departamentos estancos, sin relacionarse entre sí. Esto no era cierto puesto que, en general y salvo excepciones, entre las que destacan la de los expatriados, todos los tangerinos juntos —musulmanes, judíos u occidentales—, guardando sus propias identidades, conformaban el Tánger internacional. Algunos como Thierry de Beaucé se esfuerzan en describir un Tánger en el que los extranjeros, a los que presenta como individuos, en general, deplorables, no consentían la presencia de marroquíes, lo que era totalmente falso. Sin embargo, muchos otros escritores no han caído en esas equivocaciones, como ocurre con los escritos de Alberto España, Isaac Assayag, Victor Vernier , Isaac Laredo y otros.

desde 1886 a 1948 solo se celebraron en Tánger dos matrimonios religiosos entre católicos y musulmanas y 13 de cristiana con musulmán.

No era excepcional que se dieran relaciones personales afectivas y, en algunos casos, íntimas, entre judías y cristianos, aunque casi nunca se llegaba al matrimonio. Lo inverso, o sea, las relaciones entre judíos y cristianas, era relativamente más frecuente. Un buen ejemplo de este tipo de matrimonio mixto fue el contraído por Ana María Petri, hija de una prestigiosa familia italiana católica, y Jorge Bendayan, de otra conocida familia judía marroquí, hoy fallecido, que, felizmente, fue muy positivo. Pero lo que parece que era excepcional eran las bodas entre un musulmán y una judía y viceversa.

Por el contrario, las relaciones amistosas entre varones de las cuatro religiones eran corrientes, produciéndose amistades duraderas y sinceras entre ellos. Posiblemente, éste era uno de los aspectos más positivos y enriquecedores de la ciudad. Los chicos musulmanes, judíos y cristianos jugaban juntos al fútbol con una pelota de trapo en la calle, ya fuera en la Fuente Nueva o en las lamentables callejuelas del barrio del Emsallah, o se reunían, a otro nivel social, para competir en equipos de baloncesto o en competiciones de tenis en los distintos clubes deportivos de la ciudad. También existía buena relación entre mujeres judías y cristianas, aunque la relación de ambas con musulmanas era inversamente proporcional al nivel social de las protagonistas. Muchas de estas amistades han superado el tiempo y se mantienen inmarcesibles después de los muchos años que han transcurrido desde la juventud de sus protagonistas hasta los tiempos actuales.

En todo caso era habitual que miembros de las tres religiones, en muchos casos de ambos sexos, confraternizaran en las fiestas y celebraciones religiosas o civiles de unos y otros. Muchos de ellos festejaban juntos las fiestas de Navidad o del año nuevo cristiano, se unían en las largas veladas del Ramadán* que, cada noche, seguían al final del ayuno de los musulmanes o celebraban las fiestas judías más populares como la Mimuna* o el baile del Purim*. Por supuesto, en muchas bodas se notaba la presencia de amigos judíos, musulmanes o cristianos. Asimismo, no era nada extraño que en los funerales que se celebraban en las iglesias asistieran judíos y musulmanes aunque era menos frecuente, a causa de su mayor intimidad, que los cristianos participaran en las honras fúnebres por amigos musulmanes o judíos. Por su parte, el grupo religioso hinduista a nivel social y personal mantenía relaciones amables con todos.

... de los principios morales...

Aunque pueda parecer extraño para el que no vivió en Tánger, se trataba de una ciudad donde imperaba, entre la mayoría de sus habitantes, salvo algunas excepciones, una moral muy conservadora dominada por los principios musulmanes, judíos y cristianos. Los musulmanes eran los menos permisivos ya que siempre, salvo excepciones, cumplían las estrictas normas morales y sociales del Islam que, entre otras recomendaciones, aconseja a los hombres un matrimonio temprano y recomienda a las mujeres la mayor modestia y castidad. Las mujeres musulmanas, en general, no mantenían relaciones sociales con los extranjeros ni con los judíos. Por su parte, los hebreos, ortodoxos o no, procuraban que la comunidad judía se ajustara a las normas morales exigidas por la ley mosaica. A su vez, los cristianos, a través de sus sacerdotes o pastores, intentaban que sus fieles siguieran las normas morales defendidas por el Evangelio y los principios cristianos. En definitiva, la mayoría de la población, salvo excepciones, se ajustaba a cánones morales bastante estrictos.

Tales excepciones permitían ciertas libertades en los comportamientos y costumbres que, actualmente, son totalmente normales y que forman parte de la vida corriente de la mayor parte de los individuos en cualquier país occidental. Pero en aquella época se trataba de licencias que no existían, principalmente, en España o en el vecino protectorado español y, en muchos casos, en otros países europeos más liberales o en el propio Estados Unidos. Por ejemplo, en Tánger no existían libros prohibidos como ocurría en algunos países occidentales y, en especial, en España; se podían adquirir en la ciudad con facilidad revistas eróticas pero eran menos accesibles las pornográficas, ya que éstas no podían ser importadas aunque, con cierta habilidad, se podían conseguir; los cines exhibían películas que en España o en otros países de Occidente estaban prohibidas o se consideraban altamente escandalosas. Las relaciones entre una minoría de jóvenes, aunque no llegaban al nivel de libertad existente actualmente en Europa, permitían ciertas familiaridades e intimidades que en España eran impensables. Pero se trataba de excepciones ya que, enfrente de esta relativa permisividad, se mantenía la más estricta moralidad en la práctica totalidad de los hogares judíos y en la mayoría de los europeos y, por supuesto, en los musulmanes. Salvo excepciones, los hogares españoles eran muy severos al respecto, posiblemente para contrarrestar aquella permisividad.

En todo caso, resulta paradójico constatar que en una ciudad en la que predominaban sociedades o colonias musulmanas, hebreas o españolas que defendían principios morales prohibitivos, se desarrollaran paralelamente, principalmente por los expatriados, comportamientos muy abiertos y permisivos desde el punto de vista moral. Más asombroso aún era que esos comportamientos florecieran en una ciudad gobernada por un Comité de Control compuesto por representantes de países que defendían un alto nivel de moralidad en las costumbres. Este era el caso, especialmente, de los españoles e italianos, para los cuales, en sus países respectivos, casi todo era pecaminoso, así como el de otros países estatutarios en los cuales, aunque no se seguían estrictos principios victorianos, eran muy poco liberales sobre las cuestiones sexuales y morales.

... de la nacionalidad...

En principio, no incidía grandemente en las relaciones entre los tangerinos de distinta procedencia. Estos no se preguntaban, en general, sobre la ciudadanía de una determinada persona máxime que, en algunos casos, era harto difícil adivinarla. Muchos hebreos que ostentaban el mismo apellido tenían diferente nacionalidad como consecuencia del régimen de protección* que duró en Tánger cerca de un siglo y benefició, principalmente, a muchos marroquíes hebreos y, en menor medida, a los musulmanes. Por otra parte, era difícil conjeturar que algunos europeos que conocían a la perfección el francés o el castellano y que llevaban apellidos españoles o italianos pudieran ser de otra ciudadanía como así ocurría, principalmente, con bastantes gibraltareños que tenían nacionalidad británica.

Algunos miembros de determinadas nacionalidades tendieron a encerrarse en grupos, lo que se debía más a su desconocimiento de otras lenguas que por la nacionalidad en sí. Se formaron, en algunos casos, a nivel de cada nacionalidad, uniones cerradas en las que no entraban individuos de otros estamentos o nacionalidades. Se apoyaban en asociaciones nacionales de las que, salvo excepciones, solo formaban parte como socios los ciudadanos de un determinado país como ocurría en el Casino Español, Le Foyer Français, The American Club, la British Legion, etc. Los hebreos tendían a unirse en centros exclusivos como el Casino Israelita de Tánger. Por su parte, los marroquíes musulmanes pertenecientes a la clase dominante y a la burguesía no necesitaron de *club* o de asociación alguna para formar algunos cotos cerrados en el que difícilmente entraban otros tangerinos. Pero todo ello no impedía que se mantuvieran estrechas relaciones entre tangerinos de distintas nacionalidades. Así, los matrimonios entre europeos de diferente ciudadanía y hasta de distinta fe cristiana fueron muy frecuentes creándose numerosas familias tangerinas de distinta ascendencia europea y que tuvieron considerable protagonismo en la ciudad[234].

[234] Algunos ejemplos son las familias Rodríguez Marchena-Chappory, Petri-Reade, Likatscheff-Viladevall, Bonnet-Corrochano, Artesani-Hugueny, Boetti-Matamoros, Sanz-de Soto Lyons, Agrasot-Dukali, Fuentes-Devoize y otras muchas. Entre todas ellas destaca la familia que formó Gregorio Abrines, gibraltareño de nacionalidad británica aunque de ascendencia balear, cuyos nietos casaron con tangerinos de siete nacionalidades distintas.

... y de la lengua

Por el contrario, la lengua era, realmente, una circunstancia básica que repercutía muy sensiblemente en las relaciones entre los tangerinos. Desgraciadamente, los extranjeros, salvo raras excepciones, no aprendieron el árabe que se utilizaba en Tánger puesto que no se necesitaba para la vida profesional o social. Algunos iniciaron el aprendizaje de la lengua sin llegar, casi nunca, a dominarla y solo consiguieron chapurrear algunas frases o palabras. Paralelamente, la mayoría de proletarios musulmanes e, inclusive, muchos de los que pertenecían a la clase media, solo hablaban la lengua árabe o la bereber o ambas y no conocían, en general, idioma alguno extranjero y solo chapurreaban algo el español o el francés. Por el contrario, una buena parte de los miembros de la burguesía o de la clase dominante sí conocían una de esas dos lenguas o ambas. Así, las relaciones sociales entre los miembros de esta clase era bastante fluidas. Por el contrario, no sucedía otro tanto entre los musulmanes y los extranjeros que pertenecían a la clase media o al proletariado, ya que vieron limitadas su relación por la imposibilidad de comunicarse en un idioma común.

Muchos extranjeros, a pesar de vivir en una ciudad cosmopolita, solo conocían su idioma propio, que si era el castellano o el francés, les podía bastar para desarrollar una vida normal en la ciudad y llevar a cabo su actividad profesional sin necesidad de hablar otra lengua. Ello propició que muchos de ellos se encerraran entre sí constituyendo el idioma una barrera que los desunía de los otros tangerinos.

Es curioso señalar, sin embargo, que fue al nivel del proletariado tangerino en el que se mezclaban musulmanes, hebreos y europeos, principalmente españoles, donde se dieron las mejores muestras de la especial relación oriente-occidente que se produjo en Tánger más que en cualquier otra ciudad de Marruecos. Ya fuera en la Fuente Nueva o en Beni Idder o en las casas pobres de la Emsallah o en los patios esparcidos por la ciudad o en las casuchas o *bidonvilles* de Beni Makada, los representantes humildes de las tres culturas y de las tres religiones convivieron y se entendieron en un *charabia* o galimatías en el que se mezclaban varios idiomas, no sin algunos enfrentamientos o rechazos, repartiéndose las privaciones y estrecheces que existían en los barrios más pobres de la ciudad.

Independientemente de ello, los judíos, tanto marroquíes como extranjeros, formaban un grupo aparte. La mayoría eran de ascendencia sefardí, por lo cual tenían al castellano como lengua materna. Conocían, en general, el árabe dialectal, ya que este idioma había sido y era un instrumento básico para su trabajo ya fuera para ejercer, en los primeros tiempos de la capital diplomática, como intérpretes o bien para trabajar en sus labores comerciales o financieras en cuyo trabajo sus principales clientes eran los marroquíes. Además, la mayoría de los hebreos que vivían en Tánger en los años cincuenta estudiaron en escuelas en las que se impartían las clases en francés, como era el caso de la Alianza Israelita o los liceos franceses. Así, lo normal era que los hebreos conocieran tanto el español como el francés y que muchos de ellos, especialmente, los mayores, hablaran o entendieran el árabe dialectal marroquí.

Por su parte, los que se llamaban a sí mismos expatriados, como ya hemos indicado, no tuvieron interés especial en integrarse en la ciudad. La mayoría de ellos solo conocía el inglés, por lo cual solo podían entrar en contacto con personas que conocieran dicha lengua, lo que en aquel entonces no era frecuente, ya que el idioma internacional por excelencia era el francés, aunque en Tánger y en el protectorado español se hablaba más el castellano. Así, estos expatriados se relacionaban, salvo excepciones, con algunos pocos miembros de las colonias británica y norteamericana y con muy pocos otros tangerinos.

Elementos que incidían en las interrelaciones

En definitiva, las relaciones sociales de los tangerinos venían determinadas por su pertenencia a un determinado grupo o estamento social, por su religión y, en cierta medida, por su nacionalidad. Pero las interrelaciones entre individuos de distintas nacionalidades, que era lo que en realidad definía, principalmente, el cosmopolitismo de Tánger, dependían de su conocimiento de otro idioma que les permitiera relacionarse con otros tangerinos que tenían una lengua materna distinta.

En general, las relaciones entre la mayoría de los individuos que formaban parte del primer estamento al que hemos denominado clase dominante eran frecuentes y muy fluidas, ya que se desarrollaban alrededor de los distintos consulados o legaciones y de las autoridades marroquíes, principalmente el Mendub, así como de las internacionales, principalmente el Administrador y sus más altos colaboradores. Tales autoridades y los diplomáticos y altos funcionarios se invitaban entre sí y aprovechaban para contactar con otros miembros relevantes del propio estamento o bien para relacionarse con algunos individuos importantes pertenecientes a la burguesía. Las fiestas nacionales que se celebraban en la Mendubía o en la residencia del Mendub o en las de los cónsules eran lugares de encuentro para los miembros de la clase dominante y también para mantener relaciones con la burguesía y con algunos representantes de la clase media. No existían problemas idiomáticos, ya que eran muy escasas las personas que en ese entorno no conocieran el español o el francés. En este grupo las relaciones entre marroquíes y extranjeros eran de total igualdad y mutuo respeto.

Pero no ocurría lo mismo a nivel de la burguesía y de la clase media, ya que las relaciones sociales eran mucho menos frecuentes puesto que las mismas se establecían en función de relaciones profesionales, religiosas, de ocio o deportivas. Así, ocurrió que una parte de los españoles que vivieron en Tánger, miembros de tales estamentos que nada más se expresaban en castellano, que era la lengua más utilizada por todos, solo tuvieron relación con otros españoles así como con algunos marroquíes, judíos o musulmanes, u otros extranjeros que conocían la lengua española. Cuando volvieron a España se dieron cuenta de que su corta o larga estancia en la ciudad no les había facilitado un buen conocimiento de sus conciudadanos ni el de una lengua distinta del castellano. Otro tanto les ocurrió a una buena parte de los europeos francófonos que pertenecían al mismo nivel social que no hicieron esfuerzo alguno por conocer el castellano.

Por el contrario, los anglófonos que formaban parte de aquellos estamentos sociales, con mayor o menor fluidez, se defendían en español o en francés ya que en caso contrario hubieran tenido serias dificultades para vivir en la ciudad, puesto que el inglés no era un idioma popular como lo es hoy. Algo parecido les ocurría a otros extranjeros que hablaban lenguas distintas al español o el francés.

A medida de que se desarrollaba el Tánger internacional, aunque permanecieron aquellas agrupaciones nacionales, surgieron grietas en los grupos cerrados que habían pretendido crear. Ello se produjo como consecuencia de la aparición o existencia de asociaciones y agrupaciones profesionales, sociales o deportivas que se crearon en la ciudad y que tendieron a unir a los tangerinos. Luego, las posibilidades de alternar y relacionarse con individuos de otras nacionalidades eran muy considerables. Las relaciones entre individuos de la misma profesión o con similares aficiones sociales o deportivas tendieron a ser fluidas y sus miembros intentaron hacerse comprender a través del conocimiento, aunque fuera parcial, del idioma hablado por sus colegas o compañeros.

Por el contrario, las prácticas religiosas no favorecían tales interrelaciones. Los musulmanes o judíos se reunían, entre ellos, alrededor de las mezquitas o sinagogas. Por su parte, la mayoría de las colonias española, francesa o italiana se congregaba en torno a las iglesias de tales nacionalidades y, por su parte, los anglicanos participaban en las ceremonias organizadas en St. Andrew's Church. En el caso español, y posiblemente en los de otras nacionalidades, a tales festividades se añadían las actividades unidas a varias cofradías y organizaciones católicas como por ejemplo la del Amor Misericordioso, Acción Católica, Adoración Nocturna, Primeros Viernes de Mes, etc., que llenaban parte de la vida de muchos españoles veteranos y jóvenes.

Lo que más contribuyó a que Tánger llegara a ser una sociedad totalmente cosmopolita fue la existencia y disponibilidad, en condiciones económicas asequibles a gran parte de la población, de instituciones educativas en las cuales se podían estudiar dos de los tres idiomas básicos de la ciudad —árabe, español o francés— más otras lenguas como el inglés o el italiano. Ello ocurría en algunos pocos centros musulmanes, en los colegios y en el Instituto españoles, en las escuelas israelitas, en los colegios y liceos franceses, en la Scuola Italiana y en la American School. Posiblemente, el mejor crisol que existió en el Tánger internacional fue el Lycèe Regnault, donde varias generaciones de tangerinos de muy distintas nacionalidades estudiaron juntos creándose amistades que perduraron al cabo de los años[235].

Algunas instalaciones sociales

El Tánger internacional disponía de buenas instalaciones sociales que facilitaban las relaciones entre los tangerinos. Entre ellas destacaba el Country Club, fundado en 1898, que contaba con instalaciones para la práctica del tenis, criquet y equitación así como un campo de golf. Era un centro muy elegante de reunión que en los años cincuenta presidió, durante algún tiempo, el cónsul belga Radiguès de Chennevière, a quien sucedió su compatriota el conde Della Faille de Leverghem.

El Casino de Tánger era una de las más antiguas y prestigiosas instituciones culturales y recreativas de Marruecos de la que formaban parte muchos miembros de la burguesía y clase media judías. En 1955 su presidente era Jaime Nahon y vicepresidente Mair Abitbol. Por su parte, el Círculo la Unión fue creado en 1940 por varias familias tangerinas, en su mayoría, judías. Su objeto social era, básicamente, cultural y recreativo y, también, caritativo. El Círculo estaba presidido en 1957 por José Assor, con el que colaboraba el Dr. Cosmea como vicepresidente.

Funcionaban otros clubes como el British Sport Club en los Suanis, la Bristish Legion presidida por W.H. Sanguinetti y el Foyer Français, que presidió durante algunos años el abogado Menard y más tarde, en los años cincuenta, Dominique Serra, que era el director de Impuestos y Contribuciones de la Administración

---

[235] Entre otros muchos tangerinos cosmopolitas y paradigmáticos que podrían ser recordados figuran los que, entonces, eran jóvenes abogados como Maximiliano Raïda, francés, prematuramente fallecido, José Fuentes Orellana, español, o Armando Toledano Laredo, italiano. Los tres pertenecían a familias tangerinas muy conocidas y estaban emparentados con otras, también, tangerinas. Los tres conocían perfectamente el español, francés y árabe, que eran las tres lenguas oficiales del Tribunal Mixto, y además dominaban una o dos lenguas más. Otros ejemplos lo constituyen los escritores Rachid Tafersiti, Lotfi Akalay, Isaac Laredo o Isaac J. Assayag, todos ellos pertenecientes a antiguas familias tangerinas marroquíes entrelazadas con otras muy prestigiosas de la ciudad. Elisa Chimenti y Tatiana Maslenikoff Davidof son otros ejemplos de tangerinas paradigmáticas de las que tratamos en otros apartados de este libro. Y muchos más, como los Carleton, Atalaya, Homerani, Pinto, Abrines, Dahl, Gumpert, Uazzan, Sanz, Nilsen, Toledano, Nesry, Tensamani, etc. Todos ellos eran de muy distinta ascendencia pero al tiempo que mantenían, por ejemplo, su nacionalidad española, marroquí o sueca, eran ejemplos de tangerinos cosmopolitas, tolerantes, liberales, bien informados, cultos y abiertos a todas las ideas y capaces de hablar o de hacerse entender, en general, como mínimo en dos lenguas, y de pensar y actuar *tangerinamente* pero siendo fieles a sus creencias y a sus principios.

internacional. Otros centros o asociaciones regionales francesas eran Les Gars du Centre, que agrupaba a los franceses de las regiones del centro de Francia, la Association des Corses, la Association des Brétons, etc. Por su parte, los norteamericanos fundaron a principios de los 50 el American Club con sede en el Parque Brooks, que presidió el mayor W.L. Wingham con la colaboración de otros norteamericanos como los Gauthier, Lotz, Lanaro, Rivera, etc.

Sin embargo, los centros sociales españoles o creados por España fueron los más importantes, lo que era lógico habida cuenta de que la colonia española era la más numerosa. Desde principios de siglo existía una Casa de España, más tarde, Casino Español, que desapareció al término de la guerra civil española. A principios de 1950 un grupo de españoles intentó, con éxito, su refundación. El nuevo Casino Español fue inaugurado el 12 de octubre de 1952. Ocupó unos amplios locales en un edificio situado en el ángulo formado por el Bulevar Pasteur y la calle Rembrandt justo enfrente del hotel del mismo nombre. El presidente de la comisión organizadora fue el abogado Leopoldo Ceballos Cabrera y, junto con él, entre otros, participaron en la misma españoles muy conocidos y prestigiosos como el director y el cajero del Banco de España, respectivamente, Emilio Sanz Barriopedro y Francisco Landa; el periodista Alberto España; el director de Tabacalera, Francisco Quero; el Dr. Rodrigo Rodríguez Marchena y los funcionarios Ramón Ahumada, Antonio Gómez Bravo y Aquiles Vivó Petri[236]. A su inauguración asistió el ministro-cónsul general de España, Cristóbal del Castillo. En diciembre de 1954 fue elegido presidente del Casino el Dr. Manuel Amieva que, meses después de su fallecimiento en 1960, fue sustituido por Juan Zacarías. Desde su creación, el Casino Español, hoy Casa de España, fue el principal nexo de unión y centro de reunión de los españoles de Tánger en el que se celebraban conferencias, conciertos y otras reuniones culturales y sociales, así como actividades deportivas como los campeonatos de ajedrez y de billar[237].

En 1952 se creó por un grupo de españoles el Nuevo Club Gandori, situado en los terrenos de dicho nombre en la carretera de Malabata. Inicialmente lo presidió

[236] Otras personas que participaron en la fundación y desarrollo inicial del Casino fueron los industriales Plácido Fernández Aguilera y Antonio Verdugo; los comerciantes Emilio Alcalá y León Ibarra; Enrique Coronado, Gregorio García Segundo, Aureliano García, Miguel del Valle, Abraham Eljarrat, Antonio Alcalá, Alejandro Rodríguez Segovia, José Benítez, Manuel Márquez, Francisco Abellán, etc.

[237] En 1992 se celebró el cuarenta aniversario de la creación del Casino publicándose un monográfico que intentaba recordar los principales hitos de la vida del centro, hoy *Casa de España*. En el se incluye un artículo que pretende ser una historia y vivencia de la *Casa de España* en el que, injusta e incomprensiblemente se olvida a los entusiastas tangerinos españoles que hicieron posible la creación del *Casino Español* y de los dos hombres que, sucesivamente, durante la década de los cincuenta, capitanearon los años de fundación y los primeros de existencia: Leopoldo Ceballos Cabrera y Manuel Amieva Escandón y de los hombres que colaboraron con ellos. Desde 1961 los presidentes que se han sucedido al frente del Casino, hoy *Casa de España*, además de Ceballos y Amieva, son Juan Zacarías, Miguel Matamala, Antonio López Díaz, Enrique Bataller, Julio Parres, Pablo Bermudo, Manuel Pancorbo, Juan Estévez y Manuel Romero.

el conde Casa Ponce de León, siendo sus vicepresidentes Fernando Sebastián de Erice y Samuel Salama Benatar. El cónsul general Miguel de Lojendio lo impulsó ocupando la presidencia en 1954. El año anterior se construyó el chalet de Gandori y los campos de tiro de pichón y de tiro al plato así como el balneario y los jardines. El Nuevo Club fue pronto uno de los principales centros sociales de Tánger en el que participaban no solo españoles sino también algunos extranjeros y un buen número de marroquíes, principalmente hebreos. Se celebraban en el mismo conferencias, exposiciones de pintura y, lógicamente, competiciones de tiro de pichón y al plato y se jugaba a la ruleta y al bacarrá a pesar de que el juego estaba prohibido en Tánger.

En 1951 una sociedad franco suiza instaló un suntuoso casino como club privado que, por falta de clientela, cerró poco después. Por el contrario, en 1957, se abrió el Casino Municipal de Tánger, que tuvo durante bastantes años considerable éxito y en el que se jugó a la ruleta y a otros juegos de azar. Además, presentaba espectáculos de gran calidad.

Los tangerinos se reunían en tales establecimientos o bien en los muchos balnearios de la playa o en los numerosos restaurantes, cafeterías, pastelerías y bares de copas o de tapas. Se celebraban verbenas o bailes en el Emsallah, en el Parque Brooks, en Gandori, en los casinos o en cualquier otro lugar que permitiera la presencia de numeroso público. Los actos deportivos se sucedían continuamente y los tangerinos podían asistir a eventos de primera magnitud o bien participar, personalmente, en competiciones amistosas en las múltiples instalaciones deportivas de la ciudad. Cualquier pretexto era bueno. las obras benéficas de la Cruz Roja o de las organizaciones hebreas o la reunión del American Club. Además, los tangerinos recibían a sus amigos frecuentemente en sus casas ya fueran palacetes o pequeños pisos. El motivo no importaba, lo principal era pasarlo bien.

Tánger, en definitiva, contaba con instalaciones sociales similares a la de cualquier otra ciudad europea del Mediterráneo de cierta importancia. Quizá lo que la diferenciaba de otras, en aquella época, era el nivel y la calidad de vida; la coexistencia pacífica que en ella se producía entre varias etnias y culturas; la respetuosa tolerancia que imperaba en las relaciones de creyentes de cuatro de las cinco grandes religiones del mundo; la confiada relación que existía entre individuos de varias docenas de distintas nacionalidades; y, sobre todo, la libertad que presidía la vida cultural y afectiva de los tangerinos. En Tánger se encontraron, felizmente, sin ninguna subordinación, Oriente y Occidente y se llegó a un admirable equilibrio entre los distintos grupos y clases sociales que en la ciudad vivían. Esta situación no se ha producido ni parece que pueda ocurrir, de nuevo, en ningún otro lugar del mundo.

CAPÍTULO X
CULTURA Y DEPORTES

Ville enracinée dans l'imaginaire, porte d'accés au fantastique, au rêve et au plaisir de créer, Tanger a été surtout il y a une trentaine d'années, le lieu où des écrivains, des peintres, des musiciens étrangers venaient s'isoler pour se recueillir et pour vivre des experiences d'ordre sensuel stimulant leur création.

Tahar Ben Jelloun, «Tanger porte des mirages», *Geomagazine*, febrero 1982.[238]

10.1. ANTECEDENTES

La belleza de Tánger, su proximidad a Europa y, al mismo tiempo, su exotismo y su carácter cosmopolita, que ya apuntaba en la segunda parte del siglo XIX, atrajeron a finales del mismo o bien a principios del siguiente a un buen número de pintores y escritores. Unos y otros a través de sus pinturas o escritos dieron a conocer la ciudad de Tánger y difundieron, la mayoría de ellos, sus bellezas y atractivos.

A partir de la firma en 1923 del Estatuto de la Zona internacional de Tánger la ciudad se convirtió en un foco de atracción mundial no solo desde el punto de vista económico y financiero sino también cultural y artístico que se vio, además, favorecido por el clima de libertad y de permisividad que en ella se vivía. Esta favorable situación permitió que al término de la guerra y de la ocupación española se produjera una considerable explosión de la actividad cultural en

[238] Traducción: «Ciudad enraizada en lo imaginario, puerta de acceso a lo fantástico, al sueño y al placer de crear, Tánger ha sido sobre todo, hace treinta años, el lugar donde venían escritores, pintores y músicos extranjeros para aislarse y reflexionar o bien para vivir experiencias de orden sensual que estimulaban su creación.»

la ciudad. Los distintos países que la gobernaban compitieron entre ellos para aportar a Tánger lo mejor de su proyección educativa y cultural. Tal esplendor fue consecuencia de la favorable coincidencia de una serie de factores que lo favorecieron. Entre ellos destacamos la feliz conjunción de la dicotomía oriente y occidente, la existencia de una prensa libre y muy competitiva que favoreció el encuentro armónico de las distintas culturas y civilizaciones que se juntaron en Tánger, el florecimiento de centros culturales de las más distintas nacionalidades y tendencias y la libertad de expresión y de creación que existían en la ciudad, cuando en España estaba muy limitada y en otros países europeos estaba, relativamente, cercenada por planteamientos políticos o morales. Por supuesto, colaboró en este esplendor el desarrollo económico que sustentó a tantas actividades culturales.

Paralelamente al desarrollo cultural se produjo un considerable auge de la actividad social y deportiva apoyada en la existencia de centros e instalaciones que permitían el ejercicio de todo tipo de actividades y disciplinas. A todo ello se unió la creación de un considerable número de establecimientos de ocio, en gran parte dirigidos al turismo, que desarrollamos en el capítulo dedicado a la vida económica.

10.2. CENTROS CULTURALES O DEPORTIVOS

Hemos señalado en otro capítulo los principales centros educativos creados en Tánger por distintas naciones que compitieron entre sí para ofrecer a sus respectivos nacionales un alto nivel de enseñanza del que se pudieron aprovechar otros tangerinos. Muchos de ellos, como el Grupo Escolar España, el Instituto Politécnico Español o la Scuola Italiana, contaban con instalaciones suficientes para llevar a cabo en ellas manifestaciones culturales de importancia como representaciones teatrales, conciertos, exposiciones, etc. Por su parte, existían otros centros dependientes de los consulados respectivos como el cultural francés (Salle Bastienelli), la American Library o el British Centre of Tangier, que desarrollaban constantemente similares o parecidas actividades culturales. A ellos se unió la Escuela Musulmana Libre creada por Abdallah Guenoun en 1935 y, más tarde, el Instituto Islámico, que aportaron su colaboración a este trabajo de desarrollo formativo. También participaron en esta labor las misiones y colegios franciscanos y marianistas así como la iglesia anglicana de St. Andrew. Todo ello fue complementado por los distintos centros culturales que se abrieron en la ciudad.

Museos

Posiblemente, los dos museos de mayor interés son el de la Casbah y el de la antigua Legación Americana. El primero, que está ubicado en Dar el Majzen, que es uno de los edificios con mayor historia de Tánger, reúne una interesante colección de antigüedades, entre las que destacan varias joyas fenicias, y de arte tradicional marroquí. Fue creado en 1920 por Eduard Michaux-Bellaire. El segundo está ubicado en la antigua Legación Americana. Se trata de un palacete regalado en 1821 por el Sultán de Marruecos Muley Slimane a la joven y nueva nación de los Estados Unidos de América. Se trata de una mansión de dos plantas en la medina, en el barrio de Beni Idder que, con algunas modificaciones y ampliaciones, fue la sede consular y diplomática de Estados Unidos durante 141 años. En 1961, cuando se construyó un nuevo consulado, el viejo centro cerró sus puertas. En 1976 un grupo de norteamericanos con apoyo oficial creó en la antigua legación el Tangier American Legation Museum Society, que ha sido designado por la Secretaría de Estado de Estados Unidos como monumento histórico, el único localizado en el exterior del país[239].

Otro museo de interés es el instalado en la Sinagoga Nahón.

Bibliotecas y librerías

Parte importante de la actividad cultural de la ciudad se llevaba a cabo por las bibliotecas públicas abiertas al público. La Biblioteca Española de Tánger[240] fue inaugurada en abril de 1941 durante la ocupación española. Fue la primera que se abrió en la ciudad. Desde su primera instalación en el Bulevar Pasteur ha pasado por varias ubicaciones —Terraza Renschausen y calle de Bélgica— hasta quedar, actualmente, en el Instituto Cervantes, en el ex Bulevar de París. Lleva el nombre del escritor español Juan Goytisolo. Su primer director fue Francisco Cuevas García, que desarrolló una excelente labor al frente de la misma desde su nombramiento en 1941 hasta 1969, fecha en la que fue sustituido por Dora Bacaicoa Arnaiz[241].

---

239 Contiene, entre otras colecciones, amplia información sobre la historia común de Estados Unidos y Marruecos, una espléndida colección de cuadros del pintor Mc Bey donados por su mujer, varios mapas antiguos de gran valor, una sala dedicada a Paul Bowles y una excelente biblioteca sobre temas marroquíes y tangerinos donada por el ex embajador norteamericano en Marruecos Joseph V. Reed. También cuenta con parte de la colección de soldados de plomo que tenía en su palacio el millonario Forbes y que, a su muerte, fue dispersada a través de ventas y donaciones. La colección que está en la antigua legación es la reproducción de la «batalla de los tres Reyes». Hasta 2010 el museo estuvo dirigido por un antiguo diplomático, Thor Kumiholm, con la colaboración, entre otros, de Itimad Bouziane.

240 Véase Jaume Bover, «Noticia histórica sobre la Biblioteca española de Tánger», en *Tánger 1800-1956*.

241 Durante el mandato de Cuevas trabajaron, entre otros, en la biblioteca María Josefa Espinosa y Francisco Vélez y, en diversos periodos, los auxiliares Abdelkader Ahmad Mummen, Dris Ben Yahia y Abdelkader El Alami.

La Biblioteca Francesa estaba en la calle del Estatuto nº 86, cerca de la Plaza de Francia, aunque más tarde se instaló en Fez nº 9, en los locales del antiguo Casino de Tánger. Su directora durante muchos años fue Mme. Alekhine. Por su parte, hacia 1950, se abría la American Library en el nº 37 del Bulevar Pasteur. Contaba con solo un millar de libros pero disponía de un número considerable de revistas norteamericanas que los tangerinos consultaban con muchísimo interés ya que, en general, no se encontraban en los quioscos de la ciudad. Durante muchos años estuvo a su frente Carmen Alexandra Griffin, de una vieja familia tangerina. Otras bibliotecas fueron la del British Centre, situada en la calle del Estatuto, y la italiana, que desarrollaba sus actividades en los locales de las Instituciones Italianas en la calle Benchimol.

También participaban en las actividades culturales las numerosas librerías que había en Tánger. Algunas de las primeras fueron la Librería Arévalo, creada en 1904, y la Librairie Lebrun, fundada en 1906, ambas situadas en la Medina. Pero, entre todas ellas, destacaba la Librairie des Colonnes, situada en el Bulevar Pasteur, en los bajos del Inmueble Acordeón. Abrió sus puertas hacia 1948 gracias la iniciativa de la editora Gallimard. Puso a su frente a Isabelle e Ivonne Gerofi, que no eran hermanas sino cuñadas. Isabelle estaba casada con el arquitecto belga Robert Gerofi. Ambas concuñadas consiguieron, gracias a su amabilidad y gran preparación y cultura, que su pequeña librería fuera un centro cultural fundamental en la ciudad, donde se daban cita los escritores extranjeros que vivían en la misma o estaban en ella de paso, así como la mayor parte de la intelectualidad tangerina, más o menos progresista. Cuando se fueron de Tánger las sustituyó Rachel Muyal, que impulsó la actividad de la librería que se confirmó como uno de los centros culturales de Tánger.

Por su parte, Dris Lahrichi creó la Librería Moderna (Al Maktaba el Asna) en la calle de la Marina, trasladándose más tarde a la de Siaguins. Otras librerías muy conocidas eran la Hispano-Africana de la calle Fez, fundada en 1937 por Alberto España, y la Librería Cremades, situada también en la calle Fez, que disponía de imprenta.

Teatros y cines

El primer teatro que abrió sus puertas en Tánger en 1897 fue el Liceo Rafael Calvo, que construyó a su costa Antonio Gallego y que años después sería el Teatro de la Zarzuela. Estaba situado cerca del Zoco Chico y de la legación norteamericana. Paralelamente, un gibraltareño de ascendencia española, Abelardo Sastre, creó hacia 1905 el Teatro Romea, que durante más o menos un lustro se dedicó básicamente al teatro. Inicialmente estuvo instalado cerca de la calle de Portugal para pasar más tarde al principio del Paseo del Dr. Cenarro. Hacia 1913, el también gibraltareño, Rock (Roque) Lyons fundó The Tivoli Theatre, que se instaló fuera de la ciudad vieja, al principio de la futura Avenida de España y en el mismo año se construyó el Teatro Alcázar, luego Cine Alcázar, cuyo edificio aún perdura al final de la calle de Italia. Enfrente abrió, en 1930, el Capitol, que fue derribado hace algún tiempo y que era propiedad de Benjamín Bentolila y José Abitbol.

Mención aparte merece el Teatro Cervantes, inaugurado en 1913 y que hasta finales de los años 50, fue el principal centro y foco cultural de Tánger y uno de los mejores teatros del Norte de África, comparable a cualquiera de los mejores españoles. Fue construido gracias a la iniciativa del empresario, anteriormente nombrado, Antonio Gallego, y del matrimonio compuesto por Esperanza Orellana y Manuel Peña[242]. Encargaron su construcción al maestro de obras Diego Jiménez pidiéndole que contrataran los mejores técnicos y los materiales de mayor calidad. Antes de la inauguración se proyectó en la pantalla que había quedado montada en el escenario la película *Quo Vadis?*, que tuvo un extraordinario éxito, y se celebró un baile de máscaras en el que participó gran parte de la sociedad tangerina y que fue memorable. El 12 de diciembre del indicado año de 1913 quedó inaugurado el local con una obra de teatro de la compañía De Guel. El matrimonio Peña-Orellana ofreció al término de la representación un cóctel al que asistió el *todo Tánger* de aquellos años. Todos los periódicos de la época reseñaron el acontecimiento como el más importante, hasta entonces, de la historia de Tánger[243].

Aparte de las salas ya citadas, otras apoyaron inicialmente la afición de los tangerinos por el cine, como el Lido o Cinema Kursal, que estaba al final de la calle de Portugal y que cerró en 1940, y el American, que se situaba en el Zoco Chico, en la calle de la Marina. De esa época es también el Vox, situado en la calle Malmusi, en el mismo Zoco Chico, propiedad, al igual que el American, del ya citado Bentolila. Otros cines importantes fueron el Cinema París, que inauguró años más tarde en la calle de Fez y el Rex, inaugurado en 1940, situado en el

---

242 Esperanza Orellana llegó a Tánger, procedente de Andalucía, a finales del siglo XIX. Casó con Manuel Peña, otro andaluz que había llegado a la ciudad del estrecho en la misma época. Peña se dedicó a trabajos muy modestos hasta que tuvo la suerte de emplear sus ahorros en la compra de terrenos situados en el centro de lo que sería el ensanche de Tánger. El matrimonio Peña-Orellana se convirtió en unos de los principales terratenientes de Tánger. Construyeron el Teatro Cervantes, que fue el centro del desarrollo cultural de la ciudad. Crearon una familia que emparentó con otras muy conocidas de la ciudad. Su hijo Antonio fue diplomático en la República y, luego, abogado en Tánger.

243 Después de la unificación de Tánger en el Reino de Marruecos, el Teatro Cervantes inició su decadencia. En 1972 sus propietarios lo alquilaron por un dirham a la Municipalidad de Tánger que, al parecer, nada hizo para mantenerlo. Actualmente, su estado es lamentable fruto del abandono que ha sufrido desde hace varias décadas. Se ha intentado, tanto por parte marroquí como española, buscar soluciones para superar esta situación y en tal sentido, en 2005, se firmó un convenio entre España y Marruecos para su rehabilitación sin que hasta ahora se hayan realizado más que trabajos de consolidación financiados por España. Desde entonces han surgido diversas iniciativas que tienden a rehabilitarlo.

Zoco Grande y que, actualmente remozado, se llama Rif y acoge a la cinemateca tangerina.

Otros cines más recientes son el Goya, que era, así como el París, propiedad de los hermanos Cohen, que abrió sus puertas en 1946. En su tiempo fue uno de las más modernos de Marruecos. Otro es el Mauritania, en la calle Viñas, esquina con la de Samuel Pepys, que fue reformado y modernizado por el francés Bertot en 1950 convirtiéndose en una de las salas de mayor categoría de todo el norte de África y que se dedicó no solo al cine sino también a otros espectáculos. Otras salas eran el cine Roxy, situado en la calle de Fernando de Portugal, enfrente de la Cruz Roja Española, inaugurado en 1951 y que fue, en su momento, uno de los cines más modernos de África, el Alhambra en la calle Cervantes, que poco tiempo después se llamó El Mabruk, y el Lux, que estaba al final de la calle de México y, por último, el cine Magreb en la calle de Inglaterra[244].

Instalaciones deportivas

En Tánger se podían practicar la mayoría de los deportes de equipo o individuales. A principios de los veinte contaba con algunos centros deportivos, españoles o franceses, en general, unidos a sus centros educativos donde se podían practicar deportes de equipo como, principalmente, el fútbol. Pero entre todos ellos destacaba el Country Club del que ya hemos tratado. También era muy importante el Stade Pradal, construido por iniciativa del industrial del mismo nombre en los años veinte y que fue durante dos décadas uno de los principales centros deportivos de Tánger.

A partir de 1937 el foco de la actividad deportiva de la ciudad fue el Estadio Municipal, que fue construido en ese año por la Administración internacional siendo concebido y dirigido por el ingeniero español José Ochoa y Benjumea. Tenía campos de fútbol y de baloncesto y pistas de atletismo. Se trataba de uno de los más bellos estadios de todo Marruecos, con cabida para 3.000 personas sentadas y 6.000 de pie. Allí se celebraban no solo partidos de fútbol, sino también otras actividades deportivas. Asimismo, se celebraban *fantasías** durante las fiestas musulmanas o bien actos sociales como los «concursos de elegancia» organizados por el Sindicato de Iniciativa y de Turismo.

Además del Estadio Municipal, la ciudad internacional contaba con otras numerosas instalaciones deportivas envidiadas por los habitantes de otras ciudades marroquíes tanto de uno como de otro protectorado. Las principales instituciones educativas como, por ejemplo, el Lycèe Regnault, el Instituto Español, The American School (en su nueva instalación), o la Scuola Italiana,

[244] Ragnvald Nilsen publica en *Malabata* nº 27 «Tanger et le cinéma», donde rememora los principales cines de Tánger.

contaban con buenas y, en algunos casos, magníficas pistas y canchas deportivas. A ellos se unían el Club Gandori, los jardines del Emsallah donde su jugaba principalmente al tenis, el Parque Donabo, el Frontón Jai Alai o el Parque Brooks y tantas otras instalaciones a las que nos referiremos más tarde, que se complementaban con las distintas playas y aguas de la zona intenacional.

10.3. PRENSA

La prensa escrita llegó a tener una considerable relevancia en la ciudad internacional. Buena prueba de ello es que, alrededor de la mitad del siglo pasado, se publicaban en Tánger dos diarios, uno en español, el *España*, que tiraba unos 50.000 ejemplares diarios, y otro en francés, *La Dépêche Marocaine*, que, a pesar de que solo publicaba 3.000 ejemplares, tenía considerable influencia en la ciudad y en Marruecos. Además, se publicaban cuatro semanarios entre los que destacaba el *Tangier Gazette*, en inglés, que publicaba unos mil ejemplares semanales. Los otros semanarios eran *Cosmópolis*, que se editaba en español con una tirada de 5.000 ejemplares, la *Tribune de Tanger* y el *Journal de Tanger*, ambos en francés, que, respectivamente, editaban 2.000 y mil ejemplares semanales. Además, *Mauritania*, publicada por la Misión Franciscana, tiraba mensualmente dos mil ejemplares. A ellos se unían otras publicaciones no periódicas

En 1877 llegó a Tánger un gibraltareño de ascendencia balear, Gregorio Trinidad Abrines[245]. Junto con Antonio Molinari, también procedente de Gibraltar, instaló en Tánger una imprenta moderna que fue la segunda en Marruecos. También fundó una editorial que publicó el 23 de enero de 1883 el primer número de un periódico que denominó *Al-Mogreb al-Aksa* (el Extremo Occidente), editado en español y que salía los domingos. Fue el primer periódico publicado en Tánger

[245] Gregorio Trinidad Abrines Mateos es el primer eslabón de la saga de una de las familias tangerinas más conocidas y asombrosamente cosmopolita. Es uno de los más ilustres europeos que vivieron en Tánger adonde llegó, desde Gibraltar, en 1877. Era de nacionalidad británica y de ascendencia española de Menorca. Era hijo de José Abrines que había casado con Rosa Amalia Mateos, hija de Félix Mateos, que con el tiempo cambió su apellido por Felix Mathews y llegó a ser Cónsul de Estados Unidos en Tánger. José Abrines tuvo cuatro hijos con su esposa Rosalía Castaño. El más pequeño de ellos, José Gregorio Abrines Castaño (Papá-Pepe), trabajó de dragomán en la Legación de Estados Unidos, y casó con Herminia Villero con la que tuvo ocho hijos. Todos ellos casaron, a su vez, con tangerinos o asimilados de seis nacionalidades distintas, a saber: británica (Mary con Harry Carleton, padres de Pepe Carletón, famoso decorador, recientemente fallecido); italiana (Gregorio con Angela Dasoy), norteamericana (Rosita con el cónsul John Blake), húngara (Adela con Oscar Snurmacher), francesa (Manolita con Jean Métrot) y española (Leonor con Luis Montero, Matilde con Ambrosio Mena, Adela que casa, en segundas nupcias, con José María Rovira; y Juan que también casa con española). La mayoría de los descendientes de estos matrimonios, a su vez, casaron con personas de diferentes nacionalidades que, actualmente, viven en los más distintos y distantes lugares del mundo.

y, posiblemente, el segundo de Marruecos. Su director y principal redactor fue José Nogales y el administrador Antonio G. Molinari. Años después, en 1892, *Al-Mogreb-al-Aksa* dejó de publicarse en español haciéndolo en inglés con el título de *The Times of Morocco*, publicado también por Trinidad Abrines.

En 1923 Lord Bute y Ernest Waller compraron la imprenta de Abrines y *The Times of Morocco* y crearon el semanario que dirigió durante años Marriott Castle, denominado *Tangier Gazette*. Su cabecera estaba compuesta no solo por el nombre del periódico, sino también por tres subtítulos, dos de ellos en inglés: *Morocco Mail* y *Times of Morocco*, y otro en árabe, *Mogreb el Aksa*, ya que pretendía ser la más antigua publicación de Marruecos. Era el único periódico que se editaba en inglés. Desde 1945 hasta su cierre en 1962 se ocuparon del mismo, entre otros, los periodistas norteamericanos Lamar Hoover y William Augustus Bird, que fue miembro de la Asamblea Legislativa. En 1962 William Bird decidió su suspensión definitiva.

El segundo periódico de Tánger fue fundado en 1883 por Levy Cohen. Se imprimía en lengua francesa y apareció en 1883 denominándose *Le Reveil du Maroc* que fue también el primer periódico publicado en francés en Marruecos y en el que colaboraron, entre otros, Haim Benchimol y Abraham Pimienta. Se mantuvo hasta 1889. Todos estos primeros periodistas tangerinos tuvieron que luchar no solo contra la falta de suscriptores sino también contra las autoridades marroquíes y algunas consulares, que de alguna forma consideraban que trataban de temas que no eran de su incumbencia. Todos ellos lucharon con considerable éxito contra la esclavitud que perduraba en aquel tiempo en Marruecos y en Tánger y que, por fin fue abolida, definitivamente, en 1884.

En 1886 sale el *El Eco Mauritano*, editado por dos israelitas tangerinos, Isaac Toledano e Isaac Laredo, y otro gibraltareño, Agustín Lugaro, que habían importado la segunda imprenta llegada a Tánger. *El Eco Mauritano* llegó a ser un importante periódico tangerino que se mantuvo en primera línea hasta la muerte de su fundador en 1930. Poco después, en 1889, salió a la calle el *Diario de Tánger*, que fue el primer diario que se publicó en Marruecos y, por supuesto, en Tánger. Años más tarde, en 1899, nace *El Porvenir*, fundado por Francisco Ruiz López, periodista muy prestigiado en Tánger y que llegó a ser uno de los primeros periódicos de la ciudad. Desde 1910 colaboró en él un joven periodista llamado Alberto Paños que tomó el pseudónimo de Alberto España[246] y que sería

246 Alberto España, alias de Alberto Paños Jiménez (1887-1969), nació en Málaga. Llegó a Tánger en 1910 para ocupar la plaza de redactor jefe del periódico *El Porvenir*. Antes había vivido y trabajado como periodista en Filipinas, Argentina y España. En 1925 intervino en la fundación de *El Heraldo de Marruecos* del cual fue redactor-jefe y director eventual. También trabajó como corresponsal de importantes publicaciones españolas. En 1938 durante un año asumió la dirección de *Presente* e intervino en la fundación del *España*. Editó, en 1950, junto con el magistrado Manuel Díaz Merry, una recopilación de las leyes de Tánger. Fue miembro fundador y presidente

durante muchos años uno de los principales pilares del periodismo tangerino colaborando en otros medios de prensa. Juntos, con otros periodistas, fundaron la Asociación Internacional de la Prensa. Por su parte, *El Porvenir*, cuya dirección recayó a la muerte de Francisco Ruiz en su hijo Germán, se mantuvo hasta 1938 llegando a ser el decano de la prensa española.

Al parecer el primer periódico tangerino editado en árabe en 1889 fue *Al Magrib*, que defendía intereses británicos. Le siguió *Saada*, editado por la legación de Francia a principios del siglo XX, por lo que no se le consideraba como un periódico independiente. La legación española publicó otro en árabe denominado *Al Hak*. Casi al mismo tiempo, en 1907, surgió *Lissan el Magrib*, periódico independiente en lengua árabe, propiedad de dos libaneses y que duró solo dos o tres años. Posteriormente, en 1945 se editó en francés *La Voix du Maroc* y en 1949 *Minbar Ach-Chaab*, fundada por los políticos Meki Naciri y Abdeslam Tensamani, que desde 1952 se denominó *Ach-Chaab* y que terminó siendo el órgano del Frente Nacional Marroquí, que agrupaba a los principales partidos marroquíes.

Por otra parte, en 1905 se creó *La Depêche Marocaine* por Rober-Raynaud, siendo su primer administrador Charles René. Fue, sin ninguna duda, la publicación más importante francesa de la zona y tuvo considerable prestigio en todo Marruecos, manteniéndose hasta finales de los años cincuenta. Era propiedad de la Société Nouvelle de la Dêpeche Marocaine, que presidía Maurice Bigot y dirigía Marcel Rouffie. En la *Depêche* trabajaron como directores, sucesivamente, André Pierre (1920-30), Charles de Breuteil (1930-50) y más tarde, entre otros, Delaunay y Pierre Mougenot, que popularizó el pseudónimo de Tristan. Consiguió, a pesar de su corta tirada, una gran influencia en los años de esplendor de Tánger. Cesó su publicación en agosto de 1958 ya que las autoridades marroquíes no renovaron su autorización[247]. Unos años después de la aparición de la *Depêche* se publicó, en 1910, el *Deutsche Marokko Zeitung* dirigido por Hr. Hornung y que estuvo presente en la ciudad hasta el inicio de la primera guerra mundial en 1914.

---

de la Asociación Internacional de la Prensa, de la que fue nombrado presidente de honor en 1955. El año anterior publicó *La pequeña historia de Tánger*, que tuvo mucho éxito y está agotada; actualmente, gracias a su nieto, el escritor Ramón Buenaventura, se puede leer en PDF en *http://rbuenaventura.wordpress.com*. Era familia del padre Buenaventura Díaz. A través de sus hijos emparentó con las familias Ducali, Sánchez Díaz y López Ventura.

[247] Además de las personas citadas trabajaron en la *Depêche*, entre otros, una serie de buenos escritores y periodistas como Adolphe Rutily, Pierre Devaux y Pierre Malo, como redactor jefe, y el abogado Daniel Saurin, Jacques Sol como secretario de redacción, los redactores Jean Devos y Jean Cornille y León Laredo como encuadernador. Varios españoles se ocupaban de diversos aspectos técnicos como Diego Sánchez que era jefe de taller y Mateo Carmona, José Prieto y Alfonso Parra, que dirigía el almacén siendo el corrector de pruebas Eduardo Santos. En Tánger no era sorprendente que un español fuera corrector de pruebas de un diario francés.

En 1925, con el Estatuto en marcha, surgió *El Heraldo de Marruecos*, en cuya fundación intervino, junto con Manuel Ortega Pichardo, Alberto España, que lo dirigió durante algún tiempo. Se convirtió en el primer diario de Tánger con una tirada de 8.000 ejemplares, cantidad considerable para la época. Más tarde, coincidiendo con el inicio de la guerra civil española nació, en 1937, *Presente*, editado por la jefatura local de Falange para defender los intereses de los españoles partidarios de Franco. Habida cuenta de que *El Porvenir* era de tendencia republicana, así como otro periódico, *Democracia*, que se publicaba en aquella época, ambos tuvieron muy serios enfrentamientos periodísticos con *Presente*, sin que la sangre llegara al río. Los responsables del diario fueron, sucesivamente, Pedro de Répide, Alberto España y Leopoldo Ceballos Cabrera. En él escribieron algunas personalidades de importancia como el magistrado Díaz Merry, el escritor Giménez-Arnau, etc. Se publicó hasta abril de 1942. *La Vedetta di Tángeri*, publicada en italiano, con el apoyo de la legación de Italia, tuvo una corta vida en los años cuarenta. Su director fue Le Faso, ayudado por A.B. Costa.

En 1925 nació la revista *Mauritania*, publicada por los franciscanos, que se mantuvo durante bastantes años con considerable éxito y que, sin lugar a dudas, es la más importante de las que se editaban en Tánger. Se publicó hasta 1962. *Cosmópolis* fue otra revista de interés general que dirigía José de Benito y Anthony Sastre en la que colaboraba Luis Grajales, que luego lo haría también en el diario *España*. El abogado Ceballos Cabrera fundó en 1947 la revista *Anteo*, dedicada a temas de actualidad económica, financiera y jurídica que tuvo corta vida, sustituyéndola en 1948 por la revista *Astrea*, dedicada a temas de legislación y jurisprudencia que, en forma intermitente, se mantuvo hasta 1951. Otro periódico de interés, que se publicaba normalmente cada quince días, fue *Documentation internationale*, dedicada a temas económicos que estuvo dirigida durante sus años de vida, que no fueron muchos, por el polémico periodista Hubert de Bergar, que creía en el futuro internacional de Tánger.

El periódico *España* fue sin duda el más importante de todos los publicados en Tánger, llegando a ser uno de los más difundidos en España. Fue proyectado hacia 1937-1938 por Leopoldo Ceballos Cabrera y José Coello, que eran responsables como director y administrador, respectivamente, del diario *Presente*, que era una publicación excesivamente politizada. Ambos consideraban que España debía contar en Tánger con un periódico de categoría internacional y que proyectara una idea moderna de una España abierta a todo tipo de ideas y que informara con claridad y la máxima objetividad posible sobre la actualidad internacional y nacional. La idea agradó al Alto Comisario de España en

Marruecos, Juan Beigbeder[248], quien, prescindiendo de Ceballos Cabrera, al que consideraba muy independiente y que mantuvo al frente de *Presente*, encargó a su amigo Gregorio Corrochano[249] la fundación del periódico. Corrochano se rodeó de un buen grupo de colaboradores entre los que figuró el propio José Coello, administrador del periódico, el abogado Ramón Vicente Franqueira como asesor jurídico y un magnífico equipo de redactores y periodistas. Los talleres del *España* de Tánger fueron inaugurados en el Paseo del Dr. Cenarro el 12 de octubre de 1938 en presencia del Obispo de Tánger y una larga serie de personalidades del mundo diplomático, políticos, industriales, comerciantes, etc. y todo aquel que en esos años era alguien importante en Tánger. Su sede estuvo en el Bulevar Pasteur nº 35, desde donde pasó, en 1949, al edificio propio de la calle Cervantes.

El primer número de *España* salió el 25 de octubre de ese mismo año de 1938. En diciembre de 1967 se fusionó con el *Diario de África*, que se había publicado hasta entonces en Tetuán, cambiando su cabecera por la de *España y Diario de África*. Además, el diario contaba con un suplemento semanal, *España Semanal*, de mucha calidad, que dirigía Samuel Cohen utilizando el pseudónimo de Claudio Laredo. La Editora Marroquí propietaria del diario contaba con muy buenos colaboradores técnicos entre los que figuraban el ya citado Coello y Francisco Lucientes como confeccionador. Colaboraron en la Editora hombres de gran valía como Tomás de Benito y Luis Monpó. Alrededor de los años 50 Gregorio Corrochano vendió la empresa y el periódico al Grupo Zarraluqui. El *España*, durante toda su vida, que terminó el 30 de octubre de 1971, contó con la colaboración de excelentes periodistas, intelectuales y escritores, muchos de ellos liberales, que los Corrochano llevaron a trabajar a Tánger[250].

---

248 Juan Beigbeder Atienza (1888-1957), militar y político español, culto y políglota (árabe, rifeño, inglés, francés y alemán) y, al mismo tiempo, africanista que ocupó distintos cargos en Marruecos desde Interventor hasta Alto Comisario (1936-1939) para posteriormente, durante corto tiempo, ser Ministro de Asuntos Exteriores (1939-1940) del gobierno de Franco. Desde su puesto en Marruecos intervino en la creación en Tánger del diario *España*. Aunque, en principio, era germanófilo, mantuvo durante el comienzo de la II Guerra Mundial una estricta neutralidad, lo que le valió la enemistad de los germanófilos. Fue destituido en octubre de 1940 y sustituido por Serrano Suñer. Desde entonces, salvo una corta intermediación en Estados Unidos, Beigbeder vivió hasta su muerte en el ostracismo. La novela de María Dueñas *El tiempo entre costuras* narra con alguna exactitud los amores de Beigbeder y la espía británica Rosalind Powell Fox (1908-2004), que ella misma describió, cándidamente, en su libro *The grass and the asphalt*.

249 Gregorio Corrochano Ortega (1882-1961) fue corresponsal de guerra en Marruecos durante la guerra del Rif, aunque era más conocido como crítico taurino. Corrochano consiguió que el *España* llegara a ser el periódico más influyente del Norte de Marruecos y uno de los más conocidos de Andalucía. Fundó la empresa Editora Marroquí, que adquirió el diario *España*. Era el padre del torero Alfredo Corrochano, que toreó y vivió en Tánger.

250 Entre ellos recordamos al ya citado Alberto España (sección local), Alfredo Marquerie (teatro), Juan de Juanes (consultas y horóscopo), Manuel Mondéjar, Rafael Vázquez Zamora (crítica literaria), Antonio Colón (toros y tribunales), Eduardo Teus (deportes), Luis Grajales, Fernando Vela, José Carrasco, Jaime Menéndez, José Luis Moreno, René Piñero y otros más, así como un competente plantel de corresponsales como Victor Ansaldo

El *España*, lógicamente siendo un periódico español, se mantuvo ajustado a la normativa oficial a la cual estaba obligada como cualquier otra publicación española. Pero, como no estaba sometido a censura previa como les ocurría a todos los demás periódicos españoles, se permitía ciertos matices y cuasi-libertades impensables en otros diarios publicados en España, lo que hacía que fuera una publicación que respiraba cierta libertad, aunque siempre dentro de los márgenes establecidos por el régimen político vigente. Algunas lucubraciones que imaginan un diario *España* actuando fuera de tales márgenes y casi antifranquista no tienen base real alguna. La relación de los directores que en distintos periodos estuvieron al frente del diario dice mucho de su importancia. Se sucedieron el ya mencionado Gregorio Corrochano, al que sustituyó en 1954 el catalán Juan Estelrich, filósofo y político tradicionalista, que estuvo al frente del diario con cierta alternancia con el propio Corrochano hasta 1957; a este le siguió Manuel Cerezales González, que dirigió el *España* hasta noviembre de 1960 y que era un excelente periodista, casado con la novelista catalana Carmen Laforet, que fue Premio Nadal. Eduardo Haro Tecglen[251] sustituyó dicho año a Cerezales. A pesar de que la colonia española de Tánger había disminuido considerablemente, desarrolló una encomiable labor que condujo al diario a ser uno de los preferidos no solo en la zona norte de Marruecos sino también en Andalucía. Haro Tecglen cesó en 1967 y le siguieron como directores Cándido Calvo en 1967, Fernando Roldán desde ese mismo 1967 hasta 1969 y desde entonces, hasta su cierre en 1971, Manuel Cruz Fernández.

El periódico *España y Diario de África*, junto con *La Vigie Marocaine* y *Le Petit Marocain* fueron los tres últimos diarios extranjeros que circularon en Marruecos y que suspendieron su publicación, por imposición de las autoridades marroquíes, el mismo día, el sábado 30 de octubre de 1971. *España* publicó su último número, lleno de nostalgia y tristeza, en el que participaron entre otros el director Manuel Cruz, el administrador Antonio Núñez, Claudio Laredo (Samuel Cohen), Abad Alenda, Luis Grajales y otros muchos que habían trabajado con

---

(Roma), Juan Bellveser (París), Juan Antonio Cabezas (Madrid), Andrés Revész (Berlín), J. Vega Pico (Madrid), Manuel Cantarero del Castillo, que al dejar el periódico en 1960 se dedicó a la política, etc. Allal Dfuf fue durante muchos años redactor gráfico del diario y notario gráfico de todos los acontecimientos de Tánger. Entre otros colaboraron, además, en el *España* personalidades como el filósofo José Ortega y Gasset, el filólogo Julio Casares, el crítico literario Alonso Zamora Vicente, etc.

[251] Eduardo Haro Tecglen (1924-2005), escritor y prestigioso periodista español. Trabajó en muy distintas publicaciones y en los últimos años de su vida en *El País* y en la Cadena Ser. Fue una persona, políticamente, controvertida ya que en sus años de juventud fue franquista entusiasta y se manifestó, abiertamente, como tal y en su madurez se declaró republicano convencido. Dejó escrito más de 20.000 artículos periodísticos, muchos de ellos dedicados al teatro y a la televisión. En 1960 fue a Tánger para dirigir el periódico *España*, al que, dentro de la ortodoxia del momento, infundió aires renovadores. Conoció bien la ciudad así como a muchos de los principales protagonistas en sus años de decadencia. Su mujer era Pilar Yvars. Haro describe a Tánger, con considerable maestría y pesimismo, pero, al mismo tiempo, con cierta simpatía en su libro *Hijo del siglo*, publicado en 1998.

gran profesionalidad para hacer del periódico uno de los de mayor influencia de Marruecos y del sur de España.

Habida cuenta del considerable número de periódicos que se publicaban en Tánger y de su relevancia, la Asociación Internacional de la Prensa que aglutinaba a los periodistas que trabajaban en Tánger tuvo considerable influencia y prestigio[252]. Durante mucho tiempo fue su presidente Alberto España, que años después fue nombrado presidente honorario de la Asociación. Ésta organizaba bailes anuales que tenían gran popularidad en Tánger. El correspondiente a 1959, que fue de disfraces, decorado por Luis Jurado, fue memorable.

10.4. RADIODIFUSIÓN

En otro lugar de este libro se trata de las emisoras de radio industriales[253]. En este apartado recordaremos a las comerciales. Entre ellas estaba Radio África Tánger, fundada en 1937 y que emitía en árabe, español, francés, inglés e italiano y que pertenecía a la Compagnie Africaine Publicitaire et Commerciale; Radio Africa Magreb, que transmitía en francés, inglés y árabe; y Radio Tánger, Radio Tánger Internacional y la Panamerican Radio, que iniciaron sus emisiones hacia mediados de los años cuarenta. En Radio África trabajaban como locutores Alberto Domper y Pilar Santisteban, que eran muy populares en Tánger, así como Herminio Blanco y su hija Tony, Celuchi Zambrano y Asunción Pérez-Pérez, también muy conocidas. Ésta última contrajo matrimonio con el corresponsal de *La Vanguardia* Javier Padilla. Radio África organizó un concurso radiofónico de cantantes, músicos instrumentistas y humoristas noveles denominada *Fiesta en el Aire*, que tuvo mucho éxito.

Jaime Suriñach Oller era el propietario de la Pan American Radio, que emitía en seis lenguas y que pronto se hizo bastante popular. En ella Manuel Cantarero del Castillo era jefe de Programación. Los locutores que trabajaban en la emisión en español de Panamerican Radio fueron, en una primera etapa, Agustín Embuena, que era una figura muy conocida en Tánger, en la zona norte y en parte de Andalucía, junto con Maru Saez, Teresa Greco, Carlos Muñoz y Agustín Moriche[254].

---

[252] En 1958 su directiva estaba compuesta por Mustafá Abdullah, como presidente; vicepresidentes, Pierre Malo y Samuel Cohen; secretario general, José Luis Moreno; vicesecretario general, Brian Marsh; tesorero, Aladino Cuetos; José Luis Navarro, tesorero adjunto y vocales José García Pastor y C. Marcellini.

[253] Véase 5.5. Comunicaciones.

[254] Más tarde, cerca de la fecha del cierre de la emisora, que se produjo a finales del año 1959, trabajaban en ella Marianela Ruiz Valencia, Alberto Escobedo, Alejandro Castillo y la ya citada Asunción Pérez-Pérez, así como Humberto Gacio, Francis Dumón y Miguel Sanchís.

Pero las emisoras más conocidas u oídas eran Radio Tánger y Radio Tánger Internacional, pertenecientes a la Sociedad Africana de Radiodifusión, filial de la SER, que presidía Antonio Garrigues y Díaz Cañabate y que tenía como vicepresidente a Virgilio Oñate y a Lucien Bensimon como secretario. Sus instalaciones estaban en Beni-Makada. Radio Tánger solo emitía en español, por lo cual era la más seguida por la colonia española así como en Andalucía, donde era muy popular a un nivel similar al que tenía en aquel entonces Radio Andorra. Por su parte Radio Tánger Internacional, que era, posiblemente, la más importante emisora comercial del norte de África, emitía en español, francés y árabe. Durante muchos años el director de ambas emisoras fue Herbert R. Southworth[255], que contaba con la colaboración de Aladino Cuetos, padre de la actriz Concha Cuetos, como administrador y representante de la SER, de Jesús Martín Córdoba como ingeniero jefe y de otros colaboradores como Jesús Córdoba, Rafael Moreno, Juan Jiménez, Mustafá Abdullah y de su secretaria Carlota Matamoros, que también era locutora, y con más de 50 empleados[256].

Las diferentes emisoras que emitían en español y francés, además de las emisiones musicales, educativas e informativas, desarrollaban actividades de cara al público, como la ya señalada de *Fiesta en el Aire*, que tuvieron considerable éxito tanto en la ciudad como en ambos protectorados y en el Sur de España. Las emisiones producidas por emisoras extranjeras cesaron su actividad en Tánger hacia finales de los años 50.

10.5. LITERATURA

En la imprenta moderna que existió en Tánger instalada en 1883 por Gregorio Abrines y Antonio Molinari se imprimió, además del primer periódico publicado en la ciudad, el primer libro editado en Tánger escrito por el tangerino portugués

[255] Periodista norteamericano especializado en la guerra de España y que llegó a Tánger en 1946, donde fundó Radio Tánger. Consiguió la colaboración de la Sociedad Española de Radiodifusión (SER), de la que formaban parte personalidades españolas tan representativas como las indicadas Antonio Fontán, Virgilio Oñate y Antonio Garrigues. Paradójicamente, a pesar de dirigir una emisora que contaba con el apoyo oficial español, Southworth editó en *Ruedo Ibérico* dos libros sobre España de considerable interés y críticos con el régimen franquista: *La destrucción de Guernica* y *El mito de la Cruzada*. Southworth casó con la abogada Suzanne Mauri, que fue magistrado en el Tribunal de Tánger.

[256] Los locutores de Tánger Internacional eran Charles Forton, Jeanne Doucet y Michel Ferry en la emisión en francés, Conchita Asensi en francés y español, Jeanne Suzor en francés e inglés y Mustafa Abdullah, Mohamed Teber y Abdelkader Mokkadem en la emisión árabe. La emisión española, que era la más importante, la cubrían Fernando Goyena, posiblemente el locutor de radio más popular de Tánger, junto con Elvira Velasco, Segundino Cueto, Antonio Muñoz y la ya citada Carlota Matamoros. Allí trabajó también de redactor y locutor de las emisiones en francés Jean-Claude Farjas.

José Daniel Colaço, miembro de la más antigua familia europea de la ciudad. Su título fue *Viagem de Sua Magestade el Rei o Senhor Don Fernando a Marrocos.*

Tánger ha inspirado a muchos escritores, no solo a los que vivieron en ella durante parte de su vida, sino también a aquellos que permanecieron corto tiempo en la ciudad. Todos ellos, los que vivieron en ella o los que estuvieron solo algunos días de paso, la dieron a conocer tanto a nivel nacional como internacional. Muchos trataron de su belleza o de su cosmopolitismo, otros describieron al Tánger canalla y promiscuo, algunos se centraron en su exotismo, bastantes recrearon el Tánger real o imaginario del contrabando y del espionaje. Pero todos trataron de describir y descubrir una o varias de las distintas caras, facetas o *visages* que, según el casi tangerino Tahar Ben Jelloun, tiene la ciudad fabulosa del Mediterráneo. No es labor fácil enumerar a todos los que escribieron de o desde Tánger, por lo que es muy seguro que muchos de ellos, inclusive algunos importantes, queden en un olvido temporal pendientes de que otro cronista más avisado los recuerde[257].

Principales escritores tangerinos

Son Ibn Batuta —el Marco Polo norteafricano—, el Premio Planeta Ángel Vázquez Molina, el rifeño Mohamed Chukri —autor de *El pan desnudo*—, y el Premio Goncourt ya citado Tahar Ben Jelloun.

Ibn Battuta, Abu Abdullah Ibn Battuta, es, junto con Marco Polo, seguramente, el más importante viajero y explorador de la Edad Media. Nació en Tánger en 1304, de origen bereber, pero de familia arabizada. Era un hombre muy culto. Peregrinó a la Meca en 1325, donde residió en varias ocasiones visitando, desde allí, varios países del Mediterráneo y de Oriente Medio, entre ellos Turquía, Irak y Persia. Vivió en la India varios años. Allí, el Sultán de la India le nombró embajador en China, que visitó ampliamente. Luego, a través de otros países, volvió a Tánger. Desde allí fue a la España musulmana, donde visitó, entre otras ciudades, Granada y Valencia. Más tarde recorrió Marruecos y algunos países del África negra llegando hasta Tombuctú. Al volver a Tánger, el Sultán le encomendó que relatara sus viajes, lo que hizo dictando sus memorias a un joven letrado andaluz llamado Ibn Juzay. Su relato es conocido como *Rihla (Relato de viaje a*

257 Posiblemente, la mejor antología de textos sobre Tánger es la realizada por Boubkeur el Kouche, *Regarde, voici Tanger*, cuyo principal defecto, que él mismo reconoce, es que la mayoría de los autores son de lengua francesa. Existen otros trabajos muy interesantes sobre el particular. José Luis González Hidalgo incluye en su *Tánger en la literatura española* a los principales escritores españoles que se han interesado por Tánger en trabajos de historia, ensayos, narrativa, libros de viajes, teatro y poesía. Clemence Boulenque en *Le goût de Tanger* recoge textos de los principales escritores de otras nacionalidades que han escrito sobre Tánger. A. Djibilou reúne en su libro *Tánger, puerta de África* textos de escritores en lengua española. Rocío Rojas-Marcos reúne y glosa muchos textos sobre Tánger en su libro *Tánger, la ciudad internacional.*

través del Islam). No fue divulgado en Occidente hasta mediados del siglo XIX, cuando fue traducido al alemán y al inglés y otros idiomas como el español. Murió hacia 1377 y está enterrado en Tánger, en el barrio de Yenan Captan, no lejos de la Fuente Nueva[258].

Ángel Vázquez Molina nació en Tánger en 1929 en una familia modesta de ascendencia andaluza. Allí vivió hasta 1965, cuando culmina la decadencia del Tánger internacional y la suya propia de genial y trágico escritor maldito, homosexual, drogadicto y alcohólico, que impregna toda su obra de su soledad y desesperanza. Murió en Madrid en 1980. Trabajó en muchos empleos, entre ellos en el periódico *España*. Fue amigo de varios tangerinos o residentes en Tánger como Eduardo Haro Tecglen y de su hijo Eduardo Haro Ibars, de Emilio Sanz de Soto, de Carmen Laforet, etc. En 1962 ganó el Premio Planeta por su novela *Se enciende y se apaga la luz* y en 1976 publicó su obra cumbre, *La vida perra de Juanita Narboni*, que es, en parte, autobiográfica y que relata magistralmente la vida de una solterona tangerina[259]. Basadas en esta novela se han hecho dos películas que no han tenido buen éxito. Escribió varios cuentos que, en su mayoría, se desarrollan en Tánger.

Mohamed Chukri nació en 1935 en una aldea del Rif de la cual su familia, impulsada por la pobreza absoluta, huyó a Tánger cuando Chukri tenia siete años. Al poco tiempo se escapó de su casa ya que su padre era un desalmado que pegaba tremendas palizas a sus hijos llegando a matar a uno de ellos. Vivió durante algún tiempo en la calle, en la miseria. Robó, se prostituyó, se drogó y pasó unos años de extraordinaria indigencia que tiempo después, una vez que aprendió a leer y a escribir en árabe cuando tenía veinte años, expuso tales hechos y experiencias, con gran maestría, en su primer libro *El pan desnudo*, lleno de violencia y sexo, que escribió en 1972, cuando ya había publicado en árabe algunos cuentos. En él describe a un Tánger miserable y escabroso así como los sangrientos acontecimientos del 30 de marzo de 1952. Paul Bowles tuvo la paciencia de conocer el libro a través de la traducción que el mismo Chukri le hizo en un español elemental y que Bowles se ocupó de publicar en 1973, en inglés, dándolo a conocer en Estados Unidos. En 1980 la tradujo al francés Tahar Ben Jelloun, pero no pudo ser publicada en árabe hasta dos años después. Fue

258 Véase *A través el Islam*, traducido del árabe por S. Fanjul y F. Arbós, Alianza Universal, Madrid, 1989.

259 Angel Vázquez relata la triste vida de una mujer sola en un Tánger decadente que fue una ciudad amable y llena de vida que la protagonista no supo disfrutar. Es una de las joyas literarias del siglo XX. Describe, asimismo, maravillosamente el esplendor y decadencia de Tánger, todo ello utilizando un magnífico castellano que mezcla con palabras y frases de jaquetía. Juan Goytisolo y Domingo del Pino escribieron artículos en homenaje a Ángel Vázquez en un cuaderno editado en 2011, *Alfar-Ixbilia*.

una novela escandalosa que tuvo un gran éxito internacional siendo traducida a otros idiomas, entre ellos al español[260].

TAHAR BEN JELLOUN, que escribe en francés, es, posiblemente, el escritor magrebí de mayor proyección internacional. Nació en Fez en 1944. Muy joven, en 1955, fue a vivir a Tánger con su familia. Estudio en el Lycèe Regnault y más tarde la carrera de Filosofía en la Universidad de Rabat, que amplió en París. En 1973 publicó su primera novela, *Harrouda*, que se sitúa en Tánger. En ella pretende descubrir la distintas caras de la ciudad y de su leyenda. En *Día de silencio en Tánger*, una de sus principales novelas, intenta también explicar las distintas facetas de la ciudad y las penalidades sufridas por su padre en ella. En general, describe a Tánger con severidad y como un lugar en el que «reinan el viento, la pereza y la ingratitud»[261]. Escribe, además, un buen número de obras entre las que destacan *El escribano* y *La nuit sacrée*, que consigue el Premio Goncourt. Ha escrito también un corto libro titulado *El racismo explicado a mi hija*, que ha sido traducido a 25 lenguas.

Otros escritores tangerinos

Son numerosos los escritores nacidos en Tánger o enraizados desde la infancia en la ciudad que nos han dejado obras literarias de interés. Podemos citar entre los más antiguos a ISAAC LAREDO[262], que a mediados de los años treinta escribió las *Memorias de un viejo tangerino*, libro básico para conocer el Tánger del siglo XIX y principios del XX. Su hijo, ABRAHAM, que era un extraordinario políglota, tardó muchos años en escribir una obra monumental sobre *Les noms des juifs du Maroc*. M. MITCHELL SERELS es otro tangerino, rabino y profesor que ha escrito un

---

[260] Chukri, que llegó a ser maestro, conoció en Tánger a muchos escritores extranjeros que vivían o pasaban algún tiempo en la ciudad y entre ellos a Jean Genet, transgresor escritor francés, que le inspiró sobremanera, y a Tennessee Williams. Sobre ambos y Bowles publicó sendas semblanzas. Otras obras de Chukri, escritor maldito y prohibido en Marruecos durante tiempo, son *El tiempo de los errores*, *Paul Bowles, el recluso de Tánger* y *Rostros*, traducidas, todas ellas, al castellano. Chukri, como le ocurre a otros escritores tangerinos, describen un Tánger depravado y tenebroso que seguramente existió pero que solo constituía una parte marginal de la ciudad. Murió en 2003.

[261] En su obra dedicada a Tánger describe con cierta amargura la dicotomía entre el esplendor de la ciudad moderna y la marginación que sufrían muchos musulmanes. Esta situación, que se ajusta a la realidad, era bastante similar a la propia marginación que soportaban los también proletarios judíos y españoles que formaban parte del mismo grupo social y que convivían todos ellos juntos en los barrios pobres. No se producía marginación entre etnias, religiones o nacionalidades, sino entre grupos económicos y sociales que afectaban a todos: musulmanes, judíos y cristianos.

[262] Isaac Laredo (1866-1946), escritor, periodista y políglota tangerino que escribió en publicaciones de España, Gibraltar y Tánger y que fundó el periódico *La Crónica*. Pertenecía a una de las más antiguas e ilustres familias judías de Marruecos. Fue el primer secretario de la Comisión de Higiene y muy activo en Tánger en actividades municipales y judías. Escribió las *Memorias de un viejo tangerino* en 1935. Su hijo Abraham, nacido en 1895, también era escritor y políglota y participó asimismo en muchas actividades tangerinas. Su *Les noms des juifs du Maroc* fue publicada en Madrid por el Instituto Arias Montano.

documentado estudio sobre *Los judíos de Tánger en los siglos XIX y XX*. RICARDO RUIZ ORSATTI, al que ya nos hemos referido más arriba, escribió varios libros sobre Tánger y Marruecos. Otro tanto hizo su hijo, el diplomático TEODORO RUIZ DE CUEVAS, autor entre otras obras de la excelente *Apuntes para la historia política de África*, que consta de ocho volúmenes, entre los que figura uno dedicado a Marruecos.

Otros escritores tangerinos o asimilados son ALBERTO ESPAÑA, sobre el cual ya hemos informado, y el periodista JACOBO BENTATA, autor de *El juglar de los zocos* y *Eutrapelias*. LEOPOLDO CEBALLOS CABRERA, que vivió en Tánger desde su infancia, escribió varias obras entre las que destaca *Fe-Oro-Poder* sobre el descubrimiento de Ámerica. Los tres citados fueron, también, periodistas; los dos primeros participaron en la fundación de la Asociación Internacional de la Prensa de Tánger y los dos últimos fueron miembros, por España, de la Asamblea Legislativa. ABDALLAH GUENNOUN, que arribó muy joven a Tánger desde Fez, dejó varios ensayos sobre sus ideas nacionalistas y educativas. Sobre estos últimos cuatro escritores tratamos en otros capítulos de este libro. ELISA CHIMENTI[263], italiana, que vivió en Tánger desde su niñez, fue una de las más perfectas representantes de la *tangerinidad* y una extraordinaria políglota y escritora en varias lenguas. Salvo Bentata, ninguno de los escritores citados nacieron en Tánger pero se enraizaron e identificaron totalmente con la ciudad siendo tan o más tangerinos que los nativos. JOSÉ BENOLIEL es el autor de *Dialecto Judeo-Hispano-Marroquí o Hakitía*, obra cumbre sobre ese dialecto que tuvo un gran desarrollo en Tánger.

RAHMA TOLEDANO, perteneciente a una prestigiosa familia tangerina, destacó, a principios de siglo, por sus artículos y trabajos relativos al judaismo. ISAAC J. ASSAYAG es otro tangerino enamorado de su ciudad, cosmopolita y políglota, que escribió varias obras. Una de ellas, *Tanger. Regards sur le passé. Ce qu'il fut*, junto con las obras citadas de Isaac Laredo y Alberto España, constituyen la trilogía básica sobre la ciudad internacional que hace falta conocer para entender lo que Tánger fue. Las complementa magníficamente el trabajo de TOMÁS RAMÍREZ ORTIZ, autor de *Si Tánger le fuese contado...*, que constituye una brillante descripción de la ciudad y, especialmente, una sobresaliente exposición de la aportación española a la creación y desarrollo de la misma. MOHAMED MRABET, nacido en Tánger en 1940, es un narrador de historias. Como Mohamed Chukri y Mohamed Layachi, conoció, a mediados de los sesenta, a Paul Bowles, que se interesó por

[263] Elisa Chimenti (1883-1969), escritora y profesora italiana, natural de Nápoles, hija del Dr.Chimenti, que llegó a Tánger en 1892 como médico del Sultán Muley Hasan. Elisa se integró completamente en Tánger, donde, inicialmente, estudió en la escuela de la Alianza Israelita aprendiendo hebreo y francés, completándolo con el estudio del árabe. Además, estudió otras lenguas llegando a ser una verdadera políglota que conocía una docena de lenguas. Creó la primera escuela italiana de Tánger. Escribió varias obras publicadas, en su mayoría, inicialmente en francés y traducidas a otras lenguas. Entre ellas destacan *Eves marocaines*, *Chants des femmes arabes* y *Leyendas marroquíes*. La revista *Tingis* dedicó la portada de su número 52 a Elisa Chimenti.

él y sus relatos. Tradujo al inglés varios de ellos desde un elemental árabe vulgar en el que Mrabet los contaba a un magnetófono[264].

Tangerinos fueron el poeta y escritor EDUARDO HARO IBARS, compañero del también poeta Leopoldo Panero, y CARLOS DE NESRY, prestigioso sociólogo y abogado autor de varios trabajos, entre ellos uno muy conocido sobre *Le juif de Tanger*. Otro escritor distinguido nacido en Tánger, nieto de Alberto España, es RAMÓN BUENAVENTURA (1940), novelista, poeta y traductor, autor de varios trabajos muy interesantes, que hace pocos años publicó *El año que viene en Tánger*, que comprende varios escritos de muy distinto género entre los que destaca una preciosa novelita que transcurre en Tánger. SHLOMO BEN AMÍ, también tangerino, es un brillante político israelí que ha escrito varias obras de éxito traducidas a varios idiomas.

Otros tangerinos contemporáneos muy conocidos son el escritor y novelista LOTFI AKALAY[265], que ha escrito, entre otras, *Las noches de Azed*, y RACHID TAFERSITI[266], autor, entre otras obras, de un bello y completo libro sobre *Tanger. Realités d'un mythe* y de una reciente novela, *Retour à Tanger*. Ambos pertenecen a viejas y conocidas familias tangerinas. AHMED YACOUBI es más conocido como pintor que como escritor aunque varios de sus cuentos, traducidos por Paul Bowles al inglés, tuvieron considerable éxito en Estados Unidos. AÏDA PINTO nos ha dejado un precioso y nostálgico libro titulado *Mon passé marocain*, SOLLY (SALOMÓN) LEVY nos relata en *jaketía** la vida tangerina en su *Libro de Selomó*, y LEO AFLALO nos ofrece una interesante novela que titula *Los muertos de Roni*. IGNACIO RAMONET, aunque no nació en Tánger, se considera tangerino ya que pasó su infancia y juventud en la ciudad. Ha escrito varios libros de interés y es director de *Le Monde Diplomátique*.

JUAN VEGA, también tangerino, ha publicado una interesante novela-testimonio, *El último verano en Tánger*, y los hermanos JUAN RAMÓN Y JAVIER ROCA, hijos del Dr. Roca y nietos del abogado Franqueira, han escrito, respectivamente, una esmerada guía de *Tánger y sus alrededores* y *Aljamía*, una original novela que

---

264 Su primera novela fue *Amor por un puñado de pelos*, publicada en inglés y traducida al castellano en 1982 que tuvo un gran éxito. Siguieron otras diez novelas, todas ellas traducidas por Bowles, que, al parecer, pagaba a Mrabet mil dólares por cada una. Otra de ellas traducida al español es *Mira y corre*, publicada en España en 1991, que es una autobiografía de Mrabet que transcurre, en gran parte, en Tánger.

265 Escritor y periodista marroquí en lengua francesa, natural de Tánger, donde nació en 1943. *Las noches de Azed* ha sido traducida a ocho lenguas. Además, entre otras, ha escrito una biografía de *Ibn Battuta* y *Nouvelles de Tanger*..

266 Tafersiti nació en Tánger en 1944, descendiente directo del primer bajá de la ciudad Alí Ben Abdallah Riffi. Ha participado en numerosas actividades socio-culturales en Tánger, entre las que destaca la fundación de las asociaciones Al Boughaz y Tanger Al Madina, que tienen como objetivo fundamental la rehabilitación de la medina de Tánger y de los principales monumentos de la ciudad. Su *Tanger. Réalités d'un mythe* es una extraordinaria colección de textos y fotografías de Tánger.

tiene como protagonistas a personajes reales tangerinos. Por su parte, ANTONIO LOZANO ha escrito varias novelas, algunas de ellas inspiradas en Tánger como *Harraga*, que consiguió el premio Novelpol 2002 a la mejor novela policíaca. MARIE FRANCE GERARDIN destacó, en un pequeño círculo, como sensible escritora y poetisa. Nacido en Tánger es el periodista SERGIO BERROCAL, que trabajó como redactor-jefe de France Presse y que es autor de varios libros, entre ellos *Bye Bye Brasilia*. PHILIP ABENSUR ha escrito un precioso libro de imágenes y comentarios sobre Tánger. Por último, DOMINGO DEL PINO, hijo del practicante del mismo nombre que trabajaba en la ciudad, es un periodista de raza tangerino que casó con Lucy Gil, prima de Ángel Vázquez, que fue secretaria de Haro Tecglen. Ha escrito varios libros, entre los que destaca *Marruecos entre la tradición y el modernismo*. Su hijo, Daniel del Pino, es uno de los más prestigiosos pianistas españoles.

Escritores que vivieron en Tánger con anterioridad al siglo XX

Tánger ha sido, desde mediados del siglo XIX, fuente de inspiración o refugio de un considerable número de escritores de muy distintos países, algunos de ellos de primera fila, que visitaron la ciudad solo unos días o bien permanecieron en ella mucho tiempo.

LEÓN EL AFRICANO (1488-1554?), geógrafo y viajero hispano-musulmán nacido en Granada es la perfecta simbiosis de la cultura cristiano-musulmana. Su nombre real fue Hasan Ibn Wazzan. Por cuenta del Sultán de Marruecos viajó por el norte del país para intentar conocer las intenciones de los portugueses y españoles. Estuvo en Tánger en varias ocasiones, a la que describe con detalle en sus escritos. SAMUEL PEPYS, en sus *Diarios* nos deja una clara descripción de los problemas que afectaban a Tánger durante la ocupación británica en el siglo XVII. Pero es DOMINGO BADÍA, ALÍ BEY, el que en sus *Viajes por Marruecos* detalla más minuciosamente como era la ciudad a principios del siglo XIX. La describe con detalle y facilita todo tipo de informaciones geográficas, económicas, religiosas y sociales sobre ella, así como sobre otras ciudades de Marruecos.

Entre los que fueron a Tánger en el siglo XIX destacan el explorador RENÉ CAILLÉ, que se detuvo algún tiempo en ella en 1828 y que describió la ciudad en su *Journal d'un voyage a Tombouctou*, y ALEJANDRO DUMAS, padre, que estuvo en la ciudad en 1846 y que trata de ella en su libro *Le Véloce ou Tanger, Alger et Tunis*. Años después, en 1862, fue el danés HANS CHRISTIAN ANDERSEN el que viajó a Tánger, casi al término de un largo viaje por España. Andersen hace una detallada descripción de la ciudad así como de sus moradores. El italiano EDMONDO DE AMICIS, autor de la celebérrima novela *Corazón*, visitó Tánger hacia 1880. Presenta un Tánger exótico, admira la belleza de las hebreas y la playa de Malabata, asiste horrorizado a un desfile de los *aissauas** y detalla sus paseos por el Zoco Chico y el Zoco de Afuera. MARK TWAIN la visita en 1867 y la describe como un lugar desolador en su libro *Inocentes en el extranjero*, con mucho humor pero con enorme ignorancia del medio. Todos estos escritores permanecieron, cada uno, muy poco tiempo en Tánger. La describen como una ciudad sucia y peligrosa y en la que se debe circular con cuidado y protección. Usan, en parte, los estereotipos existentes sobre el Oriente desconocido que atraía considerablemente a los europeos y que, al mismo tiempo, atemorizaba. A su vez, con sus escritos, consolidan tales estereotipos, que han prevalecido hasta nuestros días.

Por su parte, PIERRE LOTI, que visitó Marruecos en 1888 formando parte de una misión diplomática que se dirigía a Fez, evoca a Tánger en su libro *Le Maroc* publicado en 1890. PEDRO ANTONIO DE ALARCÓN, aunque no parece que llegó a entrar en Tánger, estuvo enfrente de sus murallas algún tiempo durante la guerra hispano-marroquí de 1859-60, que describió en sus escritos. Se opuso a ella vehementemente, lo que, de alguna forma, junto con otras acciones, evitó que España invadiera Tánger. Posiblemente, inspirado por las crónicas de Alarcón, el vizcaíno JOSÉ MARÍA DE MURGA, también llamado el *Moro Vizcaíno*, que era militar, una vez pedido el retiro, fue a Marruecos, donde aprendió el árabe y se puso al servicio del Sultán. Se adaptó totalmente a la vida marroquí y vestía como los nativos. En 1866 volvió a España, donde escribió *Recuerdos del Moro Vizcaíno José María de Murga*, en la que describe sus varias estancias en Tánger.

En el siglo XX

Ya a principios del siglo XX fueron numerosos los escritores o literatos que estuvieron en Tánger. PÍO BAROJA, siendo corresponsal de guerra de El Globo, vivió, en 1902, algún tiempo en la ciudad. Se inspiró en Tánger y en otras vivencias en su obra de teatro *Paradox, Rey* y dejó, también, escritas sus impresiones sobre el Tánger de 1903. El poeta catalán JACINTO VERDAGUER, colaborador del marqués de Comillas, pasó unos días en Tánger a finales del siglo XIX. PEREZ GALDÓS fue a a la ciudad en 1904 para recoger documentación para dos de sus *Episodios Nacionales* y permaneció algún tiempo en la ciudad. El poeta nicaragüense RUBEN DARÍO la visitó unos días en 1904. Escribe sus impresiones en *Tierras Solares*, asombrado por el exotismo de la ciudad antigua, propio de *Las mil y una noches*. Describe magistralmente el Zoco Grande con fascinación y se horroriza ante algunas proezas de los *aissauas**. FEDERICO GARCÍA SANCHIZ, famosísimo orador y escritor, hoy casi olvidado, también estuvo en Tánger en varias ocasiones y nos dejó en su libro *Color. Sensaciones de Tánger y de Tetúan*, una poética descripción de las luces y de los sonidos de Tánger.

GERTRUDE STEIN, la escritora norteamericana que durante varios años fue uno de los focos culturales de París, vivió en Tánger, en tres ocasiones, a principios de la década de los treinta. Américo Castro estuvo en Tánger y Tetuán en 1922 y 1923 estudiando la situación del dialecto judeo-español en aquel tiempo y dedujo conclusiones que le ayudaron a interpretar la hispanidad. Joseph Kessel, académico de la lengua francesa, en su libro *Le grand socco* describe cómo era Tánger en los años veinte, con sus encantadores de serpientes, sus cuentistas, las rifeñas y sus flores, etc.

Rafael Duyos, poeta hoy bastante olvidado, trabajó en Tánger durante varios años como médico en el Hospital Español. Su entusiasmo por la ciudad quedó plasmado en numerosos poemas, algunos de gran belleza. También escribió algunos libros dedicados a la ciudad internacional como *Muecines y Comparsas*. José Luis Sampedro vivió en Tánger en su juventud, en la década de los veinte del siglo pasado, una docena de años. Allí su padre dirigía el Hospital Español. Sampedro en su libro *Escribir es vivir* recuerda los años vividos en Tánger con verdadera emoción, que reconoce que le influenciaron de forma definitiva.

El aviador y escritor Antoine de Saint-Exupéry disfrutó en Tánger con su mujer Consuelo, en los años 20, momentos muy felices y quizá empezó en la ciudad a imaginar su obra maestra *El principito*. Carmen Laforet vivió en la ciudad internacional, a finales de los cincuenta, tres años intensos. Ya había publicado *Nada*, la novela que le valió el premio Nadal en 1945, así como otras obras, por lo que era bastante conocida en Tánger, máxime cuando su marido era Manuel Cerezales el director del diario *España*. Durante su corta estancia se supo ganar la estima de otros escritores que vivían en Tánger, como Ángel Vázquez, Emilio Sanz o Jane Bowles. Samuel Beckett se enteró en Tánger, posiblemente en El Minzah o bien resolviendo crucigramas en el Café de París, que le habían concedido el premio Nobel de Literatura. En su honor, la Salle Bastienelli dependiente de los servicios culturales de la Embajada de Francia se denominó durante algunos años Salle Beckett. Juan Goytisolo[267] ha vivido en Tánger en muchas ocasiones y conoce cada calle y cada piedra del Tánger antiguo. La Biblioteca española del Instituto Cervantes de Tánger lleva su nombre.

Paul Morand llegó a Tánger por primera vez en 1938 y luego vivió cerca de cinco años en ella, en los 50, en la Villa Shakespeare en el Marchán. Entre otros libros escribió *Hecate et ses chiens*, que se desarrolla en una ciudad similar a Tánger. Además, la describe en *Mediterránee, mer de surprises*. Claude Esteban, que murió en 2006, Premio Goncourt de poesía, fue profesor de español durante

---

[267] Juan Goytisolo nació en Barcelona en 1931. Es un excelente conocedor de Marruecos y de Tánger y del mundo musulmán y defensor de su cultura. Conoce bien el árabe dialectal marroquí. Reside, parcialmente, en Marraquech, aunque ha visitado y vivido en muchas ocasiones en Tánger, donde, entre otros, fue amigo de Mohamed Chukri. Es autor de innumerables artículos y ensayos y de varios libros, entre los que destaca *Reivindicación del conde don Julián*, en el que describe al Tánger marroquí con minuciosidad y amor. Es Premio Nacional de las Letras Españolas.

algunos años en el Liceo Regnault y desarrolló una larga carrera como autor y, también, como traductor de los clásicos españoles y varios modernos como Borges, Guillén y Paz. MARGUERITE YOURCENAR, la autora de *Memorias de Adriano*, también vivió en Tánger en varias ocasiones. IAN FLEMING, el creador de James Bond, vivió, asimismo, en la ciudad internacional y escribió en El Minzah todo o parte de su *Diamonds are forever*.

Bowles y su entorno

Entre todos los escritores que han vivido en Tánger o han escrito sobre la ciudad, seguramente, el más importante ha sido PAUL BOWLES[268], que es, sin duda, una de las personas que, para bien o para mal, más han contribuido y ayudado a desarrollar y consolidar el mito de Tánger. Nació en Nueva York el 30 de diciembre de 1910. Era bastante alto, rubio, de ojos claros azules y tez y constitución delicadas. Fue a Tánger la primera vez en 1931 siguiendo el consejo de la escritora Gertrude Stein, acompañado por el compositor Aaron Copland. Permaneció en ella unos pocos meses, los suficientes para comprender que era una ciudad de sueño que le ilusionó extraordinariamente. Volvió a ella a mediados de 1947, junto con su mujer, la también escritora JANE AUER, quedándose a vivir en Tánger, con frecuentes ausencias, hasta su muerte, que se produjo en la antigua ciudad internacional el 18 de noviembre de 1999.

Bowles fue músico, poeta, escritor y traductor y, sobre todo, un viajero infatigable y un excelente conocedor del alma humana y de sus grandezas y miserias. Es reconocido internacionalmente como uno de los mejores escritores norteamericanos del siglo XX. En la ciudad internacional concibió y escribió una parte muy considerable de su obra, que incluye un gran número de cuentos y varias novelas que, en su mayoría, han sido traducidas al castellano. Muchos de sus escritos tratan de explicar el Marruecos exótico y ancestral y la mayoría de ellos transmiten cierto determinismo fatalista y considerable escepticismo y pesimismo. Sin embargo, Bowles fue un hombre muy vital y que llevó a cabo todo tipo de experiencias. Entre sus obras principales figuran *El cielo protector*, que es la más conocida y que fue llevada al cine por Bertolucci sin gran éxito, *Memorias de un nómada*, *Déjala que caiga* y muchas más.

Desde que el matrimonio Bowles se instaló, con carácter definitivo, en el tolerante Tánger internacional, fue un faro de atracción de un gran número de intelectuales y artistas norteamericanos y de algunos europeos. Bowles conoció y apreció la cultura árabe y rifeña y aprendió el árabe marroquí, mezclándose con alguna parte del pueblo, al menos en los años en que vivió en la Casbah de Tánger. Tradujo al inglés a varios escritores marroquíes como a los ya citados

[268] Existe una página web completísima sobre Bowles: www.PaulBowles.org.

Mohamed Chukri y Mohamed Mrabet, a los cuales dio a conocer en el mundo occidental. Apoyó al pintor Ahmed Yacoubi, del que también tradujo varios cuentos e historias. Además, estudió y transmitió a Occidente parte de la música marroquí. Su amor por Tánger y la fácil vida que en ella llevaba le impidió volver a su país o a Europa, optando, definitivamente, por morir en la ciudad que había descrito en 1931 como una *dream city*.

Alrededor de mediados del siglo pasado acudieron a Tánger atraídos por la libertad y permisividad que en ella existían y, en muchos casos, invitados por los Bowles, una larga lista de escritores o artistas, en su mayor parte homosexuales, como el dramaturgo Tennessee Williams, que se inspiró en Tánger para parte de alguna de sus obras, los escritores Truman Capote, autor de *A sangre fría* y *Desayuno en Tiffany*, y Somerset Maugham, el director de cine Luchino Visconti, Gore Vidal, autor de *Julián el Apóstata*, etc. También era amiga de Bowles, al que visitó en Tánger, la escritora estadounidense Patricia Highsmith, autora de novelas de suspense tan conocidas como *Extraños en un tren* y *A pleno sol*. De la primera Hitchcock hizo una película. Muchos de estos escritores, en aquella época, no tenían gran capacidad económica e iban, frecuentemente, a Tánger no solo por su permisividad sino también por la buena calidad de vida que podían tener con poco coste.

Asimismo, los principales representantes de la *Beat Generation*[269] fueron a vivir a Tánger o permanecieron en ella algún tiempo reuniéndose alrededor de algunos escritores que vivían en la ciudad y, principalmente, de los Bowles. Uno de sus mayores exponentes, entre otros, fue Jack Kerouac, autor de *En el camino*, publicada en 1957, que fue una especie de manifiesto *beat*. También destacan Allen Ginsberg y William Burroughs. Éste último es quizá el más célebre de todos por su obra *El almuerzo desnudo*, publicada en 1959 que escribió, en parte, y terminó en Tánger, en el Hotel Mouniria. Todos ellos hablaron o escribieron sobre Tánger y contribuyeron a que la ciudad tuviera considerable reputación en la comunidad homosexual y que, además, se consolidara la parte del mito de Tánger que la considera una ciudad algo canalla y libertina.

---

269 La *Beat Generation* fue un movimiento urbano, social, cultural y literario que se desarrolló, básicamente, entre los años 1950 y 1960, principalmente en Estados Unidos, y que preconizaba la rebeldía contra la sociedad burguesa y los valores defendidos por la misma. Tuvo su origen, casi simultáneamente, en Nueva York, París, Londres y Tánger. Su grupo inicial estuvo compuesto, principalmente, junto con otros, por Jack Kerouac, William Burroughs y Allen Ginsberg, que vivieron en Tánger durante algún tiempo, ciudad que conocieron gracias a su amistad con Paul Bowles. Sus ideas principales eran la defensa del individualismo, el pacifismo, el antinacionalismo y la independencia política, la libertad sexual, el consumo de drogas y el amor por el jazz. La mayoría estaban impregnados de considerable pesimismo y estaban hartos de vivir, eran homosexuales o bisexuales y otros abusaban de las drogas o del alcohol. Casi todos eran decadentes y marginales como los definió Chukri pero, algunos de ellos, también eran geniales.

Pocos antiguos tangerinos conocieron a los Bowles y menos aún tuvieron ocasión de relacionarse con los personajes internacionalmente conocidos que residieron en Tánger o que, de cuando en cuando, visitaban la ciudad atraídos por Bowles. Éste y sus amigos vivían, en general, encerrados en su mundo sin mantener contactos, salvo casos excepcionales, con otros grupos sociales o comunidades occidentales tangerinas. Una gran parte de la obra de Bowles ha sido traducida al español, lengua que dominaba bastante bien. Además, conocía bien España y su cultura. Sin embargo, a pesar de la riqueza y el dinamismo que tenía en Tánger la cultura española, existió escasa relación entre el grupo de artistas y escritores de expresión española que vivían en la ciudad con el angloamericano que residía en la misma o vivía o que visitaba Tánger con frecuencia y, particularmente con Bowles. Unos y otros, de indudable valía, se desconocían. Sin embargo,una persona que parece que conoció bastante bien a este grupo de expatriados fue David Woolman, que utilizó el pseudónimo de I. Vaidon Lawdom y que escribió dos libros, *Tangier, another way* y *Stars in the firmament*, en los que intenta describir el Tánger visto desde el ángulo de tales expatriados. Ambos son de gran interés aunque las opiniones y datos que plantea, en algunos casos, sean muy discutibles.

Y muchos más

Muchos otros escritores vivieron algún tiempo o visitaron el Tánger internacional y escribieron sobre la ciudad o se inspiraron en ella. Entre ellos citamos a Henri de Montherlant, que estuvo en 1926 y que no se sintió atraído por Tánger prefiriendo Argelia, el dramaturgo Jacinto Benavente, que presenció en el Teatro Cervantes la interpretación de una de sus obras, el cubano Alejo Carpentier, que fue a Tánger, en los años 50, invitado por Sanz de Soto, quien le presentó a Bowles, y Jean Genet, que vivió intensamente varios años en la ciudad internacional, donde mantuvo amistad íntima con Mohamed Chukri.

Otros autores que han tenido relación con la ciudad internacional son Richard Hughes, que escribió en ella su obra maestra *Huracán en Jamaica*, Camilo José Cela, que estuvo en Tánger en 1951 donde ofreció una conferencia sobre Castilla, y Jose María Pemán, que habló sobre América, ambos en un ciclo organizado por el director del Instituto Español Juan María López Aguilar y el semiólogo y escritor Roland Barthès. André Lubac, profesor en el Lycèe Regnault, Valentín García Yebra, director del Instituto Español y académico de la Lengua, el dramaturgo José López Rubio, que vivió entre 1951 y 52 varios meses en Tánger, y el Nobel Vicente Aleixandre, que visitó la ciudad en 1953, son otros escritores o intelectuales que vivieron en la ciudad o la visitaron y la admiraron.

Hace falta también citar a Joan Estelrich, al que ya nos hemos referido anteriormente como director del *España* y que durante algún tiempo vivió en Tánger siendo una de las figuras señeras de la cultura española en los años 50; a Pierre Malo, redactor jefe de *La Depêche Marocaine*, que fue un reputado escritor a quien se le debe *Le vrai visage de Tanger*, de una gran calidad informativa y literaria; al inglés John Hopkins, profesor durante muchos años en la American School de Tánger, que escribió *Carnets of Tangier. 1962-1979*, que capta bien el ambiente decadente de la ciudad en los años 60; a Rom Landau, que publica su *Portrait of Tangier* en el que se detiene a analizar con todo detalle el funcionamiento y los atractivos de la ciudad; el profesor de la Universidad de Stanford, Graham Stuart, que escribió varios estudios muy documentados sobre Tánger; y el venezolano de origen sefardí Isaac Chocron que escribe una atractiva novela, *Rompase en caso de incendió*, en la que describe a Tánger con bastante fidelidad y con cariño. Giovanni Castellani escribió el mejor informe político-jurídico realizado sobre Tánger en su *Sviluppi e conclusione de la cuestione di Tángeri.* Victor Vernier ofrece un excelente testimonio sobre la ciudad en *La singulière Zone de TAnger* y Thierry de Beaucé, en su libro *Les riches heures de Tánger* se centra en recordar los momentos de esplendor de la ciudad así como lo hace Daniel Rondeau en su libro *Tánger y otros Marruecos*. El dramaturgo y novelista Jesús Martínez Carazo, que fue profesor de Literatura en el Instituto entre 1968 y 1977, es Premio Nacional Lope de Vega de Teatro 2004 por su obra *Último verano en el paraíso*; Stanley Bendelac, uno de los más prestigiados publicistas de España que ha escrito algunos éxitos editoriales como *Nunca tires la toalla*; etc.

Una figura tangerina ilustre y difícilmente clasificable fue Emilio Sanz de Soto[270], que no escribió libro alguno pero si muchos artículos y escritos sobre Tánger y sobre otros temas. Por el contrario, su hermano Carlos Sanz ha escrito una poética y nostálgica novela, *So long, Tangier*, y la hermana de ambos, Lydia Sanz, es la fundadora de la revista *Tingis* que ha ayudado a muchos tangerinos a reencontrar sus raíces al igual que lo hizo la revista *Malabata*, creada por el también tangerino Oleg Vargas Ganzelevich, fallecido en 2006. Por su parte, Elena Prentice, nieta de de Hooker Doolittle, que fue directora del museo de la antigua Legación americana y es pintora, edita y publica por medio de la Editora

270 Emilio Sanz de Soto (1923-2007), nacido en Tánger, hijo de Emilio Sanz Barriopedro. Estudió derecho en Madrid en los años 40. Es una personalidad clave de los años 50 y 60 de la cultura tangerina y, hasta su fallecimiento, protagonista y memoria viva de la época esplendorosa de Tánger. Sanz de Soto fue, en Tánger, un nuevo Sócrates, que influyó muy positivamente en muchas vidas artísticas tangerinas. Mantuvo una larga amistad con Paul Bowles y con algunos de sus amigos así como con Carmen Laforet y Eduardo Haro Tecglen y con el novelista Ángel Vázquez y el pintor Jose Hernández, a los que aconsejó en sus primeros pasos. Era experto en cine, amigo, entre otros, de Luis Buñuel, Geraldine Chaplin y Carlos Saura. Con éste último colaboró en varias películas como director o consejero artístico. Fue crítico de arte y animador de la primera Cinemateca de Tánger. La revista *Tingis* le dedicó en enero de 2008 un emotivo número monográfico.

Khbar Bladna cortos escritos autobiográficos o relatos de escritores tangerinos. Muchos de ellos tienen considerable interés.

Es imposible señalar todos los escritores y las obras que tratan o han escrito sobre Tánger. MOHAMED ABDELLAH DJBILOU, hispanista marroquí, selecciona en *Tánger, puerta de África* textos literarios hispánicos entre los que figuran los ya mencionados de Rubén Darío, Baroja, Giménez Caballero, Ruiz Orsatti y otros muchos más. Pero la lista quedaría totalmente incompleta si no mencionáramos a los muchos franciscanos ya citados en otras partes de este libro que, durante muchos años, dedicaron sus esfuerzos, entre otras muchas labores, a la enseñanza del árabe, como hizo el PADRE LERCHUNDI; a traducir la historia de Tánger contada por los portugueses y a relatar la labor de los franciscanos en Marruecos, trabajos que realizó FRAY BUENAVENTURA DÍAZ; o a profundizar en el derecho musulmán y en la música y las costumbres de Tánger, en lo que se especializó FRAY PATROCINIO GARCÍA BARRIUSO, o bien en la historia como lo hace con enorme autoridad FRAY RAMÓN LOURIDO (1928-2009), autor de varias obras históricas referidas a Marruecos y, en particular, a Tánger y que, hasta su fallecimiento, seguía muy activo en sus trabajos de investigación.

Está pendiente de realizar el inventario y el estudio de todos los escritores, tangerinos o no, que durante los últimos tres siglos dedicaron parte de sus esfuerzos a dar a conocer a Tánger y sus más distintas facetas. Es muy posible que algún día llegue el tiempo de hacer tal trabajo.

Una digresión

Hemos señalado repetidamente que el Tánger internacional ha inspirado un número considerable de novelas, más o menos, literarias, libros, artículos o reseñas así como numerosas películas cinematográficas. Salvo algunas excepciones, ese Tánger no ha sido descrito, a nuestro juicio, adecuadamente. Grandes escritores como Bowles, Chukri, Genet, Morand, Kerouac o Burroughs o el pintor Bacon presentan un Tánger tenebroso, desgraciado y triste donde todas las lacras sociales tenían su asiento o morada. Describen a una ciudad internacional amarga y desconsolada, inmersa en el dramatismo del sexo angustiado, de la droga, del alcoholismo y del mundo canalla. Tal imagen no coincidía con la realidad ya que, por el contrario, la mayoría de los tangerinos vivía con gran alegría y entusiasmo en una ciudad única en la que se consideraban como privilegiados. Desgraciadamente, el genio de tales artistas ha conseguido que, en buena parte, la idea que ha prevalecido de Tánger es la que ellos exponen en sus tristes y dramáticas novelas o escritos, en muchos casos, inspirados por la droga o el alcohol. Posiblemente, el Tánger que describen existió pero como una parte marginal y excepcional pequeña de la ciudad que, en general, era optimista, confiada y luminosa, limpia y segura. Como bien dice el periodista tangerino Domingo del Pino, que conoce muy bien su ciudad, «la mayoría de los tangerinos no se reconocen en los discursos y relatos dominantes sobre Tánger y, mucho menos, en los de los norteamericanos».

10.6. PINTURA Y ESCULTURA

Tánger ha sido una ciudad que ha atraído un sinnúmero de pintores cautivados por su exotismo, su belleza natural así como por su luz y su colorido. La revista *Tingis* ha identificado a unos 150 pintores que en distintas épocas vivieron, mayor o menor tiempo, en Tánger[271].

De Delacroix a Bertuchi

Conviene recordar que a finales del siglo XVIII y principios del XIX se produce, como consecuencia de una serie de circunstancias como, por ejemplo, la traducción al francés de *Las mil y una noches* y la campaña de Napoleón en Egipto, un considerable interés por la cultura y costumbres orientales que se manifiesta en distintas artes pero, principalmente, en la pintura. Posiblemente, el primer pintor europeo orientalista de renombre que vivió en Tánger fue Eugène Delacroix que llegó a la ciudad en 1832. Residió en ella algún tiempo. Pintó cuadros muy coloristas sobre Tánger o sobre temas tangerinos. Escribió sus diarios en los cuales describe la ciudad tangerina. Sin duda, fue el precursor de la larga serie de pintores franceses orientalistas y de otros países que llegaron a Tánger en años sucesivos. Uno de sus admiradores, el pintor Edgar Degas, vivió varios meses en Tánger en 1889. Otro francés, Henri Regnault, que murió en la guerra franco-prusiana con solo 27 años, estuvo en Tánger en 1869 donde pintó sus cuadros más famosos *Salomé* y la *Entrada del Pachá en Tánger.*

Mariano Fortuny, nacido en Reus como Antonio Gaudí, es un pintor español del XIX que se enamoró de Tánger donde estuvo en varias ocasiones quedando impresionado, además, por sus gentes y su ambiente. En uno de sus viajes a la ciudad le acompañó José Tapiró. Éste realiza cuadros de un extraordinario preciosismo detallista que influenció a otros artistas de su época. Tapiró curiosamente, natural, también de Reus, fue compañero de estudios de Madrazo y de Fortuny. Juntos fueron a trabajar a Roma y a Tánger. Allí se quedaría Tapiró desde 1876 hasta su muerte acaecida en 1913.

---

271 Tomás Ramírez Ortiz dedica en su libro *Si Tánger le fuese contado...* un capítulo muy conseguido a los pintores españoles que trabajaron en Tánger.

Henri Matisse, uno de los más renombrados pintores franceses, estuvo en Tánger, siguiendo el camino abierto por Delacroix, en varias ocasiones desde 1912, hospedandose siempre en el Hotel Villa de France. Es, posiblemente, el pintor francés que mejor ha captado la luminosidad y los colores de Tánger que influyen poderosamente en los numerosos cuadros que pintó en la ciudad entre los que destaca un celebérrimo lienzo en el que aparece el minarete de la iglesia anglicana de St. Andrew cercana al hotel. En algunos de sus viajes le acompañó Albert Marquet un gran paisajista, también francés, que , como otros muchos, se enamoró de Tánger y que residió, en varias ocasiones, en el Villa de France. El pintor español Francisco Iturrino (1864-1924) que era figura emblemática del arte de vanguardia y amigo de Matisse y de Zuloaga, estuvo en Tánger con el primero en 1911. Juntos recorrieron las calles de la ciudad y se inspiraron en los mismos colores y ambientes que los empujaron hacia el impresionismo. Vivió algún tiempo en el Hotel Cavilla. También estuvo algún tiempo en Tánger Henry Tanner

Mariano Bertuchi fue, posiblemente, el pintor español más popular en Marruecos y, en particular, en el Tánger internacional donde realizó varias exposiciones. Viajó, por primera vez a la ciudad, en 1899, con solo 16 años, invitado por Anibal Rinaldi el intérprete jefe del consulado español de Tánger. Bertuchi aprovechó el viaje para pintar *El Zoco de Tánger* y un *Mercado de frutas*. Residió en Ceuta y Tetuán. Pintó innumerables cuadros en su gran mayoría de temática marroquí. También estuvo en Tánger algún tiempo hacia 1884 el pintor impresionista catalán Darío de Regoyos.

Los pintores tangerinos

Carlos Saenz de Tejada (1897-1946) es el primer pintor europeo de renombre nacido en Tánger donde su padre era cónsul de España. Es un extraordinario dibujante e ilustrador a quien se le deben una enorme cantidad de dibujos e ilustraciones. Se le consideraba vinculado al franquismo ya que realizó muchas obras muy conocidas favorables a los sublevados aunque tal vinculación no parece que sea cierta ya que publicó, también, un gran número de ilustraciones y dibujos durante el periodo republicano. Otro tangerino aunque nacido en Rabat en 1861 es Mohamed Ben Alí R'Bati que fue a vivir a Tánger con solo cinco años. Era totalmente autodidacta y fue el primer pintor marroquí del que se tiene conocimiento y también el primero que expuso en Europa, en Londres y luego en Marsella y París. Murió en su ciudad natal en 1939.

Posiblemente, Antonio Fuentes, nacido en el Zoco Chico en 1905, es el pintor tangerino de mayor renombre internacional y ello a pesar de su carácter poco sociable y bohemio que no le incitó a exponer sus cuadros frecuentemente. Conoció a Picasso y a otros grandes pintores y personajes de la época. Vivió la mayor parte de su vida en Tánger donde se dedicó a pintar temas norteafricanos con magnífico colorido. En la última etapa de su vida se centró en lo que el pintor llama *abstracciones*. Sus cuadros más conocidos son sus *Escenas tangerinas*. Murió en Tánger en 1995.

José Hernández Muñoz, nacido en 1944 es otro importante pintor y grabador tangerino que desarrolla originalmente su arte muy apreciado internacionalmente. Ha recibido innumerables premios y es miembro de la Academia de Bellas Artes de San Fernando. Otro pintor considerado tangerino, aunque nacido en Fez, hoy reconocido internacionalmente, es Ahmed Yacoubi descubierto por Paul Bowles que también tradujo algunos de sus cuentos y que contó, además, con el apoyo de Francis Bacon que no es tangerino pero que vivió en la ciudad internacional en varias ocasiones en los años cincuenta donde pintó varios cuadros. Por último, Carlos Atalaya fue un inspirado pintor innovador de formas triangulares que se prodigó poco dedicándose más a la numismática en la que es una autoridad y Adela Ceballos fue una valiosa pintora impresionista que se dedicó, básicamente, al paisaje y que tuvo buen éxito en distintas exposiciones de Granada[272].

Apperley y otros muchos

Luis Comfort Tiffany, hijo del presidente de la famosa joyería Tiffany de Nueva York, es un pintor estadounidense que estuvo en Tánger a finales del siglo XIX y pintó un famoso cuadro titulado *Encantador de serpientes de Tánger*. Fue, además vidriero. Murió en 1933 con cerca de noventa años. Otro orientalista de Estados Unidos es Edwin Lord Weeks que vivió en Tánger varios años a finales del siglo XIX donde pintó numerosos cuadros sobre temas locales. Marguerite McBey es otra pintora, también norteamericana casada con el pintor escocés James McBey que había visitado Tánger en 1912. Ambos se fueron a vivir a la ciudad internacional en los años treinta, en una casa en el Monte y allí vivieron hasta la muerte de ambos. El está enterrado en el pequeño cementerio de la Iglesia anglicana. En su lápida dice: *James McBey 1883-1959. Amaba a Marru*ecos. Marguerite falleció siendo muy anciana a los 94 años.

George Apperley pertenecía a una aristocrática familia inglesa. Enamorado de Granada y de Tánger optó por vivir entre las dos ciudades. En Tánger donde era un personaje popular, residió en una casa cerca del Estadio Municipal en el

[272] Muchos otros tangerinos eran o son aficionados a la pintura, a la que se dedican con mayor o menor dedicación. Varios de ellos se unieron en una exposición colectiva que se celebró en Madrid en noviembre de 2011. Participaron cerca de una docena de pintores tangerinos: Blanca Eljarrat, Carmen Cayuela, Domingo del Pino, Ilse Puchert, las hermanas Emilia e Isabella Degioanni, Juana Villanueva, Lydia Gordillo, Manuel Iglesias, Manuel Segura y Ramón Sanz de Soto. La revista *Tingis* y su página web *www.paginastingis.com*, por su parte, y el blog de Domingo del Pino, por otra, dedicaron sendos reportajes a la exposición, que tuvo considerable éxito.

Marchán. Pintó un gran número de cuadros de inspiración tangerina así como a muchos residentes en la ciudad. Sus obras están en muchos de los mejores museos del mundo. Murió en Tánger en 1960. Mohamed Drissi, aunque nacido en Tetuán en 1943, fue un enamorado de Tánger donde desarrolló parte de su vida profesional como pintor inclasificable así como escultor, ceramista y grabador. Expuso en algunas de las principales capitales europeas. Murió en 2003. Julio Ramis es como Fuentes y Hernández otro pintor español difícil de definir y clasificar. Desde los años 40 este mallorquín vivió en Tánger donde fue profesor de dibujo en el Instituto Español. Aunque conoció a la mayor parte de la *inteliguentsia* tangerina no fue suficientemente apreciado. Hoy día, en parte olvidado, sigue considerado como el introductor del arte abstracto en España en 1935. Otro pintor y, también, azulejista fue Jorge Colaço de antigua familia tangerina. Por su parte, Antonio S. Ibírico (1950) es otro importante pintor tangerino que alterna su trabajo, por el cual ha obtenido numerosos premios, con el de ilustrador de libros, discos, etc., y poeta visual.

Es imposible reseñar a todos los pintores que estuvieron y trabajaron en Tánger por lo que hemos citado a los más importantes y significativos. Quedan, sin embargo, otros muchos, algunos de los cuales eran o son de gran calidad como la tangerina Juana Villanueva, la profesora Boullard-Devé, Cruz Herrera y Britto que fueron muy populares en Tánger y Hamri, Claudio Bravo, Chebaa, Eduardo Rosales, Ira Belline, y un largo etcétera. No olvidamos a un gran maestro de la talla como Pedro Aguilera que vivió en Tánger cerca de cuarenta años donde trabajó para un gran número de clientes en los distintos talleres que tuvo en la ciudad donde falleció en 1974 cercano a los ochenta años. A él se debe el retablo de la iglesia del Sagrado Corazón.

Fotografía

En Tánger trabajaban excelentes profesionales de la fotografía. Algunos de los más conocidos fotógrafos del siglo pasado fueron Theodor Tukker que tenía su estudio en la calle de Viñas, el tangerino Dfuf que durante muchos años fue el fotógrafo estrella del periódico *España* y que montó un estudio de reportajes que sigue abierto actualmente y Francisco López Alba dueño del *Estudio Alba* que contaba con tres establecimientos en la ciudad. Pero, posiblemente el más internacional de todos fue Cecil Beaton que vivió varios años en Tánger a la que llegó en los años 30. Fue, junto con su amigo David Herbert un puntal de la colonia de los *expatriados** y amigo de los más conocidos y populares como Bowles, Capote, Williams, etc. Fue el fotógrafo oficial de *Vogue* y durante algún tiempo de la Casa Real británica. Diseñó trajes para las películas *Gigi* y *My Fair Lady*. Además, otros estudios se dedicaban a reportajes de arte como los de

José Rodríguez Blanco, Alcaine o Zubillaga. Éste último publicó varios libros sobre Tánger. También destacó, Diana Adams que estudio en la American School y que expuso en varias ocasiones en Washington. Aparte de estos profesionales, vivían en Tánger muchos aficionados a la fotografía. Da prueba de ello el éxito que tuvo en 1960, como recoge el *Tingis* nº 46, el primer concurso de fotografías para aficionados que organizó el Casino Español. Participaron cerca de 170 fotógrafos. Los premios fueron concedidos a Harold Voldt, Fernando Monge, Louis Amoros, Gilbert Staes y Fernando Jung. Otros destacados participantes fueron Luis Agulló, Marc Bergel, Lydia y Carlos Sanz, Samuel Toledano, Roberto Villanueva, Giovanni Fiaccabrino, etc.

10.7. TEATRO Y CINEMATOGRAFÍA

Teatro

Existía en Tánger gran interés por el teatro y buena prueba de ello es el buen número de teatros que se abrieron en la ciudad donde se representaron obras tanto por artistas de importancia como por aficionados. Como es sabido el Teatro Cervantes fue el principal de todos los que había en Tánger y uno de los mejores de África del norte. Desde su inauguración en 1913 hasta finales de los años 50 fue el principal centro y foco cultural de Tánger. Por el Teatro Cervantes pasaron, desde su creación hasta principios de los años 60, la mayoría de los grandes actores y actrices españoles y extranjeros de ese periodo como, entre otros muchos, María Guerrero y su marido Fernando Díaz de Mendoza, a los que se ofreció un homenaje en 1920, María Fernanda Ladrón de Guevara, Enrique Borrás, Catalina Bárcena, Ricardo Calvo, Margarita Xirgu, Elvira Popesco, Nuria Torray, Henri Vidal, Josita Hernán, y Carlos Lemos.

En varias ocasiones distintos artistas musulmanes presentaron en el Teatro Cervantes obras de teatro en árabe. Entre las que tuvieron más éxito destacan *Otelo* y *Romeo y Julieta* de Shakespeare presentadas por la Asociación Hillal, respectivamente, en 1929 y 1934 así como *Saladino* de Nagid Hadded[273]. Otra asociación cultural en el terreno teatral fue Arte Español a cuyo frente desarrolló, durante muchos años, una brillante labor el periodista Luis Grajales. Organizó, durante varios temporadas, la representación de varias obras de teatro[274]. Por

[273] Trabajaron en ellas distintos actores tangerinos como Ahmed Ouayasine, Mohamed Akalay y Mohamed Haddad.

[274] En 1951 su junta directiva estaba presidida por el Dr. Rodrigo R. Marchena y a partir de 1955 por el fiscal Francisco Villarejo. Sobresalieron como artistas, entre otros, Eugenio Hernández, Rosario Nieto, Amparo Saenz, Carolina Gallego, Merce Sevilla, Eduardo Dobrito, Julia Ramírez, Rodrigo Marchena, Rosario Rodriguez, Caridad Flores y Manuel Saez.

su parte, la asociación italiana Dante Alighieri desarrollaba frecuentemente actividades culturales en las que participaba el cuadro artístico del centro en el que intervenían miembros de la colonia italiana[275]. En 1958 surgió el Joven Teatro de Cámara español dirigido por Angel Martínez[276]. Existían otras agrupaciones teatrales como Les amis du Théatre de France que organizaba actuaciones teatrales como las ofrecidas en 1954 en el Cine Mauritania. Un grupo de la Comedie Française de París interpretó varias obras de su repertorio como *Fedra*, *Andromaque* y la *Reine Morte*. Por su parte el Little Theater Group, dirigido por Jimmy Joy en los cincuenta y antes por Conan Doyle Jr representaba obras británicas o escritas en inglés.

Cine

Hemos visto ya que desde principios del siglo pasado, existían en Tánger buenas salas de cine dotadas, la mayoría de ellas, de maquinaria moderna. En los cines tangerinos se exhibían películas españolas, egipcias y francesas en versión original. Las restantes, especialmente, las de lengua inglesa se proyectaban, generalmente, dobladas al español o al francés aunque, a menudo, se proyectaban en versión original, subtitulada en español o francés. Durante las décadas de los 40 y 50, se proyectaron en los cines tangerinos las más importantes películas de esos años producidas en el mundo occidental. También tenían considerable éxito algunas películas hindúes y, particularmente, las egipcias. El Cine Vox se especializó en el cine egipcio organizando, determinados días, sesiones especiales a las que solo podían acudir mujeres. Las películas estaban interpretadas por actores muy populares en el mundo árabe como Yousef Wahby y los cantantes y actores Farid el Atrache, Mohamed Aldelwahab y, muy especialmente, la cantante Oum Kjalsum, ídolo indiscutible de la canción árabe.

En general, las películas europeas, principalmente las francesas, se exhibían sin cortes ni censuras de ningún tipo lo que invitó a que muchos españoles viajaran a Tánger para verlas. Por ejemplo, cada película de Brigitte Bardot que se exhibía en los cines de Tánger suponía para la ciudad un incremento notable de turistas. Fue el anticipo de lo que más tarde ocurriría con Burdeos o Perpiñan. En cambio, las norteamericanas como, normalmente, se exhibían dobladas en español habían pasado previamente la censura en España[277]. Asistir en Tánger al cine era un enorme privilegio que no existía al mismo nivel, por supuesto, en

[275] Recordamos a Dadi Targioni, Margherita Orzalesi,Orazio Brentan, las hermanas Nella y a Grazia Marchegiano.

[276] Participaban en el mismo Alberto Pimienta, Gonzalo de Cea, Manuel Gordillo, Elvira Navarro, Fina Palacios, José Andrés Ballesteros y otros. Del montaje se ocupaba Mesod Verdugo. En diciembre de 1960 presentó *Cargamento de sueños* de Sastre.

[277] Existía una curiosa calificación moral de la que se ocupaba el Vicariato Apostólico y que se publicaba en algunos periódicos y en la Hoja Parroquial de la Iglesia del Sagrado Corazón que, más o menos, establecía para las

España donde había una estricta censura pero tampoco en otros países europeos donde la misma era inferior a la española pero existía. Algunos cines o el mismo Teatro Cervantes ofrecían sesión continua lo que permitía ver, sin solución de continuidad, dos películas. Todo ello impulsó el amor por el cine que llegó a ser consustancial con buena parte de los tangerinos que eran buenos cinéfilos y que desde pequeños coleccionaban con fruición los programas o prospectos de las películas que se repartían en los estrenos de las mismas.

Cineastas tangerinos

Algunos tangerinos destacaron en el cine como actores o técnicos. Entre ellos recordamos a Elena Espejo que durante los años 50 y 60 fue una artista de renombre que trabajó, entre otras, en películas como *Zalacaín el Aventurero* (1955) o *Proceso a una estrella* (1966). Sandra Mozarowsky fue otra actriz, más bien *starlette*, nacida en 1958 en Tánger que actuó en varios filmes a mediados de los 70 y que murió trágicamente cuando no había cumplido los 19 años. Bibiana Fernández (anteriormente, Bibi Andersen) es otra artista de prestigio bien conocida, inicialmente, por su transexualidad y, más tarde, por haber trabajado en algunos filmes de éxito con Pedro Almodóvar y en programas de televisión. Farida Ben Lyazid también tangerina que tiene en su haber, como directora, varias películas entre ellas una inspirada en *La Vida Perra de Juanita Narboni.* En ella participa Concha Cuetos, hija de Aladino Cuetos, antiguo director de Radio Tánger, muy conocida en España por su participación en varias películas y series de televisión, entre ellas, *Farmacia de Guardia.* Gloria Berrocal es otra actriz que vivió durante bastantes años en Tánger.

Pero, seguramente, el cineasta tangerino más ilustre es José Luis Alcaine, nacido en 1938. Es uno de los mejores directores de fotografía de Europa. Ha intervenido en más de cien películas con los más prestigiosos directores españoles y ganado varios premios de importancia, como últimamente, el European Film Award, cinco premios Goyas y la medalla de oro de la Academia de Cine de España. Otro tangerino, Diego Galán, brilla como critico cinematográfico habiendo sido, además, durante cerca de dos décadas director del Festival Internacional de San Sebastián. Larbi Yacoubi es un actor de cine y teatro, así como decorador y director que ha participado en un buen número de películas. El ya citado Emilio Sanz de Soto fue un extraordinario conocedor y crítico de cine al que se le debe la creación del Cine Club que funcionó en Tánger a finales de los cuarenta y que continuó la labor realizada años antes por el Dr. Crambes, el profesor Gratelot y el periodista Abramovici. Durante los cincuenta el Cine Club tuvo una vida muy

películas la siguiente calificación o graduación: gravemente peligrosa, peligrosa, mayores con reparos, mayores, menores con reparos, todos los públicos.

activa. Lo presidió Herbet Southworth y participaban, entre otros, el mismo Sanz de Soto, Pepe Carleton, Afriane Houry como delegada de la Federación Marroquí de cine clubes y Mmes. Gerofi y Henaf, entre otros.

Películas sobre Tánger

Desde principios del siglo pasado hasta hoy se han hecho unas cien películas relacionadas, directa o indirectamente, con Tánger. Dos de las primeras fueron *Mektub* en 1919 y más tarde *Feu* con dos grandes actores franceses Charles Vanel y Pierre Brasseur. Otras españolas tuvieron éxito como *Los misterios de Tánger* en la que participaba Estrellita Castro. Algunas otras fueron producidas en Estados Unidos y otras realizadas por Italia o bien en coproducción con otros países. En su tiempo, eran más o menos aceptables, como *Águilas de acero* (1927) de Florián Rey, *Aquel hombre de Tánger* (1953) con Sara Montiel, *La Corona Negra* (1950) de Saslavsky con María Félix, *Billete para Tánger* (1955) en la que actuaba Fernando Rey Años después se rodó la *Vida perra* (1982), centrada en la conocida novela de Ángel Vazquez que fue dirigida por Javier Aguirre con la brillante interpretación de Esperanza Roy. Antes, en 1975 Sean Connery participó en la película *El Viento y el León* basada en el rapto de Ion Perdicaris por el Raisuni que falsea totalmente la historia. En 1990 Bernardo Bertolucci dirigió *El cielo protector* de Paul Bowles, interpretada por John Malkovich, que no gustó ni siquiera al escritor ya que es confusa y muy pesada. El año siguiente, David Cronenberg, dirigió *El almuerzo desnudo* basado en la novela de Burroughs que defraudó a la mayoría. *007 Alta tensión* de la serie de James Bond sitúa, en parte, la acción en Tánger de forma totalmente fantaseada e increíble.

Es extraño que una ciudad tan atractiva cinematográficamente como Tánger no haya sido tratada adecuadamente en el cine. Quizá la mejor película que se ha basado en el mito de Tánger haya sido *Casablanca* de Michael Curtiz pero que no adoptó el nombre de la ciudad internacional. La trama, con ciertas reservas, podía desarrollarse en Tánger, que en aquellas fechas estaba ocupada por las tropas del gobierno de Franco, que había permitido la reapertura del consulado alemán en Tánger pero que mantenía buenas relaciones con los demás países. De hecho, al parecer, la película iba a titularse *Tánger*. El bar de Rick habría sido inspirado en el del Hotel Minzah en Tánger[278]. Dos o tres años después el tirón de *Casablanca* hizo que se produjera una película con el nombre de *Tánger* protagonizada por María Montez y Sabú.

[278] *Casablanca* es una de las obras maestras del cine. Por si alguien no la ha visto, diremos, en síntesis, que cuenta la historia de un jefe de la resistencia contra los nazis (interpretado por Paul Henreid), refugiado en Casablanca y perseguido por los alemanes, que intenta huir de la ciudad, lo que hará con el apoyo de Rick (Humphrey Bogart), propietario de un bar de moda, y antiguo amante de su esposa (Ingrid Bergman).

En definitiva las películas sobre Tánger, salvo algunas raras excepciones son bastante malas. Sin embargo, en algunas de esas cintas intervinieron actores de considerable renombre como Pierre Fresnay, Jean Fontaine, Estrellita Castro, Sarita Montiel, Pierre Brasseur, Robert Hossein, Gino Cervi, James Mason, Maribel Verdú, Bachir Skiredj, Laurence Harvey, Fernando Rey, Timothy Dalton, John Malkovich y muchos más. Muchas de ellas han sido dirigidas por grandes directores como Julien Duvivier, Florián Rey, Bernardo Bertolucci, Javier Aguirre, André Hunnebelle, Carlos Fernandez Cuenca, Farida Ben Lyazid, etc. Pero, la mayoría, por no decir casi todas suenan falsas, se han servido del nombre de Tánger sin haber conseguido o querido recoger las esencias verdaderas del Tánger internacional ya sea el indígena o el cosmopolita. En todo caso está por hacer la gran película sobre el Tánger internacional lo que hoy, desaparecido Emilio Sanz de Soto que era su mejor conocedor, parece mucho más difícil que hace unos años.

Es imposible, al menos a nuestro nivel, señalar los actores de teatro y de cine, de primera fila internacional, que visitaron Tánger. Por parte española, añadiremos a los ya citados a Alfredo Mayo, Carmen Sevilla, Imperio Argentina, Lola Flores, Juanito Valderrama[279], Jorge Mistral, etc. Algunos tangerinos recuerdan con afecto a Luis Escobar, director y autor de teatro e inolvidable marqués en las películas de Berlanga, que pasaba largas vacaciones en la ciudad internacional. A nivel más internacional estuvieron en Tánger Gina Lollobrigida, Joan Fontaine, Elisabeth Taylor, Errol Flynn, Paul Dukas, que murió en Tánger en 1971 donde pasaba largas temporadas, Henri Vidal, Ryan O'Neil, Farrah Fawcett, Rex Harrison, Rock Hudson, Orson Welles, Irene Papas, Greer Garson y muchos más.

10.8. MÚSICA Y DANZA

Al igual que ocurría con las otras bellas artes existía en Tánger un evidente interés por la música y la danza. La presencia en Tánger de pintores como Delacroix, Degàs o Fortuny atrajo a la ciudad a músicos de fama mundial como, por ejemplo, Rimsky-Korsakov que estuvo en Tánger algún tiempo y que, al parecer, se inspiró en ella para su *Scheherazade,* Camille Saint Saens que compuso en el Hotel Fuentes parte de su *Danza macabra* y Franz Lehar que fue a la ciudad a finales del siglo XIX. En 1931 fue a Tánger, junto con Bowles, uno de los mayores compositores norteamericanos del siglo pasado, Aaron Copland. El propio Bowles, que fue músico antes que escritor, compuso un buen número de sonatas

[279] Antonio Burgos en su libro *Juanito Valderrama: mi España querida* que es una bonita biografía del cantante describe, primorosamente como Valderrama escribió en Tánger parte de su canción *El emigrante.*

y conciertos y otras obras musicales entre las que figuran algunas inspiradas en García Lorca[280]. Una de ellas la tituló en español: *Canciones de García Lorca.*

Músicos tangerinos

ALEXANDRE REY COLAÇO, nacido en Tánger, perteneciente a una viejísima familia tangerina desarrolló en el ambiente musical de la ciudad su gran capacidad pianística. Por otra parte, el alemán HEINZ TIETJEN (1881-1967) nacido en Tánger fue durante muchos años director de la Orquesta Sinfónica de Berlín y, más tarde, de la Opera del Estado de Hamburgo. Un tangerino de adopción MANUEL DÍAZ CANO (1926-2007) que vivió en Tánger muchos años donde fue profesor de muchos tangerinos, fue un afamado concertista, compositor y profesor de guitarra del pasado siglo. Durante algunos años ejerció como profesor en el Instituto Español de Tánger. Tuvo el privilegio de tocar el *Concierto de Aranjuez* con el maestro Rodrigo. Otros muchos tangerinos de nacimiento o de adopción destacaron en Tánger en el terreno musical entre los que citamos a la coreógrafa y profesora de baile Teresa Nieto, a la pianista Eva Gonzalez, los profesores Pagán, Sobret y Carlos Crovetto, muy recordado por sus alumnos en el Instituto Español y el pianista José Fernández Gil y otros muchos más. Daniel del Pino, hijo de los tangerinos Domingo del Pino y Lucy Gil, es un prestigioso pianista internacional.

Durante su larga estancia en Marruecos, Bowles recorrió gran parte del país recogiendo en magnetófono la música del país, tanto árabe como bereber o sefardí, analizando sus distintas peculiaridades y detectando en ella su influencias andaluzas. Años antes, el franciscano Patrocinio García Barriuso se había, asimismo, interesado por la música marroquí realizando un extenso estudio de la misma. Ambos llegaron a similares conclusiones en sus análisis. En aquel entonces el máximo representante de la música árabe andaluza era el tangerino MOHAMED LARBI TENSAMANI fue, durante más de treinta años, el mayor exponente de ese tipo de música en el norte de Marruecos. Fray García Barriuso distinguía claramente, del resto de músicos marroquíes, el estilo de Tensamani que creó una escuela independiente en el país. El Padre Patrocinio fue, posiblemente, el primero que publicó, en 1939-40 varios artículos técnicos en la revista *Mauritania* sobre los gaiteros de Yahyuka (*Jajouka* en francés o inglés) y, luego, un libro sobre la música hispano-musulmana en Marruecos. Es muy posible que Bowles, que hablaba bien el castellano, llegara a conocer estos trabajos[281].

280 Algunos cronistas señalan que García Lorca estuvo en Tánger en 1934, pero no parece que este hecho esté fundamentado.

281 Resulta curioso constatar que dos hombres tan distintos que cada uno representaba, por una parte, al Tánger más liberal y promiscuo y, por otra al sector más conservador de la ciudad, coincidieran en su interés por la música del país y desarrollaran estudios de gran relevancia sobre la misma y, en parte, coincidentes.

Gracias a los trabajos del Padre Patrocinio García y a los estudios de Bowles y William Bourroughs que estuvieron en la población de Jajouka hacia 1950, los gaiteros y danzantes de esa aldea del Rif fueron conocidos en Europa y Estados Unidos. Años después, a mediados de los 60, Brian Jones, guitarrista de los Rolling Stones que había estado en Jajouka editó un disco con la música de tales gaiteros. También estuvo en la aldea John Lennon de los Beattles y algunos *hippies*[282] que se inspiraron en aquellos.

Conciertos, recitales y grupos musicales

Ya hemos señalado que en el Teatro Cervantes y en algunos otros locales actuaron algunos de los mejores músicos o cantantes líricos de la época. Entre ellos sobresalieron Enrique Caruso, que estuvo en Tánger en 1919 lo que fue un acontecimiento extraordinario, Tito Ruffa, Adelina Patti, María de los Ángeles Morales, Miguel Fleta, Marcos Redondo y Alfredo Kraus. Se celebraban, además, periódicamente, programas de ópera como el que protagonizó en 1949 Marimí del Pozo con *Aida, Rigoletto* y *Carmen* así como temporadas de zarzuela como la que desarrolló en 1951 la Compañia de Pepe Alfayate.

Acudían a la ciudad grandes intérpretes de las más distintos instrumentos. Hacia 1944 estuvo el Quinteto Nacional español de Música de Cámara. El pianista Alfred Cortot y Elizabeth Schwarkoff con Herbert Von Karajan dieron un memorable concierto en Junio de 1955 con ocasión de la inauguración del Palacio de la Asamblea Legislativa. También actuaron en Tánger, entre otros muchos, el guitarrista Narciso Yepes y el pianista Leopoldo Querol. Fue sublime el recital que dio en el Mauritania en 1951 el violinista Yehudi Menuhin. Entre las varias orquestas que actuaron en Tánger se recuerdan, especialmente, a la Orquesta Sinfónica de Madrid que actuó en el Cervantes en 1949 y la Mozarteum de Hamburgo que estuvo en 1960.

En el Conservatorio de Música de Tánger dieron clases, entre otros, el pianista Victor Endovitzka y el violoncelista Francis Victor y la violinista Zoya Maximoff. En 1951 figuraban en el cuadro de profesores, entre otros, la profesora de solfeo Melle Delannon, la bailarina Noelle Christian que había formado parte del Ballet

[282] Los *hippies* o *beatniks* formaron parte de un movimiento que tuvo bastante influencia, alrededor de los años sesenta del siglo XX en un sector bohemio de la juventud norteamericana y europea que profesaba algunos de los ideales y valores defendidos por la *Beat Generation*. Dicho movimiento, directa o indirectamente influyó, en mayor o menor medida, en fenómenos artísticos populares como Bob Dylan, David Bowie, Janis Joplin, Patti Smith, Pink Floyd, los Beatles o los Rolling Stones. Algunos de ellos, como fue el caso de los dos últimos grupos, recibieron influencias musicales marroquíes, especialmente, de los músicos de Jajouka. Algunos *beatniks* o *hippies*, a principios de aquella época, al poco tiempo de la integración de Tánger en el resto de Marruecos, fueron a vivir a la ciudad donde no fueron bien recibidos.

de Lyon y la coreógrafa y profesora de baile Teresa Nieto. Se creó un cuarteto de música en la que intervenían los profesores Mme Nove, Pagan, Smirnoff y Peyre.

Una iniciativa muy apreciada en la ciudad fue la creación de la Peña Lírica impulsada en los años 50, entre otros, por el ya citado Alberto Pimienta que era y es un excelente pianista y conocedor de los cantares sefardíes y que, durante muchos años, animó la vida cultural tangerina[283]. La Peña que contó con la cooperación entusiasta de la soprano Isabel Viciana, esposa de Antonio Llardent, estaba dirigida por Carlos Engel junto con el profesor Crovetto. Eran frecuentes las audiciones o representaciones de distintos géneros líricos[284]. Se creó también en el ámbito del Instituto Español una *Estudiantina Española* que dirigía Manuel Díaz Cano y José Luis Parejo con la colaboración del citado Carlos Crovetto. La presidía José Luis Massa y tenía como madrina de honor a la joven Carmen Cabrera, hija de la marquesa viuda del Ter[285]. Por otra parte, en la fiestas de Santo Tomás de Aquino se celebraba un pequeño festival dirigido por la profesora Maruja Gisbert[286]. Paralelamente, se desarrollaban las actividades programadas por les Jeunesses Musicales Françaises.

Paradójicamente, a pesar del interés que existía en Tánger por la música, no se llegó a crear en la ciudad una orquesta sinfónica. Tampoco contaba Tánger con una banda municipal. Se realizaron intentos que no llegaron a buen término. A veces se desplazaban a la ciudad algunas bandas de música como la de las Fuerzas Aéreas Norteamericanas que actuaron en el Estadio Municipal en 1953 u otras más populares como la de la Legión española que acudía siempre que se le solicitaba para animar las Semanas o Fiestas de Tánger con su carnero mascota al frente.

Posiblemente, tal ausencia de orquesta sinfónica y banda municipal se debió a la atomización cultural que existía en la ciudad donde las distintas colonias de extranjeros y los propios marroquíes no se unían para la creación de grandes objetivos culturales. Por el contrario, rivalizaban entre sí en la formación de innumerables organizaciones artísticas. A las ya citadas podríamos añadir, la sección de música de Arte Español, Les Amis du Disque, la Sociedad Filarmónica, el Conservatorio de Danza, la Academia Rosita y Les Amis de la Musique. Éstos

---

283 En una charla-coloquio en la Casa Sefarad de Madrid, organizada en octubre de 2011 por la Asociación de Antiguos Alumnos del Instituto Español, Alberto Pimienta rememoró, con simpatía y cierta nostalgia, algunos pedazos de su vida y, en especial, los dedicados a la Peña Lírica Tangerina (véase *Tingis* nº 52).

284 Destacaban como cantantes, entre otros muchos, los ya indicados Engel e Isabel Llardent y Marilú Gutierrez, Juan Gelis, Alvaro de Luna, Amalia Lamia, Francis Dumont y José López que eran muy populares en Tánger.

285 Participaban en ella conocidos chicos y chicas de Tánger, entre ellos, Josefina Sales, Dolores Pecino, Sagrario Perea, Anita y Pepita Silva,los hermanos De la Lama, Juan S. de Erice, Carlos Soler, Juanito Ortiz, Leopoldo Alandete, Emilio Guitart, Ernesto Caparrós, Fernando del Toro, Jimmy Salama, Carlos Dahl, etc.

286 En el de 1958 intervinieron, entre otras, Maria Blanca Cobos, Pepi Pecino, Elvira Reina y Conchi Fuentes todas ellas de familias muy conocidas tangerinas

últimos nacieron en 1936 y ofrecían seis conciertos al año en el Hotel Valentina. A mediados de los años cincuenta, por fin, algunas de estas agrupaciones se unieron para celebrar el Festival Internacional de Música que no tuvo gran éxito.

Danza

En el *Teatro Cervantes* actuaron en varias ocasiones los ballets clásicos de Pilar López y de Mariemma. Vicente Escudero y su ballet español también se presentaron en Tánger en 1951 y en varias ocasiones lo hicieron Rosario y Antonio. En 1948 actuó en el Estadio Municipal el ballet de Lydia Karpova con estrellas de la Ópera de París. Entre otras piezas interpretaron *El Amor Brujo* de Manuel de Falla. Todos ellos eran grandes figuras de su tiempo en su género. Asimismo, fueron a Tánger en varias ocasiones los ballets del marqués de Cuevas que habían heredado la escuela de ballet de Sergei Diaghilev. Pero, posiblemente, la velada más memorable fue una de Julio de 1951, con ocasión de la *Semana de Tánger*, en la que actuaron dos de la mejores bailarinas de la época Rosalia Hightower y Marjorie Talchieft. Ésta última fue la primera india americana que actuó en la Ópera de París. También, Ludmila Tcherina estuvo en Tánger en Abril de 1955. Un espectáculo especial era el constituido por los Coros y Danzas de España que actuaron en varias ocasiones en la ciudad siendo memorables sus actuaciones de 1952 y 1955. Teresa Nieto, nacida en Tánger en 1953, es una destacada bailarina de danza clásica y española. En 2002 creó el espectáculo *Tánger*, finalista en los premios Max de dicho año, premio que obtuvo, como mejor intérprete, en 2007.

10.9. OTROS ESPECTÁCULOS

Aparte de los grandes artistas clásicos que fueron a Tánger, principalmente, durante sus años de esplendor también actuaron en sus teatros, cines y salas de fiestas los más conocidos y admirados artistas de la canción española o de la francesa y otros de distintas nacionalidades. Ya hemos citado a Estrellita Castro e Imperio Argentina, que eran las más genuinas representantes de la copla en los años cuarenta, fueron a menudo a Tánger al igual que Juanita Reina o Marifé de Triana. Antes, había ido con cierta frecuencia Raquel Meller y volvió, por última vez, en 1958. Por su parte, las parejas formadas por Lola Flores y Manolo Caracol y Carmen Morell y Pepe Blanco estuvieron presentes varios años en el escenario del Teatro Cervantes y otro tanto hicieron Antonio Molina, Juanito Valderrama y Adelfa Soto. Todos ellos eran extraordinarios intérpretes de la canción española. Fuera de ella acudieron otros artistas del máximo nivel como Antonio Machín,

Luis Mariano o Gloria Lasso que eran, éstos últimos, muy populares no solo en España sino, principalmente, en Francia. También se presentaron en la ciudad humoristas tan conocidos como Gila o Tip y Top.

También se presentaban espectáculos con artistas de otras nacionalidades como el cantante Salim Halali y la danzarina Munera que actuaron en 1951 en el Cervantes o los *chansonniers* franceses Maurice Chevalier y Charles Trenet o los artistas norteamericanos Sidney Bechet, autor de la celebérrima *Petite fleur* y Josephine Baker y las Peters Sisters que estaban de moda en los años cincuenta. También visitaron Tánger artistas mexicanos que eran muy populares en España como Irma Vila y Jorge Negrete para cantar sus rancheras y Los Panchos y Ana María Gonzalez para interpretar y decir sus boleros. En definitiva, entre los años cuarenta y cincuenta estuvieron en Tánger los principales artistas de variedades de Europa y América.

Además, a pesar de las dificultades que suponía trasladar un circo desde la Península a Tánger parece que el esfuerzo merecía la pena ya que fueron a la ciudad internacional circos tan reputados como el Circo Americano con su gran número sobre *Buffalo Bill* y el Barnum Circus que estuvo en Tánger en 1950.

Durante los años de esplendor de Tánger tuvieron especial desarrollo los cabarets y las salas de fiestas que ofrecían todo tipo de espectáculos al nivel que se hacía en Francia. En tales lugares de ocio como por ejemplo el Casino Municipal que se creo a finales de los 50 actuaron cantantes tan famosos como Charles Aznavour o Gilbert Bécaud. En otros, se iniciaron los primeros pases de *strip-tease* en los que actuaban algunas conocidas artistas del género. En 1954 actuó en Djory's Night Club, una de las primeras transexuales conocidas internacionalmente, Coccinelle. Por su parte, durante algunos años varios gaiteros y danzantes de Jajouka actuaron en Tánger en el restaurante 1001 Nights del que era dueño Brion Gysin amigo de William Burroughs.

Johnny Abrines, un tangerino de una familia muy popular en la ciudad creó una orquesta que tuvo bastante éxito hasta tal punto que actuó en varias fiestas de Barbara Hutton. Otros jovenes tangerinos que estudiaban en España, influenciados ya sea por las grandes voces del *pop* americano o bien por la *chanson française,* intentaron transmitir a los jóvenes españoles sus sensaciones e inquietudes al respecto. Entre ellos figuraban José Luis Álvarez que a principios de los sesenta creó en Madrid la revista *Fonorama* que tuvo considerable éxito y que informó sobre los nuevos aires musicales que llegaban a España y Francis Ceballos que fundó, en la misma época y también en Madrid, un conjunto *Los Siderales* en el que actuaba como líder y cantante que tuvo buena acogida, durante algún tiempo, ya que cantaba, con mucho gusto, las canciones extranjeras más conocidas tanto en francés como en inglés.

10.10. DEPORTES, JUEGOS Y AFICIONES

Hemos visto a principios de este capítulo que Tánger estaba bien provista de establecimientos deportivos donde los tangerinos que, en buen número, eran buenos deportistas podían practicar la mayoría de los deportes de equipo o individuales.

Posiblemente, uno de los primeros deportes que se desarrollaron en Tánger como consecuencia de la llegada de los europeos fue la cacería. A partir de 1860, en pocos años, eliminaron a muchos de los pocos animales salvajes que vivían en la zona como por ejemplo, el león, que pronto desaparecieron y diezmaron a los zorros y jabalíes. En 1892 se creó un club de caza que se denominó Tangier Tent Club. Desde entonces, se reglamentó la caza y se destinó a la caza menor una zona cercana de la ciudad donde los extranjeros podían cazar, durante ciertos meses, liebres y perdices o similares. Más tarde, se dedicó a la caza mayor, principalmente del jabalí, otra zona más grande cercana a los *duares* de Sharf el Akab y Hauara, cerca del río Tahardatz. Se organizaron desde finales del siglo XIX y hasta principios de los 50, cacerías que necesitaban una gran preparación y que desplazaban a la zona de caza a varios cazadores que formaban parte de la élite de Tánger. La mayor parte eran anglosajones. Las actividades del Tangier Tent Hunt decayeron hasta desaparecer[287].

Ya hemos señalado que en el Country Club se reunían los tangerinos británicos y de otras nacionalidades para practicar sus deportes favoritos como el tenis, cricket, golf, equitación, o polo, etc. El Country fue presidido durante algunos años por M. Radigués de la Chennevière. Pero, algunos de estos deportes también se practicaban en otros lugares. Por ejemplo, en el Emsallah Garden propiedad del Minzah y en el British Tennis Club de los Suanis se celebraban periodicamente campeonatos de tenis en el que destacaban varios tangerinos entre ellos Maxo Bendahan que llegó a ser campeón de Andalucía, José Albiol y Emilio Bonnet y Alberto Benaim que fue el mejor jugador de 1951. El cricket fue uno de los deportes que más pronto se practicó en Tánger, en el Marchán, en el lugar en el que años después se edificaría el Estadio Municipal. También se disputaban partidos de polo. Por ejemplo en 1952 se jugó una Copa de Polo en la que compitieron dos equipos formado el primero por Benasuli, Barrios y Parladé contra Balensi, Selley y el *Major* Giron. Por otra parte, eran frecuentes las competiciones de equitación desde los primeros años del siglo cuando se

287 La caza del jabalí o *pigsticking* se organizó en Tánger con normas similares a la del zorro en Inglaterra. Aunque, inicialmente eran muy estrictas, poco a poco tales normas se fueron flexibilizando y se cometieron excesos en todos los ámbitos lo que hizo que la caza del jabalí decayera. Se practicaba este deporte en el Bosque Diplomático que años después no solo fue lugar de caza sino también de esparcimiento de los tangerinos.

celebraban carreras de caballos en la playa frente al Hotel Cecil. Había, además, picaderos donde se podía practicar la equitación entre los que destacaba, en los años 50, el Club de l'Etrier en el que practicaban muchos tangerinos como Vasco Preyre, Gianni Salomone, Sally Hall, Piero Lanino, Marcello Cassinelli o Profero Vouters.

En Tánger existía una gran afición al fútbol. Varios tangerinos improvisaron campos de fútbol tanto en el Marchán como en el barrio de Suanis. El más conocido de todos fue el Pradal hasta que fue construido el Estado Municipal que era uno de los mejores del Magreb. Parece que el primer equipo de fútbol de cierta entidad que se organizó en la ciudad fue el Mogreb fundado por marroquíes musulmanes y algún que otro hebreo. En los años cincuenta su presidente era Mohamed Outtair[288]. Por su parte, la Unión Deportiva España que fue el más potente equipo de Tánger nació en 1946 llegando a muy alto nivel hasta tal punto que en la temporada 55/56 estuvo a punto de subir a la primera división[289]. El tangerino Allal fue, posiblemente, uno de los mejores jugadores marroquíes de aquella época junto con Akesbi que jugó en Francia y que, más tarde, fue internacional.

Otro de los deportes que tuvo más adeptos y jugadores fue el baloncesto. Los principales equipos eran el Hasnona, formado, inicialmente, por vecinos de la calle Hasnona cuyo presidente era el Dr. Benarroch; el Acción Católica de la que, inicialmente, formaron parte miembros de esa asociación religiosa y luego otros jugadores, el Mogreb y la A.S. que correspondía a la asociación de antiguos alumnos de la Alianza Israelita. Los mejores o más conocidos jugadores de la época eran Rafael Castillo[290], los hermanos Laverny, Sam Güitta, Jacky Arama, Perea, Aquiba Benarroch, León Anidjar, Dedé Huguenin, Carlos Dahl, Pedro Alcaine, Larruscain,Devoize, etc.

Hubo bastante afición al rugby al que se jugó, por primera vez, a finales de los cuarenta por iniciativa y apoyo de varios tangerinos como, entre otros, el Comandante Artous, Bastienelli, Saguès, Blandin, Aumage, Porte, Sánchez

---

288 El Mogreb fue campeón de Tánger en 1930 y militó en la tercera división española de futbol durante algún tiempo. Los equipos tangerinos estaban, en su mayoría, formados por españoles y marroquíes como el Tánger FC, el Hilal, la Unión Tangerina, la U.D. Sevillana, el Iberia, el Príncipe Udine, el Alfonso XIII, el ASFT y otros más.

289 El *España* de Tánger ascendió a la segunda división española en la temporada 1952-53. En enero de 1952 jugó contra el Real Madrid que le ganó por 7 a 2 goles. La U.D. España, fue presidida en distintas épocas por Enrique Bataller, Juan Zacarías y, más tarde, por Antonio Gomez Bravo. Algunos de sus jugadores más conocidos y apreciados eran los marroquíes Abdelkader, Botina, Allal, Riffi y Chicha y los españoles Rusiñol, Genaro, Helguera, Amaro, Tapia, Ramón, Uceda y otros más entre los que figuraba, en primera fila, Pendás que, a más de ser un excelente jugador, era profesor de matemáticas en el Instituto Politécnico Español.

290 Rafael Castillo se mantuvo a muy alto nivel durante muchos años. Después de la independencia siguió en la ciudad donde ha desarrollado una larga y fructífera carrera profesional como experto contable. Es desde hace más de una década miembro para Marruecos del Consejo General de la Ciudadanía Española en el Exterior. Casó con Rosita Larruscaín hija del *pelotari* del mismo apellido que fue muy popular en Tánger.

Llamusi y Bendelac. El equipo más veterano y fuerte era el Rugby ASFT. Algunos jugadores destacados eran los hermanos Cracco, Pepe Artesani, Lope Guerrero, Cabanié, Zekri, Marrakchi, Benmergui, J. Vega, Algaba, etc. El atletismo que fue impulsado por la ASFT[291] se podía practicar en el mismo Estadio Municipal y en otras instalaciones como las de la Alliance Sportive que presidía M. Salama.

Había bastante interés por el boxeo y la lucha libre que se organizaban en distintos locales como el frontón Jai-Alai, el Cine Rex, el American,el Lido Kursaal y el Teatro Cervantes. El boxeador tangerino más conocido era Kid Medina, también llamado Kid Mosca que conquistó el campeonato de Tánger y el de la zona española en peso mosca. El mayor acontecimiento que se produjo en boxeo fue la exhibición que hizo en Marzo de 1949 el campeón del mundo Marcel Cerdan frente al campeón tangerino Salmerón. Cerdan murió en noviembre de ese mismo año en un accidente aéreo[292]. La pelota vasca atraía mucho público al frontón Jai Alai que fue creado, a mediados de los años treinta, por Emiliano Rodriguez Marchena. Estaba situado en la calle Molière enfrente de la Grande Poste. El proyecto fue de José Miguel de la Quadra-Salcedo. El director técnico fue Manuel López Ortiz y su apoderado Enrique Coronado. Los tangerinos se aficionaron, rápidamente, a la pelota vasca así como a las apuestas basadas en ella. Se jugaban distintas modalidades entre las que destacaba la de cesta punta y pala corta. A mediados de los cuarenta los principales pelotaris que jugaban en Tánger eran Gimeno, Quintana, los hermanos Onaindia, Echevarria, Golazaga, Larruscain, Bascarán, Barinaga, etc. El frontón no era rentable por lo que cerró hacia los 50.

El Yacht Club de Tánger, que entre otros presidieron José Jorro y el Cherif de Uazzan, organizaba frecuentemente regatas, algunas de carácter internacional, en la que participaban barcos de Tánger y de los dos protectorados así como de varios puertos españoles andaluces y de Ceuta y Melilla y Gibraltar. Algunas muy recordadas son las celebradas 1951 entre Lisboa-Faro y Tánger y las de 1953 en la que concurrieron los barcos entre Tánger y Tarifa y Tánger y Gibraltar. Las de 1951 fueron ganadas por los hermanos Katzaros y los también hermanos Romero. La vela tenía muchos adeptos entre los que destacaban por su afición y sus barcos los citados hermanos Katzaros, los Cracco, Vivó, Benoliel, John romero, varios miembros de la familia Petri, François Devoize, Pepe Artesani, el dentista Pito Navarro, Pierre Cabanié, etc.

---

291 La Association Sportive Française de Tanger (ASFT) fue muy activa durante muchos años en distintas disciplinas deportivas, entre las que destacaban el atletismo, rugby, baloncesto, etc. Algunos de sus directivos fueron MM. Blandin, Martin, Gouarin, Pelofi, etc

292 En lucha libre destacaron Saludes, Arteaga, Kid Zamboa, Soria, Ballesteros, Chaib, Vela, Liberaty, Joe Fordson, Legido, Urteaga etc. En los años cincuenta se celebraron muchas veladas de lucha en el Teatro Cervantes con gran afluencia de público. En 1954 hizo una exhibición el excampeón mundial de los pesos pesados, Primo Carnera.

Lógicamente, la pesca se podía practicar en las costas tangerinas y en muchas pequeñas calas y en el propio Yacht Club. En las cercanías de Tánger se podían pescar atunes que podían llegar a los 300 kilos de peso. En 1954 se celebró en Tánger, el primer campeonato oficioso del mundo de pesca submarina en el que participaron ocho o nueve países con unos 15 equipos. Tánger presentó tres equipos que quedaron situados en primero, sexto y décimo lugar. El equipo vencedor estaba compuesto por Amiach, Arnaud y Laclaustra y el que se situó sexto por Prisse d` Avennes, Sabatier y Vallée. Prisse d'Avennes que era profesor de educación física del Regnault murió el año siguiente en un accidente marítimo. Gregorio García Segundo, conocido hombre de negocios, pescó el pez de mayor peso en cuatro ocasiones sucesivas.

No había muchos lugares en Tánger donde se pudiera practicar el billar que tenía en aquella época mucho auge en España. El mejor lugar era el Casino Español que contaba con varias mesas de buena calidad. El encargado de las mismas y, en su caso, profesor de billar era Jacinto Cambra, un hombre de cierta edad muy afable y que había sido campeón regional en España. El Casino organizó algunas competiciones. Destacaban como jugadores, entre otros, Benayón, Correía, Costa, Villanueva, Mena, Felman y Rosado. En los años 50 visitaron Tánger los campeones mundiales Domingo y Alvarez Osorio que hicieron algunas exhibiciones en el Casino. El Sport Hall estaba en el primer piso del inmueble del cine Goya, en la calle del Dr. Fumey. Su propietario era un judío polaco llamado Hirt que montó un centro de juegos para muchachos en el que muchos de ellos pasaban largas horas jugando a varios juegos de salón como el billar, tanto francés como americano y el eléctrico y al futbolín. Se trataba de un juego de salón que causó furor en Tánger durante varios años donde se celebraron frecuentes campeonatos. También se jugaba al futbolín y a las máquinas electrónicas en el Manhattan situado en la calle Goya. Otros juegos o deportes eran los bolos, la petanca y el ping-pong. El primero podía practicarse en el Bowling Palace. La petanca contaba con una asociación, Boule Fédérale de Tanger, muy activa, que presidía M. Delthé.

El tiro de pichón tuvo considerable desarrollo gracias al Nuevo Club que contaba en Gandori con playa privada. El presidente del Club durante algún tiempo fue el cónsul de España, Miguel de Lojendio con el que colaboraban otras personalidades tangerinas, principalmente españolas, como José Toledano que era vicepresidente, José Jorro, José Andreu, etc. También dedicó parte de su actividad al tiro al plato. El Club organizó a partir de 1952 tiradas internacionales que tuvieron un enorme éxito deportivo y social. En las de 1956 consiguieron los principales premios el Alto Comisario, García Valiño, Pedro, Enrique y José Luis Osborne, Luis Llodra y Carlos J. de Terry así como los señores Moraes y Valera. En el Automóvil Club se fomentaba el automovilismo. Lo presidió varios años M. Galibert con la vicepresidencia de Armand y Muracciote. Organizó a partir de 1952 un *rally* que ganó en una ocasión el hijo de Conan Doyle con un Delahaye. También organizaba un concurso de elegancia. El de 1954 presidido por M. Armand fue ganado por Ian Selley, Jeanine Tessier, las hermanas Esperanza y Nini Franqueira, Sonia Hassan y Dady Targioni. Algunos tangerinos muy amantes del motor eran, entre otros, José Ramón Atalaya, Mario Boetti , Renato Montalbano, etc.

La natación se practicaba en la playa que rodeaba la bahía y también en otras playas de los alrededores de Tánger como las de las Grutas de Hércules. Inicialmente, se montaron balnearios de madera en las playas del terraplén situado enfrente de la terraza Renschausen y, más tarde, se instalaron a lo largo de toda la playa hasta llegar al más alejado que era el Balneario de los Hoteles Asociados. Además, los tangerinos disponían de varias piscinas entre las que destacaban las del Parque Brooks, la que se instaló en el American Club y las que funcionaban en el Parque Donabo. Este último estaba situado en un maravilloso bosque cercano al Cabo Espartel y fue un centro de atracción muy importante del Tánger turístico ya que contaba con instalaciones para varios deportes como hípica, natación y otros deportes acuáticos.

En Tánger se practicaban, con mayor o menor afición, otro muchos deportes. Así, por ejemplo, los tangerinos se podían familiarizar con la aviación en el Aero Club inaugurado en 1948, que presidía a principios de los cincuenta el Barón Wauthier. En 1951 se creó el Moto Club Internacional de Tánger. En este deporte destacaron los hermanos Muñoz Lahesa, Guido Guarnieri, etc. En las playas, además de practicarse la natación, se jugaba al voleibol y existía una Federación tangerina de esgrima que presidieron sucesivamente, J.O. Cracco y el magistrado Abdelatif Tazi que impulsaba la práctica de tal deporte. Entre sus practicantes figuraban G. Estryn, el abogado Hauben, Georges Puisset, Albert Teboul, A. Serfaty, Georges Barchechat, etc. En 1956 se celebró con éxito la *Noche de la Esgrima*. Se jugaba al hockey sobre patines en el Skating Club, deporte en el que destacaban Paco Llonch, Luis Imer, Paco Diaz-Anillo, Francisco Díaz, etc. También existía afición por el ciclismo. Por ejemplo, en 1949 se celebró la Vuelta Ciclista a Tánger que ganó Mismisi, seguido por Burgos. El ganador hizo el recorrido en tres horas y treinta minutos.

También hubo mucha afición por la marcha y el excursionismo tanto a pie como en bicicleta. Se realizaban excursiones a los alrededores de la ciudad como el Monte, Sidi Amar, las grutas de Hercules, Cabo Espartel o al bosque de Charf el Akab llamado bosque diplomatico. También, se realizaban pequeños viajes a Tetuán que está a unos 60 km y a Ceuta que dista solo 44, así como a Chauen que está un poco más lejos.

En el Tánger Internacional de conformidad con el artículo 52 del Estatuto estaban prohibidos los juegos de azar aunque se permitían en algunos clubs privados. A partir de 1958 fueron autorizados, oficialmente, en el Casino Municipal de Tánger. Otros juegos de salón como el bridge se practicaban en el Club Gandori, donde se celebró un campeonato internacional en 1959, así como en otros establecimientos como el Casino de Tánger, el Circulo La Unión, el Casino Español, el Rotary, etc. Tita Orzalezzi era una de las mejores jugadoras de bridge. En 1957 Benasuli, Levy, Cohen y Benmergui ganaron el gran premio de invierno de Gandori. Por su parte, en el Casino Español se celebraban periódicamente campeonatos de ajedrez en el que destacaban jugadores como Ricardo Begoña o Antonio Gonzalez. La filatelia tuvo muchos aficionados hasta tal punto que en Julio de 1955 se celebró en Tánger la Exposición Filatélica Internacional en el Hotel Rembrandt que estuvo impulsada por el magistrado Eugenio Mora Regil. Los amantes de la fotografía se unían en el Foto-Club que presidía A.H. Selley, con Stanley Abensur como vicepresidente y con la asesoría del periodista Rene Abramovici.

Tánger ofrecía un gran interés desde el punto de vista de la arqueología que se concretó en muchas actividades y, particularmente, en la creación de una Sociedad de Historia y de Arqueología que organizó conferencias y participó en excavaciones y excursiones arqueológicas[293]. Existía, además, en Tánger un especial cariño hacia los animales sentimiento en el que participaban marroquíes y europeos. Se creó una Sociedad Canina en la que intervenían personajes de la clase dominante o de la burguesía como las esposas del cónsul general Panafieu y del administrador adjunto Los Arcos así como la condesa de la Faille. Se celebraron varias exposiciones y concursos de animales entre las que destacó la exposición canina de 1950. Durante bastantes años funcionó un cementerio de animales.

10.11. TOROS

En Tánger existía considerable afición a los toros. Desde la segunda década del siglo XX se celebraron novilladas y hasta alguna corrida de toros. Entre todos los aficionados destacó Alfredo Corrochano que llegó a ser un buen torero y

293 Durante muchos años la presidió el Dr. Charles Alfred Apffel. En ella participaron personalidades tangerinas tan conocidas como el Cherif de Uazzan, Abraham I. Laredo, el Padre López, Lady Scott, la princesa Martha Ruspoli y otros intelectuales como Robert Gerofi, Mme. Pinatel, Juan Estelrich, Cesar Luis de Montalbán y Michel Ponsich que era el arqueólogo de Cotta y que había trabajado en Lixus, cerca de Larache así como en Volubilis. El Mendub era el presidente de honor.

que alentó en Tánger la afición por la fiesta. Otro aficionados que llegaron a torear fueron Luis Marquijano, Manolo Bernal, Jesus Cañizares y Luís Alvarez. Con el tiempo, Tánger tuvo su plaza de toros[294] inaugurada en 1950 y cuya construcción fue promovida por varios amantes del toreo entre los que figuraba, curiosamente, el bajá de Larache, Muley Ahmed Raisuni, hijo del muy conocido héroe-bandido rifeño del mismo nombre. Contaba con ocho tendidos en los que cabían unas 9.000 personas más 2.500 en las andanadas. El ruedo fue cubierto con tierra albero que se trajo de Sevilla. En el cartel de inauguración figuraron el rejoneador Angel Peralta, *Parrita*, José María Martorell y Manuel Calero. Los toros eran de la ganadería de Fermín Bohorquez. Intervino la banda de la Legión de Ceuta. Se llenó totalmente la plaza y la corrida tuvo un completo éxito.

Durante 1951 a 1956 se celebraron varias corridas con los principales rejoneadores, toreros y novilleros de la época pero, después de la independencia, cesaron las corridas no reanudandose hasta 1970 durante el cual se celebraron algunas pocas. Además de los toreros citados torearon en la plaza otras figuras como Luis Miguel Dominguín, Rafael Ortega, Calerito, Miguel Báez «Litri», Julio Aparicio, Antonio Bienvenida, Carlos Arruza, Palomo Linares, El Cordobés, Cesar Girón y Conchita Cintrón.

Se utilizó también la plaza para algunas manifestaciones musicales. Por ejemplo, en ella dio conciertos la banda de la American Air Force. En 1962 fue vendida en pública subasta. Desde la última corrida, a principios de los 70, la plaza ha tenido los más variopintos usos. Actualmente, está cerrada y ocupa el centro del populoso Barrio de los Toros o *des Arènes* del nuevo Tánger.

---

294 Véase Manuel Márquez Rodríguez, «Plaza de Toros de Tánger», *Tingis* nº 10,11,12.

CAPÍTULO XI
LOS TANGERINOS

Tanger est une sorte de petite société eurafricaine des nations.

Victor Vernier, *La singulière zone de Tanger.*

La mayoría de los tangerinos eran marroquíes de religión musulmana o judía y eso se notaba claramente en la medina aunque la importancia de la presencia española hizo que la ciudad moderna tuviera muchos rasgos españoles y, principalmente, andaluces. El resto de la población estaba compuesto por nacionales de la casi totalidad de los países europeos y americanos y por algunos africanos, principalmente, magrebíes y asiáticos. Aportaban otras culturas, religiones y costumbres pero complementando la árabe y la bereber y, en particular, la musulmana y la judía. La mayoría de ellos habían nacido en Tánger aunque otros que habían llegado al mundo en otras ciudades o países habían decidido vivir en la ciudad y compartir su vida con los nativos.

Algunos autores distinguen entre el *tanyaui* que designaría al indígena musulmán o judío y al *tangerino* que sería el oriundo de países occidentales nacido en Tánger o residente en la ciudad. No parece que esta distinción sea adecuada. A nuestro entender es *tangerino* todo aquel , sea o no marroquí, que estime que Tánger es *su ciudad* y que en ella están sus raíces y se considere ligado o unido a la misma por vínculos familiares, personales o afectivos independientemente de que haya o no nacido en ella, de su etnia, de su religión o de su nacionalidad[295]. Recordemos a algunos de tales tangerinos.

[295] Describe muy bien este sentimiento Abdelhamid Bouzid cuando se refiere a Elisa Chimenti: «Ella no era solo una italiana, ya que de hecho fue una marroquí, una tangerina. Nuestra nacionalidad no es siempre aquella que la Administración inscribe en nuestro pasaporte, sino más bien la del grupo humano con el cual hemos elegido vivir, con el que compartimos nuestras alegrías y nuestras penas, aquel al que hemos intentado comprender y con el que conseguimos los ideales de nuestra existencia. Elisa Chimenti, era todo esto, por lo cual, nosotros marroquíes, reclamamos su tangerinidad.» (*Tingis* n. 52)

11.1. MARROQUÍES MUSULMANES

Antes del Estatuto

Los ingleses que, como se sabe, habían recibido Tánger como regalo de los portugueses en 1662, se cansaron de soportar el constante asedio de las tropas del Sultán constituidas, principalmente por rifeños del Fahs. En 1684 cuando los ingleses evacuaron definitivamente la ciudad de Tánger entraron en ella los mismos *fahsis* bereberes que la habían cercado al mando del Alí Ben Abdellah Riffi que fue nombrado bajá* de la ciudad. A los *fahsis* se unieron otros bereberes del Rif y muchas otras familias musulmanas, bereberes o árabes, procedentes de Tetúan, Fez y Mequinez. Esos marroquíes en pocos años, con apoyo del Sultán, reconstruyeron las mezquitas y palacios de Tánger así como sus murallas. También edificaron nuevas casas y abrieron calles que dieron lugar a la actual medina de Tánger que durante más de doscientos años estuvo rodeada y aislada por aquellas murallas.

Un porcentaje, muy difícil de calcular, de los individuos que poblaron Tánger después del abandono de los británicos eran descendientes de los moriscos[296] que fueron expulsados de España a principios del siglo XVII. Algunos fueron a vivir a los alrededores de Tánger, principalmente, a *El Fahs* y otros muchos más a Tetuán y a otras ciudades de Marruecos. Un buen número de ellos participó en la reconquista de Tánger y fueron a habitar a la ciudad. Son muchas las familias moriscas que existen en Marruecos y, en particular, en Tánger o Tetuán, como Torres, Bargach (por Vargas), Ronda, Bernat, Balga, Molato, Medina, etc. En general, son respetados y constituyen un grupo social relevante en el país.

Hacia 1950 vivían en la zona internacional algo más de cien mil marroquíes musulmanes. Una cuarta o quinta parte de ellos constituía la población rifeña* de *El Fahs*, que aunque a efectos estadísticos formaban parte de la zona no estaban incorporados socialmente en la ciudad[297]. El resto de la población marroquí que no vivía en el campo tenía también, en gran parte, origen rifeño o eran bereberes de otras regiones del país como los *sussis**. Éstos últimos proceden del Marruecos central y son, por naturaleza, comerciantes muy capaces. Pero, no todos los tangerinos musulmanes eran bereberes ya que, desde la reconquista de Tánger y, principalmente, durante el siglo XIX y siguiente llegaron a Tánger, junto con los funcionarios enviados por el Sultán para apoyar a la capital diplomática, un buen número de marroquíes de Fez y de otras ciudades del Reino que se mezclaron con los tangerinos. Así, en general y, salvo excepciones, no era fácil para un profano conocer la etnia de los musulmanes de Tánger ya que, desde

[296] Musulmanes españoles que quedaron en España después de la reconquista de la España musulmana.
[297] Véase 9.2. Grupos sociales.

mediados del siglo XIX, se mezclaron árabes y bereberes lo que se ha acentuado en los últimos tiempos.

Los rifeños que vivían en la ciudad se dedicaban a muy distintos menesteres y profesiones y constituían la mayor parte del proletariado de la ciudad. Su ductilidad para el trabajo, su hombría de bien, su laboriosidad y su honradez así como su disponibilidad para aprender o, al menos, comprender otros idiomas distintos al propio les permitía encontrar ocupación con cierta facilidad. Eran, en general, obreros no cualificados, limpiadores, ordenanzas, camareros, cocineros, carpinteros, pescadores, albañiles, chóferes, taxistas, vigilantes, etc. Muchos de ellos, especialmente las mujeres, trabajaban en el servicio doméstico. Estos individuos, si no se alojaban en las casas en las que trabajaban, vivían en condiciones modestas pero, en general, aceptables y al nivel de muchos judíos y españoles de clase proletaria. Sus barrios eran, principalmente, los del Emsallah, Uad Ahardan, Yamá el Mokra y Beni Makada. Otros menos afortunados vivían en *bidonvilles* o barrios de chabolas en las afueras de la ciudad.

Sin embargo, muchos marroquíes, gracias a su laboriosidad y a su talento, habían conseguido una situación económica más elevada y formaban parte de la clase media o bien de una pequeña burguesía que favoreció la presencia de los extranjeros. Aparte de sus estudios coránicos muchos de ellos habían estudiado en las instituciones europeas ya fueran españolas o francesas y también americanas. Algunos eran propietarios agrícolas, otros tenían, como ya se ha indicado, pequeños comercios o bien trabajaban como obreros cualificados, enseñantes, trabajadores y funcionarios de las instituciones musulmanas de la ciudad o de la Administración internacional, etc. Este grupo vivía en mejores barrios mezclados, también, con judíos y españoles y algunos otros europeos.

Un colectivo relativamente pequeño de marroquíes musulmanes, más o menos el diez por ciento de la población indígena que vivía en la ciudad, formaba parte de la clase dominante de Tánger o bien de su burguesía[298]. Algunos de ellos formaban parte de la aristocracia marroquí que, por diversos motivos, habían ido a vivir a Tánger. Además, la integraban los altos representantes del Sultán en la ciudad, tanto el baja o el *naib** en los tiempos anteriores al Estatuto o bien el Mendub desde su implantación, así como sus más cercanos colaboradores y familiares. También participaban en ese grupo algunos terratenientes y comerciantes, muchos de ellos descendientes de los rifeños que conquistaron a los ingleses la ciudad, así como otros profesionales y funcionarios. Lógicamente, estaban integrados en ese grupo los colaboradores de los sultanes depuestos que vivieron en Tánger. Algunos miembros de estas familias vivían en los barrios elegantes y modernos de la ciudad o en algunos casos en palacetes o en casas

298 *Ibidem.*

situadas en el Monte o en el Marchán. Otros habitaban en los mismos inmuebles o urbanizaciones ocupadas por judíos o europeos. En definitiva, los marroquíes musulmanes, al igual que los occidentales y los judíos, formaban parte de las distintas clases sociales de la ciudad: el proletariado, la clase media, la burguesía y la clase dominante.

En Tánger han nacido o vivido personalidades marroquíes musulmanes de importancia ya sea de ascendencia bereber o árabe. Posiblemente, el tangerino más ilustre en toda la historia de la ciudad es Ibn Batuta, explorador, geógrafo y escritor equiparable, totalmente, a Marco Polo y del que nos ocupamos en otra parte de este libro. A él se une Sidi Buarrakia que, aunque no nació en Tánger, es venerado como patrono de la ciudad en la que está enterrado. Es difícil destacar a los demás, unos sobre otros. De todas formas señalamos a algunos, tangerinos o enraizados en Tánger, que han tenido relevancia en la grande o pequeña historia de la ciudad.

Principales monarcas relacionados con Tánger

Lógicamente, todos los Sultanes marroquíes se ocuparon de Tánger. En nuestra breve historia en este libro nos referimos a los que tuvieron especial relación con la ciudad, por lo cual, aquí, solo los recordaremos. Se trata, básicamente, del Sultán Muley Ismail que recuperó Tánger de los ingleses en 1684; Sidi Mohamed III que reinó en la segunda mitad del siglo XVIII y que abrió las puertas del reino, a través de Tánger, a un buen número de países, la mayoría, europeos; Muley Slimane que a finales del XVIII designó a Tánger capital diplomática del reino, Sidi Mohamed IV que aprobó la construcción y más tarde inauguró en 1865 el faro de Cabo Espartel y Muley Yussef ya que durante su reinado se firmó en 1923 el Estatuto de Tánger. Mención aparte merece Sidi Mohamed V que en un famoso discurso pronunciado en el Zoco Grande de Tánger, ante una gran multitud, el 10 Abril de 1947 en presencia de su hijo y sucesor, el futuro Muley Hassan II, anunció su decidida voluntad de recuperar la independencia de Marruecos.

A todos ellos se unen los sultanes destronados Muley Abdelaziz y Muley Hafid así como Mohamed ben Arafa que sustituyó ilegalmente, durante dos años a Sidi Mohamed V. Todos ellos hallaron refugio y vivieron en Tánger. Muley Abdelaziz vivió en ella plácidamente hasta su muerte acaecida en 1943. En Tánger nació su hija Lalla Fatima Zohora[299]. Muley Hafid que, a su vez, fue depuesto por su

---

299 Lalla Fatima Zohora nació en Tánger en 1926. Fue educada por su padre en forma bastante liberal ya que, aparte de la formación musulmana recibida, estudió en la escuela italiana y en la francesa obteniendo así una educación occidental sin abandonar sus principios y raíces musulmanas. Dominaba cinco lenguas. Trabajó en la Cruz Roja como enfermera hasta que se casó con 21 años con el Jalifa del Sultán en el Protectorado español, Muley Hassan ben Mehdi. Cuando se produjo la independencia de Marruecos acompaño a su marido que fue designado, sucesivamente, embajador en Londres y en Roma y hacia 1960 gobernador del Banco de Marruecos.

hermano Muley Yussef, también se refugió en Tánger donde se hizo construir un magnífico palacio en el Marchán que no disfrutó ya que en 1914 se asiló en España y, más tarde, en Francia donde murió. Por su parte, Ben Arafa residió pocos años en Tánger ya que a partir de la independencia de Marruecos fue a vivir a Niza.

Gobernadores, Naibs y Mendubs

Es muy difícil establecer la lista de los distintos gobernadores o bajaes* que gobernaron la ciudad desde que la ocupó en nombre del Sultán en 1684 Alí Ben Abdallah Riffi y ello por varios motivos: porque fueron muchos, porque la mayoría duraron poco tiempo y porque las informaciones sobre ellos que nos han llegado hasta hoy en algunos casos son confusas y no están contrastadas puesto que muchos de ellos fueron depuestos o bien lucharon entre sí defendiendo la legitimidad de distintos Sultanes. Muchas familias tangerinas más antiguas descienden de Riffi como, entre otros, los Alí Ben Abdellah, Abdessadak, Abdelhalak, Abdelmalek, Abbou y el propio Rachid Tafersiti.

Quizá unos de los gobernadores más recordados de Tánger fue Abderrahman Bou Achach que fue bajá de Tánger, como mínimo, entre 1800 y 1808. Es un hombre legendario que, al parecer, había sido mulero en su juventud y que, siendo analfabeto, había hecho una gran fortuna que dedicó, en parte, a la compra de terrenos en los alrededores de Tánger. Otro personaje importante fue Hach Ahmed Ahardan y su hijo Abdelkrim que durante algún tiempo fueron administradores de las aduanas de Tánger lo que les permitió conseguir un considerable patrimonio. Tenía propiedades en la medina en la cual uno de sus barrios, Ued Ahardán, lleva el nombre del río que atravesaba una de sus fincas. Abdeslam ben Abdessadac, oriundo de Tensamane en el Rif, que fue el último bajá de Tánger antes del Estatuto, dejó bastante huella[300].

Existen buenas informaciones sobre los *naibs** o representantes que el Sultán designaba para que negociara con los diplomáticos residentes en Tánger, capital diplomática del Reino. En 1844 el Naib Si Buselham Ben Alí Errifi firmó la paz con Francia. Su sucesor Mohamed el Tetuani negoció la paz de Uad-Ras

---

En todo caso, aprovechaba cualquier ocasión para volver unos días a Tánger. En todos los puestos desarrolló una intensa labor social. En 1969 su primo segundo el Muley Hassan II la nombró presidenta ejecutiva de la Union des Femmes Marocaines cargo que ejerció hasta su fallecimiento en 2003. Era una personalidad muy querida y respetada en Tánger.

300 Ejerció el cargo de bajá en tres ocasiones. Entre 1902 y 1904 tuvo su primer mandato hasta que fue sustituido, en parte de la zona, por el bandido El Raisuni. Más tarde, una vez que Raisuni huyó de Tánger perseguido por las huestes del Sultán Muley Abdelaziz este nombró en 1907 de nuevo a Abdessadac que fue cesado por el nuevo Sultán Muley Hafid que designó, sucesivamente, como bajaes a Mohamed Guebbas y luego a Moktar el Mokri. Pero en 1914 Abdessadac fue llamado otra vez al cargo manteniendose en su puesto hasta 1923. Durante sus diferentes mandatos y, principalmente, el último que coincidió con la primera guerra mundial gobernó correctamente la ciudad.

entre España y Marruecos pero la firma la estampó el hermano del Sultán, Muley el Abbas. En 1865 el Naib Si Mohamed Bargash firmó la convención sobre el faro de Cabo Espartel y, más tarde, participó en varias negociaciones entre la que destacó la de Madrid en 1880. Bargash, que era de ascendencia morisca, vivió durante algún tiempo en Gibraltar donde tuvo ocasión de conocer la idiosincrasia occidental. Le sucedió otro descendiente de andalusíes, Si Hadj Mohamed Torres, nacido en Tetúan, y de muy respetada familia norteña que ha contado entre sus miembros a importantes personalidades entre las que destaca el líder de la independencia de Marruecos en la zona del protectorado español, Abdelhalak Torres. Si Mohamed Torres negoció y firmó como delegado marroquí el Tratado de Algeciras actuando como segundo delegado El Mokri. Otros *naibs* del Sultán que vivieron en Tánger fueron Mohamed Khatib y Abdelkrim Ghanmia.

El primer Mendub en la Zona internacional fue Mohamed Bouacherine que ocupó el puesto algo menos de un año. Le sucedió Mohamed Tazi, perteneciente a una prestigiosa familia *tolba** (letrados) originaria de Fez, que se mantuvo en el cargo, con la excepción de los cinco años de ocupación española (1940-45), hasta 1948. En el periodo español el Jalifa de Tetuán, previo acuerdo de las autoridades españolas, designó a Si Larbi Mohamed Tensamani, miembro de una conocida familia tangerina, baja de Tánger. Fue sustituido en 1942 por Si Mohamed ben Abdesadak. En esa época Si Mohamed ben Abdessadak era almotacén o encargado del control de los mercados y presidente de los servicios municipales. Cuando terminó la ocupación española Mohamed Tazi retornó a su puesto de Mendub siendo sustituido a su muerte por su hijo Ahmed que había trabajado con su padre de jalifa* y que fue Mendub hasta la independencia de Marruecos en 1956. En ese año Abdellah Guenoun fue nombrado primer Gobernador de Tánger. La familia Tazi construyó el palacio denominado *Dar el Mendoub* que fue la residencia de esta familia hasta 1968[301].

Principales familias

Tanto Isaac Laredo como Rachid Tafersiti citan en sus obras a algunas de las familias más conocidas y destacadas en Tánger[302]. Entre ellas señalamos a los Ben Abdelhalek, Ben Abbou, Tensamani, Tafersiti, Zaidi y Ahardan, todas ellas oriundas de Tensaman, en el Rif; los Abarodi, Amkeched, Bousuf, Ouharoun,

301 Pierre Malo trata sobre el Mendub Tazi y describe su palacio en su libro *Le vrai visage de Tanger.*

302 Se queja Rachid Tafersiti, con razón, de que el ilustre periodista tangerino, Isaac Laredo, autor de *Memorias de un viejo tangerino* incluya en la relación de apellidos tangerinos muy pocos musulmanes y muchos más judíos o cristianos. Otro tanto ocurrirá, posiblemente, en este libro y bien que lo lamentamos a pesar de que hemos procurado escrutar el mayor número de documentos al respecto. Nuestro desconocimiento del árabe nos ha impedido tener acceso a obras escritas en esa lengua que no han sido traducidas a otros idiomas accesibles para nosotros.

El Ghazal, Bouselham, Bouzian, Bendriss, también del Rif; los Benjelloun, Guenoun, Senoussi, Skiradj, El Hababi y Benkirane de ascendencia *fassi* (de Fez); los *soussis* (del Souss) Hach Nassar, Es-Soussi, Mrabet, Chtouki, Oudrimi, etc. Otros procedían de Argelia como los Bitelmal, Bensiam, Kharoubi, Boutaleb y Djezairi. A todos ellos haría falta añadir otros de familias destacadas como El Hachmi, Bennis, Filali, Yacoubi, Guessous, Buzian, Akalay, Baraka, Hantout, Lahlou, Lamrani, Uazzan, Khalifa, Embarek, Raisuni, Zerouali, Bahkali, Benzekri, Bouttefah, Rkaina, Bentria, a la que pertenecían los hermanos Fathi y Rachid, y muchos más. Todas estas familias contaban con distinguidos miembros que destacaron en la comunidad tangerina bien por ocupar cargos administrativos de importancia o por ser profesores, propietarios agrícolas, comerciantes relevantes, notarios, profesionales, diplomáticos, etc.

Algunos notables marroquíes eran relativamente populares entre la población. Por ejemplo, en los primeros años anteriores al Estatuto destacaba el Hach Abdeslam Cherif de Uazzan perteneciente a una de las familias más importantes del país y que contaba con considerable fortuna[303]. Durante muchos años gozó de la protección británica. Contrajo matrimonio con la británica Emily Keene que conservó su religión y costumbres y fue muy conocida por las labores de caridad que llevó a cabo. Su hijo Moulay Driss participó eficazmente en la preservación de la música andaluza y su nieto fue gobernador de Tánger después de la independencia. Otra familia muy prestigiosa fue la del gran visir* Hach Mohamed Mokri que no vivía en Tánger pero que tenía considerables intereses inmobiliarios en la zona entre los que destacaba el grupo de casas que poseía en el Marchán.

Otro notable tangerino fue Si Hach Mehdi el Menebhi[304], propietario de grandes tierras. Se retiró a un magnífico palacio construido en 1908, cerca del

---

303 Cherif de Uazzan. Constituye una casta por excelencia descendiente del Profeta con una ininterrumpida filiación que les une a Fátima, hija del Profeta, durante más de quince siglos que se cuentan hasta el actual *Cherif* de Uazzan (Ruiz de Cuevas). A la llegada de cada nuevo Sultán la bendición de los Uazzan era casi como una consagración. Ellos decían: *Pas de Sultán sans nous mais pas de Sultán chez nous.*(Alfonso de la Serna). Como su nombre lo indica vivieron en la ciudad de Uazzan (Ouezzane) durante muchos siglos pero hacia 1870 decidieron residir en Tánger en su palacio *Dar Dmana* en el *Marchán* cerca del *Institut Pasteur.* Entre otras actividades los Chorfas de Uazzan han sido impulsores del renacer de la música marroquí-andaluza.

304 Hach Larbi bel Mehdi el Menebhi, hombre de gran presencia física, pertenecía a una vieja familia de Marraquech. Fue protegido y hombre de confianza de Muley Abdelaziz que le nombró, muy joven, ministro de la Guerra. Fue como Embajador a Londres para la coronación de Eduardo VII, representando al Sultán, acompañado por el Caid MacLean y por Abderraman Bargach y Walter Harris, entre otros. El rey le recibió en la corte y le nombró Oficial del Imperio Británico, lo que le convirtió en Sir Mehdi Menebhi y le concedió la protección británica que mantuvo hasta su muerte. Cuando Muley Abdelaziz fue destronado en 1908 por su hermano Muley Hafid y se refugió en Tánger, Menebhi le siguió, estableciendo su domicilio en la ciudad invirtiendo su importante fortuna, principalmente, en bienes inmobiliarios en el Ensanche de Tánger.

antiguo palacio de Muley Hafid. Murió en Tánger en 1941 cuando contaba unos setenta años.

Políticos marroquíes en Tánger

Tánger gracias a su neutralidad y a la libertad que en ella se gozaba en todo caso superior a la que existía en los dos protectorados, francés y español, fue un centro de actividad política marroquí de importancia a favor de la independencia del país. En 1930 tuvo especial resonancia la visita que hizo a Tánger el jefe del panislamismo, el sirio Chakib Arsalane, que contaba con cierto apoyo oficioso de las autoridades españolas tanto en el protectorado como en la península. Durante los días que estuvo en Tánger se reunió en distintas ocasiones con varios marroquíes que luchaban por la independencia de Marruecos entre los que figuraban Dris Lahrichi, Abdeslam Oussidhoum, Mohamed Akalay, Driss Zarouila Tafersiti, Mohidine Raisuni y Mohamed Haddad.

Varios tangerinos crearon distintas asociaciones que intentaban luchar por la independencia del país. La primera de ellas constituída en 1936 estaba presidida por Abdellah Guenoun figurando en ella los ya citados Mohidine Raisuni y Mohamed Akalay así como Abdeslam Ben Tahar, Abdeslam Kasri, Abdeslam Ouazani y Abdeslam Zougari y otros Además de los citados, otros políticos nacionalistas mantenían frecuentes reuniones en Tánger como el Cheik Mekki Naciri, Allal el Fassi, líder del Istiqlal, Ahmed Bennouna, Moktar Ahardane, Ahmed Balafrej, Abdeslam Rkiouak, Mohamed Larbi Zougari, Mehdi Zaidi, Moktar Ouassini, Dris Arfaoui, Driss Lahrichi, Abdelhalak Torres, Mohamed Hassan el Ouazani, etc. Muchos de ellos, que llegaron a ocupar importantes puestos en el Marruecos independiente, vivieron algunas temporadas en Tánger.

Distinguidos marroquíes musulmanes formaron parte, por imperativo legal de la Asamblea Legislativa de Tánger. Entre ellos destacan los que participaron en la primera Asamblea constituida en 1925 que fueron Dris Ahardan, Ahmed Bou Hosain, Ahmed Abdessadak, Feddal Bekali, Larbi Tensamani y Mohamed Erkioua. En las posteriores a la ocupación española y hasta 1956 participaron entre otros Abderraman Agoumi, hermano del secretario particular del Mendub y Mohamed Mekki Benani, comerciantes tangerinos, y los propietarios Abdeselam Shebaa, Abdeselam Bakali, Ahmed ben Mohamed Erkaina y Abdeslam Boujdad.

En Tánger nació Alí Yata el fundador del partido comunista marroquí y luego del partido del Progreso y del Socialismo. Estudio en el Lycèe Regnault. Estuvo en prisión muchas veces y murió en 1997. Otros tangerinos de los que tratamos en otros capítulos de este libro son el muy ilustre abogado Abderraman Yousufi que fue primer ministro de Marruecos y Abdallah Guennoun que, después de la independencia de Marruecos, fue el primer gobernador de Tánger y que contaba con la colaboración de Mohamed Akalay, miembro de una prestigiosa familia tangerina, que era jefe de su gabinete.

Otros tangerinos relevantes

Durante los años de esplendor del Estatuto surgió en Tánger un brillante grupo de tangerinos muy preparados y activos en distintos campos económicos que, cuando se produjo la independencia del país, participaron activamente en su desarrollo. Un grupo de ellos creó la Joven Cámara Económica[305]. En Tánger trabajaron otros profesionales de relevancia, tangerinos o marroquíes enraizados en la ciudad. Entre ellos destacamos a los abogados Hachemi Cherif y Driss Kamal Tazi que fueron, como el citado Yousufi, decanos del Colegio de Abogados. También recordamos a Driss Benkiran que fue el primer abogado marroquí miembro del Colegio de Tánger y a los letrados Ahmed Touzani y Abdelhadi Baraka. Por su parte, Abdelatif Tazi fue el primer magistrado marroquí que formó parte de la Jurisdicción Internacional. El Dr. Abdellatif Benjeloun era antes de ser diplomático y gobernador un competente médico tangerino. Zahara Mezian fue la primera mujer farmaceutica que abrió una farmacia en Tánger, y quizá en Marruecos, en 1955. Ahmed Tensamani y Mustafá Abdullah eran periodistas conocidos en Tánger y miembros de la Asociación Internacional de la Prensa de la que Abdullah fue su presidente en 1958.

En Tánger han nacido o han creado raíces importantes escritores marroquíes musulmanes como Mohamed Chukri, Mohamed Mrabet y Tahar Ben Jelloun que, posiblemente, es el más importante escritor magrebí de lengua francesa así como el ya citado Abdallah Guennoun, Lotfi Akalay y Rachid Tafersiti; pintores como Alí R'Bati, Mohamed Drissi o Ahmed Yacoubi; músicos como el ilustre Mohamed Larbi Tensamani; locutores de radio muy populares como el ya citado Mustafá Abdullah, Mohamed Teber y Abdelkader Mokkadem; el fotógrafo Allal Defuf y la cineasta Farida ben Lyazid y muchos más. De todos ellos nos ocupamos en el capítulo 10 de este libro.

[305] En el citado libro de Tafersiti aparece una foto de los miembros de la misma entre los que figuran Mohamed y Abdelaziz Guenouni, Ahmed Aghfir, Saad Benzekri, Hassan Chatt, Ben Abdelhoauhab, Fouad Benzekri, Fouad Berrada, Mohamed Jibet, Moktar Mesmoudi, Abdellah Hach Nassar, Mehdi Zaidi reunidos con el Gobernador Mouley Yunes Hafidi Alaoui, y sus colaboradores Abdeslam Ouazzani y Mohamed Larbi Kamal. La mayoría de ellos pertenecían a familias conocidas tangerinas.

II.2. JUDÍOS

Los hebreos[306] vivían en Marruecos y, en particular, en Tánger mucho antes de que llegaran los árabes y, por supuesto, los europeos. Se cree que, posiblemente, arribaron más o menos al tiempo que lo hicieron a España o sea poco después de la destrucción del primer Templo de Jerusalén. En todo caso existen evidencias de que algunos judíos vivían en Marruecos y, posiblemente, en Tánger hacia el siglo II y que varias tribus bereberes profesaban el judaísmo. Desde entonces la presencia judía se ha mantenido en Tánger con la sola excepción del período almohade ya que la dinastía de este grupo bereber no aceptaba que vivieran en Marruecos los no musulmanes por lo cual los judíos fueron obligados a convertirse al Islam so pena de ser eliminados o expulsados del país. Salvo este periodo, los judíos han vivido en Marruecos, gozando de mayor o menor libertad, pero constituyendo siempre una minoría importante del país, particularmente, desde el punto de vista social, económico y político.

Cuando en 1492 los judíos españoles fueron expulsados de España muchos de ellos se dirigieron a varias ciudades norteafricanas como Fez, Tlemcen, Argel, Túnez y a otras muchas poblaciones mediterráneas. Algunos de ellos llegaron hasta Francia, Inglaterra, Holanda y aún más lejos. Algunos pocos se refugiaron en Tánger que estaba en poder de los portugueses, donde arribaron a un lugar de la costa cercano al que hoy se conoce como Arroyo de los Judíos (*ued el yehud*). En la ciudad ya vivía, desde hacía muchos años antes, un pequeño grupo de correligionarios posiblemente descendientes de los primeros judíos que habitaron la ciudad en tiempos de los fenicios.

Estos judíos españoles, llamados sefardíes[307], se establecieron y organizaron en cada país de acogida en comunidades manteniendo sus leyes y su tradición religiosa así como su liturgia. En general, como ocurrió en Tánger, protegieron y cuidaron su patrimonio cultural y conservaron su castellano original que, con el tiempo, se desarrolló en forma aislada, dando lugar al ladino o judeo-español que hoy todavía se habla en Israel y en algunos países centroeuropeos y en otros

---

[306] En Tánger se utilizaban indistintamente y como sinónimos los términos judío, hebreo e israelita y, principalmente, los dos primeros, sin confundirlos con el término israelí relativo a Israel. Sin embargo, los textos legales, tanto internacionales como tangerinos, utilizaban, casi siempre, el vocablo israelita.

[307] En sentido estricto, los sefardíes son los descendientes de los judíos que vivieron en España hasta su expulsión en 1492 siendo *Sefarad*, en hebreo, el término con el cual, desde tiempos bíblicos, los judíos designan a España. Sin embargo, en sentido más amplio se entiende por sefardí tanto al judío que vivió en España como a sus descendientes, hayan vivido, vivan o no en ese país. Además, en otros países, principalmente en Israel, consideran también sefardí a todo judío que no es asquenazí, la otra gran rama judía, y, particularmente, a los judíos orientales procedentes del Medio Oriente y, en especial de Irak, Yemen, Irán, etc.

hispanoamericanos. La *jaquetia* que se hablaba en Tánger y otras ciudades de Marruecos es una variante del judeo-español.

Desde principios del siglo XVI la comunidad sefardí tangerina fue creciendo lentamente. Consta que en esos años, hacia 1535, la familia sefardí Rota creó una agencia comercial en Tánger. Cuando en 1662 Portugal entregó a Inglaterra la propiedad de Tánger, que sería inglesa durante solo algo más de 20 años hasta pasar a dominio marroquí, habitaban en ella unos 50 judíos. De ellos, se conserva la memoria de Salomón Pariente que fue asesor e intérprete de cuatro sucesivos gobernadores ingleses; de Abraham Cohen, rabino que consiguió cierta fortuna; y de James Pinto que trabajó para la oficina del gobernador inglés. Todos ellos pertenecieron a familias que tuvieron un considerable protagonismo en Tánger hasta la conclusión del régimen internacional de la ciudad. Después de su conquista por los marroquíes en 1684 la mayoría de los judíos salieron de Tánger. Sin embargo, una pequeña comunidad judía volvió a principios del siglo XVIII que se dedicó, básicamente, al comercio con Gibraltar y con las ciudades cercanas a Tánger, consiguiendo un judío, Salomón Chocrón, la concesión del puerto, lo que molestó a varios comerciantes españoles.

La comunidad judía tangerina

A finales de ese siglo y principios del XIX la comunidad judía tangerina estaba formada por unas doscientas familias judías que, según el aventurero español Alí Bey (Domingo Badía) vivían, en la mayoría de los casos, miserablemente y soportando molestias de la población musulmana y notables injusticias. En ese tiempo se produjo el martirio de la joven judía tangerina Sol Hachuel. La comunidad estaba encabezada por el gran rabino Moses Toledano, que, a nivel rabínico, consiguió que Tánger se independizara de la jurisdicción de Tetuán. Esto, junto con la guerra que España mantuvo con Marruecos, contribuyó a que muchos judíos, especialmente, de Tetuán, fueran a vivir a Tánger.

En Tánger en contra de lo que ocurría en otras ciudades norteafricanas el judío no estuvo obligado a vivir en un lugar separado de los musulmanes ya fuera *guetto* o *mellah** aunque de hecho, por propia decisión tendieron a unirse en barrios de marcado carácter judío como, por ejemplo, la Fuente Nueva o la calle Tetuán que, sin llegar a ser *mellah*, fueron barrios, en gran parte, judíos. Ello posiblemente ocurría porque el hecho de no vivir en una judería, en vez de ser una ventaja, en la práctica, entrañaba algunos inconvenientes puesto que la convivencia constante entre musulmanes y judíos podía suponer para éstos frecuentes menosprecios y ultrajes por parte de aquellos.

En general, gracias a su laboriosidad y a las actividades comunitarias que desarrollaban, los hebreos fueron mejorando su situación social y personal en Tánger. Muchos de ellos eran no solo comerciantes, joyeros u orfebres o pequeños industriales sino también profesionales que fueron adquiriendo prestigio y dinero y consiguieron ser un grupo importante en la ciudad. Algunos de ellos ocuparon funciones importantes en la Administración marroquí[308]. Así, aunque muchos eran pobres y vivían en condiciones de subsistencia, otros tenían buen nivel económico y participaban en distintas iniciativas de los europeos que vivían en la ciudad como en la Comisión o Consejo Sanitario creada en 1840 y su sucesora la Comisión Internacional de Higiene y Limpieza (también llamada Consejo Sanitario Internacional).

Tangerinos hebreos relevantes

Hasta mediados del siglo XIX la comunidad estaba presidida por un gran rabino como autoridad religiosa en la aplicación de la ley judía y de un *Cheik el lihud* (jefe de los judíos) que era la autoridad laica encargada de recaudar el impuesto o *djizia* que cada año se debía entregar al bajá de la ciudad. En 1853, por iniciativa del gran rabino,que era Moses Bengio, se organizó institucionalmente la Comunidad Judía de Tánger y se designó la primera Junta de Gobierno en la que la mayoría eran sefardíes aunque también intervenían algunos *askenazíes* que se unieron a aquellos constituyendo la saga de las familias judías tangerinas, la mayoría de ellas también entroncadas en el resto de Marruecos. Se trata de nombres, que se repiten, una y otra vez, a través de los años.

Son los Cohen, Abensur, Chocrón, Bentolila, Assor, Toledano, Bengio, Benarroch, Nahón, Benoliel, Levy, Assayag, Azancot, Bendayan, Bendelac, Acerraf, Abecassis, Bergel, Abitbol, Sagues, Azulay, Azaguri, Bendrao, Muyal, Salama, Attias, Caro, Seruya, Bensadón, Laredo, Benzaquén, Farache, Taurel, Serfaty, Benasuli, Pinto, Sicsu, Hachuel, Hassan, Benmergui, Bensousan, Lasry, Marques, Ruah, Ben Attar, Cansino, Mobily Güitta, Pariente, Barcessat, Pimienta, Coriat, Anidjar, Benassayag, Sananes, Garzón, Ruah, Israel, Pilo, Benchimol, Amselem y muchos otros más que por dejar de nombrarlos no son o eran menos importantes[309]. Entre ellos surgieron importantes comerciantes, industriales y financieros pero también diplomáticos, médicos, juristas, consejeros reales y

---

308 Entre ellos destacan Mosés Benatar que fue ministro de Hacienda y embajador plenipotenciario del poderoso Sultán Muley Ismail en 1721 ante la corte inglesa; los judíos Sumbal y Delmar que fueron, respectivamente, consejero y embajador de Muley Abdallah; Abraham Sicsu que, a su vez, fue administrador de la aduana de Tánger y ministro de Hacienda de Muley Slimane y Abraham Benchimol que también dirigió la importante aduana de Tánger durante el reinado del Sultán Muley Abderraman.

309 Isaac Laredo cuenta en su *Memorias de un viejo tangerino* los antecedentes e historia de muchas de estas familias. Su hijo Abraham lo complementa en *Les noms des Juifs du Maroc*. Asimismo, Jacobo Israel Garzón, en su impresionante obra *Los judíos hispano-marroquíes*, desarrolla ampliamente los más diversos aspectos y características de tal colectivo y, en particular, de los judíos tangerinos.

hombres de acción que fueron protagonistas del desarrollo tangerino en sus más amplias facetas.

Al morir en 1855 el rabino Moses Bengio le sucedió su hijo Mordejai Bengio que solo contaba 28 años. Como gran rabino dirigió los destinos de la Junta y ,en definitiva, la comunidad judía de Tánger durante más de sesenta años dandole forma y solidez. Contribuyó, grandemente, a ello la creación de la escuela de la Alianza Israelita Universal inaugurada en Tánger en 1865. La Junta, después de superar, varios problemas de funcionamiento, llegó a ser una institución básica para la comunidad que estableció relaciones permanentes con el cuerpo diplomático y las autoridades marroquíes que la reconocieron como competente para dirimir los pleitos entre judíos.

A finales del siglo XIX y principios del XX la mayoría de los judíos que vivían en Tánger eran de nacionalidad marroquí y por lo tanto estaban sometidos a la autoridad del Majzen. Uno de los caminos más eficaces para evitar o paliar tal situación de dependencia era la de quedar bajo la protección de un consulado extranjero. Durante este período un número considerable de judíos que trabajaban como sirvientes, traductores, administrativos, etc, en los consulados europeos consiguieron la protección de estos. Muchos de estos protegidos obtuvieron la nacionalidad del país protector dando lugar a que miembros de la misma familia tuvieran distinta nacionalidad.

Muchos de ellos formaban parte de la Comisión de Higiene. Hacia finales del siglo XIX los judíos que habían estado relacionados con la Comisión o que participaban en la misma eran Menahem Abecassis (norteamericano), Isaac Abensur y Levi A. Cohen (británicos), Salomon Aflalo y Abraham Benassayag (italianos), Dr. Salvador Morely (francés), Ayush Benasuli y Dr. Samuel Güita (españoles), Salomón Benatuil (brasileño) e Isaac Laredo (alemán) que en 1898 fue elegido presidente honorario[310].

En las primeras décadas del siglo pasado vivían en Tánger unos seis o siete mil judíos en su mayor parte marroquíes aunque algo más de un millar eran protegidos. Muchos de estos consiguieron posiciones económicas o sociales importantes. Por ejemplo, se estimaba que a principios de ese siglo el 75 % de los bienes inmuebles y del comercio de Tánger estaba en manos de judíos ricos, en su mayoría, protegidos. Otra parte considerable de los judíos, protegidos o no, constituían la clase media tangerina de la que, también, formaban parte españoles, franceses, otros pocos europeos y algunos marroquíes musulmanes. Pero también muchos judíos eran pobres y muchos de ellos, más o menos el

---

[310] Carlos de Nesry, un conocido publicista tangerino israelita, en su libro *Le juif du Maroc* indaga sobre la identidad del judío tangerino preguntándose si era español, francés, europeo, marroquí, sionista, internacional, ortodoxo, etc. o, simplemente, judío.

treinta por ciento de la comunidad, malvivían con la ayuda de sus correligionarios constituyendo el miserable proletariado tangerino de principios del siglo pasado formado por los propios judíos, un gran número de musulmanes y por cientos de españoles.

Cuando en 1917 murió el gran rabino Mordejai Bengio dejo a una comunidad fuerte y bien organizada. Ésta eligió a una nueva junta constituida en abril de 1921 por Isaac Abensur de presidente, Salvador Hassan y Abraham Pimienta, como vicepresidentes, Isaac R. Toledano como secretario, actuando Menahem Attias de interventor. Así, años antes de la firma del Estatuto, la comunidad judía formaba un grupo poderoso con instituciones que funcionaban perfectamente y que controlaban a los miembros de la misma.

El Estatuto de Tánger y los judíos

De conformidad con el art. 27 del Estatuto un *dahir** organizó en 1925 la Comunidad Israelita de Tánger. Ésta comprendía a todos los israelitas de la ciudad, marroquíes o extranjeros pero de origen marroquí y que estuvieran domiciliados en Tánger más de un año. Su comité directivo estaba compuesto por el presidente del Tribunal Rabínico y quince notables elegidos por los miembros de la Comunidad. Sus funciones eran, principalmente, benéficas, de atención al culto y de administración de escuelas y centros de la comunidad. El Tribunal rabínico, creado por otro *dahir* del mismo año 1925, constituido por la Comunidad, previo acuerdo del Mendub, era competente para tratar todos los asuntos que interesaban al estatuto personal y sucesoral de los israelitas. Constaba de un presidente, dos jueces y un secretario. Por otra parte, el Estatuto establecía que la comunidad judía estaría representada en la Asamblea Legislativa Internacional por tres miembros y permitía que los judíos que tuvieran la ciudadanía extranjera formaran parte de las delegaciones nacionales que constituían la Asamblea.

El denominado comité de la Comunidad Israelita que siguió llamandose Junta, ejercía el poder, junto con el Gran Rabino, en el ámbito de la comunidad judía. Por ella pasaron como presidentes o vicepresidentes o altos cargos de la misma los más prestigiosos miembros de la comunidad desde los ya citados Isaac Abensur y el Dr. Samuel Güitta, hasta José Levy, Moisés Azancot, Jacobo Bentata, Abraham Hassan, Jacob Nahón, Stanley Abensur, Jack Cohen y otros muchos más. En el periodo de mayor esplendor de Tánger, entre 1949 y 1952 el Comité estuvo presidido por Joe Hassan y, más tarde, en el periodo 1956-68 por Abraham Laredo a quien le sucedió Abraham Azancot.

A mediados de la década de los 30 como consecuencia de la persecución judía en Europa se creó cierto antisemistismo en Tánger, principalmente, entre los musulmanes lo que fue algo excepcional y que duró poco tiempo. Además, llegaron a Tánger desde Europa familias enteras de refugiados judíos que crearon un serio problema en los servicios de acogida de la Comunidad que fue la primera en organizar, en 1936, en la ciudad un comité de ayuda a los refugiados que luego serían seguidos por otros en distintas ciudades del país. Más tarde durante el desarrollo de la segunda guerra mundial cuando Tánger estuvo ocupado por los españoles arribaron más hebreos a la ciudad. Solo en el bienio 1942-43 llegaron unos 1.500 refugiados que eran, en buena parte, sefardíes pero también *askenazíes* polacos, húngaros, alemanes y de otras nacionalidades. Entre ellos estaba Samuel Reichmann[311] que fue una importante figura financiera en Tánger. También llegaron 200 refugiados de la isla de Rodas en la que se habían empezado a aplicar las leyes raciales nazis. Otro judío refugiado que hizo una enorme fortuna inmobiliaria fue Jakob Alster que llegó en 1935 y que hacia 1945 creo la Banque Jakob Alster.

Durante la mayor parte de la duración del Estatuto y, en particular en los años cuarenta y cincuenta, los judíos vivieron totalmente integrados con los demás componentes de la sociedad, o sea, con los musulmanes y europeos, cristianos o de otras religiones. Eran comerciantes, importadores y exportadores, artesanos (fontaneros, pintores, colchoneros, etc.), joyeros y orfebres, pequeños cambistas o agentes de cambio, financieros , profesionales, médicos, abogados, etc. Pero también vivían muchos judíos pauperistas, más o menos la mitad de la comunidad israelita, que superaban sus necesidades gracias a la *sedaka** o ayuda económica y de otro tipo que recibían, directamente, de los miembros adinerados de tal comunidad o bien a través de numerosos establecimientos tangerinos judíos de ayuda y de beneficencia[312].

En definitiva, los judíos formaban parte de las distintas clases sociales que conformaban la ciudad: el proletariado, la clase media, la burguesía y la clase dominante. En los años 50 los más ricos residían en el Marchán o en barrios modernos. Los más humildes vivían cerca de las murallas de la antigua ciudad

---

311 Tenía origen húngaro y era judío ultra ortodoxo (*haredi*). Llegó a Tánger a principios de los años cuarenta junto con su mujer Renée huyendo de Austria, donde se dedicaba al negocio de los huevos. Contaban con una hija y cinco hijos. Entró a trabajar en el sector financiero donde hizo una gran fortuna estimada, en 1950, en unos 30 millones de dólares. Ante las actividades nacionalistas de los marroquíes llegó a desconfiar del futuro de Tánger emigrando a Canadá. Alli creó una empresa de materiales de construcción e inmobiliaria, Olympia & York, que llegó a ser, bajo la dirección de uno de sus hijos, Paul, una de las primeras empresas familiares del mundo. Fue la promotora de grandes proyectos inmobiliarios entre los que sobresale el de Canary Wharf en Londres, que originó la bancarrota de la empresa de la que la familia Reichmann se sobrepuso, parcialmente. Se han escrito varios libros sobre la familia Reichmann entre los que destaca el publicado por Anthony Bianco, *The Reichmann Family*, Times Book, Nueva York, 1997.

312 Los más importantes y conocidos eran el Hospital Benchimol, las escuelas de la Alianza Israelita, la sociedad de beneficiencia Malbish Arumin, la maternidad y la guardería Salvador Hassan, la cantina Sarita Sagués, el Asilo Laredo Sbah, etc.

en los barrios de Beni Ider o de la Fuente Nueva o bien en las calles Touahine o Siaguins y sus alrededores donde estaban la mitad de las sinagogas de Tánger. Tales barrios y calles habían sido años atrás los más elegantes de la ciudad. Los hebreos pobres vivían en los mismos barrios que los demás tangerinos humildes y compartían las mismas carencias.

En general, los judíos tangerinos mantenían y cuidaban, social y religiosamente, su judeidad pero no se consideraban, en general, sionistas ni eran estimados como tales por musulmanes y europeos. Vivían en Tánger y en la mayoría de las ciudades marroquíes de uno y otro protectorado sin especial inquietud y bastante tranquilos ya que se sentían protegidos por el sistema aunque eran conscientes de la problemática histórica que habían sufrido desde la antigüedad, tanto con musulmanes como con cristianos y, lógicamente, mantenían cierta desconfianza. El judío de Tánger que, en general, era más occidental que marroquí, reunía unas especiales características entre las que destacaba su inteligencia, su capacidad de adaptarse a cualquier circunstancia, la solidaridad con sus correligionarios, cierta distinción natural y, sobre todo, un saber estar que le otorgaba, en general, su cosmopolitismo, su conocimiento de lenguas, su alegría de vivir y la capacidad de comunicarse facilmente con todos[313]. Los judíos que llegaron a Tánger huyendo de los horrores que se vivían en la Europa bajo control nazi, en su mayoría askenazíes, se mezclaron con los sefardíes y en poco tiempo se integraron, sin gran dificultad, en la sociedad internacional de Tánger.

El éxodo judío

A partir de la independencia de Marruecos, legal o ilegalmente, salieron del país, en pocos años, la mayor parte de los hebreos que quedaban en Marruecos y, en particular, en Tánger. En ella vivían en 1955 alrededor de 18.000 judíos entre marroquíes y extranjeros. En 1968 solo quedaban 4.000 y no más de 250 en 1970. Actualmente, la colonia hebrea tangerina no llega al centenar de individuos. El éxodo de los judíos de Marruecos fue muy perjudicial para el país y, en particular, para Tánger. Los judíos constituían el pilar básico de la economía de la ciudad ya que la mayor parte de la actividad financiera y comercial estaba en sus manos. Además, su salida sirvió de efecto demostración para otros tangerinos no musulmanes que, al igual que aquellos, fueron saliendo de la ciudad[314].

[313] Aïda Pinto, hija de Pinhas Toledano, el mayor de los famosos Toledano Brothers describe en su libro *Mon passé marocain* de manera primorosa y admirable la vida en Tánger de los judíos ricos.

[314] Desde 1949 hasta 1956 emigraron legalmente de Marruecos unos 110.000 judíos. A partir de la independencia se restringió la posibilidad de salir del país por lo cual muchos hebreos, entre ellos, bastantes tangerinos intentaron emigrar ilegalmente. Para ello se montó una red clandestina de información que facilitaba la salida del país, muchas veces, con la ayuda de las autoridades israelíes y con bastante riesgo. A partir de un desgraciado accidente que costó la vida a 44 judíos que intentaban huir en una barcaza se permitió, bajo ciertas reservas, la

El éxodo judío supuso también la terminación del sueño tangerino que se alimentaba en las raíces musulmanas, europeas y judías. Conviene recordar que aparte de los grandes financieros como los Pariente, Abensur o Hassan y de los importantes comerciantes y hombres de negocios tan conocidos como los Cohen, Bendrao, Azancot y los Pinto, Laredo, Salama, Toledano, Benchimol, etc vivían y trabajaban en Tánger una serie de profesionales de primera fila, mucho de ellos nacidos en Tánger. En el campo sanitario, señalamos a título indicativo, sin olvidar al Dr. Güitta al que nos referimos en otra parte de este libro, a destacados profesionales como el Dr. Amram Amselem que era uno de los mejores urólogos de Marruecos y que durante años dirigió el Hospital Benchimol, el Dr. Moises Mani que, posiblemente, era el médico más querido y respetado de Tánger, que también dirigió dicho hospital y que tenía su clínica en el Marchán, el Dr. Marc Sagues que tuvo en el parque Brooks un gabinete radiológico, el Dr. Mauricio Benarroch que montó un laboratorio de análisis en el Bulevar Pasteur, etc.

Los hebreos tangerinos también destacaban en la arquitectura como es el caso de José y Samuel Toledano y José Bengio; en la abogacía con Mozy Cohen que fue, posiblemente, el primer abogado judío inscrito en el Colegio de Tánger; Anatole Estryn de origen polaco que llegó como refugiado a Tánger en 1945 y que creó un buen bufete; Carlos Sorger, de origen húngaro que llegó como refugiado a Tánger en 1939; Armando Toledano Laredo perteneciente a dos grandes familias sefardíes tangerinas que, como italiano, pudo entrar a trabajar en los servicios jurídicos de la Comunidad Europea ocupando un puesto importante; Abraham Eljarrat Castiel, etc. En el periodismo, entre otros muchos, destacaron los nombres de Samuel Toledano que durante años fue redactor del periódico tangerino *España* con el seudónimo de Claudio Laredo y de René Abramovici eterno secretario general de la Asociación internacional de la Prensa. En la literatura destacaron figuras como Rahma Toledano, distinguida escritora, periodista y publicista, Isaac Assayag que escribió varios libros sobre Tánger, Isaac Laredo autor del clásico *Memorias de un viejo tangerino* y su hijo Abraham y Carlos Nesry, abogado y publicista, que escribió, entre otras obras, *Le juif de Tánger*. Por su parte, el tangerino Shlomo Ben Ami, que emigró muy joven a Israel ha sido ministro de Asuntos Exteriores de dicho país y antes embajador de Israel en España.

A todos ellos se añadían el gran número de establecimientos comerciales regentados por judíos bien conocidos en la ciudad como las papelerías de Elgaly o de Cohen, los mármoles de Guanish, las farmacias de Bensadon y de

---

partida de la mayoría de los judíos que quedaban en Marruecos. La mayoría de los judíos tangerinos emigraron a Israel, España, Francia, Suiza, Venezuela y Canadá.

Levy, los grandes almacenes de Lasry o de Benchimol, los muebles de Caro y el centenar de agencias de cambios que en su gran mayoría se situaban en la calle Senmarine y, básicamente, en la de Siaguins y que pertenecían, casi en su totalidad, a hebreos. En el campo inmobiliario destacaba el Cabinet Bendahan que promovió un gran número de operaciones inmobiliarias en la zona este de Tánger entre la Avenida de España y la de Londres.

Actualmente, viven en Tánger muy pocos judíos. Los que emigraron a Argentina, Perú, Estados Unidos, Canadá, Venezuela, España, Francia, Suiza, Israel y a muchos otros países recuerdan con cariño y nostalgia a la ciudad en la que vivieron y en muchos casos nacieron. Vuelven a ella en busca de sus raíces como españoles, venezolanos, israelíes, etc con pasaportes de sus nuevos países en donde han desarrollado, en muchos casos, la mayor parte de su vida y, después de visitar retornan a ellos con nostalgia y , muchas veces, principalmente, los más viejos, con el alma en un puño. Es lógico, ya que como señala Abraham Bengio, fue en la época del Estatuto cuando el arte de vivir de los judíos tangerinos llegó a su pleno desarrollo[315].

Los que fueron a España, principalmente a Madrid, Barcelona y Andalucía, se integraron sin grandes dificultades en la sociedad española. Los tangerinos, juntos con los tetuaníes y otros procedentes del protectorado, dieron nuevo impulso a la Comunidad israelita de Madrid que en su mayor parte estaba compuesta por judíos de origen asquenazí* y llegaron a participar en la misma muy activamente. Varios tangerinos llegaron a presidir la Comunidad de Madrid como José Bensadón, Mauricio Toledano, Jacques Laredo y David Grebler la de Barcelona. Algunos hebreos de origen tangerino destacan en la vida económica o social española[316].

II. 3. ESPAÑOLES

España ha tenido una importante y continuada relación con Marruecos y, en particular, con Tánger que hemos intentado relatar en otros capítulos de esta obra. Así, no procede repetir lo ya explicado. Pero si recordaremos algunos hitos básicos como el hecho de que fueron los religiosos franciscanos españoles los primeros europeos que fueron a vivir en Marruecos; que desde 1581 a 1643 la ciudad quedó sometida a la soberanía de la Corona española como consecuen-

[315] El tangerino Abraham Bengio escribió en 2000 un inspirado y certero artículo sobre los judíos de Tánger, *Pavana para una Comunidad difunta,* que fue incluido en una recopilación editada por Ediciones Sefarad y que, más o menos resumido, ha aparecido en varias publicaciones y páginas electrónicas, entre ellas http://tangers.free.fr/.

[316] Véase *La comunidad judía de Madrid* de Jacobo Israel y Uriel Macías. Madrid, 2001

cia de la unión de España y Portugal; que España fue el primer país que abrió consulado en Tánger a finales del siglo XVIII y que fue uno de los primeros países que firmó acuerdos de paz y de comercio con Marruecos.

Algunos españoles anteriores al Estatuto

Desde que Tánger fue designada, a finales de aquel siglo, capital diplomática del Reino y hasta que terminó la época internacional de la ciudad la colonia española fue siempre la más numerosa de las extranjeras. Ello fue consecuencia de la cercanía de España, de los intereses comerciales que se desarrollaron entre los dos países así como de las oportunidades que Tánger ofrecía a los trabajadores españoles que no tenían en su país. A medida que se consolidó aquella capitalidad fue creciendo la legación consular española así como el número de los individuos que de ella dependían tanto traductores como administrativos, militares, profesores, médicos, enfermeros, maestros de obras, obreros, artesanos y un largo etcétera. En la segunda mitad del siglo XIX vivían ya en Tánger algunas familias españolas que tenían sus raíces en la ciudad desde principios de siglo y otras que fueron llegando a lo largo de ese siglo. Muchas de ellas se consolidaron consiguiendo prestigio o riqueza o ambas cosas. Una gran parte de ellas procedían de Andalucía[317].

Fue el español Dr. Severo Cenarro el que, hacia 1890, presidió e impulsó la Comisión Internacional de Higiene y Limpieza que fue la simiente que, tres décadas más tarde, daría lugar al Estatuto de Tánger. Fueron también españolas las primeros instalaciones educativas y sanitarias europeas que se crearon en Marruecos y, en particular, en Tánger impulsadas por franciscanos españoles. Asimismo, fue español el primer Dispensario-Hospital fundado en 1888 y la Escuela de Medicina, dos años antes, de la que estuvo al frente el Dr. Felipe Ovilo. El primer periódico que se publicó en Tánger fue *Al Mogreb al Aksa* editado en castellano por un gibraltareño, Gregorio Abrines, de origen balear. Eran, también, españoles Emilio Rotondo que creó la primera empresa de servicios telefónicos tarea en la que contó con la colaboración de Andrés Mangado; Francisco Salido que fue el jefe de la primera oficina de Correos de Tánger; Rodolfo Vidal que instaló la primera central eléctrica bajo el patrocinio del marqués de Casa Riera, etc.

España participó en la organización y dirección de la Conferencia de Algeciras que se celebró en esa ciudad en 1906 que dio paso al régimen de protectorado francés y español sobre Marruecos que se concretó en 1912 y al Estatuto de 1923 y en cuya creación y desarrollo España tuvo un papel principal. Varios españoles

[317] Elisa Chimenti escribió: «Tánger es una tierra andaluza enclavada en tierra africana por capricho de la geografía».

sobresalieron en su concepción y elaboración entre los que figuran Ricardo Ruiz Orsatti, que fue años después, administrador adjunto de la Zona, y Emilio Sanz Barriopedro[318].

En los primeros años del siglo XX anteriores a la entrada en vigor del Estatuto destacan otras familias muy asentadas en la ciudad entre las que podemos citar a la de Peña-Orellana que fue una de las impulsoras del Tánger de los inicios de siglo y la de los Fuentes fundadores del Hotel Fuentes en el Zoco Chico[319]. Otra antigua familia muy conocida era la de los Gallego de la que formó parte Antonio Gallego que construyó el Liceo Rafael Calvo, luego Teatro de la Zarzuela, en el que tuvo lugar, en 1900, la primera proyección de cine. Fue también empresario del Teatro Cervantes. Otra de antigua familia es la de Atalaya. José Atalaya Olcese fue el delegado sanitario del Consejo Sanitario que se creó en 1840. Ricardo Atalaya Bono fue uno de los primeros responsables del Correo español. Los Atalaya emparentaron con otras conocidas familias tangerinas como las de los Ruiz, Fuentes, Gallego, Olcese, Ceballos,etc.

Por su parte, la familia Cerdeira, asimismo muy notable en Tánger, tuvo como primer residente en Tánger, a finales del siglo XIX, a Clemente Cerdeira Mascareñas que fue destinado a Tánger para proteger la legación de España[320]. Otras familias tangerinas españolas que tuvieron considerable raigambre en Tánger durante las primeras décadas del siglo pasado fueron la de Sievert, Montero, Sanchez Codda, Sampedro, Corrales, Collado, Ahumada, Mellado, De Miguel, Ruiz López, De Castro, Parladé, Fesser, Alcayne, Potous, Coronado, Erola, Fernandez Viagas, Llinás, Cabrera, Antig, Bernal, Rodríguez Marchena, Seguí y otras muchas.

---

318 Emilio Sanz Barriopedro (1880-1961). Ilustre tangerino, nacido en Madrid, profesor mercantil que llegó a Tánger, a principios del siglo XX. Ocupó distintos puestos de importancia en Tánger siendo, en representación de España vicepresidente de la primera Asamblea Legislativa de Tánger y primer director de la sucursal del Banco de España. Intervino en la concepción y desarrollo de los principales temas financieros del Estatuto de Tánger tanto durante la época de su iniciación como durante su desarrollo. En 1940 quedó encargado interinamente de la Oficina Regional de Economía, Industria y Comercio defendiendo, con éxito, antes las autoridades españolas el mantenimiento del sistema financiero tangerino. Entre otras actividades fue profesor en las Escuelas Franciscanas y en los años cincuenta co-fundador y vicepresidente del Casino Español. Casó con Lydia Soto-Lyons, nieta de Antonio Molinari. Son padres de Emilio, Ramón, Carlos y Lydia Sanz de Soto.

319 La familia Fuentes emparentó con la citada de los Peña-Orellana y con otras muy conocidas como las de Contreras y Atalaya. Miembros relevantes de la misma fueron, entre otros, el pintor Antonio Fuentes Contreras, uno de los más importantes del siglo XX, su hermano José, agente de aduanas y el hijo de éste José Fuentes Orellana que, en los años 50, era un joven y brillante abogado, hermano de Conchi, otra tangerina muy querida.

320 Tuvo tres hijos: Alfonso, Cándido y Clemente que fue cónsul de España. El primero, Alfonso que era médico tuvo entre sus pacientes a Muley Abdelaziz. Casó con una filipina, Estrella Soriano, de considerable fortuna. A la muerte de su esposo en 1934 la viuda de Cerdeira permaneció en Tánger donde se dedicó a obras de caridad.

Presencia española en el Tánger internacional

En 1952, en el momento de mayor esplendor de la zona internacional, los españoles representaban más del 65% de la población tangerina no marroquí[321]. Lógicamente, desde el punto de vista social y humano tuvieron una enorme influencia aunque menor en la Administración y en la política, campos en los que destacaban los franceses. En todo caso, España estaba representada en la Asamblea Legislativa y en el Tribunal Mixto al mismo nivel que los franceses y tuvo a partir de 1953, como antaño en la primera década del Estatuto, un papel predominante en la policía de la zona.

Económicamente, los españoles tenían menos influencia que los franceses y ello a pesar de que la moneda española, la peseta, era junto con el franco marroquí, el instrumento de cambio básico de la ciudad. Una parte considerable de la colonia española de Tánger estaba compuesta por gente humilde de escaso poder adquisitivo o bien perteneciente a una modesta clase media que se ocupaban de los más diversos trabajos, oficios o comercios. En general, era gente muy laboriosa que constituía el meollo fundamental de la clase media de la ciudad y que participaba, en forma trascendente, en su economía. Por ejemplo, es significativo que la Cámara de Comercio Española que presidía Jose Luis Massa, con la colaboración de Juan Zacarías, contara con más socios que todas las demás juntas: francesa, italiana, marroquí y británica.

En los correspondientes apartados de este libro se recuerda a los principales españoles que destacaron en la ciudad internacional en los diferentes campos de la actividad profesional como religiosos, diplomáticos, médicos, abogados, profesores, arquitectos, financieros así como otros intelectuales de prestigio que sobresalían en el campo cultural. Asimismo, se señalan en su oportuno lugar los industriales y comerciantes españoles más representativos de la ciudad. Ello nos releva de volver a citar a todos.

Sin embargo, conviene recordar que el Hospital Español era el centro sanitario más importante de la ciudad, que el Instituto Politécnico Español y el Grupo Escolar, competían con brillantez con otros centros franceses o italianos que, tanto la Compañía Telefónica como las principales emisoras de radio eran españolas que el Correo y el Telégrafo españoles eran los más populares y que los principales centros culturales, como la Biblioteca Española, o sociales, como

---

321 Según Bowles los marroquíes respetaban muchos a los europeos aunque añadía que esta afirmación no era del todo cierta en el caso de los españoles porque, como eran tantos miles, prácticamente no les consideraban europeos. Esta observación que puede tener cierto tufo desdeñoso para marroquíes y españoles sitúa, perfectamente, a la colonia española que, manteniendo siempre su relevancia, fue la única de las extranjeras que se identificó, casi totalmente, con los marroquíes. Muchos españoles desempeñaban oficios muy modestos que les hacían convivir con los indígenas, musulmanes o judíos, creandose relaciones sociales de vecindad a nivel igualitario.

el Casino Español o el Nuevo Club, eran españoles. Con gran diferencia el diario más importante era el España que llegó a ser uno de los más leídos no solo en Tánger sino también en Andalucía.

Además, citaremos en cada sector a algunos de los más significativos y conocidos españoles de esa época para poner énfasis en la importancia que tenían en Tánger y la relevancia de su contribución al desarrollo de la ciudad. De todos ellos hablamos en otros capítulos de este libro. En la diplomacia sobresalía Cristóbal del Castillo, ministro-cónsul general de España durante varios años fue la figura señera de la presencia española y que contó, durante parte de su misión, con la colaboración de otros diplomáticos relevantes como el agregado comercial Fernando Sebastián de Erice y el cónsul general Miguel de Lojendio. Otras personalidades relevantes eran José Jorro, gerente de la Compañía Transmediterránea y Carlos Soler Cabot, director del Banco Exterior de España, que fueron, junto con otros españoles, miembros de la Asamblea Legislativa. Dentro de la Administración de la zona, José Luis Los Arcos desempeñó la Administración adjunta de Sanidad e Higiene y Antonio Sánchez Llamusí fue el jefe de gabinete del Administrador. La Jefatura de las Obras Municipales correspondía al ingeniero Carlos Muñoz Laborde, la Dirección de Sanidad al Dr. Fernando del Toro y la Dirección del Servicio de Presupuesto a Francisco Estévez Jiménez, que ocupó ese puesto hasta la independencia de Marruecos. José Hernández Muñoz era el Secretario General y José María Delgado el jefe de personal. Santiago Alcaraz trabajó en un alto puesto en la Dirección de Contabilidad.

En la judicatura señalamos a Manuel Díaz Merry y a Francisco Villarejo de los Campos, respectivamente, presidente del Tribunal de Apelación y fiscal en el Tribunal Mixto, luego Jurisdicción Internacional, que al cesar en Tánger ocupó un alto puesto en el Tribunal Supremo español. En la abogacía destacaron Adolfo Fesser, Leopoldo Ceballos Cabrera y Tomás Rubio Chavarri. En medicina, aparte del Dr. Amieva al que hemos citado frecuentemente en esta obra, figuraban, entre otros muchos, el Dr. Sirvent, director del Hospital Español y el Dr. José Cosmea Blanco, médico generalista y enormemente querido por la población tangerina, y el Dr. José Luis Fernández Pérez, posiblemente el ginecólogo más conocido de Tánger. Gregorio Corrochano, director del diario *España* y Alberto España eran periodistas españoles muy conocidos y prestigiados. Más tarde lo sería, también, Eduardo Haro Tecglen. Entre los arquitectos sobresalían Diego Jiménez Armstrong y Delfín Ruiz Rivas.

En la enseñanza destacaban Antonio Ferri, como director del Grupo Escolar, y Juan María López Aguilar y Valentín García Yebra que, sucesivamente, ocuparon el puesto de director del Instituto Politécnico Español y que fueron, asimismo, profesores del mismo. Francisco Cuevas era el director de la Biblioteca Española, Manuel Díaz Cano era un músico muy valorado, el mallorquín Julio Ramis, aparte de ser profesor en el Instituto Español, tenía prestigio mundial como pintor así como Antonio Fuentes, etc.

Los franciscanos españoles tuvieron considerable influencia y prestigio en Tánger. Entre ellos destacan el que fuera primer Arzobispo de Tánger, Monseñor Aldegunde y el Secretario general del Arzobispado, el padre López Queizán. Éste fue una figura clave en las amables relaciones que mantenía la iglesia tangerina con las autoridades musulmanas y judías de la ciudad y con la propia Administración internacional. Facilitó, asimismo, gracias a su inteligencia y dotes diplomáticas, la armonización de los distintos grupos católicos de distintas nacionalidades en Tánger. Otro sacerdote de gran carisma y muy querido fue el padre Buenaventura Díaz de Vitoria que dirigió durante más de treinta años la parroquia del Sagrado Corazón. Por su parte, el padre Patrocinio Gracía Barriuso fue un brillante intelectual que estudio con éxito varios aspectos de la realidad marroquí como su música, el derecho musulmán y su historia.

Entre los financieros sobresalían, entre otros, José Andreu Abelló, presidente del Banco Inmobiliario y Mercantil de Marruecos, Mariano Alapont Baixuli, director del Banco Central y Ramón Pardiñas, director del Banco de España y Esteban y Emilio Feliú, padre e hijo, que, a través de su empresa Fiducia Bank, administraban inversiones de españoles, principalmente, catalanes. Los jóvenes Antonio Fornieles y Antonio Batista llegaron a ser altos directivos, respectivamente, del Banco de Bilbao y del Banco de Vizcaya. Ernesto Caparrós y Enrique Rosado eran los responsables de la Compañía de Seguros Hispano-Marroquí. Algunos comerciantes o industriales muy conocidos eran Manuel Carrión propietario de Café Las Campanas; Francisco Erola, fundador de la Imprenta Erola y de muchos otros negocios como la Farmacia Central de la calle Siaguins o la Papelería Victoria situada enfrente del Lycèe Regnault; la familia Jiménez Tenzado, que instalaron una fábrica de gaseosas, Orange Crush; Juan Valls, propietario de Cementos Tánger; Juan Bonbilá, dueño de los Almacenes Orbea y Pedro Gonzalez, marqués de Torresoto. En la hostelería sobresalían, entre otros muchos, Aureliano García Hernández, propietario del Café de París y Gregorio García Segundo, gerente del Hotel Tánger y en la construcción los constructores Goicochea al que se debe, entre otras obras, el Inmueble del Acordeón, José María y Gines Navarro y Alfonso de la Lama-Noriega. Un personaje popular español ilustre era Ignacio Figueroa y Bermejillo, duque de Tovar y Grande de España, que vivió durante muchos años en un espléndido palacete en el Monte cerca de Sidi Masmoudi que había sido construido por Walter Harris. Ofrecía magníficas fiestas a las que a veces asistían el entonces príncipe Juan Carlos o sus hermanas[322]. Otro muy conocido era el peluquero Bernardo Guillén, que todavía sigue trabajando en Tánger

Podríamos mencionar otros muchos españoles, algunos anónimos y otros conocidos, que fueron los europeos que tuvieron mayor protagonismo en Tánger, como los Pecino, Medrano, Silva, Macías, Galeras, Bartolomé, Altolaguirre, Madrid, Goicoechea, Ferrero, Téllez, Barrial, Ríos, Ortíz, Ramos, Fortes, Olmedo, Gil, Vázquez, Terroso, Gallardo, Serrano, etcétera[323]. La lista sería interminable. Añadimos que la colonia española procedía de todas las regiones españolas predominando andaluces y levantinos con numerosos castellanos y catalanes[324].

11.4. FRANCESES

Recordemos que Francia no había tenido históricamente en Tánger la relevancia de Portugal, Inglaterra o España que, en distintos momentos de su historia, habían ocupado la ciudad. Para proteger la presencia de sus comerciantes Francia negoció y firmó un acuerdo con Marruecos que permitía que cónsules galos se instalaran en puertos marroquíes y, principalmente, en Salé ,y a partir de finales del siglo XVIII, en Tánger. A mediados del siguiente siglo, varias décadas después que españa, los franceses tenían en esa ciudad su consulado en el edificio llamado Dar Niaba en la calle Siaguins. Poco a poco, se instalaron en Tánger muchos comerciantes franceses y algunos profesionales de dicha nacionalidad. En 1864 se creó un dispensario que, más tarde en 1890, sería hospital, dedicado principalmente a atender a los franceses y otros europeos así como a algunos marroquíes. Poco tiempo después se estableció el Institut Pasteur que sigue funcionando en la ciudad.

A partir de la creación de los dos principales liceos franceses de la ciudad, Regnault y St. Aulaire, llegó un buen número de profesores que prestigiaron a la colonia francesa en la ciudad. Paralelamente, Francia envió a diplomáticos y funcionarios que aseguraron la presencia gala en la Zona, principalmente, a partir de la Conferencia de Algeciras. En 1912 vivían en Tánger unos 1.400 franceses. En la segunda mitad de los años veinte el consulado francés fue instalado en el

[322] Murió soltero en marzo de 1953 dejando todos sus bienes al Instituto Norteamericano del Cáncer y, en su defecto, a la ciudad de Tánger que es la que, en definitiva, le heredó. Después de muchas vicisitudes la Municipalidad de Tánger pudo recibir la herencia que empleó, en parte, en construir un hospital que denominó duque de Tovar. Su casa que pasó a poder del bajá de Marraquech, El Glaoui, que tuvo en ella su última residencia en Tánger, es, actualmente, el precioso hotel Villa Josephine.

[323] Tomás Ramírez Ortiz informa con bastante detalle en su excelente libro *Si Tánger le fuese contado...* sobre muchos otros españoles ilustres o poco conocidos.

[324] Véase un excelente escrito de Domingo del Pino sobre *Los Catalanes y Tánger* en www.domingodelpino.com.

centro de Tánger, en la Plaza de Francia, en un magnífico edificio convirtiéndose en uno de los monumentos principales de la ciudad, que fue proyectado por los arquitectos Raulin et Dupré y construido en 1929 por Desforges et Rousseau, en unos terrenos cedidos por el banquero Haïm Benchimol.

En los años cincuenta la colonia francesa era, después de la española, la más numerosa entre las extranjeras ya que contaba con unas 8.000 personas. Además, era la más influyente por varios motivos. Entre ellos destacaba que la primera autoridad política de la zona, es decir, el Mendub era nombrado por el Sultán previo acuerdo del Residente general francés. Este mantenía en la Mendubía, a través de un Interventor, un aparato de control importante lo que hacía que el Mendub actuara, en general, según los deseos e indicaciones francesas. Además, Francia aunque, al igual que España contaba con solo cuatro representantes en la Asamblea Legislativa, tenía influencia directa sobre los nueve marroquíes que eran nombrados por el Mendub, seis musulmanes y tres judíos. Así, trece asambleístas sobre un total que osciló, según las circunstancias, alrededor de los 25, eran nombrados por Francia o al menos con la aquiescencia francesa.

Por otra parte, en el primer texto del Estatuto se establece que el primer Administrador de la zona debía ser francés lo que permitía esperar que el siguiente fuera español. Pero no fue así ya que el primer administrador fue Paul Alberge al que le sucedió Pierre Le Fur que se mantuvo en el cargo hasta 1940 cuando se produjo la ocupación española. Cuando ésta terminó cubrieron el cargo representantes de países menores pero se mantuvo la presencia francesa a través del administrador adjunto encargado de los asuntos marroquíes, el Ingeniero-Jefe de Obras Públicas del Estado, el Jefe adjunto de la Policía general, el Director de Aduanas, el de Contribuciones, etc, puestos que estaban reservados a funcionarios franceses. Esta importantísima presencia era coordinada y dirigida por el ministro-cónsul general francés en Tánger que en los años 50 era François de Panafieu que contaba con la colaboración del cónsul Yves Debroise y del agregado comercial Philippe Benoist, que había sucedido a Jean Hughes.

Esta actuación y posición dominante se correspondía con la idea francesa de que todo Marruecos debía haber estado sometido a la tutela de Francia, como Argelia o Túnez. Francia consiguió en la Conferencia de Algeciras y luego en los acuerdos diplomáticos mantenidos con españoles, alemanes y británicos una posición política privilegiada en la zona. Este éxito francés en Algeciras y la hábil política de Francia en Tánger y en la creación del protectorado se debe, en parte, al diplomático Eugène Regnault que fue ministro plenipotenciario en Tánger desde 1906 a 1912. Un centro escolar en Tánger, el Lycèe Regnault está dedicado a este relevante francés.

Francia también tenía una importante presencia económica y financiera en Tánger ya que, prácticamente, dirigía el Banco de Estado de Marruecos en el que contaba, en los años cincuenta con 10 partes de las 14 disponibles y participaba, total o mayoritariamente, en otros bancos importantes de la ciudad como la Banque Nationale pour le Commerce et l'Industrie-BNCI, la Banque Commerciale du Maroc, el Crédit Foncier d'Algerie, etc. Asimismo, los intereses franceses estaban presentes, mayoritariamente o en forma importante, en organismos básicos de la ciudad como el puerto y el aeropuerto, la distribución de agua, el servicio eléctrico, el ferrocarril Tánger-Fez y el correo cherificano que, para todos los tangerinos, era la Poste française. Todos estos organismos estaban en manos de directores o ejecutivos franceses.

Otro tanto ocurría con el sector inmobiliario ya que un considerable número de empresas del sector estaban también en manos francesas. Entre las compañías francesas de este sector destacaban la Société Inmobilière que fue creada en 1907 por la Banque de París et des Pays Bas, la Compagnie Paquet, la Société Lalaurie y otras muchas. Por otra parte, los principales hoteles eran franceses o estaban dirigidos por ellos.

Como veremos en su correspondiente capítulo la presencia francesa era también muy importante en el terreno sanitario y cultural. Francia construyó a principios del siglo XX un buen hospital en el Marchán así como el Institut Pasteur que dirigió durante muchos años el Dr. Remlinger. Los Lycèes Regnault y St. Aulaire y los Colegios Perrier y Berchet de primera enseñanza, eran centros educativos de primer orden que estaban oficialmente impulsados por Francia. El diario *La Depêche Marocaine*, aunque de corta tirada, tenía considerable influencia en la *inteliguentsia* tangerina. Era entonces el más antiguo de Tánger e informaba con relativo rigor a los tangerinos de lengua francesa. Las emisiones de Radio Africa y Radio Magreb, de dirección francesa y Radio International expandían la cultura francesa en la ciudad.

En general, la colonia francesa tenía un nivel social y económico bastante elevado. Muy pocos franceses formaban parte del proletariado tangerino. La colonia estaba constituida, principalmente, por funcionarios —algunos de los más importantes de la zona— profesores y profesionales, comerciantes e industriales. A título de ejemplo recordamos a algunos muy relevantes como el Dr. Fumey que había fundado el dispensario de su nombre y que tenía una calle en la ciudad o el Dr. Cabanié director y propietario de un prestigioso dispensario; al abogado Daniel Saurin que era el decano de la colonia francesa y que también, fue en varias ocasiones decano del Colegio de Abogados y al arquitecto André Fournier des Corats o a la decoradora Ira Belline de ascendencia rusa.

Además de dirigir la mayoría de las principales empresas de la ciudad, los tangerinos franceses crearon negocios personales de mucho interés. Por ejemplo, los esposos Pradal montaron una de las primeras lecherías de la ciudad y desarrollaron otros negocios en el campo agrícola en los que producían vino, melones y tomate. Por su parte Lucien Bruzeaud construyó en la segunda parte del siglo XIX el Hotel Villa de France. Emile Bonnet que fue un relevante hombre de negocios, llegó a Tánger en 1829 y allí murió en 1899. Fue raíz de una importante familia tangerina que emparentó con otras muy conocidas[325]. La Société des Grands Travaux de Marseille que intervino mucho en el desarrollo urbanístico de Tánger estaba dirigida por G. Verley y la empresa Monod por el ingerniero Dreyfus-Gauthier. Por su parte, Jean Desforges y Emile Rousseau que habían llegado a Tánger en 1904 para trabajar como humildes contratistas crearon, en 1922, una empresa de construcción que tuvo gran éxito ya que, pocos años después, construyo varios inmuebles emblemáticos de Tánger[326].

Otros nombres que pueden ser citados entre la plétora de franceses que destacaron en Tánger son el del fiscal Yves Rodière que ocupó su puesto con eficacia durante varias décadas y del secretario-jefe del Tribunal que actuaba como notario, Georges Balazuc. Otros nombres son los de Yves Huguenin, padre de Dedé, buen jugador de baloncesto, y de Yvette, que fue secretaria del cónsul de Francia; Alexis Preyre, Sabatier, Charnier o Tarpin y su célebre librería, Delagrange, Fayard, Robic y sus negocios de productos alimenticios, Goussé, Marc, Bouchard que abrió su farmacia en 1904, Davin, Guiot, el meteorólogo Jean Pourcel y tantos otros. Aunque la duquesa de Guisa no tenía su residencia en Tánger sino en Larache visitaba la ciudad internacional con frecuencia.

Muchas asociaciones culturales o de ocio eran dirigidas por franceses o éstos tenían en ellas considerable protagonismo. Así, M. Armand era el presidente del Automóvil Club y Delthé era delegado del Touring Club, el Dr. Crambes y el profesor Gratelot junto con otros tangerinos crearon un cine club en 1946. En 1955 se creó el Cercle Français a imagen del Casino Español. Lo presidió Louis St. Aubert y participaban en la directiva, Emile Coffin, Coutière, más y Morel. La asociación Cinema pour la Jeunesse la dirigía M. Caillat que era el director de l`Enseignement Cherifien. El Dr. Georges Decrop era el presidente de la

[325] Su hijo casó con una hija del coronel Mathews que era cónsul norteamericano que introdujo en Tánger el eucalipto y el pino de California. Otro de sus descendientes, Lucien Bonnet, casó con Lolita Corrochano, hija del director del diario España. Emile Bonnet era, a principios de los sesenta, miembro de la junta directiva del Sindicato de Iniciativa y Turismo, que presidía Muley Abdeslam Ben Ali, Cherif de Uazzan.

[326] Entre ellos figuran varios del Bulevar Pasteur, el palacio de Muley Hafid que luego se llamó de las Instituciones Italianas, el palacio Muley Abdelaziz en el Monte, el Lycèe Regnault, etc. Posteriormente, edificaron el Consulado de Francia. Desforges y Rousseau inauguraron en 1949 el Hotel Île de France proyectado por arquitecto Raulin. En 1941 una hija de Rousseau, Janine, casó con un hijo de Desforges, Jean. Otro hijo de Rousseau llegó a ser profesor en el Lycèe Regnault construido por su padre.

Association des Familles Françaises de Tanger. Louis Duplâtre era el presidente de honor de la l` Alliance Francaise organización similar a lo que hoy es nuestro Instituto Cervantes y el abogado Guiraud era presidente de los Rotarios. Había asociaciones de residentes pertenecientes a varias regiones francesas como de los corsos y la de los bretones. La agrupación de todas ellas estaba presidida por Dominique Serra, hasta 1956 director de Impuestos y Contribuciones, que fundó el Foyer français y fue delegado general de la Union des Français à l'Étranger. La Cámara de Comercio Francesa estaba presidida por Jules Molard y la Cámara Internacional de Comercio por Henri Pères que presidió la organización de la Segunda Semana de Tánger que tuvo gran éxito.

Además, habían ido a vivir a Tánger un buen número de jubilados adinerados o no, escritores, artistas, etc. Entre ellos destacaba el diplomático y escritor Paul Morand que después de la caída del régimen de Vichy se refugió en Suiza y, más tarde, en España y Tánger; el dramaturgo Jean Genet o el semiólogo Roland Barthès, Mme. Boullard Devé, esposa de un antiguo gobernador de la Indochina y buena retratista, etc. Seguían el camino que ya habían iniciado años atrás otros personajes franceses ilustres como los pintores Eugène Delacroix que vivió en Tánger hacia 1832 o Henri Matisse que estuvo alojado varios meses en el Hotel Villa de France en 1912 que en sus pinturas recreó la luz y los colores de Tánger, Camille Saint Saëns que vivió en el Zoco Chico y que compuso en Tánger su *Danza Macabra* y tantos otros artistas franceses.

Algunos jóvenes franceses de la época desarrollarían una exitosa carrera en distintos campos como Jean-Luc Mélenchon en la política o Guy Antonetti en la enseñanza del derecho.

11.5. ITALIANOS

Italia, en contra de lo que le ocurre a España, Francia, Portugal o el Reino Unido tiene poca historia directa común con Marruecos. Pero, éste tuvo buenas relaciones con varias de las repúblicas que formaron más tarde Italia. Con Venecia y Cerdeña, principalmente, mantuvo relaciones comerciales durante varios siglos y políticas desde principios del siglo XIX. El héroe italiano, Giuseppe Garibaldi se refugió en Tánger a finales de 1849, junto con algunos de sus partidarios, permaneciendo varios meses en casa del cónsul de Cerdeña, que más tarde sería consulado de Italia. El primer ministro italiano en Tánger fue Stefano Scovasso que presentó en 1873 sus cartas credenciales en Fez al Sultán Muley Hassan I. Posteriormente, el reino de Italia firmó el Convenio de 1880 sobre el derecho de protección en Marruecos y, más tarde, estuvo presente en la Conferencia de

Algeciras de 1906. Sin embargo, por el acuerdo franco-italiano de Noviembre de 1902, Italia se desinteresó de Marruecos obteniendo, a cambio, manos libres en Tripolitania. Así, no participó en las negociaciones sobre el Estatuto de Tánger que, sin embargo, reconoció a Italia un puesto en el Comité de Control y dos en la Asamblea Legislativa que, más tarde, se ampliaron a tres en virtud del Protocolo de Julio de 1928 que reconoce la participación de Italia en el Estatuto en las mismas condiciones que España, Francia e Inglaterra.

Durante la ocupación española que duró desde 1940 a 1945, Italia mantuvo cierta situación de privilegio cerca de las autoridades españolas. Posteriormente, en 1945, Italia, al igual que le ocurrió a España, quedó fuera del acuerdo que decidió la Conferencia cuatripartita (Estados Unidos,Francia, Gran Bretaña y la URSS) celebrada en París para restablecer el Estatuto y no fue considerada parte del mismo hasta marzo de 1948 cuando recuperó todos sus derechos institucionales en la Zona Internacional o sea sus tres asambleístas más un administrador adjunto encargado de temas judiciales.

Giulio Malmusi que era ministro italiano en Tánger a principios del siglo pasado representó al Cuerpo diplomático tangerino en las primeras conversaciones que se mantuvieron en Fez con el Majzén y con el propio Sultán para dar los primeros pasos que llegaron a la Conferencia de Algeciras. Le ayudó en estas gestiones su hijo Ferdinando Malmusi que luego sería abogado en el Tribunal Mixto y más tarde magistrado en el mismo. El juez Giuseppe Marcheggiano fue durante muchos años Administrador adjunto para asuntos jurídicos. Otros italianos tangerinos de nacimiento o de adopción son el farmacéutico Filippo Avellone, el conde Andrea Brentano, el comandante Mario Zanatti, el magistrado Giovanni Apostoli, los arquitectos Montalbano, Cirrito, Ovidio Incerti (también notable pintor) y Gaspare Cavassino y los ingenieros Salvatore de Luca y Lanino.

La princesa Martha Ruspoli[327] era italiana a medias ya que estaba casada con un príncipe italiano. Llegó a Tánger a finales de los año cuarenta y durante bastante tiempo formó parte de la sociedad tangerina más *glamurosa*. Por su parte, Gian Batista (Baccio) Garassino, perteneciente a una antigua familia italiana[328] de Tánger era un gran admirador de Petrarca y del *Cancionero* que el poeta italiano dedicó a su amada Laura. Su hermano Gugliermo, que era profesor

---

327 Cuando llegó a Tánger estaba separada de su marido. Era de ascendencia franco-norteamericana. Pretendía descender del general Lafayette. Poseía una gran cultura, era escritora y dominaba varios idiomas. Coleccionaba obras de arte. Participó en las actividades de la Sociedad Arqueológica. Según Milicent Dillon y C. Saywer-Lauçanno biógrafos, respectivamente, de Jane y Paul Bowles, mantuvo una relación amorosa con Jane Bowles.

328 Construyó en el Cabo Malabata un castillo siguiendo los datos que le fueron facilitados por la Sociedad Petrarcana y en cuya construcción gastó todas sus economías por lo cual entró a trabajar como intérprete en el Tribunal Mixto.

en la Scuola Italiana y que casó con una hija de Roque Lyons fue director de la Cámara de Comercio Italiana. El diplomático Giovanni Castellani que vivió varios años en la ciudad internacional dejó escrito une excelente libro sobre los principales aspectos jurídicos del Estatuto.

Italia contaba a mediados de los años 50 con una colonia que rondaba los tres millares de personas. Trabajaban en múltiples campos económicos desde el sector inmobiliario como la empresa Magabichi dirigida por R. Bianchi hasta el bancario en el que destacaban la Banque de l'Union Latine que dirigía M. Merello y la Banque Italo-Française de Mattei o la Agencia marítima Achille Petri[329]. En el comercio o la pequeña industria eran muy conocidos el panadero Francesco Macca que tenía su establecimiento en la calle Sanlúcar; el relojero Anselmo Ravella que había llegado a Tánger hacia 1890 y que abrió en la calle Siaguins una relojería, posiblemente, la más conocida de Tánger; los carniceros Bussinelli y Ramaciotti; la familia Ghirlando de la pastelería Pino; Angelo Dominici, padre de cuatro hijos: Roberto, Giacommo, Angelo y Renato. Otros italianos conocidos eran los Carboni, los Giacometti del restaurante Milano, los Ribbi del Garage Universal, el sastre Degioanni, posiblemente el más prestigiado de Tánger, los Benedetti, los Ratto, los Salomone de la tienda Butterfly, Alfredo Giulani, el anticuario Arditti y el hostelero Nicolas Boetti promotor de varios hoteles como el Carlton, Italia y Piemonte. La Cámara de Comercio italiana estaba presidida

[329] La familia Petri era una de las más populares de Tánger. Se inicia con Achille Petri (1854-1926), natural de Pisa, que llegó a Tánger en 1884. Creó la Ditta Achille Petri que se dedicó a la consignación marítima así como al *import-export*, agencia de viajes y de seguros, fábrica de pastas, depósito de mármoles, etc. Invirtió en inmuebles y, especialmente, en un bloque de viviendas y de locales comerciales cuya entrada estaba en el n° 48 de la Avenida de España, denominado Patio Petri, junto a las oficinas de la Dita Achille Petri, en el n.° 52. El patio hacía esquina con el domicilio familiar de la Cuesta de la Playa n° 73, la villa Avellina. Llegó a ser uno de los empresarios más importantes de la ciudad. Participó en la Comisión de Higiene y fue nombrado Delegado Comercial de Italia. Varios de sus hijos prosiguieron el negocio familiar que, en los 50, estaba centrado, principalmente, en la representación y consignación de las principales compañías navieras italianas. Achille, en Tánger, casó con Evelyn (Avellina) Reade, hija del cónsul británico, que tenía ascendencia española y británica y que estaba emparentada con el general Francisco Serrano que había sido Regente del Reino de España y, más tarde, Presidente de la Primera República. Achille y Avellina tuvieron siete hijos que nacieron, todos ellos, alrededor de principios del siglo XX. Los dos primeros, Elena y Lionello, murieron jóvenes. La tercera, Giovannina (Bibi), casó con Carlos Urreta. Hija suya fue Maria Augusta (Marigu), que contrajo matrimonio en 1960 con el cónsul Miguel de Lojendio y murió en 1968 en un accidente de tráfico en Santiago de Chile donde su marido era embajador de España. Lorenzo casó con Margara Díez de la que tuvo tres hijos; Carlo con Josefina Saccone, que le dio 7 hijos, Guido con Ana María Jiménez Pajarero, con la que tuvo 4, y Tomás con Aurora García Mercadal, con otros siete. Era una amplia familia que fue muy popular y apreciada en el Tánger internacional. Recordamos a Lorenzo, uno de los fundadores del Yacht Club Internacional, Avellina (Nenuca), profesora de la Scuola Italiana y más tarde gerente de la Ditta Achille Petri, Emilia (Bibi) profesora y secretaria de la Scuola, Romano, uno de los fundadores de la Casa Nazaret, Ana María, Giancarlo, Franco, etc. Muchos de sus miembros casaron con otros de familias tangerinas conocidas como los Vivó, Carrasco, López de Arriba, Jorro, De Luna, Vallejo, Bendayan, Abrines, Pascual, etc . Hoy su cosmopolita descendencia, que llega a la quinta generación, está dispersa por medio mundo. En Tánger siguen viviendo Giovanna y Mirilla, nieta y bisnieta, respectivamente, de Achille Petri.

por Gabriel Salomone con el que colaboraban, entre otros, los vicepresidentes Lorenzo Zoccola y Augusto Bussinelli.

También contaban con profesionales de la medicina como el Dr Oreste Cappa que dirigía el Hospital Italiano y el oculista Salvatore De Benedetti; con prestigiosos arquitectos como Mario Messina que participó en los 50 en el plan de urbanización de la ciudad que, al final, no se desarrolló como él y otros arquitectos franceses o españoles deseaban. Italia mantuvo durante todos los años de la internacionalidad de Tánger una importante presencia cultural a través de los distintos organismos que desarrollaban su actividad en el Palacio de las Instituciones Italianas, antigua residencia del Sultán Muley Hafid, situado en el Marchán que fue comprado por Italia. Allí tenía su sede la Scuola Italiana y la Sociedad Dante Alighieri (similar a nuestro Instituto Cervantes) que desarrollaban una considerable actividad cultural organizando conciertos, conferencias, representaciones teatrales así como por medio de su amplia biblioteca. A mediados de los 50 el director de la escuela era Egidio Orzalesi y la secretaria era Bibi Petri miembro de una muy conocida familia italiana.

Otros profesionales prestigiados eran el abogado Menoti Corsini que fue decano del Colegio de Abogados y los también letrados Giulio Vitale y Armando Toledano Laredo, de antigua familia tangerina, así como los profesores de la Scuola Italiana Orzalesi, Salvadori y Fancelli ya citados, juntos con otros profesores, en otra parte de este libro. Son solo algunos representantes de la indicada colonia italiana de la que también formaban parte las familias Bedin, Monicelli, Orlandi, Pimienta, Occipinti, Ribbi, Mairate, Botta, Marchi, etc. Mención aparte merece Elisa Chimenti, napolitana de nacimiento, pero tangerina de adopción, fue una de las mejores representantes de la intelectualidad y del cosmopolitismo de la ciudad internacional.

11.6. BRITÁNICOS

Gran Bretaña es uno de los países que, en el pasado había demostrado el mayor interés por Tánger. Como es sabido en 1661 la corona inglesa recibió Tánger de Portugal como dote de la infanta Catalina de Braganza que casó con Carlos II de Inglaterra. Como se ha señalado en otro lugar la presencia inglesa duró solo hasta 1684. Quedaron muy pocos vestigios de la ocupación británica ya que los ingleses destruyeron antes de irse las murallas que habían construido. Samuel Pepys que fue tesorero del comité especial de Tánger, describió con mucho acierto e ironía la vida en la colonia durante la ocupación inglesa. Aparte de Pepys vivieron en Tánger durante la colonia británica algunos destacados ingleses entre los que figura George Fleetwood que fue uno de los 59 nobles que participaron en el juicio que condenó a muerte a Carlos I, condena que fue ejecutada. Además, uno de los primeros gobernadores de Gibraltar, Georges Elliott, nació en la colonia inglesa de Tánger.

Poco a poco, después de su retirada, los ingleses volvieron a Tánger impulsados por su interés de comerciar con Marruecos. Se llegó, en 1721, a la firma de un acuerdo comercial y de paz lo que favoreció el comercio entre los dos países hasta tal punto que en el siglo XIX Gran Bretaña era el primer socio comercial de Marruecos. A finales de ese siglo Tánger empezó a recibir a turistas británicos. Se alojaban en los hoteles que se habían construido en Tánger especialmente para recibirlos entre los cuales el Continental era el más importante de todos. Muchos de ellos se quedaron a vivir en Tánger en casas o mansiones del Marchán o del Monte Viejo. Uno de los británicos de mayor importancia de esa época fue el cónsul británico Sir John Drummond Hay que había sucedido a su padre Edward, en 1845. Walter Harris fue otro de los personajes británicos de Tánger más famosos[330]. Era periodista y terrateniente. Construyó una magnífica mansión en los alrededores de Tánger conocida por Villa Harris. Murió en Malta pero conforme a sus deseos está enterrado, a pesar de ser católico, en la iglesia de St. Andrew en Tánger.

Otros británicos recordados son Sir William Kirby Green que fue el sucesor de Drummond Hay como cónsul en Tánger a donde llegó con su hija Feridah que era muy querida en la ciudad. Otros británicos distinguidos fueron los diplomáticos Sir Arthur Nicolson, Hugh Gurney, Charles Peake, W. Ivo Mallet y Bryce Nairn, Arthur Doolittle, así como John Brooks que fue un gran propietario tangerino, que dio su nombre al Parque Brooks. Otro personaje relevante fue el caíd Sir Harry Aubrey de Vere MacLean que sería, como Walter Harris y el norteamericano Perdicaris, cada uno por su lado, raptado por el bandido Raisuni. Mac Lean había trabajado durante varios años en el Marruecos anterior al protectorado como experto militar al servicio de los Sultanes Hassan I y de su hijo Abdelaziz que le nombró *Kaid el Askar* (Comandante de infantería). Se comentaba que actuaba como espía británico. Acompañó en 1902 a Londres al ministro marroquí de la Guerra, Mehdi el Menebhi, que asistió en representación del Sultán Muley

330 Walter Harris (1866-1933). Llegó a Tánger en 1886 donde, desde 1900, fue corresponsal de varios periódicos británicos. Estudió la lengua árabe. Conoció y mantuvo cierta amistad con los Sultanes Muley Abdelaziz y Muley Hafid. Escribió varios libros sobre Marruecos siendo el más conocido el titulado *El Marruecos que fue*. Al parecer, era espía británico y, posiblemente, francés. Fue raptado por El Raisuni que exigió y obtuvo del Sultán la libertad de varios prisioneros a cambio de Harris. Construyó en los alrededededores de Tánger una extraordinaria mansión denominada Villa Harris. Poseía, además, un palacete en la Casbah, llamado Dar Sidi Hosni, que años después perteneció a Barbara Hutton.

Abdelaziz, a la coronación de Eduardo VII. MacLean está, también, enterrado en St. Andrew.

Otros británicos muy conocidos fueron Archibald MacLean Madden, Emily Keene[331] (cherifa de Uazzan) , Lord Bute que había llegado a Tánger a finales del siglo XIX y que fundó la Compañía Rentística junto con Ernest Waller[332], importante propietario que dio nombre a un *fondak* de su propiedad situado al lado del Hotel Minzah. David Herbert[333] fue durante muchos años el árbitro despótico de parte de la colonia británica y del grupo de expatriados* angloamericanos y organizador de grandes fiestas. Sir Reginald Lister, el coronel William Ellis[334], Herbert Alan Selley[335] y Sir Basil Scott[336] fueron miembros de la Asamblea Legislativa. Edmundo Carleton conocido por *Bibi* que trabajó en el consulado británico era miembro de una familia tangerina muy querida de la que

331 Emily Keene (1849-1944). Cherifa de Uazzan de ascendencia británica. Llegó a Tánger en 1872 a trabajar con la mujer de Ion Perdicaris como gobernanta de sus hijos. En casa de éste conoció al Cherif de Uazzan que se enamoró de ella y le propuso matrimonio aceptando que ella mantuviera su religión cristiana y sus costumbres occidentales. Se casaron el año siguiente ante el cónsul británico. Uno de sus nietos fue gobernador de Port Lyautey (Kenitra) y otro de Tánger. Introdujo la vacunación en los indígenas quienes la apreciaban mucho por sus obras de caridad. Sobrevivió a su marido cerca de cincuenta años siendo siempre respetada por los marroquíes. Tenía un palacio en el Marchán. Publicó un libro *My life story*. Inicialmente, estuvo enterrada en St. Andrew pero, posteriormente, sus descendientes trasladaron sus restos al cementerio privado de los Chorfa de Uazzan.

332 Ernest Waller (1866-1946) llegó muy joven a Tánger a finales del siglo XIX. Era horticultor y agricultor. Solo o junto con Lord Bute, con el que fundó la Sociedad Rentística, construyó o colaboró en la construcción de varios hoteles como el Villa de France y El Minzah. Montó una empresa inmobiliaria que estuvo domiciliada en el Fondak, cerca de las escaleras que tomaron su nombre, cerca del Minzah. Está enterrado en St. Andrew.

333 David Herbert (1908-1995) Decorador, escultor y retratista, perteneciente a la nobleza británica, que llegó a Tánger en 1935 con el fotógrafo Cecil Beaton al que le unía una íntima amistad quedandose a vivir en ella. Era muy conocido en Tánger, en ciertos sectores, ya que durante muchos años fue una especie de árbitro de la sociedad tangerina anglosajona. Organizaba fiestas para, entre otros, Barbara Hutton y Malcom Forbes. Escribió su autobiografía, *Second Son*. Está en enterrado en St. Andrew.

334 William Francis Ellis (1878-1953) fue un importante protagonista del Tánger internacional, donde llegó a principios de los años 20. Era médico militar británico y tenía una buena hoja de servicios militares. En Tánger fundó una exitosa empresa de comercio exterior, fue representante de la empresa de seguros London and Globe, corresponsal del *Times* cuando murió Harris y vicepresidente de la Asamblea Legislativa durante 8 años.

335 Según *A Foreign Field*, de A. Clandermond y T. MacCarthy, Selley (1897-1984) tenía formación militar pero en 1926 inició una carrera en la banca que le llevó a Argentina, Tánger y Las Palmas. Allí conoció al general Franco con el cual mantuvo cierta amistad y al que ayudó en los primeras días del Alzamiento. En 1937 volvió a Tánger como director del British West Africa Bank. Colaboró con *The Times* de Londres y, desde Tánger, gracias a sus numerosas amistades e influencias desarrolló una inteligente labor como espía que fue apreciada por Churchill. Éste le encargó en 1941 entrevistarse con Franco y Serrano Suñer para averiguar las intenciones españolas relativas a Gibraltar. Fue miembro de la Asamblea Legislativa desde 1949 a 1956. Fue el último editor del *Tangier Gazette*.

336 Sir Basil Scott (1859-1926). Nacido en Bombay, de nacionalidad británica. Después de una larga vida profesional como magistrado en la India, se jubiló en Tánger donde llegó en 1919 yendo a vivir a un palacete en el Marchán, Dar Al Qouas. Fue miembro de la Asamblea Legislativa y presidente de la Cámara de Comercio británica. A su muerte, su esposa, Lady Gertrude Scott (1878-1961), que descendía del rey Carlos II de Inglaterra y que era muy aficionada a la pintura, siguió viviendo en Tánger, donde hasta su fallecimiento mantuvo considerable actividad social, principalmente, al frente de la alta burguesía británica.

desciende el famoso decorador Pepe Carleton que fue miembro importante de la *jet set* marbellí y y muy amigo de Emilio Sanz de Soto. Era hijo de Harry Carleton que había casado con una hija de Gregorio Trinidad Abrines.

Otras familias británicas eran las de los Wheeler, Bull, Le Cozler y Briscoe que fue magistrado del Tribunal Mixto. La pareja de pintores formada por James y Marguerite Mc Bey estuvieron en el centro de la sociedad anglosajona durante muchos años. George Apperley, era también inglés, aunque se identificó mucho con España. También lo era Eugenio Chappory que fue representante del Lloyds de Londres, que contrajo matrimonio con Ines Rinaldi hija de un conocido gibraltareño que era propietario del Hotel Cecil. La hija de ambos, Eugenia, casó con Emiliano Rodriguez Marchena que eran los dueños de la denominada *Huerta de Marchena* en el Bulevar Anteo.

Muchos gibraltareños tuvieron especial relación con Tánger entre los que destacan Gregorio Abrines, Antonio Molinari, Roque (Rock) Lyons o John Artesani a los que nos referimos en otros lugares de este libro así como Bill Sanguinetti que fue alto funcionario de la Administración internacional. A ellos se unen las familias de los Licudi, Tavares, Garezzi y otros. Algunos eran gibraltareños desde hacía tiempo y otros utilizaron la plaza británica como puente para llegar a Tánger desde sus lugares de origen como Reino Unido, Malta u otros puertos del Mediterráneo. Una gran parte de aquellos procedían de Génova de la que habían salido en diferentes momentos de su historia. Otros arribaron desde Andalucía o, como los Abrines, desde Menorca cuando fue conquistada por los franceses a finales del siglo XVIII. En su mayoría los gibraltareños, también llamados *llanitos,* eran católicos.

Los británicos tuvieron considerable influencia en el desarrollo de la ciudad en la segunda mitad del siglo XIX. Los primeros hoteles de importancia como el Continental o el Villa de France fueron construidos para alojarles. Fueron británicos gibraltareños los propietarios de algunos de los primeros periódicos que se publicaron en Tánger. Fue un gibraltareño, el ya citado Gregorio Abrines, de ascendencia balear pero británico el que introdujo en Tánger, junto con otro gibraltareño, Antonio Molinari, la primera imprenta y fundó el primer periódico de Marruecos *El Mogreb-Al-Aksa* que fue editado, inicialmente, en español. Durante décadas, practicamente, hasta el término de la internacionalidad de Tánger esta ciudad mantuvo vínculos especiales con Gibraltar no solo sociales sino también culturales y económicos. Una parte considerable de las mercancías de contrabando que salían de Tánger llegaban a España, vía Gibraltar

Cuando se consolidó el Estatuto llegaron a Tánger otros británicos, por una parte, por razones económicas y, en otros casos, por motivos meramente turísticos. En los años 50 vivían en Tánger unos 1.500 británicos que, en general, tenían una buena o alta situación económica y social. El cónsul general era Sir Thomas Godric Aylett Muntz. Las principales instituciones o empresas eran el British Post Office, que funcionaba desde 1857 y que estuvo en el Bulevar Pasteur durante años para pasar luego al edificio Trafalgar House en la calle de América del Sur; la empresa Eastern Telegraph en la que trabajaba Licudi padre de Vicky que casó con Edward Butler; el periódico *Tangier Gazette* que solo editaba unos mil ejemplares semanales pero que unía e informaba a la colonia de lengua inglesa y que dirigía el mayor Mellow; una compañía de navegación, la Bland Line, que, básicamente, unía a Tánger con Gibraltar y otras más. Entre ellos, destacaba la Rentística fundada por Lord Bute en los años 20 junto el ya mencionado Ernest Waller, empresa propietaria de los más caros terrenos en el centro de Tánger y que fue una de las principales artífices del Ensanche de Tánger en el que destacó la construcción de los hoteles Minzah y Villa de France.

Otros británicos que tuvieron cierta importancia durante los años cincuenta fueron el juez del Tribunal de la Jurisdicción Internacional Erwin S. Lemass, vicepresidente del Tribunal de Primera Instancia; el abogado Joseph Deckers; el hermano y heredero de Lord Bute, Lord Ridian Creighton Stuart, que vivía en York Castle, denominada así en memoria del duque de York hermano de Carlos II y construido en la Casbah sobre las ruinas portuguesas y en la cual, también, habría residido el gobernado inglés Lord Middleton durante la ocupación británica; Adrian Conan Doyle, hijo del creador de Sherlock Holmes que dirigía el Little Theater; John Culverwell antiguo teniente de la marina que representaba compañías de seguros y que presidía la Cámara de Comercio británica con la colaboración de los, también, británicos Samuel E. Azagury y Andrew Russo. Por su parte, Harold Geoffrey Crawshaw era el Administrador adjunto de Hacienda de la Administración internacional. En el cementerio anglicano de St. Andrew` s Church[337] reposan los restos de muchos de estos ilustres tangerinos británicos.

11.7. NORTEAMERICANOS

En 1777, solo dos años después de la declaración de la independencia de los Estados Unidos, Marruecos reconoció explícitamente la existencia de este nuevo país al informar unilateralmente a los cónsules de los países europeos en Tánger, Salé, Larache y Mogador (actual, Essaouira) que todos los barcos estadounidenses tenían derecho a entrar en los puertos marroquíes en las mismas condiciones que los barcos de las restantes potencias. En 1784 el Congreso de Estados

[337] Véase 6.3.2. Protestantismo.

Unidos autorizó a sus representantes en París a establecer relaciones con los países *berberiscos* del norte de África: Marruecos, Argel, Túnez y Trípoli. En 1791 llegó a Tánger el cónsul americano, Thomas Barclay. En Junio de 1786, Marruecos y Estados Unidos firmaron un tratado de paz y amistad, el primero que firmaba el país americano con una potencia extranjera, que debía durar cincuenta años, por el cual ambos países se concedían la cláusula de la nación más favorecida* y el régimen de capitulaciones. Por parte americana este acuerdo fue firmado por John Adams y Thomas Jefferson, ambos futuros presidentes de Estados Unidos. El convenio estaba redactado en árabe y fue traducido al inglés por el judío tangerino, de nacionalidad, seguramente, española, Isaac Cardoso Nuñez.

En 1821 el Sultán Muley Slimane ofreció al cónsul John Mullowny en prueba de su amistad hacia Estados Unidos un magnífico palacete de estilo morisco para que se instalara en él, dignamente, su representación consular. Estaba situado dentro de la medina cerca del Zoco Chico donde estaban otros consulados europeos al lado de la futura calle de Portugal. El consulado, con diversas modificaciones, se mantuvo en el palacete hasta la independencia de Marruecos. En 1983 se instaló en el palacete un museo que tiene categoría de monumento histórico nacional (*National historic landmark*), el más antiguo que posee Estados Unidos en el extranjero[338].

Así, Marruecos y Estados Unidos han sido aliados y amigos desde el nacimiento de la nación americana. Esta relación ha sido puesta a prueba en varias ocasiones siendo las más conocidas las que concurrieron en el rapto del súbdito norteamericano de ascendencia griega, Ion Hanford Perdicaris[339] y de su yerno Cromwell Varley por el Raisuni en 1904. El caso tuvo resonancia mundial ya que el Presidente Theodore Roosevelt quiso demostrar su fuerza, en periodo electoral americano, al Sultán Muley Abdelaziz, para lo cual envió a Tánger una armada constituida por siete barcos que consiguió que el Sultán negociara positivamente con el Raisuni la liberación de Perdicaris. Desde entonces la representación consular norteamericana tuvo considerable influencia en la ciudad tanto por la calidad de sus diplomáticos como por el dinamismo y capacidad de su colonia. Entre aquellos destaca Maxwell Blake que representó a su país en Tánger durante tres décadas y que desarrolló una intensa actividad política y cultural. Blake contrajo matrimonio con Rosita Abrines.

---

338 Véase 10.2. Centros culturales o deportivos.

339 Rico norteamericano de ascendencia griega. Llegó a Tánger en 1872. Compró en el Monte, cerca del mirador de estrecho, una enorme finca qué pobló de los más distintos arboles y plantas. Construyó allí su casa que llamo *Idonia*. En 1904 fue raptado por el Raisuni siendo liberado semanas después gracias a la acción enérgica del gobierno norteamericano que exigió a «Perdicaris vivo o Raisuni muerto». Su finca fue comprada por El Glaui, bajá de Marraquech y años después pasó a ser propiedad del Estado.

A mediados de los años 50 del siglo pasado la colonia norteamericana no sobrepasaba las 350 personas que, en su mayoría, participaban en las distintas instituciones norteamericanas de Tánger como el propio consulado a cuyo frente estaba J.C. Satterthwaite que contaba con un amplio equipo de colaboradores entre los que destacaba Robert Shea que se ocupaba de asuntos culturales y Miss Durkin que estaba a cargo de la American Library situada en el Bulevard Pasteur que desarrollaba una buena actividad cultural en la que colaboró durante más de diez años la tangerina Carmen Alexandra Griffin. Existía un American Club en el Parque Brooks que, con ocasión de la fiesta de la independencia norteamericana, organizó un baile al que asistieron unas dos mil personas.

Asimismo,contaban bastante los miembros americanos de las emisoras de radio que se instalaron en la zona como la Mackay Radio, La Voz de América y la RCA. Otras personalidades eran el magistrado Juan Sedillo, de ascendencia española y que dominaba el castellano, los tres miembros de la Asamblea que eran Andrew Jorgensen, director de la Mackay Radio, William Bird corresponsal del New York Times y Director del *Tangier Gazette* y Th. Greenish al que sustituyó Hooker A. Doolittle[340]. Éste que había sido cónsul de EE.UU. fue uno de los más carismáticos personajes tangerinos. A ellos se añadía la popular familia Buckingham, formada por el matrimonio de Winthrop y Ellen que eran los propietarios del Hotel El Farhar y padres de varios hijos, entre ellas, cuatro hijas Marylin, Barbara, Ida y Desi, muy populares en Tánger.

Otras personalidades eran el escritor Paul Bowles y su mujer Jane Auer de los que se habla ampliamente en otra parte de este libro. Otros americanos bien conocidos eran Herbert Southworth, director de Radio Tánger Internacional, que casó en 1948 con Suzanne Maury, abogada francesa que fue una de las tres únicas letradas inscritas en el Colegio de Abogados de Tánger y que después de la independencia ocupó un puesto de Juez en el Tribunal de Tánger; Jay Hazelwood, propietaria del Bar Parade que fue el centro de reunión de muchos de estos americanos y de otros tangerinos, James Hall responsable de la Coca-Cola, etc.

Durante varios años, pasaron por Tánger, ininterrumpidamente, grandes nombres norteamericanos de la música como Aaron Copland; de la literatura como Tennessee Williams, Truman Capote, Gore Vidal, William Burroughs y muchos más; del cine, como Orson Welles y Erroll Flynn y de la sociedad americana, en general, entre los que destacaron los multimillonarios Barbara

340 Hooker A. Doolittle (1889-1966) era diplomático que ocupó distintos puestos consulares en Marsella, Bilbao, donde permaneció seis años, Tánger, en el que estuvo algún tiempo hasta 1938 durante el mandato del cónsul general Maxwell Blake, Túnez, donde mantuvo amistad con Habib Bourguiba y en Rabat, Alejandría y Lahore. Cuando se jubiló en 1953 volvió a Tánger donde se ocupó de la dirección del Tangier Gazette, fue presidente de la American School y miembro de la Asamblea Legislativa. Era muy querido en Tánger. Está enterrado en St. Andrew. Su nieta es Elena Prentice, pintora y editora que fue directora del museo de la antigua Legación americana.

Hutton[341] y Malcom Forbes que dieron mucho nombre a Tánger pero que no se mezclaron, salvo excepciones, con el pueblo tangerino. Esta presencia americana se reforzaba, periódicamente, con la visita a Tánger de distintos barcos de la flota americana del Mediterráneo que desembarcaban en la ciudad a cientos de marineros ávidos de diversión y con la llegada de otros tantos soldados y, principalmente, aviadores y personal auxiliar de las bases norteamericanas de Port Lyautey (actualmente, Kenitra) y Sidi Slimane, ambas en el protectorado francés, que llegaban en trenes especiales, y que, a veces, coincidían con la visita de bandas musicales americanas que ofrecían conciertos públicos muy populares. La frecuente presencia de militares americanos y del personal administrativo de las bases propiciaron bastantes matrimonios con tangerinas. Por otra parte, los productos americanos como la Coca-Cola, los cigarrillos rubios, los artículos de lujo, la música, los cosméticos, etc americanos completaban la imagen moderna que Estados Unidos ofrecía en Tánger apoyada por las actividades sociales y culturales de su Consulado entre las que destacaban la American Library y la American School.

11.8. PORTUGUESES

Portugal está, históricamente, muy unido a Marruecos y, en particular, a Tánger ya que sus relaciones son considerablemente antiguas. En efecto, en 1415 Portugal conquistó Ceuta y años después, en 1437, envió una armada contra Marruecos con el fin de convertir a los marroquíes a la fe católica, intentando penetrar en el país por Tánger que fue defendida con éxito por los marroquíes hasta el punto que obligaron a los portugueses a rendirse y solo les dejaron salir dejando en rehén al Infante D. Fernando con la promesa de devolver Ceuta. Como no lo hicieron el infante no fue liberado muriendo poco después, en 1443, en prisión. Los portugueses no aceptaron la derrota y años más tarde, atacaron las costas marroquíes conquistando en 1458 Alcazarseguer y en 1471 Arcila y Tánger y estableciendo depositos en Agadir, Mogador y Mazagan Con mayores o

341 Barbara Woolworth Hutton (1912-1979), milllonaria norteamericana que heredó la fortuna de su abuelo materno Frank Woolworth, propietario de la cadena de almacenes del mismo nombre así como la de su padre el financiero Franklyn Hutton. Se convirtió en la mujer más rica del mundo. Sin embargo, fue desgraciada en su vida y en sus siete matrimonios siendo uno de sus maridos, el tercero, el actor Cary Grant que, al parecer, no se casó con ella por sus riquezas. Cuando se divorció de él, se dice que empezó a beber y a tomar tranquilizantes. Fue a Tánger en 1946 comprando un palacete en la Casbah, Sidi Hosni, que había pertenecido a Walter Harris y, luego, al cónsul norteamericano Maxwell Blake, donde organizaba fiestas fantásticas. Entre sus cortos matrimonios iba a Tánger frecuentemente, donde mantenía una vida social muy activa. Al mismo tiempo, incrementaba su dependencia de las drogas y del alcohol. Murió totalmente arruinada. Barbara Hutton es uno de los mitos más tristes y desgraciados de Tánger. C. David Heymann en su libro *Pobre niña rica* describe muy bien la tragedia de esta mujer.

menores dificultades y con algunas variaciones Portugal mantuvo dos siglos su presencia en Marruecos.

En 1578 cuando se produjo la unión entre Portugal y España, Tánger y Ceuta y las demás posesiones portuguesas en Marruecos pasaron a depender de España y cuando esa unión se deshizo Tánger volvió a manos portuguesas. Por último, en 1662 Portugal hizo entrega de Tánger a Inglaterra como dote de la princesa Catalina que casó con el futuro Carlos II de Inglaterra. Portugal dejó con tristeza la plaza de Tánger que tanta sangre había costado y por la que habían pasado, durante los cerca de 200 años de dominación, 50 gobernadores entre los que destacó D. Antonio de Portugal, hijo del Rey Sebastián que murió en 1578 en la «batalla de los tres Reyes». D. Antonio no llegó a suceder a su padre pero durante toda su vida luchó contra la anexión de Portugal a España batalla que continuó su hijo Cristóbal nacido en Tánger en 1573 y que murió en el exilio en París en 1638.

Se sabe, a través de los registros eclesiásticos portugueses que la familia Colaço estaba presente en la ciudad a finales del siglo XVI. Desde entonces, casi sin interrupción, han intervenido en las relaciones lusomarroquíes y desde 1773, fecha de la firma de un tratado con Marruecos hasta el protectorado, con algunas excepciones, han representado en Tánger a su país como cónsules. Desde 1882 a 1896 Jose Daniel Colaço fue un competente ministro plenipotenciario de Portugal en Tánger que, además, fue el autor del primer libro publicado en Tánger *Viagem de Sua Magestade el Rei o senhor Don Fernando a Marrocos* editado en la imprenta que fundó Gregorio Abrines. Uno de sus hijos fue el pintor y azulejista Jorge Colaço nacido en Tánger en 1868. Los Colaço emparentaron con varias viejas familias tangerinas como los Saavedra, los Bonnet o los Romero.

Portugal mantuvo desde aquel tratado de 1773 excelentes relaciones con Marruecos intensificandose notablemente el comercio entre los dos países. Portugal participó en el Convenio de Madrid de 1880 por el que se reglamentó el derecho de protección en Marruecos, participó activamente en la Conferencia de Algeciras de 1906 y más tarde en 1926 ratificó el Estatuto de Tánger de 1923. En 1945 un portugués, el vicealmirante Luiz Antonio Magalhaes Correa fue nombrado por el Comité de Control, Administrador de la Zona de Tánger ocupando el puesto durante cuatro años. Cuando se acordó la abolición del régimen internacional de Tánger el ministro de Portugal que ocupaba este puesto en Tánger era Manuel Da Cunha Homem de Mello.

Hacia 1950 residían en Tánger unos 600 portugueses que, en gran parte, vivían de la pesca. Un empresario luso poseía en Tánger una fábrica de jabón y otra de salazones. Era portugués el director de la Compañía de Transportes

Colectivos de Tánger, Joachim Francisco de Oliveira. Por lo demás, en general, los portugueses, como les ocurría a muchos españoles, en su mayoría eran gente modesta. Un portugués muy conocido fue el canciller del consulado José de Esaguy que murió en 1944.

11.9. BELGAS

Las relaciones entre Bélgica y Marruecos se iniciaron poco tiempo después de que la primera obtuviera su independencia en 1831. A mediados de los 50, del siglo pasado, el representante belga era el ministro Radiguès de Chennevière que presidía el Club Diplomático. Con anterioridad, entre 1937 y 1939 había sido ministro-cónsul general Francis Janssens que al jubilarse optó por permanecer en Tánger donde fue una persona muy conocida y apreciada. Murió en la misma ciudad en 1960 con 86 años.

En 1954, el belga Robert Van de Kerchove fue designado Administrador de la Zona puesto que ocupó hasta el término del régimen internacional en 1956. En dicha época vivían en Tánger unos 500 belgas entre los que destacaba el general Legrand que había dirigido la Policía Internacional, el ex administrador adjunto de finanzas Troeder, el juez del Tribunal Mixto, Alfred Wauters, el miembro de la Asamblea Legislativa, De Porteere, así como el ingeniero civil Etienne Delacroix que era miembro sustituto de la Asamblea Legislativa. Otro belga relevante era Robert Gerofi, arquitecto y decorador, conservador del Museo de la Casbah y profesor en el Lycèe Français, cuya hermana Yvonne y esposa Isabelle que eran grandes amigas dirigían la Librairie des Colonnes.

Uno de los más ricos y activos miembros de la sociedad tangerina era el conde Della Faille de Leverghem, poseedor de una excelente colección de pinturas, casado con una excéntrica norteamericana. Residían en su mansión de Val Fleuri en la que vivían con decenas de gatos, perros y otros animales. Organizaba recepciones muy originales y sonadas a las que asistían los más conocidos miembros de la sociedad tangerina y muchos expatriados*. Otros belgas eran destacados industriales como el Chevalier de Wouters representante de la Société Générale de Bélgique, De Coninnck, empresario cervecero, el conde de Timary, creador de una fábrica textil, J. Van de Abelee que instaló una fábrica de elementos prefabricados y Willy Verstrynge que trabajaba en el sector del crin vegetal, casado con una española de la que tuvo a Jorge Verstrynge, nacido en Tánger, y conocido político de nuestra reciente transición democrática. En aquella época de mediados del siglo pasado se decía que el político belga filonazi Leon Degrelle se ocultaba en Tánger.

11.10. OTROS OCCIDENTALES

En Tánger, hacia los años 50 del pasado siglo, estaban representadas casi todas las ciudadanías europeas y muchas de otros continentes. Aparte de las nacionalidades a las que nos hemos referido en los apartados anteriores entre los restantes los europeos más numerosos eran los griegos, los holandeses, los escandinavos y los suizos.

Entre los griegos podemos citar a Costi Katzaros que fue durante mucho tiempo secretario de la Asamblea Legislativa y a los comerciantes Saporta, Karras y, Margaritis, y algunos otros. Entre los holandeses figuraban el director de la Compañía Shell, el fotógrafo Theo Tukker que tenía su estudio en el Bulevar Pasteur, H. A. Bendelac que representaba a su país en la Asamblea, Gunnar Legergreen, magistrado del Tribunal Mixto y, sobre todo, Jonkheer Van Vrendenburch que durante los años 1949 a 1952 fue un eficaz Administrador de la Zona. Un holandés, Jansen Frithjof,que en los años veinte había sido uno de los jóvenes más populares de Tánger tanto por su presencia física como por su simpatía e inteligencia murió luchando heroicamente en la batalla en los Abruzos en 1943 dejando un magnífico recuerdo entre sus compañeros del Lycèe Regnault.

Los escandinavos estaban muy presentes a través de la muy conocida y extensa familia sueca de los Dahl cuyas raíces estaban en los hermanos Emilio y Carlos Dahl[342] llegados a Tánger a finales del siglo XIX, que se dedicaron, básicamente, al negocio de la madera, así como a la importación de materiales eléctricos y de construcción. Ambos, sucesivamente, fueron cónsules de Suecia y muy populares en Tánger. Otros suecos eran el director de la naviera Bland Line, Cabedo y Nils

342 Ambos hermanos llegaron desde Suecia a Tánger en la última década del siglo XIX. Emilio Dahl Wallen, nacido en la ciudad sueca de Solnä en 1869, fue el primero en domiciliarse en Tánger donde casó, en 1891, con Victorina Chiozza, tangerina de ascendencia italo-española. Con ella tuvo cinco hijos y tres hijas. Además, cuando enviudó contrajo de nuevo matrimonio con Joaquina Bonet con la cual tuvo, en 1921, a Carlos Dahl Bonet, que llegó a ser vicealmirante de la Armada española y que falleció en 2007. Por su parte, Carlos Dahl Wallen, nacido en Estocolmo en 1872 y que siguió a su hermano a Tánger, contrajo matrimonio en esta ciudad con Balbina Quijada con la cual tuvo también un buen número de hijos: seis varones y tres hembras. Muchos de estos Dahl, que en su mayoría nacieron en Tánger, contrajeron matrimonio con otros tangerinos miembros de conocidas familias como las de Griffin, Quero, Escriña, Green, Garzarán, Bonet, De la Helguera, Cattalá, Jiménez Coral, Da Costa, etc., adquiriendo distintas nacionalidades en función de su respectiva filiación. En general, los descendientes de Emilio y Carlos Dahl Wallen que, respectivamente, murieron en 1924 y 1939, han sido bastante prolíficos hasta tal punto que, a mediados de los años 60 del siglo pasado, los descendientes directos de los dos hermanos (tres generaciones) llegaban casi al centenar de personas. Una buena parte de ellos vivían en Tánger lo que da idea de la importancia de esta familia en la ciudad. Después de que Tánger perdiera su internacionalidad, los Dahl se esparcieron por el ancho mundo yendo a vivir, principalmente, a España, Suecia, Portugal, Estados Unidos o permaneciendo en Marruecos. Carlos Dahl Garzarán, uno de los muchachos más populares de los años 50 ya que era un destacado deportista y excelente persona vive hoy, junto con su esposa Margarita, en Estocolmo (véase *Tingis* nº 52). Su primo, Emilio Dahl Griffin, está investigando, en varios países, las raíces y la diáspora de su cosmopolita familia.

Fröberg, que tenía una empresa de maderas. Ambos fueron, también, en distintos momentos, cónsules de Suecia. A ellos se unieron Nils Sundell, constructor y propietario del edificio de su nombre en la calle de Menendez y Pelayo y E. Elfverson, que estaba al frente de una empresa de considerable importancia, los Établissements Suedo-Marocains, que importaban desde productos alimenticios hasta grupos electrógenos. La familia noruega de los Nilsen era muy conocida ya que formaban parte de ella cinco buenos ejemplares de vikingos: las dos hermanas May y Joyce y los tres chicos Thorvald, Roald y Ragnvald[343]. Éste último, tangerino paradigmático, ha sido responsable de la revista *Malabata* y enlace básico de los antiguos alumnos del Lycèe Français.

Algunos suizos crearon restaurantes muy conocidos como Ciro's y Chez Robert y otros trabajaban en servicios bancarios o asimilados. Edouard Reverdin era un prestigioso arquitecto que diseñó la iglesia francesa y Constant Bourqui era editor.

Los tangerinos procedentes de países eslavos orientales u occidentales —algunos de ellos llegados a Tánger a raíz de la Revolución rusa— aunque no eran muchos participaron activamente en la vida tangerina. Quizá el más destacado de todos fue el doctor Spivakoff, que citamos en otra parte de este libro, o Alexis Woïvodsky, que fue el último cónsul de Rusia en Tánger anterior a la Revolución y que murió en 1934 y que está enterrado en St. Andrew. Recordamos al rico industrial Jacques (Yakov) Ganzelevich casado con la suiza Annette Moore que llegaron a Tánger huyendo de la fallida revolución rusa de 1905. Ganzelevich participó en varios negocios entre los que destacó una cantera y varias fábricas de materiales de construcción y de carbón, ésta situada en la carretera de Rabat. En los años 30 compró a Walter Harris la denominada Villa Harris que años después fue propiedad de Onofre Zapata[344]. Ganzelevich fue un personaje algo mítico en el Tánger de los años treinta. Murió en 1959. Tuvo varios hijos entre los que figura Nadia Ganzelevich y de la que desciende Oleg Vargas Ganzelevich, fundador de la revista Malabata que falleció en 2006.

El aristócrata y exiliado ruso Mijail Maslenikoff, junto con su esposa perteneciente a la familia Davidoff, regentó durante años el muy elegante restaurante

343 Nilsen que trabajaba en Casablanca en la consignación de buques y era cónsul de Noruega era el propietario del hotel de Anfa, un barrio de aquella ciudad, donde se celebró en 1943 la conferencia de Casablanca que, con el beneplácito de Sidi Mohamed V, reunió al presidente Roosevelt y al primer ministro británico Churchill con el general francés Noguès y otras autoridades para tratar sobre el futuro del Norte de África. A causa de ciertos enfrentamientos con las autoridades francesas dependientes de Vichy, Nilsen fue a vivir a Tánger donde fue representante de la Cruz Roja noruega y administrador de sociedades.

344 Al parecer, vendió la Villa Harris porque le fueron mal algunos negocios aunque se comentó en Tánger que la había perdido en el juego. Véase *Histoires des russes au Maroc* de Pauline de Mazières.

Volga instalado en el edificio del Hotel Rif. Eran padres de Tatiana Maslenikoff[345]. Ira Belline, sobrina de Stravinsky, era una bailarina clásica, decoradora y pintora que durante muchos años fue una de las protagonistas de la sociedad tangerina y que intentó varios negocios que tuvieron mayor o menor éxito. Otros rusos o de otras nacionalidades eslavas eran los Bauer-Nikolsky cuya hija, la empresaria Helène Bauer, es un excelente ejemplo de tangerinidad, el pintor Mikhail Chatko, que trabajaba con Lady Scott, Alejandro Balascheff que dirigió el hotel Villa de France y que estaba emparentado con el millonario Cheremeteff, Sonia Dragadze, casada con Narayan Kamalakar, un príncipe indio, que durante algún tiempo mantuvo un salón literario en su casa, el ingeniero naval Platón Ossipoff, el abogado Ter Oganesoff, el arquitecto Alexandre Poliakoff, y los Sikorsky, emparentados con Igor Sikorsky, uno de los precursores del helicóptero, Alexis Voiedodsky que fue el último representante consular ruso, los Baworoswka, Golutchowsky, Przyemskyi, Paderewski, etc.

Los Likatscheff constituían otra familia paradigmática tangerina. Nelly Likatscheff era hija nieta de Agesilao Gentile antiguo dragomán o intérprete y arabista de la legación italiana que participó en la Conferencia de Algeciras y que más tarde sería cónsul italiano en Casablanca. Nelly era, también, nieta de Ion Perdicaris, el hombre de negocios griego-americano que fue raptado por Raisuni. Nelly Gentile casó con el encargado de negocios ruso en Tánger, príncipe Likatscheff que años después sería cónsul general en Canadá[346]. Una de sus hijas Nadia casó con el teniente de navío español Joaquín de Miguel que murió en 1939 en una acción de guerra en la contienda civil española y, más tarde, contrajo segundas nupcias con Edward R. Duer, cónsul norteamericano en Casablanca. Su otra hija Sandra contrajo matrimonio con el arquitecto español Francisco de Asís Viladevall.

Mención aparte merecen los alemanes. Estaban bastante presentes en Tánger en la segunda mitad del siglo XIX hasta tal punto que a finales del mismo Alemania era uno de los principales socios comerciales de Marruecos. Un buen número de empresas industriales o comerciales alemanas estaban representadas por firmas tangerinas regentadas por hebreos entre los que destacaban los Pinto y los Toledano. También se produjeron inversiones en el sector tabaquero

[345] Tania Maslenikoff Davidoff, es un paradigma de la tangerina cosmopolita, culta e inteligente. Nacida en Tánger de padres de origen rusos, estudió en el liceo francés y en el colegio de las Monjas franciscanas y obtuvo el bachillerato en el Instituto Español. Su marido, Matt Malison, es norteamericano y trabajó durante algún tiempo en la Embajada de Estados Unidos en Senegal. Tania habla perfectamente el ruso, francés, inglés y español. Viven en España, entre Madrid y Menorca, El matrimonio, que tiene cuatro hijos y once nietos, abrió en los sesenta en Madrid el restaurante El Cosaco. Tania ha publicado un excelente libro sobre *La cocina rusa* que ha sido traducido al inglés.

[346] Véase Pierre Malo, *Le vrai visage de Tanger.*

donde la empresa Renschausen se unió a Sananes y Benassayag para crear una fábrica de cigarrillos que vendía su producción en Marruecos. Había una escuela alemana y un periódico de esa nacionalidad el Deutsche Marokko Zeitung que se publicó en Tánger desde 1908 a 1914.

Cuando se produjo en 1905 la visita a Tánger del emperador Guillermo, Alemania consiguió bastante influencia en Tánger. En esas fechas vivían en la ciudad un centenar de alemanes entre diplomáticos y asimilados, comerciantes y algunos industriales así como los empleados del Correo Alemán. Uno de los más destacados fue Adolfo Renschausen que intervino en varios negocios entre ellos en la construcción de un muelle en el puerto de Tánger y en otros temas inmobiliarios. Al comienzo de la Primera Guerra Mundial, en 1914, el *Naib* o gobernador de Tánger presionado por los franceses exigió a los representantes consulares de Alemania y de Austria-Hungría que salieran inmediatamente de Tánger y poco tiempo después consiguió que hicieran otro tanto la gran mayoría de los súbditos de esas potencias que aún vivían en Tánger. Los que quedaron, que fueron muy pocos, fueron expulsados definitivamente ya que el Acuerdo de Versalles los dejó sin amparo alguno y los consideró como apestados. Esta situación se mantuvo, prácticamente, hasta la ocupación española de Tánger. En 1941 los ocupantes españoles devolvieron a las autoridades alemanas la *Mendubia* que había sido la sede de su consulado antes de la primera guerra mundial. Solo permanecieron tres años ya que en 1944 las autoridades españolas, presionadas por los representantes de otros países europeos y por Estados Unidos les obligaron a dejar la ciudad. Durante el corto tiempo que se mantuvieron en ella desarrollaron una gran actividad de espionaje. Al término de la segunda guerra mundial los pocos alemanes que vivían en la misma eran judíos huidos de Alemania y que se habían refugiado en Tánger.

Una situación similar vivieron los austro-húngaros que como los alemanes fueron considerados como personas no gratas en Tánger por lo que tuvieron que salir de la misma. Entre los austro-húngaros que vivían en Tánger figuraba Oscar Snurmacher natural de Hungría que trabajó, inicialmente, en la legación de Austría-Hungría para pasar luego al Banco de Estado de Marruecos y más tarde a una empresa norteamericana. Casó con una nieta de Trinidad Abrines. Estaba emparentado con las familias Carleton y Montero. Fue un excelente arabista que tomó la nacionalidad española siendo muy querido en la ciudad. Murió con solo 49 años. Su viuda, Adela Abrines, casó años después con Jose María Rovira, letrado del Consejo de Estado. Otro austro-húngaro destacado fue Joseph Gumpert el primer farero de Cabo Espartel y que llegó a Tánger para ocuparse del mismo en 1864. Su hijo Joseph Raymond siguió ocupándose del faro participando activamente en el rescate de los náufragos del vapor *Delhi* que encalló a tres millas de Cabo Espartel en 1911. Sus descendientes formaron una conocida familia tangerina de la que forma parte Germán Gumpert que ha escrito artículos interesantes en *Tingis*[347]

Había pocos sudamericanos en Tánger. A finales del siglo XIX varios tangerinos sefardíes emigraron a Venezuela, Perú y Argentina. Décadas después algunos de sus descendientes volvieron a Tánger o a otras ciudades de Marruecos. Se abrieron consulados de varios países iberoamericanos como Cuba, Venezuela o Ecuador aunque en realidad los súbditos de tales países eran escasos.

11.11. OTROS NO OCCIDENTALES

Los hindúes que en Tánger se les conocía indistintamente como *indios*, aunque no eran muy numerosos, tenían una destacada presencia en la ciudad ya que contaban con varios comercios en los que se vendían todo tipo de mercancías y que estaban abiertos toda la semana. En cada tienda se turnaban los diferentes miembros varones de la familia ya que la mujer, salvo excepciones, que vestía el *sari* tradicional , se mantenía en casa en las labores de su hogar. Los primeros llegaron a Gibraltar y a Tánger desde la India, principalmente, de Bombay, a finales del siglo XIX y principios del XX aunque las mayores oleadas arribaron después de la ocupación española de Tánger coincidiendo con la independencia de la India, su secesión y la creación de Pakistán. Muchos *sindhis* que en ella vivían, principalmente de la zona de Haiderabad, que no eran musulmanes sino hinduistas se refugiaron en otras regiones de la India o se desplazaron a países donde había instalaciones comerciales hindúes como era el caso del Norte de África. En Tánger fueron además atraídos por las facilidades de importación que existía en la ciudad y por las dificultades que atravesaban Gibraltar y otras posesiones inglesas. Parece que muchos de ellos tenían vínculos familiares entre sí. En algunos casos, inicialmente, solo emigraban los varones dejando a sus familias en la India. Las principales emigraciones se produjeron en 1934, 1937 y entre 1942 y 1944.

Alrededor de los años 50 la colonia hindú en Tánger contaba con unas 300 personas que trabajaban, en su mayoría, en comercios, bazares y tiendas. Entre ellos los más conocidos eran los de Balani, Mahtani, Harjani y Daswani, posiblemente, emparentados entre sí; los de Shandas, Dialdas Dalamal, que tenía la tienda más antigua inaugurada en 1910; los Essardas, Mulchand, Chanrai, y otros. La mayoría de ellos estaban situados en las calles de Siaguins, del Comercio o

[347] Véase *Tingis* nº 14 sobre historia de la familia Gumpert y el naufragio del *Delhi*.

de los Cristianos pero también en el mismo Bulevar Pasteur y en la calle del Estatuto. Uno de las más importantes tiendas era la Koh-i-Nor instalada en la calle del Estatuto siendo su propietaria, la familia Dalamal, una de las más poderosas gracias a la fortuna que consiguió por las importaciones que realizó, con considerable riesgo, en tiempo de guerra, de tejidos de algodón y de otras mercancías. Ello le permitió comprar varias propiedades entre las que figuraban el Hotel Cecil y el Fuentes aunque en éste último sus antiguos propietarios siguieron regentando el hotel. Muchos indios contaban con sucursales en Ceuta, Melilla o en las Islas Canarias adonde se trasladaron, en su mayor parte, pocos años después de que terminara el régimen internacional de Tánger. El decano de todos ellos era M. Parsram aunque Chandan Bulchand era el presidente de la Asociación de Comerciantes Hindúes creada en 1943 y cuyos vicepresidentes eran V.P. Chandumal y S.G. Mirchoomal. En general, salvo excepciones, los hindúes no se mezclaban ni mantenían intensas relaciones sociales con los marroquíes y las otras colonias de extranjeros.

Aparte de los hindúes no vivían en Tánger otros grupos importantes de asiáticos salvo algunos sirios, dedicados a la enseñanza, y muy pocos turcos.

EPÍLOGO

En realidad, Tánger somos nosotros, fuera de nosotros no existe y me pregunto ¿existió alguna vez?

Paz Amselem, tangerina.

En 1952 como consecuencia de los graves acontecimientos que se produjeron en Tánger en el mes de marzo se inició la diáspora de una buena parte de los tangerinos que se incrementó en años sucesivos, especialmente, a partir de 1956 cuando Tánger quedó reunificada con el resto de Marruecos. Su culminación comenzó cuando se produjo la derogación de la Carta Real en 1960 que supuso la eliminación definitiva de los privilegios que Tánger gozaba y su integración definitiva en el Reino de Marruecos. Sin embargo, parte de la población tangerina, especialmente, la española se aferró, durante algunos años, a la ciudad hasta que impulsados por la situación crítica de la misma o bien por sus precarias condiciones personales se decidieron o pudieron abandonar su ciudad y *emigrar* a España o a otros países.

Muchos de ellos tuvieron que vender, la mayoría de las veces malamente, las eventuales propiedades o bienes que tenían en la ciudad y que habían conseguido a base de una vida entera de trabajo. Algunos recibieron ayudas por parte de sus gobiernos respectivos pero otros lo tuvieron más difícil ya que no consiguieron apoyo alguno. La mayoría de ellos, gracias a su preparación, a su esfuerzo, a su conocimiento de idiomas y a su capacidad de lucha y de superación consiguieron en España o en otros países situarse y prosperar. Otro tanto les ocurrió a otros tangerinos europeos. En menos de diez años, aproximadamente, entre cuarenta y cincuenta mil tangerinos, en gran parte, españoles, judíos o franceses no tuvieron otro remedio que abandonar la tierra donde muchos habían nacido o en la que habían crecido y desarrollado sus raíces. Se dispersaron por el mundo entero.

En Tánger, permanecieron los otros tangerinos, los musulmanes, que, casi sin excepción alguna, nunca desearon expulsar a sus conciudadanos de otras nacionalidades o religiones de la ciudad que habían construido y compartido. Todos ellos con gran orgullo se alegraron ante el hecho de que su país, de tan rica y amplia historia y cultura, recobrara su independencia y su dignidad. Pero, constataron, con desasosiego, que el éxodo de los otros tangerinos anunciaba el ocaso de la ciudad única que entre todos habían conseguido edificar y que era ejemplo de multiculturalidad, tolerancia y mutuo respeto. Muchos de ellos tuvieron que emigrar, también, ya fuera a otras ciudades del Reino o bien al extranjero, ya que la situación económica de la ciudad no daba trabajo para todos. Rachid Tafersiti, en su novela *Retour à Tanger*, describe con amor y nostalgia las vivencias de la emigración de musulmanes tangerinos a Europa cuando murió el Tánger internacional.

Hoy día, los tangerinos que salieron de la antigua ciudad internacional viven en los más distintos y distantes países del mundo de donde vinieron muchos de sus antepasados. Casi la totalidad de los españoles fueron a España y se dispersaron por toda la península, las islas y Ceuta y Melilla. La mayoría de ellos viven en Madrid, Alicante, Barcelona o Málaga y sus alrededores. No parece que exista una sola provincia española donde no vivan tangerinos —pocos o muchos— que, en general, han sabido adaptarse a su nueva vida y tienen, salvo pocas excepciones, una buena o, al menos, aceptable situación profesional, social y económica. También se encuentran tangerinos españoles en Hispanoamérica o Estados Unidos y en los sitios más inesperados como Australia. Los franceses, italianos o británicos y todos los demás europeos u occidentales fueron a vivir a sus respectivos países aunque a algunos de ellos, como ocurre con los españoles, se les halla en los lugares más insospechados del mundo.

Caso aparte fue el de los hebreos. Mitchell Serels, en su libro sobre los judíos tangerinos, describe con detalle su diáspora que les llevó a los más remotos lugares de la tierra. El éxodo judío fue, en parte, distinto al de los otros tangerinos occidentales por el hecho de que la mayor parte de los judíos que vivían en Tánger tenían la nacionalidad marroquí y estaban sometidos a las normas de emigración de Marruecos. Algunos judíos tuvieron dificultades para salir del país pero a partir de 1961 las autoridades marroquíes les dejaron emigrar, generalmente, sin problemas. Una buena parte de los hebreos de Tánger, en su mayoría jóvenes, emigró a Israel donde, actualmente, la mayoría de los sefardíes procedentes de Tánger tienen un buen nivel de vida y son respetados. Otros emigraron a Caracas o a las importantes ciudades canadienses de Toronto o Montreal así como a otras ciudades europeas, principalmente, a Madrid.

Hoy día la mayoría de los tangerinos que salieron de su tierra son viejos o han fallecido. Todos ellos, casi sin excepción, han transmitido a sus hijos o amigos la imagen de un Tánger único, excepcional y maravilloso y con los años han llegado a contribuir a la mitificación de la ciudad en la que fueron jóvenes y, más o menos, felices. Muchos de ellos se mantienen unidos por lazos familiares o de amistad y se reúnen con frecuencia o se conectan a través de las nuevas tecnologías. En cualquiera de las páginas web que abundan sobre Tánger existen los correspondientes apartados de contactos en los que aparecen, como fantasmas, los nombres de infinidad de antiguos tangerinos que viven en los más dispares lugares del mundo. Muchos de ellos, judíos o cristianos, vuelven, a veces, a Tánger, a sus raíces, reencuentran, con afecto, a viejos amigos o conocidos tangerinos musulmanes, recorren nostálgicamente las calles de su memoria, visitan las tumbas de sus seres queridos y vuelven a sus hogares con el corazón encogido pero con el mito renovado. En resumen: diáspora y nostalgia de la juventud y de la ciudad perdidas.

* * *

El Tánger internacional no es solo un mito. Existió. Pero es evidente que ese mito pervive, a pesar del tiempo y de las dificultades, en la mente de los tangerinos que la diáspora dispersó por el mundo y de otros tangerinos que permanecieron en la ciudad. Se ha engrandecido con la añoranza de la juventud, la remembranza de los amigos y de tiempos, posiblemente, mejores. Pero, también el mito se ha bastardeado o degenerado como consecuencia de los escritos o relatos que presentan a un Tánger irreal o imposible que solo existió en la mente de los que lo imaginaron.

Es evidente, también, que el mito se basa en realidades. He intentado señalar algunas de ellas. Pero es seguro que hay muchas más ya que hay tantas ideas de Tánger como tangerinos. Todos ellas se fundamentan, básicamente, en nuestros recuerdos que, en general, son agradables ya que si no lo fueran los desecharíamos de nuestra mente. La belleza de la ciudad, su sistema político y económico, la bondad y calidad de vida, su cosmopolitismo, su desarrollo cultural y, sobre todo, la amable convivencia y la tolerancia que existía entre los tangerinos de muy distintas religiones y nacionalidades son algunos mimbres que conforman tales recuerdos.

Pero, más allá del mito y de los recuerdos y realidades lo que es totalmente evidente, con certeza, es que el Tánger internacional existió y que fue una ciudad única y extraordinaria que nunca se volverá a repetir.

Salam, Shalom, Paz.

Las Rozas de Madrid, julio de 2009; Madrid, diciembre de 2012.

AGRADECIMIENTOS

Son muchas las personas que me han ayudado en la preparación de este libro y en su revisión y reedición mediante sus escritos, sus datos o consejos o en conversaciones directas. No me es posible relacionarlas todas ni creo que deba intentarlo ya que tengo la certeza de que muchas se me olvidarán lo que yo no me perdonaría. Pero quiero expresar mi especial agradecimiento a las que más me han ayudado y apoyado.

En primer lugar doy, de nuevo, especialmente, las gracias a mis hermanos Mari Paz y Francis que, como ocurrió en mi caso, vivieron toda su niñez y buena parte de su juventud en Tánger, a la que recuerdan con enorme afecto. Mi hermana ha colaborado mucho conmigo en la preparación de este trabajo contribuyendo con sus recuerdos o reforzando los míos y aportando muchas ideas y algunos contactos con antiguos tangerinos. Mi hermano Francis ha leído, capítulo a capítulo, todo el libro; me ha criticado sesudamente y con razón muchos apartados; me ha avisado de abundantes errores y me ha ofrecido consejos valiosos. Esta obra es, en parte, de ambos. Expreso mi agradecimiento a mis cuñados Fernando Tapia y Carmen Díaz por la paciencia y eternas sonrisas de comprensión con las que han soportado estoicamente las frecuentes conversaciones mantenidas con mis hermanos sobre nuestro Tánger.

Agradezco, asimismo, enormemente, las ideas y ánimos renovados que he recibido de mis hijas Isabel, Laura y Patricia y de mi hijo Leopoldo que, además, me ha editado una página web muy conseguida. Todos ellos, en nuestras conversaciones sobre el tema o durante nuestros paseos por Tánger, me han aportado juiciosos comentarios y sugerentes impresiones que me han ayudado a profundizar en nuestras raíces tangerinas.

Reitero las gracias, asimismo, por la ayuda que, con paciencia socrática, me ha prestado Alfonso Martín, al que ya he citado en el prólogo, así como por el apoyo recibido de José María Jerez, otro gran amigo, que durante estos años ha seguido con todo interés el desarrollo de esta obra y que me ha animado y ayudado a terminarla. Tengo un especial recuerdo y agradecimiento para mi entrañable e inolvidable amigo Antonio García Gracia, ya fallecido, con el que conversé en muchas ocasiones sobre este proyecto.

Otros muchos compañeros o amigos, esparcidos por la bendita diáspora tangerina, me han aportado abundantes informaciones e ideas. Me gustaría que Lydia Sanz, Mari Blanca Cobos, Rachid Tafersiti, Lotfi Akalay, Itimad Bouziane, Ana María Petri y su primo Giancarlo, Marina Benarroch Elgaly, Loli Azerraf, Solly Levy, Rachel Muyal, José Manuel Reyero, Eudaldo Mirapeix, Julia Snurmacher Abrines, Carlos Dahl, Jimmy Salama, Domingo del Pino, Rangvald Nilsen, Malika Embarek, Vicente Jorro y Pepe Artesani a los cuales agradezco, entre otros muchos, extremadamente, su ayuda, fueran mis representantes e intermediarios y que transmitieran mi enorme reconocimiento a todas las personas con las cuales he hablado de este libro y me han facilitado opiniones, datos o información; a los autores de los libros, de las webs o de los artículos de prensa que he leído; a todos los que me han allanado la búsqueda de información o de documentos y, en definitiva, a todas las personas que han hecho posible que este libro nazca a la luz.

He obtenido una gran parte de la información que me ha permitido escribir este trabajo y ampliarlo en los libros y publicaciones que he consultado en la Biblioteca Nacional de Madrid, en la Bibliothèque Nationale de France en París, en la Biblioteca Juan Goytisolo del Instituto Cervantes así como en la antigua American Legation Library, ambas en Tánger. Expreso a los autores de aquéllos y a los responsables de las bibliotecas mi sincera gratitud. También me han sido de mucha utilidad las distintas revistas y páginas web que se publican sobre Tánger y que señalo en la Bibliografía de este libro. En particular, destaco las publicaciones *Tingis* y *Malabata* a las que me he referido en el prólogo.

Por último, reitero mi agradecimiento a la Editorial Almuzara y a su director Manuel Pimentel que confió, a primera vista, en este libro y a sus colaboradores, especialmente a Antonio Cuesta y Óscar Córdoba, que lo han editado, ya en su segunda edición, con todo cuidado y primor.

Las ayudas y consejos han sido muchos pero, en todo caso, todos los errores son solo míos.

ANEXO I. PRINCIPALES TEXTOS LEGISLATIVOS APLICABLES A TÁNGER

Tratado de paz y amistad entre España y Marruecos de 28 de mayo de 1767.

Tratado de paz, amistad, navegación, comercio y pesca entre España y Maruecos firmado en Mequinez el 1 de marzo de 1799.

Tratado de Paz y Amistad entre España y Marruecos firmado en Tetuán el 26 de abril de 1860.

Tratado de comercio entre España y Marruecos firmado en Madrid el 20 de noviembre de 1861.

Convenio para establecer un faro en Cabo Espartel firmado en Tánger el 31 de mayo de 1865.

Convenio sobre el Derecho de Protección firmado en Madrid el 3 de julio de 1880.

Proyecto secreto de Tratado de 1902, entre España y Francia, relativo a Marruecos (del que se hicieron dos versiones) que no llegó a firmarse.

Convenio hispano-francés, firmado en París el 3 de octubre de 1904.

Acuerdo hispano-francés, mediante canje de notas, firmadas en Madrid el 1 de septiembre de 1905.

Acta general de la Conferencia Internacional de Algeciras de 7 de abril de 1906.

Tratado del Protectorado Franco-Marroquí de 30 de marzo de 1912.

Convenio fijando la respectiva situación de España y Francia en Marruecos, firmado en Madrid el 27 de noviembre de 1912 y cartas anexas al mismo.

Protocolo relativo al Ferrocarril de Tánger-Fez firmado en Madrid el 27 de noviembre de 1912 y carta explicativa de la misma fecha.

Declaración de España y Francia relativa a la renuncia en las zonas de protectorado francés y español de todos los derechos y privilegios nacidos del régimen de capitulaciones, firmado en Madrid el 7 de marzo de 1914.

Tratado de Paz de Versalles de 28 de junio de 1919 (arts. 141 a 146).

Convenio entre España, Francia e Inglaterra relativo a la organización del Estatuto de Tánger, firmado en París el 18 de diciembre de 1923.

Dahir jerifiano de 16 de febrero de 1924 organizando la administración de la zona de Tánger.

Dahir jerifiano de 16 de febrero de 1924 relativo a la organización de la Jurisdicción Internacional de Tánger.

Código sobre la condición civil de los extranjeros en la zona de Tánger.

Código de Comercio.

Código Penal.

Código de Procedimiento Criminal.

Código de Obligaciones y Contratos.

Código de Procedimiento Civil.

Leyes de Policía.

Leyes de Hacienda.

Dahir organizando la Comunidad Israelita de Tánger, 1925.

Dahir sobre la organización de un Tribunal Rabínico y del Notariado israelita en Tánger, 1925.

Dahir relativo a la comparecencia de los israelitas marroquíes ante el Tribunal del Mendub de Tánger, 1925.

Dahir jerifiano de 15 de mayo de 1925 fijando en el día 1 de junio de 1925 la entrada en vigor del Convenio de 18 de diciembre de 1923 y de los dahires posteriores de 16 de febrero de 1924.

Protocolo final de la conferencia relativa a ciertas cuestiones concernientes al Estatuto de Tánger firmado en París por España, Francia, Inglaterra e Italia el 25 de julio de 1928.

Intercambio de cartas Laval-Cárdenas sobre renovación del Estatuto por 12 años a partir del 14 de mayo de 1936 y sobre otras materias.

Ley española de 23 de noviembre de 1940 por la que se declara extensiva a Tánger la acción protectora ejercida por España en su zona marroquí.

Acuerdo franco-británico de 31 de agosto de 1945 sobre restablecimiento de la Administración internacional de Tánger.

Acta final de 31 de agosto de 1945 entre los representantes de los Estados Unidos de América, Francia, Reino Unido y URSS sobre el restablecimiento del régimen internacional de Tánger.

Dahir del 22 de septiembre de 1945 relativo a la organización de la administración de la zona de Tánger.

Pacto Nacionalista de Tánger de 9 de abril de 1951.

Resolución de las Naciones Unidas sobre Marruecos de 19 de diciembre de 1952.

Protocolo aprobado por el Comité de Control de la Zona Internacional de Tánger el 10 de noviembre de 1952 que modifica el Acuerdo franco-británico de 31 de agosto de 1945.

Convenio de 10 de noviembre de 1952 sobre la modificación de la Jurisdicción Internacional de la Zona de Tánger.

Dahir de 10 de junio de 1953 sobre la Organización de la Zona de Tánger y ordenanzas complementarias de 1 de agosto sobre dicha organización y sobre la Policía general y Especial de la Zona de Tánger.

Dahir de 10 de junio de 1953 relativo a la reorganización de la Jurisdicción Internacional de Tánger.

Declaración y Protocolo franco-marroquíes de París de 2 de marzo de 1956 sobre la independencia de Marruecos.

Declaración y Protocolo hispano-marroquíes de Madrid de 7 de abril de 1956 sobre la independencia de Marruecos.

Declaración y Protocolo de Tánger de 29 de octubre de 1956 de supresión del régimen internacional de Tánger firmado por Marruecos y Bélgica, España, Estados Unidos de América, Francia, Italia, Países Bajos, Portugal y Reino Unido.

Carta Real promulgada el 29 de agosto de 1957 concediendo a Tánger un régimen económico especial.

Dahir de 17 de octubre de 1959 por el que se deroga la Carta Real de Tánger.

(Fuente: elaboración propia.)

ANEXO II. DINASTÍAS Y PRINCIPALES MONARCAS DE MARRUECOS

788- 921. Dinastía idrisí

Idris II (803-828). *Capital: Fez*

Mediados siglo X a XI

Transición: omeyas, fatimíes y cenetes bereberes

1061-1147. Dinastía almorávide

Yusuf ben Tachifine (1061-1106). *Capital: Marrakech*

1147-1248. Dinastía almohade

Yacub el Mansur (1184-1199).

1248-1465. Dinastía merinida

Abu Yusuf Yacub (1258-1286). *Capital: Fez Djedid (Fez la nueva)*

Abu el Hassan (1351-1358)

1465-1555. Dinastía o interregno wattasí

1555-1638. Dinastía saadí

Ahmed Al-Mansur (1578-1603). *Capital: Marrakech*

1638-1640. Interregno

1640- hoy. Dinastía alauita

Muley Mohamed I (1640-1664)

Muley Rachid (1664-1672) , hermano del anterior,

Muley Ismail (1672-1727), hermano del anterior, *Capital: Mequinez.*

Muley Abdallah (1729-1757) que, sucesivamente, desde 1727 hasta 1741, luchó contra sus seis hermanos por el trono. Todos ellos reinaron por poco tiempo. *Capital: Fez.*

Sidi Mohamed III (1757-1790), hijo del anterior.

Muley Yazid (1790-92), hijo del anterior.

Muley Slimane (1792-1822), hermano del anterior.

Muley Abderraman (1822-1859), sobrino de los dos anteriores.

Sidi Mohamed IV (1859-1873), hijo del anterior.

Muley Hassan I (1873-1894), hijo del anterior.

Muley Abdelaziz (1894-1908), hijo del anterior.

Muley Hafid (1908-1912), hermano del anterior.

Muley Yussef (1912-1927), hermano de los anteriores *Capital: Rabat.*

Sidi Mohamed V (1927-1961), hijo del anterior (desde 1957 se proclama Rey).

Muley Mohamed ben Arafa, tío del anterior (1953-55), usurpador.

Muley Hassan II (1961-1999), hijo del anterior.

Muley Mohamed VI (desde 1999) hijo del anterior.

(Elaboración propia. Fuente sobre la Dinastía Alauita: *Hassan II, Le Défi.*)

ANEXO III. MENDUBS Y GOBERNADORES DESDE 1924 A 1960 NOMBRADOS POR EL SULTÁN

Hach Mohamed Bouachirine (1924-1925)

Hach Mohamed Tazi (1925-1941)

Ocupación española. Bajaes nombrados por el Jalifa

- *Larbi Tensamani (1941-1942)*
- *Mohamed ben Abdessadak (1942-45)*

Hach Mohamed Tazi (1945-1948)

Interinidad (1948-1950)

Hach Ahmed Tazi (1950-1956)

Abdellah Guennoun (1956-57)

Dr. Abdelatif Benjelloun (1957-58)

Moktar Ouassini, interino (1958-1960)

Mohammed el Khatib (1960-1961)

(Fuente: elaboración propia.)

ANEXO IV. ADMINISTRADORES DE TÁNGER DESDE 1925 A 1956

Paul Alberge (1925-1929), francés

Pierre Le Fur (1929-1940), francés

Dr. Manuel Amieva Escandón (1940), español

Ocupación española (1940-1945)

- *Delegados del Alto Comisario y Gobernadores militares*
    - *Coronel Antonio Yuste, Delegado del Alto Comisario (1940-1941)*
    - *Coronel. Uriarte, Delegado del Alto Comisario (1941-1945)*
    - *Coronel Granados (1945)*
- *Jefes de Servicios Municipales*
    - *Coronel Gonzalo Gregori, Jefe Servicios Municipales (1940-41)*
    - *Cdte Basilio Sanz de Aranaz, Jefe Servicios Municipales (1941-42)*
- *Interventores*
    - *Juan Potous, (1942-45)*
    - *Comandante Fernando Álvarez Amado (1945)*

Pierre Le Fur (1945) interino

Luiz Antonio Magalhaes Correa (1945-1948), portugués

Jonkheer Van Vrenderburch (1948-1952), holandés

José Luiz Archer (1952-1954), portugués

Edmond Vermeil (1954-1955), interino

Robert Van de Kerchove (1955-1956), belga

(Fuente: elaboración propia.)

BIBLIOGRAFÍA GENERAL

1. Historia, informes y testimonios sobre Marruecos que, en la mayoría de los casos, incluyen a Tánger

Abitbol, Michel, *Les juifs d'Afrique du Nord sous Vichy*, G.P. Maissonneuve et Larose, París, 1983.

Alarcón, Pedro Antonio de, *Diario de un testigo de la guerra de África*, Lara, Barcelona, 2005.

Alcaraz Cánovas, Ignacio, *Entre España y Marruecos*, Catriel, Madrid, 1999.

Alcaraz Cánovas, Ignacio, *Marruecos en la guerra civil española*, Madrid, 2006.

Alcaraz Cánovas, Ignacio, *Españoles y Marroquíes en el Protectorado*, Catriel, Madrid, 2009.

Allende Salazar, José Manuel, *La diplomacia española y Marruecos 1907-09*, AECI, Madrid, 1990.

Amicis, Edmundo de, *Marocco*, Fratelli Jueves, Milán, 1928.

Amine, A., Boutaleb, B. y otros, *Histoire du Maroc*, Librairie Nationale, Casablanca,1968.

Arroyo Durán, Manuel, *Impresiones marruecas*, Almuzara, Córdoba, 2007.

Ayache, Albert, *Le Maroc, bilan d'une colonisation*, Editions sociales, París, 1956.

Ayache, Germain, *Les origines de la guerre du Rif*, SMER/Sorbonne, Rabat , 1981.

Becker, Jerónimo, *Tratados, convenios y acuerdos referentes a Marruecos*, Liga Africanista, Madrid, 1918.

Bensabat, Salomón J., *Los judíos en Marruecos*, Cuadernos de Estudios Africanos, Madrid, 1952.

Bonmatí, José Fermín, *Españoles en el Magreb, siglos XIX y XX*, MAPFRE, Madrid, 1992.

Bouarfa, Mohamed, *Marruecos y España. El eterno problema*, Algazara, Málaga, 2002.

Brignon, Jean y otros, *Histoire du Maroc*, Librairie Nationale, Casablanca et Hatier, París, 1967.

Bravo Nieto, Antonio, *Arquitectura y urbanismo español en el Norte de Maruecos*, Junta de Andalucía, Sevilla, 2000.

Cabello Alcaraz, José, *Historia de Marruecos*, Madrid, 1953.

*Cánovas del Castillo, Antonio, *Apuntes para la historia de Marruecos*, Algazara, Málaga, 1991.

*Catalana, Roberta Yasmine, *Schegge di memoria – gli italiani in Morocco*, Ed. Senso Unico, Mohammedia, 2009.

Cerdeira, Clemente, *Apuntes para la historia de las cofradías musulmanas marroquíes*, Tetuán, 1923.

Cestino, Joaquín, *El Estrecho*, Ed. Arguval, 2004.

Comunidad Judía de Madrid, *Los sefardíes del Norte de Marruecos, un puente con*

* Se marcan de este modo las obras no leídas por el autor de este libro. Según las referencias recibidas, son de interés.

España, Comunidad Judía de Madrid, Madrid, 2003.

Cordero Torres, José María, *Textos básicos de África*, Madrid, 1962.

Costa, Joaquín, *Los intereses de España y Marruecos son armónicos*, España-África, Madrid, 1906.

Chouraqi, André, *Histoire des juifs en Afrique du Nord*, Hachette, París, 1987.

Dalle, Ignace, *Los tres Reyes*, traducción de Victor Compta, Galaxia Gutenberg, Barcelona, 2004.

Dalmases, Pablo de, *Los últimos de África*, Almuzara, Córdoba, 2007.

Del Pino, Domingo, *Marruecos entre la tradición y el modernismo*, Universidad de Granada, 1990.

Douanes Marocaines, *La douane marocaine à travers l'histoire*, Douanes Marocaines, Rabat, 2001.

Fauvel, Jean Jacques, *Maroc*, Les Guides Bleus, París, 1975.

García Figueras, Tomás, *Marruecos*, Ediciones Fe, Madrid, 1941.

*Godard, León, *Description et historie du Maroc*, Ch. Tanera, París, 1860.

Guastavino, Guillermo, *Síntesis de historia de Maruecos*, Editora Marroquí, Tetuán, 1956.

Guisando, Alonso de, *Marruecos español y Tánger*, Arges, Madrid, 1947.

Harris, Walter B., *Le Maroc au temps des Sultans* (publicado en 1921 como *Morocco that was*), traducido del inglés por Paul Odinot, Éditions Balland, París, 1974.

Hattabi, Jamal, *Les constitutions du royaume du Maroc*, Éditions maghrébines, Casablanca, 2005.

Ibn Batuta, *A través del Islam*, traducido del árabe por S.Fanjul y F. Arbós, Alianza, Madrid, 1989.

Ibn Azzuz Hakim, Mohammad, *Epítome de historia de Marruecos*, Inst. de Est. Políticos, Madrid, 1949.

Israel Garzón, Jacobo, *Los judíos de Tetuán*, Sefarad Editores, Madrid, 2003.

Julien, Charles-André, *Histoire de l 'Afrique du Nord*, Payot, París,1952.

Julien, Charles-André, *Le Maroc face aux imperialismes*, Editions J.A., París, 1978.

Laraoui, Abdellah, *Marruecos y Hassan II*, traducido por Malika Embarek, Siglo XXI, Madrid, 2007.

Laraoui, Abdellah, *L'histoire du Maghreb*, Maspero, París, 1976.

Laredo, Abraham I., *Les noms des juifs du Maroc*, Instituto Arias Montano, Madrid, 1978.

Laredo, Abraham, *Los orígenes de los judíos de Marruecos*, Hebraica Ediciones, Madrid, 2007.

Laskier, Michael M, *North African Jewry in the 20th Century*, NY University Press, New York.

Levisse-Touzé, Christine, *L'Áfrique du Nord dans la guerre*, Albin Michel, París, 1998.

López Álvarez, Ana María, *La Comunidad judía de Tetuán 1881-1940*, Ministerio de Educación y Cultura, Madrid, 2003.

Lourido Díaz, Ramón, *Marruecos en la segunda mitad del siglo XVIII*, Inst. Hispanoárabe de Cultura, Madrid, 1978.

Mateo Dieste, Josep Lluís, *La «hermandad» hispano-marroquí*, Ed. Bellaterra, Barcelona, 2003.

Mazières, Pauline de, *Histoires des russes au Maroc*, Edition Khbar Bladna, Tánger, 2009.

Messari, Mohammed Larbi, *Las relaciones difíciles. Marruecos y España*, Almuzara, Córdoba, 2009.

Mimó, Roger, *Tánger, Tetuán, Chauen y norte de Marruecos*, Anaya Touring Club, Madrid, 2006.

Moha, Édouard, *Les rélations hispano-marocaines*, Éditions EDDIF, Mohammedia, 1994.

Morales Lezcano, Victor, *España y el Norte de África*, UNED, Madrid, 1986.

Morales Lezcano, Víctor, *Historia de Marruecos*, Esfera de los Libros, Madrid, 2006.

Morales Lezcano, Víctor, *Presencia cultural de España en el Magreb*, MAPFRE, Madrid, 1993.

Ogrizek, Doré, *África del Norte*, traducido por Enrique Navarro, Ed. Castilla, Madrid, 1956.

Onieva, Antonio J., *Guía turística de Marruecos*, Arges, Madrid, 1947.

Ortega, Manuel L., *Anuario-Guía Oficial de Marruecos y del África española*, Librería Fernando Fe, Madrid, 1930.

Pastor, Francisco Manuel, *España y la apertura de la cuestión marroquí*, Universidad de Valencia, 2005.

Pazos, P. Manuel, *Escritores misioneros franciscano-españoles en Marruecos*, Tipografía Hispano-Arábiga, Tánger.

Pazos, P. Manuel, *Escritores misioneros franciscanos en Marruecos (1859-1957)*, Tipografía Hispano-Arábiga, Tánger, 1958.

Pazos, P. Manuel, *Misión franciscano-española de Marruecos. Historia de un siglo*,Tipografía Hispano-Arábiga, Tánger.

Raventós, M., Oyarzábal, I., *Textos Internacionales*, Bosch, Barcelona,1936.

Ruiz Albéniz, Víctor, *España en el Rif (1908-1921)*, La Biblioteca de Melilla, Melilla, 2007.

Ruiz de Cuevas, Teodoro, *Apuntes para la historia política de África, Vol. I, Tomo I, Marruecos*. Ministerio de Asuntos Exteriores, Madrid, 1971.

Serna, Alfonso de la, *Al Sur de Tarifa*, Marcial Pons, Madrid, 2002.

Taverne, Michel, *Le droit familial maghrebin*, Maison Larcier, Bruxelles, 1981.

*UNODC/Royaume du Maroc, *Maroc. Enquête sur le cannabis 2003 et 2004*, UNODC, Viena, 2003-4.

Varios, *1800-1956, Contribution a l'histoire récente du Maroc, Colloque international 1990*, Ed. Arabo-Africaines, 1991.

Varios, *Ramón Lourido y el estudio de las relaciones hispanomarroquíes*, AECI, Madrid, 2010.

Varios, *Los sefardíes del Norte de Marruecos*, Comunidad Judía de Madrid, Madrid, 2003.

Varios, *Maroc, Le guide du routard*, Hachette, Meudon, 2007.

Varios, *Marruecos, Guías Océano*, Editorial Océano, Barcelona, 2008.

Varios, *Marruecos, Guía Total*, Grupo Anaya, Madrid, 2008.

Varios, *Marruecos*, Salvat, Madrid, 2008.

Varios, *Marruecos*, traducción de Rosa Renedo, GeoPlaneta, Barcelona, 2003.

Varios, *Marruecos, La guía verde*, Michelin, Clermont Ferrand, 2005.

Varios, *Marruecos en vivo*, Anaya, Madrid, 1992.

Varios, *Marruecos*, traducción de Raúl Ramos, Aguilar, Madrid, 1989.

Valle Gálvez, J. Alejandro, *España y Marruecos en el centenario de la Conferencia de Algeciras*, Dykinson, Madrid, 2007.

Vermeren, Pierre, *Histoire du Maroc depuis l'indépendance*, Repères, París, 2006.

Wolf, Jean, *Les sécrets du Maroc Espagnol*,

Eds. Balland, París-Casablanca, 1994.

Zafrani, Haïm, *Deux mille ans de vie juive au Maroc*, EDDIF, París, 1998.

2. Historia, informes y ensayos sobre Tánger

Abensur, Philip, *Tanger entre Orient et Occident*, Alan Sutton, Saint-Cyr-sur-Loire, 2009.

*Abitbol, Michel, *L'espace juif dans une ville marocaine. Tánger, 1860-1912*, Ed. Stavit, París, 1997.

Arzobispado de Tánger, *La Catedral de Tánger*, Tipografía Hispano-Arábiga, Tánger, 1962.

Assayag, Isaac J., *Tanger, le Boulevard Pasteur*, Assayag, Tánger, 1978.

Assayag, Isaac J., *Tanger, un siécle d'histoire*, Assayag, Tánger, 1981.

Assayag, Isaac J., *Tanger, regards sur le passé*, Assayag, Tánger, 2000.

Atta Abdellah, Abdelilah, *La guerra civil española a través de El Porvenir*, Universidad de Tetuán, 1991.

Auzias, Dominique y otro, *Le petit futé, Tánger 2008*, Nles Éditions de l'Université, París, 2008.

Baroja, Pío, *Tánger*, Ensayos-Obras Completas, Aguilar, Madrid, 1954.

Bengio, Abraham, *Pavana para una comunidad judía difunta*, Sefarad Editores, Madrid, 1996.

Bentata, Jacobo, *Tánger y la política internacional*, Cámara Comercio Madrid, Madrid, 1932.

Beroho, *Histoire de Tanger*, Édition Corail, Tánger, 2008.

*Boulenque, Clemence, *Le goût de Tanger*, Mercure de France, París, 2003.

Boulifa, Abdelaziz, *Mutations et organisation d'un espace péri-urbain*, 1986.

Caraës, Marie-Haude y Jean Fernandez, *Tanger ou la dérive litteraire*, Ed. Publisud, París, 2003.

Castellani, Giovanni, *Sviluppi e conclusione della questione di Tangeri*, Istituto per l'Oriente, Roma, 1964.

*Castellani, Vittorio, *La Questione di Tangeri*, Anon. Romana Editoriale, Roma, 1926.

Centro Cultural Español, *Miscelánea de la Biblioteca Española de Tánger*, Centro Cultural Español, Tánger, 1992.

Clandermond, Andrew y otro, *A foreign field*, The Black Eagle Press, Tanger, 2003.

Comunidad Israelita de Tánger, *Boletín Oficial*, Tánger, 1949.

*Coury, Ralph M. *Writing Tangier*, Peter Lang, Estados Unidos, 2009.

Del Castillo, Cristóbal, *La experiencia internacional de Tánger*, Editorial Elespuru, Bilbao, 1948.

Díaz Merry, Manuel, *Tánger. Tratados, Códigos, Leyes y Jurisprudencia*, Distribuidora Ibérica S.A., Tánger, 1950.

Díaz Merry, Manuel, *Tánger. Tratados, Códigos, Leyes y Jurisprudencia, Apéndice Primero*, Distribuidora Ibérica S.A., Tánger, 1956.

Enciclopedia Espasa, entradas sobre *Tánger*, *Marruecos* y relacionados. Espasa, Madrid, 1927 y ss.

Enciclopedia Salvat, entradas sobre *Marruecos* y otros términos relacionados. Salvat, Barcelona, 1987.

España, Alberto, *La pequeña historia de Tánger*, Distribuidora Ibérica, Tánger, 1954.

Falange Española de Tánger, *Memoria 18.7.36/19.4.38*, Tipografía Hispano-

Arábiga, Tánger, 1938.

Flores Morales, Ángel, *Tánger*, Publicaciones españolas, Madrid, 1954.

Galbán Jiménez, Manuel, *España y Tánger*, Cant-Arabia, Madrid, 1948.

García Figueras, Tomás, *Actualidad de la cuestión de Tánger*, 1952.

Gilson Miller, Susan, *The colonial hunt in 19th century in Tangier*, Editions Arabo-Africaines, Rabat, 1991.

*Giménez Caballero, Ernesto, *Notas marruecas de un soldado*, E.Jimenez, Madrid, 1923.

González Hidalgo, José Luis, *Tánger en la literatura española*, Litograf imprimerie, Tánger, 1993.

González Hidalgo, José Luis, *Tánger y la diplomacia española*, A.E.A., Madrid, 1997.

*Hart, David M., *Notes on the Rifian Community of Tangier*, 1956?

Hernández Muñoz, Carlos y Colectivo Tangerjabibi, *Tánger en primera persona*, Copartgraf, Granada, 2011.

Jordá, Eduardo, *Tánger*, Destino, Barcelona,1993.

Landau, Rom, *Portrait of Tangier*, Robert Hale Ltd, Londres, 1952.

Laredo, Isaac, *Memorias de un viejo tangerino*, C. Bermejo, Madrid, 1935.

Lawdom, Vaidon, *Tangier, a different way.* Estados Unidos, 1977.

Lourido, Ramón, *Le Sultan Sidi Muhammad ben Abdellah et l'institution de la representation consulaire à Tanger*.

Lycèe Regnault, *75ème anniversaire du Lycèe Regnault*, Cooperative Scolaire, Tanger, 1988.

Malo, Pierre, *Le vrai visage de Tánger*, Éditions Internationales, Tánger, 1953.

Mayras, Henri y otros, *Codes de Tánger*, Fiduciaire Marocaine d'Éditions Techniques, Casablanca, 1955.

Ménard, Alphonse, *Étude critique du régime spécial de la Zone de Tánger*, Editions Internationales, Tánger, 1933.

Metalsi, Mohamed y otro, *Tanger*, Eds. Imprimerie Nationale, París, 2007.

Miège, Jean-Louis y otros, *Tanger: porte entre deux mondes*, ACR Edition, París, 1992.

Ministerio Asuntos Exteriores, *Tánger bajo la acción protectora de España durante el conflicto mundial*, M Asuntos Exteriores, Madrid, 1946.

Mitchell Serels,M., *Los judíos de Tánger en los siglos XIX y XX*, Abraham Levy, Centro de Estudios Sefardíes, Caracas, 1996.

Mur, Leonardo Rodrigo, *Historia y situación de la farmacia en la ciudad internacional*, Tipografía Hispano-Arábiga, Tánger, 1949.

Nesry, Carlos de, *Le juif de Tanger et le Maroc*, Editions Internationales, Tánger, 1956.

Noan, Fred, *Ambiente y humor de Tánger*, Biosca, Madrid.

Oficina de Turismo de Tánger, *Guía de Tánger 1930*, Administración de Tánger, Tánger, 1932.

Olmo Boullon, José, *Meridiano de Tánger*, Ed. Gran Capitán, Madrid, 1945.

Policía Gubernativa, *Anuario legislativo de la Policía Gubernativa. Edición de Tánger*, Policía Gubernativa, Madrid, 1954.

Pons, Dominique, *Les riches heures de Tanger*, Editions Table Ronde, París, 1990.

Ramirez Ortiz,Tomás, *Si Tánger le fuese contado...*, Algazara, Málaga, 2005.

Roca, Juan Ramón, *Guía de Tánger*, J. R.

Roca, Alicante, 2011 (segunda edición).

Rodriguez Ballester, Manuel, *Recuerdos de Tánger*, Azarbe, Murcia, 2003.

Rondeau, Daniel, *Las tres puertas del Mediterráneo*, Almed, Madrid, 2008.

Rondeau, Daniel, *Tanger*, Quai Voltaire, París, 1987.

Rondeau, Daniel, *Tánger y otros Marruecos*, traducción de José Ángel Alcalde, Almed, Granada,2006.

Ruiz Orsatti, Ricardo, «Del Zoco Chico al Zoco Grande», Revista *África*, Tetuán, 1953.

Sebastián de Erice, Fernando, *El problema económico que Tánger nos plantea*, Madrid, 1952.

Sebastián de Erice, Fernando, *Ceño y sonrisa de Tánger*, Gráficas Diana, Madrid, 1949.

*St.Laurent, Beatrice, *Tangier in travelers' images*, Ed. Arabo-Africaines, Rabat, 1991.

Stuart, Graham H., *The international city of Tangier*, University Press, Stanford, 1955.

*Tafersiti-Ouetassi, *Tanger, cité de rêve*, Editions París-Mediterranée, 2000.

Tafersiti, Rachid, *Tanger 1999-2003, Chroniques d'une transition*, Tanger, 2004.

Tafersiti, Rachid, *Tanger, réalités d'un mythe*, Zarouila, Tánger, 1998.

Taylor, Lance, *The Sultan's gift, A history of St. Andrew's Church*, Tangier, Litograf, Tangier, 2005.

Varios, *Bowles/Beats/Tangier*, Allen Hibbard y otro, Tánger, 2008.

Varios, *Performing/Picturing Tangier*, Altopress, Tánger, 2007.

Vernier, Victor, *La singulière zone de Tanger*. Editions Eurafricaines, París, 1955.

Veronne, Chântal de la, *Tanger sous l'occupation anglaise*, Librairie Orientaliste, París, 1972.

Virasolvet, Josette, *La dynamique des répresentations sociolinguistiques en contexte plurilingüe. Le cas de Tanger*. L'Harmattan, París, 2005.

Woolman, David, *Stars in the Firmament*, Passegiata Press, Pueblo CO, 1998.

3. Narrativa sobre Tánger o inspirada en ella y otros géneros literarios

Akalay, Lotfi, *Les nuits d`Azed*, Ed. Le Seuil, París, 1996.

Aflalo, Leo, *Los muertos de Roni*, Hebraica Ediciones, Madrid, 2004.

Aflalo, Leo y otros, *Ufrán, Relatos de autores judíos del norte de Marruecos*, Hebraica Ediciones, Madrid, 2010

Beaucé, Thiery de, *La chute de Tanger*, Gallimard, París, 1984.

Ben Jelloun, Tahar, *Día de silencio en Tánger*, traducción Alberto Clavería, Ed.Península,Barcelona, 1990.

Ben Jelloun, Tahar, *El escribano*, traducción de Malika Embarek, Ed. Oriente, Madrid 1999.

Ben Jelloun, Tahar, *Harruda*, traducción de Malika Embarek, Mondadori, Madrid, 1991.

Bowles, Jane, *Dos damas muy serias*, traducción de Lalí Gubern, Anagrama, Barcelona, 1981.

Bowles, Paul, *Days, a Tangier diary*, Ecco Press, New Cork, 1991.

Bowles, Paul, *Cabezas verdes, manos azules*, traducción de Guillermo Lorenzo, Alfaguara, Madrid, 1991.

Bowles, Paul, *Cuentos escogidos*, traducción de Guillermo Lorenzo y otros,Alfaguara, Madrid, 1995.

Bowles, Paul, *Déjala que caiga*, traducción Guillermo Lorenzo, Algafuara,1993.

Bowles, Paul, *El cielo protector,* traducción de Ana Bernardez, Alfaguara, Madrid, 1992.

Bowles, Paul, *Un episodio distante,* traducción de Guillermo Lorenzo, Alfaguara, Madrid, 1984.

Buenaventura, Ramón, *El año que viene en Tánger,* Debate, Madrid, 1998.

Buenaventura, Ramón, *El corazón antiguo,* Debate, Madrid, 2000.

Buenaventura, Ramón, *El último negro,* Alianza Editorial, Madrid, 2005.

Burroughs,William, *El almuerzo desnudo,* traducción de Martín Lendinez, Bruguera,Barcelona, 1980.

*Caillois-Ponsich,Claudie, *Volubilis, Tanger et menthe sauvage,* Lattitudes, ¿2000?

*Calvo Sotelo, Joaquín, *Tánger,* Alfil Edición, Madrid, 1952.

*Chimenti,Elisa, *Chants de femmes arabes,* Plon, París,1942.

Chimenti,Elisa, *Legendes marocaines,* Ed. Du Scorpion, París, 1998.

Chocron, Isaac E., *Rómpase en caso de incendio,* Monte Ávila, Caracas, 1975.

Chukri, Mohamed, *El pan desnudo,* traducción de Abdellah Djbilou, Debate, Barcelona, 1996.

Collectif, *Tanger:regards croisés,* Page et plume, Tánger.

El Kouche, Boubkeur, *Regarde, voici Tanger,* Eds. Harmattan, France-Canadá, 1996.

*Darío, Rubén, *Tierras Solares,* L. Williams, Madrid, 1904.

Djibilou,Abdellah, *Tánger, puerta de África. Antología de textos.* CantArabia, Tánger, 1989.

*Gabler, Neal, *Le royaume de leurs rêves,* trad. de Hel Guedj Johan-Frédérik, Calman-Levy, París, 2005.

Goytisolo, Juan, *Reivindicación del conde Don Julián,* Seix Barral, Barcelona, 1982.

Hopkins,John, *Les mouches de Tanger,* traducción de Suzanne Nétillard, Gallimard, París, 1972.

Kanowa, Asis, *Tani,* Éditions Internacionales,Tánger, 1947.

Kerouac,Jack, *En el camino,* traducción de Martín Lendínez, Anagrama, Barcelona, 2005.

Kessel, Joseph, *Au grand socco,* Galimard, 1952.

Le-Tan, Pierre, *Carnet tangerois,* Gallimard, París, 1996.

Levy, Solly, Yahasrá, *Escenas haquetiescas,* Editions E.D.I.J, Montreal, 1992.

Martin, Joseph y otra, *Regreso a Casablanca,* Ediciones Henry Beyle,Casablanca, 1993.

Morand, Paul, *Hécate et ses chiens,* Gallimard, París, 1954.

Mrabet, Mohamed, *Amor por un puñado de pelos* traducción del árabe al inglés por Paul Bowles y al castellano por Marisol de la Mora, Anagrama, Barcelona, 1985.

Mrabet, Mohamed, *Mira y corre,* traducción del árabe al inglés por Paul Bowles y al castellano por Marisol de la Mora, Anagrama,Barcelona, 1989.

Nicosia,Gerald-Jack Kerouac, *Memory babe,* traducción de Ángela Pérez, LiberGraf, Barcelona, 1994.

Pérez Galdós, Benito, *Aita Tettauen,* Editorial Hernando, Madrid, 1943.

Roca Vicente-Franqueira, Javier, *La aljamía,* RVF, Alicante, 2008.

Roca Vicente-Franqueira,Javier, *La clave de Sol,* RVF, Alicante, 2012

Sanz, Carlos, *So long, Tangier,* iUniverse, Bloomington, IN, 2011.

Saxon, Meter, *Espionaje en Tánger,* traducción de S.Dulcet, Ferma, Barcelona, 1958.

Salvador, Tomás, *Hotel Tánger,* Planeta, Barcelona, 1955.

Tafersiti, Rachid, *Rétour à Tanger,* Koutubia, Mónaco, 2009.

Varios, *La pensée de midi, Tanger, ville frontière*, Actes Sud, Arles, 2008

Vázquez, Angel, *La vida perra de Juanita Narboni*, Planeta, Barcelona, 1976.

Vázquez, Angel, *Se enciende y se apaga la luz*, Planeta, Barcelona, 1962.

Vega, Juan, *El último verano en Tánger*, Club Universitario, Alicante, 2000.

Virate, Robert, *Tanger s´il y a lieu*, Entreigne, París, 1988.

4. Biografías, diarios y relatos autobiográficos o de viajes

Akalay, Lotfi, *Ibn Battouta, Prince des voyageurs*, Edits. Le Fennec, Casablanca, 2004.

Alí Bey/Salvador Barberá, *Viajes por Marruecos*, Editora Nacional, Madrid, 1984.

Andersen, Hans Christian, *Viaje por España*, traducido del danés por Marisa Rey, Alianza, Madrid 2005.

Badía,Domingo, *Viajes de Alí Bey*, traducción del francés, Editorial Optima, Barcelona, 2001.

*Beaton, Cecil, *The strenuous years, 1948-55*, Weidenfeld ,Londres, 1973.

*Benarroch, Salomón, *Tánger, la ciudad que me vio nacer y crecer*, Caracas, 1997.

Bendayan, David, *Une jeunesse à Tanger*, Lattitudes, Canadá, 2006.

Bendelac, Alegría, *Mosaique. Une enfance juive à Tanger*, Wallada, Casablanca, 1992.

Bengio, Abraham, *Quand quelqu'un parle, il fait jour*, Éditions La passe du temps, Venissieux, 2007

Bianco, Anthony, *The Reichmann Family*, Times Book, Nueva York, 1997.

Blake, John Thorne, *Passage to Lisbon from Tangier*, Editorial Khbar Bladna, Tánger, 2010.

Blake, John Thorne, *The bigger circle*, Editorial Khbar Bladna, Tánger, 2009.

Bonmatí, José Fermín, *Españoles en el Magreb, siglos XIX y XX*, MAPFRE, Madrid, 1992.

Bourroughs, William, *Lettres de Tánger à Allen Ginsberg*, Christian Bourgeois, Editeur,Lonrai, 1990.

Bowles, Paul, *Días y Viajes 1987-89*, traducción de Ana M. de la Fuente,Seix Barral, Barcelona, 1993.

Bowles, Paul, *Memorias de un nómada*, traducción de Angela Pérez, Mondadori, Barcelona, 2005.

Bravo-Villasante, Carmen, *Galdós*, Mondadori, Madrid, 1988.

Burgos, Antonio, *Juanito Valderrama: mi España querida*, Editorial La Esfera, Madrid, 2002.

Chukri, Mohamed, *Jean Genet et Tennessee Williams á Tanger*, Quai Voltaire, París, 1992.

Chukri, Mohamed, *Paul Bowles, le réclus de Tanger*, La Table Ronde, París, 1997.

Clarke,Victor, *Truman Capote, la biografía*, traducción de Victor Pozanco, Puresa, Sabadell, 1993.

Dalmau, Miguel, *Los Goytisolo*, Anagrama, Barcelona, 1999.

Delcambre, Anne-Marie, *Mahoma, la voz de Alá*, trad. de Manuel de la Iglesia, Aguilar, Madrid, 1990.

*Díaz, Buenaventura, *Figuras españolas en Tánger*, Madrid, 1927.

Didié, Ismael y Pimentel, Manuel, *Los otros españoles*, Ediciones Martínez Roca, Madrid, 2003.

Dillon,Millicent, *Jane Bowles*, traducción de Ángela Pérez, Circe, Barcelona, 1990.

Fernández, J. Benito, *Eduardo Haro Ibars: los pasos del caído*, Anagrama, Barcelona, 2005.

Haro Tecglen, Eduardo, *Hijo del siglo,* Santillana, Madrid, 1998.

Hassan II, *Le défi,* Albin Michel, París,1976.

Heymann, C. David, *Pobre niña rica (Vida y leyenda de Barbara Hutton),* Planeta, Barcelona, 1984.

Ibn Batuta, *A través del Islam,* Serafín Fanjul y Federico Arbós. Alianza Universidad, Madrid, 1989.

Keene, Emily, *Histoire de ma vie,* traducción, estudio y notas de Ouazzani/Zemmouri, 2008, Tánger.

Lahbabi, Mohamed-Aziz, *Ibn Khaldûn,* Editions Seghers, París,1968.

Levy, Solly, *El libro de Selomó,* Hebraica Ediciones, Madrid, 2008.

Lourido, Ramón (coordinación), *Marruecos y el Padre Lerchundi,* MAPFRE, Madrid 1966.

Lourido, Ramón, *Estudio preliminar sobre el padre Lerchundi* en las ediciones facsímiles de *Rudimentos de árabe vulgar* y *Vocabulario Español-Arábigo del dialecto de Marruecos,* AECI, Madrid, 1999.

Mackintosh-Smith,Tim, *Viajes con un tangerino,* trad. Miguel Martínez Lage, Alianza, Barcelona, 2005.

Maalouf, Amín, *León el Africano,* trad. de M.I. Reverte, Alianza Editorial, Madrid, 2002.

Maxwell, Gavin, *Lords of the Atlas,* The Lyons Press, New York, 2000.

Mazières, Pauline de, *Histories des Russes au Maroc,* Editorial Khbar Bladna, Tánger, 2009.

Miller, Jeffrey, *En contacto. Cartas de Paul Bowles,* trad. de Pilar Giral, Seix Barral, Barcelona, 1994.

Morató, Cristina, *Cautiva en Arabia,* Plaza y Janés, Barcelona, 2009.

Muyal, Rachel, *Mis años en la Librairie des Colonnes,* Editorial Khbar Blanda, Tánger, 2010.

Ortínez, Manuel, *Una vida entre burgesos,* Edicions 62, Barcelona, 1993.

Ouetassi-Tafersiti, *Mohamed Chukri & Tánger,* Edición Zarouila, Tánger.

Pinto, Aïda, *Mon passé marocain,* Éditions Erez, Jerusalén, 2004.

Powell Fox, Rosalinda, *The grass and the asphalt,* Harter & Ass., Cádiz, 1997.

Pulsifer, Gary, *Paul Bowles visto por sus amigos,* traducción de José Melendez, Alfaguara, Madrid, 1993.

Reparaz, Gonzalo de, *Aventuras de un geógrafo errante, A la conquista de Tánger,* Linotype moderna, Barcelona, 1921.

Romero, Eugenio María, *Sol Hachuel,* RVF, Alicante, 2012

Saavedra, Paquita, *Del Amalato a la Moncloa,*Madrid, 2012

Sampedro, José Luis, *Escribir es vivir,* Círculo de Lectores, 2006.

Sawyer-Lauçanno,C, *Paul Bowles, el espectador invisible,* traducción de Damián Alou, Anagrama, Barcelona, 1991.

Snurmacher, Julia, *La historia de Pilar Montero Abrines,* Editorial Khbar Bladna, Tánger, 2009.

Tessainer, Carlos Federico, *El Raisuni,* Algazara, Málaga, 1998.

Varios, *Alí Bei, un pelegrí catalá per terres de l'Islam,* Proa.

Varios, *Homenaje a Ángel Vázquez,* Grupo Ixbilia, Sevilla, 2011.

Verdaguer,Jacint, *De Tànger a Sant Petersburg,* Turquets Editors, Barcelona, 2003.

Vidal, Gore, *Navegación a la vista,* traducción de Aurora Echevarría, Mondadori, Barcelona, 2008.

Verstrynge Rojas, Jorge, *Memorias de un maldito,* Grijalbo Mondadori, 1999.

Williams, Tennessee, *Memorias,* traducción

de Antonio Samons, Bruguera, Barcelona, 1983

5. Otras fuentes y documentos de referencia o complementarios

Ayoun, Richard y otro, *Les juifs d'Algerie*, Rahma, Argel, c.2000.

Barahona,Pastora, *Judíos,moros y cristianos*, LIBSA, Madrid, 2004.

Bassols, M.Isabel, *Hablemos Darija, Árabe Marroquí*, Slaiki Frères, 2010, Tánger.

Bearman, P.J. y otros, *Encyclopédie de l'Islam*, Brill, Leiden, 2002.

Benbassa, Esther y otro, *Histoire des Juifs sepharades*, Editions du Senil, París, 2002.

Benoliel, José, *Elementos componentes de la hakitia*, Comunidad Judía de Madrid, Madrid, 1977.

Benoliel, José, *Frases y dichos de la jaquetía*, Hebraica Ediciones, Madrid, 2011.

Bueno, Francisco, *Los judíos de Sefarad*, Ediciones Miguel Sánchez, Granada, 2005.

Burckhardt,Titus, *La civilización hispano-árabe*, Alianza Editorial, Madrid, 1985.

Camps, Gabriel, *Les Berbères, memoire et identité*, Edits. Le Fennec, Casablanca, 2007.

Castro,Américo, *España en su historia*, Grijalbo, Barcelona, 1996.

Cazorla, Luis María, *La Ciudad del Lucus*, Editorial Almuzara, Córdoba, 2011.

Cestino, Joaquín, *El Estrecho.Treinta siglos de historia*, Arguval, Málaga, 2004.

Chejne Anwar G.,*Historia de la España Musulmana*, traducción de Pilar Vila, Ed. Cátedra, Madrid, 1987.

Cohen Aflalo, Esther, *Lo que yo sé. Manual de Haquetía*, Cyan, Madrid, 1998.

Cuenca Toribio, José Manuel, *Historia general de Andalucía*, Almuzara, Córdoba, 2005.

Díaz-Mas, Paloma, *Los Sefardíes*, Riopiedras, Barcelona, 1986.

Eguidazu, Fernando, *Intervención monetaria y control de cambios*, ICE, Madrid ,1980.

El Khayat-Bennai,Ghita, *Le monde arabe au féminin*, EDDIF, Casablanca.

Fanjul, Serafín, *La quimera de al-Andalus*, Siglo XXI, Madrid, 2004.

Galindo y Vera, León, *Las posesiones hispano-africanas*, Algazara, Málaga, 1993.

García Arenal, Mercedes, *Los Moriscos*, Editora Nacional, Madrid, 1975.

Gutkowski, Hélène, *Érase una vez Sefarad*, Editorial Lumen, Buenos Aires, 1999.

Haber, Heribert, *Fiestas y tradiciones judías*, Editorial Aurora, Tel Aviv, 1995.

Hourani, Albert, *Historia de los pueblos árabes*, traducción de Blanca Ribera, Ariel, Barcelona, 1992.

*Ibn Khaldun, *Peuples et nations du monde*, traducción de Abdesselam Chaddadi, Sindbad, París, 1986.

Israel Garzón, Jacobo y otro, *La Comunidad judía de Madrid, 1917-2001*, Comunidad judía de Madrid, Madrid, 2001.

Israel Garzón, Jacobo, *Los judíos hispano-marroquíes*, Hebraica Ediciones, Madrid, 2008.

Instituto de Estudios Políticos, *Textos básicos de África*, Inst. Estudios Políticos, Madrid, 1962.

Joaniquet, Angel, *Nuestros piratas*, Noray, Barcelona, 2002.

Kennedy, Hugo, *Las grandes conquistas*

árabes, traducción de Luis Noriega, Crítica, Barcelona, 2007.

Le Bon, Gustave, *La civilisation des arabes*, SNED, Argel, 1969.

Levy, Solly , *La vida en Haketía. Para que no se pierda*. Ediclair@rogers.com. Madrid , 2012

López García, Bernabé, *El mundo arabo-islámico contemporáneo*, Síntesis, Madrid, 2000.

Lopez Tirado, Jacinto, *Islas Chafarinas, un paseo por la historia*, Ciudad Autónoma de Melilla, 2010.

Lourido, Ramón y Teissier, Henri, *El cristianismo en el norte de África*, MAPFRE, Madrid, 1993.

Martínez Lage y Martínez Morcillo, *Diccionario diplomático iberoamericano*, ICI, Madrid 1987.

Martínez Morcillo, Amador, *La función diplomática*, Ibersaf, Madrid, 2005.

Porcel, Baltasar, *Los chuetas mallorquines*, Bruguera, Barcelona, 1977.

Pulido, Angel, *Le peuple judéo-espagnol*, traducción de Max Nordau, Revue Mondiale, París, 1923.

Said, Edward W., *Orientalismo*, traducción de María Luisa Fuentes, Bolsillo, Barcelona, 2008.

Sánchez-Albornoz, Claudio, *España, un enigma histórico*, 2 t., EDHASA, Barcelona, 2000.

Sánchez-Albornoz, Claudio, *La España musulmana*, 2 vols., Espasa Calpe, Madrid, 1974.

Serna, Alfonso de la, *Al Sur de Tarifa*, Marcial Pons, Madrid, 2002.

Sourdel, D y J., *Dictionnaire historique de l'Islam*, Presses Universitaires, París, 1996.

Thornton, Lynne, *Les orientalistes*, traducción de Jean de la Hogue, ACR Edition, París, 1993.

Togores, Luis E. y Neila, José Luis, *La Escuela Diplomática: 50 años al servicio del Estado*, Escuela Diplomática, Madrid, 1993.

Varios, *Encyclopaedia Judaica, 4*, 17 tomos, varias entradas, Keterpress Enterprises, Jerusalén, 1978.

Varios, *Ruta de los almorávides y los almohades*, Junta de Andalucía, Granada, 2006.

Vernet, Juan, *Lo que Europa debe al Islam de España*, Acantilado, Barcelona, 2006.

6. Artículos periodísticos y asimilados

Los diarios más leídos y prestigiosos eran *La Dêpeche Marocaine* y el *España* de Tánger. *La Dêpeche* empezó a publicarse en 1905 y mantuvo su presencia diaria hasta 1958. Una parte de la colección de *La Dêpeche* (desde su primer número en 1905 hasta 1918 y desde 1940 a 1958 año del último número) pueden ser consultados en la Bibliothèque Nationale de France en París. Por su parte, la Biblioteca Nacional Española cuenta con la colección completa del *España*, que puede ser consultada en las dependencias de Alcalá de Henares o bien, en diapositiva, en la sede de Madrid. Otros periódicos que se publicaban en la ciudad internacional aportaban datos y conocimientos sobre la misma. Algunos de tales periódicos como *África, Mauritania, Anteo*, etc., pueden ser consultados, total o parcialmente, en la Biblioteca Nacional española. Además, los dos principales periódicos publicados por antiguos tangerinos, *Malabata*, fundado en 1999 (que desde hace tres años está en suspenso), y *Tingis*, en 2000, que ya va por los doce años, recogen relatos, informes, anécdotas, recuerdos, etc., sobre la ciudad que, en su mayoría, son muy sugestivos y que, en muchos casos, emocionan a los viejos tangerinos. También la publicación trimestral de la asociación La Medina (centrada, principalmente, en los antiguos residentes en el protectorado español) contiene, sin periodicidad, artículos de interés sobre Tánger.

Akalay, Mourad, *Bref aperçu sur l'histoire récente des juifs de Tanger*, Al Bayane, 20-1-2006.

Akalay, Mustafá, *Le theatre Cervantes de Tanger*, in Revue Maroc n 5, Rabat, 1993.

Al Boughaz, *Une liste du patrimoine tangerois*, Seminaire 2003, Al Boughaz.

Alcaraz, Ignacio, *Tánger, de ayer y de hoy*, La Medina , Agosto 2001

Anquetil, Pilles, *Tanger-La revanche de la repudiée*. Nouvel Observateur n 1903

Benabou, M` Hammad, *La dimension culturelle de Tanger*, Seminaire 2003, Al Boughaz

Benjelloun, Abdelmajid, *Raïssouni, brigand collaborateur ou brigand?*. Publications Temimi, Rabat.

Ben Jelloun, Tahar, *Tanger, le grand reveil*, Le Monde, 12-3-1992

Ben Jelloun, Tahar, *Ginsberg, un revenant à Tanger*, Le Monde, 12-3-1994

Bensabat, Salomón, *Los judíos en Marruecos*, Cuaderno de Estudios Africanos, 1952

Bouzid, Abdelhamid, *Souvenirs d`un enseignant*, coloquio en la Univ. Abdelmalek Essaadi, Tetuán, 1994

Casanova Gómez, Marina, *Depuración de funcionarios diplomáticos durante la guerra civil española*, UNED Revista Facultad Geografía e Historia, 1987, n1

Embarek López, Malika, *Yo recuerdo (Entrevista a Emilio Sanz de Soto)* incluido en *Presencia Cultural de España en el Magreb*

Frieyro, José. E, *Tánger, recuerdos y sensaciones*. Conferencia 21.1.1995, Madrid

García Barriuso, Patrocinio, *El Patrono de Tánger, Sidi Bu Arrakía y sus fiestas jubilares*, Mauritania, 1940

Gonzalez Hidalgo, José Luis, *Tres periodistas malagueños en Tánger*. Isla de Arriarán

Goytisolo, Juan, *La fractura lingüística del Magreb*, El País, 24-9-2007

Goytisolo, Juan, *Moriscos, la historia incómoda*, El País, 15-3-2009

Guennoun, Larbi, *Les specifités de Tanger*, Seminaire 2003, Al Boughaz

Gratelot, Isabelle et Odile, *Si Tanger m`était conté*, Echo du Detroit, 2003

Harris, Walter B., *Quelques souvenirs*, La Depêche Marocaine, 1930

Segura Suarez-Inclán, Manuel. *Conferencia pronunciada en Tánger*.13 Noviembre 1993.

Soriano, Ignacio C, *El archivo de Gonzalo de Reparaz*, Documents Anàlisis Geogr. 1999, n 34

López Aguilar, Juan María, *Tánger entre el recuerdo y la añoranza*. Conferencia, Tánger,1994

Lourido Díaz, Ramón, *L' institution de la representation consulaire à Tanger*, Univ. Mohamed V, 1991.

Lourido Díaz, Ramón, *¿Quénes son y que hacen las monjas en Tánger?* Revista Kasbah, Tanger, 1994.

Martinez Antonio, Fco Javier, *El Doctor Felipe Ovilo Canales y la Escuela de Medicina* y el *Dispensario de Tánger*, Beca Ministrio Educación y Ciencia EX2005-060.

Metalsi, Mohamed, *Tanger: crise de la citadinité, crise de la ville*, Seminaire 2003, Al Boughaz

Ochoa Benjumea, José, *El nuevo Hospital Español de Tánger*, Revista de Obras Públicas 1942

Ochoa Benjumea, José, *Tánger y el Cuerpo de Caminos*, Revista de Obras Públicas, 1940-41

Rojas-Marcos, Rocío, *Gaudí en Tánger: Las Misiones Franciscanas*, AECI, 2010, Madrid.

Simon, Catherine, *Tanger la canaille*, Le Monde, 19 Avril 2001.

Solano, Aza, Miguel, Tánger 1945-1956, *Un régimen internacional que desaparece*. Tánger 1956.

Sueiro, Susana, *España en Tánger durante la II guerra mundial*, Espacio,Tiempo y Forma, 1994, T.7

Tamburini, Francesco, *Il Tribunale Misto di Tangeri (1925-52)*, Jura Pentium

Tamburini, Francesco, *Le istituzione italiane di Tangeri (1926-1956)*, Africa, 2006.

7. Principales páginas webs relacionadas con Tánger

http://historicaltextarchive.com (cónsules en Tánger)

http://lyceefr.com

http://tanger-histoire.blogspot.com

http://tangerinos.free.fr/esp (administrada por Louis Benzaquen)

http://www.mepsyd.es/exterior/centros/ramonycajal/ Centro Español

www.aaaipet.org (Instituto Español de Tánger)

www.arrakis.es/hyparco/CTE/histo.2.htm (ferrocarril Tánger-Fez)

www.as-t.org/Tangier.htm y ast@mtds.com (The American School of Tangier)

www.cecit.org (Cámara Española de Comercio e Industria de Tánger)

www.ctv.es/USERS/josemolina/home.htm

www.dafina.net/francés.htm

www.domingodelpino.com

www.douane.gov.ma/Histoiredouane

www.inrp.fr (educación en Marruecos)

www.lamedina.org (Tetúan, protectorado español y algo de Tánger)

www.maroc.net/legation

www.rbuenaventura.com

www.siempretanger.net/

www.tangerexpress.com.

http://www. tangerinternacional.es

www.tangerjabibi.com/

www.tangier.free.fr/esp (administrada por Ousama Zekri) .

http://www.tangeryotras utopias.com

www.tangier99.com

www.tanqueridatanger.canalblog.com

GLOSARIO

ABASÍ o ABASIDA, dinastía árabe de 37 califas (750-1258), creada por Abu Abbas que derrocó y sucedió a la dinastía de los omeyas. Fueron derrocados por los selúcidas.

ACHOUR, impuesto religioso legal coránico o diezmo a favor del Majzen.

ACHURA, fiesta musulmana. Véase 6.1. Islam

ADAFINA, cocido sábatico judío, con patatas, carne y garbanzos

ADUL, fedatario o notario marroquí que actua de conformidad con la legislación marroquí y que, durante el Estatuto, se ceñia, básicamente, a temas del estatuto personal de los musulmanes.

ADUAR, aldea que, junto con otras, es la base de la cabila.

AID EL KEBIR, fiesta musulmana o fiesta grande o del cordero. Véase 6.1. Islam.

AID SEGUIR, fiesta musulmana que se celebra al final del Ramadán. Véase 6.1. Islam.

AISSAUAS, véase 6.1. Islam.

AL-ANDALUS, territorio en España dominado por los musulmanes y que tuvo una superficie variable desde su creación en 711 con la conquista árabe hasta su terminación en 1492 con la de Granada.

ALAUITA o ALAUÍ, dinastía fundada en 1640 por el Sultán Muley Mohamed I y que desde entonces reina en Marruecos. Procede de la región del Tafilalet y sus monarcas descienden del Califa Alí que era yerno del Profeta Mahoma al casar con su hija Fátima.

ALIM, véase Ulemas

ALMOHADES, dinastía bereber fundada por por Mohamed Ibn Toumert (Al Mahdi) y que dominó gran parte del Magreb y de España desde 1147 a 1269.

ALMORAVIDES, dinastía bereber fundada por Abdallah ben Yassine, que reinó sobre gran parte del Magreb y de España entre 1061 y 1147.

AMARA, *moussen* o fiesta conmemorativa de un santón.

AMAZIGH, bereber.

AMIN, administrador

ASQUENAZÍ, posiblemente, procede de *Asquenaz* que en hebreo se traduce por Alemania. Se dice del judío originario de Europa Central, al parecer, descendiente de Jafet.

BAB, puerta

BACALITO, de *Al-bakal* equivalente a colmado o tienda en árabe. Véase 5.4.1. Comercio interior.

BAJÁ (o bachá), gobernador o representante del gobierno en un municipio o provincia.

BAR MITZVÁ, fiesta hebrea que celebra los trece años de un varón, edad en la que se considera que está maduro para el cumplimiento de los mandamientos judíos. Como expresión pública de su obligación se coloca por primera vez, en el brazo, unas filacterias o *tefelines* – de aquí el nombre que se la daba en Tánger a esta fiesta- y después de varias ceremonias se celebra el acontecimiento con una fiesta y regalos.

BEAT GENERATION, véase 10.5 Literatura.

BEATNIKS, véase 10.8. Música y danza

BEIA, acto de investidura y de juramento de fidelidad al Sultán-Rey, en tanto que jefe espiritual y temporal, en el que interviene todo el pueblo marroquí, representado, en primer lugar por los *Ulemas*, parlamento, gobierno, ejército, altos funcionarios, etc. Se renueva cada año.

BEREBER o Amazigh, véase apartado 1.2. Población.

BIDONVILLES, chabolas. Poblados miserables hechos con lata u hojalata u otros medios elementales.

BIENES GUICH, normalmente, tierras del Majzen concedidas por el Sultán a tribus situadas en zonas estratégicas como *El Fahs* cercano a Tánger en compensación por el servicio militar.

BIENES HABBUS, bienes concedidos a fundaciones religiosas

BILLIÓN, en Marruecos, vigésima parte del real de vellón. 1 rial equivalía a 5 pesetas *hassani* y a 20 *billions*.

BLED EL-MAJZEN, territorio marroquí bajo el dominio del Sultán y cuya administración dependía del Majzen.

BLED ES-SIBA, territorio no sometido al Sultán y al Majzen. Sin embargo, en parte de él se acataba la autoridad religiosa del Sultán.

BUJARI, guarda imperial o soldado negro.

CABILA o *kabila.* En Berbería, tribu. Distrito más o menos extenso formado por un conglomerado de familias descendientes de un mismo personaje célebre, generalmente, por sus hazañas, por su santidad o celo religioso. Agrupa, normalmente a un conjunto de aldeas o *aduares.* Al frente de la cabila había un bajá.

CADÍ, juez, en árabe, que actúa de conformidad con el derecho coránico.

CAID, jefe investido de autoridad. Gobernador civil o militar (general u otro alto mando)

CALIFA, vicario del Profeta que tenía autoridad civil y religiosa. No confundir con Jalifa.

CALENDARIO HEBREO, comienza el día 7 de Octubre de 3761 antes de Cristo fecha en la que, según la tradición judía, fue creado el Mundo. Para convertir un año correspondiente a la era cristiana en su correspondiente hebreo, basta con sumar o restar la cifra de 3761 (2009 + 3761 = 5770).

CALENDARIO MUSULMÁN, véase Hégira

CASHER, alimento que cumple con las normas judías

CORÁN, libro sagrado de los musulmanes que contiene la revelación de Dios al Profeta Mohamed. consta de 114 suras.

CHARQUI, viento fuerte de Levante.

CHELJA, en árabe, lengua rifeña. Véase 7.1. Lenguas

CHERIF, CHERIFIANO, véase 2.1. Antecedentes

CHERGUI, viento siroco que sopla desde el desierto y trae mucho calor seco.

CHIÍTA, véase Sunna

DAR, casa

DAR NIABA, residencia en Tánger del representante *(naib)* del Sultán sita en la calle *Siaguins.*

DAHIR, en Marruecos, decreto del Sultán o decreto real.

DARIYA o DARIDJA, árabe dialectal, también llamado vulgar, que se utiliza en Marruecos y Argelia, aproximadamente, por el 95 % de la población. Su base es el árabe clásico con elementos de otros idiomas : árabe, *tamazig* o bereber, francés y español. Véase 7.1. Lenguas

DAYÁN, juez rabínico

DHIMMI, protegido. Cristiano o judío protegido por las autoridades musulmanas en tierras del Islam de conformidad con un pacto de protección o *dhimma.*

DIRHAM, unidad moderna monetaria marroquí. El *dirham azizi* fue la unidad de cambio durante poco tiempo en el reinado de Muley Abdelaziz

DURO, unida monetaria española equivalente, en Marruecos, a un *rial*

DRAGOMAN o DROGMAN, extranjero que actúa de intérprete en tierras del Islam con la aprobación de las autoridades musulmanas.

DUAR, pueblo o campamento de tiendas

EMIR, príncipe, gobernador o jefe militar. El Emir de los creyentes es el jefe y guía de la comunidad musulmana.

EXPATRIADOS, véase 9.2. Grupos sociales

FANTASÍA de la pólvora. Consiste en una vistosa carrera de varios jinetes montados en caballos árabes que al término de la misma disparan sus fusiles o espingardas.

FATUA, dictamen legal o religioso emitido por los *ulemas* o jurisconsultos de conformidad con las leyes musulmanas

FIESTAS JUDÍAS, véase 6.2. Judaísmo

FIESTAS MUSULMANAS, véase 6.1. Islam

FONDAC o FONDUC, hospedería o almacén donde se negocian las mercancías de los comerciantes o ambas cosas a la vez. Centro de actividad mercantil y de liquidación de aduanas

FUERZA LIBERATORIA. Valor o fuerza que legalmente se concede a una moneda para que se puedan pagar con ella las deudas y obligaciones cuya cuantía está referida a la moneda acuñada.

GUICH, veáse Bienes Guich.

HABUS, institución que en Marruecos administra los lugares de culto y los bienes y las actividades que generan los ingresos con que se sufragan los gastos de mantenimiento de esos templos y las remuneraciones de las personas que dirigen los rezos. Los ingresos y gastos no aparecen en el presupuesto y su gestión incumbe a un ministro que depende directamente del Jefe del Estado (*Mohamed Bouarfa, Marruecos y España. El eterno problema. Algazara.2002*)

HACH, título honorífico que recibe el musulmán que ha peregrinado a la Meca

HALAL, alimento que es permitido comer según las normas y

leyes musulmanas

HASSANI o PESETA HASSANI, unidad monetaria que circuló en tiempos del Muley Hassán I y algún tiempo después. Equivalía a la quinta parte del duro o *rial* PK

HASHISH, véase 8.2. Nivel sanitario de la ciudad internacional

HÉGIRA (significa en árabe emigración y huída), era de los musulmanes que se cuenta desde el 16 de Julio del 622 d.C fecha en la que huyó el Profeta Mahoma de la Meca para trasladarse a Medina. Los años que la componen son lunares de 354 días y tienen 11 días y una fracción menos que los solares. Consecuentemente, los meses son también lunares y tienen 29 o 30 días, según los casos. Para convertir un año de la Hégira en otro de la era cristiana se divide aquel por 33 y el cociente que resulte se resta del mismo, o sea del año de que se trate, sumandole luego 622 lo que da el año cristiano. Por el contrario, para conocer el año de la Hégira que corresponde a otro cristiano se resta del mismo la cifra de 622, se divide el resultado por 32 y se añade el cociente al dividendo. En ambos casos si el resto de la división es mayor que la mitad del divisor se añade una unidad al cociente.

HIPPIS, véase 10.8. Música y danza.

IDRISI, dinastía marroquí (788-921).

IMAN o IMAM, jefe religioso que preside y dirige en la mezquita la oración de los viernes.

ISTIQLAL, independencia. Partido marroquí fundado por Allal el Fassi.

JALIFA, representante del Sultán y máxima autoridad en el protectorado español de Marruecos. En Tánger, se utilizaba también para designar a los adjuntos del Mendub

JAJOUKA véase 10.8. Música y danza.

JAQUETÍA, variante del ladino o idioma judeo-español. Ver 7.1. Lenguas.

KASBAH, alcazaba. Construcción amurallada o grupo de construcciones fortificadas.

KASHER, alimento que es permitido comer según las normas y leyes judías.

KIF, véase 8.2. Nivel sanitario de la ciudad internacional

LADINO, dialecto judéo-español que, especialmente, se mantiene vivo en Turquía, Bulgaria y otros países del Mediterráneo oriental y, principalmente, en Israel.

MADJUN o MAYUN, véase 8.2. Nivel sanitario de la ciudad internacional.

MADRASA, medersa.

MAGREB, región de África del Norte integrada principalmente por Marruecos, Argelia y Túnez a los que se suele añadir, en general, tanto a Mauritania como a Libia.

MAJZEN, en árabe, almacén, posiblemente, procedente del francés *magasin* y, también, tesoro o gobierno. Era también el baúl donde se guardaban los ingresos fiscales del Emir de los creyentes. En Marruecos, designaba, al Estado y al Gobierno marroquíes. Las tierras que dependían de éste, principalmente las que rodeaban a Rabat, Fez, Marrakech y Mequinez y, en cierta, medida, Tánger, se denominaban *Bled el Majzen** (tierras del Tesoro). En contraposición existía el *Bled es Siba** (tierras de los insumisos) habitadas, en su mayor parte, por bereberes que dominaban las cadenas del Atlas, el Rif y los desiertos y que no estaban sometidos al Majzen. Actualmente, el Majzen se refiere, en general, al gobierno del país bajo el mando del Rey. De esta palabra procede el término *mojazni*, o sea, el soldado o agente policial del Sultán y *mejaznia* o Policía marroquí entendida colectivamente

MANSUR, victorioso

MEDERSA o madrasa, escuela o colegio de enseñanza religiosa ortodoxa coránica adscrita a una mezquita.

MEDINA, ciudad.

MEHALA o Mehal-la. Unidad militar equivalente a un regimiento o bien a una división dependiente directamente del Sultán. También, se puede referir al conjunto del éjercito. En el protectorado español se crearon las *mehalas* jalifianas, dependientes del Jalifa. También se refiere a las tropas marroquíes encuadradas en el ejército español. También puede significar campamento.

MEJAZNIA, policía marroquí dependiente del *Majzen*.

MENDUB, delegado o representante del Sultán.

MELLAH, en Marruecos, barrio judío.

MERINIDAS, dinastía marroquí (1248-1465).

MIMUNA, véase *Pésah*.

MISNÁ, codificación de la ley

mosaica oral.

MOHARREM, fiesta musulmana del año nuevo. Ver 11.1. Islam.

MOJAZNIS, miembros de las cabilas que dependían del *Majzen* y que estaban obligadas a prestar asistencia militar al Sultán en todas las guerras a cambio de utilizar las tierras de dicho *Majzen* y no pagar al mismo la mayoría de los tributos. Agente de seguridad en las aduanas pagado por el *Majzen.*

MORABITO, del árabe *murabit.* Santo o tumba de santo.

MORISCOS, véase 9.1.

MORO, véase 2.1. Antecedentes.

MUSEN, fiesta musulmana. En general, se refiere o tiene relación con un santón. MUEZIN, almuédano o almuecín.

MULEY, título que se concedía a los soberanos alauitas* que significa «mi señor y maestro»

MULUD, fiesta musulmana que celebra el nacimiento del Profeta. Ver 11.1. Islam.

NACIÓN MÁS FAVORECIDA, ver pág. 104, pie de página 99

NAIB, enviado o delegado del Sultán. En Tánger ocupaba la Dar Niaba.

OMEYAS, dinastía de califas árabes que reinaron en Damasco desde 661 a 750 siendo derrocados por otra dinastía, la de los *abasidas**. Los *omeyas* conquistaron el *Magreb* y España. Cuando cayó la dinastía *omeya,* Abderramán I que pertenecía a la misma se independizó de los *abasidas* creando el emirato independiente de Córdoba (756) que, años después (929), fue califato rival de Bagdad. En esa época, Córdoba fue la ciudad más importante del Occidente europeo.

PÉSAJ, fiesta religiosa judía que celebra la salida de los hijos de Israel de Egipto y que se extiende durante ocho días. El primer día del *Pésaj* se celebra una cena festiva denominada *Séder.* Durante estos días se mantiene la tradición de comer solo pan ácimo o matzot. En Marruecos y, en particular, en Tánger el día que termina el Pésaj se celebra la *Mimuna* con una cena tradicional.

PURIM, del hebreo: suerte. Fiesta judía que conmemora la liberación de los israelitas por parte de la heroína Ester del dominio persa. Las comunidades judías, entre ellas, la de Tánger celebraban *Purim* especiales para conmemorar acontecimientos en las que fueron salvadas de un gran peligro como por ej, el *Purim de las bombas* o el *Purim de los Cristianos.* Equivale, más o menos, al Carnaval cristiano ya que en esta fiesta se celebran bailes de disfraces, concursos de máscaras, bailes, etc. Véase 6.2. Judaismo.

RAIS, jefe.

RAMADÁN, mes sagrado musulmán. Ver 6.1. Islam.

RAZZIA, expedición rápida y violenta.

REKKAS, mensajeros. En Marruecos, en la segunda mitad del siglo XIX los servicios postales europeos se organizaron a base de *rekkas* que transportaban la correspondencia a pie desde una ciudad a otra.

RIAL, moneda marroquí equivalente a un *duro* o a cinco *pesetas hassani.*

RIFEÑOS, habitantes del Rif, de etnia bereber. Véase 1.2. Población.

ROSH HASHANÁ, fiesta hebrea que celebra el comienzo del año judío. Véase 6.2. Judaismo

SAADÍ, dinastía marroquí (1555-1638).

SAID, dueño o señor.

SEDAKA, dentro de la religión y sociedad hebreas, ayuda mútua en todos los órdenes inspirada en el concepto de justicia. Es algo superior a la lismona o a la caridad y que se traduce en la ayuda económica, moral, cultural y social que se destina a los viejos, a los enfermos, a los niños y a los incapaces así como a los que no han conseguido prosperar en la vida.

SEFARDÍ, véase 10.2. Judíos.

SHARIA, en el Islam, ley canónica de la religión musulmana fundamentada, principalmente, en el Corán que contiene la revelación de Dios al Profeta Mahoma y en la *sunna.*

SIDI, equivalente a *mi señor*

SOUSSIS, habitantes, en su mayoría de origen bereber, de la región marroquí del Souss en el Anti-Atlas.

SUNNA, en el Islam, tradición o conjunto de hechos y enseñanzas de Mahoma que complementan el Corán y que fueron transmitidos por los cuatro primeros califas y por los compañeros del profeta. Los *sunnitas* que siguen la *sunna,* junto con los *chiítas* que no la aceptan ni tampoco la autoridad de los cuatro primeros jalifas forman las dos grandes corrientes del Islam. La mayor parte de los musulmanes, entre ellos la casi totalidad de los marroquíes, son *sunnitas.*

SUNNITA o SUNNÍ, véase *Sunna*

SURA, azora. Cada uno de los capítulos en los que está dividido el Corán.

TABOR, unidad de tropa que equivale a un batallón que comprende entre 500 y 1.000 soldados.

TAIFAS, reinos musulmanes surgidos en España al desintegrarse el imperio almohade después de la batalla de las Navas de Tolosa (1212). El reino de Granada perduró hasta 1492.

TALEB, plural *táliban* o *tolba.* Estudiante. También, puede equivaler a letrado en la religión islámica y en algunos casos, *adul* o notario.

TALMUD, compilación de comentarios sobre la ley mosaica que fija la enseñanza de las grandes escuelas rabínicas. Está constituido por la *Misná,* o codificación de la ley oral y la *Guemará,* o comentario de la Misná.

TALMUD-TORÁ, escuela o colegio hebreo donde se enseña el *Talmud*

TAMAZIGT, lengua bereber. Ver 7.1. Lenguas.

TARIFIT, lengua rifeña. Ver 7.1. Lenguas.

TEFELINES, véase Bar Mitzvá.

TERTIB, impuesto sobre la producción agropecuaria.

TOLBA, plural de *taleb.*

ULEMAS, singular de *Alim.* Sabios musulmanes, doctores en la ley islámica y, especialmente, en cuestiones jurídicas y teológicas.

UMANA, plural de *amin.*

UMMAH, en el Islam, comunidad de los fieles.

VIZIR, ministro encargado de una o varias carteras. Gran vizir = primer ministro.

WALI, gobernador de una provincia.

YAMÁ, mezquita.

YEMAA (o Djemáa), asamblea popular de notables.

YOM KIPPUR, fiesta judía o día del perdón. Véase 6.2. Judaismo.

ZAUIA, santuario o cofradía. Véase 6.1. Islam.

ZOCO, mercado o mercadillo.

ÍNDICE ONOMÁSTICO Y ANALÍTICO

Este índice relaciona, selectivamente, a un buen número de personas, aunque muchas falten, que se mencionan en el libro y las páginas en las que son citadas. Otras personas han sido agrupadas en el índice en función de su apellido común por familias (fam.) cuando nos consta su existencia, o, en caso contrario, por su propio gentilicio (gent.). Por otra parte, señalamos, en cursiva, las principales entradas que contiene el libro sobre algunos grupos profesionales o sociales lo que puede permitir localizar a sus componentes. Además, incluimos, también en cursiva, algunos nombres o temas mencionados en este libro que no aparecen en el índice general.

ÍNDICE GENERAL

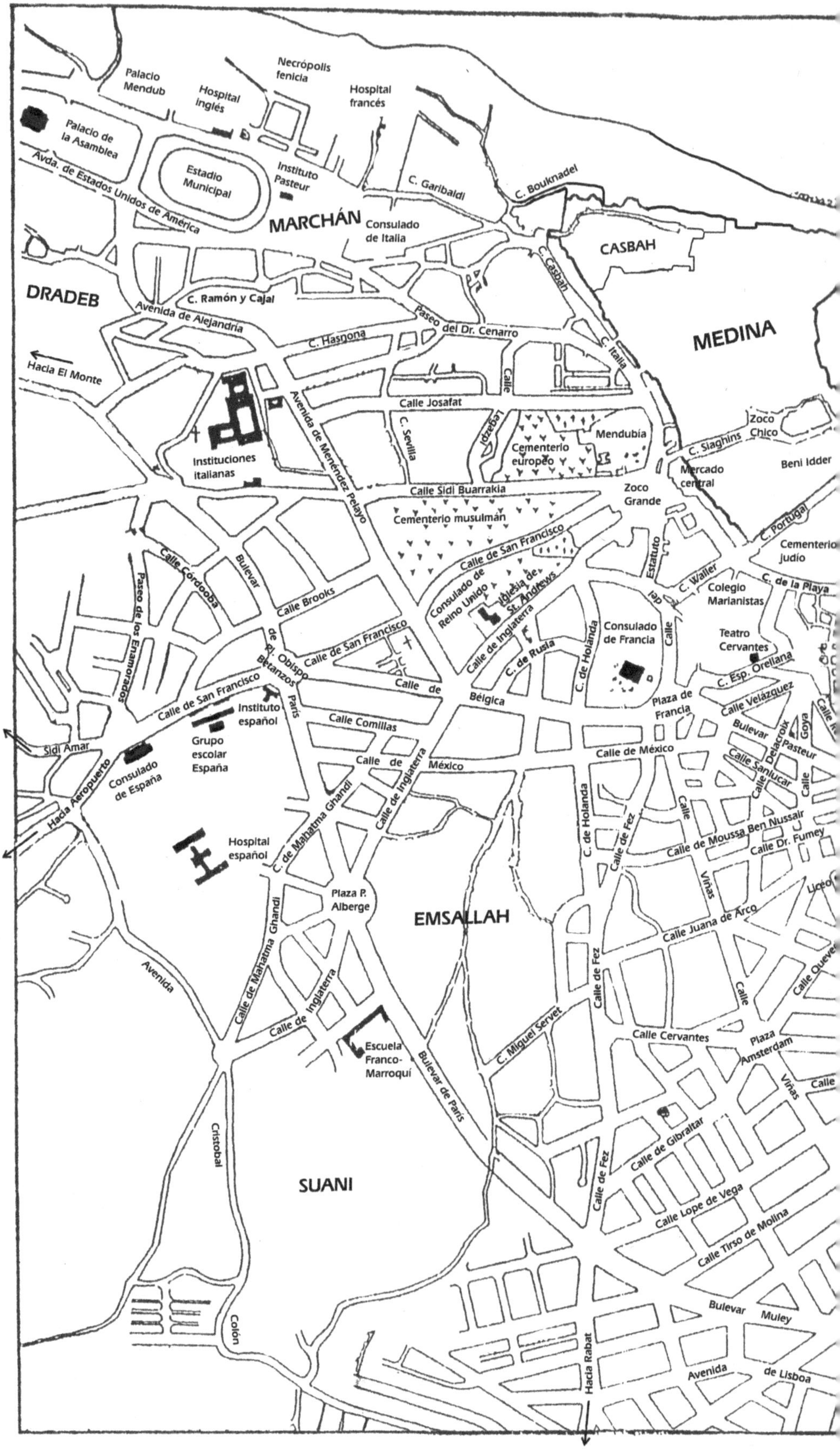

Palacio Mendub
Hospital inglés
Necrópolis fenicia
Hospital francés
Palacio de la Asamblea
Estadio Municipal
Instituto Pasteur
Avda. de Estados Unidos de América
MARCHÁN
Consulado de Italia
C. Garibaldi
C. Bouknadel
CASBAH
C. Casbah
DRADEB
C. Ramón y Cajal
Avenida de Alejandría
Paseo del Dr. Cenarro
C. Hasnona
MEDINA
C. Italia
Hacia El Monte
Calle Josafat
Calle
Avenida de Menéndez Pelayo
C. Sevilla
Lepanto
Cementerio europeo
Mendubía
Zoco Chico
C. Siaghins
Mercado central
Beni Idder
Instituciones italianas
Calle Sidi Buarrakia
Zoco Grande
Cementerio musulmán
C. Portugal
Cementerio judío
Calle de San Francisco
Calle Cordooba
Bulevar
Paseo de los Enamorados
Consulado de Reino Unido
Iglesia de St. Andrews
Estatuto
C. Waller
del
C. de la Playa
Colegio Marianistas
Calle Brooks
Calle de Inglaterra
Consulado de Francia
Calle
Teatro Cervantes
Calle de San Francisco
Pl. Obispo Betanzos
C. de Rusia
C. de Holanda
C. Esp. Orellana
Calle de Bélgica
Plaza de Francia
Calle Velázquez
Calle de San Francisco
Instituto español
París
Calle Comillas
Bulevar Pasteur
Delacroix
Goya
Calle Sanlucar
Sidi Amar
Grupo escolar España
Calle de México
Calle de México
Consulado de España
Calle de Inglaterra
C. de Mahatma Ghandi
C. de Holanda
Calle de Fez
Calle
Calle de Moussa Ben Nussair
Calle Dr. Fumey
Hacia Aeropuerto
Hospital español
Viñas
Plaza P. Alberge
EMSALLAH
Calle Juana de Arco
Calle de Mahatma Ghandi
Avenida
Calle de Inglaterra
Calle de Fez
Calle
Calle de
C. Miguel Servet
Calle Cervantes
Plaza Amsterdam
Escuela Franco-Marroquí
Bulevar de París
Viñas
Calle
Cristobal
Calle de Gibraltar
Calle de Fez
SUANI
Calle Lope de Vega
Calle Tirso de Molina
Bulevar Muley
Colón
Hacia Rabat
Avenida de Lisboa

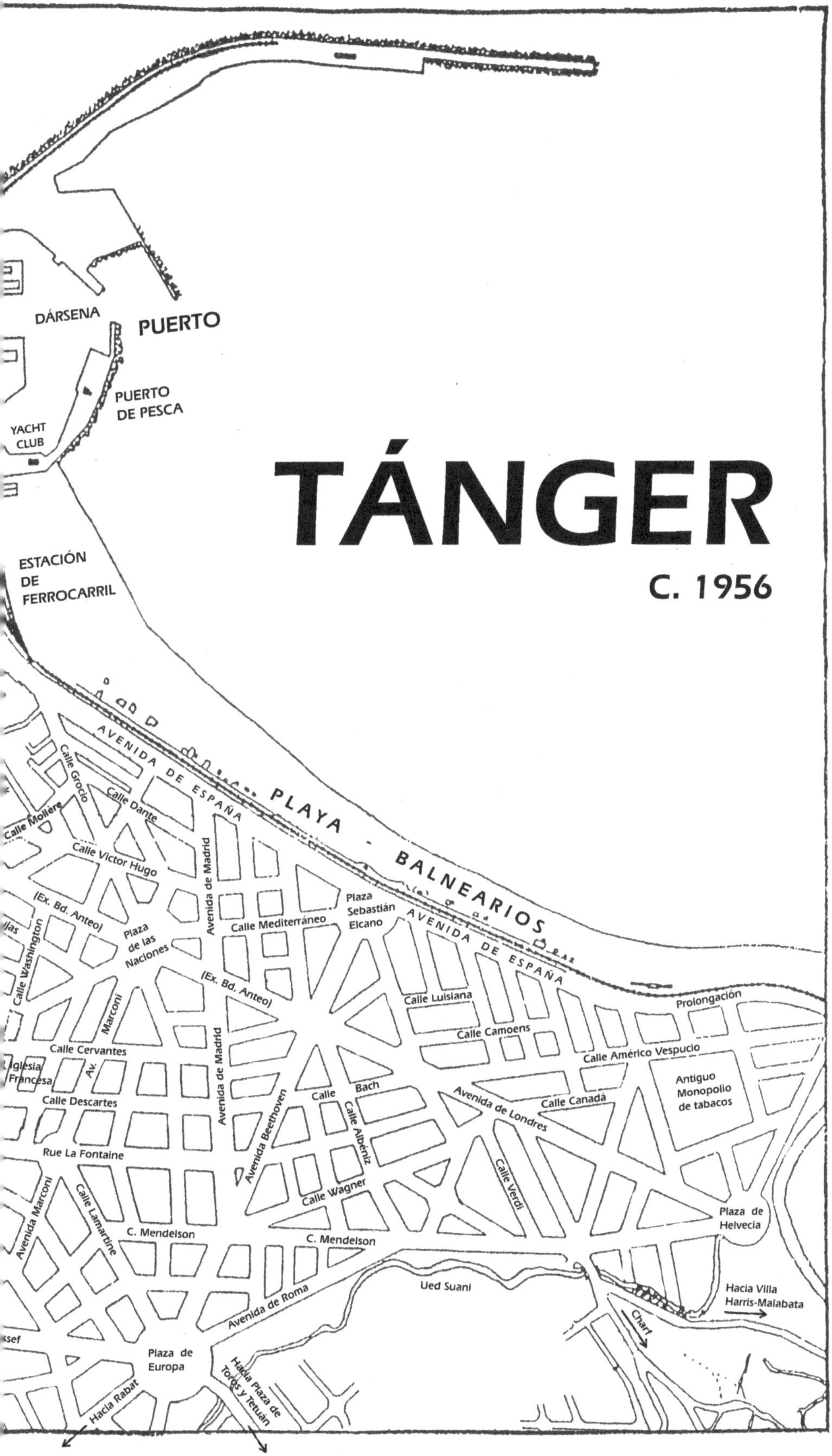
TÁNGER
C. 1956
PUERTO
DÁRSENA
PUERTO DE PESCA
YACHT CLUB
ESTACIÓN DE FERROCARRIL
AVENIDA DE ESPAÑA
PLAYA - BALNEARIOS
Calle Grocio
Calle Dante
Calle Molière
Calle Victor Hugo
Avenida de Madrid
(Ex. Bd. Anteo)
Calle Washington
Plaza de las Naciones
Calle Mediterráneo
Plaza Sebastián Elcano
AVENIDA DE ESPAÑA
Calle Luisiana
Prolongación
Calle Camoens
Calle Américo Vespucio
Antiguo Monopolio de tabacos
Marconi
Calle Cervantes
Iglesia Francesa
Av.
Calle Descartes
Avenida Beethoven
Calle Bach
Calle Albéniz
Avenida de Londres
Calle Canadá
Rue La Fontaine
Calle Wagner
Calle Verdi
Avenida Marconi
Calle Lamartine
C. Mendelson
C. Mendelson
Plaza de Helvecia
Ued Suani
Hacia Villa Harris-Malabata
Chart
Avenida de Roma
Plaza de Europa
Hacia Rabat
Hacia Plaza de Toros y Tetuán

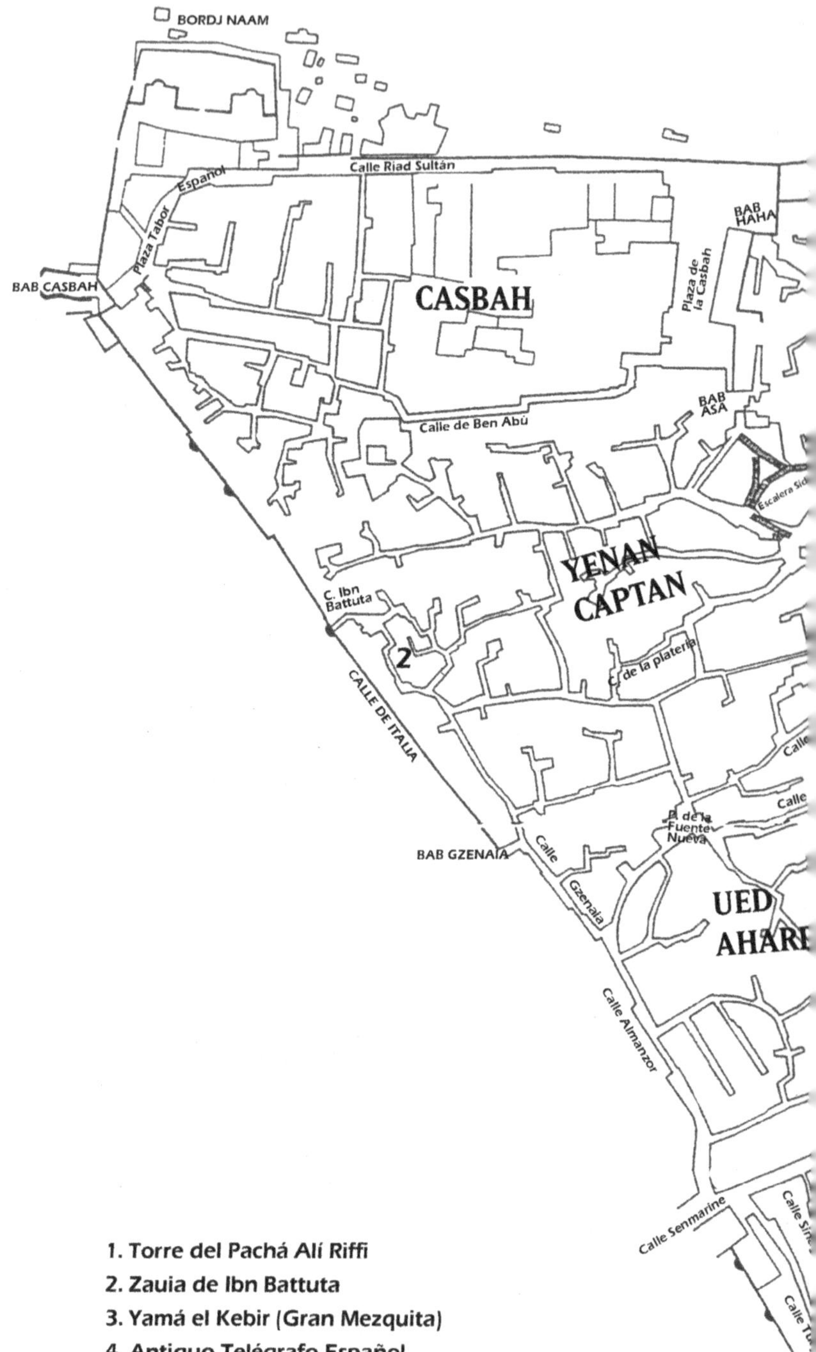

1. Torre del Pachá Alí Riffi
2. Zauia de Ibn Battuta
3. Yamá el Kebir (Gran Mezquita)
4. Antiguo Telégrafo Español
5. Dar Niaba
6. Iglesia de la Purísima
7. Sinagoga Nahón
8. Antigua Legación Americana
9. Zauia de los Aissauis
10. Hotel Continental

NA DE TÁNGER

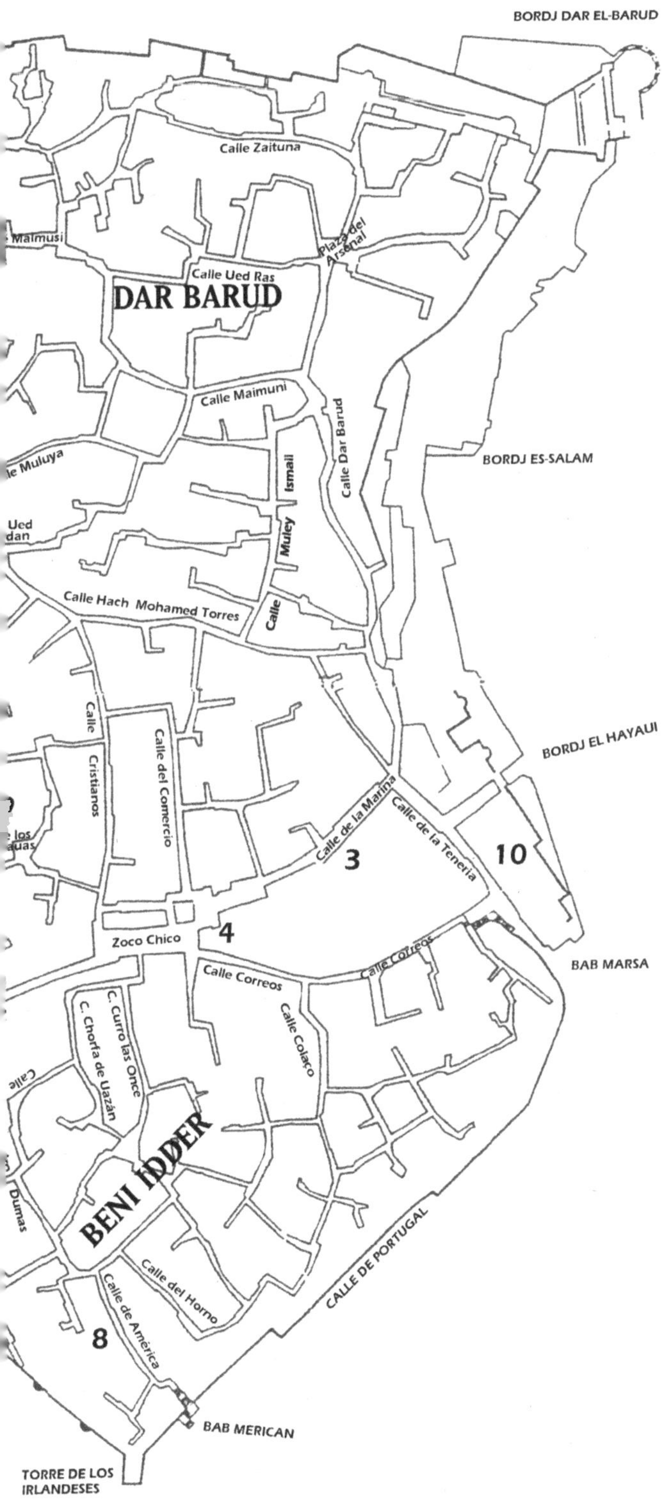

BORDJ DAR EL-BARUD
Calle Zaituna
Plaza del Arsenal
Calle Ued Ras
DAR BARUD
Calle Maimuni
Calle Dar Barud
Calle Muley Ismail
BORDJ ES-SALAM
Calle Hach Mohamed Torres
Calle Cristianos
Calle del Comercio
BORDJ EL HAYAUI
Calle de la Marina
Calle de la Tenería
3
10
Zoco Chico
4
Calle Correos
BAB MARSA
C. Curro las Once
C. Chorfa de Uazán
Calle Colaco
BENI IDDER
Calle del Horno
Calle de América
CALLE DE PORTUGAL
8
BAB MERICAN
TORRE DE LOS IRLANDESES